BIBLIA DE BOSQUEJOS Y SERMONES

TOMO 3
Marcos

BIBLIA DE BOSQUEJOS Y SERMONES

TOMO 3
Marcos

EDITORIAL PORTAVOZ

Título del original: *The Preacher's Outline and Sermon Bible®,* Vol. 3, Mark, © 1991 por Alpha Omega Ministries, Inc., y publicado por Leadership Ministries Worldwide, P.O. Box 21310, Chattanooga, TN 37424. Todos los derechos reservados.

Edición en castellano: *Biblia de bosquejos y sermones,* tomo 3, Marcos, © 1998 por Alpha Omega Ministries, Inc. y publicado con permiso por Editorial Portavoz, filial de Kregel Publications, Grand Rapids, Michigan 49501. Todos los derechos reservados.

Excepto cuando se indica lo contrario, todas las citas bíblicas son tomadas de la Versión Reina-Valera 1960.

La *Biblia de bosquejos y sermones* fue escrita para que el pueblo de Dios la use tanto en sus vidas personales como en la predicación y enseñanza.

EDITORIAL PORTAVOZ
Kregel Publications
P. O. Box 2607
Grand Rapids, Michigan 49501 EE. UU.

Visítenos en: www.portavoz.com

ISBN 0-8254-1008-8

1 2 3 4 5 edición/año 02 01 00 99 98

Printed in the United States of America

5

CONTENIDO

0

ABREVIATURAS VARIAS

a.C.	=	antes de Cristo	il.	=	ilustración
arg.	=	argumento	just.	=	justicia
Ant.	=	antecedentes	Nº	=	número
a tr.	=	a través	NT	=	Nuevo Testamento
AT	=	Antiguo Testamento	p.	=	página
caps.	=	capítulos	p.ej.	=	por ejemplo
cir.	=	circunstancias	pp.	=	páginas
concl.	=	conclusión	pq.	=	porque
cp.	=	compárese	pr.	=	pregunta
ct.	=	contrástese	pto.	=	punto
d.C.	=	después de Cristo	rp.	=	respuesta
dif.	=	diferente	ss.	=	siguientes
EF	=	Estudio a fondo	v.	=	versículo
et.	=	eterno	vs.	=	versus
gob.	=	gobierno	vv.	=	versículos
idt.	=	identificación o identidad			

EL EVANGELIO SEGÚN
MARCOS

INTRODUCCIÓN

AUTOR: Juan Marcos.

Los primeros padres de la iglesia dicen que Marcos fue un compañero de Pedro. Algunos comentaristas afirman que Pedro proveyó gran parte del material para este evangelio, otros, en cambio, dicen que Marcos tomó notas de la predicación de Pedro, usándolas más tarde para escribir el evangelio.

Papías dice: «Marcos, que era intérprete de Pedro, escribió cuidadosamente todo lo que recordaba de lo que Cristo había dicho o hecho, aunque no en su correspondiente orden. Porque Marcos ni había oído al Señor ni había sido su discípulo; pero después, como dije, fue discípulo de Pedro. Ahora bien, Pedro acostumbraba a enseñar de acuerdo a las necesidades, sin dar un resumen ordenado de los dichos del Señor. De manera que Marcos no estaba errado en escribir algunas de las cosas tal como las recordaba. Porque su primordial preocupación era no omitir ni falsificar nada de lo que había oído» (Papías, Frag.2:15. Citado por William Barclay. *El Evangelio de Marcos*. «La Biblia de Estudios Diarios». Filadelfia,: The Westminster Press, 1954, p. xvii).

Las Escrituras nos ofrecen un buen material informativo sobre Marcos (*véanse* notas—Hch. 12:25; 13:13).

FECHA: incierta. Probablemente 67-70 d.C.

Todavía no había caído Jerusalén, cosa que ocurrió alrededor del año 70 d.C. (Mr. 13). El padre de la iglesia, Ireneo dice: «Mateo también publicó un evangelio escrito entre los hebreos y en el propio dialecto de ellos, mientras Pedro y Pablo predicaban en Roma y ponían los fundamentos de la iglesia. Después de la partida de ellos, Marcos, discípulo e intérprete de Pedro, también nos dejó en forma escrita lo que había sido predicado por Pedro» (Ireneo, *Contra las herejías* III.I.1).

Note la palabra «partida». Evidentemente significa muerte. Así se la usa con referencia a la muerte del Señor (Lc. 9:31) y con referencia a la inminente muerte de Pedro (2 P. 1:15). El Prólogo antimarcionita dice con toda claridad: «Después de la muerte del mismo Pedro, él [Marcos] escribió el mismo evangelio ....» (Citado del *«Evangelio de Marcos».* Introducción. *Comentario bíblico Moody: Nuevo Testamento*, ed. por Everett F. Harrison. (Grand Rapids: Editorial Portavoz, 1965), p. 59.

Se cree que las muertes de Pedro y Pablo ocurrieron alrededor de 65-70 d.C. (*véanse* Notas Introductorias, Autor, 1 Timoteo y 2 Timoteo). Por eso, el escrito de Marcos debe haber aparecido en alguna fecha alrededor de 67-70 d.C.

DESTINATARIO: el mundo romano, el mundo en general, la mentalidad de los gentiles.

Los lectores de Marcos no están familiarizados con términos y costumbres judías, puesto que los explica constantemente. En cambio, sí están familiarizados con la historia y los términos cristianos. A éstos nunca explica (p. ej., Juan el Bautista, bautismo, el Espíritu Santo).

PROPÓSITO: demostrar incuestionablemente que Jesús es el Hijo de Dios.

Marcos establece este propósito en el comienzo mismo de su evangelio: «Principio del evangelio de Jesucristo, Hijo de Dios» (Mr. 1:1). En el bautismo y en la transfiguración, la voz de Dios proveniente del trueno, declara a Jesús ser el Hijo de Dios: «Tú eres mi Hijo amado ....» (1:11; 9:7). Aun los demonios exclaman: «Sé quién eres, el Santo de Dios» (1:24). La conclusión del centurión es: «Verdaderamente, este hombre era Hijo de Dios» (1:24). A lo largo de su ministerio Jesús afirma una y otra vez ser el Hijo de Dios.

CARACTÉRISTICAS ESPECIALES:

1. Marcos es el *evangelio del realismo*. Marcos informa de la vida de Jesús haciendo escasas interpretaciones. Es el relato de un testigo ocular *in situ* escrito en un estilo que refleja los hechos. El relato carece de ornamentos.

2. Marcos es el *evangelio de la acción*. La palabra clave es *euthys* que significa en seguida, inmediatamente, seguidamente. Esta palabra aparece fácilmente más de treinta veces. El evangelio pinta el drama en movimiento, vívido, de los acontecimientos diarios de la dramática vida de Cristo. Corre de evento a evento como moviéndose, sin aliento, hacia el clímax final.

3. Marcos es el *evangelio humano* o el *evangelio de la emoción*. La humanidad de Jesús es vigorosamente representada. Jesús es el carpintero (6:3); sintió santo enojo (3:5; 8:33; 10:14); se cansaba (4:38); se asombraba ante la incredulidad de la gente (6:6); se cansaba y necesitaba descanso (6:31); la compasión lo conmovía (6:34); suspiraba (7:34; 8:12); miró y amó al joven rico (10:21); sintió hambre (11:12).

4. Marcos es el *evangelio del testigo ocular*. Marcos agrega detalle tras detalle a los eventos de la vida de Jesús, detalles que solamente podía dar un testigo ocular. Durante la tentación de Jesús lo acompañaron las bestias (1:13). Jesús apodó «Boanerges» (3:17) a Jacobo y Juan. «Se indignó» porque sus discípulos rechazaron a los niños (10:14). Cuando Jesús anunció su muerte, los discípulos «se asombraron y le seguían con miedo» (10:32). El «pueblo le oía de buena gana» (12:37).

EXPLICACIÓN DEL BOSQUEJO

La Biblia de bosquejos y sermones es *única*. Difiere de todas las otras Biblias de estudio y de materiales para la prepación de sermones porque cada pasaje y tema es bosquejado inmediatamente junto a la Escritura. Cuando usted escoge cualquier *tema* de los que siguen y busca la referencia, no sólo encontrará el texto de la Escritura, sino que descubre las Escrituras y el tema *ya bosquejados para usted: versículo por versículo*.

A modo de rápido ejemplo, escoja uno de los temas que siguen y busque el texto de la Escritura, hallará entonces esta maravillosa ayuda para usarla de manera más rápida, fácil y correcta.

Además, cada punto de la Escritura y del respectivo tema está *plenamente desarrollado por un comentario con textos de apoyo* al pie de página. Nuevamente, este ordenamiento facilita y acelera la preparación de sermones.

Note algo más: Los temas del Evangelio de Marcos tienen títulos bíblicos, pero además se les ha dado *títulos prácticos o títulos de aplicación* que a veces apelan más a la gente. Este *beneficio* se ve claramente al usarlos en avisadores, boletines, periódicos de la iglesia, etc.

Una sugerencia: Para obtener la más rápida vista general de Marcos, lea primero *todos los títulos principales* (I, II, III, etc.), luego vuelva y lea los subtítulos.

BOSQUEJO DE MARCOS

I. **EL COMIENZO DEL EVANGELIO: JESUCRISTO, EL HIJO DE DIOS, 1:1-20**

A. **Jesucristo y Juan el Bautista: las buenas nuevas y el mensajero de Dios, 1:1-8** (Mt. 3:1-12; Lc. 3:1-18; Jn. 1:19-28)

B. **Jesucristo y su bautismo: una decisión por Dios, 1:9-11** (Mt. 3:13-17; Lc. 3:21-22; Jn. 1:29-34)

C. **Jesucristo y su tentación: encarando la tentación, 1:12-13** (Mt. 4:1-11; Lc. 4:1-13)

D. **Jesucristo y su mensaje: las buenas nuevas del evangelio, 1:14-15** (Mt. 4:12-17; Lc. 4:14, 19-20; Jn. 4:1-4)

E. **Jesucristo y sus discípulos: el tipo de persona llamada, 1:16-20** (Mt. 4:18-22; Lc. 5:1-11; Jn. 1:35-51)

II. **EL MINISTERIO INICIAL DEL HIJO DE DIOS: LA INFLUENCIA INMEDIATA DE JESÚS, 1:21—3:35**

A. **La enseñanza de Jesús y su influencia: Inaugurando un ministerio nuevo, 1:21-22** (Lc. 4:31-32)

B. **El poder de Jesús sobre malos espíritus y su influencia: librando a los más esclavizados, 1:23-28** (Lc. 4:33-37)

C. **El poder e influencia de Jesús sobre cada uno: su preocupación por el hogar y el individuo, 1:29-31** (Mt. 8:14-15; Lc. 4:38-39)

D. **El poder e influencia de Jesús tobre la gente en las calles: su preocupación por todo el mundo, 1:32-34** (Mt. 8:16-17; Lc. 4:40-41)

E. **La fuente del poder de Jesús y su influencia: cuál es la fuente de poder, 1:35-39** (Lc. 2:42-44)

F. **El poder de Jesús sobre la lepra y su influencia: purificando al más impuro, 1:40-45** (Mt. 8:2-4; Lc. 5:12-15)

G. **El poder para perdonar pecado y su influjo: perdón de pecados, 2:1-12** (Mt. 9:1-8; Lc. 5:17-26)

H. **La influencia de Jesús sobre Mateo y sus amigos: alcanzando a los publicanos y pecadores, 2:13-17** (Mt. 9:9-13; Lc. 5:27-32)

I. **La influencia de Jesús sobre discípulos y teólogos jóvenes: el tipo de vida que da Cristo, 2:18-22** (Mt. 9:14-17; Lc. 5:33-39)

J. **La influencia de Jesús sobre los religiosos: entender el sábado (domingo), 2:23-28** (Mt. 12:1-8; Lc. 6:1-5)

K. **La influencia de Jesús sobre autoridades y políticos: entender la verdadera religión, 3:1-6** (Mt. 12:9-14; Lc. 6:6-11)

L. **La influencia de Jesús sobre las multitudes y los malos espíritus: buscando y temiendo a Cristo, 3:7-12** (Mt. 12:14-21)

M. **La influencia de Jesús sobre los doce discípulos: llamando a hombres escogidos, 3:13-19** (Mt. 10:1-4; Lc. 6:12-19; Hch. 1:13, 14)

N. **La influencia de Jesús sobre amigos: llamaron a Jesús loco y fuera de sí, 3:20-21**

O. **La influencia de Jesús sobre los religiosos: llamaron a Jesús poseído del demonio, 3:22-30** (Mt. 12:22-32; Lc. 11:14-20)

P. **La influencia de Jesús sobre su propia familia: sentír que Jesús los avergonzaba, 3:31-35** (Mt. 12:46-50; Lc. 8:19-21)

III. **CONTINUACIÓN DEL MINISTERIO DEL HIJO DE DIOS: PARÁBOLAS Y AUTORIDAD DE JESUS, 4:1—6:6**

A. **Parábola del sembrador: cómo reciben los hombres la Palabra de Dios, 4:1-20**

(Mt. 28:1-15; Lc. 24:1-49; Jn. 20:1-23)
B. **La gran comisión del Señor, 16:14-20**
(Mt. 28:16-20; Lc. 24:46-49; Jn. 20:21; cp.
Jn. 17:18; Hch. 1:8)

	CAPÍTULO 1 **I. EL COMIENZO DEL EVANGELIO: JESUCRISTO, EL HIJO DE DIOS, 1:1-20** **A. Jesucristo y Juan el bautista: las buenas nuevas y el mensajero de Dios, 1:1-8** (Mt. 3:1-12; Lc. 3:1-18; Jn. 1:19-28)	4 Bautizaba Juan en el desierto, y predicaba el bautismo de arrepentimiento para perdón de pecados. 5 Y salían a él toda la provincia de Judea, y todos los de Jerusalén; y eran bautizados por él en el río Jordán, confesando sus pecados.	b. A bautizar c. A predicar arrepentimiento y perdón d. El impacto: muchos responden
1 El evangelio a. Tocante[EP1] Jesucristo [EP2] el Hijo de Dios b. Hace mucho tiempo los profetas lo anunciaron **2 Preparar el camino de su Hijo** **3 La misión del mensajero de Dios** a. Ser una voz: «Prepárense» [EP3]	**P**rincipio del evangelio de Jesucristo, Hijo de Dios. 2 Como está escrito en Isaías el profeta: He aquí yo envío mi mensajero delante de tu faz, el cual preparará tu camino delante de ti. 3 Voz del que clama en el desierto: Preparad el camino del Señor; enderezad sus sendas.	6 Y Juan estaba vestido de pelo de camellos, y tenía un cinto de cuero alrededor de sus lomos; y comía langostas y miel silvestre. 7 Y predicaba, diciendo: Viene tras mí el que es más poderoso que yo, a quien no soy digno de desatar encorvado la correa de su calzado. 8 Yo a la verdad os he bautizado con agua; pero él os bautizará con Espíritu Santo.	**4 El espíritu del mensajero de Dios: negación de sí mismo** **5 El mensaje del mensajero de Dios** a. La preeminencia de Cristo b. El poder de Cristo

I. EL COMIENZO DEL EVANGELIO: JESUCRISTO, EL HIJO DE DIOS, 1:1-20

A. Jesucristo y Juan el Bautista: las buenas nuevas y el mensajero de Dios, 1:1-8

(1:1-8) *Introducción:* Marcos comienza su escrito con las sencillas palabras «Principio del». Pero las palabras que siguen no son tan sencillas. Son profundas y sorprendentes: «evangelio de Jesucristo, *Hijo de Dios*». El corazón del hombre salta (o debería saltar) con gozo exultante, vibrante, porque *Dios es*, y Dios ha enviado un mensaje glorioso a la humanidad por medio de Alguien que es el Hijo de Dios.

Marcos no pierde tiempo para compartir las buenas nuevas referidas a la entrada del Hijo de Dios a la historia humana. Salta directamente al tema del mensajero de Dios enviado a preparar el camino del Hijo de Dios.

1. El evangelio (vv. 1-2).
2. La promesa de Dios de enviar un mensajero: para preparar el camino de su Hijo (vv. 2-3).
3. La misión del mensajero de Dios (vv. 3-5).
4. El espíritu del mensajero: negación de sí mismo (v. 6).
5. El mensaje del mensajero (vv. 7-8).

1 (1:1-2) *Evangelio—Jesucristo, deidad:* Marcos dice dos cosas acerca del comienzo del evangelio o *buenas nuevas* (para mayor discusión del tema *véase* nota, *Evangelio*—Ro. 1:1-4).

1. El evangelio está referido a «Jesucristo, el Hijo de Dios». Note las palabras exactas de Marcos: «el evangelio *de Jesucristo*». No es el «evangelio de Marcos», sino «el evangelio *de Jesucristo*».
   a. Jesucristo es el tema del evangelio (*véanse* notas—Mr. 1:1).
   b. Jesucristo es el Autor del evangelio. Por Él y por medio de Él el evangelio fue creado y escrito. Él trae las *buenas nuevas* de Dios al hombre. Él encarna y

proclama las *buenas nuevas* de Dios para con el hombre (*véanse* Estudios a fondo 5, 6—Mt. 1:21; Estudio a fondo 3—8:20).
   c. Jesucristo es el Hijo de Dios (*véanse* notas—Jn. 1:1-2; 1:34; 10:30-33; Fil. 2:6, 7).

2. El evangelio comenzó mucho, mucho tiempo atrás. Jesucristo es el tema y autor del evangelio, pero el evangelio comenzó mucho antes del nacimiento de Jesús y del ministerio de Juan. El evangelio comenzó hace mucho en la *mente y el plan* de Dios. Dios anunció la venida del evangelio por medio de los profetas de la antigüedad. Marcos dice lo que Pablo diría más adelante.

> **«Pero habiendo obtenido auxilio de Dios, persevero hasta el día de hoy, dando testimonio a pequeños y a grandes, no diciendo nada fuera de las cosas que los profetas y Moisés dijeron que habían de suceder» (Hch. 26:22).**

ESTUDIO A FONDO 1

(1:1) *Jesús (iesous):* Salvador; Él salvará. La forma hebrea es Josué (*yasha*), que significa: Jehová es salvación; Él es el Salvador (Mt. 18:11; Lc. 19:10; Ro. 8:3; Gá. 1:4; He. 2:14-18; 7:25).

ESTUDIO A FONDO 2

(1:1) *Cristo (christos):* las palabras «Cristo» (*christos*) y «Mesías» son una misma. Mesías es la palabra hebrea y Cristo es la palabra griega. Ambas palabras se refieren a la misma persona y tienen el mismo significado: el Ungido. El Mesías es el Ungido de Dios. Mateo dice que Jesús «es llamado Cristo» (Mt. 1:16); es decir, es reconocido como el Ungido de Dios, el Mesías mismo.

En el tiempo de Jesucristo la gente esperaba fervientemente la venida del Mesías largamente prometido. El peso de la vida era cruel, duro y de continuo empobrecimiento. Bajo los romanos la gente sentía que Dios no podía esperar mucho más para cumplir su promesa. Tales anhelos de liberación hacían que la gente fuese crédula. Se levantaron muchos afirmando ser el Mesías y llevando a los seguidores crédulos a la rebelión contra el estado romano. El rebelde Barrabás, que fue librado en lugar de Jesús al ser éste juzgado, es un ejemplo (Mr. 15:6ss). (*Véanse* notas— Mt. 1:1; 3:11; 11:1-6; 11:2-3; 11:5; 11:6; Lc. 7:21-23.)

Se creía diversas cosas del Mesías. (*Véanse* notas, *Profecías de David*—Lc. 3:24-31.)

1. Desde un punto de vista nacional, sería el líder del linaje de David que libraría al estado judío para ser una nación independiente, llevándola a ser la nación más grande del mundo que se haya conocido.

2. Militarmente sería un gran líder militar que llevaría victoriosos los ejércitos judíos a todo el mundo.

3. Religiosamente, sería una figura sobrenatural procedente directamente de Dios que traería justicia a toda la tierra.

4. Personalmente sería aquel que traería paz a todo el mundo.

En tres ocasiones Jesucristo aceptó el título de Mesías (Mt. 16:17; Mr. 14:61; Jn. 4:26). El nombre «Jesús» lo muestra como hombre. El nombre «Cristo» lo muestra como el ungido de Dios, el Hijo mismo de Dios. *Cristo* es el título oficial de Jesús. Lo identifica oficialmente como *Profeta* (Dt. 18:15-19), *Sacerdote* (Sal. 110:4), y *Rey* (2 S. 7:12-13). Estos tres oficiales siempre eran ungidos con aceite, un símbolo del Espíritu Santo que ungiría cabalmente a Cristo, el Mesías (Mt. 3:16; Mr. 1:10-11; Lc. 3:21-22; Jn. 1:32-33). (*Véase* nota—Lc. 3:32-38 para una mayor discusión, los versículos y su cumplimiento.)

2 (1:2) *Juan el Bautista—profecía:* Dios prometió enviar un mensajero, un predecesor para preparar el camino de su Hijo. Dios lo prometió por medio de Malaquías, el último de los profetas del Antiguo Testamento:

«He aquí, yo envío mi mensajero, el cual preparará el camino delante de mí» (Mal. 3:1; cp. Mt. 11:10).

Isaías, el más famoso de los profetas del Antiguo Testamento, anunció:

«Voz que clama en el desierto: Preparad camino a Jehová; enderezad calzada en la soledad a nuestro Dios» (Is. 40:3; cp. Mt. 3:3).

Pensamiento 1. El Antiguo y el Nuevo Testamento tienen un mismo propósito. Ambos señalan hacia «el evangelio» de Jesucristo.

Pensamiento 2. Aquí se ve un hecho significativo. Dios sabe exactamente lo que se necesita para traer el evangelio al hombre. Sabía era menester un predecesor; por eso planeó y anunció y envió un predecesor. Así ocurre con cada persona. Dios sabe lo que hace falta para traernos el evangelio a cada uno de nosotros. Sin embargo, la responsabilidad de responder y obedecer es nuestra.

«El reino de los cielos es semejante a un rey que hizo fiesta de bodas a su hijo; y envió a sus siervos a llamar a los convidados a las bodas; mas éstos no quisieron venir» (Mt. 22:2-3).

«Entonces Jesús le dijo: Un hombre hizo una gran cena, y convidó a muchos. Y a la hora de la cena envió a su siervo a decir a los convidados: Venid que ya todo está preparado» (Lc. 14:16-17).

«Así que, somos embajadores en nombre de Cristo, como si Dios rogase por medio de nosotros; os rogamos en nombre de Cristo: Reconciliaos con Dios» (2 Co. 5:20).

«He aquí, yo estoy a la puerta y llamo; si alguno oye mi voz y abre la puerta, entraré a él, y cenaré con él, y él conmigo» (Ap. 3:20).

«Y envié a vosotros todos mis siervos y profetas, desde temprano y sin cesar, para deciros: Volveos ahora cada uno de vuestro mal camino, y enmendad vuestras obras» (Jer. 35:15).

3 (1:3–5) *Juan el Bautista—ministros—bautismo:* la misión del mensajero de Dios fue triple.

1. Juan clamó: «Preparad» (*véase* Estudio a fondo 3—Mr. 1:3). Note que clamaba «en el desierto». El mundo es un desierto lleno de caminos peligrosos, ásperos, desnivelados, espinosos y rocosos. Es fácil perderse en el desierto del mundo, tropezar o lastimarse (*véanse* notas—Mt. 18:11; Estudio a fondo 1—Lc. 15:4). Era en el mundo donde debía clamar el mensajero de Dios «Preparad, preparad el camino del Señor».

«Velad, pues, porque no sabéis cuándo vendrá el Señor de la casa; si al anochecer, o a la medianoche, o al canto del gallo, o a la mañana» (Mr. 13:35).

«Estén ceñidos vuestros lomos, y vuestras lámparas encendidas; y vosotros sed semejantes a hombres que aguardan a que su señor regrese de las bodas, para que cuando llegue y llame, le abran enseguida» (Lc. 12:35-36).

«Por lo cual, salid de en medio de ellos, y apartaos, dice el Señor, y no toquéis lo inmundo; y yo os recibiré, y seré para vosotros por Padre, y vosotros me seréis hijos e hijas, dice el Señor todopoderoso» (2 Co. 6:17-18).

«Pero en una casa grande, no solamente hay utensilios de oro y de plata, sino también de madera y de barro; y unos son para usos honrosos, y otros para usos viles. Así que, si alguno se limpia de estas cosas, será instrumento para honra, santificado, útil al Señor, y dispuesto para toda buena obra» (2 Ti. 2:20-21).

2. Juan bautizaba a todos los que creían en el Mesías (*véase* nota—Mt. 3:11).

3. Juan predicó arrepentimiento y perdón de pecados. La persona tenía que arrepentirse, tenía que *volverse* de sus pecados a Dios (*véase* Estudio a fondo 1, *Arrepentimiento*—Hch. 17:29-30); luego la persona debía ser bautizada, «cumpliendo toda justicia» (Mt. 3:15). *El bautismo era parte del acto de arrepentimiento.* No había auténtico arrepentimiento sin bautismo. La persona tenía que sentirse triste por su pecado, volviéndose de su pecado a Dios. Una parte de su volverse a Dios consistía en ser bautizada. El bautismo de Juan era bautismo de arrepentimiento. La persona que se arrepentía verdaderamente era bautizada, y sus pecados le eran perdonados (*véase* nota, Estudio a fondo 4, *Perdón*—Mt. 26:28).

«Os digo: No; antes si no os arrepentís, todos pereceréis igualmente» (Lc. 13:3).

«Pedro les dijo: Arrepentíos, y bautícese cada uno de vosotros en el nombre de Jesucristo para perdón de los pecados; y recibiréis el don del Espíritu Santo» (Hch. 2:38).

«Así que, arrepentíos y convertíos, para que sean borrados vuestros pecados; para que vengan de la presencia del Señor tiempos de refrigerio» (Hch. 3:19).

«Arrepiéntete, pues, de esta tu maldad, y ruega a Dios, si quizá te sea perdonado el pensamiento de tu corazón» (Hch. 8:22).

«Si confesamos nuestros pecados, él es fiel y justo para perdonar nuestros pecados, y limpiarnos de toda maldad» (1 Jn. 1:9).

«El que encubre sus pecados no prosperará; mas el que los confiesa y se aparta alcanzará misericordia» (Pr. 28:13).

«Deje el impío su camino, y el hombre inicuo sus pensamientos, y vuélvase a Jehová, el cual tendrá de él misericordia, y al Dios nuestro, el cual será amplio en perdonar» (Is. 55:7).

«Reconoce, pues, tu maldad, porque contra Jehová tu Dios has prevaricado, y fornicaste con los extraños debajo de todo árbol frondoso, y no oíste mi voz, dice Jehová» (Jer. 3:13).

«Mas el impío, si se apartare de todos sus pecados que hizo, y guardare todos mis estatutos e hiciere según el derecho y la justicia, de cierto vivirá; no morirá» (Ez. 18:21).

4. El impacto de Juan fue enorme. Note la palabra «todos» (v. 4). Todos salían a él y eran bautizados. Esto produjo un efecto chocante porque los judíos nunca eran bautizados. El bautismo era únicamente para los gentiles que se convertían a la fe judía (*véase* nota—Jn. 1:24-26).

Pensamiento. Habrá un enorme impacto en favor de Dios si hay autenticidad en tres cosas:
* si el mensajero es auténticamente llamado por Dios como lo era Juan.
* si el mensajero vive para Dios como vivió Juan.
* si el mensajero testifica y predica de Dios tal como testificó y predicó Juan.

ESTUDIO A FONDO 3

(1:3) *Caminos—preparar:* esta es una escena gráfica. En la antigüedad los caminos eran apenas algo más que polvorientos senderos. Cuando un rey iba a visitar cierto lugar, una persona corría a cierta distancia delante del rey gritando: «¡Prepárense! Viene el rey.» Y la gente comenzaba inmediatamente a limpiar y nivelar el camino para la llegada del rey. Juan estaba diciendo: «No soy sino una voz clamando ¡Alistaos! ¡Preparaos! ¡Viene el Rey!»°

4 (1:6) *Negación de sí mismo:* el espíritu del mensajero de Dios era de negarse a sí mismo.
1. Vivía en «el desierto», es decir, en el campo. Escogió deliberadamente vivir lejos de la ciudad con todas sus distracciones y tentaciones. Quiso vivir donde podía estar a solas con Dios en meditación y oración.
2. Su vestimenta era simple, hecha de pelo de camello, y usaba un cinto hecho del cuero de algún animal.
3. Su comida era simple. Eran langostas con miel (Lc. 11:22-23).

Pensamiento. Juan sabía que la vida era más que comida y ropa y casa. Sabía que nada debía distraerlo de Dios ni a él ni a la gente ...
* por eso no debía vivir en lujos extravagantes.
* por eso no debía vestir según la última y más costosa moda.
* por eso no debía comer exquisitos sabrosos.

Por eso se negaba a sí mismo; realmente practicaba la negación propia. ¡Qué lección para creyentes, predicadores, y laicos por igual! (Ro. 14:17).
«Entonces Jesús dijo a sus discípulos: Si alguno quiere venir en pos de mí, niéguese a sí mismo, y tome su cruz y sígame» (Mt. 16:24).
«Y el que no lleva su cruz y viene en pos de mí, no puede ser mi discípulo» (Lc. 14:27).
«Porque si vivís conforme a la carne, moriréis; mas si por el Espíritu hacéis morir las obras de la carne, viviréis» (Ro. 8:13).
«Pero los que son de Cristo han crucificado la carne con sus pasiones y deseos» (Gá. 5:24).

5 (1:7–8) *Predicar:* el mensaje del mensajero de Dios era doble.
1. La preeminencia de Cristo, y la *carencia del valor propio.* Juan dijo que él mismo era *menos* que un esclavo. Los esclavos eran quienes desataban las sandalias de los huéspedes y les lavaban los pies. Juan afirmó que Aquel que venía era tan poderoso, que él ni siquiera era digno de desatar sus sandalias, ni mucho menos de lavar sus pies.
2. El poder de Cristo. Juan dijo que solamente podía ministrar la sustancia física: bautismo de agua, un bautismo que solamente podía señalar hacia Dios. Pero Aquel que venía, ministraría la realidad espiritual, el bautismo del Espíritu de Dios mismo.

Pensamiento 1. El mensaje del mensajero es señalar a Cristo y solamente a Él.

Pensamiento 2. El glorioso mensaje del evangelio es doble.
1) «Aquel que es más poderoso que yo» ha venido, Aquel que es superior a todos los hombres y que tiene la respuesta para todos los hombres.
«El que de arriba viene es sobre todos; el que es de la tierra es terrenal, y cosas terrenales habla; el que viene del cielo es sobre todos» (Jn. 3:31).
«Vosotros me llamáis Maestro, y Señor; y decís bien, porque lo soy» (Jn. 13:13).
«Sepa, pues, ciertísimamente toda la casa de Israel, que a este Jesús a quien vosotros crucificasteis, Dios le ha hecho Señor y Cristo» (Hch. 2:36).
«Porque Cristo para esto murió y resucitó, y volvió a vivir, para ser Señor así de los muertos como de los que viven» (Ro. 14:9).
«Para nosotros, sin embargo, sólo hay un Dios, el Padre, del cual proceden todas las cosas, y nosotros somos para él; y un Señor, Jesucristo, por medio del cual son todas las cosas, y nosotros por medio de él» (1 Co. 8:6).
«Y él es la cabeza del cuerpo que es la iglesia, él que es el principio, el primogénito de entre los muertos, para que en todo tenga la preeminencia» (Col. 1:18).

2) Aquel que puede «bautizarnos [sumergirnos] en el Espíritu Santo» de Dios ha venido. Aquel que puede llenarnos de «la naturaleza divina» y salvarnos de «la corrupción que está en el mundo» ha venido (2 P. 1:4).
«He aquí, yo enviaré la promesa de mi Padre sobre vosotros: pero quedaos vosotros en la ciudad de Jerusalén, hasta que seáis investidos de poder desde lo alto» (Lc. 24:49).
«El que cree en mí, como dice la Escritura, de su interior correrán ríos de agua viva. Esto dijo del Espíritu que habían de recibir los que creyesen en él; pues aún no había venido el Espíritu Santo, porque Jesús no había sido aún glorificado» (Jn. 7:38–39).
«Y yo rogaré al Padre, y os dará otro Consolador, para que esté con vosotros para siempre: el Espíritu de verdad, al cual el mundo no puede recibir, porque no le ve, ni le conoce; pero vosotros le conocéis, porque mora con vosotros, y estará en vosotros. No os dejaré huérfanos; vendré a vosotros» (Jn. 14:16–18).
«Pero yo os digo la verdad: Os conviene que yo me vaya; porque si no me fuese, el Consolador no vendría a vosotros; mas si me fuere, os lo enviaré» (Jn. 16:7).
«Pero recibiréis poder, cuando haya venido sobre vosotros el Espíritu Santo, y me seréis testigos en Jerusalén, en toda Judea, en Samaria y hasta lo último de la tierra» (Hch. 1:8).
«Pedro les dijo: Arrepentíos, y bautícese cada uno de vosotros en el nombre de Jesucristo para perdón de los pecados; y recibiréis el don del Espíritu Santo» (Hch. 2:38).

	B. **Jesucristo y su bautismo: una decisión en favor de Dios, 1:9-11** (Mt. 3:13-17; Lc. 3:21-22; Jn. 1:29-34)
1 **Una decisión y una sumisión** 2 **Un comienzo y una identificación** 3 **Un mandato y un otorgamiento de poder** 4 **Una expresión de aprobación y una expresión de aliento**[EP1]	9 Aconteció en aquellos días, que Jesús vino de Nazaret de Galilea, y fue bautizado por Juan en el Jordán. 10 Y luego, cuando subía del agua, vio abrirse los cielos, y al Espíritu como paloma que descendía sobre él. 11 Y vino una voz de los cielos que decía: Tú eres mi Hijo amado; en ti tengo complacencia.

B. Jesucristo y su bautismo: una decisión en favor de Dios, 1:9-11

(1:9-11) *Introducción:* el bautismo de Jesús ilustra lo que ocurre cuando la persona toma una decisión por Dios.

1. Una decisión por Dios y una sumisión a Dios (v. 9).
2. Un comienzo y una identificación con Dios y su pueblo (v. 9).
3. Un mandato y un otorgamiento de poder (v. 10).
4. Una expresión de aprobación y aliento de Dios (v .11).

1 (1:9) *Decisión—sacrificio—entrega—Jesucristo—bautismo:* el bautismo de Jesús involucró una decisión suprema y una entrega total. Note las palabras: «Jesús vino de Nazaret ...Y fue bautizado por Juan en el Jordán». En Nazaret Jesús tenía todo cuanto la mayoría de la gente sueña tener: un hogar feliz, una familia unida, una buena profesión (carpintero), amigos, y todos los agradables recuerdos que se acumulan durante los años de la infancia y juventud. Sin embargo, dejó todo; dejó a Nazaret para ser bautizado por Juan en el Jordán. ¿Por qué? En la mente de Jesús estaba el llamado de Dios a inaugurar la misión destinada a salvar al mundo, una misión que demandaba sacrificarlo todo. Demandaba:

- el sacrificio de todo lo que tenía en Nazaret.
- el sacrificio de una larga vida terrenal. Al escoger la misión de Dios, sería muerto en apenas treinta y seis meses.
- el sacrificio de su divina justicia. Se convertiría en el portador de pecados en favor del mundo (*véase* nota, *Justificación*—Ro. 5:1; 1 P. 2:21-24).
- el sacrificio de la presencia de Dios. En la muerte Dios lo abandonaría (*véase* nota—Mt. 27:46-49).

Para Jesús fue una *decisión suprema* dejar a Nazaret y ser bautizado.

- Al ser bautizado, Jesús estaba dejando a Nazaret y *rindiéndose totalmente* a la voluntad de Dios y a la misión de salvar al mundo.
- Al ser bautizado, Jesús estaba mostrando lo que implica pagar el precio máximo: el precio de sacrificarse a sí mismo totalmente a la voluntad de Dios.
- Al ser bautizado, Jesús estaba mostrando al mundo lo que implica hacer una suprema decisión y rendirse totalmente a Dios.

Pensamiento. La decisión de seguir a Jesús es una decisión suprema. Implica una rendición total de todo lo que somos y tenemos. Si nos decidimos genuinamente por Jesús, pagamos el precio de sacrificar completamente el ego. Sin embargo, debemos recordar esto: una decisión de no seguir a Cristo conduce al descontento, a vivir a la deriva, a una vida desperdiciada y trágica.

«Y decía a todos: si alguno quiere venir en pos de mí niéguese a sí mismo, tome su cruz cada día, y sígame» (Lc. 9:23).

«Así, pues, cualquiera de vosotros que no renuncia a todo lo que posee, no puede ser mi discípulo» (Lc. 14:33).

«Porque si vivís conforme a la carne, moriréis; mas si por el Espíritu hacéis morir las obras de la carne, viviréis» (Ro. 8:13).

«Pero los que son de Cristo han crucificado la carne con sus pasiones y deseos» (Gá. 5:24).

«Y ciertamente, aun estimo todas las cosas como pérdida por la excelencia del conocimiento de Cristo Jesús, mi Señor, por amor del cual lo he perdido todo, y lo tengo por basura, para ganar a Cristo» (Fil. 3:8).

2 (1:9) *Jesucristo—bautismo:* el bautismo de Jesús involucró un comienzo y una identificación. Su bautismo fue un *comienzo* en el sentido de ser el comienzo de una nueva vida, una nueva dirección en su vida. Su bautismo fue el lanzamiento de la misión de Dios para salvar al mundo. Fue una *identificación* en el sentido de identificarse con el ministerio de Juan. Juan estaba proclamando la venida del Mesías, el Cordero de Dios. Mediante el bautismo, Jesús se identificaba a sí mismo como el Mesías, el Cordero de Dios (*véanse* notas—Mt. 3:13; 3:15).

Pensamiento. La decisión de seguir a Jesús implica tanto el bautismo como el identificarnos con Jesús, el Mesías, el Cordero de Dios. Si Jesús no hubiera sido bautizado, no se habría identificado como el Mesías, ni habría sido conocido como el Mesías. Cuánto más se aplica esto a nosotros. Si no somos bautizados no nos identificamos con Jesús, ni se nos conoce como identificados con Jesús.

«El que creyere y fuere bautizado, será salvo; mas el que no creyere, será condenado» (Mr. 16:16).

«Arrepentíos, y bautícese cada uno de vosotros en el nombre de Jesucristo para perdón de los pecados; y recibiréis el don del Espíritu Santo» (Hch. 2:38).

«Y mandó bautizarlos en el nombre del Señor Jesús. Entonces le rogaron que se quedase por algunos días» (Hch. 10:48).

«Ahora, pues, ¿por qué te detienes? Levántate y bautízate, y lava tus pecados, invocando su nombre» (Hch. 22:16).

3 (1:10) *Jesucristo—bautismo:* el bautismo de Jesús involucró un mandato y un otorgamiento de poder. Esto se ve al abrirse el cielo y descender el Espíritu sobre Él.

Fue un momento dramático cuando Jesús recibió el mandato de su misión. La palabra «abrirse» (*schizamenous*) realmente significa rasgar en partes, o romper en partes. Esto pudo significar dos cosas.

1. Pudo significar un momento como cuando los rayos del sol irrumpen con gran brillo a través de las nubes después de una tormenta.

2. Pudo significar un momento en el que Dios rasgó milagrosamente en partes la barrera entre el cielo y la tierra, permitiendo que Jesús viera la gloria del cielo desde donde había venido.

Cualquiera sea el significado, Jesús recibía el mandato y era apartado por el cielo mismo. Dios estaba dando una experiencia a su Hijo que haría incuestionable e inolvidable el mandato de cumplir la misión.

El otorgamiento de poder a Jesús también fue un momento dramático. El Espíritu de Dios descendió sobre Jesús en forma de una paloma. Este acontecimiento no solo identificaba a Jesús como el Mesías, estaba declarando que el Espíritu de Dios y de su poder estaban sobre Jesús. Este hombre, Jesús de Nazaret, estaba recibiendo poder por el propio Espíritu de Dios para hacer la obra de Dios (*véase* nota—Jn. 1:32-33).

Había también otra cosa simbolizada en la paloma. La obra que Jesús haría sería la obra de paz y pureza (nuevamente, *véase* nota—Jn. 1:32-33 en cuanto al simbolismo de la paloma). (Note: Lucas 3:21 destaca que el Espíritu vino mientras Jesús estaba orando *después de haber sido bautizado.* El descenso del Espíritu sobre Él, no en Él, fue ciertamente una experiencia de la recepción de poder, así como fue una experiencia identificatoria.)

Pensamiento. Todo verdadero creyente recibe el mandato y el poder de Dios para hacer la obra de Dios. Algunas experiencias son dramáticas (los cielos son rasgados); otras experiencias no son tan dramáticas (la suave voz del Espíritu de Dios hace fuerza sobre el corazón con el convencimiento de que uno es llamado). Como fuere, todo auténtico creyente recibe el mandato y el poder por el Espíritu de Dios. Sin embargo, el hecho de *ser consciente* del mandato y del poder de Dios es cosa diferente. Demasiadas personas no son conscientes del mandato de Dios y de la presencia interior del Espíritu. ¿Cuál es la diferencia? Los primeros dos puntos: la decisión y sumisión de la persona, el comienzo y la identificación de la persona. Demasiadas personas carecen de una entrega consistente en estos dos pasos. Como resultado transitamos por la vida ignorando el mandato y la presencia del Espíritu de Dios que nos da poder para hacer la obra.

- Demasiadas personas no toman la decisión de seguir a Cristo totalmente; no rendimos a Cristo todo lo que somos y tenemos. Por eso no somos conscientes del gran llamado y del mandato de Cristo.
- Demasiadas personas no comienzan con Cristo; sencillamente nunca nos identificamos con Él. Tal vez seamos bautizados, pero nunca perseveramos en seguir con Cristo. El mundo nunca sabe que somos seguidores de Cristo, genuinos, entregados.

«No me elegisteis vosotros a mí, sino que yo os elegí a vosotros, y os he puesto para que vayáis y llevéis fruto, y vuestro fruto permanezca; para que todo lo que pidiereis al Padre en mi nombre, Él os lo dé» (Jn. 15:16).

«Pero recibiréis poder, cuando haya venido sobre vosotros el Espíritu Santo, y me seréis testigos en Jerusalén, en toda Judea, en Samaria, y hasta lo último de la tierra» (Hch. 1:8).

«Pero levántate, y ponte sobre tus pies; porque para esto he aparecido a ti, para ponerte por ministro y testigo de las cosas que has visto, y de aquellas en que me apareceré a ti» (Hch. 26:16).

«Así que, somos embajadores en nombre de Cristo, como si Dios rogase por medio de nosotros; os rogamos en nombre de Cristo: Reconciliaos con Dios» (2 Co. 5:20).

«Después oí la voz del Señor, que decía: ¿A quién enviaré, y quién irá por nosotros? Entonces respondí yo: Heme aquí, envíame a mí» (Is. 6:8).

4 (1:11) *Jesucristo—bautismo:* el bautismo de Jesús involucra una expresión de aprobación y aliento. Como hombre, Jesucristo necesitaba la perfecta seguridad de Dios. Era tanto lo que se requería de él, y tan enorme era el precio que pagaría por servir a Dios (*véase* nota, *Decisión*—Mr. 1:9), que necesitaba alguna indicación clara, alguna fuerza especial, algún aliento de parte de Dios. Lo que Dios hizo fue profundo: «Y hubo una voz de los cielos, que decía: Este es mi Hijo amado, en quien tengo complacencia» (Mt. 3:16-17).

Pensamiento. Dios suple la necesidad de seguridad de sus siervos. Se ocupa de que *conozcamos* su voluntad y otorga la *certeza* de que estamos haciendo su voluntad. Habla a nuestros corazones y nos da señales de aprobación y *aliento.*

«Mas por él estáis vosotros en Cristo Jesús, el cual nos ha sido hecho por Dios sabiduría, justificación, santificación, y redención» (1 Co. 1:30).

«Por tanto, id, y haced discípulos a todas la naciones, bautizándolos en el nombre del Padre, y del Hijo, y del Espíritu Santo; enseñándoles que guarden todas las cosas que os he mandado; y *he aquí yo estoy con vosotros todos los días* hasta el fin del mundo. Amén» (Mt. 28:19–20).

«Jehová es mi fortaleza y mi escudo; en él confió mi corazón, y fui ayudado. Por lo que se gozó mi corazón, y con mi cántico le alabaré» (Sal. 28:7).

«No temas, porque yo estoy contigo; no desmayes, porque yo soy tu Dios que te esfuerzo; siempre te ayudaré, siempre te sustentaré con la diestra de mi justicia» (Is. 41:10).

«Cuando pases por las aguas, yo estaré contigo; y si por los ríos, no te anegarán. Cuando pases por el fuego, no te quemarás, ni la llama arderá en ti» (Is. 43:2).

ESTUDIO A FONDO 1

(1:11) *Referencias del Antiguo Testamento:* cp. Sal. 2:7; Is. 42:1.

C. Jesucristo y su tentación: encarando la tentación, 1:12-13 (Mt. 4:1-11; Lc. 4:113)	
1 Tentación sigue a la decisión 2 Tentación es usada por el Espíritu 3 Tentación es una experiencia del desierto 4 Tentación es de Satanás 5 Tentación es vencida por ayuda de Dios	12 Y luego el Espíritu le impulsó al desierto. 13 Y estuvo allí en el desierto cuarenta días, y era tentado por Satanás, y estaba con las fieras; y los ángeles le servían.

C. Jesucristo y su tentación: encarando la tentación, 1:12-13

(1:12–13) *Introducción:* no se puede acentuar demasiado la importancia de entender la tentación. Todos los días de su vida el creyente encara la tentación. Por eso es preciso que adquiera un entendimiento cabal de lo que realmente es la tentación y cómo hacer para vencerla. (Para mayor discusión del tema *véanse* bosquejos y notas—Mt. 4:1-11.)

1. La tentación sigue a la decisión de la persona (v. 12).
2. La tentación es usada por el Espíritu (v. 12).
3. La tentación es una experiencia del desierto (v. 13).
4. La tentación es de Satanás (v. 13).
5. La tentación es superada mediante la ayuda de Dios (v. 13).

1 (1:2) *Jesucristo—decisión—tentación:* Jesús fue tentado inmediatamente después de su decisión de ser bautizado. Su bautismo fue una decisión suprema, puesto que de esa manera declaraba su total entrega a Dios y a la misión de Dios. Esta decisión lo llevaría a la muerte en treinta y seis meses. Lo que es preciso notar es que su decisión fue atacada inmediatamente por Satanás. Jesús fue tentado inmediatamente después de su clara decisión de seguir a Dios e inaugurar la gran misión salvadora de Dios. (*Véanse* Estudios a fondo 1, 2, 3—Mt. 4:1-11.)

> *Pensamiento.* Cosas grandes y maravillosas ocurren a la persona que hace una decisión por Dios. (Para la discusión *véase* Estudio a fondo 1, *Salvación*—Ro. 1:16). Satanás, como adversario de Dios y del hombre lo sabe; por eso la tentación siempre sigue a la decisión por Dios. Satanás siempre combate a la persona que ...
>
> - es librada por Dios del egoísmo y pecado; cuando esa persona es librada para vivir una vida de amor y gozo y paz. (*Véase* Estudio a fondo 1—Ef. 1:7.)
>   > «Mas el fruto del Espíritu es amor, gozo, paz, paciencia, benignidad, bondad, fe mansedumbre, templanza; contra tales cosas no hay ley» (Gá. 5:22-23).
>   > «En quien tenemos redención por su sangre, el perdón de pecados según las riquezas de su gracia» (Ef. 1:7).
> - es librada por Dios de la muerte y del temor de la muerte; cuando esa persona es librada para vivir una vida de confianza y seguridad: la confianza y seguridad de haberse convertido en hijo de Dios.
>   > «Pues no habéis recibido el espíritu de

itud para estar otra vez en temor, sino que habéis recibido el Espíritu de adopción, por el cual clamamos: ¡Abba, Padre!» (Ro. 8:15).
>   > «Pero cuando vino el cumplimiento del tiempo, Dios envió a su Hijo, nacido de mujer y nacido bajo la ley, para que redimiese a los que estaban bajo la ley, para que redimiese a los que estaban bajo la ley, a fin de que recibiésemos la adopción de hijos. Y por cuanto sois hijos, Dios envió a vuestros corazones el Espíritu de su Hijo, el cual clama: ¡Abba, Padre!» (Gá. 4:4-6).
>   > «Así que, por cuanto los hijos participaron de carne y sangre, él también participó de lo mismo, para destruir por medio de la muerte al que tenía el imperio de la muerte, esto es, al diablo, y librar a todos los que por el temor de la muerte estaban durante toda la vida sujetos a servidumbre» (He. 2:14-15).
> - es librada por Dios de la condenación y el infierno; cuando esa persona es librada para vivir sabiendo que nunca será condenada por Dios, que vivirá por siempre con Dios, cuando esa persona sabe que jamás nada la separará del amor de Cristo.
>   > «De cierto, de cierto os digo: el que oye mi palabra, y cree al que me envió, tiene vida eterna; y no vendrá a conde-nación, mas ha pasado de muerte a vida» (Jn. 5:24).
>   > «Por lo cual estoy seguro de que ni la muerte, ni la vida, ni ángeles, ni princi-pados, ni potestades, ni lo presente, ni lo por venir, ni lo alto, ni lo profundo, ni ninguna otra cosa creada nos podrá separar del amor de Dios, que es en Cristo Jesús Señor nuestro» (Ro. 8:38-39).

Imagínese solamente todo lo que implica lo dicho arriba; la profundidad y riqueza, seguridad y confianza, el gozo y la motivación que llena una vida que recibe tanto. Y esto no solamente ocurre a la persona que hace una verdadera decisión por Dios, sino que todo esto se manifiesta a través de la vida de la persona a los otros. La familia y los amigos del nuevo convertido ven la profundidad y las riquezas de su vida transformada. El resultado es emocionante; generalmente alguno de ellos también llega a conocer a Cristo como su Salvador personal.

El adversario de Dios y del hombre necesariamente tiene que

tentar al nuevo convertido. Satanás necesariamente tiene que atacar, procurando derribar la nueva decisión de la persona por Dios. Ataca a la persona haciéndola dudar, cuestionar, a escoger otro camino, a emprender otra tarea, a buscar algo más. Satanás sabe que no puede dejar solo al nuevo convertido para que no se fortalezca en el Señor y en su testimonio en favor del Señor.

2 (1:12) *Jesucristo—tentación—pruebas:* la tentación es usada por el Espíritu. Las palabras «le impulsó» (*ekballei*) significan lanzar, echar, enviar fuera, forzar. Jesús es compelido con gran fuerza a ir al desierto. Fue impulsado por el Espíritu para ser probado. Debía ser probado, puesto a prueba, *no para hacerlo caer,* sino para hacerlo más fuerte y mejor preparado para hacer grandes cosas para Dios (*véase* nota, pt. 3—Mt. 4:1).

Pensamiento 1. Las pruebas y tentaciones deben ser escalones, no tropiezos. Son oportunidades que el Espíritu de Dios usa para hacernos *más fuertes* y *más capaces* para hacer grande cosas para Dios.

«Nos *gloriamos* en las tribulaciones [pruebas, tentaciones], sabiendo que la tribulación produce paciencia; y la paciencia prueba; y la prueba esperanza [esperanza de recibir y hacer cosas para Dios]» (Ro. 5:3-4).

«Hermanos míos, tened por sumo gozo cuando os halléis en diversas pruebas, sabiendo que la prueba de vuestra fe produce paciencia. Mas tenga la paciencia su obra completa, para que seáis perfectos y cabales, sin que os falte cosa alguna. Y si alguno de vosotros tiene falta de sabiduría, pídala a Dios, el cual da a todos abundantemente y sin reproche, y le será dada» (Stg. 1:2-5).

«Porque esta leve tribulación momentánea produce en nosotros un cada vez más excelente y eterno peso de gloria» (2 Co. 4:17).

«Respecto a lo cual tres veces he rogado al Señor, que lo quite de mí. Y me ha dicho: Bástate mi gracia; porque mi poder se perfecciona en la debilidad. Por tanto, de buena gana me gloriaré más bien en mis debilidades, para que repose sobre mí el poder de Cristo. Por lo cual, por amor a Cristo me gozo en las debilidades, en afrentas, en necesidades, en persecuciones, en angustias; porque cuando soy débil, entonces soy fuerte» (2 Co. 12:8-10).

«Para que sometida a prueba vuestra fe, mucho más preciosa que el oro, el cual aunque perecedero se prueba con fuego, sea hallada en alabanza, gloria y honra cuando sea manifestado Jesucristo» (1 P. 1:7).

«Amados, no os sorprendáis del fuego de prueba que os ha sobrevenido, como si alguna cosa extraña aconteciese, sino gozaos por cuanto sois participantes de los padecimientos de Cristo, para que también en la revelación de su gloria os gocéis con gran alegría» (1 P. 4:12-13).

«Y has sufrido, y has tenido paciencia, y has trabajado arduamente por amor de mi nombre, y no has desmayado» (Ap. 2:3).

Pensamiento 2. Después de una importante decisión o de una experiencia cumbre, es muy sabio apartarse para estar a solas con Dios. La persona tiene que ser fortalecida espiritualmente y preparada para mantenerse firme en su nueva decisión.

«Acerquémonos con corazón sincero, en plena certidumbre de fe, purificados los corazones de mala conciencia, y lavados los cuerpos con agua pura» (He. 10:22).

«Cercano está Jehová a los quebrantados de corazón; y salva a los contritos de espíritu» (Sal. 34:18).

«Pero en cuanto a mí, el acercarme a Dios es el bien; he puesto en Jehová el Señor mi esperanza, para contar todas tus obras» (Sal. 73:28).

«Cercano está Jehová a todos los que le invocan, a todos los que le invocan de veras» (Sal. 145:18).

3 (1:13) *Jesucristo—tentación—desierto:* la tentación es una experiencia del desierto. Es una experiencia desagradable aguda, amenazante. Jesús encaró las tres experiencias en su tentación en el desierto. (*Véanse* notas—Mt. 4:2-4, 5-7, 8-10; para una discusión más detallada de la tentación de Jesús.)

- Fue desagradable en el sentido de ser perturbada su paz y seguridad en Dios. En forma inmediata fue hecho consciente de la existencia de otra opción, una opción que despertó su carne a desear lo prohibido: el pan creado a partir de la piedra. (*Véase* nota—Mt. 4:2-4.)
- Fue aguda en el sentido de que inmediatamente fue consciente de la necesidad de una decisión, una decisión que podía ser equivocada y podía resultar en graves consecuencias.
- Fue amenazadora porque si cedía a la tentación resultarían las consecuencias del pecado y el propósito de Dios no sería cumplido.

Pensamiento 1. La tentación es una experiencia del desierto, es decir, una experiencia mundana. La tentación es del desierto y proviene del desierto. La tentación no es civilizada, confortante, pacífica, segura o protegida. Note tres cosas acerca del desierto (mundo).

1) La vida del desierto ...
   - está cubierta de rocas y precipicios (situaciones difíciles, amenazantes) que pueden hacer caer a la persona y herirla.
   - con frecuencia es un páramo (seco, vacío, períodos carentes de propósito) en el que la persona puede morir de sed y hambre.
   - está habitado por serpientes (comida y bebida, engaños del mundo) que atacarán con su veneno.
   - está poblado de bestias salvajes (tanto personas como cosas, sean amigos o enemigos) que consumirán a la persona.
2) El peligro del desierto es que las rocas, el páramo, serpientes o bestias nos lastimen y devoren.
3) El llamado del desierto es a la aventura, estimulante, desafiante y excitando. Apela a la *naturaleza del hombre.*

«Porque ¿Qué aprovechará al hombre, si ganare todo el mundo, y perdiere su alma? ¿O qué recompensa dará el hombre por su alma?» (Mt. 16:26).

«No os conforméis a este siglo, sino transformaos por medio de la renovación de vuestro entendimiento, para que comprobéis cuál sea la buena voluntad de Dios, agradable y perfecta» (Ro. 12:2).

«Entre los cuales también todos nosotros vivimos en otro tiempo en los deseos de nuestra carne, haciendo la voluntad de la carne y de los pensamientos, y éramos por naturaleza hijos de ira, lo mismo que los demás» (Ef. 2:3).

«¡Oh almas adúlteras! ¿No sabéis que la amistad del mundo es enemistad contra Dios? Cualquiera, pues, que quiera ser amigo del mundo, se constituye enemigo de Dios» (Stg. 4:4).

«No améis al mundo, ni las cosas que están en el mundo. Si alguno ama al mundo, el amor del Padre no está en él. Porque todo lo que hay en el mundo, los deseos de la carne, los deseos de los ojos, y la vanagloria de la vida, no proviene del Padre, sino del mundo» (1 Jn. 2:15-16).

Pensamiento 2. Dios quiere que conquistemos el desierto, que triunfemos en la experiencia del desierto, pero para conquistar y triunfar se necesita la presencia y poder suyo. Note que Dios más de lo que podéis resistir, sino que dará

también juntamente con la tentación la salida, para que
podáis soportar» (1 Co. 10:13).

**«Pues en cuanto él mismo padeció siendo
tentado, es poderoso para socorrer a los que son
tentados» (He. 2:18).**

**«Sabe el Señor librar de tentación a los
piadosos, y reservar a los injustos para ser castigados
en el día del juicio» (2 P. 2:9).**

4 (1:13) *Jesucristo—tentación:* la tentación es de Satanás, no
de Dios (*véase* nota—Mt. 4:1 para una mayor discusión del tema.
Véanse también Estudio a fondo 1—Lc. 4:1-2; Estudio a fondo 1—
Ap. 12:9.)

Pensamiento. Son tan pocas las personas que saben y
aceptan que la tentación es de Satanás. Pero el hecho que
la tentación es una mentira y un engaño sigue en pie.
Proviene del padre de las mentiras y del engaño. Por lo
tanto, debemos rechazar la tentación, puesto que la
tentación mata para siempre a la persona.

**«Cuando alguno oye la palabra del reino y no
entiende, viene el malo, y arrebata lo que fue
sembrado en su corazón. Este es el que fue sembrado
junto al camino» (Mt. 13:19).**

**«Vosotros sois de vuestro padre el diablo, y los
deseos de vuestro padre queréis hacer. El ha sido
homicida desde el principio, y no ha permanecido
en la verdad, porque no hay verdad en él. Cuando
habla mentira, de suyo habla; porque es mentiroso,
y padre de mentira» (Jn. 8:44).**

**«Y cuando cenaban, como el diablo ya había
puesto en el corazón de Judas Iscariote, hijo de
Simón, que le entregase» (Jn. 13:2).**

**«En los cuales anduvisteis en otro tiempo,
siguiendo la corriente de este mundo, conforme al
príncipe de la potesta del aire, el espíritu que ahora
opera en los hijos de desobediecia» (Ef. 2:2).**

**«Sed sobrios, y velad; porque vuestro adver-
sario el diablo, como león rugiente, anda alrededor
buscando a quien devorar» (1 P. 5:8).**

5 (1:13) *Jesucristo—tentación:* la tentación se encara con la
ayuda de Dios. Esto se ve en tres experiencias de Jesús.

1.   Jesús estuvo con las bestias salvajes del desierto, sin
embargo, éstas no lo devoraron. Las bestias salvajes incluirían al
leopardo, león, al jabalí, chacal, escorpiones, y serpientes. Dios
protegió a Jesús de todos ellos durante cuarenta días.

2.   Los ángeles le servían. Jesús no tuvo que encarar solo las
tentaciones. Dios cuidó que tuviese las provisiones necesarias.

**«¿Qué, pues, diremos a esto? Si Dios es por nosotros,
¿quién contra nosotros?» (Ro. 8:31).**

**«Pues en cuanto él mismo padeció siendo tentado,
es poderoso para socorrer a los que son tentados» (He.
2:18).**

**«Hermanos míos, tened por sumo gozo cuando os
halléis en diversas pruebas, sabiendo que la prueba de
vuestra fe produce paciencia. Mas tenga la paciencia su
obra completa, para que seáls perfectos y cabales, sin que
os falte cosa alguna. Y si alguno de vosotros tiene falta de
sabiduría, pídala a Dios, el cual da a todos abundantemente y sin reproche, y le será dada» (Stg. 1:2-5).**

**«Someteos, pues a Dios; resistid al diablo, y huirá
de vosotros» (Stg. 4:7).**

**«Hijitos, vosotros sois de Dios, y los habéis vencido;
porque mayor es el que está en vosotros, que el que está
en el mundo» (1 Jn. 4:4).**

3.   Se basó en la Palabra de Dios para responder a las
tentaciones (*véanse* Estudios a gondo 1, 2, 3—Mt. 4:1-11; Lc. 4:1-
13 para una mayor discusión).

Pensamiento. La armadura de Dios es la gloriosa
provisión que Dios otorga para que el creyente tenga
victoria sobre la tentación (para la discusión *véanse*
bosquejo y notas—Ef. 6:10-20).

D. Jesucristo y su mensaje: las buenas nuevas del evangelio, 1:14-15 (Mt. 4:12-17; Lc. 4:14, 19-20; Jn. 4:14)	

1 Jesús predicaba el evangelio[EP1]
  a. En Galilea
  b. Después que Juan fuese encarcelado
2 El tiempo se ha cumplido
3 El reino de Dios está cerca
4 Arrepentíos y crean[EP2]
	14 Después que Juan fue encarcelado, Jesús vino a Galilea predicando el evangelio del reino de Dios,
	15 Diciendo: el tiempo se ha cumplido, y el reino de Dios se ha acercado; arrepentíos, y creed en el evangelio.

D. Jesucristo y su mensaje: las buenas nuevas del evangelio, 1:14-15

(1:14-15) *Introducción:* las *buenas nuevas* del evangelio incluyen tres temas enfáticos.

1. Jesús predicaba el evangelio (v. 14).
2. El tiempo se ha cumplido (v. 15).
3. El Reino de Dios está cerca (v. 15).
4. Arrepentíos y crean (v. 15).

[1] (1:14) *Jesucristo—el orden de los acontecimientos—Galilea:* Jesús predicaba el evangelio. Marcos dice que Jesús comenzó a predicar el evangelio en Galilea una vez que Juan había sido encarcelado. Esta afirmación sirve como fecha para establecer el tiempo aproximado en que Jesús comenzó a ministrar en Galilea. Entre Marcos 1:13 y Marcos 1:14 transcurrió un año. Marcos no menciona los acontecimientos ocurridos entre la tentación de Jesús y el encarcelamiento de Juan el Bautista. Estos son cubiertos en Jn. 1:19—4:54. Aparentemente éste fue el orden de los acontecimientos:

1. Dos de los discípulos de Juan, Andrés y Pedro, se hicieron seguidores de Jesús inmediatamente después del bautismo de Jesús (Jn. 1:35-42).
2. Al día siguiente Jesús, acompañado por Andrés y Pedro, dejó a Judea y fue a Galilea. Fue allí donde Felipe y Natanael se hicieron seguidores de Jesús (Jn. 1:43-51), y el primer milagro tuvo lugar en Caná (Jn. 2:1-11).
3. Luego Jesús tomó a su familia y seguidores y se mudó a Capernaum, donde tendría su cuartel general (*véase* nota—Mt. 4:12-13). Pero solamente se detuvo unos pocos días allí, probablemente lo necesario para traer las pertenencias de su familia.
4. Estaba cerca la pascua, de modo que Jesús fue a Jerusalén para celebrarla (Jn. 2:13). Mientras estaba allí tuvo lugar la primer purificación del templo y la conversación con Nicodemo sobre el nuevo nacimiento (Jn. 2:14—3:1ss).
5. Luego Jesús comenzó a recorrer Judea y a predicar y bautizar abiertamente (Jn. 3:22). Pero su ministerio significó un problema para Juan y despertó la oposición de los líderes religiosos. Consecuentemente, salió de Judea y volvió a Galilea (Jn. 3:23—4:3).
6. Es en este punto donde Marcos (y también Mateo) inician la historia del ministerio de Jesús. Es preciso leer cuidadosamente los motivos de Jesús para escoger a Galilea como centro de operaciones para la mayor parte de su ministerio (*véanse* notas Mt. 4:12-13).

ESTUDIO A FONDO 1

(1:14) *Evangelio: véase* Estudio a fondo 2—1 Co. 15:1-11. Cp. Ro. 1:1-4.

[2] (1:15) *El cumplimiento del tiempo:* primero, el evangelio declara que el tiempo se había cumplido. El tiempo se había cumplido ¿para qué? Para la venida del Cristo, el Mesías de Dios. Era tiempo que la salvación del hombre apareciera sobre la escena del mundo. «El tiempo se ha cumplido» o «el cumplimiento del tiempo» (Gá. 4:4) significaban dos cosas:

1. El mundo y los acontecimientos religiosos estaban listos para la venida de Cristo (para la discusión *véase* Estudio a fondo 1—Gá. 4:4).
   a. La ley había realizado su obra educativa. Por medio de la nación judía había mostrado que los hombres son terribles transgresores. A pesar de todos los favores y bendiciones de Dios, el hombre aún no adoraba con amor a Dios. Ahora el mundo tenía un cuadro de la depravación del corazón humano. (Cp. Ro. 3:10-18 para una descripción clara de la pecaminosidad del hombre.)
   b. El mundo estaba lleno de personas padeciendo hambre espiritual. La adoración del ego, el placer, los dioses, las éticas filosóficas dejaron a muchos vacíos y despojados. Ahora el alma estaba preparada para que su hambre fuese saciada.
   c. Bajo el gobierno romano el mundo estaba en paz. El mundo era una puerta abierta para la difusión del evangelio sin ninguna clase de restricciones.
   d. El lenguaje básico del mundo era griego. Esto posibilitaba la comunicación con muchos pueblos de todo el mundo.
   e. El mundo tenía un sistema de rutas para los viajes masivos. Esto permitía a los misioneros cristianos a llegar hasta las partes más lejanas de la tierra. Ello también traía a mercaderes viajeros a los centros metropolitanos donde se concentraban los creyentes cristianos.

«Pero cuando vino el cumplimiento del tiempo, Dios envió a su Hijo, nacido de mujer y nacido bajo la ley, para que redimiese a los que estaban bajo la ley, para que redimiese a los que estaban bajo la ley, a fin de que recibiésemos la adopción de hijos. Y por cuanto sois hijos, Dios envió a vuestros corazones el Espíritu de su Hijo, el cual clama: ¡Abba, Padre!» (Gá. 4:4-6).

«Porque hay un solo Dios, y un solo mediador entre Dios y los hombres, Jesucristo hombre, el cual se dio a sí mismo en rescate por todos, de lo cual se dio testimonio a su debido tiempo» (1 Ti. 2:5-6).

«[Para los elegidos] en la esperanza de la vida eterna, la cual Dios, que no miente, prometió desde antes del principio de los siglos» (Tit. 1:2).

«Pero ahora, en la consumación de los siglos, se presentó una vez para siempre por el sacrificio de sí mismo para quitar de en medio el pecado» (He. 9:26).

2.   Los acontecimientos proféticos estaban listos para la venida de Cristo. Dios había anunciado que Elías vendría *primero* a preparar el camino (Is. 40:3; Mal. 3:1). Elías vino en la persona de Juan el Bautista (Mt. 11:10). Pero ahora Juan estaba dejando la escena. Su ministerio de preparar el camino para el Mesías había sido cumplido. Era tiempo que el Mesías apareciera en toda su fuerza, proclamando el glorioso evangelio del reino de Dios.

Mateo y Pedro, igual que Marcos, acentuaron que «el tiempo estaba cumplido» para la aparición del Mesías. El hecho de que el tiempo fuese acentuado tanto señala a Jesús como el auténtico Mesías y añade más pruebas a su naturaleza mesiánica.

«Cuando Jesús oyó que Juan estaba preso, volvió a Galilea .... Desde entonces comenzó Jesús a predicar, y a decir: arrepentíos, porque el reino de los cielos se ha acercado» (Mt. 4:12, 17).

«Dios envió mensaje a los hijos de Israel, anunciando el evangelio de la paz por medio de Jesucristo; éste es Señor de todos. Vosotros sabéis lo que se divulgó por toda Judea, comenzando desde Galilea, después del bautismo que predicó Juan» (Hch. 10:36–37).

Pensamiento. Note dos aplicaciones significativas.
1)   Dios preparó el camino de su Hijo poniendo en movimiento acontecimientos mundiales. Controló la historia y sus eventos, y por amor a su pueblo sigue controlando todos los eventos y circunstancias.

«Y sabemos que a los que aman a Dios, todas las cosas les ayudan a bien, esto es, a los que conforme a su propósito son llamados» (Ro. 8:28).

2)   Dios cumplió su promesa para preparar el camino de su Hijo. También cumplirá sus promesas hechas a los creyentes. Él prepara el camino de todo auténtico creyente, al ir delante del creyente para cuidarle.

«Plenamente convencido de que era también poderoso para hacer todo lo que había prometido» (Ro. 4:21).

«Porque todas las promesas de Dios son en él Sí, y en él Amén, por medio de nosotros, para la gloria de Dios» (2 Co. 1:20).

«Aunque ande en valle de sombra de muerte, no temeré mal alguno; tu vara y tu cayado me infundirán aliento» (Sal. 23:4).

«Cuando pases por las aguas, yo estaré contigo; y si por los ríos, no te anegarán. Cuando pases por el fuego, no te quemarás, ni la llama arderá en ti» (Is. 43:2).

3   (1:15) *Reino de Dios:* segundo, el evangelio declara que el reino de Dios está cerca (*véase* Estudio a fondo 3; Mt. 19:23-24 para la discusión).

«La ley y los profetas eran hasta Juan; desde entonces el reino de Dios es anunciado, y todos se esfuerzan por entrar en él» (Lc. 16:16).

«Preguntado por los fariseos, cuándo había de venir el reino de Dios, les respondió y dijo: El reino de Dios no vendrá con advertencia, ni dirán: Helo aquí, o helo allí; porque he aquí el reino de Dios está entre vosotros» (Lc. 17:20–21).

«Después que Juan fue encarcelado, Jesús vino a Galilea predicando el evangelio del reino de Dios, diciendo: el tiempo se ha cumplido, y el reino de Dios se ha acercado; arrepentíos, y creed en el evangelio» (Mr. 1:14–15).

«Y alzando los ojos hacia sus discípulos, decía: Bienaventurados vosotros los pobres, porque vuestro es el reino de Dios» (Lc. 6:20).

«Respondió Jesús y le dijo: De cierto, de cierto te digo, que el que no naciere de nuevo, no puede ver el reino de Dios .... Respondió Jesús: De cierto, de cierto te digo, que

el que no naciere de agua y del Espíritu, no puede entrar al reino de Dios» (Jn. 3:3, 5).

«Porque el reino de Dios no es comida ni bebida, sino justicia, para gozo en el Espíritu Santo» (Ro. 14:17).

4   (1:15) *Arrepentimiento—creer:* tercero, el evangelio declara que la persona tiene que arrepentirse y creer el evangelio. Tanto arrepentirse como creer son esenciales.

1.   El arrepentimiento en sí mismo no satisface la ley que previamente fue quebrantada. La persona puede arrepentirse y cambiar respecto de su vida anterior, pero el arrepentimiento no es suficiente. Es preciso pagar y dar satisfacción a las leyes que ya ha quebrantado. Es por eso que la persona tiene que creer las *buenas nuevas* de Jesucristo. Jesús cumplió la ley a la perfección. Él vivió una vida sin pecado (2 Co. 5:21; He. 4:15; 7:26; 1 P. 1:19; 2:22). Él fue perfectamente justo. Como tal dio perfecta satisfacción a Dios. Se presentó como el Hombre perfecto, el Hombre ideal, el modelo de lo que el hombre debería ser. Y como *Hombre ideal podía interceder por todo hombre y ofrecerse a Dios como el pago ideal,* la *Satisfacción ideal* por todos los que habían quebrantado la ley de Dios. Este es el glorioso evangelio, las *buenas nuevas* predicadas por Jesucristo en toda Galilea. La persona que llega a ser aceptable ante Dios es aquella que se arrepiente y cree en el evangelio, cree que Jesús es el Hijo de Dios (Mr. 1:1), que Jesús es el *Hombre ideal* que ha hecho el *pago perfecto,* dado la *satisfacción perfecta* por nuestros pecados. Jesús es la propiciación por nuestros pecados (*véanse* notas–Ro. 3:25; Estudio a fondo 1–Jn. 2:2. *Véase* también, *Justificación*—Ro. 5:1).

«Al que no conoció pecado, por nosotros lo hizo pecado, para que nosotros fuésemos *hechos justicia de Dios en él*» (2 Co. 5:21).

«Porque no tenemos un sumo sacerdote que no pueda compadecerse de nuestras debilidades, sino uno que fue tentado en todo según nuestra semejanza, *pero sin pecado*» (He. 4:15).

«Por lo cual puede también salvar perpetuamente a los que por él se acercan a Dios, viviendo siempre para interceder por ellos. Porque tal sumo sacerdote nos convenía: *santo, inocente, sin mancha, apartado* de los pecadores, y hecho más sublime que los cielos» (He. 7:25-26).

«Sabiendo que fuisteis rescatados de vuestra vana manera de vivir, la cual recibisteis de vuestros padres, no con cosas corruptibles, como oro y plata, sino con la sangre preciosa de Cristo, como de un cordero *sin mancha y sin contaminación*» (1 P. 1:18-19).

«El cual *no hizo pecado,* ni se halló engaño en su boca; quien cuando le maldecían, no amenazaba, sino encomendaba la causa al que juzga justamente; quien llevó él mismo nuestros pecados sobre el madero, para que nosotros, estando muertos a los pecados, *vivamos a la justicia;* y por cuya herida fuisteis sanados» (1 P. 2:22–24).

2.   La fe por sí sola no satisface a la ley. La fe sin el arrepentimiento, sin un verdadero cambio de vida, no es sincera. Es de palabra solamente. Asume que Dios va a condonar una vida egocéntrica como un abuelo que con poca sabiduría apaña y es indulgente con un nieto malcriado. Tanto la fe en Cristo, en la satisfacción que pagó por el pecado, y el arrepentimiento, son esenciales para entrar al reino de Dios. (Para mayor discusión *véase* Estudio a fondo 1, *Arrepentimiento*—Hch. 17:29-30.)

«Diciendo: Arrepentíos, porque el reino de los cielos se ha acercado» (Mt. 3:2).

«Os digo: No; antes si no os arrepentís, todos pereceréis igualmente» (Lc. 13:3).

«Porque de tal manera amó Dios al mundo, que ha dado a su Hijo unigénito, para que todo aquel que en él *cree,* no se pierda, mas tenga vida eterna» (Jn. 3:16).

«Pedro les dijo: Arrepentíos, y bautícese cada uno de vosotros en el nombre de Jesucristo para perdón de los pecados; y recibiréis el don del Espíritu Santo» (Hch. 2:38).

«Así que, arrepentíos y convertíos, para que sean borrados vuestros pecados; para que vengan de la presencia del Señor tiempos de refrigerio» (Hch. 3:19).

«Que si confesares con tu boca que Jesús es el Señor, y *creyeres* en tu corazón que Dios le levantó de los muertos, serás salvo. Porque con el corazón *se cree* para justicia, pero con la boca se confiesa para salvación» (Ro. 10:9-10).

«Si se humillare mi pueblo, sobre el cual mi nombre es invocado, y oraren, y buscaren mi rostro, y se convirtieren de sus malos caminos; entonces yo oiré desde los cielos, y perdonaré sus pecados, y sanaré su tierra» (2 Cr. 7:14).

«Deje el impío su camino, y el hombre inicuo sus pensamientos, y vuélvase a Jehová, el cual tendrá de él, misericordia, y al Dios nuestro, el cual será amplio en perdona» (Is. 55:7).

«Mas el impío, si se apartare de todos sus pecados que hizo, y guardare todos mis estatutos e hiciere según el derecho y la justicia, de cierto vivirá; no morirá» (Ez. 18:21).

ESTUDIO A FONDO 2

(1:15) *Creer:* para la discusión *véanse* Estudio a fondo 1—Jn. 2:24; Estudio a fondo 3—Hch. 5:32; Ro. 10:16-17; Estudio a fondo 1—He. 10:38.

	E. Jesucristo y sus discípulos: el tipo de persona llamada, 1:16-20 (Mt. 4:18-22; Lc. 5:1-11; Jn.1:35-51)	pescadores de hombres. 18 Y dejando luego sus redes, le siguieron. 19 Pasando de allí un poco más adelante, vio a Jacobo hijo de Zebedeo, y a Juan su hermano, también ellos en la barca, que remendaban las redes. 20 Y luego los llamó; y dejando a su padre Zebedeo en la barca con los jornaleros, le siguieron.	3 Eran hombres cooperativos
1 Eran hombres laboriosos, que trabajaban duro[EP1] 2 Eran hombres visionarios: esperaban	16 Andando junto al mar de Galilea, vio a Simón ya Andrés su hermano, que echaban la red en el mar; porque eran pescadores. 17 Y les dijo Jesús: Venid en pos de mí, y haré que seáis		4 Eran hombres exitosos, pero sacrificados y considerados

E. Jesucristo y sus discípulos: el tipo de persona llamada, 1:16-20

(1:16-20) *Introducción—llamado:* Jesús llamó a hombres comunes. Note que *no* eran ...
- líderes religiosos.
- hombres poderosos, líderes políticos pertene-cientes al gobierno nacional, el sanhedrín (*véase* nota, *Sanhedrín*—Mt. 26:59).
- de profesión sacerdotal o ministerial.
- estudiantes en las escuelas superiores.

Eran, muy sencillamente, hombres comunes, laicos ocupados en los asuntos de la vida igual que todos los laicos de su tiempo. Sin embargo, habiendo dicho esto, es preciso formular una pregunta. Si estos hombres eran gente común, ¿por qué los llamó Jesús, en vez de llamar a los más dotados? La respuesta está en algunas cualidades muy especiales que tenían los discípulos. Tenían algunas cualidades muy especiales por las que se destacaban de los otros hombres laicos en general. Este pasaje nos da un cuadro de dichas cualidades, un cuadro del tipo de persona que Jesús llama. (Para reflexiones adicionales *véanse* bosquejo y nota—Mt. 4:18–22.)
1. Eran hombres laboriosos, que trabajaban duro (v. 16).
2. Eran hombres visionarios: esperaban al Mesías, dispuestos a seguirle (vv. 17–18).
3. Eran hombres dispuestos a cooperar (v. 19).
4. Eran hombres exitosos, pero sacrificados y considerados (v. 20).

1 (1:16) *Creyentes—obra:* los discípulos de Jesús eran hombres laboriosos, hombres que trabajaban duro. Jesús «vio a Simón y a Andrés su hermano, que *echaban* la red en el mar.» Un poco más allá, siguiendo la orilla del lago «vio a Jacobo hijo de Zebedeo, y a Juan su hermano ... que *remendaban* las redes» (v. 19). Jesús no tiene lugar para el obrero perezoso, para el lento, el descuidado, indolente, desinteresado y no comprometido. La persona que Jesús llama es industriosa, es una persona que trabaja duro. Un estudio del llamado de Dios a diversas personas en las Escrituras demuestra este hecho con absoluta claridad. Por ejemplo:
- Compare el llamado de Amós.
    «Entonces respondió Amós, y dijo a Amasías: No soy profeta, ni soy hijo de profeta, sino que soy *boyero*, y *recojo* higos silvestres. Y Jehová me tomó de detrás del ganado, y me dijo: Vé y profetiza a mi pueblo Israel» (Am. 7:14–15).
- Compare el llamado de Eliseo.
    «Partiendo de allí, halló a Eliseo hijo de Safat, que *araba* con doce untas delante de sí, y él tenía la última. Y pasando Elías por delante de él, echó sobre él su manto» (1 R. 19:19).
- Compare el llamado de Saulo de Tarso, un hombre que era todo menos perezoso (Hch. 9:1ss).
    «Así que, hermanos míos amados, estad

firmes y constantes, creciendo en la obra del Señor siempre, sabiendo que vuestro trabajo en el Señor no es en vano» (1 Co. 15:58).

Pensamiento. Note lo que dijo Jesús:
«[El Hijo del hombre] es como el hombre que yéndose lejos, dejó su casa, y dio autoridad a sus siervos, y a cada uno su obra, y al portero mandó que velase» (Mr. 13:34).
«Dijo, pues: Un hombre noble se fue a un país lejano, para recibir un reino y volver. Y llamando a diez siervos suyos, les dio diez minas, y les dijo: *Negociad entre tanto que vengo*» (Lc. 19:12–13).

ESTUDIO A FONDO 1

(1:6) *Mar de Galilea—lago de Genezaret—mar de Tiberias:* un lago de agua fresca en el norte de Palestina. En su parte más ancha solamente media 13 millas de norte a sud, y 8 millas de este a oeste. En la actualidad no se lo llamaría mar, debido a su reducido tamaño. Hay varios hechos importantes que notar acerca del lago.

1. El lago era conocido por diversos nombres: mar de Galilea (Mt. 4:18; 15:29; Mr. 1:16; 7:31); mar de Tiberias (Jn. 6:1; 21:1); lago de Genezaret (Lc. 5:1); y simplemente el «mar» (Jn. 6:16-25) o el «lago» (Lc. 5:2; 8:22). En el Antiguo Testamento se lo llamó mar de Cineret (que significa, con forma de corazón, Nm. 3 4:11; Dt. 3:17; Jos. 13:27, Jos. 12:3; 1 R. 15:20).

2. El lago estaba rodeado de algunas de las zonas más ricas y más densamente pobladas de Palestina. Grandes ciudades florecían junto a sus orillas, ciudades que tienen roles prominentes en las Escrituras: Capernaum (*véanse* bosquejo y notas—Mt. 4:12-13), Betsaida (Mr. 6:45), Corazín (Lc. 10:13), Magdala (Mt. 15:39), Gadara (Mr. 5:1).

3. El lago estaba expuesto a violentas tempestades. Por estar a 680 pies debajo del nivel del mar poseía un clima cálido; el agua estaba contenida en un lecho semejante a una fuente, rodeado por colinas que se elevaban perpendicularmente (hasta 2000 pies de altura) a su alrededor, formando especies de embudos. Estos embudos o quebradas atravesaban las montañas como resultado de siglos de erosión. Cuando entraban frentes de aire frío con sus tempestuosas ráfagas, el frío atravesaba las gargantas tipo embudo y se mezclaba con las temperaturas cálidas del lago. El resultado eran tormentas impredecibles y terribles (Mt. 8:23-27; Mr. 4:35–41; Lc. 8:22-25).

2 (1:17-18) *Llamado:* los discípulos de Jesús eran hombre visionarios, hombres que esperaban al Mesías y estaban dispuestos a seguirle sin importar el precio. Esta era la *cualidad* que distinguía a los discípulos respecto de muchas otras personas. Algunas personas poseían las otras cualidades de los discípulos (como ocurre en cada generación), pero esta cualidad particular era de unos pocos, tal vez inexistente en otros. La cuarta cualidad era una disposición a sacrificar todo por seguir a Cristo. Muchos esperaban al Mesías, pero pocos estaban realmente dispuestos a seguirle. Eran pocos, y quién sabe si había otros que pagarían el precio de renunciar a sus negocios y seguir inmediatamente a Jesús. Pero estos hombres estaban dispuestos a seguir a Jesús, y le siguieron.

Pensamiento 1. Pocas personas tienen una visión tan intensa que estén dispuestas a pagar cualquier precio por seguir a Jesús. Renunciar a la profesión, a la atmósfera hogareña, a la familia y amigos, es sencillamente demasiado costoso. Les falta la visión.

«El que ama a padre o madre más que a mí, no es digno de mí; el que ama a hijo o hija más que a mí, no es digno de mí; y el que no toma su cruz y sigue en pos de mí, no es digno de mí. El que halla su vida, la perderá; el que pierde su vida por causa de mí, la hallará» (Mt. 10:37–39).

«Así, pues, cualquiera de vosotros que no renuncia a todo lo que posee, no puede ser mi discípulo» (Lc. 14:33).

«Y ciertamente, aun estimo todas las cosas como pérdida por la excelencia del conocimiento de Cristo Jesús, mi Señor, por amor del cual lo he perdido todo, y lo tengo por basura, para ganar a Cristo» (Fil. 3:8).

Pensamiento 2. Jesús llama la persona a una vida de trabajo, no a una vida de facilidades y confort. Llama la persona para invertir su vida, no para desperdiciar su vida.

«Y les dijo, Si alguno quiere venir en pos de mí, niéguese a sí mismo, tome su cruz cada día, y sígame. Porque todo el que quiera salvar su vida, la perderá; y todo el que pierda su vida por causa de mí, éste la salvará» (Lc. 9:23-24).

«Me es necesario hacer las obras del que me envió, entre tanto que el día dura; la noche viene, cuando nadie puede trabajar» (Jn. 9:4).

«Ahora bien, se requiere de los administradores que cada uno sea hallado fiel» (1 Co. 4:2).

«Cada uno según el don que ha recibido, minístrelo a otros, como buenos administradores de la multiforme gracia de Dios» (1 P. 4:10).

«Todo lo que te viniere a la mano para hacer, hazlo según tus fuerzas; porque en el Seol, adonde vas, no hay obra, ni trabajo, ni ciencia, ni sabiduría» (Ec. 9:10).

Pensamiento 3. Note que el llamado básico es a ser «pescadores de hombres», no maestros, ni predicadores, consejeros, administradores, constructores, colectores de fondos o alguna otra cosa. Pero, con cuánta facilidad oscurecemos y camuflamos el ministerio evangelístico de la iglesia.

«Como el Hijo del Hombre no vino para ser servido, sino para servir, y para dar su vida en rescate por muchos» (Mt. 20:28).

«Por tanto, id, y haced discípulos a todas la naciones, bautizándolos en el nombre del Padre, y del Hijo, y del Espíritu Santo; enseñándoles que guarden todas las cosas que os he mandado; y he aquí yo estoy con vosotros todos los días hasta el fin del mundo. Amén» (Mt. 28:19-20).

«Y les dijo: Id por todo el mundo y predicad el evangelio a toda criatura» (Mr. 16:15).

«Porque el Hijo del Hombre vino a buscar y a salvar lo que se había perdido» (Lc. 19:10).

«Entonces Jesús les dijo otra vez: Paz a vosotros. Como me envió el Padre, así también os envío» (Jn. 20:21).

«Pero recibiréis poder, cuando haya venido sobre vosotros el Espíritu Santo, y me seréis testigos en Jerusalén, en toda Judea, en Samaria, y hasta lo último de la tierra» (Hch. 1:8).

«Lo que has oído de mí ante muchos testigos, esto encarga a hombres fieles que sean idóneos para enseñar también a otros. Tú, pues, sufre penalidades como buen soldado de Jesucristo» (2 Ti. 2:2–3).

3 (1:19) *Llamado:* los discípulos de Jesús eran hombres dispuestos a cooperar. Eran hermanos y trabajaban juntos. El hecho de trabajar juntos indica al menos tres cosas.

1. Tenían *buenos* padres que les habían enseñado a amarse y cuidar unos de otros.
2. Procedían de una familia unida, de una familia que trabajaba unida.
3. Seguían los pasos de las enseñanzas de sus padres, mantuvieron en la vida un espíritu fraternal.

Pensamiento. El espíritu fraternal, cooperativo de los discípulos nos muestra tres cosas.

1) La necesidad del espíritu fraternal; la clase de espíritu que Cristo quiere que haya entre sus seguidores. El tipo de reino que Cristo está estableciendo es un reino de seguidores con espíritu fraternal.

«Amarás a tu prójimo como a ti mismo» (Mt. 22:39).

«Este es mi mandamiento: Que os améis unos a otros, como yo os he amado» (Jn. 15:12; cp. Jn. 13:35).

«Amaos los unos a los otros con amor fraternal; en cuanto a honra, prefiriéndoos los unos a los otros» (Ro. 12:10).

«Habiendo purificado vuestras almas por la obediencia a la verdad, mediante el Espíritu, para el amor fraternal no fingido, amaos unos a otros entrañablemente, de corazón puro» (1 P. 1:22).

2) La necesidad de alcanzar a la familia; hermanos y hermanas alcanzándose mutuamente.

«Este halló primero a su hermano Simón, y le dijo: Hemos hallado al Mesías (que traducido es, el Cristo). Y le trajo a Jesús. Y mirándole Jesús, dijo: Tú eres Simón, hijo de Jonás; tú serás llamado Cefas (que quiere decir, Pedro)» (Jn. 1:41-42).

«El Padre entonces entendió que aquella era la hora en que Jesús le había dicho: Tu hijo vive; y creyó él con toda su casa» (Jn. 4:53).

«Y cuando fue bautizada, y su familia, nos rogó diciendo: Si habéis juzgado que yo sea fiel al Señor, entrad en mi casa, y posad. Y nos obligó a quedarnos» (Hch. 16:15).

«Y sacándolos, les dijo: Señores, ¿qué debo hacer para ser salvo? Ellos dijeron: Cree en el Señor Jesucristo, y serás salvo, tú y tu casa» (Hch. 16:30-31).

3) La necesidad de que los padres eduquen a sus hijos en el camino que deben andar (*véanse* bosquejos y notas—Ef. 6:1–4; Col. 3:20–21).

«Y las [palabras de Dios] repetirás a tus hijos, y hablarás de ellas estando en tu casa, y andando por el camino, y al acostarte, y cuando te levantes» (Dt. 6:7).

«Instruye al niño en su camino, y aun cuando fuere viejo no se apartará de él» (Pr. 22:6).

«Y vosotros, padres, no provoquéis a ira a vuestros hijos, sino criadlos en disciplina y amonestación del Señor» (Ef. 6:4).

4 (1:20) *Llamado:* los discípulos de Jesús eran hombres exitosos, pero sacrificados y considerados. Zebedeo y sus hijos, Jacobo y Juan, eran exitosos hombres de negocio. Note: los hijos dejaron a su padre con «los jornaleros». Tal vez esta sea la razón por la que Juan pudo entrar al palacio del sumo sacerdote cuando Jesús era juzgado como traidor (Jn. 18:15ss). Probablemente era el proveedor de pescado del palacio. (*Véanse* notas—Mr. 10:35-37; Jn. 18:15-18).

Note dos hechos significativos acerca de lo dicho:

1.   Jacobo y Juan sacrificaron su parte del negocio a pesar del éxito que tenían como colaboradores de su padre. O bien ya eran propietarios con su padre, o bien eran los futuros propietarios por vía de la herencia. Renunciaron a todo por seguir a Jesús. Esta también era una escasa cualidad que solo existía en unas pocas personas.

2.   Jacobo y Juan fueron considerados con su padre. No lo dejaron solo; ¡nunca habrían hecho algo semejante! Cuidaron de él; lo dejaron con «los jornaleros».

Pensamiento 1. ¿Cuántas personas sacrificarían su herencia por seguir a Jesús?

«Entonces Jesús, mirándole, le amó, y le dijo: Una cosa te falta: anda, vende todo lo que tienes, y dalo a los pobres, y tendrás tesoro en el cielo; y ven, sígueme, tomando tu cruz» (Mr. 10:21).

«Porque donde esté vuestro tesoro, allí estará también vuestro corazón» (Mt. 6:21).

«Y cualquiera que haya dejado casas, o hermanos, o hermanas, o padre, o madre, o mujer, o hijos o tierras, por mi nombre, recibirá cien veces más, y heredará la vida eterna» (Mt. 19:29).

Pensamiento 2. ¿Cuántas personas adultas cuidan lo suficiente de sus padres de manera que tengan toda la ayuda necesaria para atender sus asuntos? El tipo de persona que Jesús llama se caracteriza por ser considerada.

«Porque Moisés dijo: Honra a tu padre y a tu madre; y: El que maldiga al padre o a la madre, muera irremisiblemente» (Mr. 7:10).

«Pero si alguna viuda tiene hijos, o nietos, aprendan éstos primero a ser piadosos para con su propia familia, y a recompensar a sus padres; porque esto es lo bueno y agradable delante de Dios .... Porque si alguno no provee para los suyos, y mayormente para los de su casa, ha negado la fe, y es peor que un incrédulo» (1 Ti. 5:4, 8).

«Delante de las canas te levantarás, y honrarás el rostro del anciano, y de tu Dios tendrás temor. Yo Jehová» (Lv. 19:32).

	II. EL MINISTERIO INICIAL DEL HIJO DE DIOS: LA INFLUENCIA INMEDIATA DE JESÚS, 1:21—3:35 **A. La enseñanza de Jesús y su influencia: inaugurando un ministerio nuevo, 1:21-22** (Lc. 4:31-32)

1 Comenzó con la adoración en la sinagoga EF1,2
2 Aprovechó la oportunidad para enseñar
3 Asombró a la multitud
  a. Su enseñanza (*véanse* vv.14-15)
  b. Su autoridad
	21 Y entraron en Capernaum; y los días de reposo, entrando en la sinagoga, enseñaba.
	22 Y se admiraban de su doctrina; porque les enseñaba como quien tiene autoridad, y no como los escribas.

II. EL MINISTERIO INICIAL DEL HIJO DE DIOS: LA INFLUENCIA INMEDIATA DE JESÚS, 1:21—3:35

A. La enseñanza de Jesús y su influencia: inaugurando un ministerio nuevo, 1:21-22

(1:21–22) *Jesucristo, ministerio:* ahora Jesús estaba inaugurando su ministerio en toda su plenitud. Se puede decir que este era el comienzo, el inicio de su ministerio. Para el creyente que sale a servir al Señor es importante conocer exactamente lo que Jesús hizo en este lanzamiento.

    1. Comenzó con la adoración en la sinagoga (v. 21).
    2. Aprovechó la oportunidad para enseñar (v. 21).
    3. Asombró a la multitud (v. 22).

1 (1:21) *Adoración:* Jesús comenzó su ministerio con la adoración de modo *inmediato*. Note que las palabras «y los días de reposo, entrando en la sinagoga» denotan una acción inmediata. (*Véanse* Estudios a fondo 1, 2—Mr. 1:21; Estudio a fondo—Mt. 4:23 referidas a la sinagoga.)
    Esto dice varias cosas significativas.
    1. Jesús inauguró su ministerio en la adoración. Un ministerio nuevo siempre debe comenzar en adoración.
    2. Jesús era fiel a la *adoración semanal en la sinagoga*. La sinagoga, con sus líderes y adoradores, estaba lejos de ser perfecta, sin embargo, los sábados Jesús iba a la sinagoga y adoraba con fidelidad. Semejante ejemplo nos deja a todos sin excusa.
        «Pasando de allí, vino a la sinagoga de ellos» (**Mt. 12:9**).
        «Y entraron en Capernaum; y los días de reposo, entrando en la sinagoga, enseñaba» (**Mr. 1:21**).
        «Vino a Nazaret, donde se había criado; y en el día de reposo entró en la sinagoga, conforme a su *costumbre*, y se levantó a leer» (**Lc. 4:16**).
        «Ellos, pasando de Perge, llegaron a Antioquía de Pisidia; y entraron [Pablo y sus compañeros] en la sinagoga un día de reposo y se sentaron» (**Hch. 13:14**).
        «No dejando de congregarnos, como algunos tienen por costumbre, sino exhortándonos; y tanto más cuanto véis que aquel día se acerca» (**He. 10:25**).

ESTUDIO A FONDO 1

(1:21) *Sinagoga* (*synagoge*): significa reunión, una comunidad de personas. También puede significar el edificio en el que la reunión tiene lugar. Con frecuencia las sinagogas se realizaban en hogares. En efecto, si había diez judíos viviendo en una comunidad, por ley estaban obligados a realizar en algún sitio una sinagoga. Si había suficientes ciudadanos judíos en un lugar, y las leyes locales lo permitían, se construía un edificio sinagoga. No hay menciones seguras de sinagogas en el Antiguo Testamento, pero son mencionadas más de cincuenta veces en el Nuevo Testamento.

    Las sinagogas comenzaron a surgir, o bien durante, o bien inmediatamente después del regreso de los judíos del cautiverio babilónico. Los líderes se convencieron de que la nación nunca sobreviviría si la gente no conocía y practicaba realmente la ley de Dios. Por eso se estableció que dondequiera viviesen diez o más judíos, éstos debían reunirse regularmente en una reunión de sinagoga. Debían estudiar y practicar la ley de Dios. El crecimiento de las sinagogas fue asombroso. Uno puede imaginarse el número de ellas recordando que los judíos habían sido deportados y dispersados a todo el mundo, y recordando que dondequiera viviesen diez judíos éstos debían reunirse como sinagoga (cp. Lc. 4:16ss; Hch. 9:2).

    La cabeza de la sinagoga era el principal. Este era el administrador, quien manejaba los negocios y supervisaba los servicios. Se ocupaba de invitar a quienes llevarían la palabra, a los lectores y también a los hombres que orarían (cp. Mr. 5:22; Lc. 13:14; Hch. 18:8). También estaba el sacristán o ministro. Este tenía a cargo los rollos o Escrituras, la enseñanza de la ley en las clases, y el cuidado y mantenimiento del edificio (cp. Lc. 4:20).

    El servicio de la sinagoga era muy sencillo. Había una oración, la lectura de la Escritura (rollo), y una exposición de la Escritura. (Para tener un cuadro de los servicios cp. Lc. 4:16ss; Hch. 13:14–52.) (*Véase* Estudio a fondo 2—Mt. 4:23.)

    Cuando uno lee el Nuevo Testamento hay dos hechos importantes que recordar acerca de la sinagoga. (1) Su propósito básico era enseñar la Palabra de Dios. Todas las otras funciones eran secundarias. (2) No había un predicador o maestro permanente. Era costumbre invitar a maestros locales o visitantes a hacer una exposición de las Escrituras. Estos dos hechos explican por qué Jesús, y luego los apóstoles, pudieron hallar un púlpito abierto en la sinagoga al llevar su misión por el mundo (cp. Hch. 3:1; 10:2; 13:5;13:14-52; 18:4; *véase* nota—Mt. 4:23.)

ESTUDIO A FONDO 2

(1:21) *Sinagoga:* es interesante notar que un centurión gentil construyó esta sinagoga en particular entregándola como regalo especial a los judíos. Cuando Jesús ministraba había entre los presentes tanto judíos como gentiles prosélitos. (Cp. Lc. 7:1-10, esp. 5.)

2 (1:21) *Enseñanza—tiempo—iniciativa:* Jesús aprovechó la oportunidad para enseñar. Note las palabras «y los días de reposo [inmediatamente], entrando en la sinagoga, enseñaba». La idea es que entró directamente comenzando a enseñar de inmediato. Este fue el preciso día del lanzamiento de su ministerio; esta fue la primera oportunidad que tuvo para subir al podio y enseñar. De inmediato pasó al frente y aprovechó la oportunidad.

> **Pensamiento.** Las oportunidades deben ser aprovechadas cuando se presentan. No debemos dejarlas pasar. Hay muchas cosas que nos pueden hacer perder las oportunidades.
> 1) No buscar oportunidades.
> 2) No aprovecharlas en el momento indicado.
> 3) Carecer de la iniciativa para aprovechar la oportunidad cuando ésta se presenta.
> 4) No tratar adecuadamente la oportunidad.

> **Pensamiento 2.** Jesús aprovechó el momento. Su tiempo era escaso, de modo que aprovechó la oportunidad para enseñar. El tiempo es breve. Debemos usar cada minuto al máximo, porque viene la noche cuando nadie puede trabajar. Se cometen diversos errores en cuanto al tiempo.
> 1) Podemos perder tiempo: dejarlo pasar sencillamente, sin nunca aprovechar la oportunidad.
> 2) Podemos ignorar el tiempo: no darle importancia, darle poca o ninguna atención.
> 3) Podemos ser negligentes con el tiempo: desinteresados, indolentes, no comprender su potencial ni lo que se lograría usándolo adecuadamente.
> 4) Podemos abusar del tiempo: usar el tiempo para hacer lo contrario de lo que deberíamos hacer; usar mal el tiempo, usándolo con actitud indecisa, indolente, ineficientemente.
>
> > «Me es necesario hacer las obras del que me envió, entre tanto que el día dura; la noche viene, cuando nadie puede trabajar» (Jn. 9:4).
> > «Y esto, conociendo el tiempo, que es ya hora de levantarnos del sueño; porque ahora está más cerca de nosotros nuestra salvación que cuando creíamos. La noche está avanzada, y se acerca el día. Desechemos, pues, las obras de las tinieblas, y vistámonos las armas de la luz» (Ro. 13:11-12).
> > «Pero esto digo, hermanos: que el tiempo es corto; resta, pues, que los que tienen esposa sean como si no la tuviesen; y los que lloran como si no llorasen; y los que se alegran, como si no se alegrasen; y los que compran, como si no poseyesen; y los que disfrutan de este mundo, como si no lo disfrutasen; porque la apariencia de este mundo se pasa» (1 Co. 7:29-31).
> > «Que sin impedimento os acerquéis al Señor» (1 Co. 7:35).
> > «Mirad pues con diligencia cómo andéis, no

como necios sino como sabios, aprovechando bien el tiempo, porque los días son malos» (Ef. 5:15-16).

«Andad sabiamente para con los de afuera, redimiendo el tiempo» (Col. 4:5).

«Enséñanos de tal modo a contar nuestros días, que traigamos al corazón sabiduría» (Sal. 90:12).

«Acuérdate de tu Creador en los días de tu juventud, antes que vengan los días malos, y lleguen los años de los cuales digas: No tengo en ellos contentamiento» (Ec. 12:1).

3 (1:22) *Jesucristo, enseñanza:* Jesús asombró a la multitud. La palabra «admirar» (*ekplessonto*) es una palabra fuerte y expresiva. Literalmente significa recibir un *impacto mental*, quedar *atónito*. La gente quedó impactada, asombrada, motivada y conmovida por la enseñanza del Señor.

Por dos motivos Jesús asombró a la multitud.

1. Su mensaje fue muy diferente (*véanse* bosquejo y notas—Mr. 1:14-15).

2. Su autoridad era primordialmente diferente. Note las palabras: «les enseñaba como quien tiene autoridad, y no como los escribas». Cinco comparaciones lo demuestran.

   a. Tradición vs. autoridad. Otros maestros se basaban en hombres estimados, en sus tradiciones y enseñanzas, y los citaban como fuente de autoridad; pero Jesús no. Enseñaba con una autoridad personal; hablaba independientemente de otros. Hablaba con certeza, con espíritu positivo, con una finalidad como nunca nadie lo había hecho.

   b. Forma vs. poder. Otros maestros acentuaban el ritual, la ceremonia, la forma. Jesús acentuaba la necesidad y disponibilidad de poder para superar las pruebas y sufrimientos de la vida.

   c. Humanismo (leyes) vs. lo espiritualidad (verdad). Otros maestros razonaban y formulaban ley tras ley, enseñando que estas eran el camino a la verdadera vida. Jesús habló de los asuntos del corazón y de la vida, del alma y del espíritu. Las respuestas que dio eran verdades espirituales, no pensamientos y racionalismos humanos.

   d. Religión vs. vida. Otros maestros predicaban la religión propia; Jesús predicaba vida: una vida a ser vivida en abundancia y eternamente.

   e. Profesión vs. posesión. Otros maestros afirmaban, de palabra, que seguían a Dios, pero torcían e interpretaban la ley de Dios conforme a sus propios deseos. Lo que ellos seguían era su propia *religión hecha por hombres*. Eran cualquier cosa menos seguidores de Dios. Jesús practicaba y vivía lo que enseñaba. Su vida era tan diferente a la de otros maestros que la gente prestaba atención y tomaba nota de lo que les decía.

   > «El cielo y la tierra pasarán, pero mis palabras no pasarán» (Mr. 13:31).
   > «Y se admiraban de su doctrina, porque su palabra era con autoridad» (Lc. 4:32).
   > «Este vino de noche, y le dijo: Rabí, sabemos que has venido de Dios como maestro; porque nadie puede hacer estas señales que tú haces si no está Dios con él» (Jn. 3:2).
   > «El espíritu es el que da vida; la carne para nada aprovecha; las palabras que yo os he hablado son espíritu y son vida» (Jn. 6:63).
   > «Jesús les respondió y dijo: Mi doctrina no es mía, sino de aquel que me envió. El que quiera hacer la voluntad de Dios, conocerá si la doctrina es de Dios, o si yo hablo por mi propia cuenta. El que habla por su propia cuenta, su propia gloria busca; pero el que busca la gloria del que

le envió, éste es verdadero, y no hay en él injusticia» (Jn. 7:16–18).

«De cierto, de cierto os digo, que el que guarda mi palabra, nunca verá muerte» (Jn. 8:51).

«¿No crees que yo soy en el Padre, y el Padre en mí? Las palabras que yo os hablo, no las hablo por mi propia cuenta, sino que el Padre que mora en mí, él hace las obras» (Jn. 14:10).

«Cualquiera que se extravía, y no persevera en la doctrina de Cristo, no tiene a Dios; el que persevera en la doctrina de Cristo, ése sí tiene al Padre y al Hijo» (2 Jn. 9).

| 1 Cuadro 1: La necesidad del hombre poseído
a. En la sinagoga
b. Se enfureció y gritó, en rechazo de toda pureza
c. Identificó a Jesús

2 Cuadro 2: El poder de | **B. El poder e influencia de Jesús sobre malos espíritus: librando a los más esclavizados, 1:23–28** (Lc. 4:33–37)

23 Pero había en la sinagoga de ellos un hombre con espíritu inmundo, que dio voces,
24 diciendo: ¡Ah! ¿qué tienes con nosotros, Jesús nazareno? ¿Has venido para destruirnos? Sé quién eres, el Santo de Dios.
25 Pero Jesús le repren- | dió, diciendo: ¡Cállate, y sal de él!
26 Y el espíritu inmundo, sacudiéndole con violencia, y clamando a gran voz, salió de él.
27 Y todos se asombraron, de tal manera que discutían entre sí, diciendo: ¿Qué es esto? ¿Qué nueva doctrina es esta que con autoridad manda aun a los espíritus inmundos, y le obedecen?
28 Y pronto se difundió su fama por toda la provincia alrededor de Galilea. | **Jesús**
a. Jesús amonestó al espíritu malo
b. El espíritu malo obedeció

3 Cuadro 3: La influencia sobre la gente
a. La gente se asombró
b. La gente preguntó: ¿Qué poder, qué nueva revelación (doctrina) era ésta?
c. La gente difundió su fama. |

B. El poder e influencia de Jesús sobre malos espíritus: librando a los más esclavizados, 1:23–28

(1:23–28) *Introducción:* por el poder de Jesús el hombre puede ser librado de todas las fuerzas del mal. Inclusive puede ser librado de los espíritus impuros que lo esclavizan, sin importar la fuerza de la esclavitud. Jesús tiene el poder de librar al hombre (Ro. 8:31; 1 Jn. 4:4). (*Véanse* bosquejo, notas y Estudio a fondo—Mt. 8:28–34; Mt. 17:14–21; Lc. 8:27–39.)

    1.   Cuadro 1: la necesidad del hombre poseído (vv. 23–24).
    2.   Cuadro 2: el poder de Jesús (vv. 25–26).
    3.   Cuadro 3: el impacto sobre la gente (vv. 27–28).

1 (1:23–24) *Espíritus malos:* el primer cuadro es el de un hombre poseído y su necesidad. Las palabras «con espíritu inmundo» (*en pneumati akatharto*) deberían ser traducidas «en» un espíritu inmundo. El hombre estaba bajo el dominio, en la posesión de un espíritu inmundo. Estaba sujeto, cautivo por el espíritu inmundo. Estaba bajo el hechizo, bajo la voluntad del espíritu inmundo. Para entender mejor el significado, piense en todo el mal que hay en el mundo, en todo el mal que ocurre a cada hora y todos los días. Luego note las palabras de Juan: «el mundo entero está bajo el maligno [o malo]» (*en to ponero*, 1 Jn. 5:19). Es decir, el mundo yace bajo la influencia, poder, atadura, voluntad, y sujeción del malo. En el mismo sentido, este hombre estaba poseído por un espíritu inmundo. (Para una discusión de la enseñanza bíblica sobre los espíritus malos *véase* Estudio a fondo—Mt. 8:28–34. *Véase* también nota—Lc. 8:26–39.)

    Note tres cosas.
    1.   Sorprendentemente el hombre poseído estaba en la sinagoga. ¿Qué hacía allí? ¿Asistía regularmente o había venido precisamente para oír a Jesús? No se nos dice. Pero si asistía regularmente la sinagoga estaba espiritualmente muerta. ¿Cómo lo sabemos? Porque el hombre podía asistir una y otra vez y nunca recibir ayuda espiritual.

        Pensamiento 1. ¿Cuántos servicios están *muertos,* tan *carente de vida* que los hombres con espíritus malos pueden estar sentados en ellos y nunca ser convencidos o ayudados espiritualmente?

        «Que tendrá apariencia de piedad, pero negarán la eficacia de ella; a éstos evita» (2 Ti. 3:5).
        «Dice, pues, el Señor: Porque este pueblo se acerca a mí con su boca, y con sus labios me honra, pero su corazón está lejos de mí, y su temor de mí no es más que un mandamiento de hombres que les ha sido enseñado; por tanto, he aquí que nuevamente excitaré yo la admiración de este pueblo con un prodigio grande y espantoso; porque perecerá la

sabiduría de sus sabios, y se desvanecerá la inteligencia de sus entendidos. ¡Ay de los que se esconden de Jehová, encubriendo el consejo, y sus obras están en tinieblas, y dicen: ¿Quién nos ve, y quién nos conoce?» (Is. 29:13–15).

    Pensamiento 2. ¿Cuántos se sientan en la iglesia y oyen la Palabra de Dios semana tras semana, o viven entre creyentes, pero nunca toman una decisión o se apartan de su mal? Asisten a servicio tras servicio, hombro a hombro con creyentes, día tras día, pero nunca se vuelven decididamente a Dios.

        «¡Duros de cerviz, e incircuncisos de corazón! Vosotros resistís siempre al Espíritu Santo; como vuestros padres, así también vosotros» (Hch. 7:51).
        «Y Samuel dijo: ¿Se complace Jehová tanto en los holocaustos y víctimas, como en que se obedezca a las palabras de Jehová? Ciertamente el *obedecer* es mejor que los sacrificios, y el prestar atención que la grosura de los carneros» (1 S. 15:22).
        «Porque no quieres sacrificio que yo lo daría; no quieres holocausto» (Sal. 51:16).
        «Cuando fueres a la casa de Dios, guarda tu pie; y acércate más para oír que para ofrecer el sacrificio de los necios; porque no saben que hacen mal» (Ec. 5:1).
        «Y me volvieron la cerviz, y no rostro; y cuando los enseñaba desde temprano y sin cesar, no escucharon para recibir corrección» (Jer. 32:23).
        «La palabra que nos has hablado en nombre de Jehová, no la oiremos de ti» (Jer. 44:16).
        «Porque misericordia quiero, y no sacrificio, y conocimiento de Dios más que holocaustos» (Os. 6:6).
        «Pero no quisieron escuchar, antes volvieron la espalda, y taparon sus oídos para no oír» (Zac. 7:11).

    2.   El poseído se enfureció y gritó, en rechazo de toda pureza. El espíritu inmundo reconoció a Jesús y exclamó tres cosas.
        a.   El espíritu inmundo exclamó: «¡Ah! ¿qué tienes con nosotros, Jesús nazareno?» El espíritu inmundo era totalmente diferente al espíritu puro de Jesús. Jesús es perfectamente puro y sin pecado. El espíritu impuro no tenía nada que ver con la pureza de Jesús. El espíritu impuro era diametralmente opuesto a la santidad de Jesús.

        Pensamiento. El pecado, la suciedad, contamina-ción e impureza no tienen parte ni lugar con Jesús. En Jesús no hay impureza alguna.

        b.   El espíritu impuro reconoció que Jesús había venido a destruirlo. En la profundidad de su interior las personas impuras saben que serán juzgadas y destruidas. Odian y desprecian, ignoran y descuidan la Palabra de Dios, se ocultan y la racionalizan para continuar en sus caminos impuros. La paradoja es que saben que serán juzgadas, lo saben aun cuando están pecando y rebelándose contra Dios. «Para esto apareció el Hijo de Dios, para deshacer las obras del diablo» (1 Jn. 3:8).

c.   El espíritu inmundo identificó a Jesús. Dijo: «Sé quién eres, el Santo de Dios». El confesó a Jesús. Como dijo Santiago: «Tú crees que Dios es uno; bien haces. También los demonios creen, y tiemblan» (Stg. 2:19).

Pensamiento 1. ¡Qué acusación para tantas personas! Ellas niegan, y los demonios confiesan.

> «A cualquiera, pues, que me confiese delante de los hombres, yo también le confesaré delante de mi Padre que está en los cielos. Y a cualquiera que me niegue delante de los hombres, yo también le negaré delante de mi Padre que está en los cielos» (Mt. 10:32–33).

> «Porque el que se avergonzare de mí y de mis palabras en esta generación adúltera y pecadora, el Hijo del Hombre se avergonzará también de él, cuando venga en la gloria de su Padre con los santos ángeles» (Mr. 8:38).

> «¿Quién es el mentiroso, sino el que niega que Jesús es el Cristo? Este es anticristo, el que niega al Padre y al Hijo. Todo aquel que niega al Hijo, tampoco tiene al Padre. El que confiesa al Hijo, también tiene al Padre» (1 Jn. 2:22–23).

Pensamiento 2. No es suficiente saber que Dios es el Santo. La persona tiene que creer en Cristo y amarlo y vivir una vida limpia y pura.

> «Así que, amados, puesto que tenemos tales promesas, limpiémonos de toda contaminación de carne y de espíritu, perfeccionando la santidad en el temor de Dios» (2 Co. 7:1).

> «Así que, si alguno se limpia de estas cosas, será instrumento para honra, santificado, útil al Señor, y dispuesto para toda buena obra» (2 Ti. 2:21).

> «Acercaos a Dios, y él se acercará a vosotros. Pecadores, limpiad las manos; y vosotros los de doble ánimo, purificad vuestros corazones» (Stg. 4:8).

> «Venid luego, dice Jehová, y estemos a cuenta: si vuestros pecados fueren como la grana, como la nieve serán emblanquecidos; si fueren rojos como el carmesí, vendrán a ser como blanca lana» (Is. 1:18).

> «Lava tu corazón de maldad, oh Jerusalén, para que seas salva. ¿Hasta cuándo permitirás en medio de ti los pensamientos de iniquidad?» (Jer. 4:14).

3.   El poseído identificó a Jesús. Este punto es tan significativo que requiere ser repetido: «Sé quién eres, el Santo de Dios,» es decir, el Santo Hijo de Dios (*véanse* Estudio a fondo 1, *Espíritus malos*— Mt. 8:28–34; *Hijo de Dios*—Jn. 1:34).

Pensamiento 1. Uno de los principales propósitos de Jesús al confrontar a los malos espíritus era demostrar su propia naturaleza mesiánica (*véase* Estudio a fondo 1; Mt. 8:28–34). ¡Él es el Mesías!

> «El les dijo: Y vosotros, ¿quién decís que soy yo? Respondiendo Simón Pedro, dijo: Tú eres el Cristo, el Hijo del Dios viviente. Entonces respondió Jesús: Bienaventurado eres, Simón, hijo de Jonás, porque no te lo reveló carne ni sangre, sino mi Padre que está en los cielos» (Mt. 16:15–17).

> «Mas Jesús callaba. Entonces el sumo sacerdote le dijo: Te conjuro por el Dios viviente, que nos digas si eres tú el Cristo, el Hijo de Dios. Jesús le dijo: Tú lo

has dicho; y además os digo, que desde ahora veréis al Hijo del Hombre sentado a la diestra del poder de Dios, y viniendo en la nubes del cielo» (Mt. 26:63–64).

> «Entonces él les dijo: ¡Oh insensatos, y tardos de corazón para creer todo lo que los profetas han dicho! ¿No era necesario que el Cristo padeciera estas cosas, y que entrara en su gloria?» (Lc. 24:25–26).

> «Le dijo la mujer: Sé que ha de venir el Mesías, llamado el Cristo; cuando él venga nos declarará todas las cosas. Jesús le dijo: Yo soy, el que habla contigo» (Jn. 4:25«26).

> «Les dijo, pues, Jesús: Cuando hayáis levantado al Hijo del Hombre, entonces conoceréis que yo soy, y que nada hago por mí mismo, sino que según me enseñó el Padre, así hablo. Porque el que me envió, conmigo está; no me ha dejado solo el Padre, porque yo hago siempre lo que le agrada» (Jn. 8:28–29).

> «Le dijo Jesús: Yo soy la resurrección y la vida; el que cree en mí, aunque esté muerto, vivirá. Y todo aquel que vive y cree en mí, no morirá eternamente. ¿Crees esto? Le dijo: Sí, Señor; yo he creído que tú eres el Cristo, el Hijo de Dios, que has venido al mundo» (Jn. 11:25-27).

> «Como el Hijo del Hombre no vino para ser servido, sino para servir, y para dar su vida en rescate por muchos» (Mt. 20:28).

> «Porque el Hijo del Hombre vino a buscar y a salvar lo que se había perdido» (Lc. 19:10).

> «El ladrón no viene sino para hurtar y matar y destruir; yo he venido para que tengan vida: y para que la tengan en abundancia» (Jn. 10:10).

> «Palabra fiel y digna de ser recibida por todos: que Cristo Jesús vino al mundo para salvar a los pecadores, de los cuales yo soy el primero» (1 Ti. 1:15).

Pensamiento 2. El mundo exclama: «¿Qué tienes con nosotros, Jesús nazareno?» ¿Por qué? Porque Él es el Hijo de Dios que demanda fe y pureza de vida, negación del ego y una vida de sacrificio. «¿Qué tienes con nosotros ...?»

* La riqueza exclama: «Déjame a solas, déjame asegurarme a mí misma, a edificar, a guardar más y más en los bancos».

* El poder exclama: «Déjame a solas. Déjame apoderarme, a ejercer autoridad, a gobernar y reinar, dominar, maniobrar y manipular como yo quiera.»

* El ego exclama: «Déjame a solas. Déjame buscar reconocimiento, atención, estima, honra, y alabanza como yo quiero.»

* La carne exclama: «Déjame a solas. Déjame excitarme, ser indulgente, estimularme, relajarme, escapar, festejar, divertirme y disfrutar como yo quiero.»

> «Si alguno quiere venir en pos de mí, niéguese a sí mismo, tome su cruz cada día, y sígame. Porque todo el que quiera salvar su vida, la perderá; y todo el que pierda su vida por causa de mí, éste la salvará» (Lc. 9:23–24).

> «Así, pues, cualquiera de vosotros que no renuncia a todo lo que posee, no puede ser mi discípulo» (Lc. 14:33).

> «Mirad también por vosotros mismos, que vuestros corazones no se carguen de glotonería y embriaguez y de los afanes de esta vida, y venga de repente sobre vosotros aquel día» (Lc. 21:34).

> «Porque si vivís conforme a la carne, moriréis; mas si por el Espíritu hacéis morir las obras de la carne, viviréis» (Ro. 8:13).

> «Sino vestíos del Señor Jesucristo, y no proveáis para los deseos de la carne» (Ro. 13:14).

«Haced morir, pues, lo terrenal en vosotros: fornicación, impureza, pasiones desordenadas, malos deseos y avaricia, que es idolatría» (Col. 3:5).

«Amados, yo os ruego como a extranjeros y peregrinos, que os abstengáis de los deseos carnales que batallan contra el alma» (1 P. 2:11).

2 (1:25–26) *Jesucristo—poder—salvación:* el segundo cuadro es el del poder de Jesús.

1. Jesús amonestó al espíritu inmundo. Note la palabra: «Cállate». Jesús no aceptaba el testimonio demoníaco de su naturaleza mesiánica. ¿Por qué? Porque ese reconocimiento era involuntario, es decir, era meramente mental. Era solamente el conocimiento mental de que Jesús era el Hijo de Dios. No provenía del corazón ni de una voluntad dispuesta a seguir a Jesús. No tenía su origen en el nuevo nacimiento. El testimonio que Jesús quiere es el testimonio de un hombre que deliberadamente ha hecho una decisión de reconocerlo como Señor; el testimonio de un corazón realmente cambiado; el testimonio de un corazón movido por el Espíritu de Dios a confesar, diciendo: «Tú eres el Hijo de Dios» (Mr. 8:29; cp. Mr. 1:34).

Note también el poder de Jesús. Expulsó al espíritu inmundo. ¿Cómo? Con su Palabra, diciendo simplemente: «sal de él».

Pensamiento 1. Medite un momento nada más en el poder de la Palabra del Señor. Simplemente dijo lo que quería —que el espíritu inmundo saliera del hombre— y lo que quería ocurrió. ¡Cuánta falta nos hace depender de su Palabra al confrontar los espíritus inmundos de este mundo!

«Porque no me avergüenzo del evangelio, porque es poder de Dios para salvación a todo aquel que cree; al judío primeramente, y también al griego» (Ro. 1:16).

«Porque la palabra de Dios es viva y eficaz, y más cortante que toda espada de dos filos; y penetra hasta partir el alma y el espíritu, las coyunturas y los tuétanos, y discierne los pensamientos y las intenciones del corazón» (He. 4:12).

«¿No es mi palabra como fuego, dice Jehová, y como martillo que quebranta la piedra?» (Jer. 23:29).

Pensamiento 2. Debemos confesar correctamente a Jesús, confesarlo con un corazón creyente y puro.

«Así que, hermanos, os ruego por las misericordias de Dios, que presentéis vuestros cuerpos en sacrificio vivo, santo, agradable a Dios, que es vuestro culto racional. No os conforméis a este siglo, sino transformaos por medio de la renovación de vuestro entendimiento, para que comprobéis cuál sea la buena voluntad de Dios, agradable y perfecta» (Ro. 12:1–2).

«Pero el que se une al Señor, un espíritu es con él. Huid de la fornicación. Cualquier otro pecado que el hombre cometa, está fuera del cuerpo; mas el que fornica, contra su propio cuerpo peca» (1 Co. 6:17–18).

2. El espíritu malo obedeció. Note las palabras: «Sacudiéndole con violencia» (*sparasso*). Las palabras significan una convulsión. Aparentemente el hombre tuvo una convulsión, sacudiéndose de un lado a otro y gritando a toda voz.

La pregunta que a veces se hace es: ¿Por qué todo esto? ¿Por qué semejante escena? ¿Por qué Jesús no sanó calmadamente al hombre en una atmósfera serena? Probablemente hay dos razones.

a. Los espíritus malos e inmundos que están en el mundo son fuerzas poderosas, con enorme poder para esclavizar y poseer a un hombre. El poder de ellos se pudo ver con mayor claridad en una escena convulsionada y ruidosa. La gente tenía que saber que las fuerzas malas e inmundas del mundo son los verdaderos enemigos de la humanidad. Son las poderosas fuerzas que esclavizan a los hombres en hábitos sucios, intoxicantes e inmorales.

b. El hombre estaba poseído por un espíritu inmundo. La convulsión y el clamor eran evidencia del espíritu inmundo que realmente habitaba en él.

3. La convulsión y el clamor demostraron el poder y la naturaleza mesiánica de Jesús. Jesús estaba conquistando realmente la fuerza del mal que había en el hombre, y solamente Dios tiene ese poder.

Pensamiento. Cuando el espíritu inmundo de una persona es expulsado, cuando el hombre realmente cambia y es limpiado, el hombre tiene una experiencia convulsiva. La *conversión* siempre es una experiencia convulsionante. El cambio es convulsionante.

«Así que, arrepentíos y convertíos, para que sean borrados vuestros pecados; para que vengan de la presencia del Señor tiempos de refrigerio» (Hch. 3:19).

«¿No sabéis que si os sometéis a alguien como esclavos para obedecerle, sois esclavos de aquel a quien obedecéis, sea del pecado para muerte, o sea de la obediencia para justicia? Pero gracias a Dios, que aunque erais esclavos del pecado, habéis obedecido de corazón a aquella forma de doctrina a la cual fuisteis entregados; y libertados del pecado, vinisteis a ser siervos de la justicia» (Ro. 6:16-18; cp. Ro. 6:19-23).

«Pero veo otra ley en mis miembros, que se rebela contra la ley de mi mente, y que me lleva cautivo a la ley del pecado que está en mis miembros. ¡Miserable de mí! ¿quién me librará de este cuerpo de muerte? Gracias doy a Dios, por Jesucristo Señor nuestro. Así que, yo mismo con la mente sirvo a la ley de Dios, mas con la carne a la ley del pecado» (Ro. 7:23-25).

«De modo que si alguno está en Cristo, nueva criatura es; las cosas viejas pasaron; he aquí todas son hechas nuevas» (2 Co. 5:17).

«Siendo renacidos, no de simiente corruptible, sino de incorruptible, por la palabra de Dios que vive y permanece para siempre» (1 P. 1:23).

«La ley de Jehová es perfecta, que convierte el alma; el testimonio de Jehová es fiel, que hace sabio al sencillo» (Sal. 19:7).

3 (1:27–28) *Decisión—Jesucristo—respuesta a:* el tercer cuadro es el del impacto hecho sobre la gente. La gente reaccionó de tres maneras.

1. Estaba asombrada (*ethambethesan*), admirada. Era increíble lo que la gente había presenciado. Sin usar encantamientos, ni invocaciones, sin métodos de exorcismo, Jesús simplemente dijo: «Sal de él», y el espíritu inmundo fue expulsado dramáticamente del hombre. La gente quedó asombrada y atónita.

2. La gente preguntaba y se decía: «¿Qué es *esto*? ¿Qué nuevo poder o revelación (doctrina) es ésta? ¿Qué nos está mostrando Dios? ¿Es esta revelación, esta doctrina y poder del Mesías? porque «con autoridad manda aun a los espíritus inmundos, y le obedecen». La gente hacía precisamente lo que quería Jesús. Se preguntaban si Jesús sería el Mesías.

3. Difundieron su fama por todas partes. Imagínese la conversación en los negocios, comercios, en los hogares y en las calles al transitar la gente esa zona y viajar por el mundo.

Pensamiento. De igual manera debe impactarnos a nosotros. La totalidad de las tres respuestas deben caracterizarnos también a nosotros al presenciar el poder de Dios para cambiar y sanar vidas. Sin embargo, *cuán duros* se vuelven tantos de nosotros *hacia el evangelio*.

«Lo que has oído de mí ante muchos testigos, esto encarga a hombres fieles que sean idóneos para enseñar también a otros» (2 Ti. 2:2).

«Sino santificad a Dios el Señor en vuestros corazones, y estad siempre preparados para presentar

ángel de su faz los salvó; en su amor y en su clemencia los redimió, y los trajo, y los levantó todos los días de la antigüedad» (Is. 63:9).

3 (1:31) *Jesucristo, presencia de:* la presencia de Jesús trajo sanidad y ayuda a un hogar. Note varios hechos.

1. La respuesta de Jesús al pedido fue inmediata. Ellos «le hablaron de ella [de su enfermedad]» y él fue inmediatamente junto a su cama. No hizo preguntas ni puso condiciones. Era un huésped en casa de Pedro, y Pedro le había entregado la vida: todo lo que era y tenía, incluyendo su hogar. Por eso Jesús amaba a Pedro; por eso, cuando Pedro tuvo una necesidad, el Señor *vino inmediatamente* a suplirla.

2. El toque de Jesús fue lleno de compasión y autoridad. Él amaba y se preocupaba, de modo que «se acercó y la tomó de la mano». La tocó. (Nada es comparable a la mano que nos toca proveniente de un corazón lleno de amor y preocupación. Contraste el toque del puño, de la garra, del verdugo.) En Jesús habitaba «corporalmente toda la plenitud de la Deidad» (Col. 2:9), de modo que «la levantó; e inmediatamente le dejó la fiebre». Su autoridad era la autoridad de Dios, y su poder era el poder de Dios.

«Y Jesús se acercó y les habló diciendo: Toda potestad me es dada en el cielo y en la tierra» (Mt. 28:18).

«Cómo Dios ungió con el Espíritu Santo y con poder a Jesús de Nazaret, y cómo éste anduvo haciendo bienes y sanando a todos los oprimidos por el diablo, porque Dios estaba con él» (Hch. 10:38).

«Y a Aquel que es poderoso para hacer todas las cosas mucho más abundantemente de lo que pedimos o entendemos, según el poder que actúa en nosotros» (Ef. 3:20).

Pensamiento 1. Jesús tenía el poder para suplir la necesidad de Pedro, es decir, para sanar a su suegra. Pero note: Jesús pudo ayudar a Pedro porque era un huésped que había sido invitado a su casa. ¡Piense en lo que Pedro y su familia se habrían perdido si no hubieran invitado a Jesús a su hogar!

Pensamiento 2. El poder del toque de Jesús es enorme.

- Su toque tiene el poder de limpiar al hombre de su pecado.

     «Jesús extendió la mano y le tocó, diciendo: Quiero; sé limpio. Y al instante su lepra desapareció» (Mt. 8:3).

- Su toque tiene el poder de dar vista a los ciegos.

     «Entonces les tocó los ojos, diciendo: conforme a vuestra fe os sea hecho. Y los ojos de ellos fueron abiertos. Y Jesús les encargó rigurosamente, diciendo: Mirad que nadie lo sepa» (Mt. 9:29–30).

- Su toque tiene el poder de bendecir.

     «Y le presentaban niños para que los tocase; y los discípulos reprendían a los que los presentaban .... Y tomándolos en los brazos, poniendo las manos sobre ellos, los bendecía» (Mr. 10:13, 16).

- Su toque tiene el poder de sanar.

     «Y tomándole aparte de la gente, metió los dedos en las orejas de él, y escupiendo, tocó su lengua .... Al momento fueron abiertos sus oídos, y se desató la ligadura de su lengua, y hablaba bien» (Mr. 7:33, 35).

4 (1:31) *Jesucristo, presencia de—personas mayores— propósito—ministerio:* la presencia de Jesús trajo devoción y servicio a un hogar. Jesús sanó a la suegra de Pedro de modo que ella pudo servir. No la sanó para que se sentara y siguiera sus propios caprichos y fantasías y que pasara sus años de persona mayor sin hacer nada de verdadero valor. Era una mujer mayor, madre de la esposa de Pedro, Jesús la sanó para que pudiera dedicar su vida a Jesús y servir a todos. Y ella cumplió ese propósito: «Y ella les servía.»

«Jesús les dijo: Mi comida es que haga la voluntad del que me envió, y que acabe su obra» (Jn. 4:34).

«Me es necesario hacer las obras del que me envió, entre tanto que el día dura; la noche viene, cuando nadie puede trabajar» (Jn. 9:4).

«Por lo cual te aconsejo que avives el fuego del don de Dios que está en ti por la imposición de mis manos» (2 Ti. 1:6).

«Que los ancianos sean sobrios, serios, prudentes, sanos en la fe, en el amor, en la paciencia. Las ancianas asimismo sean reverentes en su porte; no calumniadoras, no esclavas del vino, maestras del bien» (Tit. 2:3).

D. El poder e influencia de Jesús sobre la gente en las calles: su preocupación por todo el mundo, 1:32-34 (Mt. 8:16-17; Lc. 4:40-41)	
1 Jesús fue buscado y puede ser buscado a toda hora **2 Jesús fue reconocido como compasivo** **3 Jesús tiene una puerta abierta para todos** **4 Jesús tuvo y tendrá compasión** **a. Dio y dará sanidad** **b. Echó y echará fuera a los malos espíritus**	32 Cuando llegó la noche, luego que el sol se puso, le trajeron todos los que tenían enfermedades, y a los endemoniados; 33 y toda la ciudad se agolpó a la puerta. 34 Y sanó a muchos que estaban enfermos de diversas enfermedades, y echó fuera muchos demonios; y no dejaba hablar a los demonios, porque le conocían.

D. El poder e influencia de Jesús sobre la gente en las calles: su preocupación por todo el mundo, 1:32-34

(1:32-34) *Introducción:* el mundo es una paradoja. Está lleno del bien y del mal, y tanto el bien como el mal se ven claramente a cada paso. No importa cuánto la gente anhele un mundo perfecto, siempre descubre que su mundo está desesperadamente enfermo, un mundo ...

*   tan hermoso, y sin embargo tan corrompido.
*   que tiene abundancia, pero muere de hambre.
*   que ve el amor, pero demuestra odio.
*   que anhela la paz, pero hace la guerra.
*   que anhela la vida, pero solo conoce muerte.
*   que busca salud, pero está enfermo.
*   que desea más, y sin embargo priva a muchos.

Dos cosas son desesperadamente necesarias en un mundo enfermo: (1) Oír las buenas nuevas de que Jesús tiene el poder para ayudar, y (2) venir a Jesús en busca de ayuda. ¡Imagínese! El Hijo de Dios está dispuesto a ayudar, a resolver los problemas del mundo.

1.   Jesús fue buscado y puede ser buscado a toda hora (v. 32).
2.   Jesús fue reconocido y debe ser reconocido como compasivo (v. 32).
3.   Jesús tuvo y tiene una puerta abierta para todos (v. 33).
4.   Jesús tuvo y tendrá compasión (v. 34).

1 (1:32) *Jesucristo, accesible:* Jesús fue buscado y puede ser buscado a toda hora. Es interesante ver lo que ocurrió. La gente había oído de la enseñanza de Jesús en la sinagoga y de los dos milagros que tuvieron lugar. Las noticias se habían difundido como reguero de pólvora. Además era sábado, y en sábado no les era permitido a los judíos llevar cargas a lo largo de cierta distancia. Esto incluía caminar distancias cortas; ni siquiera podían llevar a los enfermos a recibir atención médica, a menos que fuese asunto de vida o muerte. Por eso la gente fue obligada por ley a esperar que hubiese pasado el sábado para acercarse a Jesús. El sábado judío comenzaba a las seis de la mañana y terminaba a las seis de la tarde. El tiempo era contado según la salida y puesta del sol. Tan pronto comenzó a caer la noche las familias y amigos trajeron sus enfermos a Jesús, reuniéndose alrededor de él.

> *Pensamiento.* Note a qué hora vino la gente a Jesús. No fue durante el día, sino al anochecer. No era un momento oportuno, pero lo mismo vinieron. La hora del día no los impediría privaría de venir. Su sentido de desesperación los empujaba a Jesús.

Pensamiento 2. Jesús estaba cansado, muy fatigado. El día había sido largo y lleno de tensiones, sin embargo, permitió que la gente se acerque a Él, sin importar la hora inoportuna. La persona puede acercarse a Jesús en cualquier lugar, a cualquier hora, de día o de noche.

> «Venid a mí todos los que estáis trabajados y cargados, y yo os haré descansar. Llevad mi yugo sobre vosotros, y aprended de mí, que soy manso y humilde de corazón; y hallaréis descanso para vuestras almas; porque mi yugo es fácil, y ligera mi carga» (Mt. 11:28-30).

> «El Espíritu del Señor está sobre mí, por cuanto me ha ungido para dar buenas nuevas a los pobres; me ha enviado a sanar a los quebrantados de corazón; a pregonar libertad a los cautivos» (Lc. 4:18).

2 (1:32) *Jesucristo—compasión—evangelio:* Jesús fue reconocido y debe ser reconocido como compasivo. Note las palabras: «luego que el sol se puso, le trajeron todos los que tenían enfermedades». Se acercaron apresuradamente a Él para preguntarle si les ayudaría. Sencillamente asumieron que les ayudaría, creyeron y confiaron en *lo que habían oído.*

1.   Habían oído que tenía poder para ayudar.

> «Pues para que sepáis que el Hijo del Hombre tiene potestad en la tierra para perdonar pecados (dice entonces al paralítico): Levántate, toma tu cama y vete a tu casa» (Mt. 9:6).

> «Y Jesús se acercó y les habló diciendo: Toda potestad me es dada en el cielo y en la tierra» (Mt. 28:18).

> «Cómo Dios ungió con el Espíritu Santo y con poder a Jesús de Nazaret, y cómo éste anduvo haciendo bienes y sanando a todos los oprimidos por el diablo, porque Dios estaba con él» (Hch. 10:38).

> «Y a Aquel que es poderoso para hacer todas las cosas mucho más abundantemente de lo que pedimos o entendemos, según el poder que actúa en nosotros» (Ef. 3:20).

2.   Habían oído que era compasivo, que se preocupaba, y que estaba más que dispuesto a ayudar.

> «Echando toda vuestra ansiedad sobre él, porque él tiene cuidado de vosotros» (1 P. 5:7).

> «Como el padre se compadece de los hijos, se compadece Jehová de los que le temen» (Sal. 103:13).

Pensamiento. Lo que la gente había oído era la médula del evangelio: Jesús tiene el poder para ayudar, y se preocupa por ayudar, y está dispuesto a ayudar. Lo único que la persona tiene que hacer es creer el mensaje y acercarse a Él.

> «Como el Hijo del Hombre no vino para ser servido, sino para servir, y para dar su vida en rescate por muchos» (Mt. 20:28).

> «Por lo cual debía ser en todo semejante a sus hermanos, para venir a ser misericordioso y fiel sumo sacerdote en lo que a Dios se refiere, para expiar los pecados del pueblo. Pues en cuanto él mismo padeció siendo tentado, es poderoso para socorrer a los que son tentados» (He. 2:17–18).

> «Porque no tenemos un sumo sacerdote que no pueda compadecerse de nuestras debilidades, sino uno que fue tentado en todo según nuestra semejanza, pero sin pecado. Acerquémonos, pues, confiadamente al trono de la gracia, para alcanzar misericordia y hallar gracia para el oportuno socorro» (He. 4:15-16).

3 (1:33) *Acceso:* Jesús tuvo y aún tiene una puerta abierta para todos. «Toda la ciudad se agolpó a la puerta.»

1. Las noticias de semejante poder y compasión no podían ser pasadas por alto o ignoradas. Era preciso buscar la verdad y comprobarla. Habría sido una necedad ignorar la posibilidad de ayuda si había ayuda disponible por solo pedir. Jesús estaba presente y el poder estaba disponible. Era simplemente un asunto de *reunirse* a su puerta para recibir ayuda.

> *Pensamiento.* ¿Cuántas personas oyen y presencian el poder de Jesús en las vidas de familiares y amigos, sin embargo ignoran y pasan por alto a Jesús?

2. La multitud en las calles incluía básicamente tres grupos: Los desesperados que necesitaban ayuda, los familiares y amigos, que traían a los desesperados, y los curiosos. Los curiosos eran las personas que había oído de Jesús y querían ver cómo era. Note que estos también «se habían reunido» con los que venían a Jesús pidiendo ayuda.

> *Pensamiento 1.* Nuestra imaginación nos hace preguntar cómo respondieron los observadores o curiosos a Jesús. ¿Comenzaron también ellos a ver necesidades que Jesús podía suplir, o se distanciaban del poder de Aquel que había venido con el mensaje de Dios? Toda iglesia tiene a sus curiosos con la desesperada necesidad de ver lo que Jesús puede hacer por ellos. La gran tragedia es que están distanciados de Jesús. Nunca experimentan el poder de Dios.

> *Pensamiento 2.* Note que Jesús ayuda a la persona de la calle. No elige ni escoge a quien ayudar; ayuda a todos. Todos pueden recurrir a su poder con tal de acercarse a Jesús.

> «Venid a mí todos los que estáis trabajados y cargados, y yo os haré descansar» (Mt. 11:28).

> «Por lo cual puede también salvar perpetuamente a los que por él se acercan a Dios, viviendo siempre para interceder por ellos» (He. 7:25).

> «Y el Espíritu y la Esposa dicen ven. Y el que oye, diga: Ven. Y el que tiene sed venga: y el que quiera tome del agua de la vida gratuitamente» (Ap. 22:17).

> «Venid luego, dice Jehová, y estemos a cuenta: si vuestros pecados fueren como la grana, como la nieve serán emblanquecidos; si fueren rojos como el carmesí, vendrán a ser como blanca lana» (Is. 1:18).

> «A todos los sedientos: Venid a las aguas; y los que no tienen dinero, venid, comprad y comed. Venid, comprad sin dinero y sin precio, vino y leche» (Is. 55:1).

4 (1:34) *Jesucristo—poder—compasión—salvación:* Jesús tuvo y tendrá compasión. Demostró su naturaleza mesiánica manifestando su compasión y poder para todos.

1. Dios dio y dará sanidad. La gente tenía la mente atribulada, y sus cuerpos sufrían, y Él sanó a muchos.

> «Quien llevó él mismo nuestros pecados en su cuerpo sobre el madero, para que nosotros, estando muertos a los pecados, vivamos a la justicia; *y por cuya herida fuisteis sanados*» (1 P. 2:24).

> «El es quien perdona todas tus iniquidades, el que sana todas tus dolencias» (Sal. 103:3).

> «El sana a los quebrantados de corazón, y venda sus heridas» (Sal. 147:3).

> «Mas él herido fue por nuestras rebeliones, molido por nuestros pecados; el castigo de nuestra paz fue sobre Él, y por su llaga fuimos nosotros curados» (Is. 53:5).

2. Él echó y echará fuera a los malos espíritus (para la discusión *véanse* bosquejo y notas—Mr. 1:25-26).

> *Pensamiento.* El mundo es un mundo enfermo y sufriente, habitado por una miríada de pecados egoístas y criaturas demoníacas. ¿Existe un Salvador con el poder para sanar y librar, para salvar y poner en libertad? ¡Sí! Jesucristo, «el Hijo del Hombre que vino a buscar y a salvar lo que se había perdido» (Lc.19:10).

> «Porque no envió Dios a su Hijo al mundo para condenar al mundo, sino para que el mundo sea salvo por él» (Jn. 3:17).

> «El ladrón [maestro falso] no viene sino para hurtar y matar y destruir; yo he venido para que tengan vida: y para que la tengan en abundancia» (Jn. 10:10).

> «Porque no he venido a juzgar al mundo, sino a salvar al mundo» (Jn. 12:47).

> «Palabra fiel y digna de ser recibida por todos: que Cristo Jesús vino al mundo para salvar a los pecadores, de los cuales yo soy el primero» (1 Ti. 1:15).

	E. La fuente del poder de Jesús y su influencia: cuál es la fuente de poder, 1:35-39 (Lc. 2:42-44)	37 y hallándole, le dijeron: Todos te buscan.	
1 Jesús y la oración a. Cuándo: de mañana; b. Dónde: lugar solitario c. Por qué: tres razones **2 El sentido de Jesús de una misión mundial**	35 Levantándose muy de mañana, siendo aún muy oscuro, salió y se fue a un lugar desierto, y allí oraba. 36 Y le buscó Simón, y los que con él estaban;	38 El les dijo: Vamos a los lugares vecinos, para que predique también allí; porque para esto he venido. 39 Y predicaba en las sinagogas de ellos en toda Galilea, y echaba fuera los demonios.	**3 La fidelidad de Jesús** a. Predicaba b. Sanaba y echaba fuera demonios

E. La fuente del poder de Jesús y su influencia: cuál es la fuente de poder, 1:35-39

(1:35-39 *Introducción—Poder:* ¿Dónde obtiene poder el siervo de Dios? Este pasaje revela en términos inconfundibles las fuentes del poder de Jesús.

1. El sentido que Jesús tenía de la oración (v. 35).
2. El sentido que Jesús tenía de una misión mundial (vv. 36-38).
3. La fidelidad de Jesús (v. 39).

1 (1:35) *Oración—lo espectacular:* la primera fuente de poder de Jesús era su *sentido de la oración*. Note tres hechos referidos a la vida de oración de Jesús en este pasaje.

1. Cuándo oraba Jesús. Oraba «muy de mañana, *siendo aún muy oscuro*». Recuerde que el día anterior había sido sábado, un día extremadamente agotador. Había enseñado e invertido una enorme energía en enseñar y ministrar (Mr. 5:30). Estuvo hasta altas horas de la noche ministrando a toda la ciudad que se había reunido junto a la casa donde se hospedaba (cp. vv. 21-34). Seguramente le dolía cada músculo del cuerpo, pidiendo descanso; sin embargo, «levantándose muy de mañana, siendo aún muy oscuro, salió y se fue a un lugar desierto, y allí oraba».

Además hay aquí otra instrucción crucial. La oración temprano a la mañana debe haber sido un hábito de Jesús puesto que el hecho de orar Jesús durante las primeras horas dejó una impresión duradera en los discípulos. Recuerde que este es el lanzamiento del ministerio de Jesús, probablemente era la primera oportunidad que los discípulos tuvieron de observar la vida de oración de Jesús. Marcos ofrece una descripción detallada, cuyos fundamentos probablemente procedían de Pedro. Marcos ciertamente creyó que el hecho era suficientemente importante para ser destacado, puesto que no solamente relata cómo era el ministerio de Jesús, también relata cómo era la vida de oración de Jesús.

2. Dónde oraba Jesús. Note las palabras: «salió y se fue a un lugar desierto». El lugar solitario no es identificado. Puede haber sido algún lugar afuera, en el campo, alguna huerta tranquila, o una casa abandonada. Lo importante es que tenía un lugar donde podía estar a solas con Dios. Necesitaba estar a solas con Dios.

> *Pensamiento.* Si Jesús, el Hijo del Hombre, necesitaba tanto tiempo a solas con Dios en oración, ¿cuánto más lo necesitamos nosotros? ¡Qué acusación contra tantos creyentes y sus vidas de oración!
>
> **«Pedid, y se os dará; buscad y hallaréis; llamad, y se os abrirá» (Mt. 7:7).**
>
> **«Hasta ahora nada habéis pedido en mi nombre; pedid, y recibiréis, para que vuestro gozo sea cumplido» (Jn. 16:24).**
>
> **«Orando en todo tiempo con toda oración y súplica en el Espíritu, y velando en ello con toda perseverancia y súplica por todos los santos» (Ef. 6:18).**
>
> **«Orad sin cesar» (1 Ts. 5:17).**

3. Por qué oraba Jesús. En este pasaje se indican al menos tres razones.

a. Jesús estaba cansado. El día anterior lo había extenuado y agotado, probablemente al extremo de dolerle cada músculo del cuerpo. El enseñar y ministrar durante todo el día había agotado la fuerza de su cuerpo, tanto mental como emocionalmente. En el caso de Jesús el poder realmente salía de Él (Mr. 5:30). Estaba mental y emocionalmente exhausto. En tales circunstancias el cuerpo no quiere moverse y la mente se distrae con más facilidad, dejando al hombre más susceptible a la tentación; por eso, la oración es desesperadamente necesaria.

b. Jesús estaba lanzando su primer viaje misionero o evangelístico. Jesús percibía profundamente que había salido para ser un evangelista (v. 38). Inmediatamente antes de lanzar su primera campaña había una gran necesidad de orar. Las necesidades de la gente eran grandes y sus demandas serían incesantes. Jesús sería bombardeado por las necesidades de los hombres y por los ataques de Satanás y de la religión institucional. Los días serían largos, agotadores, extenuantes. Necesitaba la fuerza de Dios y una unción especial al lanzar esta misión muy especial.

c. Jesús enfrentaba el aplauso y las alabanzas de los hombres. Esto planteaba la misma tentación que ya había encarado antes; la tentación de asegurarse la fidelidad de los hombres por medio de lo espectacular (*véase* nota—Mt. 4:5-7). Viendo los milagros los hombres estaban dispuestos a seguirle por el interés de lo que podían obtener de Él. Jesús necesita que su propósito fuese reforzado; necesitaba una infusión especial de la fuerza de Dios para resistir a la tentación de los aplausos y de la lealtad de los hombres, aplausos y lealtad procedentes de compromisos débiles y superficiales.

2 (1:36-38) *Misión—predicación:* la segunda fuente de poder de Jesús fue su *sentido de misión,* una misión de alcance mundial. Había ido, y *le siguieron.* El hecho de seguirle denota una acción vigorosa. Al encontrar a Jesús, le dijeron enfáticamente: «Todos te buscan. Están dispuestos a seguirte. Ayudémosles» (v. 37).

Lucas muestra la fuerza con que insistieron en permanecer en Capernaum, agregando: «Cuando ya era de día, salió y se fue a un lugar desierto; y la gente [misma] le buscaba, y llegando a donde estaba, le detenían para que no se fuera de ellos» (Lc. 4:42). La palabra «detenían» es fuerte. Significa retener, sujetar. Hicieron cuanto pudieron para detenerlo. Si de alguna manera podían impedir que se fuera, lo harían.

La fuerza de la insistencia de los discípulos y de la gente muestra claramente cuán convencido debía estar Jesús de su misión. En Capernaum tenía, por así decirlo, el éxito asegurado. Note que la gente estaba dispuesta y motivada a seguir a Dios, y todavía había tremendas necesidades que suplir en la ciudad y las zonas de alrededor. En Capernaum mismo se podía realizar un gran ministerio.

No había necesidad de ir a otra parte, según opinaba la gente. La respuesta de Jesús fue vigorosa: «Vamos a los lugares vecinos, para que predique también allí; *porque para esto he venido*» (Mr. 1:38).

Jesús estaba plenamente convencido; no debía ser distraído ni apartado de su misión. Podían haber aún abundancia de necesidades, pero había dos factores críticos que estaban siendo ignorados, factores que han sido y siguen siendo lamentablemente ignorados por los creyentes de todas partes.

1.   Capernaum y su gente, al menos muchos de ellos, ya habían oído la predicación del evangelio. Si el mensajero de Dios (Jesús) se hubiera detenido en Capernaum, muchas personas en todo el mundo nunca habrían oído el evangelio.

2.   La gente de Capernaum ya podía compartir por sí sola el evangelio. El mensajero de Dios (Jesús) realmente no era necesario para continuar el ministerio. Era mucho más probable que la gente asumiera la responsabilidad de continuar al irse Jesús. Pero si Jesús se quedaba, la gente habría dejado la mayor parte de la responsabilidad a Él. La gente no llegaría a ser los testigos que debían ser.

«Por tanto, id, y haced discípulos a todas las naciones, bautizándolos en el nombre del Padre, y del Hijo, y del Espíritu Santo; enseñándoles que guarden todas las cosas que os he mandado; y he aquí yo estoy con vosotros todos los días hasta el fin del mundo. Amén» (Mt. 28:19–20).

«Y les dijo: Id por todo el mundo y predicad el evangelio a toda criatura» (Mr. 16:15).

«Pero recibiréis poder, cuando haya venido sobre vosotros el Espíritu Santo, y me seréis testigos en Jerusalén, en toda Judea, en Samaria y hasta lo último de la tierra» (Hch. 1:8).

Pensamiento 1. La respuesta de Jesús es una lección clara y poderosa; que también sea convincente. Tanto cambio se requiere en la religión institucional para que el mundo sea realmente alcanzado para Jesús. Es preciso que se levanten voces valientes para que los creyentes comiencen a hacer lo que hizo Jesús...

•   Ministrar.
•   Predicar (testificando, proclamando el evangelio).
•   Hacer discípulos.
•   Proseguir a otros pueblos y ciudades no evangelizados.

Pensamiento 2. Note algo de crucial importancia: las palabras exactas de Jesús. En términos inconfundibles insistió en que la misión consistía primordialmente en *predicar*. Jesús estableció la *primacía de la predicación* como tarea del ministro. *Había* necesidades físicas. Todavía existían en Capernaum, y existían en todas las ciudades que ahora visitaría. Supliría tantas necesidades como fuera posible. Pero su tarea y misión primordial era proclamar el reino de los cielos (*véase* Estudio a fondo 3— Mt. 19:23–24).

«Entonces Jesús les dijo otra vez: Paz a vosotros. Como me envió el Padre, así también os envío» (Jn. 20:21).

[▓] (1:39) *Jesucristo—fidelidad—poder:* la tercera fuente del poder de Jesús fue la *fidelidad* a su misión. Predicó en las sinagogas «en toda Galilea.» Galilea estaba densamente poblada. Había más de doscientas ciudades en el distrito (*véase* nota—Mt. 4:12-13). Note dos hechos. (1) Jesús predicaba en todas partes; fue por «toda Galilea». No dejó lugar sin tocar con el evangelio. Note también que predicaba en las sinagogas usando la estructura de la religión establecida. Mientras pudo lo hizo. (2) Siguió ministrando tanto como predicando. Predicar era su misión primordial, pero mientras predicaba también ministraba a las necesidades físicas de la gente. La gente tenía necesidades físicas, emocionales, mentales tanto como espirituales. Convalidó y demostró tanto su misión como su deidad sanando y echando fuera a los demonios.

Pensamiento. La fidelidad asegura el poder. Dios seguirá dando poder al mensajero que permanece fiel. Contrariamente, despojará de poder al mensajero infiel. No puede aprobar la desobediencia. Una casa dividida no puede permanecer (para una mayor discusión *véanse* bosquejo y notas—Mt. 12:25-26).

«Ahora bien, se requiere de los administradores que cada uno sea hallado fiel» (1 Co. 4:2).

«Porque habéis sido comprados por precio; glorificad, pues, a Dios en vuestro cuerpo y en vuestro espíritu, los cuales son de Dios» (1 Co. 6:20).

«Cada uno según el don que ha recibido, minístrelo a los otros, como buenos administradores de la multiforme gracia de Dios» (1 P. 4:10).

«Oh Timoteo, guarda lo que se te ha encomendado, evitando las profanas pláticas sobre cosas vanas, y los argumentos de la falsamente llamada ciencia» (1 Ti. 6:20).

«Guarda el buen depósito por el Espíritu Santo que mora en nosotros» (2 Ti. 1:14).

F. El poder de Jesús sobre la lepra y su influencia: purificando al más impuro, 1:40-45 (Mt. 8:2-4; Lc. 5:12-15)	43 Entonces le encargó rigorosamente, y le despidió luego,	3 Jesús encomendó al más impuro a no pecar más

Tabla (reproducción del recuadro):

1 Jesús fue la gran esperanza de los más impuros[EP1]	**F. El poder de Jesús sobre la lepra y su influencia: purificando al más impuro, 1:40-45** (Mt. 8:2-4; Lc. 5:12-15)	**3 Jesús encomendó al más impuro a no pecar más**
	40 Vino a él un leproso, rogándole; e hincada la rodilla, le dijo: Si quieres puedes limpiarme.	43 Entonces le encargó rigorosamente, y le despidió luego,
2 Jesús tuvo compasión por los más impuros[EP2] a. Movido a tocar b. Movido a hablar c. Resultado: Fue su palabra de poder lo que limpió y sanó al más impuro	41 Y Jesús, teniendo misericordia de él, extendió la mano y le tocó, y le dijo: Quiero, sé limpio. 42 Y así que él hubo hablado, al instante la lepra se fue de aquél, y quedó limpio.	**4 Jesús demandó que el más impuro testificase de su naturaleza mesiánica** 44 y le dijo: Mira, no digas a nadie nada, sino vé, muéstrate al sacerdote, y ofrece por tu purificación lo que Moisés mandó, para testimonio a ellos. **5 Jesús hizo un gran influjo** a. Su fama se difundió b. Su fama lo obligó a ir a lugares desiertos 45 Pero ido él, comenzó a publicarlo mucho y a divulgar el hecho, de manera que ya Jesús no podía entrar abiertamente en la ciudad, sino que se quedaba fuera en los lugares desiertos; y venían a él de todas partes.

F. El poder de Jesús sobre la lepra y su influencia: purificando al más impuro, 1:40-45

(1:40–45) *Introducción—lepra:* la lepra era la enfermedad más temida del mundo antiguo. Se consideraba al leproso como la persona más impura, rebelde, y repugnante que uno se podía imaginar. Se creía que la lepra era el resultado de terrible pecado y llegó a ser en sí el tipo de pecado más dramático en la mente de la gente. No se conocía remedio para la lepra; se creía que solamente Dios era suficientemente poderoso para curar al enfermo. Por eso, al limpiar al leproso, Jesús estaba demostrando su naturaleza mesiánica. Estaba demostrando tener el poder para limpiar al más impuro, sin importar cuán terrible fuese su impureza. (Para una discusión más detallada de la lepra y para más información sobre este evento *véanse* Estudios a fondo 1, 2, 3—Mt. 8:1-4.)

1. Jesús fue la gran esperanza de los más impuros (v. 40).
2. Jesús tuvo compasión por los más impuros (vv. 41–42).
3. Jesús encomendó al más impuro a no pecar más (v. 43).
4. Jesús demandó que el más impuro testificase de su naturaleza mesiánica (v. 44).
5. Jesús hizo un gran influjo (v. 45).

1 (1:40) *Jesucristo—buscar:* Jesús fue la gran esperanza de los más impuros. Lo que ocurrió fue dramático. El hombre estaba «lleno de lepra» (*pleres lepras*) (Lc. 5:12). Aparentemente todo su cuerpo estaba cubierto de llagas. Tal vez algunas partes ya habían desaparecido, comidas por la enfermedad cancerosa. No tenía esperanza puesto que nadie tenía poder para ayudarle. Pero en algún lugar, de alguna manera, oyó de Jesús y de su poder divino. En su corazón despertó la esperanza y comenzó a buscar a Jesús. Cuando averiguó dónde estaba Jesús, dirigió sus pasos a Él. Mateo nos dice que encontró a Jesús en el monte donde estaba predicando el gran *Sermón del Monte* (Mt. 8:1-4). Oyó predicar a Jesús, y las palabras dichas por Jesús comenzaron a arder en su corazón transformando su esperanza en una enorme fe. Al descender Jesús de la montaña, el leproso se adelantó impulsivamente cayendo a los pies del Señor.

Note tres cosas:

1. El leproso (el más impuro) estaba tan desesperado y tan decidido a buscar la ayuda de Jesús que se olvidó de todo y de todos. Olvidó todos los requisitos de la ley en cuanto a no acercarse a más de seis pies. Olvidó la apretada muchedumbre alrededor de Jesús. No vio a nadie, ni pensó en nadie sino en Jesús. Era su desesperada necesidad y la enorme esperanza que Jesús había despertado en él lo que lo impulsó a pasar corriendo por la multitud y caer a los pies de Jesús pidiendo ayuda.

2. El leproso adoró a Jesús. La totalidad de los tres evangelistas arrojan luz sobre la *intensidad* del acto de este hombre.
• Marcos dice que se arrodilló (Mr. 1:40).
• Lucas dice que cayó sobre su rostro (Lc. 5:12).
• Mateo dice que adoró a Jesús (Mt. 8:2).

3. El leproso veía en Jesús el poder divino de Dios mismo. Esto quedó demostrado por la adoración a Jesús y por las palabras dichas a Jesús. Note que *no* dijo: «Puedes pedir a Dios y Dios me limpiará». En cambio, dijo: «Si *tú* quieres, *tú* puedes limpiarme». Estaba diciendo que Jesús tenía el poder de Dios para limpiarlo.

Pensamiento. El leproso es una ilustración del pecador. Jesús sanará a cualquier persona que se acerca a Él como lo hizo el leproso, aunque sea la persona más impura de la tierra.

«No he venido a llamar a justos, sino a pecadores» (Mr. 2:17).

«Ahora, pues, ¿por qué te detienes? Levántate y bautízate, y lava tus pecados, invocando su nombre» (Hch. 22:16).

«Acercaos a Dios, y él se acercará a vosotros. Pecadores, limpiad las manos; y vosotros los de doble ánimo, purificad vuestros corazones» (Stg. 4:8).

ESTUDIO A FONDO 1

(1:40) *Lepra: véase* Estudio a fondo 1—Mt. 8:1-4.

2 (1:41–42) *Compasión—perdón:* Jesús fue movido a compasión por los más impuros. Al mirar a este leproso, Jesús reconoció la condición de este hombre: su miseria, su corazón, su esperanza, su fe. Y Jesús fue movido a compasión (*véanse* nota y Estudio a fondo 2—Mt. 9:36). Note lo que ocurrió.

1. Jesús fue movido a extenderse hacia el hombre y a tocarlo. No ignoró al hombre. No lo empujó a un costado. Pudo haberlo hecho, porque el hombre no tenía derecho de acercarse a Jesús. Pero Jesús, conociendo el corazón del hombre, fue movido a compasión; y extendió su mano y tocó al hombre (al más impuro).

«Y al ver las multitudes, tuvo compasión de ellas; porque estaban desamparadas y dispersas como ovejas que no tienen pastor» (Mt. 9:36).

«Y saliendo Jesús, vio una gran multitud, y tuvo compasión de ellos, y sanó a los que de ellos estaban enfermo» (Mt. 14:14).

«Como el padre se compadece de los hijos, se compadece Jehová de los que le temen» (Sal. 103:13).

«En toda angustia de ellos él fue angustiado, y el ángel de su faz los salvó; en su amor y en su clemencia los redimió, y los trajo, y los levantó todos los días de la antigüedad» (Is. 63:9).

2. Jesús fue movido a pronunciar las palabras más maravillosas conocidas por el hombre: «Quiero, sé limpio». Pronunció su palabra de poder. Jesús quiere hacer limpio a todo hombre. Es su voluntad que toda persona sea sanada. Lo que se requiere tan desesperadamente es que cada persona se acerque a Él tal como lo hizo este pobre leproso pecador.

Toda persona necesita acercarse a Jesús ...

*   con intensa esperanza.
*   con intensa fe.
*   con intensa adoración.

> «Cómo Dios ungió con el Espíritu Santo y con poder a Jesús de Nazaret, y cómo éste anduvo haciendo bienes y sanando a todos los oprimidos por el diablo, porque Dios estaba con él» (Hch. 10:38).

> «Por lo cual puede también salvar perpetuamente a los que por él se acercan a Dios, viviendo siempre para interceder por ellos» (He. 7:25).

> «Mi mano hizo todas las cosas, y así todas estas cosas fueron, dice Jehová; pero miraré a aquel que es pobre y humilde de espíritu, y que tiembla a mi palabra» (Is. 66:2).

3. El resultado fue tal como Jesús quería y como él dijo. Su palabra de poder limpió y sanó al hombre. Al sanar al hombre Jesús demostraba tres cosas.

a. Que se preocupa y es movido a compasión por la penuria de los hombres, incluyendo al más impuro.

b. Que Él es, de la manera más definitiva, el Hijo de Dios que posee el mismo poder de Dios para limpiar a los hombres de su pecado e impureza. La lepra era un tipo o símbolo de pecado, de modo que al limpiar la lepra del hombre, el hombre era limpiado (sanado) tanto física como espiritualmente.

c. Que Él es superior a la ley. Extendió su mano y tocó al hombre lo cual era contrario a la ley. Por ley los leprosos debían mantenerse a una distancia mínima de otras personas de seis pies, aun de los miembros de la propia familia. (Para mayor discusión *véanse* notas, *Jesucristo, cumple la Ley*—Mt. 5:17–18; Estudio a fondo 2; Ro. 8:3.)

ESTUDIO A FONDO 2
(1:41) *Compasión: véase* Estudio a fondo 2—Mt. 9:36.

3 (1:43) *Pecado, advertencia:* Jesús mandó al más impuro a ir y no pecar más. Con una lectura rápida y superficial se ignora este punto. Dos hechos permiten notarlo.

1. Lo que Jesús manda al hombre en v. 43 pareciera ser diferente a las directivas dadas en el v. 44. Una lectura cuidadosa pareciera indicar esto.

2. La frase «le encargó rigurosamente» (*embrimesamenos*) es de tono amenazador. Es una severa advertencia dada al hombre. Es el mismo tipo de mandato que Jesús dio al hombre que estuvo treinta y tres años postrado en cama: «Después le halló Jesús en el templo, y le dijo: Mira, has sido sanado; no peques más, para que no te venga alguna cosa peor» (Jn. 5:14).

Pensamiento. Cuando somos perdonados y limpiados, Cristo espera que no pequemos más. Se nos advierte vigorosa y severamente: «que no te [nos] venga alguna cosa peor». (Para mayor discusión *véanse* bosquejo y notas—Mt. 12:43-45; He. 2:1-4; 3:7-19; 4:1-13; 5:11—6:20; 10:26-39. Cp. Ef. 5:5-6; 2 Ts. 1:8; He. 2:2-4.)

> «Lavaos y limpiaos; quitad la iniquidad de vuestras obras de delante de mis ojos; dejad de hacer lo malo» (Is. 1:16).

> «Así que, amados, puesto que tenemos tales promesas, limpiémonos de toda contaminación de carne y de espíritu, perfeccionando la santidad en el temor de Dios» (2 Co. 7:1).

> «Así que, si alguno se limpia de estas cosas, será instrumento para honra, santificado, útil al Señor, y dispuesto para toda buena obra» (2 Ti. 2:21).

> «Acercaos a Dios, y él se acercará a vosotros. Pecadores, limpiad las manos; y vosotros los de doble ánimo, purificad vuestros corazones» (Stg. 4:8).

4 (1:44) *Testificar—orgullo—asistencia a la iglesia:* Jesús demandó que aun la persona más impura testificara de la naturaleza mesiánica de Cristo. Jesús le dio dos órdenes diferentes al hombre limpiado.

1. «No digas a nadie nada»: «No te jactes por haber sido limpiado. Cuídate del orgullo, de creer que Dios ha sido parcial en favor tuyo, de pensar que eres un favorito de Dios, alguien especial en comparación con *cualquier* otra persona». Aparentemente había algo en el interior de este hombre una *tendencia* al orgullo (*véase* nota—Mt. 8:4). Su atención no debía centrarse en lo que le había ocurrido (su purificación y curación), sino en Jesús, el compasivo y misericordioso.

Pensamiento. Demasiadas veces miramos al pecador y decimos: «*Por la gracia de Dios soy lo que soy*». Esto es una actitud jactanciosa y de orgullo. Es cierto que la gracia de Dios nos ha salvado, pero Dios no nos ha salvado por ser favoritos suyos. No somos salvados para compararnos con el pecador y andar diciendo (testificando) y pensando que somos mejores que Él. Somos salvados para proclamar la gracia de Dios para con el hombre de la calle. Nuestro deber no consiste en pararnos a este lado de la calle y testificar: «Por la gracia de Dios soy lo que soy». Nuestra tarea es cruzar la calle y declarar: «La gracia de Dios salva y limpia de todo pecado. Dios me ha limpiado a mí, el peor de todos los pecadores; su gracia lo librará a usted. Hay limpieza y perdón para todos.».

2. «Vé ... muéstrate al sacerdote....» Jesús tiene tres motivos para dar esta orden.

a. El hombre debía obedecer la ley, puesto que no estaba más allá de ella. Debía vivir en justicia tal como la ley lo ordenaba. Jesús no anuló ni quitó la ley. La cumplió; por eso Él es mayor que la ley. Se le estaba enseñando al hombre a obedecer la ley, y a hacer más que eso: se le estaba enseñando a obedecer a Jesús, lo cual incluye la ley, y más que la ley (para la discusión *véase* nota—Mt. 5:17-18). Su conducta recta sería su principal testimonio, su acto final de obediencia.

Pensamiento. La obediencia, es decir, vivir con justicia, es nuestro primordial testimonio por Cristo. No existe la verdadera fe aparte de la obediencia y las obras.

> «Y habiendo sido perfeccionado, vino a ser autor de eterna salvación para todos los que le obedecen» (He. 5:9).

> «Así también la fe, si no tiene obras, es muerta en sí misma» (Stg. 2:17).

b. Todos debían reconocer que el hombre había sido *limpiado*. La gente no lo aceptaría hasta saber que había sido limpiado. El sacerdote tenía que *pronunciarlo* limpio.

Pensamiento. Toda persona limpiada debe asistir a la iglesia, confesar su limpieza y convertirse en parte de la sociedad de Dios y de la familia de los creyentes.

> «Así que, los que recibieron su palabra fueron bautizados; y se añadieron [a la iglesia] aquel día como tres mil personas. Y perseveraban en la doctrina de los apóstoles, en la comunión unos con otros, en el apartamiento del pan y en las oraciones» (Hch. 2:42).

> «No dejando de congregarnos, como algunos tienen por costumbre, sino exhortándonos; y tanto más cuanto véis que aquel día se acerca» (He. 10:25).

c.   El sacerdote tenía que dar testimonio del divino poder
de Jesús. Todo el mundo sabía que solamente Dios
podía curar la lepra. Declarando limpio al hombre, el
sacerdote declaraba que Jesús era el Hijo de Dios, el
Mesías (cp. Lv. 14:2–20).

Pensamiento. Cada vez que una persona es auténticamente limpiada de pecado, Jesús es proclamado
como Mesías, el Hijo de Dios. Un hombre limpiado
se convierte en un testimonio viviente y en testigo
del poder de Jesús.

**«De modo que si alguno está en Cristo,
nueva criatura es; las cosas viejas pasaron; he
aquí todas son hechas nuevas. Y todo esto
proviene de Dios, quien nos reconcilió consigo
mismo por Cristo, y nos dio el ministerio de la
reconciliación; que Dios estaba en Cristo
reconciliando consigo al mundo, no tomándoles
en cuenta a los hombres sus pecados, y nos
encargó a nosotros la palabra de la reconciliación. Así que, somos embajadores en nombre
de Cristo, como si Dios rogase por medio de
nosotros; os rogamos en nombre de Cristo:
Reconciliaos con Dios. Al que no conoció pecado,
para que nosotros fuésemos hechos justicia de
Dios en él» (2 Co. 5:17–21).**

**«Os escribo a vosotros, padres, porque
conocéis al que es desde el principio. Os escribo
a vosotros, jóvenes, porque habéis vencido al
maligno. Os escribo a vosotros, hijitos, porque
habéis conocido al Padre. Os he escrito a
vosotros, padres, porque habéis conocido al que
es desde el principio. Os he escrito a vosotros,
jóvenes, porque sois fuertes, y la palabra de Dios
permanece en vosotros, y habéis vencido al
maligno. No améis al mundo, ni las cosas que
están en el mundo. Si alguno ama al mundo, el
amor del Padre no está en él. Porque todo lo que
hay en el mundo, los deseos de la carne, los
deseos de los ojos, y la vanagloria de la vida, no
proviene del Padre, sino del mundo» (1 Jn. 2:13–
16).**

5 (1:45) *Testificar—desobediencia:* Jesús hizo un gran impacto.
Su fama fue difundida por aquel hombre. El hombre desobedeció a
Jesús (como muchos de nosotros lo hacemos tantas veces). Debido
a la desobediencia del hombre, Jesús tuvo que retirarse de la zona.
En este caso particular, tuvo que irse porque las multitudes sencillamente eran demasiado numerosas. Note: Aquí también hay una
aplicación espiritual. Cuando desobedecemos a Cristo, Cristo está
obligado a retirarse. Ya no percibimos su presencia, ya no es vista
por nuestros allegados. Es como si fuese expulsado a un *lugar
desierto.* Es interesante notar que no se dice nada más acerca del
leproso desobediente. ¡Imagínese las personas que nunca recibieron
ayuda porque Jesús fue obligado a retirarse a un lugar desierto!

Pensamiento. Tal vez no entendamos la orden de nuestro
Señor, pero igual debemos obedecer. Las consecuencias
de la desobediencia son demasiado terribles, destruyendo
vidas por causa de nuestro testimonio perdido.

**«Velad debidamente, y no pequéis; porque
algunos no conocen a Dios; para vergüenza vuestra
lo digo» (1 Co. 15:34).**

CAPÍTULO 2

G. El poder para per-
donar pecados y su
influencia: perdón
de pecados, 2:1-12
(Mt. 9:1-8; Lc. 5:17-26)

1 Muchos meses
después, Jesús
volvió a Capernaum
  a. Jesús estaba en casa
  b. Inmediatamente las
    multitudes lo oyeron
    y llenaron la casa
  c. Jesús predicó la
    palabra
2 Los prerequisitos
para ser perdonados
  a. Venir a Jesús
  b. Tener una fe sincera,
    desesperada, en el
    poder de Jesús; una
    fe que no renunciará[EP1]

3 La realidad del perdón[EP2]
  a. Jesús veía la fe
  b. Jesús perdonaba
    pecados
4 La pregunta surgió

Entró otra vez en Capernaum después de algunos días; y se oyó que estaba en casa.

2 E inmediatamente se juntaron muchos, de manera que ya no cabían ni aun a la puerta; y les predicaba la palabra.

3 Entonces vinieron a él unos trayendo un paralítico, que era cargado por cuatro.

4 Y como no podían acercarse a él a causa de la multitud, descubrieron el techo de donde estaba, y haciendo una abertura, bajaron el lecho en que yacía el paralítico.

5 Al ver Jesús la fe de ellos, dijo al paralítico: Hijo, tus pecados te son perdonados.

6 Estaban allí sentados algunos de los escribas, los cuales cavilaban en sus corazones:

7 ¿Por qué habla éste así? Blasfemias dice. ¿Quién puede perdonar pecados sino sólo Dios?

8 Y conociendo luego Jesús en su espíritu que cavilaban de esta manera dentro de sí mismos, les dijo: ¿Por qué caviláis así en vuestros corazones?

9 ¿Qué es más fácil, decir al paralítico: Tus pecados te son perdonados, o decirle: Levántate, toma tu lecho y anda?

10 Pues para que sepáis que el Hijo del Hombre tiene potestad en la tierra para perdonar pecados (dijo al paralítico):

11 A ti te digo: Levántate, toma tu lecho, y vete a tu casa.

12 Entonces él se levantó enseguida, y tomando su lecho, salió delante de todos, de manera que todos se asombraron, y glorificaron a Dios, diciendo: Nunca hemos visto tal cosa.

respecto del perdón
de pecados
  a. Los religiosos
    razonaban
  b. Los religiosos
    preguntaban: ¿Quién
    tiene poder para
    perdonar?[EP3]
5 La fuente del perdón
  a. Jesús reveló conocer
    los corazones de los
    hombres
  b. Jesús reveló su
    sabiduría divina;
    reveló no tener
    temor
  c. Jesús demostró su
    naturaleza mesiánica,
    que era el Hijo del
    Hombre
  d. Jesús demostró tener
    el poder para
    perdonar pecados
6 El influjo del perdón
  a. El hombre caminó
    delante de todos,
    perdonado y sanado
  b. Las multitudes se
    maravillaron
  c. Las multitudes
    alabaron a Dios

G. El poder para perdonar pecados y su influencia: perdón de pecados, 2:1-12

(2:1-12) *Introducción:* el hombre que busca perdón de pecados —que realmente lo busca con la desesperación que no renunciará a su propósito— será perdonado. Esta es la gran lección aprendida del hombre paralítico.

1. Muchos meses después, Jesús volvió a Capernaum (vv. 1-2).
2. Los prerequisitos para ser perdonado (vv. 3-4).
3. La realidad del perdón (v. 5).
4. La pregunta surgió respecto de ser perdonado (vv. 6-7).
5. La fuente del perdón (vv. 8-11).
6. El influjo del perdón (v. 12).

[1] (2:1-2) *Predicación—ministro—misión:* después de muchos meses de predicar por toda Galilea, Jesús volvió a Capernaum (Mr. 1:39). La gira de predicación duró alrededor de doce meses. Aparentemente volvió a la casa de Pedro; y, como siempre, las noticias se difundieron rápidamente, y las multitudes comenzaron a reunirse y a llenar la casa.

Note lo que hizo Jesús. Cumplió con su *misión primordial:* «les predicaba la palabra». Sin duda algunos vinieron para ser ministrados, es decir, a tener suplida alguna necesidad o a ser sanados; y algunos vinieron por curiosidad. Pero note lo que Jesús hizo en primer lugar. Cumplió la principal obra de Dios. Proclamó la palabra de Dios a los hombres que estaban perdidos por la eternidad.

[2] (2:3-4) *Perdón—perseverancia—fe—invitación:* lo que ocurrió demostró claramente cuáles son los prerequisitos para ser perdonados.

1. El hombre vino a Jesús. En realidad fue traído a Jesús por cuatro hombres que lo llevaban sobre una camilla. Note dos cosas significativas.
  a. El hombre estaba desesperado por recibir ayuda; habiendo oído de Jesús, tenía mucha esperanza.
  b. El hombre era muy querido por los cuatro que lo trajeron. Esto lo indica la extrema acción que emprendieron para llegar a Jesús.

El caso queda claro: el primer prerequisito para el perdón es acudir a Jesús. La persona tiene que venir a Jesús para recibir perdón, aunque tenga que ser traída. Compare esto con la invitación de Dios de «venir»:

«**Venid luego, dice Jehová, y estemos a cuenta: si vuestros pecados fueren como la grana, como la nieve serán emblanquecidos; si fueren rojos como el carmesí, vendrán a ser como blanca lana**» (Is. 1:18).

«**A todos los sedientos: Venid a las aguas; y los que**

«**Venid a mí todos los que estáis trabajados y cargados, y yo os haré descansar**» (Mt. 11:28).

«**Y el Espíritu y la Esposa dicen: Ven. Y el que oye, diga: Ven. Y el que tiene sed, venga; y el que quiera, tome del agua de la vida gratuitamente**» (Ap. 22:17). (Cp. también Gn. 7:1; Mt. 22:4; Lc. 14:17.)

2. El hombre y sus amigos poseían una fe sincera,

desesperada, en el poder de Jesús; una fe que no abandonaría su objetivo (para la discusión *véanse* Estudio a fondo 2—Mr. 2:4; notas—Mt. 9:23-27; 11:22-23. Cp. también con Stg. 2:26 donde la fe sin obras [acción] es calificada de muerta, como realmente inexistente.)

> **«Jesús le dijo: Si puedes creer, al que cree todo le es posible» (Mr. 9:23).**

ESTUDIO A FONDO 1

(2:4) *Casas—fe perseverante:* en el tiempo de Jesús muchas casas tenían una escalera exterior que conducía a otro piso. Desde esta escalera era fácil llegar al techo. El techo era plano y estaba hecho de piedras lajas unidas con una sustancia arcillosa mezclada con paja. Los techos eran suficientemente resistentes para que la gente tome asiento en ellos para sus conversaciones al atardecer, como para otras actividades (*véase* Estudio a fondo 2—Mt. 24:17). Estos hombres cavaron hasta abrir una abertura en el techo. Estaban tan seguros del poder de Jesús para ayudarles que nada les impediría llegar hasta Él; era imposible detener su fe.

3 **(2:5)** *Perdón:* la realidad de ser perdonado. Note lo que ocurrió.

1. Jesús vio la fe de ellos: la fe del hombre en cuestión y la fe de los cuatro que lo traían. La fe de los amigos tuvo un importante papel en la sanidad del hombre y en el perdón de sus pecados. (*Véanse* notas—Mt. 9:2; Mr. 11:23.)

> **«Así que, los que somos fuertes debemos soportar las flaquezas de los débiles, y no agradarnos a nosotros mismos» (Ro. 15:1).**
> **«Sobrellevad los unos las cargas de los otros, y cumplid así la ley de Cristo» (Gá. 6:2).**
> **«No nos cansemos, pues, de hacer el bien; porque a su tiempo segaremos, si no desmayamos» (Gá. 6:9).**
> **«Yo era ojos al ciego, y pies al cojo. A los menesterosos era padre, y de la causa que no entendía, me informaba con diligencia» (Job 29:15-16).**
> **«Alarga su mano al pobre, y extiende sus manos al menesteroso» (Pr. 31:20).**
> **«Pero un samaritano, que iba de camino, vino cerca de él, y viéndole, fue movido a misericordia y acercándose, vendó sus heridas, echándoles aceite y vino; y poniéndole en su cabalgadura, lo llevó al mesón, y cuidó de él» (Lc. 10:33-34).**

2. Jesús proclamó el perdón de los pecados del hombre. Perdonar los pecados del hombre era mucho más importante que sanarlo (Mr. 2:10). Un cuerpo sano asegura la vida por solamente unos pocos años en el mejor de los casos; el alma sana asegura la vida eterna (*véase* Estudio a fondo 4—Mt. 26:28).

   a. Primero, Jesús perdonó los pecados del hombre. Con ello enseñó que lo más importante en la vida de una persona es que busque el perdón de sus pecados. La persona siempre debería buscar, antes que nada, el perdón de sus pecados. Jesús quiere que el hombre viva eternamente, no solo por unos pocos años. Pero antes que pueda vivir eternamente, el hombre tiene que estar dispuesto a venir a Jesús buscando el perdón de pecados.

   b. Con ternura y compasión Jesús proclamó ese perdón. Cuando una persona viene a Jesús buscando perdón, Jesús ...

   - no la *acusa* de sus pecados pasados.
   - no le *recrimina* lo que ha hecho —por qué lo ha hecho— de dónde ha venido.
   - *no objeta* ni *vacila* en perdonar a esa persona.

   Cuando una persona viene a Jesús, Jesús responde con ternura y compasión. Esto lo demuestra la palabra «hijo». En griego «hijo» (*teknon*) significa niño. Mirando al hombre, postrado a sus pies, Jesús

vio a un niño, y Jesús respondió al hombre como hubiera respondido a cualquiera de nosotros, a un niño que yace indefenso a nuestros pies, es decir, con ternura y compasión.

   c. Jesús proclamó perdón basado en su propia autoridad. Es esencial ver esto. No dijo: «Dios, perdona a este hombre», o «Dios, quisiera que perdones a este hombre». Jesús dijo: «Hijo, tus pecados te son perdonados». Él mismo le perdonó los pecados, en su propio nombre, por su propio poder y autoridad.

El caso es inconfundible. Jesús está proclamando ser Dios, el propio Hijo de Dios, y la gente entendía exactamente lo que estaba haciendo (vv. 6-7).

> *Pensamiento.* Combine los dos puntos: (1) Jesús proclama perdón, con ternura y compasión, y (2) Jesús tiene el poder para perdonar pecados porque Él es, verdaderamente, el Hijo de Dios. Es necio el hombre que no viene a Jesús para pedir el perdón de sus pecados.

> **«A éste, Dios ha exaltado con su diestra por Príncipe y Salvador, para dar a Israel arrepentimiento y perdón de pecados» (Hch. 5:31).**
> **«Sabed, pues, esto, varones hermanos: que por medio de él se os anuncia perdón de pecados» (Hch. 13:38).**
> **«En quien tenemos redención por su sangre, el perdón de pecados según las riquezas de su gracia» (Ef. 1:7).**

ESTUDIO A FONDO 2

(2:5) *Perdón: véase* Estudio a fondo 4—Mt. 26:28.

4 **(2:6-7)** *Blasfemia—perdón:* la pregunta surgió respecto del perdón de pecados. Aparentemente el cuerpo gobernante en Jerusalén, el sanhedrín, había oído del profeta en Galilea que estaba realizando un singular ministerio. Se hablaba de milagros increíbles. El profeta, que se llamaba a sí mismo Jesús de Nazaret tenía que ser investigado; era preciso estar seguros de que no enseñaba error ni extraviaba a la gente; que no estuviese amenazando con una insurrección contra la religión judía, ni contra la nación que estaba bajo el dominio romano. (*Véanse* notas—Mt. 12:1-8; nota y Estudio a fondo 1—12:10; nota—15:1-20; Estudio a fondo 2—15:6-9.)

El sanhedrín envió una delegación a Capernaum para investigar a Jesús. Los escribas mencionados en estos versículos son esa delegación. Cuando los escribas oyeron a Jesús perdonar los pecados del hombre, reconocieron inmediatamente lo que Jesús estaba haciendo. Entonces comenzaron a razonar en sus mentes y corazones: «¿Por qué blasfema este hombre? ¿Quién, sino solamente Dios, puede perdonar pecados? ¿Está pretendiendo ser Dios? ¿El profeta prometido?» (*Véanse* notas—Mr. 3:1-2. *Véanse* bosquejo y Estudio a fondo—Mr. 3:22.)

> *Pensamiento 1.* La pregunta era lógica y razonable.
> 1) La mayoría de la gente y de las religiones formulan la misma pregunta: «¿Quién, sino solamente Dios, puede perdonar pecados?» Ven en Jesús un mero profeta, o algún gran hombre. Nunca podía tener el derecho o poder de perdonar pecados.
> 2) Algunos en el mundo simplemente preguntan: «¿Quién puede perdonar pecados?» Y se regocijan al descubrir que Jesús es el Hijo de Dios y que perdona pecados.

> **«Porque de tal manera amó Dios al mundo, que ha dado a su Hijo unigénito, para que todo aquel que en él cree, no se pierda, mas tenga vida eterna» (Jn. 3:16).**
> **«Oyó Jesús que le habían expulsado; y hallándole, le dijo: ¿Crees tú en el Hijo de Dios? Respondió él y dijo: ¿Quién es, Señor, para que crea en él? Le dijo Jesús: Pues le has visto, y el que habla contigo, él es» (Jn. 9:35-37).**

«Le dijo Jesús: Yo soy la resurrección y la vida; el que cree en mí aunque esté muerto, vivirá. Y todo aquel que vive y cree en mí, no morirá eternamente. ¿Crees esto? Le dijo: Sí, Señor; yo he creído que tú eres el Cristo, el Hijo de Dios, que has venido al mundo» (Jn. 11:25-27).

Pensamiento 2. Note que si Jesús no era el Hijo de Dios, los escribas estaban acertados. Jesús estaría blasfemando. Sin embargo, puesto que Él es el Hijo de Dios, Él realmente perdonó los pecados del hombre. La conclusión es gloriosa: Él también puede perdonar nuestros pecados.

«Pedro les dijo: Arrepentíos, y bautícese cada uno de vosotros en el nombre de Jesucristo para perdón de los pecados; y recibiréis el don del Espíritu Santo» (Hch. 2:38).

ESTUDIO A FONDO 3
(2:7) *Blasfemia: véase* Estudio a fondo 4—Mt. 9:3.

5 (2:8-11) *Perdón:* la fuente del perdón. Jesús reveló mediante cuatro vigorosos pasos su poder para perdonar pecados.

1. Jesús reveló conocer el corazón humano; conocer exactamente lo que el hombre piensa, sus motivos y sus razonamientos (para la discusión *véase* nota, pto. 1—Mt. 9:4-7).

2. Jesús reveló su sabiduría divina y su carencia de temor. Sugirió que lo pongan a prueba con lo imposible (para la discusión *véase* nota, pto. 2—Mt. 9:4-7).

3. Jesús estableció su propósito: demostrar que es el Hijo del Hombre (para la discusión *véanse* nota, pto. 3—Mt. 9:4-7; Estudio a fondo—Mt. 8:20).

4. Jesús demostró su poder para perdonar pecados. Necesariamente tiene que tener el poder para perdonar pecados, puesto que sanó al hombre haciendo que se levantara y caminara. Su poder es indiscutible.

Note la prueba de su poder para perdonar pecados.

- Jesús *quiso* que el hombre camine. Sencillamente *dijo la palabra*: «levántate», y el hombre se levantó y caminó. El poder estaba en la *voluntad y en la palabra* de Jesús. Su voluntad es su palabra, y su palabra es su voluntad.
- Consecuentemente, si Jesús *quiere* perdonar pecados, lo único que tiene que hacer es *decir la palabra*. «Tus pecados te son perdonados», y los pecados son perdonados.» (Cp. Ef. 1:7; 1 Jn. 1:9; 1 Jn. 2:1-2; Hch. 5:31; 13:38; Lc. 24:47.)

«Quien llevó él mismo nuestros pecados en su cuerpo sobre el madero, para que nosotros, estando muertos a los pecados, vivamos a la justicia; y por cuya herida fuisteis sanados» (1 P. 2:24).

«El es quien perdona todas tus iniquidades, el que sana todas tus dolencias» (Sal. 103:3).

«Mas él herido fue por nuestras rebeliones, molido por nuestros pecados; el castigo de nuestra paz fue sobre él, y por su llaga fuimos nosotros curados» (Is. 53:5).

«Deje el impío su camino, y el hombre inicuo sus pensamientos, y vuélvase a Jehová, el cual tendrá de él, misericordia, y al Dios nuestro, el cual será amplio en perdonar» (Is. 55:7).

6 (2:12) *Testificar—fidelidad:* el resultado de ser perdonado.

1. El hombre caminó delante de todos como un testimonio viviente del poder de Jesús para perdonar y sanar *todo el ser* de una persona.

2. Las multitudes se *maravillaron* y *glorificaron* a Dios.

Pensamiento. Jesús perdona los pecados de cualquier persona, no importa cuán terribles sean. Cuando los pecados de una persona son perdonados, dicho perdón debería

afectar dramáticamente a Él mismo como a los que lo conocen. Sin embargo, es una gran tragedia que tan pocas personas presten atención al hecho de que los pecados son perdonados. Ignoran el hecho y prosiguen su alegre camino, andando en el egoísmo de este mundo (cp. 1 Jn. 2:15–16).

«Lo que has oído de mí ante muchos testigos, esto encarga a hombres fieles que sean idóneos para enseñar también a otros» (2 Ti. 2:2).

«Sino santificad a Dios el Señor en vuestros corazones, y estad siempre preparados para presentar defensa con mansedumbre y reverencia ante todo el que os demande razón de la esperanza que hay en vosotros» (1 P. 3:15).

	H. La influencia de Jesús sobre Mateo y sus amigos: alcanzando a los publicanos y pecadores, 2:13-17 (Mt. 9:9-13; Lc. 5:27-32)	pecadores estaban también a la mesa juntamente con Jesús y sus discípulos; porque había muchos que le habían seguido.	a. Leví invitó a allegados y amigos
1 Jesús a la orilla del mar a. Las multitudes se reunieron b. Jesús les enseñaba **2 Jesús llamó a los publi-canos y pecadores** EF1 a. Al pasar vio a Leví b. Llamado a dejar todo c. Aceptó el llamado **3 Jesús se asocia con pub-licanos y pecadores**	13 Después volvió a salir al mar; y toda la gente venía a él, y les enseñaba. 14 Y al pasar, vio a Leví hijo de Alfeo, sentado al banco de los tributos públicos, y le dijo: Sígueme. Y levantándose, le siguió. 15 Aconteció que estando Jesús a la mesa en casa de él, muchos publicanos y	16 Y los escribas y los fariseos, viéndole comer con los publicanos y con los pecadores, dijeron a los discípulos: ¿Qué es esto, que él come y bebe con los publicanos y pecadores? 17 Al oír esto Jesús, les dijo: Los sanos no tienen necesidad de médico, sino los enfermos. No he ve-nido a llamar a justos, sino a pecadores.	b. Jesús se reunió con ellos c. El influjo: Muchos le siguieron **4 Jesús respondió a la actitud de la sociedad hacia publicanos y pecadores** a. Los religiosos cues-tionaron las relaciones de Jesús con la gente b. La respuesta de Jesús 1) Una ilustración 2) Su preciso propósito: llamar a los pecadores

H. La influencia de Jesús sobre Mateo y sus amigos: alcanzando a los publicanos y pecadores, 2:13-17

(2:13-17) *Introducción:* Jesús vino a buscar y a salvar a los per-didos. No importa cuán perdida, cuán expulsado, o cuan malo sea un pecador, Jesús vino para salvar a esa persona.

1. Jesús fue a la orilla del mar (v. 13).
2. Jesús llamó a los publicanos y pecadores (v. 14).
3. Jesús se asoció con publicanos y pecadores (v. 15).
4. Jesús respondió a la actitud de la sociedad hacia publicanos y pecadores (vv. 16-17).

1 (2:13) *Fiel—oportunidad:* Jesús fue a la orilla del mar, esto es del mar de Galilea. La multitud de gente que ahora se agolpaba alrededor suyo era tan grande que no había casa o calle sufi-cientemente grande para recibirlos. Los líderes de las sinagogas, los religiosos, también le estaban cerrando las puertas (cp. Mr. 2:6-7). Sin embargo, note la fidelidad de Jesús para predicar y enseñar a pesar de las puertas cerradas. Su misión y su llamado era predicar, de modo que tenía que predicar. No sería detenido o silenciado por los problemas, cualesquiera que fuesen. Note dos cosas.

1. Las multitudes se reunieron. Las palabras: «toda la gente» demuestran que le siguió una gran multitud y se reunió con Él en la orilla del mar.

> *Pensamiento.* La gente debería agolparse alrededor del siervo que enseña con veracidad el reino de Dios. ¿Por qué? Hay una sencilla razón: desde Cristo, ahora todas las cosas están listas para el reino de Dios.
>
> «Y a la hora de la cena [Dios] envió a su siervo a decir a los convidados: Venid que ya todo está preparado» (Lc. 14:17; en cuanto a un cuadro descriptivo de las excusas presentadas para no venir a Cristo, *véanse* bosquejo y notas—Lc. 14:18-20).

2. Jesús les enseñaba. Cuando la gente vino para oír acerca del reino de Dios, Él les enseñaba. Él era fiel siervo de Dios, el siervo obediente que aprovechaba toda oportunidad para enseñar (para mayor discusión *véanse* bosquejo y notas—Mr. 1:14-15).

> *Pensamiento.* El siervo de Dios debe aprovechar cada oportunidad para enseñar y compartir a Cristo y su reino. No debe perder una sola oportunidad. Fidelidad y obediencia al llamado que uno ha recibido es lo que demanda la hora actual.
>
> «Así que, hermanos míos amados, estad firmes y constantes, creciendo en la obra del Señor siempre, sabiendo que vuestro trabajo en el Señor no es en vano» (1 Co. 15:58).

> «Me es necesario hacer las obras del que me envió, entre tanto que el día dura; la noche viene, cuando nadie puede trabajar» (Jn. 9:4).

2 (2:14) *Cobrador de impuestos—publicano—los perdidos:* Jesús llamó al publicano y al pecador. En algún momento Jesús dejó de enseñar a la multitud y comenzó a caminar junto a la orilla del mar. Mientras caminaba, pasó junto al puesto de cobro de impuestos, establecido para cobrar los impuestos que debían pagar los barcos que llegaban. Entonces ocurrieron tres cosas.

1. Jesús vio a Leví, el cobrador de impuestos a cargo del puesto u oficina de cobranza. Todos los cobradores de impuestos eran traidores, publicanos, y pecadores en la opinión de la sociedad judía. Se los odiaba y discriminaba amargamente. Se los consideraba personas que vendieron su alma a las autoridades romanas. La vasta mayoría eran ladrones, falsos, extorcionistas, aumentando siempre el importe legal a fin de llenar sus propios bolsillos. La mayoría de los cobradores de impuestos eran ricos, y el hecho que Mateo tuviese una casa suficientemente grande para hospedar una gran reunión señala su condición de rico. (*Véase* nota—Mt. 9:9.)

2. Jesús llamó a Leví a abandonar su profesión y a seguirle. El amor al dinero y el deseo de riquezas y extravagancias era lo que llevaba a la mayoría de los cobradores de impuestos judíos a entrar al servicio de los romanos. Esto nos dice que Mateo, siendo joven, era consumido por la codicia de riquezas y por las así llamadas *buenas cosas* de la vida. Era prisionero de la codicia, suficientemente poseído para traicionar a su país y a su pueblo.

Sin embargo, en este pasaje hay algo más que sale a la luz respecto de Mateo. El precio que había pagado por la riqueza no valía lo que había obtenido. Su corazón se sentía herido por las punzantes miradas, las palabras hirientes, el aislamiento, y el amargo odio de la gente. Anhelaba perdón y reconciliación, tanto con Dios como con su gente. Es esto lo que Jesús vio. Jesús vio la herida y el dolor de todo ello, y entonces lo llamó a abandonar su pecado de codicia y a seguir a Dios.

> *Pensamiento.* Note cómo Jesús siempre estaba buscando la oportunidad de alcanzar a individuos. Acababa de enseñar a «toda la gente», y probablemente estaba cansado. Pero al retirarse de su reunión, vio a un alma sufriendo y requiriendo atención, de modo que se detuvo para testificar a aquel hombre.
>
> «Venid a mí todos los que estáis trabajados y cargados, y yo os haré descansar. Llevad mi yugo sobre vosotros, y aprended de mí, que soy manso y humilde de corazón; y hallaréis descanso para

vuestras almas; porque mi yugo es fácil, y ligera mi carga» (Mt. 11:28-30).

«Venid luego, dice Jehová, y estemos a cuenta: si vuestros pecados fueren como la grana, como la nieve serán emblanquecidos; si fueren rojos como el carmesí, vendrán a ser como blanca lana» (Is. 1:18).

«A todos los sedientos: Venid a las aguas; y los que no tienen dinero, venid, comprad y comed. Venid, comprad sin dinero y sin precio, vino y leche» (Is. 55:1).

«Venid y volvamos a Jehová; porque él arrebató, y nos curará; hirió, y nos vendará» (Os. 6:1).

3.   El efecto en Mateo fue volcánico y eruptivo. «Levantándose, le siguió [a Jesús]», inmediatamente. Note dos hechos evidentes.

a.   Mateo ya conocía a Jesús. Jesús ya había estado enseñando en toda Galilea por más de un año. Como todo el mundo, Mateo ciertamente había oído de Jesús y probablemente había visitado alguna de sus reuniones.

b.   Mateo renunció a todo. En efecto, los dos puntos principales que hay que ver en el llamado de Mateo son: primero, Jesús llamó a una persona que era un *publicano* y un *pecador*, y, segundo, Mateo renunció a todo por seguir a Jesús. Le costó todo a Mateo: su trabajo y su enorme ingreso. La mayoría de los otros discípulos podían volver a sus respectivas profesiones si las cosas no resultaban. Pero en el caso de Mateo no. Cuando él entregó su vida a Jesús, entregó literalmente todo. El llamado de Jesús hizo una interrupción en la totalidad de su vida (en cuanto al desarrollo de esta aplicación *véase* nota, *Negación de sí mismo*—Lc. 9:23).

«Porque todo el que quiera salvar su vida, la perderá; y todo el que pierda su vida por causa de mí y del evangelio, la salvará. Porque ¿qué aprovecha al hombre si ganare todo el mundo, y perdiere su alma?» (Mr. 8:35-36).

«Y decía a todos: si alguno quiere venir en pos de mí niéguese a sí mismo, tome su cruz cada día, y sígame» (Lc. 9:23).

«Si alguno viene a mí, y no aborrece a su padre, y madre, y mujer, e hijos, y hermanos, y hermanas, y aun también su propia vida, no puede ser mi discípulo» (Lc. 14:26).

«Así, pues, cualquiera de vosotros que no renuncia a todo lo que posee, no puede ser mi discípulo» (Lc. 14:33).

ESTUDIO A FONDO 1

(2:14) *Leví—Mateo:* este Leví es el mismo que el Mateo, el que escribió el primer evangelio del Nuevo Testamento (*véase* nota—Mt. 9:9). Aparentemente su nombre de familia era Leví, pero Jesús cambió su nombre por Mateo. Es significativo que tanto Marcos como Lucas usan su nombre Leví (Mr. 2:14; Lc. 5:27), en cambio Mateo usó el nombre que le dio Jesús: Mateo (Mt. 9:9). El nombre Mateo o Matías significa *don de Jehová*. Refiriéndose a sí mismo, Mateo siempre acentúa la gran misericordia de Dios hacia él. Quería que la gente supiese que fue la gloriosa misericordia de Jesús lo que lo salvó, a él, el publicano y pecador.

«Pero Dios, que es rico en misericordia, por su gran amor con que nos amó, aun estando nosotros muertos en pecados, nos dio vida juntamente con Cristo, (por gracia sois salvos)» (Ef. 2:4-5).

3 (2:15) *Publicano—pecadores—testificar—iglesia:* Jesús se asociaba con los publicanos y pecadores. Note tres cosas.

1.   Inmediatamente después de su conversión, Mateo invitó a sus allegados y amigos a una gran fiesta (Lc. 5:29). Sus amigos no

era la gente respetable de la sociedad, sino otros cobradores de impuestos (publicanos) y pecadores: publicanos y gente sin religión de la sociedad. Sus amigos eran aquellos que rechazaban tanto las limitaciones impuestas por la sociedad como las de Dios; eran los inmorales e injustos, los ladrones y blasfemos, los enojados y rebeldes.

Mateo había descubierto algo maravilloso: una gloriosa paz y gozo para el corazón y la mente. Había encontrado a Jesús. En efecto, *en Jesús* había encontrado lo que en realidad era una nueva vida, y quería desesperadamente que sus amigos descubriesen la misma paz y el mismo gozo. De manera que organizó una fiesta, a la que invitó a todos sus amigos para que conocieran a Jesús (*véase* nota—Mt. 9:10-11).

Pensamiento 1. Después de su conversión, Mateo no olvidó a sus amigos pecadores. Quería que tuviesen la misma experiencia transformadora con Jesús que él había tenido. De manera que testificó organizando un encuentro con Jesús, usando el mejor método que conocía. ¡Qué enseñanza para nosotros!

Pensamiento 2. La orden que Jesús nos da es ir primero a nuestras familias y vecinos y amigos; a ir a nuestra propia *Jerusalén* (Hch. 1:8. *véanse* bosquejo y Estudio a fondo—Mt. 10:6; Lc. 15:8-10. Cp. Dt. 6:6-7; 1 P. 3:15.)

«Pero recibiréis poder, cuando haya venido sobre vosotros el Espíritu Santo, y me seréis testigos en Jerusalén, en toda Judea, en Samaria, y hasta lo último de la tierra» (Hch. 1:8).

«Lo que has oído de mí ante muchos testigos, esto encarga a hombres fieles que sean idóneos para enseñar también a otros» (2 Ti. 2:2).

2.   Jesús aceptó de buena gana la oportunidad de encontrarse con estos publicanos y pecadores. Pero note dos puntos cruciales.

a.   Jesús no se encontró con ellos para condonar sus pecados, sino para que se apartaran de los mismos. Necesitaban experimentar el mismo cambio de vida que Mateo había experimentado.

b.   Los publicanos y pecadores tenían necesidades, y estaban dispuestos a confesarlas. Respondían positivamente a la posibilidad de que sus necesidades fuesen suplidas.

• El despreciado cobrador de impuestos y de una ramera.

«¿Cuál de los dos hizo la voluntad de su padre? Dijeron ellos: El primero. Jesús les dijo: De cierto os digo, que los publicanos y las rameras van delante de vosotros al reino de Dios» (Mt. 21:31).

• El inmoral.

«Por lo cual te digo que sus muchos pecados le son perdonados, porque amó mucho; mas aquel a quien se le perdona poco, poco ama» (Lc. 7:47).

«Ella dijo: Ninguno, Señor. Entonces Jesús le dijo: Ni yo te condeno; vete, y no peques más» (Jn. 8:11).

• El pecador.

«Y los fariseos y escribas murmuraban, diciendo: ¡Este a los pecadores recibe, y con ellos come!» (Lc. 15:2).

• El ladrón.

«Entonces Jesús le dijo: De cierto te digo que hoy estarás conmigo en el paraíso» (Lc. 23:43).

• El rechazado.

«Oyó Jesús que le habían expulsado; y hallándole, le dijo: ¿Crees tú en el Hijo de Dios?» (Jn. 9:35).

Pensamiento. Cristo no puede ayudar a la persona que no

está dispuesta a confesar su necesidad. El que se justifica a sí mismo, el auto suficiente, el que depende de sí mismo, cree que no necesita ayuda. Esos sentimientos y creencias, por supuesto, son de un *necio*; puesto que la enfermedad, accidentes, y muerte confrontan a todos. Dado el caso, todo los que se niegan a confesar su necesidad alguna vez estarán en el umbral de la eternidad, encarando una gran tiniebla y eterna condenación.

> **«A cualquiera, pues, que me confiese delante de los hombres, yo también le confesaré delante de mi Padre que está en los cielos. Y a cualquiera que me niegue delante de los hombres, yo también le negaré delante de mi Padre que está en los cielos» (Mt. 10:32–33).**

> **«¿Quién es el mentiroso, sino el que niega que Jesús es el Cristo? Este es anticristo, el que niega al Padre y al Hijo. Todo aquel que niega al Hijo, tampoco tiene al Padre. El que confiesa al Hijo, también tiene al Padre» (1 Jn. 2:22–23).**

> **«Todo aquel que confiese que Jesús es el Hijo de Dios, Dios permanece en él, y él en Dios» (1 Jn. 4:15).**

3. La influencia de Jesús sobre el publicano y pecador fue extraordinario: «Había muchos que le habían seguido».

Pensamiento 1. El publicano y pecador del tiempo de Jesús …

- vio el interés de Jesús y aceptación; su preocupación y compasión por cualquiera que tuviese necesidad.
- vio que cualquier persona necesitada no solo era bienvenida por Jesús, sino esperada.
- vio que Jesús no actuaba como superior o mejor, por encima y separado de los pecadores.
- vio que si bien Jesús nunca comprometía su mensaje de arrepentimiento, amaba y realmente perdonaba, ofreciendo el mayor de todos los desafíos.

Pensamiento 2. Piense …

- qué incómodo se siente el publicano y pecador (incluso el que viene con ropa pobre o es improlijo) en la iglesia y entre los creyentes de hoy.
- qué incómoda se siente la iglesia cuando el publicano y pecador, el de ropa pobre y el improlijo entra al servicio religioso. ¡Piense en la enorme vacilación de los pobres simplemente para entrar a la iglesia! Entran porque perciben una necesidad, pero muchas veces tienen que sentarse al costado, sin compañía.

4 (2:16–17) *Pecador—publicano—sociedad—religión—respetabilidad:* Jesús respondió a la actitud de la sociedad hacia el publicano y el pecador. La actitud de la sociedad ha sido con demasiada frecuencia la misma que la de los escribas y fariseos: una actitud de desconfianza y temor.

1. Los religiosos y respetables de la sociedad desconfían del pecador porque su condición y disciplina es inferior. Ellos creen ser superiores en creencias y en autocontrol. El pecador es tenido por carente de principios o carente de la necesaria disciplina para seguir las reglas.

Pensamiento 1. Algunas personas tienen más principios y son más disciplinadas que otras. Siendo niños tuvieron mayor oportunidad y entrenamiento gracias a sus padres, la educación, los genes, el medio ambiente, y los recursos. Siempre hay que recordar esto cuando uno trata a otros. Tantos rasgos y habilidades, fuerzas y debilidades de los hombres difieren debido a la herencia y las oportunidades de la infancia.

Pensamiento 2. Hay una enorme esperanza para todo hombre, no importa cuán débil sea, carente de principios o disciplina. La esperanza es Jesucristo. El hombre puede *nacer de nuevo*, realmente puede *nacer de nuevo*. El hombre puede ser *creado de nuevo* en Cristo Jesús, hecho un *hombre nuevo*, una *nueva criatura*.

> **«Y mediante el cual creéis en Dios, quien le resucitó de los muertos y le ha dado gloria, para que vuestra fe y esperanza sean en Dios» (1 P. 1:21).**

> **«De modo que si alguno está en Cristo, nueva criatura es; las cosas viejas pasaron; he aquí todas son hechas nuevas» (2 Co. 5:17).**

> **«Y renovaos en el espíritu de vuestra mente, y vestíos del nuevo hombre, creado según Dios en la justicia y santidad de la verdad» (Ef. 4:23–24).**

> **«Y revestido del nuevo, el cual conforme a la imagen del que lo creó» (Col. 3:10).**

2. Por dos motivos los religiosos y respetables de la sociedad temen al pecador.

a. El temor de ser criticado y juzgado por juntarse con personas de condición tan baja. Temen que amigos y vecinos se aparten de ellos por juntarse con los despreciados de la sociedad.

b. Temen ser contaminados y extraviados ellos mismos. Temen volverse sucios y olorientos, volverse obtusos y débiles en sus propias creencias y principios.

Los religiosos cuestionaron que Jesús se juntase con los publicanos y pecadores. La respuesta de Jesús fue vigorosa: «No he venido a llamar a justos, sino a pecadores». Jesús señaló dos temas:

1. El primero, referido al enfermo (pecador). Es la persona enferma la que necesita el médico (a Él, el Salvador). Y note que el enfermo sabe que está enfermo y llama al médico.

2. El segundo, referido a Jesús mismo, a su propósito como Mesías. No vino «a llamar a los justos, sino a los pecadores al arrepentimiento». Note tres asuntos de gran fuerza.

a. Los justos (con justicia propia) no saben que tienen necesidad de arrepentimiento.

> **«Porque ignorando la justicia de Dios, y procurando establecer la suya propia, no se han sujetado a la justicia de Dios» (Ro. 10:3).**

> **«Porque no nos atrevemos a contarnos ni a compararnos con algunos que se alaban a sí mismos; pero ellos, midiéndose a sí mismos por sí mismos, y comparándose consigo mismos, no son juiciosos» (2 Co. 10:12).**

> **«Muchos hombres proclaman cada uno su propia bondad, pero hombre de verdad, ¿quién lo hallará?» (Pr. 20:6).**

> **«Hay generación que maldice a su padre y a su madre no bendice» (Pr. 30:11).**

b. Los justos (con justicia propia) no escuchan el llamado de Cristo a arrepentirse. Los pecadores oyen ese llamado.

> **«Entonces, Pedro, abriendo la boca, dijo: En verdad comprendo que Dios no hace acepción de personas, sino que en toda nación se agrada del que le teme y hace justicia» (Hch. 10:34–35).**

> **«Porque no hay diferencia entre judío y griego, pues el mismo que es Señor de todos, es rico para con todos los que le invocan. Porque todo aquel que invocare el nombre del Señor, será salvo» (Ro. 10:12–13).**

> **«¿Se dirá al rey: Perverso; y a los príncipes: Impíos? ¿Cuánto menos a aquel que no hace acepción de personas de príncipes, ni respeta más al rico que al pobre, porque todos son obra de sus manos?» (Job 34:18–19).**

> **«Porque el que se avergonzare de mí y de mis palabras en esta generación adúltera y pecadora, el Hijo del Hombre se avergonzará también de él, cuando venga en la gloria de su**

Padre con los santos ángeles» (Mr. 8:38).

«He aquí, yo estoy a la puerta y llamo; si alguno oye mi voz y abre la puerta, entraré a él, y cenaré con él, y él conmigo» (Ap. 3:20).

c.   Cristo declaró ser el Gran Médico. Él es quien llama a los hombres al arrepentimiento. Él es el Mesías, el Hijo de Dios mismo.

«Como el *Hijo del Hombre* no vino para ser servido, sino para servir, y para dar su vida en rescate por muchos» (Mt. 20:28).

«Pedro les dijo: Arrepentíos, y bautícese cada uno de vosotros *en el nombre de Jesucristo* para perdón de los pecados; y recibiréis el don del Espíritu Santo» (Hch. 2:38).

«Así que, arrepentíos y convertíos, para que sean borrados vuestros pecados; para que vengan de la presencia del *Señor* tiempos de refrigerio» (Hch. 3:19).

«Porque no hay diferencia entre judío y griego, pues el mismo que es Señor de todos, es rico para con todos los que le invocan. Porque todo aquel que invocare el nombre del *Señor*, será salvo» (Ro. 10:12–13).

«El que quiere que todos los hombres sean salvos y vengan al conocimiento de la verdad. Porque hay un solo Dios, y un solo mediador entre Dios y los hombres, Jesucristo hombre el cual se dio a sí mismo en rescate por todos, de lo cual se dio testimonio a su debido tiempo» (1 Ti. 2:4-6).

		esposo, no pueden ayunar.	**3 Cristo trae una vida que busca**
	I. La influencia de Jesús sobre discípulos y teólogos jóvenes: el tipo de vida que da Cristo, 2:18-22 (Mt. 9:14-17; Lc. 5:33-39)	20 Pero vendrán días cuando el esposo les será quitado, y entonces en aquellos días ayunarán.	a. Cristo será quitado b. Entonces ayunarán sus discípulos
1 Jesús despertó preguntas sobre el ayuno[EF1] a. Alianza de discípulos de Juan y fariseos b. Una pregunta justificada **2 Cristo trae una vida de gozo**[EF2,3]	18 Y los discípulos de Juan y los de los fariseos ayunaban; y vinieron, y le dijeron: ¿Por qué los discípulos de Juan y los de los fariseos ayunan, y tus discípulos no ayunan? 19 Jesús les dijo: ¿Acaso pueden los que están de bodas ayunar mientras está con ellos el esposo? Entre tanto que tienen consigo al	21 Nadie pone remiendo de paño nuevo en vestido viejo; de otra manera, el mismo remiendo nuevo tira de lo viejo, y se hace peor la rotura. 22 Y nadie echa vino nuevo en odres viejos; de otra manera, el vino nuevo rompe los odres, y el vino se derrama, y los odres se pierden; pero el vino nuevo en odres nuevos se ha de echar.	**4 Cristo trae nueva vida** **5 Cristo trae una vida de aventura**

I. La influencia de Jesús sobre discípulos y teólogos jóvenes: el tipo de vida que da Cristo, 2:18-22

(2:18-22) *Introducción:* Jesucristo tiene el poder de cambiar totalmente la vida. Y conoce la desesperada necesidad y clamor entre los hombres por una vida transformada. La vida cambiada que Cristo ofrece es cuádruple.

1. Jesús despertó preguntas sobre el ayuno (v. 18).
2. Cristo trae una vida de gozo (v. 19).
3. Cristo trae una vida que busca (v. 20).
4. Cristo trae nueva vida (v. 21).
5. Cristo trae una vida de aventura (v. 22).

1 (2:18) *Ayunar—naturaleza mesiánica—juzgar a otros:* Jesús despertó preguntas sobre el ayuno. En griego, las palabras «*ayunaba*» (*esan nesteuontes*) se traducen más acertadamente como «*están ayunando*». Los discípulos de Juan y de los fariseos estaban realmente ayunando al plantear esta pregunta a Jesús.

Lo que ocurrió fue probablemente esto. Los judíos religiosos ayunaba dos veces por semana: los lunes y jueves (Lc. 18:12). Juan era estricto en observar la ley, de modo que había enseñado a sus discípulos a cumplir con los dos ayunos. Pero ahora los discípulos de Juan tenían mayor motivo para ayunar y buscar la presencia de Dios. Juan, el maestro de ellos, estaba en la cárcel esperando la sentencia de muerte. Por eso ayunaban con intenso fervor, buscando a Dios para que librase a su reverenciado profeta. Pedían a todo verdadero creyente (creyente judío) a unirse a ellos en su intercesión y ayuno. Por eso no podían entender el comportamiento de Jesús. Afirmaba inequívocamente ser el Mesías al cual Juan había señalado. Si había alguien que debía estar preocupado por el destino de Juan y por las observancias religiosas, ese era Jesús, el Mesías. ¿Por qué no enseñaba fidelidad al ritual religioso del ayuno? ¿Y por qué no estaba ordenando a sus seguidores a ayunar y orar por la liberación de Juan? Sencillamente no lo entendían.

• ¿Cómo podía dejar de enseñar fidelidad a la religión el *verdadero* Mesías?
• ¿Cómo no podía ayunar e interceder por el profeta de Dios el *verdadero* Mesías, especialmente cuando el profeta había significado tanto al propio ministerio del Mesías?

En el fondo de la pregunta está la cuestión de la *naturaleza mesiánica de Jesús*. Los discípulos de Juan sabían que los fariseos también habían preguntado a Jesús cómo podía quebrantar los rituales de la religión y ser el verdadero Mesías. De modo que se acercaron a los fariseos para unirse a ellos y plantear la pregunta a Jesús. Los

dos grupos, parados frente a Jesús, formaban una alianza inusual. Recuerde, Juan había predicado contra los fariseos y su hipocresía, condenándolos al más horrible de los destinos si no se arrepentían (cp. Mt. 3:7-10. *Véase* Estudio a fondo 3, *Fariseos*—Hch. 23:8).

Pensamiento 1. Un creyente no debe juzgar a otros creyentes por no cumplir los rituales religiosos. Los creyentes no son llamados a censurar y condenar a otros. Los rituales religiosos no son las normas por la que los creyentes serán juzgados. Los creyentes tampoco son los jueces de otros creyentes. Solo Cristo es Juez (Ro. 14:4).

Pensamiento 2. Jesús enseña el ayuno, pero hay una forma correcta y una forma incorrecta de ayunar (para mayor discusión *véase* nota—Mt. 6:16-18).

ESTUDIO A FONDO 1
(2:18) *Ayunar: véase* nota—Mt. 6:16-18; Mr. 2:20.

2 (2:19) *Gozo—Jesucristo, presencia de—conversión:* la presencia de Cristo trae gozo, una vida de gozo. Este es precisamente el motivo por el que Jesús no enseñó a sus discípulos a ayunar a modo de ritual religioso. No hay necesidad de ayunar cuando la presencia y el gozo de Jesús llena la vida. Jesús usó una clara ilustración para enseñar lo que era su misión.

Lo que Jesús estaba haciendo era comparable a una boda. Jesús dijo: «Estoy inaugurando una nueva boda del pueblo de Dios. Yo soy el esposo (el Hijo de Dios mismo) que se casa con el pueblo de Dios, y mis discípulos escogidos son los amigos del esposo. La boda es una ocasión gozosa, no triste que requiera ayuno. Mi presencia trae gozo, no tristeza a los que me siguen». (*Véase* nota—Mt. 9:15.)

Pensamiento. El descubrimiento de Cristo y el hecho de ser conscientes de su presencia cada día, trae gozo a la vida. Cristo es el secreto de la vida, y del gozo en la vida. No importa cuán oscura pueda ser la vida o cuán alejada pueda sentirse una persona, Cristo puede cambiar la vida de una persona y traer gozo a su corazón. Cristo puede sacar a la persona de la tiniebla y del vacío a una vida de gozo y satisfacción.

«Yo he venido para que tengan vida; y para que la tengan en *abundancia*» (Jn. 10:10).

«Estas cosas os he hablado, para que mi gozo esté en vosotros, y vuestro *gozo* sea cumplido» (Jn. 15:11).

«De modo que si alguno está en Cristo, nueva criatura es; las cosas viejas pasaron; he aquí todas son hechas *nuevas*» (2 Co. 5:17).

«Si sabéis estas cosas, *bienaventurados* seréis si las hiciereis» (Jn. 13:17).

«A quien amáis sin haberle visto, en quien creyendo, aunque ahora no lo veáis, os alegráis con gozo inefable y glorioso» (1 P. 1:8).

«Me mostrarás la senda de la vida; en tu presencia hay plenitud de gozo; delicias a tu diestra para siempre» (Sal. 16:11).

«Sacaréis con gozo aguas de las fuentes de la salvación» (Is. 12:3).

ESTUDIO A FONDO 2
(2:19) *Jesucristo, esposo:* véase Estudio a fondo 2—Mt. 25:1-13.

ESTUDIO A FONDO 3
(2:19) *Boda judía:* véase Estudio a fondo 1—Mt. 25:1-13.

[3] (2:20 *Hombre—buscando a Cristo—creyentes—vida:* Cristo trae una vida que busca. Jesús fue preciso y honesto. A pesar del gozo de su presencia, Él iba a ser quitado. Se acercaba el día en que sería quitado de sus discípulos. Entonces ellos ayunarían.

La expresión «quitado» se refiere a la cruz y muerte de Jesús. Estaba diciendo que habiendo muerto, sus discípulos ayunarían. Ellos lo *buscarían: buscarían su gozo y la conciencia de su presencia.* Esta es la primera vez en Marcos que Jesús anuncia una muerte violenta para sí mismo.

«Y les dijo: Así está escrito, y así fue necesario que el Cristo *padeciese,* y resucitase de los muertos al tercer día» (Lc. 24:46).

«Mas Dios muestra su amor para con nosotros, en que siendo aún pecadores, Cristo murió por nosotros» (Ro. 5:8).

«Quien llevó él mismo nuestros pecados sobre el madero, para que nosotros, estando muertos a los pecados, vivamos a la justicia; y por cuya herida fuisteis sanados» (1 P. 2:24).

Jesús estaba diciendo que habría dos ocasiones en que sus seguidores ayunarían decididamente.

1. Al ser quitada la presencia del Esposo. Hay ocasiones cuando la presencia de Cristo es empañada en la vida del creyente. Cristo parece estar lejos, ausente; el creyente no es consciente de su presencia. Es preciso que en tales ocasiones el creyente ayune y busque la presencia del Señor.

«Acercaos a Dios, y él se acercará a vosotros. Pecadores, limpiad las manos; y vosotros los de doble ánimo, purificad vuestros corazones» (Stg. 4:8).

«Acerquémonos con corazón sincero, en plena certidumbre de fe, purificados los corazones de mala conciencia, y lavados los cuerpos con agua pura» (He. 10:22).

2. Cuando su presencia fuere especialmente necesaria. Hay momentos cuando hace falta una manifestación especial, una investidura especial de poder. El ayuno y la intensa oración producen un acercamiento entre Dios y el creyente, el creyente que tanto necesita y anhela a Dios es ayudado. (Para una discusión exhaustiva del ayuno *véanse* bosquejo y notas—Mt. 6:16-18.)

«Pero este género no sale sino con oración y ayuno» (Mt. 17:21).

Pensamiento. Todos los que quieran vivir piadosamente en Cristo Jesús sufrirán en este mundo (2 Ti. 3:12). Es entonces que los hombres de Dios necesitan la presencia muy especial del Señor. Es preciso que ayunen con frecuencia, buscando ser cada vez más conscientes de su presencia.

«Y yo rogaré al Padre, y os dará otro Consolador, para que esté con vosotros para siempre: el Espíritu de verdad, al cual el mundo no puede recibir, porque no le ve, ni le conoce; pero vosotros le conocéis, porque mora con vosotros, y estará en vosotros. No os dejaré huérfanos; vendré a vosotros» (Jn. 14:16–18).

«También les refirió Jesús una parábola sobre la necesidad de orar *siempre,* y no desmayar» (Lc. 18:1).

«¿Está alguno entre vosotros afligido? Haga oración. ¿Está alguno alegre? Cante alabanza» (Stg. 5:13).

«Buscad a Jehová y su poder; buscad su rostro continuamente» (1 Cr. 16:11).

«Cercano está Jehová a los quebrantados de corazón; y salva a los contritos de espíritu» (Sal. 34:18).

«Ten misericordia de mí, oh Dios, ten misericordia de mí; porque en ti ha confiado mi alma, y en la sombra de tus alas me ampararé hasta que pasen los quebrantos» (Sal. 57:1).

«Buscad a Jehová y su poder; buscad siempre su rostro» (Sal. 105:4).

«Cercano está Jehová a todos los que le invocan a todos los que le invocan de veras» (Sal. 145:18).

[4] (2:21) *Reformar—regenerar:* Cristo trae una vida nueva. Jesús no es un remiendo viejo que se cose sobre una ropa vieja. No ha salido a reformar una religión vieja o una vida vieja. Su vida es una forma de vida totalmente nueva, y su día es un día totalmente nuevo. No es tiempo de remendar lo viejo; es tiempo de crear algo nuevo. Su día es el día de regenerar, no de reformar. (Para mayor discusión *véanse* bosquejo y nota—Mt. 12:43-45.)

«Mas a todos los que le recibieron, a los que creen en su nombre, les dio potestad de ser hechos hijos de Dios; los cuales no son engendrados de sangre, ni de voluntad de carne, ni de voluntad de varón, sino de Dios» (Jn. 1:12-13).

«Respondió Jesús y le dijo: De cierto, de cierto te digo, que el que no naciere de nuevo, no puede ver el reino de Dios» (Jn. 3:3).

«Nos salvó, no por obras de justicia que nosotros hubiéramos hecho, sino por su misericordia, por el lavamiento de la regeneración y por la renovación del Espíritu Santo» (Tit. 3:5).

«Siendo renacidos, no de simiente corruptible, sino de incorruptible, por la palabra de Dios que vive y permanece para siempre» (1 P. 1:23).

«Todo aquel que cree que Jesús es el Cristo, es nacido de Dios; y todo aquel que ama al que le engendró, ama también al que ha sido engendrado por él» (1 Jn. 5:1).

[5] (2:22) *Nueva creación—creyentes, vida de:* Cristo trae una vida de aventura. Los odres de cuero nuevo eran elásticos y se expandirían al aumentar la presión producida por la fermentación de la uva. Los odres viejos son duros y no se expanden, más bien explotan bajo la presión. Jesús dijo que traía una nueva elasticidad a la vida: una nueva expansión, una nueva aventura, nueva emoción, una nueva vida.

Pensamiento 1. Siempre llega, en la vida y en la historia, el tiempo para lo nuevo. El día de remendar lo viejo no será adecuado. Es preciso hacer un comienzo nuevo, iniciar una vida nueva para no ser inútil, no extinguirse y morir.

1) El hombre mismo morirá *en la vieja vestidura de su carne* a menos que venga a Cristo para experimentar un nuevo comienzo.

«Porque de tal manera amó Dios al mundo,
que ha dado a su Hijo unigénito, para que todo
aquel que en él cree, no se pierda, mas tenga vida
eterna» (Jn. 3:16).

«De cierto, de cierto os digo: el que   oye
mi palabra, y cree al que me envió, tiene vida
eterna; y no vendrá a condenación, mas ha
pasado de muerte a vida» (Jn. 5:24).

«De modo que si alguno está en Cristo,
nueva criatura es; las cosas viejas pasaron; he
aquí todas sonhechas nuevas» (2 Co. 5:17).

«En cuanto a la pasada manera de vivir,
despojaos del viejo hombre, que está viciado
conforme a los deseos engañosos, y renovaos
en el espíritu de vuestra mente, y vestíos del
nuevo hombre, creado según Dios en la justicia
y santidad de la verdad» (Ef. 4:22–24).

«Y revestido del nuevo, el cual conforme a
la imagen del que lo creó se va renovando hasta
el conocimiento pleno» (Col. 3:10).

2) Los programas, métodos, organizaciones e incluso
las religiones de este mundo morirán y se harán
inútiles a menos que estén basadas en Cristo y en su
nuevo comienzo. El fundamento de la vida es Cristo
y *la nueva vestidura de su justicia* (2 Co. 5:21).

Pensamiento 2. No es posible lanzar una aventura más
grande que la vida de aventura que Cristo da a la persona. No se puede emprender una misión mayor que la
suya.

«Como el Hijo del Hombre no vino para ser
servido, sino para servir, y para dar su vida en rescate
por muchos» (Mt. 20:28).

«Porque el Hijo del hombre vino a buscar y a
salvar lo que se había perdido» (Lc. 19:10).

«Yo he venido para que tengan vida: y para
que la tengan en abundancia» (Jn. 10:10).

«Entonces Jesús les dijo otra vez: Paz a
vosotros. Como me envió el Padre, así también os
envío» (Jn. 20:21).

Pensamiento 3. Debemos luchar para no enquistarnos y
quedar fijados en nuestros *propios caminos*. Debemos
ser flexibles, expandibles, y vivir esta vida de aventura
(cp. He. 11:1-40).

| 1 El sábado no es una regla o reglamento
a. Jesús pasó por un campo sembrado
b. Cortaron y comieron algunos granos
c. Los religiosos objetaron arrancar granos en sábado
2 El sábado fue dado para ayudar al hombre | J. La influencia de Jesús sobre los religiosos: entender el sábado (domingo), 2:23-28
(Mt. 12:1-8; Lc. 6:1-5)

23 Aconteció que al pasar por los sembrados un día de reposo, sus discípulos, andando, comenzaron a arrancar espigas.
24 Entonces los fariseos le dijeron: Mira, ¿por qué hacen en el día de reposo lo que no es lícito?
25 Pero él les dijo: ¿Nunca leísteis lo que hizo David cuando tuvo necesidad, y | sintió hambre, él y los que con él estaban;
26 cómo entró en la casa de Dios, siendo Abiatar sumo sacerdote, y comió los panes de la proposición, de los cuales no es lícito comer sino a los sacerdotes, y aun dio a los que con él estaban?
27 También les dijo: El día de reposo fue hecho por causa del hombre, y no el hombre por causa del día de reposo.
28 Por tanto, el Hijo del Hombre es Señor aun del día de reposo. | a. La ilustración de David [EP1]

b. La enseñanza: el sábado fue dado para servir al hombre, no para enseñorearse de él
3 El sábado debe ser gobernado por el Hijo del Hombre |

J. La influencia de Jesús sobre los religiosos: entender el sábado (domingo), 2:23-28

(2:23–28) *Introducción:* con frecuencia se hace abuso del sábado o domingo; en efecto, la mayoría de las veces se abusa de ellos. La persona puede abusar del sábado siendo o bien demasiado estricta o demasiado negligente en observar el día. En la presente generación, sin embargo, el problema no consiste en ser demasiado estrictos, sino demasiado negligentes. Cada vez son menos los que prestan alguna atención al mandamiento de Dios de santificar al día de reposo.

En este pasaje Jesús trata el verdadero significado del sábado o domingo, un tema crucial en cada generación (para mayor discusión *véanse* bosquejo y notas—Mt. 12:1-8).

1. El sábado no es una regla o reglamento (vv. 23-24).
2. El sábado fue dado para ayudar al hombre (vv. 25-27).
3. El sábado debe ser gobernado por el Hijo del Hombre (v. 28).

[1] (2:23-24) *Sábado—domingo—juzgar a otros:* el sábado (o domingo) no es cuestión de reglas y reglamentos. Jesús y sus discípulos pasaron por un sembrado camino a la adoración. No habían desayunado, de manera que los discípulos comenzaron a arrancar algunas espigas de grano y las comieron. Los fariseos, extremadamente religiosos, los vieron y los acusaron de quebrantar la ley del sábado; es decir, los culparon de trabajar el día sábado. Note dos hechos:

1. Los discípulos habían quebrantado la ley ceremonial. Esta ley no permitía que se trabajase el día sábado. Los religiosos tenían razón en su acusación. Los discípulos habían trabajado y habían quebrantado la ley en dos sentidos. Habían arrancado el grano, y lo habían pelado; o como dice Lucas, lo habían «restregado en sus manos» (Lc.6:1). (Para una discusión más detallada *véanse* notas—Mt. 12:1-8; 12:1-3.)

2. Jesús juzgó como aceptable el trabajo de los discípulos hecho en sábado. Conocía la ley que prohibía trabajar el sábado, y sabía que los discípulos estaban quebrantando la ley, trabajando ese día. Sin embargo, no los amonestó ni corrigió. Les permitió arrancar y comer las espigas de grano. ¿Por qué? Había una razón primordial.

El descanso y la adoración en sábado o domingo es importante, y debe ser observado, pero la observancia de esos días no es una regla ni reglamento. Hay cosas que tienen mayor prioridad y que son más necesarias que las reglas y los reglamentos. Jesús sencillamente sabía que la necesidad de los discípulos de comer era mayor que su necesidad de guardar la ley ceremonial. (En realidad, Jesús está enseñando que la religión misma, en todo su ritual y ceremonia, no debe consistir de reglas y reglamentos.)

Pensamiento 1. Reglas y reglamentos, leyes y manda-mientos, todo ha sido hecho para ayudar al hombre, para gobernar su comportamiento y para mostrarle la mejor manera de vivir. Por eso, las reglas que llevan al hombre a descansar y adorar durante el sábado o domingo, son buenas y beneficiosas.

1) El hombre siempre debería seguir las reglas que le indican observar el sábado. El hombre necesita un día de descanso y adoración. El hombre necesita ser refrescado espiritualmente y reanimado cada semana.

2) A veces surge una necesidad que es mayor que la necesidad de reposo y adoración. Jesús reconoció esto. Cuando surge una necesidad mayor, la misma debe ser suplida. Pero note que una necesidad transitoria no elimina la necesidad permanente. El hombre todavía debe observar el sábado o domingo. En este caso Jesús juzgó que la necesidad transitoria de comida era mayor que la necesidad de descansar y adorar el sábado. Sin embargo, ello no debía convertirse en la práctica usual. El sábado o domingo son permanentes. El hombre tiene la necesidad permanente de descansar y adorar una vez a la semana.

«No dejando de congregarnos, como algunos tienen por costumbre, sino exhortándonos; y tanto más cuanto véis que aquel día se acerca» (He. 10:25).

«Es lícito hacer el bien en los días de reposo» (Mt. 12:12).

«Acuérdate del día de reposo para santificarlo» (Éx. 20:8).

«Asimismo, que si los pueblos de la tierra trajesen a vender mercaderías y comestibles en día de reposo, nada tomaríamos de ellos en ese día ni en otro día santificado» (Neh. 10:31; cp. Neh. 13:15).

Pensamiento 2. Cuando una persona juzga y censura a otra por quebrantar la ley, está cometiendo un pecado mucho más grave que el de censurar. Comete el pecado de olvidar misericordia y perdón, amor y ministerio.

«No juzguéis, para que no seáis juzgados. Porque con el juicio con que juzgáis, seréis juzgados, y con la medida con que medís, os será medido. ¿Y por qué miras la paja que está en el ojo de tu hermano, y no echas de ver la viga que está en tu propio ojo? ¿O cómo dirás a tu hermano: Déjame sacar la paja de tu ojo, y he aquí la viga en el ojo tuyo? ¡Hipócrita! saca primero la viga de tu propio ojo, y entonces verás bien para sacar la paja del ojo de tu hermano» (Mt. 7:1-5).

«Por lo cual eres inexcusable, oh hombre, quienquiera que seas tú que juzgas; pues en lo que juzgas a otro, te condenas a ti mismo; porque tú que juzgas haces lo mismo» (Ro. 2:1).

«¿Tú quién eres, que juzgas al criado ajeno? Para su propio señor está en pie, o cae; pero estará firme, porque poderoso es el Señor para hacerle estar firme» (Ro. 14:4).

«Así que, ya no nos juzguemos más los unos a los otros, sino más bien decidid no poner tropiezo u ocasión de caer al hermano» (Ro. 14:13).

«Porque no nos predicamos a nosotros mismos, sino a Jesucristo como Señor, y a nosotros como vuestros siervos por amor de Jesús» (1 Co. 4:5).

«Uno solo es el dador de la ley, que puede salvar y perder; pero tú, ¿quién eres para que juzgues a otro?» (Stg. 4:12).

2 (2:25–27) *Sábado—domingo:* el sábado (o domingo) fue dado al hombre para ayudarle. Jesús demostró esto haciendo dos cosas.

1. Contó la historia de lo que había hecho David (1 S. 21:1-6). David y sus hombres, huyendo de Saúl tuvieron hambre; no habían comido nada en muchas horas. En su huida se encontraron con el tabernáculo de Nob. David entró y pidió de comer a los sacerdotes, pero éstos no tenían nada. Solamente estaban los panes de la proposición; solamente los sacerdotes podían comer de ellos (*véase* Estudio a fondo 2—Mt. 12:3-4). A pesar de la ley, David tomó cinco panes, y él y sus hombres comieron del pan prohibido.

Dos cosas estaba haciendo Jesús al relatar esta ilustración.

   a. Jesús estaba diciendo que un gran hombre de Dios, un hombre conforme al corazón de Dios, había quebrantado la ley ceremonial. Sin embargo, el hombre fue justificado porque su necesidad de pan era mayor que la necesidad de guardar dicha ley.

   b. Jesús estaba mostrando que las Escrituras mismas daban prioridad a lo que los discípulos estaban haciendo. Las Escrituras mismas revelaron y justificaron la acción de David.

2. Jesús estableció el tema, que en realidad debería ser obvio, es decir, que el sábado o domingo son para servir al hombre, no para enseñorearse de él. Jesús sencillamente dijo: «El día de reposo fue hecho por causa del hombre, y no el hombre por causa del día de reposo». El hombre y sus necesidades tiene prioridad sobre cualquier ley ceremonial, incluyendo la ley ceremonial que rige el sábado o domingo. Lo que sea más útil al hombre es lo que se debe hacer en el día santo. El sábado fue hecho para el hombre, no el hombre para el sábado.

Pero note un hecho crucial. Dos de las mayores necesidades del hombre son descanso y adoración un día por semana para el refrigerio físico y la renovación espiritual. De manera que la necesidad tiene que ser realmente desesperada, tiene que ser una necesidad que no se pueda suplir de ninguna otra manera para que tenga prioridad sobre la ley. Es esencial entender esto puesto que el hombre no tiene derecho a quebrantar la ley por cada capricho o deseo. Jesús no está hablando de quebrantar la ley por motivos egoístas, por deseos carnales y placeres comerciales. Su argumento es que la necesidad, una necesidad verdadera y real, puede tener *prioridad transitoria* sobre la ley del sábado o domingo.

El sábado o domingo fue hecho para el hombre. Debe ser usado en beneficio suyo, para lograr descanso y reavivar el sentido de la presencia de Dios. Pero no es señor del hombre. El descanso y la adoración del hombre tiene que ser interrumpido transitoriamente a efectos de suplir alguna necesidad mayor, una necesidad que le ha venido repentinamente (*véanse* bosquejo, notas y Estudio a fondo 2, *Sábado—domingo*—Mt. 12:3-4).

Pensamiento. El hombre es mucho más importante que las reglas y los reglamentos; mucho más importante que la ceremonia, el ritual y la religión. El primer deber del hombre es adorar a Dios y suplir las necesidades de su prójimo. Nada debe tomar prioridad sobre este deber primordial.

«Como el Hijo del Hombre no vino para ser servido, sino para servir, y para dar su vida en rescate por muchos» (Mt. 20:28).

«Entonces Jesús les dijo otra vez: Paz a vosotros. Como me envió el Padre, así también os envío» (Jn. 20:21).

«En todo os he enseñado que, trabajando así, se debe ayudar a los necesitados, y recordar las palabras del Señor Jesús, que dijo: Más bienaventurado es dar que recibir» (Hch. 20:35).

«Así que, los que somos fuertes debemos soportar las flaquezas de los débiles, y no agradarnos a nosotros mismos» (Ro. 15:1).

«Sobrellevad los unos las cargas de los otros, y cumplid así la ley de Cristo» (Gá. 6:2).

ESTUDIO A FONDO 1
(2:25–26) *Pan de la proposición:* véase Estudio a fondo 2—Mt. 12:3-4.

3 (2:28) *Sábado—domingo:* el sábado (o domingo) es regido por el Hijo del Hombre. Jesús, el Hijo del Hombre, dio e instituyó el sábado. Note dos afirmaciones hechas por Jesús.

1. Él es el verdadero Mesías, el Hijo del Hombre (*véase* Estudio a fondo 3—Mt. 8:20).

2. Él es quien dio el sábado. Por eso Él es el Señor que gobierna el sábado. El hombre debe hacer exactamente lo que Cristo le diga que haga el día sábado. (En cuanto a la enseñanza de las Escrituras sobre el sábado o domingo *véase* Estudio a fondo 1, *Sábado*—Mt. 12:1.)

«Sepa, pues, ciertísimamente toda la casa de Israel, que a este Jesús a quien vosotros crucificasteis, Dios le ha hecho Señor y Cristo» (Hch. 2:36).

«A éste, Dios ha exaltado con su diestra por Príncipe y Salvador, para dar a Israel arrepentimiento y perdón de pecados» (Hch. 5:31).

«Fiel es Dios, por el cual fuisteis llamados a la comunión con su Hijo Jesucristo nuestro Señor» (1 Co. 1:9).

«Para nosotros, sin embargo, sólo hay un Dios, el Padre, del cual proceden todas las cosas, y nosotros somos para él; y un Señor, Jesucristo, por medio del cual son todas las cosas, y nosotros por medio de él» (1 Co. 8:6).

«Y Jesús se acercó y les habló diciendo: Toda potestad me es dada en el cielo y en la tierra» (Mt. 28:18).

«Y sometió todas las cosas bajo sus pies, y lo dio por cabeza sobre todas las cosas a la iglesia» (Ef. 1:22).

«Quien [Jesucristo] habiendo subido al cielo está a la diestra de Dios; y a él están sujetos los ángeles, autoridades y potestades» (1 P. 3:22).

	CAPÍTULO 3 **K. La influencia de Jesús sobre autoridades y políticos: entender la verdadera religión, 3:1-6** (Mt. 12:9-14; Lc. 6:6-11)	que tenía la mano seca: Levántate y ponte en medio.	**3 La verdadera religión hace el bien y salva vidas**
		4 Y les dijo: ¿Es lícito en los días de reposo hacer el bien, o hacer el mal; salvar la vida, o quitarla? Pero ellos callaban.	a. Ni reglas, ni reglamentos b. No rehusarse a enfrentar la verdad
1 Jesús entró a la sinagoga a. Encontró a un hombre con una mano seca b. Encontró a los religiosos	Otra vez entró Jesús en la sinagoga; y había allí un hombre que tenía seca una mano.	5 Entonces, mirándolos alrededor con enojo, entristecido por la dureza de sus corazones, dijo al hombre: Extiende tu mano. Y él la extendió, y la mano le fue restaurada sana.	**4 La verdadera religión es tener sentimientos contrarios al error y al mal** a. Enojo y pesar[EP1] b. Debido a la dureza
2 La verdadera religión es presentarse en medio de otros	2 Y le acechaban para ver si en el día de reposo le sanaría, a fin de poder acusarle. 3 Entonces dijo al hombre	6 Y salidos los fariseos, tomaron consejo con los herodianos contra él para destruirle.	**5 Restaurar a los hombres en plenitud** **6 La verdadera religión no causa intrigas ni destrucción**

K. La influencia de Jesús sobre autoridades y políticos: entender la verdadera religión, 3:1-6

(3:1-6) *Introducción:* este fue un acontecimiento crucial para Jesús, el clímax de cinco conflictos con los religiosos (escribas y fariseos.) Los religiosos habían atacado una y otra vez a Jesús, acusándolo de enseñar una religión falsa. En este encuentro frontal, Jesús tomó al hombre de la mano seca y demostró precisamente lo que es la verdadera religión. La demostración fue tan clara y vigorosa que los religiosos quedaron atónitos. ¿Qué es la verdadera religión? Cinco respuestas.

1. Jesús entró a la sinagoga (vv. 1-2).
2. La verdadera religión es una disposición a presentarse en medio de otros (v. 3).
3. La verdadera religión hace el bien y salva vidas (v. 4).
4. La verdadera religión es tener sentimientos contrarios al error y al mal (v. 5).
5. La verdadera religión es restaurar a los hombres en plenitud (v. 5).
6. La verdadera religión no causa intrigas ni es destructiva (v. 6).

[1] (3:1-2) *Jesucristo, Oposición:* nuevamente Jesús entró a la sinagoga. Allí se encontró con un hombre necesitado en medio de otros hombres opuestos a Él.

1. Jesús encontró a un hombre con una mano seca. El griego traducido con «tenía seca una mano» (*exerammenen echon ten cheira*) significa «que *tenía su* mano seca». Es decir, su mano había sufrido una herida, o enfermedad. No había nacido con la mano seca. Por supuesto, su sufrimiento era desesperante; no estaba capacitado para trabajar y ganar un sustento. La tradición afirma que era albañil y que pidió a Jesús sanidad para no tener la vergüenza de mendigar (*véase* nota—Mt. 12:9-13).

2. Jesús confrontó a los religiosos, probablemente la misma delegación que había sido enviada anteriormente por el sanhedrín para investigar su enseñanza (*véase* nota—Mr. 2:6-7). El deber de ellos era proteger al pueblo de los falsos maestros y a proteger la nación de los sublevadores. Note que no estaban en la sinagoga para adorar a Dios, sino para ver errores en Jesús «a fin de poder acusarle» (v. 2).

Pensamiento. ¿Cuántas personas se sientan en la iglesia observando y destacando los errores de otros para luego poder acusarlos y pasar chismes referidos a ellos? La iglesia es el lugar para adorar y ministrar a todos los de «manos secas», manos discapacitadas para trabajar y servir a Dios,

manos secas debido a ...
* espíritus muertos.
* emociones perturbadas.
* mentes no educadas.
* vidas mal encaminadas.

[2] (3:3) *Religión:* la verdadera religión es una disposición a *presentarse en medio de otros.* Las palabras «ponte en medio» (*egeirai eis to meson*) realmente dicen: «levántate, párate en medio». Jesús estaba apelando a la voluntad del hombre, a su disposición de hacer exactamente lo que el Mesías le estaba diciendo. El hombre tenía que desear con suficiente intensidad ser ayudado para estar dispuesto a pararse en medio, frente la audiencia y frente a los escarnecedores religiosos. Al pararse de esa manera estaría *confesando su fe en Jesús y en su poder para salvar y sanar.*

Pensamiento. La verdadera religión es estar dispuesto a pararse en medio. Cristo llama a todos a *levantarse, a estar de pie,* a arrepentirse y confesar su fe en el poder del Señor para salvar y sanar. (*Véase* Estudio a fondo 1, *Arrepentimiento*—Hch. 17:29-30.)

«Y llegado a la casa, vinieron a Él los ciegos; y Jesús le dijo: ¿Creéis que puedo hacer esto? Ellos dijeron: Sí, Señor» (Mt. 9:28).

«A cualquiera, pues, que me confiese delante de los hombres, yo también le confesaré delante de mi Padre que está en los cielos. Y a cualquiera que me niegue delante de los hombres, yo también le negaré delante de mi Padre que está en los cielos» (Mt. 10:31-33).

«Todo aquel que niega al Hijo, tampoco tiene al Padre. El que confiesa al Hijo, tiene también al Padre» (1 Jn. 2:23).

«Perezoso, ¿hasta cuándo has de dormir? ¿Cuándo te levantarás de tu sueño?» (Pr. 6:9).

«Levantaos, y subamos a Sion, a Jehová nuestro Dios» (Jer. 31:6).

«Levantaos y andad [del pecado], porque no es este lugar de reposo, pues está contaminado, corrompido grandemente» (Mi. 2:10).

[3] (3:4) *Religión:* la verdadera religión *hace el bien y salva vidas.* El problema que los religiosos tenían con Jesús es que él quebrantaba la ley ceremonial. La gente se agolpaba de a miles junto a Jesús buscando ayuda, y cada vez que quebrantaba la ley, estaba enseñando a la gente a desacreditar la ley ceremonial. Por eso Jesús era una grave amenaza a la religión y a la nación judía, y a los líderes de la nación, tanto religiosos como civiles (a la seguridad de éstos, posición y poder). (Para una discusión detallada *véanse* nota Mt. 12:1-8; Estudio a fondo

1—12:10; nota—15:1–20; Estudio a fondo 2—15:6-9.)

Lo que Jesús hacía era enseñar y mostrar que la verdadera religión hace el bien y salva vidas. La verdadera religión no consiste de reglas y reglamentos, ni de ceremonias y rituales, por muy buenas que las reglas y ceremonias sean. Si una persona tiene una necesidad, la verdadera religión la suple. Jesús recalcó esta verdad haciendo dos preguntas.

Primero: «¿Es lícito en los días de reposo hacer el bien, o hacer el mal?» Jesús tenía el poder para sanar al hombre. Por eso, si no lo sanaba, estaría reteniendo el bien y haciendo mal. Sin embargo, la ley ceremonial decía que en sábado no se debía trabajar.

Segundo: «¿Es lícito salvar la vida, o quitarla?» Jesús tenía el poder y quería salvar la vida del hombre; los religiosos tenían la autoridad civil y querían matar a Jesús. En efecto, los religiosos estaban complotando la muerte de Jesús, y Él lo sabía. Sabían lo que Jesús estaba preguntando y diciendo. La verdadera religión hace el bien y salva la vida, no se rige a base de reglas y reglamentos, cere-monias y rituales; ni procura aislar y separar y matar a los hombres, aun cuando sean considerados una amenaza.

Note que los religiosos no respondieron. Se rehusaron a encarar la verdad, en obstinada incredulidad cerraron sus mentes (para la discusión *véase* Estudio a fondo 4—Mt. 12:24; 12:31-32). Ellos preferían y escogían una religión de ceremonias y rituales en desmedro de la de hacer el bien y salvar vidas.

Pensamiento. La verdadera religión hace el bien y salva vidas.

«Y el amarle [a Dios] con todo el corazón, con todo el entendimiento, con toda el alma, y con todas las fuerzas, y amar al prójimo como a uno mismo, es más que todos los holocaustos y sacrificio» (Mr. 12:33).

«El amor no hace mal al prójimo; así que el cumplimiento de la ley es el amor» (Ro. 13:10).

«La religión pura y sin mácula delante de Dios el Padre es esta: Visitar a los huérfanos y a las viudas en sus tribulaciones, y guardarse sin mancha del mundo» (Stg. 1:27).

«En esto hemos conocido el amor, en que él puso su vida por nosotros; también nosotros debemos poner nuestras vidas por los hermanos. Pero el que tiene bienes de este mundo y ve a su hermano tener necesidad, y cierra contra él su corazón, ¿cómo mora el amor de Dios en él? Hijitos míos, no amemos de palabra ni de lengua, sino de hecho y en verdad. Y en esto conocemos que somos de la verdad, y aseguraremos nuestros corazones delante de él» (1 Jn. 3:16–19).

«Porque misericordia quiero, y no sacrificio, y conocimiento de Dios más que holocaustos» (Os 6:6).

«Oh hombre, él te ha declarado lo que es bueno, y qué pide Jehová de ti: solamente hacer justicia, y amar misericordia, y humillarte ante tu Dios» (Mi. 6:8).

[4] (3:5) *Religión:* la verdadera religión es *tener sentimientos contrarios al error y al mal.* Note los sentimientos de Jesús. Jesús se enojó, con un enojo que implica dolor. Estaba enojado debido a «la dureza de sus corazones» (*véase* Estudio a fondo 1, *Apenado*— Mr. 3:5. *Véanse* también Estudio a fondo 4—Mt. 12:24; nota—12:31-32 para la discusión.)

«No todo el que me dice: Señor, Señor, entrará en el reino de los cielos, sino el que hace la voluntad de mi Padre que está en los cielos» (Mt. 7:21).

«Respondiendo él, les dijo: Hipócritas, bien profetizó de vosotros Isaías, como está escrito: Este pueblo de labios me honra, mas su corazón está lejos de mí» (Mr. 7:6).

«¿Por qué me llamáis, Señor, Señor, y no hacéis lo que yo digo?» (Lc. 6:46).

«Profesan conocer a Dios, pero con los hechos lo niegan, siendo abominables y rebeldes, reprobados en cuanto a toda buena obra» (Tit. 1:16).

«Hijitos míos, no amemos de palabra ni de lengua, sino de hecho y en verdad» (1 Jn. 3:18).

ESTUDIO A FONDO 1

(3:5) *Apesadumbrado: (scullupoumenos):* sentir tristeza, pena, empatía; sufrir con una persona porque la misma está herida. En este pasaje en particular, el enojo de Jesús estuvo combinado con la pena por la gente que se dañaba a sí misma. El enojo de Jesús fue un enojo apesadumbrado en razón de la incredulidad obstinada de aquellos hombres. La gente que cerraba sus mentes —que sencillamente se mantenía obstinada en su incredulidad, a pesar de la evidencia— despertó un enojo apesadumbrado en Él.

[5] (3:5) *Religión:* la verdadera religión es *restaurar los hombres en plenitud.* La verdadera religión habla y actúa. Jesús habló: «Extiende tu mano». El hombre lo hizo, y Jesús se la restauró plenamente. La verdadera religión no vacila en ministrar y restaurar a los hombres. La verdadera religión es amor y servicio, no el guardar reglas y reglamentos, ceremonias y rituales. Las reglas y ceremonias son útiles, incluso son necesarios. Pero no constituyen la verdadera religión. La esencia de la religión es restaurar a los hombres y darles sanidad en el nombre y poder de Jesús.

Pensamiento. *Véanse* bosquejo y notas—Ro. 12:1-21. Una rápida mirada a todo el capítulo dará una excelente descripción de lo que es la verdadera religión.

«Como el Hijo del Hombre no vino para ser servido, sino para servir, y para dar su vida en rescate por muchos» (Mt. 20:28).

«Entonces Jesús les dijo otra vez: Paz a vosotros. Como me envió el Padre, así también os envío» (Jn. 20:21).

«En todo os he enseñado que, trabajando así, se debe ayudar a los necesitados, y recordar las palabras del Señor Jesús, que dijo: Más bienaventurado es dar que recibir» (Hch. 20:35).

«Así que, los que somos fuertes debemos soportar las flaquezas de los débiles, y no agradarnos a nosotros mismos» (Ro. 15:1).

«Sobrellevad los unos las cargas de los otros, y cumplid así la ley de Cristo» (Gá. 6:2).

[6] (3:6) *Religión:* la verdadera religión *no causa intrigas ni destrucción.* Note lo que ocurrió. Jesús había confrontado a los religiosos con la verdad. Les había mostrado inequívocamente lo que es la verdadera religión. Ahora ellos estaban ante el dilema de aceptar la verdadera religión, a Jesús y sus enseñanzas, o bien oponerse a Él. Escogieron oponerse a Él, pero necesitaban ayuda política, de manera que salieron e hicieron alianza con los herodianos (*véase* Estudio a fondo 2—Mt. 22:16). Note un hecho significativo: a pesar de las profundas diferencias filosóficas, no había diferencia de conducta entre religiosos y líderes políticos (entre fariseos y herodianos). La posición, el poder y la seguridad habían corrompidos sus corazones y mentes. Ambos se complotaban para destruir a una persona (Jesús) que se oponía a ellos. (Para una discusión detallada de su oposición *véase* Estudio a fondo 1—Mt. 12:1-8; 12:10.) La verdadera religión ni es intriga ni es destructiva.

Pensamiento 1. Toda persona es confrontada con la verdadera religión de Jesucristo. Cada persona encara el dilema de seguir la verdadera religión o de oponerse a Cristo.

«Jesús le dijo: Yo soy el camino, y la verdad, y la vida; nadie viene al Padre, sino por mí» (Jn. 14:6).

«Porque hay un solo Dios, y un solo mediador entre Dios y los hombres, Jesucristo hombre el cual se dio a sí mismo en rescate por todos, de lo cual se dio testimonio a su debido tiempo» (1 Ti. 2:5-6).

«Y este es el testimonio: que Dios nos ha dado vida eterna; y esta vida está en su Hijo. El que tiene al Hijo, tiene la vida; el que no tiene al Hijo de Dios no tiene la vida» (1 Jn. 5:11-12).

Pensamiento 2. ¿Cuántos se oponen a Cristo desde el interior *de la religión* por causa de la posición, poder, y seguridad? ¿Cuántos aceptan enseñanzas cuestionables, ideas, movimientos, y la moda religiosa del día, sencillamente porque temen la reacción del mundo y de sus compañeros de mentalidad mundana?

«Y este es su mandamiento: Que creamos en el nombre de su Hijo Jesucristo, y nos amemos unos a otros como nos lo ha mandado» (1 Jn. 3:23).

«El que dice que permanece en él, debe andar como él anduvo» (1 Jn. 2:6).

"Y decía a todos: si alguno quiere venir en pos de mí niéguese a sí mismo, tome su cruz cada día, y sígame» (Lc. 9:23).

«Porque dice: En tiempo aceptable te he oído, y en día de salvación te he socorrido. He aquí ahora el tiempo aceptable; he aquí ahora el día de salvación» (2 Co. 6:2).

«Por lo cual, salid de en medio de ellos, y apartas, dice el Señor, y no toquéis lo inmundo; y yo os recbiré, y seré para vosotros por Padre, y vosotros me seréis hijos e hijas, dice el Señor todopoderoso» (2 Co. 6:17-18).

	L. La influencia de Jesús sobre las multitudes y los malos espíritus: buscando y temiendo a Cristo, 3:7-12 (Mt. 12:14-21)	9 Y dijo a sus discípulos que le tuviesen siempre lista la barca, a causa del gentío, para que no le oprimiesen.	b. Las multitudes se agolparon alrededor de Él 1) Pusieron en peligro su vida 2) Procuraban tocarlo
1 Jesús se retiró[EF1] 2 Su influencia en la gente: una verdadera búsqueda a. Le siguieron multitudes 1) Llegaron de lejos 2) El motivo: oyeron las grandes cosas que Jesús hacía	7 Mas Jesús se retiró al mar con sus discípulos, y le siguió gran multitud de Galilea. Y de Judea, 8 de Jerusalén, de Idumea, del otro lado del Jordán, y de los alrededores de Tiro y de Sidón, oyendo cuán grandes cosas hacía, grandes multitudes vinieron a él.	10 Porque había sanado a muchos; de manera que por tocarle, cuantos tenían plagas caían sobre él. 11 Y los espíritus inmundos, al verle, se postraban delante de él, y daban voces, diciendo: Tú eres el Hijo de Dios. 12 Mas él les reprendía mucho para que no le descubriesen.	3 Su influencia sobre los espíritus malos: terrible temor a. Se sujetaban a Él. b. Reconocían su naturaleza mesiánica c. Rechazaba la confesión de los malos espíritus

L. La influencia de Jesús sobre las multitudes y los malos espíritus: buscando y temiendo a Cristo, 3:7-12

(3:7-12) *Introducción—Jesucristo, las multitudes le siguen:* la influencia de Jesús sobre la gente fue increíble; era incomprensible. En unos pocos meses toda la nación se levantó para buscar a aquel Jesús de Nazaret, el Mesías prometido. Este pasaje cubre un hecho que con frecuencia pasa inadvertido: «le siguió gran multitud». Dos veces la muchedumbre se describe como «grandes multitudes» (vv. 7, 8). Las multitudes eran enormes (recuerde la alimentación de los cinco mil, sin contar a mujeres y niños). Las multitudes hicieron lo que tan desesperadamente tenemos que hacer nosotros: Realmente buscaban a Jesús, aun al extremo de *oprimirlo* (v. 9) y de *ser aplastada sobre él* (v. 10).

El impacto de Jesús sobre los espíritus malos fue igualmente dramático. Se sintieron obligados a someterse a Él y reconocer su naturaleza mesiánica, dos cosas que los hombres tienen desesperada necesidad de hacer.

1.   Jesús se retiró (v. 7).
2.   Su influencia en la gente (vv. 7-10).
3.   Su influencia sobre los espíritus malos (vv. 11-12).

1 (3:7) *Jesucristo, respuesta a:* Jesús se vio obligado a retirarse al mar de Galilea. Aparentemente hubo dos motivos para este retiro.

1.   Los líderes, tanto religiosos como políticos, estaban complotando ahora su muerte (*véase* nota—Mt. 12:14-16). Todavía tenía mucho que enseñar antes de poder encarar el fin. Como ya lo había dicho en diversas ocasiones, su hora todavía no había llegado. Todavía no podía permitir su muerte. De modo que tuvo que salir de la sinagoga y trasladarse al campo abierto.

2.   Las multitudes habían crecido demasiado, y era imposible manejarlas en las sinagogas y ciudades. Multitudes de gentes se agolpaban junto a Él, aun al extremo de poner en peligro su vida de ser aplastada por tantos cuerpos (cp. vv. 8-9).

ESTUDIO A FONDO 1

(3:7) *Jesús se retira:* Marcos dice que también se retiró en otras ocasiones, Mr. 6:31, 46; 7:24, 31; 10:1; 14:34-35.

2 (3:7-10) *Jesucristo, influencia:* el influjo de Jesús sobre las multitudes fue fenomenal. Con frecuencia este hecho es ignorado o minimizado. Las multitudes muestran cuán diligentemente deberían los hombres buscar a Jesús. Note dos hechos esclarecedores.

Primero, grandes multitudes se agolparon alrededor de Jesús buscándolo verdaderamente.

1.   Venían de todas partes de la nación, y algunos inclusive venían de otros países.

a.   Las multitudes venían de todas partes de Galilea. Imagínese un distrito tan densamente poblado, con más de doscientas ciudades de quince mil habitantes o más (*véase* nota—Mt.4:12-13). Las grandes multitudes venían a Jesús de todas partes del distrito (William Barclay. *El Evangelio de Mateo*, tomo 1. «La Biblia de estudios diarios». Filadelfia, PA: The Westminster Press, 1956, p. 66).

b.   Las multitudes venían de Judea y Jerusalén. Ello requería un viaje de cien millas.

c.   Las multitudes venían de Idumea situada en el extremo sur, en el límite de Palestina y Arabia. Idumea era el nombre griego y romano para Edom o sea la tierra de Esaú (Gn. 25:30; 36:1, 8). Lo significativo de este hecho es que la gente viajaba largas distancias para llegar a Jesús.

d.   Las multitudes venían desde más allá del Jordán, es decir, de pueblos que vivía el este del río Jordán.

e.   Las multitudes venían del norte, desde la lejana Fenicia procedentes de dos de sus principales ciudades, Tiro y Sidón.

2.   El v. 8 ofrece las razones por las que venían las multitudes a Jesús. La gente oía los testimonios de aquellos que habían visto y oído personalmente a Jesús, o bien habían escuchado el testimonio de otros acerca de Él. El testimonio de que había venido el Mesías —el profeta que podía suplir las necesidades de la humanidad— se difundió como reguero de pólvora. Y cuando la gente lo oía, muchos se levantaban, hacían sus valijas y «venían a Él» (v. 8).

Pensamiento 1. En el ministerio de Jesús se ve nítidamente la importancia de testificar y hablar de la maravillosa obra de la gracia de Dios. Cuántos más se agolparían junto a Jesús y le seguirían si nosotros fuésemos más fieles en compartir la gloriosa salvación de Él.

«Al entrar él en la barca, el que había estado endemoniado le rogaba que le dejase estar con él. Mas Jesús no se lo permitió, sino que le dijo: Véte a tu casa, a los tuyos, y cuéntales cuán grandes cosas el Señor ha hechos contigo, y cómo ha tenido misericordia de ti» (Mr. 5:18–19).

«Por tanto, id, y haced discípulos a todas la naciones, bautizándolos en el nombre del Padre, y del Hijo, y del Espíritu Santo; enseñándoles que guarden todas las cosas que os he mandado; y he aquí yo estoy con vosotros todos los días hasta el fin del mundo» (Mt. 28:19–20).

«Pero recibiréis poder, cuando haya venido sobre vosotros el Espíritu Santo, y me seréis testigos

en Jerusalén, en toda Judea, en Samaria y hasta lo último de la tierra» (Hch. 1:8).

«Hablando entre vosotros con salmos, con himnos y cánticos espirituales, cantando y alabando al Señor en vuestros corazones» (Ef. 5:19).

«Sino santificad a Dios el Señor en vuestros corazones, y estad siempre preparados para presentar defensa con mansedumbre y reverencia ante todo el que demande razón de la esperanza que hay en vosotros» (1 P. 3:15).

«Lo que hemos visto y oído, eso os anunciamos, para que también vosotros tengáis comunión con nosotros; y nuestra comunión verdaderamente es con el Padre, y con su Hijo Jesucristo» (1 Jn. 1:3).

Segundo, las multitudes lo apretaban, incluso al extremo de aplastarlo, de modo que su vida corría peligro. Se agolpaban «para tocarlo», esperando que alguna *virtud* procedente de Jesús fluyera por el cuerpo de ellos y supliera su necesidad (v. 10). Jesús tuvo que pedir que una pequeña embarcación estuviera lista en la orilla, a poca distancia, a efectos de rescatarlo en caso de que la aplastante multitud le resultara inmanejable.

Pensamiento 2. Cuán desesperadamente necesita la gente el mismo tipo de fervor para buscar a Jesús hoy. La gente necesita desesperadamente tocar a Jesús. Los hombres necesitan la *virtud, la fuerza salvadora de Jesús.*

«Pedid, y se os dará; buscad y hallaréis; llamad, y se os abrirá» (Mt. 7:7).

«Mas si de allí [del pecado] buscares a Jehová tu Dios, lo hallarás, si lo buscares de todo tu corazón y de toda tu alma» (Dt. 4:29).

«Buscad a Jehová y su poder; buscad siempre su rostro» (Sal. 105:4).

«Buscad a Jehová mientras puede ser hallado, llamadle en tanto que está cercano» (Is. 55:6).

«Y me buscaréis y me hallaréis, porque me buscaréis de todo vuestro corazón» (Jer. 29:13).

[3] **(3:11-12) *Jesucristo, influencia—espíritus malos:*** el impacto de Jesús sobre los malos espíritus fue dramático. Su presencia despertó un terrible temor en ellos. Sin embargo, el poder de Jesús sobre los malos espíritus fue de consuelo y seguridad para los creyentes (*véase* nota—Lc. 8:26-39).

1. Los malos espíritus estaban sujetos a Jesús. Se «postraban delante de Él». Lo conocían, porque Él había sido el poder superior en el mundo o dimensión espiritual del ser. No podían hacer nada fuera del control suyo. «Al verle, [ellos] se postraban delante de Él» (v. 11).

2. Los espíritus malos reconocían que Jesús era el Hijo de Dios (para mayor discusión (*véase* nota—Mr. 1:23-24). Reconocían su naturaleza mesiánica. La multitud le «oprimía» para tocarle, esperando y orando por ayuda; pero los espíritus malos «se postraban delante de Él», obligados a reconocer la Deidad de Jesús. Pero note que no se postraban por un sentimiento de devoción —no se postraban porque le estuvieran buscando— se postraban porque

• reconocían que era quien afirmaba ser.
• le temían porque podía echarlos fuera y enviarlos antes del fin al infierno que es su destino.

Pensamiento. Todo *espíritu malo*, toda persona mala tiene que caer postrada ante Cristo, temiendo, reverenciando y confesando, para no ser enviada inmediatamente a su destino, el infierno,

«A cualquiera, pues, que me confiese delante de los hombres, yo también le confesaré delante de mi Padre que está en los cielos. Y a cualquiera que me niegue delante de los hombres, yo también le negaré delante de mi Padre que está en los cielos» (Mt. 10:32-33).

«Porque el que se avergonzare de mí y de mis palabras en esta generación adúltera y pecadora, el Hijo del Hombre se avergonzará también de él,

cuando venga en la gloria de su Padre con los santos ángel» (Mr. 8:38).

«Os digo que todo aquel que me confesare delante de los hombres, también el Hijo del Hombre le confesará delante de los ángeles de Dios» (Lc. 12:8).

«Que si confesares con tu boca que Jesucristo es el Señor, y creyeres en tu corazón que Dios le levantó de los muertos, serás salvo. Porque con el corazón se cree para justicia, pero con la boca se confiesa para salvación» (Ro. 10:9-10).

«Todo aquel que confiese que Jesús es el Hijo de Dios, Dios permanece en él, y él en Dios» (1 Jn. 4:15).

«El que encubre sus pecados no prosperará; mas el que los confiesa y se aparta alcanzará misericordia» (Pr. 28:13).

3. Jesús rechazó la confesión de los malos espíritus (*véase* nota—Mr. 1:25-26).

Pensamiento. La confesión que Cristo quiere es la de un corazón quebrantado y contrito, de una vida cambiada y arrepentida.

«Cercano está Jehová a los quebrantados de corazón; y salva a los contritos de espíritu» (Sal. 34:18).

«Los sacrificios de Dios son el espíritu quebrantado; al corazón contrito y humillado no despreciarás, tú, oh Dios» (Sal. 51:17).

«Porque así dijo el Alto y Sublime, el que habita en la eternidad, y cuyo nombre es el Santo: Yo habito en la altura y la santidad, y con el quebrantado y humilde de espíritu, para hacer vivir el espíritu de los humildes, y para vivificar el corazón de los quebrantados» (Is. 57:15).

«Mi mano hizo todas estas cosas, y así todas estas cosas fueron, dice Jehová; pero miraré a aquel que es pobre y humilde de espíritu, y que tiembla a mi palabra» (Is. 66:2).

	M. La influencia de Jesús sobre los doce discípulos: llamando a hombres escogidos, 3:13-19 (Mt. 10:1-4; Lc. 6:12-19; Hch. 1:13-14)	para echar fuera demonios: 16 a Simón, a quien puso por sobrenombre Pedro; 17 a Jacobo hijo de Zebedeo, y a Juan hermano de Jacobo, a quien es apellidó Boanerges, esto es, Hijos del trueno;	3 Los hombres cambia-dos por Jesús[EP4-16]
1 Los hombres llamados por Jesús	13 Después subió al monte, y llamó a sí a los que él quiso; y vinieron a él.	18 a Andrés, Felipe, Bartolomé, Mateo, Tomás, Jacobo hijo de Alfeo, Tadeo, Simón el cananista,	
2 Los hombres designados a. Para estar con Él b. Para ser enviados c. Para predicar[EP1,2] d. Para recibir autoridad[EP3]	14 Y estableció a doce, para que estuviesen con él, y para enviarlos a predicar, 15 que tuviesen autoridad para sanar enfermedades y	19 y Judas Iscariote, el que le entregó. Y vinieron a casa.	

M. La influencia de Jesús sobre los doce discípulos: llamando a hombres escogidos, 3:13-19

(3:13-19) *Introducción:* Jesús llamó a hombres escogidos, hombres con corazones maduros para ser derretidos y moldeados. Jesús llama y designa a hombres, y los cambia. De esto habla el presente pasaje; el impacto de Jesús sobre hombres escogidos.

1. Los hombres llamados por Jesús (v. 13).
2. Los hombres designados por Jesús (vv. 14-15).
3. Los hombres cambiados por Jesús (vv. 16-19).

(3:13) *Ministros, llamado:* los discípulos eran *hombres llamados por Jesús*. Note tres hechos referidos a lo ocurrido.

1. Jesús llamó, seleccionó, escogió a algunos hombres escogidos. Muchos le siguieron, pero hubo unos pocos que mostraron más interés y entrega. Él notaba a quienes
   • escuchaban con más atención.
   • que estaban más despiertos y listos.
   • que respondían con corazón más dispuesto.
   • que mostraban más apego a Él cuando las multitudes se hubieron ido.
   • que querían servir a Dios de manera significativa y con propósito.

Jesús no miraba la estatura y el físico de la gente, no se fijaba en su apariencia ni arreglo exterior, ni siquiera en su habilidad y educación. Jesús miraba el corazón de la gente. Cuando veía a una persona que escuchaba, conmovida, identificada, y con deseos de servir, Él la llamaba.

2. Jesús «llamó a los que Él quiso». Su voluntad era el *poder activo*. No fueron ellos quienes lo escogieron, sino que Él los escogió a ellos. No escogió a los que el mundo consideraba más aptos y educados. Llamó a aquellos cuyos corazones eran justos y estaban dispuestos a responder. Él conocía el corazón, y su llamado se basaba en el principio de la *respuesta del corazón* (cp. Jn. 15:16).

3. Los discípulos «vinieron a él». El griego significa «salieron a él». La idea es que dejaron, renunciaron, dejaron su trabajo anterior y emprendieron el nuevo trabajo que Jesús les asignaba.

«Entonces Pedro comenzó a decirle: He aquí, nosotros lo hemos dejado todo, y te hemos seguido» (Mr. 10:28).
«Y cuando trajeron a tierra las barcas, dejándolo todo, le siguieron .... Después de estas cosas salió, y vio a un publicano llamado Leví, sentado al banco de los tributos públicos, y le dijo: Sígueme. Y dejándolo todo, se levantó y le siguió» (Lc. 5:11, 27-28).
«Y decía a todos: Si alguno quiere venir en pos de mí, niéguese a sí mismo, tome su cruz cada día, y sígame. Porque todo el que quiera salvar su vida, la perderá; y todo el que pierda su vida por causa de mí, éste la salvará» (Lc. 9:23-24).
«Así, pues, cualquiera de vosotros que no renuncia a todo lo que posee, no puede ser mi discípulo» (Lc. 14:33).

«Y él les dijo: De cierto os digo, que no hay nadie que haya dejado casa o padres, o hermanos, o mujer, o hijos, por el reino de Dios, que no haya de recibir mucho más en este tiempo, y en el siglo venidero la vida eterna» (Lc. 18:29-30).

(3:14-15) *Ministros, llamado de:* los discípulos eran hombres designados por Jesús para cuatro propósitos específicos (*véase* Estudio a fondo 1—Mr. 3:14).

1. Los discípulos fueron designados para *estar con Jesús*. Esta era la primera lección que Jesús quería enseñar a los hombres: que Dios quiere el compañerismo del hombre y su devoción por sobre todas las otras cosas. Dios quiere que los hombres «lo conozcan, crean en Él y lo entiendan» por sobre todas las cosas (Is. 43:10). Los discípulos debían vivir en la presencia de Jesús, aprendiendo siempre de Él y recibiendo su alimento espiritual y su fuerza de Él.

«Vosotros sois mis testigos, dice Jehová, mi siervo que yo escogí, para que me conozcáis y me creáis, y entendáis que yo mismo soy; antes de mí no fue formado Dios, ni lo será después de mi» (Is. 43:10).
«Fiel es Dios, por el cual fuisteis llamados a la comunión con su Hijo Jesucristo nuestro Señor» (1 Co. 1:9).
«Y ciertamente, aun estimo todas las cosas como pérdida por la excelencia del conocimiento de Cristo Jesús, mi Señor, por amor del cual lo he perdido todo, y lo tengo por basura, para ganar a Cristo ... a fin de conocerle, y el poder de su resurrección, y la participación de sus padecimientos, llegando a ser semejante a él en su muerte» (Fil. 3:8, 10).
«He aquí, yo estoy a la puerta y llamo; si alguno oye mi voz y abre la puerta, entraré a él, y cenaré con él, y él conmigo» (Ap. 3:20).

2. Los discípulos fueron designados para *ser enviados*. Ellos debían ser sus embajadores, sus representantes que saldrían al mundo. Fueron designados para ese preciso propósito, para representar a Jesús entre los pueblos del mundo (*véase* Estudio a fondo 5, *Apóstoles*—Mt. 10:2 para la discusión).

«Así que, somos embajadores en nombre de Cristo, como si Dios rogase por medio de nosotros; os rogamos en nombre de Cristo: Reconciliaos con Dios» (2 Co. 5:20).
«Pero levántate, y ponte sobre tus pies; porque para esto he aparecido a ti, para ponerte por ministro y testigo de las cosas que has visto, y de aquellas en que me apareceré a ti» (Hch. 26:16).

3. Los discípulos fueron designados *a predicar*. Ellos debían ser los heraldos, los mensajeros de Jesucristo. Jesús tenía un mensaje para el mundo, y ellos debían proclamar su mensaje al mundo (para la discusión *véanse* Estudios a fondo 1, 2— Mr. 3:14; Estudio a fondo 1—Ro. 1:1-7).

«Y yendo, predicad, diciendo: El reino de los cielos se ha acercado» (Mt. 10:7).

«Lo que os digo en tinieblas, decidlo en la luz; y lo que oís al oído, proclamadlo desde las azoteas» (Mt. 10:27).

«Y les dijo: Id por todo el mundo y predicad el evangelio a toda criatura» (Mr. 16:15).

«Y los envió a predicar el reino de Dios, y a sanar a los enfermos» (Lc. 9:2).

«Jesús le dijo: Deja que los muertos entierren a sus muertos; y tú vé, y anuncia el reino de Dios» (Lc. 9:60).

«Porque no podemos dejar de decir lo que hemos visto y oído» (Hch. 4:20).

«Id, y puestos en pie en el templo, anunciad al pueblo todas las palabras de esta vida» (Hch. 5:20).

«Pues si anuncio el evangelio, no tengo por qué gloriarme; me es impuesta necesidad; y ¡ay de mí si no anunciare el evangelio!» (1 Co. 9:16).

«Y dije: No me acordaré más de él, ni hablaré más en su nombre; no obstante había en mi corazón como un fuego ardiente metido en mis huesos; traté de sufrirlo, y no pude» (Jer. 20:9).

«Si el león ruge, ¿quién no temerá? Si habla Jehová el Señor, ¿quién no profetizará?» (Am. 3:8).

4.   Los discípulos fueron designados *a recibir poder*: el poder para ministrar y sanar enfermedades y a echar fuera demonios (para la discusión *véanse* Estudio a fondo 3—Mr. 3:14; nota y Estudios a fondo 1, 2 3—Mt. 10:1).

«He aquí os doy potestad de hollar serpientes y escorpiones, y sobre toda fuerza del enemigo, y nada os dañará. Pero no os regocijéis de que los espíritus se os sujetan, sino regocijaos de que vuestros nombres están escritos en los cielos» (Lc. 10:19-20).

«Pero recibiréis poder, cuando haya venido sobre vosotros el Espíritu Santo, y me seréis testigos en Jerusalén, en toda Judea, en Samaria, y hasta lo último de la tierra» (Hch. 1:8).

«Y con gran poder los apóstoles daban testimonio de la resurrección del Señor Jesús, y abundante gracia era sobre todos ellos» (Hch. 4:33).

«Pero no podían resistir a la sabiduría y al Espíritu con que hablaba» (Hch. 6:10).

«Y cuál la supereminente grandeza de su poder para con nosotros los que creemos, según la operación del poder de su fuerza» (Ef. 1:19).

«Y a Aquel que es poderoso para hacer todas las cosas mucho más abundantemente de lo que pedimos o entendemos, según el poder que actúa en nosotros» (Ef. 3:20).

«Por lo cual te aconsejo que avives el fuego del don de Dios que está en ti por la imposición de mis manos. Porque no nos ha dado Dios, espíritu de cobardía, sino de poder, de amor y de dominio propio. Por tanto no te avergüences de dar testimonio de nuestro Señor, ni de mí, preso suyo, sino participa de las aflicciones por el evangelio según el poder de Dios» (2 Ti. 1:6-8).

ESTUDIO A FONDO 1

(3:14) *Ordenado* (*epoiese*): ser designado. La palabra es tomada de la palabra griega *poieo* que significa hacer, obrar, designar con credenciales. Con frecuencia la palabra es usada para referirse a una persona designada a algún oficio o posición alta. El cuadro es el de Jesucristo, el Hijo de Dios, el futuro Rey del universo, tomando doce hombres para que sean suyos. Los designa (ordena) para el *oficio* de ser sus ministros y representantes en la tierra.

ESTUDIO A FONDO 2

(3:14) *Predicar* (*kerusso*): ser un heraldo; proclamar; publicar. La palabra implica la idea de sentimientos intensos, de peso y autoridad, a tal extremo que *es preciso* escuchar y guardar el

mensaje. La persona que predica es el heraldo de Jesucristo; es decir, su mensaje es el mensaje de Cristo, no de algún otro. El heraldo no proclama sus propias opiniones y conceptos; *proclama* la verdad de Jesucristo (para mayor discusión *véase* Estudio a fondo 5—Mt. 10:2).

ESTUDIO A FONDO 3

(3:15) *Enfermedad—demonios:* note que Marcos distingue entre enfermedad y posesión demoníaca. Esta distinción se ve normalmente en la totalidad de los evangelios. Note estos hechos.

1.   La palabra para poder no es *dunamis*, el poder sobrenatural de Dios. Es *exousia*, un poder o autoridad delegado. El siervo de Dios no recibe el poder de Dios para usarlo como quiere; el siervo recibe autoridad para ministrar específicamente sanando y echando fuera demonios. El siervo ora y habla la palabra, y entonces Dios obra la sanidad y echa fuera los demonios.

2.   El acento de esta autoridad delegada está en echar fuera demonios. El siervo de Cristo recibe autoridad para echar fuera los malos espíritus que controlan las vidas de los hombres. Note que aquí se reconoce el mundo o la dimensión de ser.

«Para esto apareció el Hijo de Dios, para deshacer las obras del diablo» (1 Jn. 3:8).

ESTUDIO A FONDO 4

(3:16-19) *Conversión—transformación:* los discípulos eran *hombres cambiados por Jesús.* Pero es esencial recordar que cada uno de ellos tuvo que estar *dispuesto* a ser cambiado. Uno de ellos no lo estuvo, Judas Iscariote. Jesús los llamó a todos, pero solamente los que estuvieron dispuestos a ser cambiados, fueron cambiados. (Para más discusión *véanse* Estudios a fondo 5—15— Mr. 3:16; 3:17; 3:19.)

«De modo que si alguno está en Cristo, nueva criatura es; las cosas viejas pasaron; he aquí todas son hechas nuevas» (2 Co. 5:17).

«Así que, hermanos, os ruego por las misericordias de Dios, que presentéis vuestros cuerpos en sacrificio vivo, santo, agradable a Dios, que es vuestro culto racional. No os conforméis a este siglo, sino transformaos por medio de la renovación de vuestro entendimiento, para que comprobéis cuál sea la buena voluntad de Dios, agradable y perfecta» (Ro. 12:1-2).

«No me elegisteis vosotros a mí, sino que yo os elegí a vosotros, y os he puesto para que vayáis y llevéis fruto, y vuestro fruto permanezca; para que todo lo que pidiéreis al Padre en mi nombre, él os lo dé» (Jn. 15:16).

ESTUDIO A FONDO 5

(3:16) *Simón—Pedro* (griego, *petros*)—*Cefas* (arameo, *kepha*): Pedro era un rudo pescador. Su fisonomía, conducta y forma de hablar eran las de cualquier pescador profesional del muelle de un gran lago o del mar. Cualquier persona que haya frecuentado un muelle o barco de pescador puede imaginarse a Pedro.

1.   Pedro tenía muchas virtudes.

a.   Pedro era un hombre dispuesto a sacrificarse —incluyendo su hogar y su negocio— para seguir a Jesús (*véanse* notas—Mr. 1:16-18; Mt. 8:14).

b.   Pedro era de mentalidad espiritual. Fue el primero en captar realmente quien era Jesús (Mt. 16:16-19).

c.   Pedro era como un niño, humilde, respondiendo con frecuencia y saltando hacia Jesús como un niño lo hace con su padre (Mt. 14:26-29; Mr. 11:21; Jn. 13: 6-11).

d. Pedro era confiado, echando a veces todo su ser sobre Jesús (Mt. 14:26-29).

e. Pedro era de corazón tierno, lleno de amor, profundamente preocupado por su Señor (Mt. 26:75; Jn. 21:15-17).

f. Pedro era valiente, el único discípulo que defendió a Jesús del arresto. También fue uno de los dos que siguieron a Jesús a lo largo del juicio y de la crucifixión, si bien lo siguió *de lejos* (Mt. 26:51; 26:58).

g. Cualquier sociedad habría considerado a Pedro como hombre trabajador e industrioso.

2. Pedro tenía algunos flagrantes defectos.

a. Era orgulloso y presuntuoso, un hombre que creía saber las cosas mejor y que a veces regenteaba a los otros. Siempre dependía de la sabiduría y fuerza humana, del brazo de la carne.

• Creía saber mejor lo que era bueno para Jesús, insistiendo en que Jesús no debía morir (Mt. 16:22-23).

• Pedro trató de evitar el arresto de Jesús sacando su espada e hiriendo a uno de los encargados del arresto (Mt. 26:51; Mr. 14:47; Lc. 22:50).

• Pedro amonestó a Jesús, trasponiendo los límites de sus derechos. Cuando la multitud apretaba a Jesús, Jesús simplemente preguntó quién lo había tocado. Pedro le reprochó tal pregunta siendo tantas las personas que lo presionaban (Lc. 8:45).

• Pedro, lleno de orgullo, no quiso que Jesús le lavara los pies (Jn.13:6-11).

b. Pedro era lento para aprender y entender la verdad (Mt. 5:15-16).

c. Pedro procuraba su propio interés (Mt. 19:27).

d. Pedro era incrédulo (Mt. 14:30).

e. Pedro tenía la tendencia de imponerse, aun al extremo de dar instrucciones a Jesús (Mt. 6:22-23).

f. Pedro tenía un rasgo de debilidad y cobardía, y fue el único que con sus palabras negó a Jesús (Mt. 26:69-74).

3. Una tabla que muestra las virtudes y defectos de Pedro puede ser la siguiente:

• Dispuesto a sacrificarse (Mt. 1:16-18) pero, interesado (Mt. 19:27).

• De mentalidad espiritual (Mt. 16:16-19), pero lento para aprender (Mt. 15:15-16).

• Como un niño, humilde (Mr. 11:21; Jn. 13:6-11) pero presuntuoso (Mt. 16:22-23; 26:51; Lc. 8:45).

• Confiado (Mt. 14:26-29) pero incrédulo (Mt. 14:30).

• De corazón tierno (Mt. 26:75; Jn. 21:15-17) pero tiende a señorear a otros (Mt. 16:22-23; 26:51).

• Valiente (Mt. 26:51; 26:58) pero también cobarde (Mt. 26:69-74).

Después de la resurrección de Jesús, y de pentecostés, Pedro fue cambiado dramáticamente. La presencia del viviente Señor en él lo llenó de poder. Pedro pudo hacerse cargo del atemorizado grupo de discípulos y guiarlos a proclamar osadamente las buenas nuevas del Salvador resucitado. (*Véase* nota—Mt. 8:14 respecto de información adicional sobre Pedro.)

ESTUDIO A FONDO 6

(93:17) *Jacobo y Juan:* estos dos hombres eran hermanos. Eran los hijos de Zebedeo, un próspero pescador, hombre de la alta sociedad. Aparentemente estaba bien vinculado con el sumo sacerdote y su casa, probablemente era el proveedor de pescado del palacio (*véase* Estudio a fondo 1—Jn. 18:15-18). La madre de ellos era Salomé, a quien muchos consideran hermana de María, madre de Jesús. Jacobo y Juan eran hombres *temperamentales*, a tal punto que Jesús los llamó *hijos del trueno*. Sus temperamentos también se hicieron ver cuando pidieron a Jesús destruir a Samaria con fuego por haberlo rechazado (Lc. 9:54).

Los dos hermanos también eran presa de la *ambición mundana*. Querían tener los cargos más altos en el reino venidero de Jesús (Mt. 20:20-21). Sin embargo, Jesús cambió dramáticamente a estos dos hombres. Jesús cambió sus tormentosos temperamentos en un ardiente celo y ambición por Dios. Llegaron a ser dos de los mayores testigos de Dios que se hayan conocido. Jacobo llegó a ser el primero de los doce que fue martirizado; y Juan fue el discípulo que vivió más tiempo, llegando a ser uno de los mayores gigantes literarios de todos los tiempos (*El Evangelio de Juan, Las tres epístolas de Juan* y *El Apocalipsis*). (Véanse notas—Mr. 1:20; 10:35-45; Estudio a fondo 1—Lc. 5:10. *Véase* introducción—Evangelio de Juan y Apocalipsis.)

ESTUDIO A FONDO 7

(3:18) *Andrés:* aparentemente Andrés fue el primer discípulo de nuestro Señor. Había sido un discípulo de Juan el Bautista, anhelaba ver cumplida la esperanza mesiánica. Sin embargo, cuando Juan señaló que Jesús era el Mesías, Andrés pidió una entrevista con Él. Desde ese momento quedó convencido de que Jesús era el verdadero Mesías, y Jesús le concedió una amistad muy especial (Mr. 13:3; Jn. 1:35-37). Jesús suplió su anhelo en cuanto a la esperanza mesiánica y aumentó sus dones de amor y preocupación (cp. Jn. 1:41; 6:8-9; 12:21-22). Andrés siempre ayudaba a la gente (Jn. 6:8-9; 12:21-22).

La tradición dice que Andrés predicó en Jerusalén y que fue crucificado por predicar contra la idolatría. Fue puesto en una cruz con forma de X.

ESTUDIO A FONDO 8

(3:18) *Felipe:* Felipe no buscó a Jesús, sino que Jesús buscó a Felipe (Jn. 1:43ss). Esto indica que Felipe era lento en responder y creer, y casi pierde la oportunidad de ser un apóstol de Jesús. En efecto, el hecho de ser lento para responder y su temor a actuar parecieron ser los mayores defectos de Felipe. En realidad perdió la oportunidad de demostrar una gran fe cuando Jesús puso a prueba alimentando a la multitud. También fue lento en responder cuando algunos griegos quisieron hablar con Jesús (Jn. 12:21-22). Nuevamente, fue lento en comprender quién era Jesús (Jn. 14:8ss). Su fe y su disposición a actuar tuvieron la constante necesidad de ser motivados y fortalecidos. Jesús lo cambió y lo hizo un hombre de gran fe. Esto lo demuestra al permanecer firme incluso al encarar el martirio. La tradición dice que murió como mártir en Hierápolis.

ESTUDIO A FONDO 9

(3:18) *Bartolomé—Natanael:* es poco lo que se sabe de este discípulo, excepto lo que dice Juan (*véanse* bosquejo, notas, y Estudios a fondo 1, 2—Jn. 1:46-49).

ESTUDIO A FONDO 10

(3:18) *Mateo—Leví:* Mateo era un cobrador de impuestos, un paria de la sociedad, un traidor del pueblo judío. Sentía profundamente la alienación y el rechazo de los suyos. Sin embargo, Jesús tomó a Mateo y cambió su vida; suplió cada necesidad de su corazón (*véanse* notas y Estudio a fondo 1—Mt. 9:9–13; Estudio a fondo 1—Mr. 2:14. *Véase* Introducción—Evangelio de Mateo).

conocido. Todavía quería ser conocido como Simón el celote, uno que estaba totalmente entregado a Jesucristo, el verdadero Mesías.

ESTUDIO A FONDO 11

(3:18) *Tomás—Dídimo* (que significa *gemelo*)*:* Tomás era un hombre de valor y lealtad. Ello se ve en su sugerencia de que los discípulos siguieran a Jesús aunque ello significase la muerte (Jn. 11:8, 16.) Pero también era un escéptico, un pesimista, alguien que dudaba. Fue lento en entender la naturaleza mesiánica de Jesús (Jn. 14:5-6), y rechazó el testimonio de los otros de que Jesús realmente había resucitado de la muerte. (*Véanse* bosquejo y nota—Jn. 20:24-29.) Sin embargo, la resurrección de Jesús cambió a Tomás: lo cambió totalmente. Dejó al mundo uno de los testimonios más vigorosos posibles (Jn. 20:28.)

La tradición dice que Tomás fue a Partia (India), llevando el evangelio a ese gran continente. Se dice que murió como mártir.

ESTUDIO A FONDO 12

(3:18) *Jacobo, el hijo de Alfeo:* poco se sabe de este Jacobo.
- Su padre era Alfeo o Cleofas (Jn. 19:25).
- Su madre fue una de las mujeres que estuvieron junto a la cruz y que fueron a la tumba de Jesús (Jn. 19:25).
- Tenía un hermano, José, que también era seguidor de Jesús (Mr. 15:40; 16:1; Jn. 19:25).

Es interesante notar que el padre de Mateo también se llamaba Alfeo. Por eso es posible que Jacobo y Mateo hayan sido hermanos. La tradición dice que Jacobo fue cobrador de impuestos igual que Mateo. Si es así, ello daría mayor peso a la suposición de que fueron hermanos.

Jacobo estuvo dispuesto a ser cambiado por Jesús, a ser un verdadero discípulo del Señor. No abandonó a los discípulos después de la crucifixión, sino que permaneció con ellos. Por eso, estuvo presente cuando Jesús apareció a los discípulos después de su resurrección y cuando comenzó a transformarlos en testigos dinámicos.

ESTUDIO A FONDO 13

(3:18) *Tadeo—Lebeo—Judas, hijo de Jacobo:* de Tadeo se sabe poco. Su nombre, Tadeo, significa *pecho,* o *uno que alaba,* u *hombre de corazón.* El hecho que Mateo y Marcos lo llamen por su nombre Tadeo, el hombre de corazón, revela que era hombre de gran corazón, alguien que daba de sí mismo para ayudar y ministrar a otros. La presencia del viviente Señor en su corazón y vida solo pudo agrandar más ese corazón.

ESTUDIO A FONDO 14

(3:18) *Simón el cananista—Simón el celote:* Simón era miembro del partido judío fanático conocido como los celotes. Este partido afirmaba que solamente Dios debía ser Gobernador y Señor de la nación judía. Aborrecían y se oponían encarnizadamente a todo dominio extranjero (romano). Cuando les era posible predicaban y guiaban sublevaciones revolucionarias contra el gobierno.

En Simón el celote se ve el poder de Jesús para cambiar el corazón de un hombre. La devoción fanática de Simón lo transformó en un celote para Jesús. Note que Jesús nunca cambió la descripción de su naturaleza fanática. Aun después de su conversión y llamamiento, quería que su celo fuera

ESTUDIO A FONDO 15

(3:10) *Judas Iscariote:* muy sencillamente, Judas no estuvo dispuesto a que su corazón y vida fuesen cambiados por Jesús (*véanse* bosquejo y notas—Mt. 26:14-16; 26:20-25; 27:3-5).

N. La influencia de Jesús sobre los amigos: llamaron a Jesús loco y fuera de sí,[EP1] 3:20-21	
1 La multitud: no dejaban comer a Jesús	20 Y se agolpó de nuevo la gente, de modo que ellos ni aun podían comer pan.

2 Los amigos
  a. Oyeron de su conducta
  b. Estaba fuera de sí
  c. Procuraron prenderlo
	21 Cuando *lo* oyeron los suyos, vinieron para prenderle; porque decían: Está fuera de sí.

N. La influencia de Jesús sobre los amigos: llamaron a Jesús loco y fuera de sí, 3:20-21

(3:20–21) *Introducción—Jesucristo, acusaciones contra Cristo:* algunas versiones usan la palabra «amigos» en vez de «los suyos» o familiares. El impacto de Jesús sobre su familia es discutido en Marcos 3:31.

1. La multitud: eran tan celosos que no dejaban comer a Jesús (v. 20).
2. Los amigos: se portaron de manera totalmente opuesta (v. 21).

ESTUDIO A FONDO 1

(3:20–21) *Jesucristo, respuesta a:* desde aquí y hasta el final del capítulo, Marcos muestra diferencias entre los sentimientos de la multitud y los sentimientos de otros acerca de Jesús. En el v. 20 muestra los sentimientos y el apoyo de la multitud. Luego muestra el enorme contraste de sentimientos entre los tres grupos que debían ser quienes más apoyaban a Jesús. Está el contraste de sentimientos ...

- de sus amigos: que lo acusaron de estar fuera de sí (Mr. 3:21).
- de los religiosos: que lo acusaban de estar endemoniado (Mr. 3:22-30).
- de su propia familia: que lo acusaba de causarles vergüenza (Mr. 3:31-35).

En este pasaje se ve claramente el contraste entre los sentimientos de la multitud y los amigos de Jesús. En dicho contraste hay mucho para aprender.

1 **(3:20) *Jesucristo, respuesta a—celo—entusiasmo—ministros, apoyo de:*** el celo y entusiasmo de la multitud por Cristo era grande, tan grande que le impedían atenderse a sí mismo. Ni siquiera tenía tiempo para comer. Note dos cosas.

1. Jesús no había llamado a la multitud; simplemente habían venido. Habían llenado la casa, habían desbordado la calle. Algunos habían venido más por curiosidad que por necesidad, pero otros, para escuchar y aprender. Y otros, para recibir ayuda y ser sanados.

    Pensamiento. Hay una desesperante necesidad de celo y entusiasmo por Cristo. La gente debería agolparse en multitudes, pero no es así, ¿por qué?

- ¿Aman demasiado al mundo y sus cosas (1 Jn. 2:15-16)?
- ¿Aman demasiado la carne y sus sensaciones?
- ¿Aman demasiado el orgullo, la fama y el poder?
- ¿Es que sencillamente no saben? ¿No han oído (Ro. 10:14-15)?
- ¿Es demasiado débil el testimonio y la vida de los creyentes (Ef. 4:17-24)?

2. La multitud era tan grande y presionaba tanto. Por eso, Cristo y sus discípulos no podían atender sus propias necesidades físicas. Sin embargo, Cristo no despidió a las multitudes; les ministró.

    Pensamiento. Cristo ministraba a pesar de los enormes inconvenientes y dificultades. Se le presentaba una oportunidad única, y la aprovechó. Se negó a sí mismo, a sus propias necesidades, para ayudar a otros. ¡Qué lección para nosotros!

      «Venid a mí todos los que estáis trabajados y cargados, y yo os haré descansar» (Mt. 11:28).

      «A todos los sedientos: Venid a las aguas; y los que no tienen dinero, venid, comprad y comed. Venid, comprad sin dinero y sin precio, vino y leche» (Is. 55:1).

      «Y el Espíritu y la Esposa dicen: Ven. Y el que oye, diga: Ven. Y el que tiene sed, venga: y el que quiera, tome del agua de la vida gratuitamente» (Ap. 22:17).

2 **(3:21) *Jesucristo, respuesta a:*** el trato que algunos amigos le dieron a Jesús difería enormemente del de la multitud. Mientras la multitud respondía a Jesús, algunos amigos oyeron de su conducta y llegaron a la conclusión de que Jesús estaba fuera de sí, de modo que intentaron prenderlo. Aparentemente esos amigos eran personas cercanas a su familia; por eso se preocuparon muchos por Jesús. Creyeron que corría peligro y querían ayudarle a su familia y a él mismo.

Note las palabras: «Cuando *lo* oyeron los suyos». En este pasaje, el griego usa un participio que significa: «habiendo oído» (*akou santes*). La idea es que los amigos no sólo oyeron de las enormes multitudes, sino que oyeron *todo lo referido a Jesús*. Sus fenomenales milagros, sus afirmaciones y enseñanzas; que la gente lo estimaba como profeta; la oposición que ahora amenazaba su vida. Todo esto llevó a pensar a los amigos de la familia que Jesús estaba fuera de sí. Al menos siete cosas contribuían a la acusación de estar fuera de sí.

1. Que el celo y entusiasmo de la multitud habían enloquecido a Jesús. Creían que el celo de la multitud le había llenado la cabeza impulsándolo a sobrevalorarse totalmente. Que disfrutaba de la atención y adulación de la multitud. Se dijo que estaba tan sobrecogido por el entusiasmo de la multitud que estaba descuidando el cuidado de su propio cuerpo, incluso al extremo de no comer.

2. Creyeron que Jesús había enloquecido por la respuesta de la gente y la estima en que lo tenían. Creían que semejante estima le había afectado la mente haciéndolo pensar demasiado de sí mismo. Oyeron que había afirmado ser el Mesías e incluso el Hijo de Dios mismo.

3. Creyeron que Jesús había enloquecido porque estaba seleccionando un grupo estrafalario de discípulos: rudos hombres pescadores (Pedro, Jacobo, y Juan); pecadores y publicanos despreciados y aborrecidos (Mateo y probablemente Jacobo, hijo de Alfeo); un celote revolucionario (Simón el celote); un buscador con problemas espirituales (Natanael). Un hombre sano con propósitos

religiosos nunca hubiera escogido semejantes hombres, al menos no si quería triunfar en la sociedad.

4. Creyeron que Jesús había enloquecido porque su vida y conducta eran tan radicalmente diferentes de la vida y conducta normal. Lo que estaba haciendo y diciendo era diametralmente opuesto a la forma en que todo había sido hecho hasta ahora. Era tan diferente a todos los demás. Su vida misma acusaba a todo aquel que lo confrontaba, y sus palabras demandaban o bien aceptación o bien rechazo.

5. Creyeron que Jesús había enloquecido porque las autoridades se oponían a Él y lo habían amenazado de muerte, sin embargo, Él se rehusó a retroceder o huir. Incluso se rehusaba a ir a otra parte. Una persona normal que tuviese que cumplir una misión, al menos huiría a otra parte hasta poder reagruparse y planificar otra forma de lograr su propósito.

6. Creyeron que Jesús había enloquecido porque su ministerio de sanidad requería alguna explicación. Había tantos milagros de sanidad, tantos eventos milagrosos que uno se veía forzado a formular alguna teoría. O bien Jesús era quien afirmaba ser, el Hijo de Dios; o bien estaba lleno de un espíritu sobrenatural ajeno a Dios, un espíritu que lo enloquecía; el espíritu del diablo. Ahora circulaba toda clase de teoría. Estas diversas teorías afirmaban que era ...

• Juan el Bautista que había resucitado de los muertos (Mt. 14:1-2).
• Elías, Jeremías, o alguno de los profetas que había vuelto a la vida (Mt. 16:14).
• Beelzebú (Mt. 12:22-32; Mr. 3:22-30).
• un loco (Mr. 3:20).

7. Creyeron que Jesús había enloquecido porque su enseñanza y doctrina era tan diferente a la de cualquier otro. En efecto, lo que enseñaba frecuentemente difería tan radicalmente de todo cuanto *alguna vez se había enseñado*. Como dijo Festo a Pablo: «Las muchas letras te vuelven loco» (Hch. 26:24).

Pensamiento. ¿Es Jesús quien afirmaba ser? Piense en las alternativas:
1) Fue realmente el Hijo de Dios.
2) Era un endemoniado; es decir, su poder procedía de un espíritu malo.
3) Estaba loco, fuera de sí, mentalmente engañado y desviado.
4) Mentía deliberadamente en cuanto a ser el Hijo de Dios, engañando deliberadamente al pueblo para asegurarse seguidores y estimular su ego.

«Entonces los que estaban en la barca vinieron y le adoraron, diciendo: Verdaderamente eres Hijo de Dios» (Mt. 14:33).

«Principio del evangelio de Jesucristo, Hijo de Dios» (Mr. 1:1).

«Y yo le [Juan el Bautista] vi, y he dado testimonio de que éste es el Hijo de Dios» (Jn. 1:34).

«Porque de tal manera amó Dios al mundo, que ha dado a su Hijo unigénito, para que todo aquel que en él cree, no se pierda, mas tenga vida eterna. Porque no envió Dios a su Hijo al mundo para condenar al mundo, sino para que el mundo sea salvo por él. El que en él cree, no es condenado; pero el que no cree, ya ha sido condenado, porque no ha creído en el nombre del unigénito Hijo de Dios» (Jn. 3:16–18).

«Oyó Jesús que le habían expulsado; y hallándole, le dijo: ¿Crees tú en el Hijo de Dios? Respondió él y dijo: ¿Quién es, Señor, para que crea en él? Le dijo Jesús: Pues le has visto, y el que habla contigo, él es» (Jn. 9:35–37).

«¿Al que el Padre santificó y envió al mundo, vosotros decís: Tú blasfemas, porque dije: Hijo de Dios soy» (Jn. 10:36).

«Le dijo Jesús: Yo soy la resurrección y la vida; el que cree en mí, aunque esté muerto, vivirá Y todo aquel que vive y cree en mí, no morirá eternamente. ¿Crees esto? Le dijo: Sí, Señor; yo he creído que tú eres el Cristo, el Hijo de Dios, que has venido al mundo» (Jn. 11:25-27).

«Enseguida [Pablo] predicaba a Cristo en las sinagogas, diciendo que éste era el Hijo de Dios» (Hch. 9:20).

«¿Cuánto mayor castigo pensáis que merecerá el que pisoteare al Hijo de Dios, y tuviere por inmunda la sangre del pacto en la cual fue santificado, e hiciere afrenta al Espíritu de gracia?» (He. 10:29).

«Todo aquel que confiese que Jesús es el Hijo de Dios, Dios permanece en él, y él en Dios» (1 Jn. 4:15).

Pensamiento 2. El llamado de la hora es: «Cree en Jesús. Confía en Él. No estaba loco. Realmente es el Hijo del Dios viviente».

Pensamiento 3. Los amigos pueden estar equivocados por mucho que nos amen y estimen. Con frecuencia pueden estar equivocados en lo que piensan de nosotros y en cómo nos tratan; los amigos de Jesús estaban equivocados.

Pensamiento 4. A veces tenemos que ir contra nuestros propios amigos; tenemos que rendirnos vigorosamente a Dios y hacer su voluntad sin importar lo que nuestros amigos puedan pensar. Si Dios nos llama a servirle, tenemos que servirle. Los amigos pueden estar oponiéndose a la voluntad de Dios. Pueden tener buenas intenciones, pero no pueden saber cual es la voluntad de Dios para la vida de otra persona. Dios nos trata, llama y obra con nosotros individual y personalmente. Ser fuertes y permanecer firmes en el llamado y la voluntad de Dios son cosas desesperadamente necesarias: siempre.

«No me elegisteis vosotros a mí, sino que yo os elegí a vosotros, y os he puesto para que vayáis y llevéis fruto, y vuestro fruto permanezca; para que todo lo que pidiereis al Padre en mi nombre, él os lo dé» (Jn. 15:16).

«Así que, hermanos, os ruego por las misericordia de Dios, que presentéis vuestros cuerpos en sacrificio vivo, santo, agradable a Dios, que es vuestro culto racional. No os conforméis a este siglo, sino transformaos por medio de la renovación de vuestro entendimiento, para que comprobéis cuál sea la buena voluntad de Dios, agradable y perfecta» (Ro. 12:1-2).

«Así que, hermanos míos amados, estad firmes y constantes, creciendo en la obra del Señor siempre, sabiendo que vuestro trabajo en el Señor no es en vano» (1 Co. 15:58).

«Desde entonces muchos de sus discípulos volvieron atrás, y ya no andaban con él. Dijo entonces Jesús a los doce: ¿Queréis acaso iros también vosotros? Le respondió Simón Pedro: Señor, ¿a quién iremos? Tú tienes palabras de vida eterna» (Jn. 6:66-68).

«El Señor le dijo: Vé [deja de quejar]: porque instrumento escogido me es éste, para llevar mi nombre en presencia de los gentiles, y de reyes, y de los hijos de Israel» (Hch. 9:15).

O. La influencia de Jesús sobre los religiosos: llamaron a Jesús poseído del demonio, 3:22-30 (Mt. 12:22-32; Lc. 11:14-20)

1 Trasfondo: los escribas, la delegación enviada a investigar, dio su veredicto acerca de Jesús
a. La terrible acusación[EF1,2]

b. La refutación de Jesús: una cuestión lógica

2 Refutación 1: el desacuerdo interno siempre divide y destruye
a. Destruye un reino
b. Destruye una casa

22 Pero los escribas que habían venido de Jerusalén decían que tenía a Beelzebú, y que por el príncipe de los demonios echaba fuera los demonios.
23 Y habiéndolos llamado, les decía en parábolas: ¿Cómo puede Satanás echar fuera a Satanás?
24 Si un reino está dividido contra sí mismo, tal reino no puede permanecer.
25 Y si una casa está dividida contra sí misma, tal casa no puede permanecer.
26 Y si Satanás se levanta contra sí mismo, y se divide, no puede permanecer, sino que ha llegado su fin.
27 Ninguno puede entrar en la casa de un hombre fuerte y saquear sus bienes, si antes no le ata, y entonces podrá saquear su casa.
28 De cierto os digo que todos los pecados serán perdonados a los hijos de los hombres, y las blasfemias cualesquiera que sean;
29 pero cualquiera que blasfeme contra el Espíritu Santo, no tiene jamás perdón, sino que es reo de juicio eterno.
30 Porque ellos habían dicho: Tiene espíritu inmundo.

c. Conclusión: Satanás estaría destruyendo su propio reino

3 Refutación 2: el reino de Satanás ha sido tomado

4 Refutación 3: el amor de Dios es universal

5 Refutación 4: hay un peligro: adjudicar al diablo la obra de Dios

O. La influencia de Jesús sobre los religiosos: llamaron a Jesús poseído del demonio, 3:22-30

(3:22-30) *Introducción—Jesucristo, respuesta a:* ¿Quién era Jesucristo? ¿Procedía realmente de Dios, o procedía del diablo? Es decir, ¿era Jesús malo, un impostor, un engañador dispuesto a hacerle pensar al mundo que Él era el Hijo de Dios? ¿Es la fe en Él realmente el único camino a Dios? ¿Son sus enseñanzas el *único camino* para vivir y experimentar liberación, ahora y eternamente?

Los religiosos de aquel tiempo pensaban que Jesús era malo. En efecto, creían que era una encarnación de Satanás mismo. Este pasaje discute la acusación de los escribas y la respuesta de Jesús. Al mismo tiempo nos desafía aceptar la verdad acerca de Jesús.

1. Los escribas, la delegación enviada a investigar, dio su veredicto acerca de Jesús (vv. 22-23).
2. Refutación 1: el desacuerdo interno siempre divide y destruye (vv. 24-26).
3. Refutación 2: el reino de Satanás ha sido tomado (v. 27).
4. Refutación 3: el amor de Dios es universal (v. 28).
5. Refutación 4: hay un peligro: adjudicar al diablo la obra de Dios (vv. 29-30).

1 (3:22-23) *Religiosos, acusaciones:* los escribas, la delegación enviada a investigar, dio su veredicto acerca de Jesús (*véanse notas*—Mr. 2:6-7; 3:1-2).

1. Su acusación fue terrible: «tiene a Beelzebú» (*véanse Estudios a fondo 1, 2*—Mr. 3:22); es decir, estaba *poseído, habitado, controlado, sujeto al supremo poder* de Beelzebú, el poder sobrenatural del mal. Note que no estaban diciendo que Jesús tuviese alianza con el diablo. La acusación de ellos iba mucho más allá de una alianza. Estaban diciendo que Jesús era una encarnación del mal, del diablo mismo.

Los religiosos y la gente eran implacables, punzantes, crueles, e hirientes en sus acusaciones contra Jesús.
- «Demonio tiene, y está fuera de sí» (Jn. 10:20).
- «Tú [Jesús] eres samaritano, y ... tienes demonio» (Jn. 8:48).
- Es hijo natural (Jn. 8:41; Mt. 1:18-19).
- «Este es un hombre comilón y bebedor de vino, amigo [habita con] de publicanos y pecadores» (Lc. 7:34).

Note dos cosas.
a. Los religiosos no podían negar el poder de Jesús: las vidas eran cambiadas dramática y radicalmente; los espíritus malos eran «echados fuera» de la gente. El exorcismo, el echar fuera malos espíritus, no era inusual para la gente del tiempo de Jesús.
- Jesús se refería al exorcismo judío (Mt. 12:27; Lc. 11:19).
- Los discípulos se refirieron a un hombre que decía ser seguidor de Jesús, que en el nombre de Jesús echaba fuera demonios (Mr. 9:38).
- Hubo un sacerdote judío con siete hijos, y cada uno de ellos afirmaba ser exorcista (Hch. 19:13-16).

Los religiosos no tenían excusa. Debían haber entendido el exorcismo. La presencia de espíritus malos y de hombres que intentaban echarlos fuera eran algo suficientemente común para que lo entendieran (*véase* Estudio a fondo 4—Mt. 12:24; 12:27-28).

El tema es este: el exorcismo no era algo *nuevo*, pero lo que Jesús estaba haciendo era nuevo. Los otros no siempre tenían éxito en echar fuera los malos espíritus. Fallaban, carecían del poder permanente y perfecto para vencer al mundo del mal, en cambio Jesús no. Su poder era universal y perfecto, siempre efectivo. Pronunciando una simple palabra ocurrían los hechos más poderosos imaginables. Los malos espíritus en el interior de los hombres, espíritus que corrompían las vidas de los hombres, eran echados fuera; y los hombres eran cambiados dramática y poderosamente.

Los religiosos no podían negar el hecho. Tenían que aceptar el tema del poder de Jesús. Era preciso dar alguna explicación, dar alguna teoría. La conclusión de ellos fue: «Tiene a Beelzebú ... por el príncipe de los demonios echa fuera los demonios».

b. Los religiosos procuraban deliberadamente desaprobar la afirmación de Jesús de ser el Mesías, el Hijo de Dios. Si podían probar que era un impostor, un fraudulento, un engañador, un hombre malo que descarriaba a otros, un hombre vinculado al mal y al diablo, entonces sus afirmaciones serían desaprobadas por la gente y enotonces dejarían de seguirle (*véanse* notas—Mt. 12:1-8; 12:9-13; nota y Estudio a fondo 1—12:10).

2. Jesús tuvo que contestar la acusación. Su refutación fue un argumento vigoroso. Jesús formuló la pregunta *lógica e irrefutable*: «¿Cómo puede Satanás echar fuera a Satanás?» La respuesta era inevitable, ineludible: Satanás nunca echaría fuera al mal. Si lo hiciera estaría obrando contra sí mismo, y no es ese su propósito. Satanás está determinado a construir y expandir el mal, no a destruirlo. Decir lo contrario es ilógico, sin sentido. Jesús usó de cuatro refutaciones para probar su afirmación (*véanse* bosquejo y notas referidos a este pasaje).

ESTUDIO A FONDO 1

(3:22) *Beelzebú:* era una ídolo de los antiguos filisteos. El nombre significa *dios de las moscas*. Pero los judíos lo llamaron *el dios de la suciedad* o *el dios del estiércol* (*Beelzebub*). Con el tiempo el nombre fue asignado a Satanás como príncipe de los espíritus inmundos (*véase* nota—Ap. 12:9).

ESTUDIO A FONDO 2

(3:22) *Religiosos—Jesucristo, rechazado:* los religiosos eran implacables, punzantes, crueles e hirientes en sus acusaciones contra Jesús. «Demonio tiene, y está fuera de sí» (Jn. 10:20). «Eres samaritano, y ... tienes demonio» (Jn. 8:48). Es hijo natural (Jn. 8:41). «Este es un hombre comilón y alcohólico, amigo de pecadores» (Lc. 7:34).

¿Por qué se oponían tan vehementemente a Jesús los religiosos (fariseos, saduceos y escribas)? Había diversos motivos:

1. La religión otorga una sensación de seguridad. Es el opio de los pueblos, como dijo Karl Marx. Hace que una persona se sienta segura y cómoda consigo misma. Por eso, un religioso realmente profesional y entregado, se opone a cualquier cosa que amenace la seguridad que ha encontrado.

2. Los religiosos se oponen al cambio. Todo verdadero religioso cree que su camino es el camino, la verdad y la vida. No hay motivo para cambiar mientras las necesidades de uno sean suplidas.

3. La religión puede dar posiciones, orgullo, y una sensación de ser importante. Una de las cosas más difíciles en el mundo es que una persona renuncie a su posición y admita su error. Hacerlo implica negar la propia importancia. Piense en ello, pues esto es exactamente lo que Cristo demanda de toda persona (Lc. 9:23). Este es el motivo por el que tantas personas talentosas y poderosas del mundo rechazan a Cristo y se vuelven hostiles a Él (*véase* bosquejo—1 Co. 1:26–31).

[2] (3:24–26) *Desacuerdo—división—Jesucristo, Mesías:* la primera refutación de Jesús fue que el desacuerdo interno siempre divide y destruye. Usó dos ilustraciones para acentuar su punto. (*Véase* nota—Mt. 12:25-26 en cuanto a una explicación más detallada de este punto.)

1. Un reino dividido contra sí mismo no puede permanecer. La guerra civil, contienda interna, y divisiones harán caer el reino. No puede durar, no puede durar si sus súbditos pelean entre sí.

2. Una casa dividida contra sí misma no puede permanecer. Las constantes riñas y discusiones harán que la casa se desmorone. Una casa no puede permanecer si sus habitantes pelean, discuten, contienden y luchan entre sí todo el tiempo. La casa caerá.

3. Satanás no puede levantarse contra sí mismo. Estaría echando fuera a sus propios espíritus malos y destruyendo a los súbditos de su propio reino. Estaría rompiendo su gobierno y reinando sobre otras vidas.

No hay forma concebible de argumentar que Jesús proceda de otro sino de Dios. No tenía absolutamente nada que ver con el mal o los malos espíritus, excepto el echarlos fuera de las vidas de los hombres. Vino para librar a los hombres para que puedan vivir justa y piadosamente en este mundo. Él es el representante de Dios entre los hombres, no Satanás. Él es exactamente lo que afirma ser, el Hijo de Dios mismo. Sostener cualquier otra posición es ilógico. (Nuevamente, *véase* nota—Mt.12:25-26 en cuanto a una discusión y aplicación detallada de este punto. *Véase* también nota, *Pensamiento 1*—Mr. 3:21 en cuanto a la afirmación de Jesús de ser el Hijo de Dios. *Véase* nota—Jn. 1:34 en cuanto a la mayoría de los versículos referidos a Jesús como Hijo de Dios.)

«El que en él cree, no es condenado; pero el que no cree, ya ha sido condenado, porque no ha creído en el nombre del unigénito Hijo de Dios» (Jn. 3:18).

«¿Al que el Padre santificó y envió al mundo, vosotros decís: Tú blasfemas, porque dije: Hijo de Dios soy? Si no hago las obras de mi Padre, no me creáis. Mas si las hago, aunque no me creáis a mí, creed a las obras, para que conozcáis y creáis que el Padre está en mí, y yo en el Padre» (Jn. 10:36-38).

«Cuánto mayor castigo pensáis que merecerá el que pisoteare al Hijo de Dios, y tuviere por inmunda la sangre del pacto en la cual fue santificado, e hiciere afrenta al Espíritu de gracia?» (He. 10:29).

[3] (3:27) *Jesucristo, obra de—Satanás, derrotado:* la segunda refutación de Jesús es que el reino de Satanás ha sido tomado. Dios ha entrado a la casa y al reino de Satanás usando el poder de Cristo para librar a los que Satanás tenía esclavizados. Como alguien que invade la casa de un hombre fuerte, primero ata al hombre, y luego saquea sus bienes, así Jesús ahora invade el reino del mal, de Satanás. Ahora Cristo está librando a los hombres, librándolos de malos espíritus. Ahora Satanás está siendo conquistado. Ahora el poder de Cristo está librando a los hombres del mundo y de la esclavitud del mal. Ahora los hombres pueden ser librados del mal, inclusive del mal de la misma muerte (cp. He. 2:14-15; Col. 2:15; 1 Co. 15:20-58. *Véase* nota—Mt. 12:29 para una discusión detallada de este tema).

«Respondió Jesús y dijo: No ha venido esta voz por causa mía, sino por causa de vosotros. Ahora es el juicio de este mundo; ahora el príncipe de este mundo será echado fuera» (Jn. 12:30–31).

«Mas ahora Cristo ha resucitado de los muertos; primicias de los que durmieron es hecho. Porque por cuanto la muerte entró por un hombre, también por un hombre la resurrección de los muertos. Porque así como en Adán todos mueren, también en Cristo todos serán vivificados Pero cada uno en su debido orden: Cristo, las primicias; luego los que son de Cristo, en su venida» (1 Co. 15:20-23).

«Y despojando a los principados y a las potestades, los exhibió públicamente, triunfando sobre ellos en la cruz» (Col. 2:15).

«Así que, por cuanto los hijos participaron de carne y sangre, él también participó de lo mismo, para destruir por medio de la muerte al que tenía el imperio de la muerte, esto es, al diablo, y librar a todos los que por el temor de la muerte estaban durante toda la vida sujetos a servidumbre» (He. 2:14-15).

«El que practica el pecado es del diablo; porque el diablo peca desde el principio. Para esto apareció el Hijo de Dios, para deshacer las obras del diablo» (1 Jn. 3:8).

[4] (3:28) *Dios, amor de—perdón—blasfemia:* la tercera refutación de Jesús es que el amor de Dios es universal. Dios perdona todos los pecados, inclusive la blasfemia, es decir, insultos, maldiciones, y protestas (*véase* Estudio a fondo 4—Mt. 9:3). Los hombres tienen que conocer esta gloriosa verdad. No hay pecado que Dios no perdone. A un hombre se le puede perdonar todo, no importa cuán terrible o vil sea. El hombre puede ser perdonado si se vuelve a Cristo, si confiesa su pecado, y si se arrepiente (*véase* Estudio a fondo 4, *Perdón*—Mt. 26:28 para la discusión).

La conducta de Jesús en la cruz muestra cuán universal realmente es el amor de Dios. El trato salvaje y los vulgares insultos infligidos a Jesús fueron horribles. Ese trato muestra cuan infame es la naturaleza de los hombres; sin embargo, Jesús oró: «Padre, perdónalos» (Lc. 23:34).

Pensamiento. El amor y perdón de Dios son universales. Dios ama a toda persona y perdonará a toda persona sin importar cuánto haya pecado y blasfemado a Dios.

«Sabed, pues, esto, varones hermanos: que por medio de él se os anuncia perdón de pecados» (Hch. 13:38).

«En quien tenemos redención por su sangre, el perdón de pecados según las riquezas de su gracia» (Ef. 1:7).

«Porque esto es bueno y agradable delante de Dios nuestro Salvador, el que quiere que todos los hombres sean salvos y vengan al conocimiento de la verdad. Porque hay un solo Dios, y un solo mediador entre Dios y los hombres, Jesucristo hombre el cual se dio a sí mismo en rescate por todos, de lo cual se dio testimonio a su debido tiempo» (1 Ti. 2:3–6).

« Yo, yo soy el que borro tus rebeliones por amor de mí mismo, y no me acordaré de tus pecados» (Is. 43:25).

«Yo deshice como una nube tus rebeliones, y como niebla tus pecados; vuélvete a mí, porque yo te redimí» (Is. 44:22).

«Deje el impío su camino, y el hombre inicuo sus pensamientos, y vuélvase a Jehová, el cual tendrá de él, misericordia, y al Dios nuestro, el cual será amplio en perdonar» (Is. 55:7).

5 (3:29–30) *Pecado, imperdonable:* la cuarta refutación de Jesús es que existe un peligro, el peligro de cometer el pecado imperdonable. El pecado imperdonable es adjudicar la obra de Dios al diablo (*véase* nota—Mt. 12:31-32 para una discusión detallada y aplicación del tema del pecado imperdonable).

El pecado imperdonable es cometido por el hombre que sigue y sigue ...

- Rechazar los *impulsos* del Espíritu Santo.
- Enceguecer a sí mismo a la iluminación del Espíritu Santo.
- Pecar deliberadamente a pesar de la convicción obrada por el Espíritu Santo.
- Insistir en su propio camino.
- Oponer a la obra del Espíritu Santo.
- Justificarse a sí mismo en su comportamiento pecaminoso.

«El que cree en el Hijo tiene vida eterna; pero el que rehusa creer en el Hijo no verá la vida, sino que la ira de Dios está sobre él» (Jn. 3:36).

«Por eso os dije que moriréis en vuestros pecados; porque si no creéis que yo soy, en vuestros pecados moriréis» (Jn. 8:24).

«Mirad, hermanos, que no haya en ninguno de vosotros corazón malo de incredulidad para apartarse del Dios vivo» (He. 3:12).

1 La familia de Jesús a. Se «quedaron fuera» b. «Enviaron a llamarle» c. Jesús fue informado de la presencia y vergüenza de su	P. La influencia de Jesús sobre su propia familia: sentir que Jesús los avergonzaba 3:31-35 (Mt. 12:46-50; Lc. 8:19-21) 31 Vienen después sus hermanos y su madre, y quedándose afuera, enviaron a llamarle. 32 Y la gente que estaba sentada alrededor de él le	dijo: Tu madre y tus hermanos están afuera, y te buscan. 33 El les respondió diciendo: ¿Quién es mi madre y mis hermanos? 34 Y mirando a los que estaban sentados alrededor de él, dijo: He aquí mi madre y mis hermanos. 35 Porque todo aquel que hace la voluntad de Dios, ése es mi hermano, y mi hermana, y mi madre.	familia 2 El verdadero parentezco no es solo la relación de sangre 3 El verdadero parentezco es una relación común con Dios a. Es ser un discípulo de Cristo b. Es querer hacer la voluntad de Dios

P. La influencia de Jesús sobre su propia familia: sentir que Jesús los avergonzaba, 3:31-35

(3:31-35) *Introducción—Jesucristo, familia:* las lenguas no paraban de hablar y los rumores volaban acerca de Jesús (*véanse* bosquejo y Estudio a fondo 1—Mr. 3:20-21; nota—3:22-30). Los rumores llegaron hasta María y sus otros hijos en Nazaret. Comenzaron a preocuparse en gran manera por el bienestar de Jesús y también sentían cierta vergüenza por causa suya. Entonces decidieron ir a buscarlo y traerlo a casa antes que ocurriese algo terrible. Al arribo de ellos, y siendo informado Jesús, éste hizo una afirmación chocante: existe una familia mayor que la familia humana, una familia que tiene supremacía sobre las relaciones de sangre. Es la familia de Dios, la familia de todos aquellos que hacen la voluntad de Dios. (Para mayor discusión *véanse* bosquejos y notas—Mt. 12:46-50; Lc. 8:19-21.)

1. La familia de Jesús (vv. 31-32).
2. El verdadero parentezco no es solo la relación de sangre (v. 33).
3. El verdadero parentezco es una relación común con Dios (vv. 34-35).

1 (3:31-32) *Jesucristo, familia:* la familia de Jesús vino para llevarlo a casa. Durante este tiempo su familia no había estado con él. Probablemente habían quedado en Nazaret. Note los hechos relatados.

1. Se «quedaron afuera», aparentemente avergonzados, sin querer acercarse a Jesús, a la vista de la multitud, y sin querer causar una escena.
2. «Enviaron [otra persona] a llamarle» para llevarlo a casa.
3. La multitud le informó de la presencia de su familia afuera, y note que agregaron las palabras: «Te buscan». Aparentemente la multitud era consciente de la vergüenza que sentía la familia y que pensaba que Jesús estaba «fuera de sí» y que necesitaba ser llevado a casa (v. 21).

Algo importante había ocurrido que trajo a la familia de Jesús para llevarlo a casa. ¿Qué había pasado que impulsara a María y a los hermanos de Jesús a buscarlo? ¿Qué era tan grave que ellos enviaran a alguien al interior a buscarlo en vez de ir ellos mismos, o de esperar al menos hasta que hubiese terminado la reunión? ¿Qué los llevaría a interrumpir y detener la predicación de Jesús? (*Véanse* bosquejo y notas—Mt. 12:46-50.) ¿Qué impulsaría a Jesús a pronunciar palabras tan chocantes en aquella oportunidad (vv. 34-35)? Aparentemente hubo tres razones.

1. El público, incluso algunos amigos de la familia, estaban diciendo: «está fuera de sí», loco, sin razón (Mr. 3:20-21). Dos cosas motivaron tal acusación.
   a. Estaba trabajando mucho, en efecto, tanto que «ni aun podían comer pan» (Mr. 3:20). Jesús fue desbordado por la gente al extremo de verse obligado a ignorar las comidas y renunciar al descanso. El rehusarse a dejar aquella atmósfera frenética para comer y

descansar —persistir en esa conducta día tras día y mes tras mes— impulsó a algunos a preguntar si Jesús no estaría loco, desquiciado por obtener la atención, adulación y frenesí de las multitudes.
   b. Se estaba proclamando a sí mismo como Hijo de Dios. Hizo tantas afirmaciones, tan fuera de lo común que lo creyeron fuera de sí (*véanse* bosquejo y notas—Jn. 5:1—7:53. Una rápida mirada mostrará cuán fenomenales eran las afirmaciones de Jesús y por qué tantos se oponían tan vehementemente a Él, incluso su propia familia.)
2. Los gobernantes, tanto políticos como religiosos, crecían en su oposición hacia Jesús. La familia estaba alarmada y temía por su vida (*véanse* bosquejo y notas—Mt.2:1-50; Mr. 3:22-30).
3. Las noticias de su *afirmación* de ser el Hijo de Dios llegaron a oídos de su familia, y los vecinos decían que tal afirmación era presuntuosa, totalmente fuera de lugar. Además los vecinos y amigos murmuraban acerca de su locura y de su conflicto con los líderes de la nación. Todo esto causó en María, y en la familia, lo que noticias semejantes causarían a cualquier familia; se preocuparon y despertaron en ella el profundo amor y responsabilidad de una madre por su Hijo. Entonces fue inmediatamente para traerlo a casa para salvarlo de cualquier daño, y para salvar a la familia de otras vergüenzas (Mt. 12:14; Jn. 7:1ss).

Pensamiento. Algunas preguntas penetrantes tienen que ser formuladas y contestadas por todos nosotros.
- ¿Cuántos se sienten avergonzados por Jesús?
- ¿Cuántos se avergüenzan de tomar una posición respecto de Jesús y sus afirmaciones?
- ¿Cuántos temen lo que dirán sus vecinos y amigos si toman una posición en cuanto a Jesús?
- ¿Cuántos quisieran llevar a Jesús a su casa y encerrarlo en una habitación donde sus afirmaciones no molestaran a nadie?

En este punto es preciso formular una pregunta legítima. ¿Cómo es posible que María no creyera las afirmaciones de Jesús después de su experiencia con Dios en cuanto al nacimiento de Jesús? La respuesta la da un estudio honesto y abierto de la Escritura.

1. María fue una maravillosa mujer, la mujer escogida para una misión especial, la de ser la persona por medio de quien Dios enviaría a su «Hijo unigénito» al mundo (Jn. 3:16). Pero siempre hay que recordar que María era *meramente humana*. Fue una mujer muy especial; pero seguía siendo humana. El hecho de ser especial solamente significa que fue *muy favorecida* por Dios (Lc. 1:28). El hecho de ser especial no implicaba ninguna virtud o mérito propio. Fue especial por causa de Dios, solamente por su misericordia y gracia.

2. La profunda experiencia de María con Dios había ocurrido unos treinta años atrás. Treinta o más años es un largo tiempo para que las criaturas humanas mantengan la realidad y significado de una experiencia religiosa. Las emociones humanas se levantan y caen prácticamente todos los días.

3. Como madre, como carne y sangre, María tuvo dificultades (como las tendría cualquier persona en su situación) para entender la misión y la naturaleza mesiánica de su Hijo Jesús.

    a. María había creído al mensajero de Dios (Lc. 1:45), pero no lo había entendido cabalmente. Aparentemente «guardaba todas estas cosas [sabiamente, para sí misma, podríamos agregar] *meditándolas* en su corazón» (Lc. 2:19).

    b. Trece años más tarde María tuvo dificultad en entender la misión de su Hijo de doce años, al ser hallado en el templo después de estar perdido durante dos días. Cuando lo hallaron estaba formulando preguntas, de la manera más inusual, a los sacerdotes del templo. Jesús le preguntó a su madre: «¿Por qué me buscabais? ¿No sabíais que en los negocios de mi Padre me es necesario estar?» (Lc. 2:49).

    c. Unos diecisiete años después de su experiencia en el templo, María llamó a su Hijo para ayudar en una boda en Galilea. Jesús vio en aquel pedido una oportunidad para familiarizar a su madre con la persona que en realidad Él era, esto es el Hijo de Dios. Ella fue lenta en captar su propósito, de manera que Él la reprochó suavemente: «¿Qué tienes que ver conmigo, mujer? Aún no ha venido mi hora» (Jn. 2:4). (*Véase* nota—Jn. 2:3-5 para una explicación más detallada.)

4. María había conocido durante treinta años a Jesús como a uno de sus hijos y como a un hombre joven. Solamente había conocido a Jesús en el contexto de la vida cotidiana familiar, en la atmósfera de la rutina diaria. Luego, de manera totalmente repentina Jesús levó anclas dejando el hogar, y dejando lo que aparentemente era una floreciente carpintería. Los eventos que ocurrieron desde el momento de su partida y a lo largo de los meses que siguieron inmediatamente, fueron tan rápidos, y tan dramáticos que María necesariamente se sentía bombardeada y perpleja. Ella y todos los otros que estaban cerca de Jesús tuvieron que aprender que Él no era solamente un hombre, sino el Hijo de Dios mismo. (*Véanse* bosquejo y notas—Mr. 3:21 en cuanto a otros hechos inusuales obrados por Jesús y que causaron problemas a los amigos y a la familia. María necesariamente tenía que estar preocupada por lo que estaba ocurriendo y por lo que se estaba diciendo de su Hijo.)

[2] (3:33) *Hermandad—Dios, familia de: el verdadero parentezco no es solo una relación de sangre.* Note dos hechos.

1. Jesús no está desacreditando los lazos familiares o humanos con los parientes (*véase* nota—Mt. 12:46-47). Jamás nadie fue más devoto a la familia como Jesús. Ello se ve en ...

• Su preocupación por María a lo largo de la vida (cp. Jn. 19:26-27).
• Sus enseñanzas y las enseñanzas de sus discípulos en la Escritura (cp. Ef. 5:22—6:4).
• Su influjo sobre el trato de la sociedad a las mujeres, niños y la familia (*véase* nota—Mr. 10:5; cp. Col. 3:18-21).
• Sus propios hermanastros que con el tiempo fueron sus discípulos (*véase* nota—Mr. 6:3-4).

2. Jesús está diciendo que los génes humanos, la sangre y los rasgos de la familia no son suficientes para crear y hacer una auténtica familia. *Una verdadera familia, un auténtico parentezco no existe* porque algunas personas tienen sangre y rasgos comunes. Esto se ve claramente todos los días en las páginas de las historias familiares. Demasiadas familias viven en tempestades, divisiones, y separaciones. Demasiadas familias están en constante conflicto que

van desde el ataque suave, verbal, hasta el ataque homicida. Hay ...
• padres opuestos a los hijos.
• hermana contra hermana.
• hijos opuestos a los padres.
• hermano contra hermano.
• esposo contra esposa.
• pariente contra pariente.

Ahora imagínese la escena. Jesús está frente a la multitud. Le acaban de decir que su madre y hermanos está afuera «buscándolo». Ve en esta situación una oportunidad singular para enseñar una lección muy necesaria. Extendiendo sus brazos hacia la multitud exclama: «¿Quién es mi madre y mis hermanos?» Está proclamando que las relaciones sanguíneas, los génes y rasgos familiares, no son suficientes para crear un auténtico parentezco. Se necesita algo más.

«Haced pues frutos dignos de arrepentimiento, y no comencéis a decir dentro de vosotros mismos: Tenemos a Abraham por padre; porque os digo que Dios puede levantar hijos a Abraham aun de estas piedras» (Lc. 3:8).

«Mas a todos los que le recibieron, a los que creen en su nombre, les dio potestad de ser hechos hijos de Dios. Los cuales *no son engendrados de sangre*, ni de *voluntad de carne*, ni de *voluntad de varón*, sino de Dios» (Jn. 1:12–13).

«Le respondieron: Linaje de Abraham somos, y jamás hemos sido esclavos de nadie. ¿Cómo dices tú: Seréis libres?» (Jn. 8:33).

«Respondieron y le dijeron: Nuestro padre es Abraham. Jesús les dijo: Si fueseis hijos de Abraham, las obras de Abraham haríais» (Jn. 8:39).

«Y le injuriaron, y dijeron: Tú eres su discípulo; pero nosotros discípulos de Moisés somos» (Jn. 9:28).

[3] (3:34-35) *Dios, familia de—creyentes: el verdadero parentesco está basado en una relación común con Dios.* El verdadero parentesco es una relación espiritual. Dios es Espíritu, y los que quieran conocerlo y seguirle tienen que estar espiritualmente unidos a Él. El verdadero parentesco es un asunto del espíritu, del corazón y de la mente (Jn. 4:23-24). Todos los que están en *unión espiritual* con Dios llegan a ser hijos e hijas de Dios y hermanos de Jesús. Ellos constituyen la verdadera familia de Dios (2 Co. 6:17-18; Ro. 8:29).

Jesús destaca dos cosas.

1. El verdadero parentesco está basado en ser un verdadero discípulo, un verdadero seguidor de Dios. Note las palabras: «Mirando a los que estaban sentados alrededor». Mateo dice que las personas a quienes Jesús miró eran sus discípulos (Mt. 12:49). Estaba diciendo que su verdadera familia eran los discípulos, aquellos que lo habían aceptado como Señor y Maestro. Era la aceptación con que habían respondido a Jesús en espíritu y corazón lo que los había unido. Jesús estaba diciendo que todos los que lo siguen están espiritualmente unidos. Constituyen un parentesco basado en el hecho de tener el mismo Señor y Maestro, un verdadero parentesco que dura para siempre. (*Véase* Estudio a fondo 3, *Compañerismo*—Hch. 2:42. *Véanse* también notas—Ef. 2:11–18; 2:19-22 para la discusión.)

«Mas a todos los que le recibieron, a los que creen en su nombre, les dio potestad de ser hechos hijos de Dios» (Jn. 1:12).

«Porque todos los que son guiados por el Espíritu de Dios, éstos son hijos de Dios. Pues no habéis recibido el espíritu de esclavitud para estar otra vez en temor, sino que habéis recibido el espíritu de adopción, por el cual clamamos: ¡Abba, Padre! El Espíritu mismo da testimonio a nuestro espíritu, de que somos hijos de Dios. Y si hijos, también herederos; herederos de Dios y coherederos con Cristo, si es que padecemos juntamente con él, para que juntamente con él seamos glorificados» (Ro. 8:14-17).

«Por lo cual, salid de en medio de ellos, y apartaos, dice el Señor, y no toquéis lo inmundo; y yo os recibiré, y seré para vosotros por Padre, y vosotros me seréis hijos e hijas, dice el Señor todopoderoso» (2 Co. 6:17-18).

«Pero cuando vino el cumplimiento del tiempo, Dios envió a su Hijo, nacido de mujer y nacido bajo la ley, para que redimiese a los que están bajo la ley, a fin de que

recibiésemos la adopción de hijos. Y por cuanto sois hijos,
Dios envió a vuestros corazones el Espíritu de su Hijo, el
cual clama: ¡Abba Padre!» (Gá. 4:4-6).

«Porque por medio de Él [Cristo] los unos y los otros
tenemos entrada por un mismo Espíritu al Padre. Así
que ya no sois extranjeros ni advenedizos, sino
conciudadanos de los santos, y miembros de la familia de
Dios» (Ef. 2:18-19).

«Por esta causa doble mis rodillas ante el Padre de
nuestro Señor Jesucristo, de quien toma nombre toda
familia en los cielos y en la tierra» (Ef. 3:14-15).

«Porque el que santifica y los que son santificados,
de uno son todos; por lo cual no se avergüenza de llamarlos
hermanos» (He. 2:11).

2.   El verdadero parentesco se basa en hacer la voluntad de
Dios. Jesús se había entregado a sí mismo para hacer la voluntad de
Dios. Los discípulos habían aceptado a Jesús como su Señor y
Maestro. Por lo tanto estaban entregados a hacer exactamente lo
que hacía su Señor: la voluntad de Dios. La voluntad de Dios se
convirtió en el objetivo e impulso de sus vidas. Todos los verdaderos
discípulos de Jesús tienen el mismo objetivo, que es el de hacer la
voluntad de Dios. Por eso, es el compromiso espiritual de hacer la
voluntad de Dios lo que une a todos los creyentes.

Todos los hombres que centran sus vidas en la voluntad de
Dios están espiritualmente unidos, unidos para hacer su voluntad.
Jesús dice que no existe mayor parentesco que este.

Pensamiento. La voluntad de Dios es la ley de Dios (cp.
los diez mandamientos, Éx. 20:3-17).

«El hacer tu voluntad, Dios mío, me ha
agradado» (Sal. 40:8).

«Así que, hermanos, os ruego por las misericordias de Dios, que presentéis vuestros cuerpos en
sacrificio vivo, santo, agradable a Dios, que es vuestro
culto racional. No os conforméis a este siglo, sino
transformaos por medio de la renovación de vuestro
entendimiento, para que comprobéis cuál sea la
buena *voluntad de Dios,* agradable y perfecta» (Ro.
12:1–2).

«Pues la voluntad de Dios es vuestra santificación; que os apartéis de fornicación» (1 Ts. 4:3).

«Dad gracias en todo, porque esta es la voluntad
de Dios para con vosotros en Cristo Jesús» (1 Ts.
5:18).

«Porque esta es la voluntad de Dios: que
haciendo bien, hagáis callar la ignorancia de los
hombres insensatos» (1 P. 2:15).

«Para no vivir el tiempo que resta en la carne,
conforme a las concupiscencias de los hombres, sino
conforme a la voluntad de Dios» (1 P. 4:2).

CAPÍTULO 4

III. CONTINUACIÓN DEL MINISTERIO DEL HIJO DE DIOS: PARÁBOLAS Y AUTORIDAD DE JESÚS, 4:1—6:6

A. Parábola del sembrador: cómo reciben los hombres la Palabra de Dios, 4:1-20
(Mt. 13:1-23; Lc. 8:4-15)

1 Jesús comenzó un nuevo método de enseñanza: la parábola
a. El entorno: en una barca junto a la orilla del mar
b. La multitud: muy grande
c. La parábola[EP1]

2 La parábola: un sembrador siembra
a. Semilla que no echa raíces
1) Algunas semillas caen junto al camino; son devoradas
2) Algunas caen en suelo pedregoso: se echan a perder
b. Semilla que echa raíz, pero no da fruto; cae entre espinos
c. Semilla que lleva fruto
d. Semillas que llevan fruto al 100%
e. Un mensaje que solo oyen oídos espirituales
3 Respuesta a la

Otra vez comenzó Jesús a enseñar junto al mar, y se reunió alrededor de él mucha gente, tanto que entrando en una barca, se sentó en ella en el mar; y toda la gente estaba en tierra junto al mar.

2 Y les enseñaba por parábolas muchas cosas, y les decía en su doctrina:

3 Oíd: He aquí, el sembrador salió a sembrar;

4 y al sembrar aconteció que una parte cayó junto al camino, y viniendo las aves del cielo y la comieron.

5 Otra parte cayó en pedregales, donde no tenía mucha tierra; y brotó pronto, porque no tenía profundidad de tierra.

6 Pero salido el sol, se quemó; y porque no tenía raíz, se secó.

7 Otra parte cayó entre espinos; y los espinos crecieron y la ahogaron, y no dio fruto.

8 Pero otra parte cayó en buena tierra, y dio fruto, pues brotó y creció, y produjo a treinta, a sesenta, y a ciento por uno.

9 Entonces les dijo: El que tiene oídos para oír, oiga.

10 Cuando estuvo solo, los que estaban cerca de él con los doce la preguntaron sobre la parábola.

11 Y les dijo: A vosotros os es dado saber el misterio del reino de Dios; mas a los que están fuera, por parábolas todas las cosas;

12 para que viendo, vean y no perciban; y oyendo, oigan y no entiendan; para que no se conviertan, y les sean perdonados los pecados.

13 Y les dijo: ¿No sabéis esta parábola? ¿Cómo, pues, entenderéis todas las parábolas?

14 El sembrador es el que siembra la palabra.

15 Y éstos son los de junto al camino: en quienes se siembra la palabra, pero después que la oyen, en seguida viene Satanás, y quita la palabra que se sembró en sus corazones.

16 Estos son asimismo los que fueron sembrados en pedregales: los que cuando han oído la palabra, al momento la reciben con gozo;

17 pero no tienen raíz en sí, sino que son de corta duración, porque cuando viene la tribulación o la persecución por causa de la palabra, luego tropiezan

18 Estos son los que fueron sembrados entre espinos: los que oyen la palabra,

19 pero los afanes de este siglo, y el engaño de las riquezas, y las codicias de otras cosas, entran y ahogan la palabra, y se hace infructuosa.

20 Y éstos son los que fueron sembrados en buena tierra: los que oyen la palabra y la reciben, y dan fruto a treinta, a sesenta, y a ciento por uno.

parábola
a. El discípulo acepta la parábola
b. El de afuera rechaza la parábola; deliberadamente
1) Para que no oigan, vean y entiendan
2) Para que no se conviertan ni sean perdonados

4 El significado de la parábola
a. El sembrador siembra la Palabra
b. Algunos oyen la Palabra junto al camino
1) La Palabra es oída
2) Satanás viene y quita la Palabra
c. Algunos oyen la Palabra de Dios sobre terreno pedregoso
1) La Palabra es recibida con entusiasmo
2) La Palabra no tiene raíz
3) Vienen las pruebas y dificultades
4) Se apartan
d. Algunos oyen la Palabra entre espinos
1) La Palabra solo es un agregado a la vida
2) El mundo, riquezas y las cosas ahogan la Palabra
e. Algunos reciben la Palabra en buena tierra[EP2]
f. Algunos, unos pocos solamente, llevan fruto al 100%

III. CONTINUACIÓN DEL MINISTERIO DEL HIJO DE DIOS: PARÁBOLAS Y AUTORIDAD DE JESÚS, 4:1—6:6

A. Parábola del sembrador: cómo reciben los hombres la Palabra de Dios, 4:1-20
(4:1-20) *Introducción—ministro—corazón—Palabra de Dios:* hay

al menos dos grandes lecciones en esta parábola.

Primero, la lección de sembrar la semilla, la lección al mensajero de Dios. El mensajero de Dios o el creyente genuino debe sembrar la semilla, la Palabra de Dios, dondequiera que se encuentre, sin importar la dificultad, la oposición o el desaliento. Cuando Jesús estuvo frente a la gente sabía qué tipo de personas tenía ante sí. Jesús conocía ...

- los corazones duros, cerrados de los religiosos y otros.
- el entusiasmo superficial, engañoso de los pobres y necesitados y de otros.
- la mundanalidad de quienes estaban en buena condición, y de otros; cuán enredados estaban en las *cosas* y sus placeres.

Sabía que tantas personas jamás oirían, pero además sabía que con solo seguir sembrando la semilla, algunos llevarían fruto, alguna tierra sería fértil, deseosa de recibir la verdad de la vida y de la eternidad. Por eso, esas personas oirían; personas que «oyen ... reciben ... y llevan fruto» (v. 20). Este es el motivo por el que Jesús seguía. Seguía sembrando, nunca dando lugar al desaliento, sembrando para que algunos pudieran ser salvados y llevar fruto. Jesús espera que sus seguidores hagan lo mismo, que continúen sin importar el desaliento o la oposición. Hay algunos terrenos que son fértiles, arados, listos para recibir la semilla y llevar fruto.

Segundo, la gran lección en cuanto a recibir la semilla, la lección para los que oyen la Palabra de Dios. Los terrenos, es decir, los corazones humanos, varían entre los hombres. La diferencia recorre todo el espectro que va desde los corazones duros como el pavimento, hasta los corazones abiertos por el arado. El tipo de corazón que el hombre tiene depende de cómo haya vivido y respondido y se haya condicionado a lo largo de la vida.

La condición de su corazón determina cómo amará a Dios y al prójimo, si será abierto o de mente cerrada. El tema es que Dios hace responsable al hombre de la condición de su corazón y por cómo responde al evangelio.

En esta parábola Jesús pinta el cuadro de varios terrenos (corazones) y cómo ellos reciben la semilla, la Palabra de Dios. (*Véanse* notas—Mt. 13:1-9; Lc. 8:4-15 para una discusión y aplicación más detallada.)

1. Jesús comenzó un nuevo método de enseñanza: la parábola (vv. 1-2).
2. La parábola: un sembrador siembra (vv. 3-9).
3. Respuesta a la parábola (vv. 10-12).
4. El significado de la parábola (vv. 13-20).

1 (4:1-2) *Jesucristo, enseñanza de:* Jesús comenzó un nuevo método de enseñanza. Comenzó a enseñar por medio de parábolas. Note que el lugar fue «junto al mar», y la multitud era grande. La palabra para «grande» (*pleistos*) significa *muy grande*. La multitud era tan grande que desbordaba la orilla, presionando tanto a Jesús que se vio obligado a subir a una barca.

La parábola era una forma nueva de enseñar para Jesús (*véanse* bosquejos y notas—Mt. 13:10-17; Estudio a fondo 1—Mr. 4:2 en cuanto a una discusión detallada de la parábola).

ESTUDIO A FONDO 1

(4:2) *Parábola* (*parabole*): significa literalmente colocar una cosa junto a otra con el propósito de hacer una comparación. La palabra *comparación* es la que mejor describe lo que es una parábola.

1. La parábola es una comparación; es un evento terrenal que señala a una verdad celestial. Es una comparación entre la tierra y el cielo.
2. La parábola es una comparación; la historia terrenal tiene que ser analizada para descubrir la verdad celestial. El tema espiritual solamente se encuentra mediante un pensamiento y esfuerzo activo, *comparando* activamente el mundo físico con el mundo espiritual. En efecto, cuanto más la persona piensa y medita en la parábola, más alcanza al ver la verdad. Jesús es el *Maestro en el uso* de parábolas. Jamás alguien usó la parábola con tanta eficacia. ¿Por qué usó tanto la parábola? (En cuanto a sus motivos y una mayor discusión, *véanse* notas—Mt. 13:10-17; Lc. 8:9-10.)

2 (4:3-9) *Palabra de Dios, recibiendo la:* la parábola que Jesús contó era una historia simple, sin embargo, su significado era profundo. La mayoría no lo captó (cp. vv. 10-13). Se refería a un evento prácticamente conocido por todo aquel que estuviere familiarizado con sembrar semilla. Jesús dijo cinco cosas en esta parábola.

1. El agricultor siembra alguna semilla *que no echa raíz*. Hay dos clases de terreno que no hacen lugar a raíces. Estos dos terrenos difieren de los otros por este preciso hecho: *nunca* hay ninguna raíz.
   a. La semilla que cae *junto al camino*, la tierra sin arar, zonas de tierra apisonada en el extremo del campo arado. La zona junto al camino se une con el campo, incluso puede ser parte del campo; pero pertenece a los rincones, a las zonas de difícil acceso para el arado.
   b. La semilla que cae en tierra *pedregosa*, la piedra que se encuentra inmediatamente debajo de la superficie de la tierra. La piedra mantiene por más tiempo el agua y el calor; por eso la semilla brota en forma casi instantánea. Pero las plantas no tienen raíces; consecuentemente el sol las quema y mata.

2. El agricultor siembra alguna semilla que *echa raíz*, pero no da fruto. Esta es la semilla que cae entre espinos. El suelo espinoso es parte del campo. Ha sido arado, pero es tierra engañosa. Parece buena, pero inmediatamente debajo de la superficie hay una masa de raíces de espinos a punto de brotar. El hecho de no haber sido destruidas por el arado y que todavía se encuentren en la tierra significa que brotarán antes y ahogarán la semilla.

3. El agricultor siembra semilla que *lleva fruto*. Es semilla que cae en buena tierra. Note dos cosas acerca de esta «buena tierra». Da fruto, y cuando el fruto aparece, este aumenta y crece. Este es el hecho significativo que hay que ver en la buena tierra.

4. El agricultor *solamente siembra un poco de semilla que lleva fruto al 100%*. Toda la semilla caída en buena tierra lleva fruto, pero cada planta varía en su cantidad de fruto. Esto también es significativo. Algunas plantas fructíferas solamente llevan 30%. Son plantas muy débiles, con un 70% de inutilidad. Otras plantas solo llevan un 60%. También son débiles, y en un 40% inútiles. Solamente hay unas pocas plantas que llevan el 100% de su fruto potencial.

5. En quinto lugar, Jesús acentúa la importancia de la parábola. El mensaje de la parábola solamente es oído por los espirituales: «El que tiene oídos [espirituales] para oír, oiga» (v. 9). Lucas nos dice que «exclamó» (*ephonei*), las palabras, acentuando aún más su importancia. El mensaje era tan importante, tan crítico. Jesús quería que todos oyeran y entendieran; pero sabía, con dolor, que no todos oirían.

3 (4:10-12) *Palabra de Dios, recibiendo:* la respuesta a la parábola es doble.

1. El discípulo oye la parábola. No simplemente las palabras, sino que oye el mensaje, y oye con su corazón. El discípulo es receptivo, dispuesto a pensar y meditar y a recibir el mensaje en su vida. El discípulo está dispuesto a hacer exactamente lo que la parábola enseña. De esa manera Dios le revela a él los misterios del reino de Dios.

2. El incrédulo oye la parábola, pero no con oídos espirituales. Solamente oye las palabras. Note que Jesús llamó a los incrédulos «los de afuera». un incrédulo está *afuera*, en el exterior; es un *extraño*. El de afuera hace exactamente lo que Jesús dice.

«Viendo, ve, pero no percibe» (v. 12).
«Oyendo, oye, pero no entiende» (v. 12).

¿Por qué no percibe o entiende *el de afuera*? Jesús da la razón:

«para que no se conviertan y les sean perdonados los pecados» (v. 12).

    a. No están dispuestos a recibir en sus vidas y corazones lo que se enseña, no están dispuestos a cambiar sus vidas, ni a ser convertidos. Por eso cierran sus mentes, tuercen la verdad, y racionalizan su conducta. Pero note: Dios no puede dar sus perlas a los puercos (cp. Mt. 7:6).

    b. Estas personas experimentan la ley del condicionamiento. Cuanto más endurecen sus mentes y corazones frente a la verdad, más duros se vuelven. Se vuelven más y más condicionados contra la verdad. Su apertura y sensibilidad a la verdad espiritual se desvanece más y más, hasta desaparecer. La ley del condicionamiento espiritual dice que cuanto más recibimos de la verdad espiritual, más aumenta nuestra capacidad de entender y crecer en la verdad espiritual. Pero lo opuesto también es cierto. Cuanto más rechazamos la verdad espiritual, más se reduce nuestra sensibilidad y más duros nos volvemos a la verdad espiritual (véanse notas—Mt. 13:10-17).

Pensamiento. Hay muchos que están *afuera* ...

- Que tienen el corazón duro para las cosas espirituales.
- Cuyos corazones o mentes son superficiales. No tienen raíz, no tienen profundidad; normalmente carecen de profundidad en todas las áreas de la vida.
- Que son de mentalidad mundana, solamente se interesan en los asuntos espirituales, a modo de pequeño *aditamento* agregado a sus vidas.

4 (4:13-20) *Palabra de Dios, recibiendo la:* el significado de la parábola lo da Jesús mismo. (*Véanse* bosquejo y notas—Mt. 13:1-9 para una discusión de este punto.) Note varios hechos.

El acento está en el tipo de terreno que recibe la semilla, es decir, en el tipo de persona que recibe la Palabra de Dios. Los cuatro terrenos, es decir, los cuatro tipos de personas, oyeron la Palabra; pero cada una la recibió de manera diferente. Cómo la recibió cada uno dependió del tipo de *terreno* que era. Esto lo muestra la siguiente comparación.

- El terreno junto al camino ... es un corazón sin arar ... que resulta en una vida endurecida.
- El terreno pedregoso ... es un corazón sin raíz ... que resulta en una vida superficial.
- El terreno espinoso ... es un corazón mundano ... que resulta en una vida estrangulada.
- El terreno fértil ... es un corazón honesto ... que resulta en una vida fructífera.

1. La semilla que cae junto al camino: el terreno junto al camino es un corazón no arado que resulta en una vida endurecida. La persona junto al camino oye la Palabra de Dios. Está en la iglesia; pero está a la orilla, fuera del camino, no involucrada. Deja que su mente divague, piensa poco y se involucra menos. Respeta a Cristo y al predicador, y no falta al servicio, pero pertenece al círculo exterior, prestando poca atención a las advertencias y promesas de la Palabra.

Note lo que ocurre: antes que la persona crea, viene el diablo y arrebata la Palabra. La palabra le es quitada; la persona nunca aplica la Palabra a su vida, en realidad nunca vive sacrificadamente por Cristo. (Cp. Judas Iscariote y Herodes que escuchaba de buena gana a Juan el Bautista, Mr. 6:20.)

«Porque el corazón de este pueblo se ha engrosado, y con los oídos oyeron pesadamente, y sus ojos han cerrado, para que no vean con los ojos, y oigan con los oídos, y entiendan de corazón, y se conviertan, y yo los sane» (Hch. 28:27).

«Los cuales [los de corazón duro], después que

perdieron toda sensibilidad, se entregaron a la lascivia para cometer con avidez toda clase de impureza» (Ef. 4:19).

«Antes exhortaos los unos a los otros cada día, entre tanto que se dice: Hoy; para que ninguno de vosotros se endurezca por el engaño del pecado» (He. 3:13).

«Bienaventurado el hombre que siempre teme a Dios; mas el que endurece su corazón caerá en el mal» (Pr. 28:14).

«El hombre que reprendido endurece la cerviz, de repente está quebrantado, y no habrá para él medicina» (Pr. 29:1).

«Pero por tu dureza y por tu corazón no arrepentido, atesoras para ti mismo ira para el día de la ira y de la revelación del justo juicio de Dios» (Ro. 2:5).

2. La semilla en terreno pedregoso. El terreno pedregoso es un corazón sin raíz que resulta en una vida superficial, sin profundidad. Esta persona oye la Palabra, se entusiasma con ella. Recibe la Palabra, dice creer en Cristo y hace una profesión de fe ante el mundo. Pero falla en tener en cuenta el precio, en considerar el compromiso, la negación propia, el sacrificio, el estudio, el aprendizaje, las horas y el esfuerzo requerido. No se aplica personalmente a *aprender a Cristo,* por eso no se arraiga ni se establece en la Palabra. Es un creyente de la superficie, un creyente superficial.

Nuevamente, note lo que ocurre. Cuando vienen las pruebas y tentaciones, se aparta. Su profesión de fe es quemada y consumida, agotada por el calor de pruebas y tentaciones. (Cp. Juan Marcos, que al principio no perseveró, Hch. 13:13; Demas, Fil. 1:24; y los hombres que descubrieron que seguir a Cristo costaba demasiado, Lc. 9:57-62.)

«Y por haberse multiplicado la maldad, el amor de muchos se enfriará» (Mt. 24:12).

«Mas el que oyó y no hizo, semejante es al hombre que edificó su casa sobre la tierra, sin fundamento; contra la cual el río dio con ímpetu, y luego cayó, y fue grande la ruina de aquella casa» (Lc. 6:49).

«Y Jesús le dijo: Ninguno que poniendo la mano en el arado mira hacia atrás, es apto para el reino de Dios» (Lc. 9:62).

«Mas ahora, conociendo a Dios, o más bien, siendo conocidos por Dios, ¿cómo es que os volvéis de nuevo a los débiles y pobres rudimentos [el mundo], a los cuales os queréis volver a esclavizar?» (Gá. 4:9).

«Mas el justo vivirá por fe; y si retrocediere, no agradará a mi alma» (He. 10:38).

«Ciertamente, si habiéndose ellos escapado de las contaminaciones del mundo, por el conocimiento del Señor y Salvador Jesucristo, enredándose otra vez en ellas son vencidos, su postrer estado viene a ser peor que el primero. Porque mejor les hubiera sido no haber conocido el camino de la justicia, que después de haberlo conocido, volverse atrás del santo mandamiento que les fue dado. Pero les ha acontecido lo del verdadero proverbio: el perro vuelve a su vómito, y la puerca lavada a revolcarse en el cieno» (2 P. 2:20-22).

«Pero tengo contra ti que has dejado tu primer amor. Recuerda, por tanto, de dónde has caído, y arrepiéntete, y haz las primeras obras; pues si no, vendré pronto a ti, y quitaré tu candelero de su lugar, si no te hubieres arrepentido» (Ap. 2:4-5).

3. La semilla entre espinos. El terreno espinoso es un corazón mundano que resulta en una vida estrangulada. Es la persona que recibe la Palabra y *procura honestamente* (profesa) vivir para Cristo. Cristo y su seguidores y la iglesia con sus actividades le apelan. De manera que se une a ellos, incluso profesando a Cristo al ocuparse de sus asuntos diarios. Pero hay un problema: los espinos de la mundanalidad. No está dispuesta a romper totalmente con el mundo: no está dispuesta a salir «de en medio de ellos» ni a apartarse (2 Co. 6:17). Vive una vida doble, tratando de vivir por Cristo, pero viviendo aún en la mundanalidad del mundo. Prosigue creciendo en medio de los espinos, fijando su mente y atención en los *cuidados* y en las *riquezas* y *placeres* de este mundo.

Note lo que ocurre. El fruto aparece, pero nunca madura. Nunca puede ser cosechado. Los espinos ahogan su vida. Nunca vive lo suficiente para ser usado. (Cp. el joven rico—Lc. 18:18ss; Ananías y Safira, Hch. 5:1ss.)

«**Por tanto os digo: No os afanéis por vuestra vida, qué habéis de comer o qué habéis de beber; ni por vuestro cuerpo, qué habéis de vestir. ¿No es la vida más que el alimento, y el cuerpo más que es vestido?**» (Mt. 6:25).

«**Pero los afanes de este siglo, y el engaño de las riquezas, y las codicias de otras cosas, entran y ahogan la palabra, y se hace infructuosa**» (Mr. 4:19).

«**Y diré a mi alma: alma, muchos bienes tienes guardados para muchos años; repósate, come, bebe, regocíjate**» (Lc. 12:19).

«**Porque los que quieren enriquecerse caen en tentación y lazo, y en muchas codicias necias y dañosas, que hunden a los hombres en destrucción y perdición**» (1 Ti. 6:9).

«**Mirad también por vosotros mismos, que vuestros corazones no se carguen de glotonería y embriaguez y de los afanes de esta vida, y venga de repente sobre vosotros aquel día**» (Lc. 21:34).

4. La semilla en buena tierra. La buena tierra es un corazón honesto y bueno que resulta en una vida fructífera. Son los que tienen un corazón honesto y bueno; por eso, cuando oyen la Palabra la reciben.

«**Yo soy la vid, vosotros los pámpanos; el que permanece en mí; y yo en él, éste lleva mucho fruto; porque separados de mí nada podéis hacer**» (Jn. 15:5).

«**Porque el fruto del Espíritu es en toda bondad, justicia y verdad**» (Ef. 5:9).

«**Llenos de frutos de justicia que son por medio de Jesucristo, para gloria y alabanza de Dios**» (Fil. 1:11).

«**Para que andéis como es digno del Señor, agradándole en todo, llevando fruto en toda buena obra, y creciendo en el conocimiento de Dios**» (Col. 1:10).

ESTUDIO A FONDO 2

(4:20) *Llevar Fruto:* note los tres pasos involucrados en llevar fruto.
1. Oír la Palabra.
2. Recibir la Palabra.
3. Dar fruto, es decir, hacer la Palabra, vivir conforme a la Palabra.

	B. Parábolas referidas a la verdad: la verdad y el deber del hombre, 4:21-25 (Mt. 5:15-16: 10:26-27; 13:12; cp. Lc. 8:16-18; 11:33)	manifestado; ni escondido, que no haya de salir a la luz.	transitoriamente
1 Compartir la verdad a. El hecho: las luces deben ser colocadas sobre candeleros b. La advertencia: Todas las cosas serán reveladas; nada está oculto excepto	21 También les dijo: ¿Acaso se trae la luz para ponerla debajo del almud, o debajo de la cama? ¿No es para ponerla en el candelero? 22 Porque no hay nada oculto que no haya de ser	23 Si alguno tiene oídos para oír, oiga. 24 Les dijo también: Mirad lo que oís; porque con la medida con que medís, os será medido, y aun se os añadirá a vosotros los que oís. 25 Porque al que tiene, se le dará; y al que no tiene, aun lo que tiene se le quitará.	c. La exhortación: Que el hombre oiga **2 Marcar la verdad** a. Asegurarse de oír la verdad b. Motivo: lo que una persona guarda determina su recompensa 1) La recompensa de más verdad 2) La condena de perder todo

B. Parábolas referidas a la verdad: la verdad y el deber del hombre, 4:21-25

(4:21-25) *Introducción:* este es un pasaje difícil de entender. El lector apurado y el pensador superficial no entenderá lo que Jesús está diciendo. Es precisamente este hecho el que Jesús resalta. Captar y conocer la verdad requiere tiempo, esfuerzo y energía; la persona tiene una doble responsabilidad hacia la verdad. (*Véanse* bosquejo y notas—Lc. 8:16-18 para mayor discusión del tema.)

1. Compartir la verdad (vv. 21-23).
2. Marcar la verdad (vv. 24-25).

1 (4:21-23) *Luz—testimonio—creyentes:* Jesús dijo: «Compartan la verdad». La luz debe ser colocada en el lugar más visible, donde se la pueda ver mejor.

1. Jesús compartía un hecho muy simple. Una vela debe ser colocada sobre un candelero. La vela o lámpara es un símbolo que tipifica la verdad. Se refiere a la luz de la verdad.

La luz y la verdad deben ser el carácter, la naturaleza misma y el comportamiento del creyente. El creyente debe vivir la verdad. Debe colocar la luz, la verdad, en el lugar más visible de su vida. (*Véanse* bosquejo y notas—Mt. 5:15-16 para mayor discusión.)

La luz y la verdad también deben ser el testimonio del creyente. El creyente debe dar testimonio verbal de la verdad. Debe compartir la antorcha y su luz con otros. Debe colocar la verdad en el lugar más visible.

a. Una luz no es colocada debajo de un canasto. El canasto extinguiría la luz y entonces ya no cumpliría su propósito. Ya no podría dar su luz. Dejaría de existir su llama y su luz. Pero note algo. La vela seguiría siendo una vela; pero sería una vela carente de propósito, oculta, en este caso, debajo de un canasto.

b. Una luz no debe ser puesta debajo de la cama. Prendería fuego a la cama y la destruiría sin cuidado. La vela serviría al propósito equivocado; usaría de manera trágica su llama y luz, para el propósito equivocado. Todavía sería una vela, pero una vela que usa su llama y luz de manera equivocada.

Pensamiento. Dios les da a los creyentes la luz de la verdad con un propósito específico: que pueda ser compartida. Dios quiere que otros vean y conozcan la luz, la verdad y el propósito de la vida. El creyente tiene que asegurarse de no esconder o usar mal la luz de la verdad.

> «Vosotros sois la luz del mundo; una ciudad asentada sobre un monte no se puede esconder» (Mt. 5:14).

> «Porque así nos ha mandado el Señor, diciendo: Te he puesto para luz de los gentiles, a fin de que seas para salvación hasta lo último de la tierra» (Hch. 13:47).

> «En otro tiempo erais tinieblas, mas ahora sois luz en el Señor; andad como hijos de luz» (Ef. 5:8).

> «Para que seáis irreprensibles y sencillos, hijos de Dios sin mancha en medio de una generación maligna y perversa, en medio de la cual resplandecéis como luminares en el mundo» (Fil. 2:15).

> «Porque todos vosotros sois hijos de luz e hijos del día; no somos de la noche ni de las tinieblas» (1 Ts. 5:5).

> «Mas vosotros sois linaje escogido, real sacerdocio, nación santa, pueblo adquirido por Dios, para que anunciéis las virtudes de aquel que os llamó de las tinieblas a su luz admirable» (1 P. 2:9).

2. Jesús advirtió: todas las cosas serán reveladas; nada está oculto excepto transitoriamente. Incluso si un creyente oculta la luz y la guarda en secreto, vendrá el día en que de todas maneras va a ser revelada. El griego dice: «No hay nada oculto [*ean me*], que no haya de ser manifestado, y ninguna cosa secreta ha ocurrido, sin que venga a la luz». Esto puede significar dos cosas. (*Véanse* bosquejo y notas—Mt. 10:26-27 para mayor discusión del tema.)

a. La luz y la verdad no pueden ser extinguidas o usadas por siempre con el propósito equivocado. Algún día ambas se manifestarán. El canasto será levantado y la cama será quemada, y la luz y la verdad serán vistos y cumplirán su propósito original.

b. Si una persona usa mal la luz y verdad que le han sido dadas, ocurrirá que algún día se revelará lo que ha hecho. No puede ocultar siempre ni usar siempre mal la verdad. Viene un día de juicio.

Pensamiento. Toda persona recibe alguna luz, alguna verdad (cp. Ro. 1:20-23; 1 Co. 2:12; Jn. 8:32; Ro. 12:3-8; Ef. 4:7; 1 Co. 12:7ss). Cada persona es responsable del uso que hace de la luz y verdad que tiene. No las debe ocultar ni usar mal. Es responsable de lo que tiene, de lo que Dios le ha dado (2 Co. 5:10).

> «Por tanto no te avergüences de dar testimonio de nuestro Señor, ni de mí, preso suyo, sino participa de las aflicciones por el evangelio según el poder de Dios» (2 Ti. 1:8).

> «Sino santificad a Dios el Señor en vuestros corazones, y estad siempre preparados para presentar defensa con mansedumbre y reverencia ante todo el que os demande razón de la esperanza que hay en vosotros» (1 P. 3:15).

> «Todo aquel que niega al Hijo, tampoco tiene al Padre. El que confiesa al Hijo, tiene también al Padre» (1 Jn. 2:23).

> «Porque es necesario que todos nosotros comparezcamos ante el tribunal de Cristo, para que cada uno reciba según lo que haya hecho mientras estaba en el cuerpo, sea bueno o sea malo» (2 Co. 5:10).

«Sobre tus muros, oh Jerusalén, he puesto guardas; todo el día y toda la noche no callarán jamás. Los que os acordáis de Jehová, no reposéis» (Is. 62:6).

«Jehová sacó a luz nuestras justicias; venid y contemos en Sion la obra de Jehová nuestro Dios» (Jer. 51:10).

2 (4:24-25) *Verdad:* Jesús dijo, marquen la verdad. Asegúrense de guardar de oír la verdad. Jesús todavía está hablando de la responsabilidad del oyente; el oyente es responsable de *escuchar* la verdad. También es responsable de *lo que* oye y de cómo interpreta lo que se le dice. La persona es responsable de asegurarse de *tener* la verdad, de poseer y conocer la verdad. Es responsable de *lo que* oye, posee y conoce.

> *Pensamiento.* Si una persona está llena de *chatarra*, es responsable de la *chatarra*. Si está llena del conocimiento de la verdad real, entonces, de la misma manera, es responsable de la verdad. El hombre es responsable de lo que llena su corazón y su mente. El hombre debe «guardar», asimilar, observar y asegurarse de oír la verdad.

Jesús dice por qué la persona tiene que cuidarse y asegurarse de oír la verdad. Existe un principio referido a la verdad que afecto la vida de cada persona; el tema es claro: la medida en que una persona se dedica a conocer la verdad es la medida que determina su recompensa. La energía, esfuerzo, y grado de entrega, el tiempo y la profundidad del pensamiento —todo lo que una persona da por conocer la verdad— determina su recompensa. (*Véanse* bosquejo y notas—Mt. 13:12 para mayor discusión.)

1. La persona que se entrega a conocer la verdad recibirá *más* verdad (v. 24). Tendrá la verdad, y recibirá más verdad (v. 25).

2. La persona que no se entrega a conocer la verdad, perderá todo. Será despojada de todo (v. 25).

> *Pensamiento 1.* La entrega, la energía, el esfuerzo, el trabajo, conocimiento y el grado en que una persona se entrega a la verdad (a Dios), todo determina cuánto podrá Dios confiarle y entregarle a esa persona. Esto lo dice el sentido común.
>
> «Pedid, y se os dará; buscad y hallaréis; llamad, y se os abrirá. Porque todo aquel que pide, recibe; y el que busca, halla; y al que llama, se le abrirá» (Mt. 7:7-8).
>
> «Procura con diligencia presentarte ante Dios aprobado, como obrero que no tiene de qué avergonzarse, que usa bien la palabra de verdad» (2 Ti. 2:15).
>
> «Desead, como niños recién nacidos, la leche espiritual no adulterada, para que por ella crezcáis para salvación si es que habéis gustado la benignidad del Señor» (1 P. 2:2–3).
>
> «Y éstos eran más nobles que los que estaban en Tesalónica, pues recibieron la palabra con toda solicitud, escudriñando cada día las Escrituras para ver si estas cosas eran así ... Para que busquen a Dios, si en alguna manera, palpando, puedan hallarle, aunque ciertamente no está lejos de cada uno de nosotros» (Hch. 17:11, 27).
>
> «Compra la verdad, y no la vendas; la sabiduría, la enseñanza y la inteligencia» (Pr. 23:23).
>
> «Sembrad para vosotros en justicia, segad para vosotros en misericordia; haced para vosotros barbecho; porque es el tiempo de buscar a Jehová, hasta que venga y os enseñe justicia» (Os. 10:12).
>
> *Pensamiento 2.* Dios espera que el hombre busque la verdad. Aborrece la pereza, el egoísmo, la indulgencia, inutilidad, mundanalidad e ignorancia. Hace responsable al hombre de oír la verdad. Espera que el hombre ...
>
> • mire alrededor y observe y subyugue al mundo (Gn. 1:28).
>
> • se levante y vaya a escuchar al hombre que co-

noce y enseña la verdad (2 Ti. 1:13).

> • se sienta y estudie la verdad (la Palabra, Jn. 17:17).
>
> • aprenda y conozca a Cristo, quien es la Verdad (Jn. 14:6; cp. Ef. 4:20).

Pensamiento 3. La persona será juzgada por lo que ha oído. Debe cuidarse de controlar lo que oye. Debe entregarse a oír la verdad.

> «Derribando argumentos y toda altivez que se levanta contra el conocimiento de Dios, y llevando cautivo todo pensamiento a la obediencia a Cristo» (2 Co. 10:5).
>
> «Por lo demás, hermanos, todo lo que es verdadero, todo lo honesto, todo lo justo, todo lo puro, todo lo amable, todo lo que es de buen nombre; si hay virtud alguna, si algo digno de alabanza, en esto pensad» (Fil.4:8).

	C. Parábola de la semilla que crece: crecimiento de los creyentes, 4:26-29	semilla brota y crece sin que él sepa cómo. 28 Porque de suyo lleva fruto la tierra, primero hierba, luego espiga, después grano lleno en la espiga;	4 El crecimiento es seguro y constante, pero gradual
1 Describe el reino 2 La semilla es sembrada	26 Decía además: Así es el reino de Dios, como cuando un hombre echa semilla en la tierra;		
3 El crecimiento no es del hombre	27 y duerme y se levanta, de noche y de día, y la	29 y cuando el fruto está maduro, en seguida se mete la hoz, porque la siega ha llegado.	5 El crecimiento es consumado y cosechado

C. Parábola de la semilla que crece: crecimiento de los creyentes, 4:26-29

(4:26–29) *Introducción—creyente, crecimiento:* esta parábola nos dice lo que ocurre a la semilla fructífera de la parábola del sembrador y de las diferentes tierras (Mr. 4:1-20). Nos dice cómo procede la semilla en cuanto al crecimiento, y los procesos que atraviesa. La semilla es el evangelio y el suelo es la *buena tierra,* ya se trate del creyente individual o de la iglesia en forma colectiva. Se dicen cuatro cosas de la semilla fructífera que ha echado raíces, pero el punto principal es que el crecimiento es seguro; es inevitable. Una vez que el evangelio ha echado raíces en el corazón del creyente, el crecimiento va a ocurrir. El creyente va a crecer espiritualmente. Esta es la gran promesa de Dios, la gran seguridad y confianza, la gran esperanza y aliciente para cada creyente.

1. Describe el reino (v. 26).
2. La semilla es sembrada por un hombre (v. 26).
3. El crecimiento no es del hombre (v. 27).
4. El crecimiento es seguro y constante, pero gradual (v. 28).
5. El crecimiento es consumado y cosechado (v. 29).

1 (4:26) *Reino de Dios:* en esta parábola Jesús describe un aspecto del reino de Dios. El reino (iglesia) y sus ciudadanos van a crecer y crecen. El reino es visto en su *condición actual* aquí sobre la tierra. El reino de Dios está creciendo; más y más personas son alcanzadas para Dios, y a medida que son alcanzada crecen tal como Dios quiere que crezcan (*véase* Estudio a fondo 3, *Reino de Dios*—Mt. 19:23-24 para la discusión).

2 (4:26) *Evangelio—semilla:* el hombre siembra la semilla. Note varias cosas.

1. Es el hombre quien siembra la semilla. La semilla tiene que ser sembrada por el hombre; sencillamente no hay otra forma en que pueda ser sembrada. El hombre es la persona, el ser, el instrumento que Dios ha escogido para compartir el evangelio con el mundo.

2. Es el suelo, la tierra en la que es sembrada la semilla. Es la tierra lo que Dios quiere alcanzar; Dios quiere que la tierra escuche sus buenas nuevas: Dios ha enviado a sus seguidores a recorrer la tierra para esparcir la semilla del evangelio.

«Por tanto, id, y haced discípulos a todas la naciones, bautizándolos en el nombre del Padre, y del Hijo, y del Espíritu Santo; enseñándoles que guarden todas las cosas que os he mandado; y he aquí yo estoy con vosotros todos los días hasta el fin del mundo. Amén» (Mt. 28:19-20).

«Y yendo, predicad, diciendo: El reino de los cielos se ha acercado ... Lo que os digo en tinieblas, decidlo en la luz; y lo que oís al oído, proclamadlo desde las azoteas» (Mt. 10:7, 27).

«Y les dijo: Id por todo el mundo y predicad el evangelio a toda criatura» (Mr. 16:15).

«Pero recibiréis poder, cuando haya venido sobre vosotros el Espíritu Santo, y me seréis testigos en Jerusalén, en toda Judea, en Samaria y hasta lo último de la tierra» (Hch. 1:8).

«Id, y puestos en pie en el templo, anunciad al pueblo todas las palabras de esta vida» (Hch. 5:20).

«Lo que has oído de mí ante muchos testigos, esto encarga a hombres fieles que sean idóneos para enseñar también a otros» (2 Ti. 2:2).

3 (4:27) *Evangelio—crecimiento espiritual—creyentes:* el crecimiento no es del hombre. El sembrador o agricultor siembra la semilla, luego se ocupa de sus asuntos cotidianos. Duerme y se levanta, día tras día. Y mientras sigue la rutina de su vida, la semilla germina, brota, y crece. El tema es este: la semilla crece por su propia virtud. La semilla usa el sol, agua, aire, y tierra para crecer; pero el poder para brotar y crecer es de la semilla misma, es virtud propia. No es el hombre quien hace crecer la semilla. El hombre ni siquiera sabe cómo ocurre el misterioso crecimiento. El secreto de la vida y del crecimiento lo trasciende. Él descubre, reorganiza, desarrolla; pero no crea, no en el sentido real de la *creación* (*ex nihilo*, a partir de la nada).

Lo mismo ocurre con el reino de Dios, con el crecimiento de los creyentes tanto en lo individual como en sentido colectivo. El crecimiento no es del hombre; el crecimiento es de Dios. Es el Espíritu de Dios quien toma el evangelio y cambia el corazón del hombre y lo hace crecer. Es el Espíritu de Dios quien recrea espiritualmente al hombre, que hace que el hombre *nazca de nuevo* y crezca en gracia (cp. Jn. 3:3–8; Ef. 2:8-9).

«E indiscutiblemente, grande es el misterio de la piedad: Dios fue manifestado [revelado] en carne, ... predicado ... creído en el mundo» (1 Ti. 3:16).

«Mas a todos los que le recibieron, a los que creen en su nombre, les dio potestad de ser hechos hijos de Dios; los cuales no son engendrados de sangre, ni de voluntad de carne, ni de voluntad de varón, sino de Dios» (Jn. 1:12–13).

«Respondió Jesús y le dijo: De cierto, de cierto te digo, que el que no naciere de nuevo, no puede ver el reino de Dios» (Jn. 3:3).

«Respondió Jesús: De cierto, de cierto te digo, que el que no naciere de agua y del Espíritu, no puede entrar al reino de Dios» (Jn. 3:5).

«Porque por gracia sois salvos por medio de la fe; y esto no de vosotros, pues es don de Dios; no por obras, para que nadie se gloríe» (Ef. 2:8–9).

«Nos salvó, no por obras de justicia que nosotros hubiéramos hecho, sino por su misericordia, por el lavamiento de la regeneración y por la renovación del Espíritu Santo» (Tit. 3:5).

«Siendo renacidos, no de simiente corruptible, sino de incorruptible, por la palabra de Dios que vive y permanece para siempre» (1 P. 1:23).

Pensamiento. El tipo de terreno o semilla pueden impedir o retardar el proceso del crecimiento. Algunos terrenos o semillas solamente llevan un 30% de fruto, otros solamente un 60%. Muy pocas semillas llevan el 100% de fruto (*véanse* bosquejo y notas—Mt. 13:8, 23; Mr. 4:13-20 para la discusión).

4 (4:28) *Crecimiento espiritual:* el crecimiento es seguro y constante, pero gradual. Las palabras acerca de la tierra que «de suyo lleva fruto» (*automate*) significan automáticamente, espontáneamente, por necesidad, de sí misma. La idea es que la tierra da el fruto automáticamente, por su propia naturaleza.

Note dos hechos.

1. El crecimiento es seguro, inevitable. Pero hay dos condiciones esenciales. La tierra tiene que ser «buena tierra» (Mr. 4:20) y la semilla tiene que ser sembrada en ella. Si se cumplen estas dos condiciones, el crecimiento es *inevitable*, imposible de ser detenido. Incluso una pequeña hoja de pasto hallará su grieta en el pavimento. Nada puede impedir que la semilla crezca. (*Véanse* bosquejo y notas—Ro. 8:28-39 para mayor discusión.)

> *Pensamiento.* El creyente genuino (buena tierra) puede quedarse tranquilo; es un hijo de Dios, y Dios completará la obra de gracia en su vida. La gracia de Dios plantada en el corazón de una persona no se puede detener. La confianza del creyente es en Dios, no en su propia carne ni en sus débiles esfuerzos. Por eso no hay motivo para estar de ánimo caído, ni desalentado, apartado y deprimido.
>
> «Estando persuadido de esto, que el que comenzó en vosotros la buena obra, la perfeccionará hasta el día de Jesucristo» (Fil. 1:6).
>
> «Porque Dios es el que en vosotros produce así el querer como el hacer, por su buena voluntad» (Fil. 2:13).
>
> «Yo soy la vid, vosotros los pámpanos; el que permanece en mí, y yo en él, éste lleva mucho fruto; porque separados de mí nada podéis hacer» (Jn. 15:5).
>
> «Yo sé a quien he creído, y estoy seguro que es poderoso para guardar mi depósito para aquel día» (2 Ti. 1:12).
>
> «Por tanto no desmayamos; antes aunque este nuestro hombre exterior se va desgastando, el interior no obstante se renueva de día en día» (2 Co. 4:16).
>
> «Y sabemos que a los que aman a Dios, todas las cosas les ayudan a bien, esto es, a los que conforme a su propósito son llamados» (Ro. 8:28).

2. El crecimiento es constante, pero gradual, muy gradual. La semilla es sembrada y luego pasan día tras día, noche tras noche, antes que brote la primer hoja. Luego pasan muchos otros días y noches antes de formarse la espiga. Lleva semanas hasta que aparezca la espiga llena de granos. El crecimiento tiene lugar; es constante, pero es gradual, lleva tiempo; no es algo que ocurre de la noche a la mañana.

> *Pensamiento 1.* El crecimiento es de Dios, y el creyente tiene que confiar y esperar en Dios para el crecimiento. Pero la confianza y espera tienen que ser activas, tiene que ser una confianza y espera activa. No hay tal cosa como una fe y una espera inactiva; no para Dios. Tener fe y esperar en Dios es algo activo; son cosas que operan conjuntamente (cp. Stg. 2:14-18).
>
> *Pensamiento 2.* Se abusa en gran manera de esta gloriosa verdad, de la verdad del crecimiento, por ser algo seguro en la promesa de Dios. El hombre está acostumbrado a ...
>
> - decir, estoy seguro, no importa lo que haga, de modo que puedo proseguir y vivir como quiero (cp. Ro. 6:16, 23).
> - decir que Dios asegura su reino y su crecimiento, de modo que no me es preciso sacrificarme para suplir las necesidades del mundo. (*Véanse* bosquejo y notas—Mt. 19:16-22; 19:23-26; 19:27-30.)
> - decir que los creyentes y la iglesia crecerán sin mí, por eso no tengo que ir a servir, al menos no personalmente.
>
> *Pensamiento 3.* El crecimiento requiere mucha paciencia y confianza.

> «Y el que da la semilla al que siembra, y pan al que come, proveerá y multiplicará vuestra sementera, y aumentará los frutos de vuestra justicia» (2 Co. 9:10).
>
> «Sino que siguiendo la verdad en amor, crezcamos en todo en aquel que es la cabeza, esto es, Cristo» (Ef. 4:15).
>
> «Y enviamos a Timoteo nuestro hermano, servidor de Dios y colaborador nuestro en el evangelio de Cristo, para confirmaros y exhortaros respecto a vuestra fe» (1 Ts. 3:2).
>
> «Debemos siempre dar gracias a Dios por vosotros, hermanos, como es digno, por cuanto vuestra fe va creciendo, y el amor de todos y cada uno de vosotros abunda para con los demás» (2 Ts. 1:3).
>
> «Ocúpate en estas cosas; permanece en ellas, para que tu aprovechamiento se manifieste a todos» (1 Ti. 4:15).
>
> «Por tanto, dejando ya los rudimentos de la doctrina de Cristo, vamos adelante a la perfección; no echando otra vez el fundamento del arrepentimiento de obras muertas, de la fe en Dios» (He. 6:1).
>
> «Desead, como niños recién nacidos, la leche espiritual no adulterada, para que por ella crezcáis para salvación, si es que habéis gustado la benignidad del Señor» (1 P. 2:2–3).
>
> «Antes bien, creced en la gracia y el conocimiento de nuestro Señor y Salvador Jesucristo. A él sea gloria ahora y hasta el día de la eternidad. Amén» (2 P. 3:18).

5 (4:29) *Crecimiento espiritual:* el crecimiento es consumado y cosechado. El fruto madura; viene el día cuando el grano ha *crecido a plenitud* y esté listo para ser cosechado. Esto puede significar al menos dos cosas.

1. Lo sembrado por el creyente lleva fruto. Jesús honra su Palabra de modo nunca vuelve a Él vacía. El creyente puede estar seguro de recoger alguna cosecha.

> *Pensamiento.* ¡Qué aliciente para los creyentes! ¡Cuán desafiados deberíamos sentirnos a trabajar y trabajar por nuestro Señor! Tenemos la seguridad de resultados, aun antes de trabajar. Dios asegura que habrá fruto.
>
> «Porque el que siembra para su carne, de la carne segará corrupción; mas el que siembra para el Espíritu, del Espíritu segará vida eterna. No nos cansemos, pues, de hacer el bien; porque a su tiempo segaremos, si no desmayamos» (Gá. 6:8-9).
>
> «¿No decís vosotros: Aún faltan cuatro meses para que llegue la siega? He aquí os digo: Alzad vuestros ojos y mirad los campos, porque ya están blancos para la siega. Y el que siega recibe salario, y recoge fruto para vida eterna, para que el que siembra goce juntamente con el que siega» (Jn. 4:35–36).
>
> «Así será mi palabra que sale de mi boca; no volverá a mí vacía, sino que hará lo que yo quiero, y será prosperada en aquello para que la envíe» (Is. 55:11).
>
> «Los que sembraron con lágrimas, con regocijo segarán. Irá andando y llorando el que lleva la preciosa semilla; mas volverá con regocijo trayendo sus gavillas» (Sal. 126:5-6).
>
> «Sembrad para vosotros en justicia, segad para vosotros en misericordia; haced para vosotros barbecho; porque es el tiempo de buscar a Jehová, hasta que venga y os enseñe justicia» (Os. 10:12).

2. El creyente mismo es cosechado, llevado al cielo cuando su crecimiento ha sido completado. Cuando el creyente haya hecho todo lo que Dios quería que haga, o todo lo que él iba a ser en él, entonces Dios lo escolta al eterno hogar. (*Véanse* Estudio a fondo 1—2 Co. 5:10; Estudio a fondo 1—Jn. 5:16.)

> «Y pondrá las ovejas a su derecha, y los cabritos a su izquierda» (Mt. 25:33; cp. Mt. 25:34; Mr. 9:41).

«Oí una voz que desde el cielo me decía: Escribe: Bienaventurados de aquí en adelante los muertos que mueren en el Señor. Sí, dice el Espíritu, descansarán de sus trabajos, porque sus obras con ellos siguen» (Ap. 14:13).

«El impío hace obra falsa; mas el que siembra justicia tendrá galardón firme» (Pr. 11:18).

1 La parábola describe el reino 2 La semilla es	D. Parábola de la semilla de mostaza: el crecimiento del reino de Dios,[EP1] 4:30-32 (Mt. 13:31-32; cp. Lc. 13:18-19) 30 Decía también: ¿A qué haremos semejante el reino de Dios, o con qué parábola lo compararemos? 31 Es como el grano de	mostaza, que cuando se siembra en tierra, es la más pequeña de todas las semillas que hay en la tierra; 32 pero después de sembrado, crece, y se hace la mayor de todas las hortalizas, y echa grandes ramas, de tal manera que las aves del cielo pueden morar bajo su sombra.	sembrada[EP2] a. En la tierra b. Es la más pequeña de todas las semillas 3 La semilla crece a. La razón: fue sembrada b. El resultado: es mayor que todas las plantas 4 Las aves anidan en su sombra

D. Parábola de la semilla de mostaza: el crecimiento del reino de Dios, 4:30–32

(4:30-32) *Introducción—cristianismo—iglesia:* Jesús está describiendo el crecimiento y la grandeza de su reino, es decir, del cristianismo. Jesús muestra cómo el cristianismo comienza como la más pequeña de las semillas y crece hasta ser el mayor de los movimientos.

El mensaje de la parábola es poderoso, tanto para ceyentes individuales como para congregaciones y para la iglesia universal. La semilla de la fe comienza de manera tan pequeña, pero alimentándose día tras día crece hasta ser el mayor de los arbustos. Los creyentes maduros (crecidos, v. 32) y las congregaciones también hospedan a la gente en un mundo turbulento.

1. La parábola describe el reino [cristianismo] (v. 30).
2. La semilla es sembrada (v. 31).
3. La semilla crece (v. 32).
4. Las aves anidan en su sombra (v. 32).

ESTUDIO A FONDO 1

(4:30-32) *Cristianismo—iglesia:* existen dos interpretaciones para esta parábola.

1. Algunos afirman que las aves son aquellos del mundo que encuentran hospedaje en el reino (iglesia, cristianismo). El reino tuvo un comienzo pequeño, pero ahora ha crecido hasta ser un considerable movimiento. Muchas personas en el mundo, creyentes como no creyentes, han hallado ayuda y seguridad en sus ramas. Leyes e instituciones de misericordia, justicia, y honor han surgido en gran medida de este magnífico movimiento. Esta interpretación se apoya principalmente en el cuadro que pinta el Antiguo Testamento. Un gran imperio, dice, es como un árbol, y las naciones conquistadas son como aves que habitan a su sombra (Ez. 17:22-24; 31:1-6; Dn. 4:14).

2. Otros dicen que las aves son los hijos del diablo (Satanás) que ven la cubierta protectora del reino y buscan habitar en él.

Ninguna de las dos interpretaciones agota necesariamente el significado de la parábola. Sin embargo, hay dos hechos que deben ser notados.

1. En las primeras cuatro parábolas, Jesús estaba hablando a las multitudes. Su propósito era enseñar cómo es el reino de los cielos. Es una mezcla del bien y del mal. Acababa de vindicar su propia naturaleza mesiánica ante los fariseos que estaban determinados a destruirlo (Mt. 12:1-50; 12:14). Fue ese mismo día que comenzó a hablar en parábolas. Su propósito era ocultar los misterios de los incrédulos y protegerse a sí mismo de aquellos que querían destruirlo (Mt. 12:10-17). Ellos eran los malos que habían penetrado al reino. Sin embargo, esto solamente tenían que saberlo los verdaderos discípulos, no necesariamente los que eran malos.

2. En la parábola del sembrador las aves describen al malo.

1 (4:30) *Reino de los cielos:* Jesús describió el reino de los cielos,

es decir, el *estado actual* del reino en la tierra. Jesús reveló cómo el reino, el cristianismo, comenzaría como el movimiento más pequeño y crecería hasta ser el movimiento más grande.

2 (4:31) *Evangelio—testificar—evangelismo—entrega:* la semilla es sembrada. Las palabras «en la tierra» son importantes. Es la tierra o el mundo donde es sembrada la semilla. Es la tierra, el mundo, quien necesita la semilla, esto es, el evangelio de Dios. Y Dios ha mandado que las buenas nuevas de su amor sean sembradas en la tierra. (*Véase* Estudio a fondo 2—1 Co. 15:1-11. Cp. Jn.3:16; 1 Jn. 2:1-2.) (*Véase* nota 2, *Cristianismo*—Mt. 13:31.)

«Porque de tal manera amó Dios al *mundo*, que ha dado a su Hijo unigénito, para que todo aquel que en él cree, no se pierda, mas tenga vida eterna» (Jn. 3:16)

«Lo que era desde el principio, lo que hemos oído, lo que hemos visto con nuestros ojos, lo que hemos contemplado, y palparon nuestras manos tocante al Verbo de vida (porque la vida fue manifestada, y la hemos visto, y testificamos, y os anunciamos la vida eterna, la cual estaba con el Padre, y se nos manifestó)» (1 Jn. 1:1-2).

«Porque no hay diferencia entre judío y griego, pues el mismo que es Señor de todos, es rico para con todos los que le invocan» (Ro. 10:12).

«El que quiere que todos los hombres sean salvos y vengan al conocimiento de la verdad» (1 Ti. 2:4).

Pensamiento 1. El agricultor tiene que estar entregado de corazón, mente, y cuerpo para sembrar la semilla. Las tres cosas son esenciales. Faltando una de estas entregas la siembra no se realiza o se realiza en forma deficiente. El sembrador tiene que tener...

- entrega de corazón para recibir motivación.
- entrega de su mente para planificar.
- entrega de su cuerpo para ir a plantar.

«Y amarás al Señor tu Dios con todo tu corazón, y con toda tu alma, y con toda tu mente y con todas tus fuerzas. Este el principal mandamiento» (Mr. 12:30).

«Jesús les dijo: Mi comida es que haga la voluntad del que me envió, y que acabe su obra. ¿No decís vosotros: Aún faltan cuatro meses para que llegue la siega? He aquí os digo: Alzad vuestros ojos y mirad los campos, porque ya están blancos para la siega» (Jn. 4:34-35).

«Me es necesario hacer las obras del que me envió, entre tanto que el día dura; la noche viene, cuando nadie puede trabajar» (Jn. 9:4).

«Así que, hermanos, os ruego por las misericordias de Dios, que presentéis vuestros cuerpos en sacrificio vivo, santo, agradable a Dios, que es vuestro culto racional. No os conforméis a este siglo, sino transformaos por medio de la renovación de vuestro entendimiento, para que comprobéis cuál sea la buena voluntad de Dios, agradable y perfecta» (Ro. 12:1-2).

«La noche está avanzada y se acerca el día. Desechemos, pues, las obras de las tinieblas, y vistámonos las armas de la luz» (Ro. 13:12).

«Que prediques la palabra; que instes a tiempo y fuera de tiempo; redarguye, reprende, exhorta con toda paciencia y doctrina» (2 Ti. 4:2).

Pensamiento 2. La tierra carece de fruto, es estéril, vacía, desierta sin la semilla de mostaza de Dios. La tierra se convierte en desierto; acaba sin la semilla de mostaza de Dios.

«¿Quién repartió conducto al turbión, y camino a los relámpagos y truenos, haciendo llover sobre la tierra deshabitada, sobre el desierto, donde no hay hombre, (para saciar la tierra desierta e inculta, y para hacer brotar la tierna hierba?» (Job 38:25-27).

«Porque la nación o el reino que no te sirviere perecerá, y del todo será asolado» (Is. 60:12; cp. Jl. 1:10-13).

El hecho que la semilla de mostaza sea la más pequeña de las semillas también es importante (*véase* Estudio a fondo 2, *Semilla de Mostaza*—Mr. 4:31). El mero hecho de que una semilla sea pequeña no impide al agricultor el sembrarla. El agricultor conoce su enorme potencial para crecer y dar fruto. De modo que la siembra. Note que el poder para reproducir y llevar fruto está en la semilla, no en el agricultor. Todo lo que el agricultor tiene que hacer es sembrar la semilla. Pero, nuevamente, para que haya fruto alguien tiene que sembrar la semilla.

Pensamiento. ¡Qué lección para los creyentes y las iglesias! La semilla del evangelio, aunque tan pequeña, es enormemente poderosa.

- No importa cuán insignificantes o pequeños podamos sentirnos en alcanzar a otros, lo importante es que sembremos la semilla.
- No importa cuán insignificantes podamos sentir que es el testimonio de nuestra iglesia, lo importante es que sembremos la semilla. (*Véase* nota—Mr. 4:26 para la discusión y los versículos para la aplicación.)

«Los que sembraron con lágrimas, con regocijo segarán. Irá andando y llorando el que lleva la preciosa semilla; mas volverá con regocijo trayendo sus gavillas» (Sal. 126:5-6).

«Sembrad para vosotros en justicia, segad para vosotros en misericordia; haced para vosotros barbecho; porque es el tiempo de buscar a Jehová, hasta que venga y os enseñe justicia» (Os. 10:12).

«Porque el que siembra para su carne, de la carne segará corrupción; mas el que siembra para el Espíritu, del Espíritu segará vida eterna» (Gá. 6:8).

«Y les dijo: Id por todo el mundo y predicad el evangelio a toda criatura» (Mr. 16:15).

«Entonces Jesús les dijo otra vez: Paz a vosotros. Como me envió el Padre, así también os envío» (Jn. 20:21).

ESTUDIO A FONDO 2

(4:31) *Semilla de mostaza:* en realidad no era la semilla más pequeña conocida en tiempos de Jesús. Pero la semilla era realmente pequeña y su arbusto se hacía tan grande como algunos árboles. Se ha dicho que un jinete podía encontrar sombra debajo de sus ramas. El hecho que una semilla tan pequeña pudiera producir un arbusto tan grande llevó a la gente a usar la semilla de mostaza como dicho proverbial para describir la pequeñez.

3 (4:32) *Cristianismo—la iglesia:* la semilla crece. Note las palabras «cuando se siembra». Nuevamente, el punto crucial es este: la semilla tiene que ser sembrada. Alguien tiene que sembrar si la iglesia (cristianismo) va a seguir creciendo. *El crecimiento le sigue a la siembra. Si no hay siembra, no hay crecimiento. Esta es la ley de la reproducción, la ley de llevar fruto. La semilla crece* «cuando es sembrada».

El resultado de sembrar es crecer. Tratándose del cristianismo y de la iglesia, el resultado de sembrar es la existencia del mayor de los movimientos (*véase* nota, *Cristianismo,* pt. 2—Mt. 13:32. *Véase* también nota—Mr. 4:28 para mayor discusión del tema).

Pensamiento. El crecimiento de un árbol a partir de una pequeña semilla no es nada en comparación al crecimiento de una persona que realmente conoce a Cristo, ni a una iglesia que está verdaderamente entregada a la misión de Cristo (Jn. 12:24).

«Los gentiles, oyendo esto, se regocijaban y glorificaban la palabra del Señor, y creyeron todos los que estaban ordenados para vida eterna» (Hch. 13:48).

«Sabed, pues, que a los gentiles es enviada esta salvación de Dios; y ellos oirán» (Hch. 28:28).

«Y para que los gentiles glorifiquen a Dios por su misericordia, como está escrito: Por tanto, yo te confesaré entre los gentiles, Y cantaré a tu nombre» (Ro. 15:9).

«Para que en Cristo Jesús la bendición de Abraham alcanzase a los gentiles, a fin de que por la fe recibiésemos la promesa del Espíritu» (Gá. 3:14).

«Que los gentiles son coherederos y miembros del mismo cuerpo, y copartícipes de la promesa en Cristo Jesús por medio del evangelio» (Ef. 3:6).

«Será echado un puñado de grano en la tierra, en las cumbres de los montes; su fruto hará ruido como el Líbano, y los de la ciudad florecerán como la hierba de la tierra» (Sal. 72:16).

«Lo dilatado de su imperio y la paz no tendrán límite, sobre el trono de David y sobre su reino, disponiéndolo y confirmándolo en juicio y en justicia desde ahora y para siempre. El celo de Jehová de los ejércitos hará esto» (Is. 9:7).

«Porque te extenderás a la mano derecha y a la mano izquierda; y tu descendencia heredará las naciones, y habitará las ciudades asoladas» (Is. 54:3).

«He aquí, llamarás a gente que no conociste, y gentes que no te conocieron correrán a ti, por causa de Jehová tu Dios, y del Santo de Israel que te ha honrado» (Is. 55:5).

«Entonces verás y resplandecerás; se maravillará y ensanchará tu corazón, porque se haya vuelto a ti la multitud del mar, y las riquezas de las naciones hayan venido a ti» (Is. 60:5).

«El pequeño vendrá a ser mil, el menor, un pueblo fuerte. Yo Jehová, a su tiempo haré que esto sea cumplido pronto» (Is. 60:22).

4 (4:32) *Cristianismo—iglesia:* las aves del cielo moran bajo su sombra. Muchos comentaristas señalan esto: las aves comen las semillas del árbol de mostaza. El hecho en sí de que el arbusto (la iglesia) exista con *tanto bien* para disfrutar significa que muchos vendrán a su sombra (*véase* nota, *Cristianismo,* ptos. 2, 3—Mt. 13:32 para la discusión).

	E. El uso de las parábolas por Jesús: por qué Cristo usaba parábolas, 4:33-34 (Mt. 13:34-35)
1 Para ilustrar la Palabra 2 Para enseñar paso a paso 3 Para acentuar la lección en privado	33 Con muchas parábolas como estas les hablaba la palabra, conforme a lo que podían oír. 34 Y sin parábolas no les hablaba; aunque a sus discípulos en particular les declaraba todo.

E. El uso de las parábolas por Jesús: por qué Cristo usaba parábolas, 4:33-34

(4:33–34) *Introducción:* el más sabio de todos los maestros usaba ilustraciones; más específicamente, usaba parábolas. (*Véase*, Estudio a fondo 1, *Parábola*—Mr. 4:2 para una discusión detallada.) Este pasaje ofrece tres razones muy prácticas por las que Jesús usaba ilustraciones en su enseñanza (*véanse* bosquejo y notas—Mt. 3:10-17 para una discusión detallada de las razones por las que Jesús hablaba en parábolas).

1. Para ilustrar la Palabra (v. 33).
2. Para enseñar paso a paso (v. 33).
3. Para acentuar la lección en privado (v. 34).

1 (4:33) *Palabra de Dios—parábolas—Jesucristo, enseñanza:* primero, Jesús usaba parábolas para ilustrar la Palabra. Note la frase «les hablaba la *palabra*». ¿Qué *palabra* era predicada? ¿Qué se quiere decir con *la palabra?*

- Es la «Palabra del reino» (Mt. 13:19-20, 22-23; cp. Mr. 4:16, 18, 20; Lc. 8:15).
- Es la «Palabra de Dios» (Mr. 7:13; Lc. 3:2; 4:4; 5:1; 8:11, 21; 11:28; 1 Ts. 2:13).
- Es la «Palabra de esta salvación» (Hch. 13:26).
- Es simplemente «la Palabra» (Hch. 17:11; Gá. 6:6; Fil. 1:14; 1 Ts. 1:6; 1 Ti. 5:17; 2 Ti. 4:2; Stg. 1:21; 1 P. 2:2, 8).
- Es la «Palabra de la gracia» (Hch. 20:32).
- Es la «Palabra de la fe» (Ro. 10:8).
- Es la «Palabra de la reconciliación» (2 Co. 5:19).
- Es la «Palabra de vida» (Fil. 2:16; 1 Jn. 1:1).
- Es la «Palabra de verdad» (Col. 1:5).
- Es la «Palabra de Cristo» (Col. 3:6).
- Es la «Palabra fiel» (Tit. 1:9).
- Es la «Palabra de justicia» (He. 5:13).
- Es la «Palabra de exhortación» (He. 13:22).
- Es la «Palabra implantada» (Stg. 1:21).
- Es la «Palabra segura de la profecía» (2 Pe. 1:19).
- Es la «Palabra de mi paciencia» (Ap. 3:10).
- Es llamada la «Palabra del testimonio de ellos [de los hermanos cristianos]» (Ap. 12:11).

Jesús usaba las parábolas para ilustrar las grandes verdades de la Palabra. ¿Qué tienen las ilustraciones o las parábolas para que Jesús las usara tanto? (Los motivos por los que Jesús usaba parábolas son expuestas de manera mucho más detallada en Mt. 13:10-17.)

1. Las historias y los cuadros son mucho más interesantes y tienden a *atraer* con más rapidez la atención de las personas.
2. Algunos creen que las personas solamente piensan en términos de cuadros; otros creen que el pensamiento abstracto separado de los cuadros es posible. No importa. Lo cierto es que es más fácil ver y recordar cuadros que declaraciones, principios, reglas, o dogmas.

3. Las parábolas normalmente requieren pensar más para ver la comparación entre la historia y la verdad. Las parábolas no son para los perezosos ni para las personas que no piensan.

2 (4:33) *Parábolas—Jesucristo, enseñanza:* segundo, Jesús usaba las parábolas para enseñar paso a paso. Le enseñaba a la gente «conforme a lo que podían oír». Esto significa al menos tres cosas.

1. Jesús tomaba comparaciones de la vida diaria de las personas, de cosas y eventos que les eran familiares.
2. Jesús hablaba en el lenguaje de la gente, usando palabras simples y claras. No procuraba mostrar una superioridad sobre la gente, una educación superior, vocabulario, capacidad de hablar o alguna otra cosa. Nunca actuaba como alguien superior a la gente.
3. Jesús enseñaba *progresivamente* a la gente. Los llevaba paso a paso «conforme a lo que podían oír». La verdad espiritual en sí no estaba al alcance de todos, pero la historia como tal era comprensible para todos. Podía ser fácilmente recordada en el futuro crecimiento espiritual de la persona si ésta era impulsada a buscar la verdad.

Siempre hay que recordar que la persona perezosa, que no piensa, pocas veces aprende o logra algo, y el incrédulo nunca triunfa espiritualmente. Mateo discute esto en cierta medida (*véanse* bosquejo y notas—Mt. 13:10-11; 13:12; 13:13-15).

3 (4:34) *Parábolas:* tercero, Jesús usaba parábolas para acentuar le lección en privado. Había llegado el momento de dar algunas lecciones muy especiales a los allegados más cercanos, los apóstoles. Ellos tenían que conocer *los misterios del reino.* (*Véanse* notas, *Parábola*, pts. 2, 3—Mt. 13:10-17; Mt. 13:10-11; *Creyentes*—Mt. 13:16–17 para la discusión y aplicación.)

	F. Autoridad de Jesús sobre la naturaleza: descanso y paz, 4:35-41 (Mt. 8:23-27; Lc. 8:22-25)	38 Y él estaba en la popa, durmiendo sobre un cabezal; y le despertaron, y le dijeron: Maestro, ¿no tienes cuidado que perecemos?	b. Jesús dormía **3 A Jesús le preocupan el descanso y la paz** a. Los discípulos tenían miedo de morir
1 Necesita descanso a. A la noche Jesús estaba cansado b. Había gran presión sobre Él c. Estaba muy fatigado d. Fueron otras barcas **2 Es posible descansar a pesar de una gran tempestad** a. La barca llena de agua	35 Aquel día, cuando llegó la noche, les dijo: Pasemos al otro lado. 36 Y despidiendo a la multitud, le tomaron como estaba, en la barca; y había también con él otras barcas. 37 Pero se levantó una gran tempestad de viento, y echaba las olas en la barca, de tal manera que ya se anegaba.	39 Y levantándose, reprendió al viento, y dijo al mar: Calla, enmudece. Y cesó el viento, y se hizo grande bonanza. 40 Y les dijo: ¿Por qué estáis así amedrentados? ¿Cómo no tenéis fe? 41 Entonces temieron con gran temor, y se decían el uno al otro: ¿Quién es éste que aun el viento y el mar le obedecen?	b. El poder de Jesús para controlar la situación **4 Por dos fuentes vienen la paz y descanso** a. Por medio de la fe b. Por medio de Jesús, su poder y su Palabra, cp. v. 39

F. Autoridad de Jesús sobre la naturaleza: descanso y paz, 4:35-41

(4:35–41) *Introducción—naturaleza mesiánica—pruebas:* ¿Cuál fue el propósito de esta experiencia? ¿Por qué pudo levantarse una tormenta en el mar estando Jesús en la barca? La respuesta está en el versículo 41. Y qué maravilloso propósito, el de impulsar a sus hombres a preguntar: «¿Quién es éste?» ¡Nuevamente Jesús demostró ser el Mesías! Calmar la tormenta tendría tres resultados.

1. Demostraría quién es Él: el soberano Señor que tiene todo el poder, aun sobre la naturaleza.
2. Fortalecer la fe de sus seguidores, la fe en él como Mesías, y en su preocupación personal como Salvador de ellos.
3. Dejaría un cuadro a todas las generaciones de la preocupación suya y de su poder en medio de todas las tormentas de la vida (pruebas y experiencias temibles).

No importa cuál sea la tormenta o prueba, no importa cuán aterradora pueda ser, Jesús tiene el poder para librar y producir la más segura calma. Pocas pruebas podían ser tan aterradoras como la de verse sorprendido por una tempestad en el mar con peligro de muerte. En esta experiencia Dios demostró su maravilloso cuidado y poder para librar al creyente de todas las tempestades de la vida.

1. Se buscan descanso y paz después de un día cansador (v. 35-36).
2. Es posible experimentar descanso y paz a pesar de una gran tempestad (vv. 37-38).
3. A Jesús le preocupan el descanso y la paz (vv. 38-39).
4. Por medio de dos fuentes viene la paz y descanso (vv. 40-41).

1 (4:35–36) *Descanso—paz:* después de un día cansador se busca descanso y paz. Note que fue la noche del mismo día cuando Jesús buscó descanso y paz. Durante todo el día había estado enseñando a las multitudes. Las multitudes habían sido tan masivas, y lo habían presionado tanto que se había visto forzado a ubicarse en una barca a poca distancia de la orilla (cp. Mr. 4:1). Como todo el mundo sabe, el solo hecho de estar en semejante multitud de personas luchando por algún lugar, es cansador. Agota y extenúa los nervios más resistentes. Imagínese la fatiga de Jesús después de haber estado todo el día frente a la multitud, controlando y enseñando a la gente. La fatiga y el agotamiento de su cuerpo se ven en que partió inmediatamente hacia la otra orilla. Sin preparativo alguno. Note las palabras: «le tomaron como estaba» (v. 36). Llevar provisiones,

cambiarse de ropa, avisar a su familia de que estaría ausente—nada le importaba salvo descanso y paz. Estaba tan cansado que aun durmió durante la tormenta (v. 38).

Un punto interesante que no comentan los otros escritores evangelistas es la frase sencilla: «y había también con él otras barcas» (p. 36). Marcos menciona esto para enfatizar su deidad, su ser el Hijo de Dios. Había otros testigos a su gran poder y control sobre la naturaleza.

Pensamiento 1. Jesús establece un ejemplo dinámico al esforzarse hasta el punto de fatigarse y agotarse. ¿Cuántos de nosotros trabajamos hasta el punto de fracasarnos, sin poder ducharnos o cambiarnos la ropa, y estar tan cansados que dormimos aún en las tormentas violentas?

«Así que, hermanos míos amados, estad firmes y constantes, creciendo en la obra del Señor siempre, sabiendo que vuestro trabajo en el Señor no es en vano» (1 Co. 15:58).
«Me es necesario hacer las obras del que me envió, entre tanto que el día dura; la noche viene, cuando nadie puede trabajar» (Jn. 9:4).
«La noche está avanzada, y se acerca el día. Desechemos, pues, las obras de las tinieblas, y vistámonos las armas de la luz» (Ro. 13:12).
«Que prediques la Palabra; que instes a tiempo y fuera de tiempo; redarguye, reprende, exhorta con toda paciencia y doctrina» (2 Ti. 4:2).

Pensamiento 2. Hay veces cuando se necesitan tan desesperadamente el descanso y la paz que no deben permitirse interrumpir ni nada, ni nadie.

Pensamiento 3. Note a quienes le siguieron «con ... otras barcas». La otra gente se había ido, pero éstos querían más de su presencia y enseñanza. Lo siguieron fuera de la ciudad, haciendo el viaje a través del lago. Imagínese solamente lo que se habrían perdido si se hubieran vuelto y no lo hubieran seguido. ¡Una tormenta, sí! Pero también se habrían perdido la experiencia de su salvación y poder sobre la tempestad. También se habrían perdido la enorme oportunidad de crecer en su empeño de confiar más y más en Dios.

«He aquí ahora el tiempo aceptable; he aquí ahora el día de salvación» (2 Co. 6:2).
«Por esto orará a ti todo santo en el tiempo en que puedas ser hallado; ciertamente en la inundación de mucha aguas no llegarán éstas a él» (Sal. 32:6).

2 (4:37-38) *Descanso–paz:* el descanso y la paz pueden ser experimentados a pesar de una gran tormenta. Note las palabras «una gran tempestad». Lleva la idea de una tormenta muy severa con ...

- grandes y atronadoras nubes que se siguen una tras otra.
- ráfagas de viento azotando con su fuerza a cuanto se les interpone.
- pesadas gotas de lluvia que caen como plomo sobre la tierra.

La idea del griego es algo semejante a la furia de un huracán. Tempestades tan violentas ocurrían con regularidad en el mar de Galilea (*véase* Estudio a fondo 1—Mr. 1:16).

«Las olas cubrían la barca» (Mt. 8:24).

«Y se anegaban y peligraban» (Lc. 8:23).

Pero note que mientras la turbulencia estaba en pleno proceso, Jesús dormía en la popa de la barca. Estaba, por así decirlo, en descanso y en paz consigo mismo y con los otros y con la naturaleza misma. Jesús era totalmente sin culpa o vergüenza, en completa paz con Dios. Descansaba, perfectamente entregado al cuidado de Dios. Por eso podía descansar en medio de la tormenta. (*Véase* nota—Mt. 8:24 para una mayor y más detallada discusión.)

> *Pensamiento.* Con frecuencia las tormentas o pruebas de la vida se presentan de manera súbita y violenta. Y demasiadas veces Cristo parece estar muy lejos, dormido. Lo que necesitamos durante las tormentas de la vida es el mismo descanso y la misma paz, esa seguridad y confianza en Dios, como los tuvo Jesús.
>
> **«Porque todo lo que es nacido de Dios vence al mundo; y esta es la victoria que ha vencido al mundo, nuestra fe. ¿Quién es el que vence al mundo, sino el que cree que Jesús es el Hijo de Dios?» (1 Jn. 5:4-5).**
>
> **«Cercano está Jehová a los quebrantados de corazón; y salva a los contritos de espíritu» (Sal. 34:18).**
>
> **«Clemente y misericordioso es Jehová, lento para la ira, y grande en misericordia» (Sal. 145:8).**

3 (4:38-39) *Descanso–paz:* el descanso y la paz son una preocupación de Jesús. Note algo: los discípulos eran pescadores curtidos. Sin dudo estuvieron en tormentas antes, pero esta era más violenta. Tenían miedo de perecer. Habían tratado de controlar por sí mismos la situación, pero ésta se les escapó del control. Pensaron que Jesús despertaría, como cualquier persona; pero se equivocaron y ya no podían seguir esperando.

Note las palabras exactas de los discípulos: «Maestro, ¿no tienes cuidado que perezcamos?» (v. 38). Confesaron que estaban pereciendo. Eran hombres orgullosos, bien constituidos, y muy capaces en su profesión. Habían manejado todas las situaciones anteriores; y habían comenzado a manejar esta tormenta. Pero ahora confesaban su *incapacidad humana* y su *necesidad* de ser ayudados por Jesús; necesitaban la ayuda de Dios mismo. (*Véase* nota—Mt. 8:25 en cuanto a pensamientos detallados.)

La respuesta de Jesús al ruego de sus discípulos, fue dramática. Note lo que hizo Jesús, y lo que ocurrió:

- «Se levantó».
- «Reprendió al viento ... y cesó el viento».
- «Le dijo al mar: Calla ... y se hizo grande bonanza».

Las palabras «calla, enmudece» (*siopa pephimoso*) literalmente significan *ponte mordaza*. El uso de esta palabra muestra la furia y violencia de la tormenta acentuando el dramático acto de Jesús.

> *Pensamiento.* El poder de Jesús para controlar el mar y sus tormentas, y para controlar a la naturaleza misma, demuestra tres hechos (*véase* nota—Mt. 8:26 en cuanto a pensamientos más detallados).
>
> 1) Cristo es el Hijo de Dios, el soberano Señor sobre toda la naturaleza y vida. No solamente posee la autoridad de Dios; sino, como se dispone a demostrarlo Marcos, Él es el Hijo de Dios mismo (*véase*

Estudio a fondo 2—Mr. 1:1).

2) Cristo puede calmar cualquier tormenta que se presenta en nuestra vida.

> **«Y Jesús se acercó y les habló diciendo: Toda potestad me es dada en el cielo y en la tierra» (Mt. 28:18).**
>
> **«Que fue declarado Hijo de Dios con poder, según el Espíritu de santidad, por la resurrección de entre los muertos» (Ro. 1:4).**

3) Cristo puede fortalecernos para atravesar cualquier prueba.

> **«No os ha sobrevenido ninguna tentación que no sea humana; pero fiel es Dios, que no os dejará ser tentados más de lo que podéis resistir, sino que dará también juntamente con la tentación la salida, para que podáis soportar» (1 Co. 10:13).**
>
> **«Bendito sea el Dios y Padre de nuestro Señor Jesucristo, Padre de misericordias y Dios de toda consolación, el cual nos consuela en todas nuestras tribulaciones, para que podamos también nosotros consolar a los que están en cualquier tribulación, por medio de la consolación con que nosotros somos consolados por Dios» (2 Co. 1:3-4).**
>
> **«Mas a Dios gracias, el cual nos lleva siempre en triunfo en Cristo Jesús, y por medio de nosotros manifiesta en todo lugar el olor de su conocimiento» (2 Co. 2:14).**
>
> **«Y el Señor me librará de toda obra mala, y me preservará para su reino celestial. A él sea gloria por los siglos de los siglos. Amén» (2 Ti. 4:18).**
>
> **«El te librará del lazo del cazador, de la peste destructora» (Sal. 91:3).**

4 (4:40–41) *Descanso—paz—fe:* el descanso y la paz proceden de dos fuentes.

1. De la fe (*véanse* notas y Estudio a fondo 2—Mt. 8:26 para una discusión detallada y pensamientos relacionados. *Véanse* también notas—Mr. 11:22-23; nota y Estudio a fondo 2—Gá. 2:15-16).

> **«Entonces Jesús dijo al centurión: Vé, y como creíste, te sea hecho. Y su criado fue sanado en esa misma hora» (Mt. 8:13).**
>
> **«Entonces les tocó los ojos, diciendo: conforme a vuestra fe os sea hecho. Y los ojos de ellos fueron abiertos. Y Jesús les encargó rigurosamente, diciendo: Mirad que nadie lo sepa» (Mt. 9:29–30).**
>
> **«Y todo lo que pidiereis en oración, creyendo, lo recibiréis» (Mt. 21:22).**
>
> **«Jesús le dijo: Si puedes creer, al que cree todo le es posible» (Mr. 9:23).**

2. De Jesús, su poder y su Palabra (*véase* nota—Mt. 8:27 para la discusión).

> **«Pues para que sepáis que el Hijo del Hombre tiene potestad en la tierra para perdonar pecados (dice entonces al paralítico): Levántate, toma tu cama y vete a tu casa» (Mt. 9:6).**
>
> **«Venid a mí todos los que estáis trabajados y cargados, y yo os haré descansar» (Mt. 11:28).**
>
> **«La paz os dejo, mi paz os doy; yo no os la doy como el mundo la da. No se turbe vuestro corazón, ni tenga miedo» (Jn. 14:27).**
>
> **«Estas cosas os he hablado para que en mí tengáis paz. En el mundo tendréis aflicción; pero confiad, yo he vencido al mundo» (Jn. 16:33).**
>
> **«Como le has dado potestad sobre toda carne, para que dé vida eterna a todos los que le diste» (Jn. 17:2).**
>
> **«Cómo Dios ungió con el Espíritu Santo y con poder a Jesús de Nazaret, y cómo éste anduvo haciendo bienes y sanando a todos los oprimidos por el diablo, porque Dios estaba con él» (Hch. 10:38).**
>
> **«Y cuál la supereminente grandeza de su poder para**

con nosotros los que creemos, según la operación del poder de su fuerza, la cual operó en Cristo, resucitándole de los muertos y sentándole a su diestra en los lugares celestiales, sobre todo principado y autoridad y poder y señorío, y sobre todo nombre que se nombra, no sólo en este siglo, sino también en el venidero; y sometió todas las cosas bajo sus pies, y lo dio por cabeza sobre todas las cosas a la iglesia» (Ef. 1:19-22).

«Y a Aquel que es poderoso para hacer todas las cosas mucho más abundantemente de lo que pedimos o entendemos, según el poder que actúa en nosotros» (Ef. 3:20).

«Por lo cual debía ser en todo semejante a sus hermanos, para venir a ser misericordioso y fiel sumo sacerdote en lo que a Dios se refiere, para expiar los pecados del pueblo. Pues en cuanto él mismo padeció siendo tentado, es poderoso para socorrer a los que son tentados» (He. 2:17-18).

«Porque no tenemos un sumo sacerdote que no pueda compadecerse de nuestras debilidades, sino uno que fue tentado en todo según nuestra semejanza, pero sin pecado. Acerquémonos, pues, confiadamente al trono de la gracia, para alcanzar misericordia y hallar gracia para el oportuno socorro» (He. 4:15-16).

	CAPÍTULO 5	monte un gran hato de cerdos paciendo.	2) Deseaban un cuerpo para habitarlo e influir en él
1 Un acontecimiento sobrenatural a. De noche (cp. 4:35, 41) b. A la orilla del mar **2 Escena 1: un hombre desesperadamente poseído—sin Jesús**[EP2] a. Tenía un espíritu malo b. Vivía en los sepulcros c. Excluido de la sociedad d. Era incontrolable, indetenible, indomable, salvaje, enloquecido, de temperamento violento e. Estaba desnudo, (v. 15) f. Constantemente se hería a sí mismo	**G. La autoridad de Jesús para expulsar demonios: esperanza para el más salvaje y cruel,**[EP1] **5:1-20** (Mt. 8:28-34; Lc. 8:26-39) Vinieron al otro lado del mar, a la región de los gadarenos. 2 Y cuando salió él de la barca, en seguida vino a su encuentro, de los sepulcros, un hombre con un espíritu inmundo, 3 que tenía su morada en los sepulcros, y nadie podía atarle, ni aun con cadenas. 4 Porque muchas veces había sido atado con grillos y cadenas, mas las cadenas habían sido hechas pedazos por él, y desmenuzados los grillos; y nadie le podía dominar. 5 Y siempre, de día y de noche, andaba dando voces en los montes y en los sepulcros, e hiriéndose con piedras.	12 Y le rogaron todos los demonio, diciendo: Envíanos a los cerdos para que entremos en ellos. 13 Y luego Jesús les dio permiso. Y saliendo aquellos espíritus inmundos, entraron en los cerdos, los cuales eran como dos mil; y el hato se precipitó en el mar por un despeñadero, y en el mar se ahogaron. 14 Y los que apacentaban los cerdos huyeron, y dieron aviso en la ciudad y en los campos. Y salieron a ver qué era aquello que había sucedido.	3) Eran malignos y violentos: destructores[EP3]
3 Escena 2: un hombre convulsionado por el Hijo de Dios a. Adoró a Jesús b. Reconoció la deidad de Jesús c. Rogó no ser atormentado	6 Cuando vio, pues, a Jesús de lejos, corrió, y se arrodilló ante él. 7 Y clamando a gran voz, dijo: ¿Qué tienes conmigo, Jesús, Hijo del Dios Altísimo? Te conjuro por Dios que no me atormentes.	15 Vienen a Jesús, y ven al que había sido atormentado del demonio, y que había tenido la legión, sentado, vestido y en su juicio cabal; y tuvieron miedo. 16 Y les contaron los que lo habían visto, cómo le había acontecido al que había tenido el demonio, y lo de los cerdos.	**5 Escena 4: un pueblo endurecido rechazó a Jesús; le pidieron que se apartara de la presencia de ellos** a. Actitud lógica: Correr para contar b. Investigación lógica: Venir a Jesús
4 Escena 3: un hombre milagrosamente purificado a. Jesús dijo palabra de poder, (v. 8) b. Jesús mostró la gran necesidad del hombre c. Jesús mostró los malos espíritus 1) Estaban sujetos a Cristo	8 Porque le decía: Sal de este hombre, espíritu inmundo. 9 Y le preguntó: ¿Cómo te llamas? Y respondió diciendo: Legión me llamo; porque somos muchos. 10 Y le rogaban mucho que no los enviase fuera de aquella región. 11 Estaba allí cerca del	17 Y comenzaron a rogarle que se fuera de sus contornos. 18 Al entrar él en la barca, el que había estado endemoniado le rogaba que le dejase estar con él. 19 Mas Jesús no se lo permitió, sino que le dijo: Véte a tu casa, a los tuyos, y cuéntales cuán grandes cosas el Señor ha hecho contigo, y cómo ha tenido misericordia de ti. 20 Y se fue, y comenzó a publicar en toda Decápolis cuán grandes cosas había hecho Jesús con él; y todos se maravillaban.	c. Relato lógico: Relatar la sanidad y también la muerte de los cerdos d. Un pedido ilógico: que Jesús se vaya e. Un final trágico: Jesús se fue **6 Escena 5: un hombre enviado por Jesús** a. Pidió ser discípulo de Jesús b. Fue enviado a ser discípulo en su propio hogar[EP4] c. Fue fiel d. Tuvo éxito.

G. La autoridad de Jesús para expulsar demonios: esperanza para el más salvaje y cruel, 5:1-20

(5:1-20) *Introducción:* el Espíritu de Dios controla a la gente en diferente medida; el mal también controla a la gente en diferente medida. Algunas personas son extremadamente controladas por el

mal; otras son levemente controladas.

- De algunas personas se dice que son controladas por *demonios.*
- Se dice de María Magdalena que estuvo poseída por siete demonios (Mr. 16:9).
- Jesús se refirió a un demonio que fue reemplazado

por siete demonios de modo que la condición posterior del hombre fue mucho peor que la anterior (Lc. 9:26).

• El hombre de este pasaje estaba poseído por una legión, es decir, por hordas de demonios.

No importa cuánto sea poseída y controlada una persona por el diablo, no importa cuán salvaje sea, Cristo la puede librar. La persona puede experimentar una *gran liberación*. Hay maravillosa esperanza para todos, incluso para los más salvajes y crueles. Tal es el mensaje del presente pasaje. (*Véase* también nota—Mt. 8:28-34.)

1. Un acontecimiento sobrenatural (v. 1).
2. Escena 1: un hombre desesperadamente poseído, sin Jesús (vv. 2-5).
3. Escena 2: un hombre desesperadamente convulsionado por el Hijo de Dios (vv. 6-7).
4. Escena 3: un hombre milagrosamente purificado por la autoridad de Jesús (vv. 8-13).
5. Escena 4: un pueblo endurecido rechazó a Jesús; le pidieron apartarse de la presencia de ellos (vv. 14-17).
6. Escena 5: un hombre deliberadamente enviado por Jesús (vv. 18-20).

ESTUDIO A FONDO 1

(5:1-20) *Espíritus Malos: véase* Estudio a fondo 1—Mt. 8:28-34.

1 (5:1) *Espíritus malos:* este fue un acontecimiento sobrenatural. Note las palabras: «enseguida vino a su encuentro, de los sepulcros», e imagínese la escena.

Era una noche tormentosa. Densa oscuridad (cp. Mr. 4:35, 37). Las barcas fueron arrastradas sobre la orilla y de en medio de un cementerio ubicado en la costa, salió de entre los sepulcros un hombre actuando de manera salvaje. Era un cuadro espeluznante, tenebroso. El acontecimiento pinta cinco escenas.

2 (5:2-5) *Posesión demónica—espíritus malos:* la primera escena es la de un hombre desesperadamente poseído. Era un hombre sin Jesús. Se describe detalladamente la mísera condición del endemoniado. El propósito de Marcos era demostrar que el hombre no pudo haber estado más poseído. Había tocado fondo. Pero Jesús es Dios, y como Dios cuida a los hombres y tiene el poder para librar aun al hombre más salvaje y cruel de ellos. (*Véanse* bosquejo y notas—Mt. 8:28-31; Mr. 1:23.)

1. El hombre tenía un espíritu impuro o malo. En su cuerpo habitaba algún mal, algún poder espiritual; un poder extraño, ajeno, exterior, poseía y controlaba al hombre. Representa al hombre que no es espiritual, al hombre que no está poseído ni controlado por Dios y su Espíritu (Ro. 8:14).

«Y manifiestas son las obras de la carne, que son: adulterio, fornicación, inmundicia, lascivia, idolatría, hechicerías, enemistades, pleitos, celos, iras, contiendas, disensiones, herejías, envidias, homicidios, borracheras, orgías, y cosas semejantes a estas; acerca de las cuales os amonesto, como ya os lo he dicho antes, que los que practican tales cosas no heredarán el reino de Dios» (Gá. 5:19-21).

2. El hombre vivía entre los sepulcros. Eran sepulcros encrestados, semejantes a bóvedas, excavadas en la rocosa colina (*véase* Estudio a fondo 2—Mr. 5:3). El espíritu malo impulsó al hombre a vivir en el lugar más oscuro y espantoso imaginable y a vivir en una condición de espanto y oscuridad, agravando su condición. Representa al hombre que ama la oscuridad porque sus obras son malas.

«Y esta es la condenación: que la luz vino al mundo, y los hombres amaron más las tinieblas que la luz, porque sus obras eran malas» (Jn. 3:19).

3. El hombre había sido echado de la sociedad. No vivía entre los vivientes; vivía entre los muertos. Representa a los *vivientes*

muertos; es decir, todas las personas sin Cristo están «muertas en sus pecados» y están separadas de la *sociedad de Dios.*

«En los cuales anduvisteis en otro tiempo, siguiendo la corriente de este mundo, conforme al príncipe de la potestad del aire, el espíritu que ahora opera en los hijos de desobediencia, entre los cuales también todos nosotros vivimos en otro tiempo en los deseos de nuestra carne, haciendo la voluntad de la carne y de los pensamientos, y éramos por naturaleza hijos de ira, lo mismo que los demás» (Ef. 2:2-3).

4. El hombre era incontrolable, indetenible, indomable, salvaje, de temperamento violento, con frecuencia poseía fuerzas sobrehumanas. Todos los esfuerzos humanos por ayudarle habían fracasado. No se le podía ayudar, ni controlar, ni domar. Representaba el mal incontrolable por la depravación del hombre y su indefensión para librarse o salvarse a sí mismo (cp. Ro. 1:20-32; 3:10ss; Ef. 2:89; Tit. 3:3-7; cp. 2 P. 2:10-12).

«Estando atestados de toda injusticia, fornicación, perversidad, avaricia, maldad; llenos de envidia, homicidios, contiendas, engaños y malignidad murmuradores, detractores, aborrecedores de Dios, injuriosos, soberbios, altivos, inventores de males, desobedientes a los padres, necios, desleales, sin afecto natural, implacables, sin misericordia; quienes habiendo entendido el juicio de Dios, que los que practican tales cosas son dignos de muerte, no sólo las hacen, sino que también se complacen con los que las practican» (Ro. 1:29-32).

5. El hombre estaba desnudo (cp. v. 15), despojado de toda decencia y de todo comportamiento aceptable y justo. Representa al viejo hombre que está desnudo ante los ojos de Dios y que necesita desesperadamente ser vestido con la justicia de Dios y con la vestidura del nuevo hombre (2 Co. 5:1-2, 21; Ro. 13:14; Gá. 3:27; Ef. 4:24; Col. 3:10).

«Sino vestíos del Señor Jesucristo, y no proveáis para los deseos de la carne» (Ro. 13:14).

6. El hombre era una amenaza para sí mismo y para otros; se hería a sí mismo. Representa al hombre que se ha tornado peligroso, tan entregado al mal que ha llegado a ser una amenaza para todos. Representa al hombre totalmente depravado, al hombre que ha ido tan lejos que ya no tiene respeto por la vida humana, ni si quiera por la suya propia; el hombre cuya «boca está llena de maldición y de amargura» y cuyos «pies se apresuran para derramar sangre» (Ro. 3:14-15). Representa al hombre que ha caído en las profundidades del hoyo—tan profundo ha caído que no puede caer más. En un sentido absoluto carece de esperanza. Nadie, sino solamente Dios, podría salvarlo. (Ahora note: Jesús lo salvó, y esa es la médula de la historia. Salvando al hombre, Jesús está afirmando ser Dios, y que como Dios puede salvar al más salvaje y cruel de los hombres, inclusive a los que están absolutamente sin esperanza.)

«Como está escrito: No hay justo, ni aun uno; no hay quien entienda, no hay quien busque a Dios. Todos se desviaron, a una se hicieron inútiles; no hay quien haga lo bueno, no hay ni siquiera uno. Sepulcro abierto es su garganta; con su lengua engañan. Veneno de áspides hay debajo de sus labios; su boca está llena de maldición y de amargura. Sus pies se apresuran para derramar sangre; quebranto y desventura hay en sus caminos; y no conocieron camino de paz. No hay temor de Dios delante de sus ojos» (Ro. 3:10-18).

ESTUDIO A FONDO 2

(5:3) *Sepulcros—cementerios:* los cementerios judíos siempre estaban situados fuera de la ciudad o el pueblo. Esto era necesario porque la ley judía decía que una persona quedaba transitoriamente contaminada si tocaba un sepulcro. Algunos de los cementerios estaban ubicados alrededor de colinas de piedra caliza o en terrenos montañosos. Esto le permitía a la gente encontrar cuevas, o cavar sepulcros en los acantilados. Con frecuencia los sepulcros eran suficientemente grandes para que una persona esté de pie en ellos (*véase* Estudio a fondo 1—Mt. 27:65-66).

3 (5:6-7) *Posesión demónica—espíritu malo, destino de:* la segunda escena es la de un hombre extremadamente convulsionado. Estaba convulsionado por el miedo ante el Hijo de Dios. El hombre vio a Jesús desde lejos, probablemente mientras Jesús se estaba acercando con la barca a la orilla. El hombre vino corriendo y adoró a Jesús. Note lo que ocurrió: el hombre reconoció que Jesús era el Hijo de Dios, y le suplicó que no lo atormentase, es decir, que no lo enviase al abismo o al infierno (cp. Lc. 8:31). Estos dos hechos demuestran que el hombre estaba bajo el control de un espíritu malo. El *hombre* no podía saber que Jesús era el Hijo de Dios, por otra parte Jesús no manda a ninguna *persona* al infierno; no en esta vida, no mientras está viva.

Las Escrituras enseñan cuatro hechos acerca del diablo y sus ángeles (mensajeros, demonios, espíritus malos), que siempre deben ser recordados.

1. Creen que hay un Dios y tiemblan (Stg. 2:19).
2. No tienen nada que ver con Jesús; es decir, su naturaleza es totalmente diferente al espíritu puro de Jesús. El mal y los malos espíritus son diametralmente opuestos a la pureza y santidad de Jesús.
3. El Hijo de Dios ha venido a destruir las obras del diablo. Todo el mal y todos los malos espíritus serán destruidos (1 Jn. 3:8; cp. He. 2:14-15).
4. Están condenados a un tormento eterno (*véase* Estudio a fondo 3, *Infierno*—Mt. 25:41).

La totalidad de estos cuatro hechos estaban involucrados en el comportamiento del hombre endemoniado. El espíritu malo estaba temblando ante la presencia del Hijo de Dios. Exclamaba: «¿Qué tienes conmigo, Jesús, Hijo del Dios Altísimo?» Fue golpeado por la pureza y santidad de Jesús. Fue forzado a inclinarse y reverenciar a Jesús y a suplicarle que no lo condene; al menos todavía no. (*Véase* nota; Mr. 1:23-24 para una discusión detallada y otros pensamientos.)

Note algo: el espíritu malo sabía que Jesús había venido para destruir el mal. Sabía que Jesús lo iba a echar fuera y librar al hombre, a pesar de la completa y desesperanzada depravación del hombre. Cuán maravilloso es el amor y poder de Jesús; ¡que inclusive libre al más contaminado de los hombres!

«Como el Hijo del Hombre no vino para ser servido, sino para servir, y para dar su vida en rescate por muchos» (Mt. 20:28).

«Al oír esto Jesús, les dijo: Los sanos no tienen necesidad de médico, sino los enfermos. No he venido a llamar a justos, sino a pecadores» (Mr. 2:17).

«Porque el Hijo del hombre vino a buscar y a salvar lo que se había perdido» (Lc. 19:10).

4 (5:8-13) *Espíritus malos—purificación espiritual:* la tercera escena es la de un hombre milagrosamente purificado. Fue purificado por la autoridad de Jesús. En esta escena Jesús hizo tres cosas.

1. Jesús dijo la palabra de poder. Ordenó al espíritu malo a salir del hombre.
2. Jesús reveló la gran necesidad del hombre, cuán *absolutamente poseído* estaba por el diablo. Jesús mandó al espíritu malo a identificarse a sí mismo. Su nombre era legión, refiriéndose a la legión militar romana que incluía a más de seis mil hombres. El tema era que el hombre estaba desesperado a más no poder, pero el poder de Jesús fue mayor; y así es eternamente. Él es, definitivamente, el Hijo de Dios. Podía echar fuera de un hombre una legión de espíritus malos.
3. Jesús reveló la naturaleza de los espíritus malos. Usó esta ocasión para enseñar y advertir a los hombres respecto de los malos espíritus. Hay grados de control por parte de Satanás, así como hay grados de control por parte de Dios.
   a. El espíritu malo estuvo sujeto a Jesús. No hay mal que se pueda resistir a Él. El espíritu malo pidió

permanecer en su territorio. Aparentemente ese territorio y su estilo de vida eran peores y más sujetos al mal que otros países.
   b. El espíritu malo quería un cuerpo donde habitar y al cual influir (*véase* nota, pto. 5—Mt. 8:28-31). Pidió entrar en un hato de cerdos. Note el plural «los demonios», y el hecho de que había aproximadamente dos mil cerdos. Esto destaca otra vez el enorme mal que había en el interior del hombre, su angustia desesperada, sino esperanza.
   c. El demonio era maligno y violento; era un destructor. Destruyó al hato de cerdos (*véase* Estudio a fondo 2—Mt. 8:32).

Pensamiento. Jesucristo tiene autoridad para purificar al hombre, no importa cuan cruel y malo sea.

«Y mirándolos, les dijo: Para los hombres esto es imposible; mas para Dios todo es posible» (Mt. 19:26; Mr. 14:36; Lc. 1:37).

«Y Jesús se acercó y les habló diciendo: Toda potestad me es dada en el cielo y en la tierra» (Mt. 28:18).

«Cómo Dios ungió con el Espíritu Santo y con poder a Jesús de Nazaret, y cómo éste anduvo haciendo bienes y sanando a todos los oprimidos por el diablo, porque Dios estaba con él» (Hch. 10:38).

«Y cuál la supereminente grandeza de su poder para con nosotros los que creemos, según la operación del poder de su fuerza la cual operó en Cristo, resucitándole de los muertos y sentándole a su diestra en los lugares celestiales, sobre todo principado y autoridad y poder y señorío, y sobre todo nombre que se nombra, no sólo en este siglo, sino también en el venidero; y sometió todas las cosas bajo sus pies, y lo dio por cabeza sobre todas las cosas a la iglesia» (Ef. 1:19-22).

«Y a Aquel que es poderoso para hacer todas las cosas mucho más abundantemente de lo que pedimos o entendemos, según el poder que actúa en nosotros» (Ef. 3:20).

ESTUDIO A FONDO 3

(5:12-13) *Jesucristo, juicio:* el motivo por el que Jesús permitió que sea muerto el hato de cerdos es discutido en la nota—Mt. 5:32.

5 (5:14-17) *Jesucristo, respuesta:* la cuarta escena es la de un pueblo que, endurecido, rechaza a Dios pidiendo a Jesús que los deje. Cinco acciones se ven aquí (*véase* nota—Mt. 8:33-34).

1. Hubo la acción lógica: quienes cuidaban los cerdos fueron corriendo a la ciudad para dar aviso a los dueños del hato y relatarles lo ocurrido. El hato había sido destruido en su totalidad; financieramente fue una enorme y devastadora pérdida. Debían asegurarse de nos ser responsabilizados por la pérdida.
2. Hubo la investigación lógica por parte de los propietarios y de la gente de la ciudad: vinieron a Jesús para investigar la pérdida. Vieron al hombre sentado en presencia de Jesús vestido y en sus cabales. (Note: cuando Jesús purifica a una persona ésta vuelve a su *juicio cabal*. La persona es realmente sanada.) Se llenaron de temor ante el poder de Jesús, puesto que conocían al hombre y su desesperada condición. ¡Qué poder debe tener este Jesús!
3. Hubo el relato lógico de los testigos oculares: lo compartieron con los propietarios y los habitantes de la ciudad. Note: ellos llevaron las buenas nuevas de lo que había ocurrido con el hombre, pero también relataron lo ocurrido con los cerdos. No podían pasar por alto la pérdida financiera. Pensaban más en el mundo y su dinero que en Dios supliendo las necesidades de la gente.
4. Hubo el pedido ilógico: pidieron a Jesús que se fuera «pues tenían gran temor» (Lc. 8:37). Fueron presos del temor, no de un temor reverencial y humilde, sino de un temor lleno de espanto y odio a Jesús por haber causado tanta pérdida, y por temor de ser castigados aun más.

5.   Hubo el final trágico: Jesús se fue. Hizo exactamente lo que la gente le pidió que hiciera.

Pensamiento 1. Note que los demonios obtuvieron precisamente lo que querían. Lograron que el pueblo rechazara a Jesús, prefiriendo las riquezas en vez de preferir a Dios. (Contraste el espíritu de Moisés, He. 11:25-26.)

«No améis al mundo, ni las cosas que están en el mundo. Si alguno ama al mundo, el amor del Padre no está en él. Porque todo lo que hay en el mundo, los deseos de la carne, los deseos de los ojos, y la vanagloria de la vida, no proviene del Padre, sino del mundo» (1 Jn. 2:15-16).

«Porque ¿Qué aprovechará al hombre, si ganare todo el mundo, y perdiere su alma? ¿O qué recompensa dará el hombre por su alma?» (Mt. 16:26).

«Poned la mira en las cosas de arriba, no en las de la tierra» (Col. 3:2).

«Enseñándonos que, renunciando a la impiedad y a los deseos mundanos, vivamos en este siglo sobria, justa y piadosamente» (Tit. 2:12).

Pensamiento 2. Jesús les concedió su pedido: los dejó. Jesús concederá nuestro pedido de dejarnos para que vayamos por nuestro propio camino, pero el resultado será «pobreza de alma» y rechazo por parte de Dios (Sal. 106:15).

«Y a cualquiera que me niegue delante de los hombres, yo también le negaré delante de mi Padre que está en los cielos» (Mt. 10:33).

«Porque el que se avergonzare de mí y de mis palabras en esta generación adúltera y pecadora, el Hijo del Hombre se avergonzará también de Él, cuando venga en la gloria de su Padre con los santos ángeles» (Mr. 8:38).

«El que ama el dinero, no se saciará de dinero; y el que ama el mucho tener, no sacará fruto. También esto es vanidad» (Ec. 5:10).

«¿Por qué gastáis el dinero en lo que no es pan, y vuestro trabajo en lo que no sacia? Oídme atentamente, y comed del bien, y se deleitará vuestra alma con grosura?» (Is. 55:2).

6 (5:18-20) *Testificar:* la quinta escena es la de un hombre comisionado deliberadamente por Jesús. El hombre estuvo naturalmente agradecido, apreciando mucho lo hecho. Inmediatamente quiso ser un seguidor de Jesús, pero Jesús vio algo singular en este hombre, algo que lo haría un evangelista dinámico en medio de su pueblo. Consecuentemente Jesús lo comisión a ser un discípulo en su propio hogar. Dos cosas significativas se dice acerca de este testigo: fue fiel y tuvo éxito.

Un creyente tiene que ser alguien «que gobierne bien su casa, que tenga a sus hijos en sujeción con toda honestidad (pues el que no sabe gobernar su propia casa, ¿cómo cuidará de la iglesia de Dios?)» (1 Ti. 3:4-5).

«Porque si alguno no provee para los suyos, y mayormente para los de su casa, ha negado la fe, y es peor que un incrédulo» (1 Ti. 5:8).

ESTUDIO A FONDO 4

(5:19) *Testificar:* ¿Por qué le dijo Jesús a este hombre que proclamara las *buenas nuevas* cuando al leproso le había mandado no difundir la Palabra (Mr. 1:44)? Acababan de prohibirle a Jesús a continuar su ministerio entre los gadarenos. Necesitaba de alguien que continuara su obra, por eso envió a este nuevo creyente.

1 Las multitudes se reunieron alrededor de Jesús

2 Escena 1: el pedido de un principal
a. Una actitud sin egoísmo
b. Una actitud humilde
c. Una actitud implorante
d. Una actitud expectante, con fe
e. El resultado: Jesús accede al pedido desesperado

3 Escena 2: el acercamiento desesperado de una mujer
a. Una actitud de «es mi última esperanza»

b. Una actitud tímida, avergonzada, de sentirse indigna

c. Una actitud de fe, expectante

d. Una actitud de confesión

1) El precio del servicio pagado por Jesús
2) La insensibilidad de los apóstoles

H. Acercamientos que asieron la autoridad de Jesús: cómo acercarse a Jesús,[EF1] **5:21-43** (Mt. 9:18-26; Lc. 8:40-56)

21 Pasando otra vez Jesús en una barca a la otra orilla, se reunió alrededor de él una gran multitud; y él estaba junto al mar.
22 Y vino uno de los principales de la sinagoga, llamado Jairo; y luego que le vio se postró a sus pies,
23 y le rogaba mucho, diciendo: Mi hija está agonizando; ven y pon las manos sobre ella para que sea salva, y vivirá.
24 Fue, pues, con él; y le seguía una gran multitud, y le apretaban.
25 Pero una mujer que desde hacía doce años padecía de flujo de sangre,
26 y había sufrido mucho de muchos médicos, y gastado todo lo que tenía, y nada había aprovechado, antes le iba peor,
27 cuando oyó hablar de Jesús, vino por detrás entre la multitud, y tocó su manto.
28 Porque decía: Si tocare tan solamente su manto, seré salva.
29 Y en seguida la fuente de su sangre se secó; y sintió en el cuerpo que estaba sana de aquel azote.
30 Luego Jesús, conociendo en sí mismo el poder que había salido de él, volviéndose a la multitud, dijo: ¿Quién ha tocado mis vestidos?
31 Sus discípulos le dijeron: Ves que la multitud te aprieta, y dices: ¿Quién me ha tocado?

32 Pero él miraba alrededor para ver quién había hecho esto.
33 Entonces la mujer, temiendo y temblando, sabiendo lo que en ella había sido hecho, vino y se postró delante de él, y le dijo toda la verdad.
34 Y él le dijo: Hija, tu fe te ha hecho salva; vé en paz, y queda sana de tu azote.
35 Mientras él aún hablaba, vinieron de casa del principal de la sinagoga, diciendo: Tu hija ha muerto; ¿para qué molestas más al Maestro?
36 Pero Jesús, luego que oyó lo que se decía, dijo al principal de la sinagoga: No temas, cree solamente.
37 Y no permitió que le siguiese nadie sino Pedro, Jacobo, y Juan hermano de Jacobo.
38 Y vino a casa del principal de la sinagoga, y vio el alboroto y a los que lloraban y lamentaban mucho.
39 Y entrando, les dijo: ¿Por qué alborotáis y lloráis? La niña no está muerta, sino duerme.
40 Y se burlaban de él. Mas él, echando fuera a todos, tomó al padre y a la madre de la niña, y a los que estaban con él, y entró donde estaba la niña.
41 Y tomando la mano de la niña, le dijo: Talita cumi; que traducido es: Niña, a ti te digo, levántate.
42 Y luego la niña se levantó y andaba, pues tenía doce años. Y se espantaron grandemente.
43 Pero él les mandó mucho que nadie lo supiese, y dijo que se le diese de comer.

3) La confesión de la mujer

e. El resultado: Jesús accede al desesperado pedido

4 Escena 3: el pedido de un principal con fe
a. Una actitud sin temor ni desesperación
1) Circunstancias devastadoras
2) La respuesta a las terribles circunstancias: El desafío de Jesús[EF2]

b. Una actitud sin lamentaciones
1) Costumbres para expresar desesperación
2) La respuesta: consuelo y seguridad de Jesús
c. No una actitud de burla o escepticismo
d. Una actitud obediente: los padres siguen a Jesús a pesar de la burla
e. Jesús accede al pedido del creyente

1) El poder de Jesús
2) El asombro de la familia
3) La consideración de Jesús

H. Acercamientos que asieron la autoridad de Jesús: cómo acercarse a Jesús, 5:21-43

(5:21-43) *Introducción:* ¿Cómo puede una persona asir a Jesús y su poder? Este pasaje trata específicamente con la persona desesperada y sin esperanza. Muestra cómo puede acercarse la persona desesperada a Jesús y asegurarse su ayuda en cualquier situación.

1. Las multitudes se reunieron alrededor de Jesús (v. 21).
2. Escena 1: el pedido desesperado de un principal (vv. 22 24).
3. Escena 2: el acercamiento desesperado de una mujer (vv. 25-34).
4. Escena 3: el pedido de un principal con fe (vv. 35-43).

ESTUDIO A FONDO 1

(5:21-43) *Fe—creer:* una sola cosa puede asir de Jesús y su poder, la fe (*véase* Estudio a fondo 1—Mt. 9:18-34. *Véanse* también notas— Mr. 11:22-23; Estudio a fondo 2—Gá. 2:16; cp. Jn. 2:24; He. 10:38.)

1 (5:21) *Jesucristo, respuesta a:* nuevamente las multitudes se reunieron alrededor de Jesús. Había vuelto, cruzando el mar de Galilea, aparentemente cerca de Capernaum, su cuartel general. Los eventos que siguen ocurrieron cerca del mar de Galilea.

2 (5:22-24) *Desesperación—actitud—buscando a Jesús:* la primera escena es la del pedido desesperado de un principal (*véase* nota, *Jairo*—Mt. 9:18-19). Un pedido desesperado siempre puede asir de Jesús. Jesús ve y responde a la persona que viene a Él desesperada. Un acercamiento desesperado involucra cuatro actitudes.

1. Hay una actitud sin egoísmo. Jairo era un principal, uno de los hombres más importantes de la comunidad (*véase* nota—Mt. 9:18-19). En ese momento los principales estaban violentamente opuestos a Jesús y expresaban públicamente su oposición. Al venir a Jesús, Jairo corría el riesgo de despertar la hostilidad de sus colegas y de ser censurado. Fácilmente pudo haber perdido su posición y profesión.

Hay otra cosa notable. Jairo en persona se acercó a Jesús. ¿Por qué iba a alejarse de su hija moribunda para buscar la ayuda de Jesús en vez de enviar a otro? ¿Es posible que aun los de su propia casa temían acercarse a Jesús debido a la odiada oposición? Es probable que Jairo no se habría apartado del lado de su hija si hubiera contado con una persona dispuesta a ir a Jesús.

El tema es que Jairo estaba desesperado por recibir ayuda. Nadie podía ayudarle; eso lo sabía. Pero había oído que Jesús podía ayudar; por eso, dejó todo de lado profesión, amigos, familia; se olvidó totalmente de sí mismo; y fue a Jesús en busca de ayuda.

«Mi mano hizo todas las cosas, y así todas estas cosas fueron, dice Jehová; pero miraré a aquel que es pobre y humilde de espíritu, y que tiembla a mi palabra» (Is. 66:2).

2. Hay una actitud humilde. Note las palabras: «Se postró a sus pies» (v. 22). Empujando, Jairo se abrió paso a través de la multitud tan rápidamente como pudo. En el primer momento que pudo ver a Jesús aceleró su paso; y cuando finalmente llegó a Él «se postró a sus pies». Esto es humildad en su expresión suprema. El principal se humilló a sí mismo y voluntariamente...

• dejó de lado todo su orgullo y dignidad.
• dejó de lado su familia y amigos con todo el prejuicio y oposición de ellos.
• dejó de lado su profesión con toda la seguridad, fama y autoridad.

«Así que, cualquiera que se humille como este niño, ése es el mayor en el reino de los cielos» (Mt. 18:4).

«Pero él da mayor gracia. Por esto dice: Dios resiste a los soberbios, y da gracia a los humildes» (Stg. 4:6).

«Humillaos delante del Señor, y él os exaltará» (Stg. 4:10).

3. Hay una actitud implorante. La palabra «rogaba» (*parakleo*) significa llamar al lado de alguien pidiendo ayuda, rogar, implorar, mendigar. El principal rogaba e imploraba a Jesús que le ayudara.

«Me invocará, y yo le responderé; con él estaré yo en la angustia; lo libraré y le glorificaré» (Sal. 91:15).

«Entonces invocarás, y te oirá Jehová; clamarás, y dirá él: Héme aquí. Si quitares de en medio de ti el yugo, el dedo amenazador, y el hablar vanidad» (Is. 58:9).

«Clama a mí y yo te responderé, y te enseñaré cosas grandes y ocultas que tú no conoces» (Jer. 33:3).

4. Hay una actitud de fe expectante. El hombre tenía una hijita de doce años de edad que estaba moribunda; «está agonizando». Note la gran fe del hombre; si Jesús iba y ponía sus manos sobre ella, ella sanaría y viviría.

«Y todo lo que pidiereis en oración, creyendo, lo recibiréis» (Mt. 21:22).

«Si algo pidiereis en mi nombre, yo lo haré» (Jn. 14:14).

5. El resultado e impacto de estas cuatro actitudes fueron poderosos. Jesús accedió a este desesperado pedido. Desesperación —ausencia de egoísmo, humildad, ruego, y fe— obtienen la ayuda. Jesús suple las necesidades de los desesperados que vienen a Él con...

• una actitud sin egoísmo.
• una actitud humilde.
• una actitud implorante.
• una actitud de fe.

3 (5:25-34) *Desesperación—actitud:* la segunda escena es la del acercamiento de una mujer sin esperanza. (*Véase* nota—Mt. 9:20-22.) Esta forma de acercarse a Jesús siempre logra asir de Él. Jesús percibe el toque de quienes están sin esperanza y siempre ayuda a los desesperados que vienen a Él. Un acercamiento desesperado involucra cuatro actitudes.

1. La actitud de: «es mi última oportunidad». La mujer hacía doce años que tenía hemorragias; era incontrolable. Nadie podía tocarla, y ella no podía tocar nada. Por ley era considerada impura, tan impura que debía ser divorciada de su esposo (Lv. 15:25-27). Debía ser separada totalmente de la sociedad y de la adoración religiosa. La mujer había probado todo. Había visto a «muchos médicos» y «había gastado todo lo que tenía», y sin embargo «le iba peor». Ya no había donde ir, sino a Jesús. (*Véase* nota—Mt. 9:20-22 para una discusión más detallada de su condición.)

«Venid a mí todos los que estáis trabajados y cargados, y yo os haré descansar» (Mt. 11:28).

Pensamiento 1. Cuando todo lo demás falla, está Jesús. Sin embargo, la mayoría de las personas prueban todo antes de venir a Jesús. No obstante, Él nos ama y nos cuida, y nos cuida enormemente. Debemos volvernos a Jesús, Él siempre nos espera, incluso nos espera cuando vamos a Él como última esperanza.

Pensamiento 2. La persona que ha llegado al punto de la desesperación y al final de toda esperanza puede ser ayudada. Cuando ya no hay esperanza alguna, hay esperanza en Cristo.

Pensamiento 3. No hay necesidad de llegar al extremo de no tener más esperanza; no es necesario llegar al *final de nuestra cuerda*; ni deprimirnos completamente. Las circunstancias nunca deben poder destruirnos, no al punto de la desesperación total. Sin embargo, muchos llegan a ese extremo. Lo que hay que recordar es que Jesús cuida de nosotros y que nunca se apartará de los desesperados. Él abre sus brazos a todos los que lo buscan, aun a los desesperados.

2. La actitud de timidez, vergüenza, y de sentirse indigna. Note que la mujer se abrió paso a golpes de codo entre la multitud y así se ubicó detrás de Jesús. Quería tocar a Jesús sin ser vista o advertida. ¿Por qué? Estaba avergonzada y se sentía indigna. Su hemorragia era un asunto personal, íntimo, de ella, algo que no quería que fuese conocido y discutido. Se la consideraba impura; por eso se sentía indigna de acercarse a Jesús.

Pensamiento 1. Es ese sentimiento de indignidad y de desesperación lo que toca el corazón de Jesús; no es la timidez y el temor a la vergüenza. Ser tímido y temer la vergüenza solamente son las actitudes que causan el sentido de indignidad y desesperación. Jesús acepta a cualquiera de las personas desesperadas que le buscan realmente, no importa qué causas tenga su sentido de indignidad.

Pensamiento 2. Cuestiones embarazosas, asuntos personales, asuntos secretos—Cristo lo entiende todo. No quiere que nadie sufra ridiculez o vergüenza. Acepta el acercamiento tímido y silencioso que busca su ayuda.

Pensamiento 3. Hay asuntos personales, embarazosos que todos queremos mantener en secreto. A veces nos causan problemas, problemas graves que nos llevan al punto de la desesperación. Incluso una actitud tímida, avergonzada, que se acerca a Jesús será aceptada. Un sentido de indignidad y desesperación toca su corazón.

> **«Cercano está Jehová a los quebrantados de corazón; y salva a los contritos de espíritu»** (Sal. 34:18).
> **«Los sacrificios de Dios son el espíritu quebrantado; al corazón contrito y humillado no despreciarás tú, oh Dios»** (Sal. 51:17).

3. La actitud de expectante fe. Note que la mujer había creído lo que «oyó hablar de Jesús». Creyó el evangelio, de que Jesús amaba y se preocupaba por la gente y que la sanaría. Note los pensamientos de su mente: «Si tocare tan solamente su manto, seré salva» (v. 28). Creía en lo que pensaba en su corazón. Dos cosas creía: el evangelio (lo que había oído acerca de Jesús) y el poder de Jesús para sanarla.

Pensamiento. La misma actitud de fe expectante, es necesaria para cualquier persona que viene a Cristo, esté desesperada o no. Es preciso creer en el evangelio y en el poder de Jesús para sanar.

> **«Arrepentíos, y creed en el evangelio»** (Mr. 1:15).
> **«Porque no me avergüenzo del evangelio, porque es poder de Dios para salvación a todo aquel que cree; al judío primeramente, y también al griego»** (Ro. 1:16).
> **«Si puedes creer, al que cree todo le es posible»** (Mr. 9:23).

4. La actitud de confesión. Jesús le allanó el camino. Permitió que ella fuese sanada sin avergonzarse, pero no era suficiente creer en secreto. El discípulo secreto tenía que llegar al punto de confesar su fe.

a. La sanidad le costó a Jesús. Poder espiritual había salido de Él y entrado en la mujer. El gasto del poder cobró su precio, reduciendo la fuerza física. Jesús sintió que había salido poder de su cuerpo. Se volvió entonces y preguntó a la multitud que lo apretaba: «¿Quién me ha tocado?»

Pensamiento. ¡Imagínese la enorme cantidad de poder que salió de Jesús desde el día de su bautismo hasta la cruz! Imagínese el insondable torrente de poder que fluyó desde la cruz, cubriendo a los creyentes de todas las generaciones. ¡Es imposible imaginarse! Sin embargo, es un hecho: un hecho que proclama el amor del Hijo de Dios. Derramó todo el poder que había en su eterno ser en favor de la humanidad.

b. Los discípulos no eran conscientes de lo que le costaba a Jesús ministrar. Eran insensibles a la energía espiritual Él obraba. Ellos ignoraban lo que Jesús estaba haciendo:

• **«El mismo tomó nuestras enfermedades, y llevó nuestras dolencias»** (Mt. 8:17; cp. Is. 53:4).

• Estaba enseñando que la confesión pública respecto de Él era esencial.

Los discípulos quedaron un tanto sorprendidos por la pregunta de Jesús: «¿Quién me ha tocado?» Jesús estaba totalmente rodeado por la multitud de la gente. En su sorpresa le preguntaron por qué hacía semejante pregunta en medio de tanta gente. ¿Cómo se imaginaba que no sería tocado?

c. La mujer confesó. Cuando Jesús hizo la pregunta, la mujer se acercó a Él «temiendo y temblando». Ella se había acercado *siendo impura* y no había pedido permiso para tocarlo. Sin embargo, fue sanada. Ahora sentía que debía responder a su pregunta e identificarse para no ser amonestada por Jesús ni rechazada su fe. Ella sintió de alguna manera que su sanidad podría ser revertida si no confesaba que había tocado a Jesús. De modo que «sabiendo lo que en ella había sido hecho, vino y se postró delante de Él». Era algo difícil y embarazoso para ella, sin embargo lo hizo.

> **«A cualquiera, pues, que me confiese delante de los hombres, yo también le confesaré delante de mi Padre que está en los cielos»** (Mt. 10:32).
> **«Os digo que todo aquel que me confesare delante de los hombres, también el Hijo del Hombre le confesará delante de los ángeles de Dios»** (Lc. 12:8).

5. El resultado es glorioso. Jesús concedió el pedido de la que no tenía esperanza. «Hija, tu fe te ha hecho salva, vé en paz y queda sana» (v. 34). El resultado fue doble. Ella recibió paz. El temor y temblor fue quitado de ella y en su lugar se llenó de paz. Segundo, fue sanada tanto física como espiritualmente.

> **«La paz os dejo, mi paz os doy; yo no os la doy como el mundo la da. No se turbe vuestro corazón, ni tenga miedo»** (Jn. 14:27).
> **«Estas cosas os he hablado para que en mí tengáis paz. En el mundo tendréis aflicción; pero confiad, yo he vencido al mundo»** (Jn. 16:33).
> **«Entonces Jesús dijo al centurión: Vé, y como creíste, te sea hecho. Y su criado fue sanado en esa misma hora»** (Mt. 8:13).
> **«Entonces les tocó los ojos, diciendo: conforme a vuestra fe os sea hecho. Y los ojos de ellos fueron abiertos. Y Jesús les encargó rigurosamente, diciendo: Mirad que nadie lo sepa»** (Mt. 9:29-30).
> **«Jesús le dijo: Si puedes creer, al que cree todo le es posible»** (Mr. 9:23).
> **«De cierto, de cierto os digo: el que oye mi palabra, y cree al que me envió, tiene vida eterna; y no vendrá a condenación, mas ha pasado de muerte a vida»** (Jn. 5:24).
> **«Que si confesares con tu boca que Jesucristo es el Señor, y creyeres en tu corazón que Dios le levantó de los muertos, serás salvo. Porque con el corazón se cree para justicia, pero con la boca se confiesa para salvación»** (Ro. 10:9-10).

[4] (5:35-43) *Fe:* la tercera escena es la del acercamiento de un principal con fe. Esta clase de acercamiento siempre logra asir de Jesús. Jesús sabe cuando una persona realmente cree. El acercamiento con fe involucra una sencilla actitud, pero también hay varias actitudes que no involucra.

1. En la fe no hay temor ni desesperación. La fe no tiene nada que ver con el temor y la desesperación.

a. Note las circunstancias devastadoras que ocurrieron. Mientras Jesús aún hablaba con la mujer, alguien llegó de la casa de Jairo con la noticia terrible: su hija había muerto. Imagínese el trauma: cómo se sentía Jairo. Cuánta ansiedad debe haber sentido con los empujones y empellones y el lento movimiento de la multitud. Qué nervioso debe haberse puesto cuando

Jesús se detuvo para atender el asunto de la mujer con hemorragia. Si Jesús tan solo se hubiera dado prisa habría llegado a tiempo para sanar a su hija. Jairo quedó devastado, despedazado, temeroso y desesperado. Ahora era demasiado tarde. Estaba indefenso; ya no había esperanza.

    b.   Note: el desafío de Jesús es la respuesta a todo temor y desesperación: «No temas, cree solamente». (*Véase* Estudio a fondo 2—Mr. 5:36.)

2.   En la fe no hay lamentaciones ni quejas. La fe nada tiene que ver con tales actitudes. La sociedad y otros pueden estar ocupados y alentar a otros a lamentarse y quejarse; pueden decir y sentir que ya no hay nada que hacer, que todo cuanto se puede hacer es sufrir bajo el peso y la tragedia de la pérdida.

Sin embargo, la respuesta a cualquier circunstancia, suave o trágica, no es lamentarse y quejarse. La respuesta es el *consuelo* y la *certeza* que da Jesús. Aun cuando la circunstancia es muerte, Jesús consuela y da seguridad: «¿Por qué alborotáis y lloráis? La niña no está muerta, sino duerme» (v. 39). Existe la esperanza de la resurrección, que es un hecho viviente, un hecho real que pronto va a tener lugar. Además hay esperanza de vida eterna, de no morir nunca, de ser llevado a la presencia misma de Dios, al dejar esta vida (Jn. 5:24-29; 11:25-26. *Véase* Estudio a fondo 1—2 Ti. 4:18).

> «De cierto, de cierto os digo: el que oye mi palabra, y cree al que me envió, tiene vida eterna; y no vendrá a condenación, mas ha pasado de muerte a vida. De cierto, de cierto os digo: El que oye mi palabra, y cree al que me envió, tiene vida eterna; y no vendrá a condenación, mas ha pasado de muerte a vida» (Jn. 5:24-25).
>
> «Le dijo Jesús: Yo soy la resurrección y la vida; el que cree en mí aunque esté muerto, vivirá. Y todo aquel que vive y cree en mí, no morirá eternamente. ¿Crees esto?» (Jn. 11:25-26).
>
> «Y el Señor me librará de toda obra mala, y me preservará para su reino celestial. A él sea gloria por los siglos de los siglos» (2 Ti. 4:18).

3.   En la fe no hay burlas ni escepticismo. Las personas que hacían lamentación se burlaron de Jesús (*véase* nota, pt. 5—Mt. 9:23-26) para una discusión y pensamientos detallados).

4.   La actitud obediente, una actitud que cree y sigue a Jesús. Note que los padres hicieron exactamente lo que Jesús dijo: echaron a los huéspedes y siguieron a Jesús a la habitación donde yacía la hija muerta. Le obedecieron a pesar de la burla y el ecepticismo de los otros.

> *Pensamiento.* Una fe firme con frecuencia requiere soportar el abuso, burlas, y persecuciones para seguir a Jesús. Conquistar lo imposible requiere mucha fe, y con frecuencia requiere enfrentar solo a todos los demás.

5.   Jesús concedió el pedido del creyente. Jesús demostró su gran amor y asombroso poder. Levantó a la hija de Jairo. Mostró que se preocupaba por el hombre y la familia que lo buscó con fe y confianza.

La familia, por supuesto, quedó asombrada, como hubiera ocurrido con cualquier otra. Pero note la *consideración* de Jesús. Le mandó a la familia a no contar lo que realmente había ocurrido a efecto de protegerlos de una aglomeración inmediata de curiosos. Además mostró gran ternura diciéndoles que dieran algo de comer a la hija.

> *Pensamiento.* Hay una necesidad desesperada de *fe obstinada* en muchos padres para con sus hijos. Pero note lo que debe preceder a la fe obstinada, una fe desesperada que olvida y niega el ego y que busca a Jesús sin importar el precio. Los casos difíciles requieren tanto una fe desesperada como una fe obstinada. Es esa clase de fe la que recibe la *gran* recompensa.
>
> «Jesús les dijo: Por vuestra poca fe; porque

de cierto os digo, que si tuviereis fe como un grano de mostaza, diréis a este monte: Pásate de aquí allá, y se pasará; y nada os será imposible» (Mt. 17:20; cp. Mt. 21:21).

«Respondiendo Jesús, les dijo: Tened fe en Dios. Porque de cierto os digo que cualquiera que dijere a este monte: Quítate y échate en el mar, y no dudare en su corazón, sino creyere que será hecho lo que dice, lo que diga le será hecho. Por tanto, os digo que todo lo que pidiereis orando, creed que los recibiréis, y os vendrá» (Mr. 11:22-24).

«Oyéndolo Jesús, le respondió: No temas; cree solamente, y serás salvo» (Lc. 8:50).

«Y cuando se levantaron por la mañana, salieron al desierto de Tecoa. Y mientras salían, Josafat, estando en pie, dijo: Oídme, Judá y moradores de Jerusalén. Creed en Jehová vuestro Dios, y estaréis seguros; creed a sus profetas, y seréis prosperados» (2 Cr. 20:20).

ESTUDIO A FONDO 2

(5:36) *Fe—temor:* el temor es lo opuesto a la fe. El creer en Dios elimina el temor. El creer que Dios realmente cuida a los suyos y que los librará de cualquiera y todas las circunstancias de la vida borra el temor. Si Dios cuida a los suyos, no hay nada que temer. Pero si uno no cree que Dios cuida a los suyos, entonces hay temor. ¿Por qué? Porque no hay nadie, más allá del hombre, que pueda ayudar, y la ayuda del hombre es limitada, muy limitada. Hay muchas ocasiones en la vida en que la ayuda del hombre no es suficiente, ni cercanamente suficiente. Por eso para el hombre incrédulo, hay toda clase de cosas para temer: circunstancias desafortunadas, mala salud, accidentes, soledad, muerte, la pérdida de todo: familia, profesión, amigos, negocio, hogar.

	I. Rechazo de la autoridad de Jesús: por qué es rechazado Jesús,[EF1] 6:1-6 (Mt. 13:54-58; cp. Lc. 4:16-30)	hijo de María, hermano de Jacobo, de José, de Judas y de Simón? ¿No están también con nosotros sus hermanas? Y se escandalizaban de él.	
1 Jesús se hallaba en su ciudad, Nazaret a. Entró a la sinagoga b. Enseñó: la gente estaba asombrada 2 Algunos cuestionaron la fuente de su autoridad a. Le faltaban las credenciales y la educación adecuados b. Era de orígenes humanos y humildes [EF2]	Salió Jesús de allí y vino a su tierra, y le seguían sus discípulos. 2 Y llegado el día de reposo, comenzó a enseñar en la sinagoga; y muchos, oyéndole, se admiraban, y decían: ¿De dónde tiene éste estas cosas? ¿Y qué sabiduría es esta que le es dada, y estos milagros que por sus manos son hechos? 3 ¿No es éste el carpintero,	4 Mas Jesús les decía: No hay profeta sin honra sino en su propia tierra, y entre sus parientes, y en su casa. 5 Y no pudo hacer allí ningún milagro, salvo que sanó a unos pocos enfermos, poniendo sobre ellos las manos. 6 Y estaba asombrado de la incredulidad de ellos. Y recorría las aldeas de alrededor, enseñando.	3 Algunos se sintieron ofendidos por Él: lo consideraban solamente como uno de ellos 4 Algunos bloquearon el poder de Dios 5 Algunos eran prisioneros de la incredulidad, a un extremo sorprendente

I. Rechazo de la autoridad de Jesús: por qué es rechazado Jesús, 6:1-6

(6:1-6) *Introducción—Jesucristo, rechazado—ministros:* la ciudad de Jesús fue dura con Él. La mayoría de sus vecinos nunca pudieron aceptar que fuese el Mesías. El hecho que una persona, de en medio de ellos, pudiera llegar a ser el verdadero Mesías, el Hijo de Dios, trascendía su capacidad de comprensión. Hubo algunos que eran envidiosos y celosos de la prominencia y estima que Jesús había logrado. La falta de aceptación, incredulidad, y los rumores referidos a Él se habían difundido entre su propia gente; la incredulidad de ellos los llevó a hacer algunas cosas terribles.

- Algunos de la ciudad intentaron matarlo.
- Algunos amigos y vecinos lo tuvieron por loco o fuera de sí, de manera que intentaron prenderlo y traerlo a su casa (Mr. 3:20-21; Lc. 4:16-30).
- Su familia se sintió extremadamente avergonzada por sus afirmaciones y los graves rumores que circulaban referidos a él (Mr. 3:31-32).

Los críticos más severos de la vida y obra de un hombre son, por supuesto, aquellos que lo han conocido desde siempre.

1. Jesús se hallaba en su ciudad, Nazaret (vv. 1-2).
2. Algunos cuestionaron la fuente de su autoridad (vv. 2-3).
3. Algunos se sintieron ofendidos por Él: lo consideraban solamente como uno de ellos (vv. 3-4).
4. Algunos bloquearon el poder de Dios (v. 5).
5. Algunos eran prisioneros de la incredulidad, a un extremo sorprendente (v. 6).

ESTUDIO A FONDO 1

(6:1-6) *Jesucristo, infancia y primeros años de vida: véase* nota—Mt. 2:12 para una discusión detallada.

[1] (6:1-2) *Jesucristo, su ciudad:* Jesús dejó a Capernaum y volvió a su ciudad, Nazaret. Nazaret era la ciudad donde había crecido, y donde había pasado su juventud. Note que la gente de su ciudad no se agolpó alrededor suyo, como la de todos los otros lugares. De todas las indicaciones disponibles no tuvo oportunidad de predicar y enseñar hasta el sábado. Llegado el sábado fue a la sinagoga y comenzó a enseñar. Su enseñanza era poderosa, extremadamente impresionante, a tal punto que muchos quedaron asombrados y maravillados ante la habilidad y la fuerza de lo que un *muchacho de*

la casa tenía para decir.

> *Pensamiento.* Jesús fue totalmente obediente al Padre (He. 5:8). Vivió y se movió y tuvo su ser en el Padre. Por supuesto, esta es la clave del poder en la vida y ministerio del creyente. *Vivir con poder, predicar con poder* y *enseñar con poder* todo proviene de la presencia de Dios mismo.

> **«Pero recibiréis poder, cuando haya venido sobre vosotros el Espíritu Santo, y me seréis testigos en, Jerusalén, en toda Judea, en Samaria y hasta lo último de la tierra» (Hch. 1:8).**

> **«[Para que sepáis] la supereminente grandeza de su poder para con nosotros los que creemos, según la operación del poder de su fuerza. La cual operó en Cristo, resucitándole de los muertos y sentándole a su diestra en los lugares celestiales» (Ef. 1:20).**

> **«Y a Aquel que es poderoso para hacer todas las cosas mucho más abundantemente de lo que pedimos o entendemos, según el poder que actúa en nosotros» (Ef. 3:20).**

> **«Porque no nos ha dado Dios, espíritu de cobardía, sino de poder, de amor y de dominio propio. Por tanto no te avergüences de dar testimonio de nuestro Señor, ni de mí, preso suyo, sino participa de las aflicciones por el evangelio según el poder de Dios» (2 Ti. 1:7-8).**

[2] (6:2-3) *Jesucristo, acusaciones contra:* algunos cuestionaron la fuente de autoridad de Jesús. Había dos razones principales para ello.

1. Jesús no tenía ni credenciales ni la educación adecuada. Su sabiduría era innegable. Tampoco se podían negar las obras poderosas que había hecho en otras partes. La gente incluso reconocía que su sabiduría y poder eran *dados* (v. 2), pero no podían entender de dónde ni de quién las había recibido.

La pregunta de la gente era correcta; era la pregunta que debían hacer. Ella muestra que pensaban en Él, pero cometían un error. ¿Por qué? Porque no estaban dispuestos a reconocer que Él había venido personalmente de Dios (Lc. 4:16-21; Jn. 10:30-38). (*Véase* nota, pto. 1—Mt. 13:54-56 para mayor discusión y aplicaciones del tema.)

2. Jesús era de orígenes humanos y humildes. Era un mero trabajador, un carpintero. Su familia no le había dado ninguna ventaja social o educativa. No eran sino gente común y silvestre, de la que nadie jamás había logrado algo importante; sin embargo, Él estaba enseñando como un gran rabino. (*Véase* nota, pto. 2—Mt. 13:54-56 para una discusión detallada del tema.)

Pensamiento. El problema básico con los vecinos de Jesús era la envidia y los celos. No le concedían el honor y la estima que tanta gente le estaba dando. Había llegado a ser mucho más famoso que cualquiera de ellos, y la mayoría de ellos había tenido en la niñez tanta o mayor ventaja y promesa. La gente sencillamente no estaba dispuesta a admitir que Jesús era realmente quien afirmaba ser (cp. Lc. 4:16-24). Objetaban sus afirmaciones, las objetaban a tal punto que se hicieron testarudos, entregándose a sí mismos a la incredulidad obstinada.

> «Ellos le dijeron: ¿Dónde está tu Padre? Respondió Jesús: Ni a mí me conocéis, ni a mi Padre; si a mí me conocieseis, también a mi Padre conoceríais» (Jn. 8:19).

> «Pero yo dije: Ciertamente estos son pobres que han enloquecido, pues no conocen el camino de Jehová, el juicio de su Dios» (Jer. 5:4).

> «Mas ellos no conocieron los pensamientos de Jehová, ni entendieron su consejo» (Mi. 4:12).

ESTUDIO A FONDO 2

(6:3) *Jesucristo—acusaciones contra:* Jesús no solo estaba siendo rechazado—también se le burlaban y lo despreciaban (Is.53:3). Contrariamente a lo que afirmaban, no había venido *de* un lugar tan humilde como Nazaret, sino que había venido *a* Nazaret, para buscar y salvar a los que habían sido sus vecinos.

> «Porque un niño nos es nacido, hijo nos es dado, y el principado sobre su hombro; y se llamará su nombre Admirable, Consejero, Dios fuerte, Padre eterno, Príncipe de paz» (Is. 9:6).

> «Pero tú, Belén Efrata, pequeña para estar entre las familias de Judá, de ti saldrá el que será Señor en Israel; y sus salidas son desde el principio, desde los días de la eternidad» (Mi. 5:2).

> «Haya, pues, en vosotros este sentir que hubo también en Cristo Jesús, el cual siendo en forma de Dios, no estimó el ser igual a Dios como cosa a que aferrarse, sino que se despojó a sí mismo, tomando forma de siervo, hecho semejante a los hombres; y estando en la condición de hombre, se humilló a sí mismo, haciéndose obediente hasta la muerte, y muerte de cruz» (Fil. 2:5-8).

(6:3-4) *Jesucristo, rechazado:* algunos se sintieron ofendidos por él; ofendidos porque lo consideraban solamente como uno de ellos.

> «En el mundo estaba, y el mundo por él fue hecho; pero el mundo no le conoció. A lo suyo vino, y los suyos no le recibieron» (Jn. 1:10-11).

> «Porque ignorando la justicia de Dios, y procurando establecer la suya propia, no se han sujetado a la justicia de Dios» (Ro. 10:3).

> «Teniendo el entendimiento entenebrecido, ajenos de la vida de Dios por la ignorancia que en ellos hay, por la dureza de su corazón» (Ef. 4:18).

Note que Jesús identificó a tres grupos que se sintieron ofendidos y que lo deshonraron (*Véase* nota--Mt.13:57 para una discusión detallada.)

1. Los de «su propia tierra»: que intentaron matarlo (*véanse* bosquejo y notas—Lc. 4:16-30).
2. «Los suyos»: amigos y vecinos que lo consideraron fuera de sí (*véanse* bosquejo, notas y Estudio a fondo 1—Mr. 3:20-21).
3. «Su propia familia»: miembros de la familia avergonzados por sus afirmaciones y las habladurías de los vecinos (*véanse* bosquejo y notas—Mr. 3:31-32).

> *Pensamiento.* Una cosa que Dios aborrece es la envidia, el rechazo de los dones dados a otros. Dios concede dones como Él quiere para ayudar a la humanidad en su desesperada angustia. Espera que los dones sean usados, y espera que se alienten, unos a otros, en el uso de esos dones.

> «Porque ¿quién te distingue? ¿o qué tienes que no hayas recibido? Y si lo recibiste, ¿por qué te glorías como si no lo hubieras recibido?» (1 Co. 4:7).

> «El amor es sufrido, es benigno; el amor no tiene envidia, el amor no es jactancioso, no se envanece» (1 Co. 13:4).

> «No nos hagamos vanagloriosos, irritándonos unos a otros, envidiándonos unos a otros» (Gá. 5:26).

(6:5) *Jesucristo, rechazado—incredulidad:* algunas personas bloquearon el poder de Dios para toda la comunidad. Su obstinada incredulidad, sus cuestionamientos, rumores, y su repulsión hacia Jesús mantuvo alejada a la mayoría. Solamente unos pocos enfermos fueron sanados.

> *Pensamiento 1.* La incredulidad de una persona afecta e influye a otros. Mantiene a otros alejados de Cristo. Qué terrible responsabilidad; qué terrible rendición cuentas tendrán que presentar algunos respecto de su familia y vecinos y de su país.

> «Y cualquiera que haga tropezar a alguno de estos pequeños que creen en mí, mejor les fuera que se le colgase al cuello una piedra de molino de asno, y que se le hundiese en lo profundo del mar» (Mt. 18:6).

> «Mas ¡ay de vosotros, escribas y fariseos, hipócritas! porque cerráis el reino de los cielos delante de los hombres; pues ni entráis vosotros, ni dejáis entrar a los que están entrando» (Mt. 23:13).

> «Así que, ya no nos juzguemos más los unos a los otros, sino más bien decidid no poner tropiezo u ocasión de caer al hermano» (Ro. 14:13).

> «El que ama a su hermano, permanece en luz, y en él no hay tropiezo» (1 Jn. 2:10).

> *Pensamiento 2.* Note que Cristo intentó alcanzar a lo largo de su vida los tres segmentos de la sociedad. Cada creyente es responsable de extenderse hacia los mismos tres segmentos de la sociedad. Somos responsables de la fidelidad con que nos extendemos.

(6:6) *Jesucristo, rechazado—incredulidad:* algunos eran presos de incredulidad—y ello en un extremo sorprendente (*véase* nota—Mt.13:58). Note las palabras: «Estaba asombrado de la incredulidad de ellos». Tenían la presencia de Jesús, su sabiduría y el testimonio de sus obras poderosas. Tenían su poder para ayudarles en toda su necesidad, sin embargo, se mantuvieron apartados de sus reuniones. No querían venir a Él. Con orgullo se negaron a confiar y creer en Él. La situación asombró a Jesús. La incredulidad de ellos era sencillamente increíble, sin embargo, tuvo que aceptar ese rechazo. No podía imponerse a sí mismo por la fuerza. De modo que salió de la ciudad y fue a todos los pueblos vecinos a Nazaret.

> *Pensamiento.* La incredulidad es chocante. Es sorprendente pensar que alguien pueda rechazar la salvación de Cristo, la salvación que libra al hombre del pecado, de muerte, del juicio venidero; rechazar al Cristo que enriquece y mejora tanto la vida (cp. Gá. 5:22-23. *Véanse* Estudios a fondo 4, 5—Mt. 1:21; nota—2 Co. 3:17-18; Estudio a fondo 1—Ef. 1:7; cp. Ro. 8:28-39).

> «Porque el corazón de este pueblo se ha engrosado, y con los oídos oyen pesadamente, y han cerrado sus ojos; para que no vean con los ojos, y oigan con los oídos, y con el corazón entiendan, y se conviertan, y yo los sane» (Mt. 13:15).

> «Dicen, pues, a Dios: Apártate de nosotros, porque no queremos el conocimiento de tus caminos» (Job 21:14).

	IV. EL MINISTERIO DEL HIJO DE DIOS PARA ENTRENAR HOMBRES: LA INTENSA PREPARACIÓN QUE JESÚS DIO A SUS DISCÍPULOS 6:7—8:26	9 sino que calzasen sandalias, y no vistiesen dos túnicas.	
		10 Y les dijo: Dondequiera que entréis en una casa, posad en ella hasta que salgáis de aquel lugar.	b. Debían mostrar estabilidad y permanencia
1 Los discípulos fueron equipados	**A. El envío de los discípulos, 6:7-13** (Mt. 9:35—10:42; Lc. 9:1-6)	11 Y si en algún lugar no os recibieren ni os oyeren, salid de allí, y sacudid el polvo que está debajo de vuestros pies, para testimonio a ellos. De cierto os digo que en el día del juicio, será más tolerable el castigo para los de Sodoma y Gomorra, que para aquella ciudad.	c. Debían rechazar a cualquiera que no fuese hospitalario y receptivo 1) El motivo: como advertencia 2) El juicio: terrible
a. Fueron llamados a Él b. Fueron dos en dos c. Se invistieron de poder	7 Después llamó a los doce, y comenzó a enviarlos de dos en dos; y les dio autoridad sobre los espíritus inmundos.	12 Y saliendo, predicaban que los hombres se arrepintiesen.	d. Debían predicar arrepentimiento
2 Los discípulos fueron instruidos a. Debían vivir en completa sencillez y humildad	8 Y les mandó que no llevasen nada para el camino, sino solamente bordón; ni alforja, ni pan, ni dinero en el cinto,	13 Y echaban fuera muchos demonios, y ungían con aceite a muchos enfermos, y los sanaban.	e. Debían ministrar a los endemoniados y enfermos

IV. EL MINISTERIO DEL HIJO DE DIOS PARA ENTRENAR HOMBRES: LA INTENSA PREPARACIÓN QUE JESÚS DIO A SUS DISCÍPULOS, 6:7—8:26

A. El envío de los discípulos, 6:7-13

(6:7-13) *Introducción:* toda persona tiene que ser equipada antes de ser enviada, sin importar cual sea el proyecto o emprendimiento. El éxito depende en gran medida de la buena preparación del hombre. Ciertamente esto rige en el mundo de los negocios. También rige para los verdaderos siervos y discípulos de Dios. Es preciso que ellos sean equipados por Dios al salir a ejecutar su ministerio al Señor.

1. Los discípulos fueron equipados (v. 7).
2. Los discípulos fueron instruidos (vv. 8-13).

1 (6:7) *Discípulos—ministros:* Cristo equipó a los discípulos. No los envió carentes de preparación y equipamiento.

1. Cristo «llamó a sus discípulos (Mr. 3:13; 6:7). Los llamó «para que estuviesen con Él, y para enviarlos [después] a predicar» (Mr. 3:14. *Véase* nota—Mr. 3:14-15 para una discusión más detallada).

Este era, precisamente el método usado por Cristo para equipar a sus discípulos; el método de *estar unido a ellos*, o el método del *discipulado*. Cristo simplemente llamó a lo hombres a *estar con Él;* a andar y asociarse con Él, a seguirlo y vivir en su presencia. Al estar «*con Él*» ellos verían cómo andaba con Dios y cómo ministraba a la gente. Comenzarían a absorber y asimilar el propio carácter y comportamiento de Jesús. Comenzarían a ser como Él, y al comenzar a asemejarse a Él comenzarían a seguirlo y a servirle más y más. (*Véase* nota—Mt. 28:19-20 en cuanto a una discusión detallada del método del discipulado usado por Cristo.)

2. Cristo envió a sus discípulos de dos en dos. Hay al menos dos motivos para hacer esto.
   a. Toda palabra debía ser establecida (confirmada,

afirmada) por boca de dos testigos (Mt. 18:16).
   b. Las dos personas se harían mutua compañía y se ayudarían a encarar juntos con mayor facilidad los problemas. Podrían alentarse, sostenerse y fortalecerse mutuamente.

3. Cristo dio gran poder a sus discípulos. Note que todo lo mencionado es el poder sobre los espíritus inmundos (cp. Mr.3:15). Sin embargo, el poder «para sanar toda enfermedad y toda dolencia» y para «predicar el reino de Dios» también fue dado (cp. Mt. 10:1; Lc. 9:1-2). ¿Por qué entonces se concentra Marcos en el poder sobre los espíritus inmundos solamente? El motivo parece ser doble.
   a. Marcos está escribiendo a los gentiles, un pueblo...
- que no glorificaba a Dios como Dios.
- que no era agradecido a Dios.
- que se había envanecido en sus fantasías.
- que tenía corazones necios y entenebrecidos.
- que profesaban ser sabios, pero que eran necios.
- que cambiaron la gloria de Dios por imágenes tales como el hombre corruptible, y aves, y cuadrúpedos, y animales que se arrastran.
- que eran impuros por los deseos de sus propios corazones.
- que deshonraban a sus propios cuerpos entre ellos.
- que cambiaron la verdad de Dios en mentira.
- que adoraban y servían a la criatura más que al Creador.
- que fueron entregados a afectos viles.
- cuyas mujeres cambiaron el uso natural en lo que es contrario a la naturaleza.
- cuyos hombres dejaron el uso natural de la mujer, enardeciéndose en sus pasiones unos con otros.

- que no querían retener a Dios en su conocimiento.
- que tenían mentes reprobadas.
- que hacían cosas degradantes e inmorales (cp. Ro. 1:21-28).

Dicho de manera muy simple y clara, Marcos estaba escribiendo a gente llena de toda clase de mal, un pueblo *sujeto* al control de toda clase de espíritus malos. La sociedad gentil tenía que ser consciente de los espíritus impuros entre ellos y de su necesidad de ser limpiados de tal impureza y mal.

«**Estando atestados de toda injusticia, fornicación, perversidad, avaricia, maldad; llenos de envidia, homicidios, contiendas, engaños y malignidades; murmuradores, detractores, aborrecedores de Dios, injuriosos, soberbios, altivos, inventores de males, desobedientes a los padres, necios, desleales, sin afecto natural, implacables, sin misericordia**» (Ro. 1:29-31).

b. Marcos se concentra en el propósito central de Cristo: conquistar el *espíritu del mal* y *destruir las obras del diablo,* especialmente en los corazones y las vidas de los hombres.

«**Ahora es el juicio de este mundo; ahora el príncipe de este mundo será echado fuera**» (Jn. 12:31).

«**Y despojando a los principados y a las potestades, los exhibió públicamente, triunfando sobre ellos en la cruz**» (Col. 2:15).

«**El que practica el pecado es del diablo; porque el diablo peca desde el principio. Para esto apareció el Hijo de Dios, para deshacer las obras del diablo**» (1 Jn. 3:8).

2 (6:8-13) *Ministro, vida del—creyentes, estilo de vida—sanidad, aceite:* Cristo instruyó a los discípulos. Les dio cinco instrucciones específicas.

1. Los discípulos debían vivir en completa sencillez y humildad (vv. 8-9). Cristo expresó con exactitud lo que quería decir con esto.

- Solamente debían llevar un cayado, esto para ayudarse a caminar.
- No debían llevar bolsa ni alforja, ni pan ni dinero en sus cintos.
- Debían usar sandalias para protegerse, refrescar y dar comodidad a los pies.
- No debían vestir dos túnicas, pues ello denotaría una vida de extravagancia y despilfarro.

Pensamiento. La idea, en su totalidad, es que el siervo de Dios debe vivir sencilla y humildemente, como la gente común. El siervo no debe ser extravagante ostentoso, mundano y materialista, indulgente y carnal. Hay cuatro motivos esenciales para esta instrucción.

a. El siervo del Señor «debe buscar y poner la mira en las cosas de arriba, no en las de la tierra» (Col. 3:1-2). Debe tener una *mentalidad celestial,* para que la gente sepa que hay una vida y un mundo mucho mejor de lo que ofrece esta tierra (cp. He. 11:13-16, 24-26).

«**Porque los que son de la carne piensan en las cosas de la carne; pero los que son del Espíritu, en las cosas del Espíritu. Porque el ocuparse de la carne es muerte, pero el ocuparse del Espíritu es vida y paz**» (Ro. 8:5-6).

b. El siervo del Señor debe tener su mente centrada en *predicar el evangelio y ministrar* a la gente, no en cosas materiales tales como dinero, tierras, ropa, la mejor comida, comprar y vender y acumular.

«**Que prediques la palabra; que instes a tiempo y fuera de tiempo; redarguye, reprende, exhorta con toda paciencia y doctrina**» (2 Ti. 4:2).

c. El siervo del Señor debe demostrar (a medida que trabaja y sirve) su confianza en Dios para sus necesidades, de manera que otros puedan aprender a depender de Dios (Mt. 6:24-34).

«**Mas buscad primeramente el reino de Dios y su justicia, y todas estas cosas os serán añadidas**» (Mt. 6:33).

d. El siervo del Señor debe enseñar y depender del pueblo de Dios para suplir sus necesidades (cp. Mt. 10:9-10).

«**¿No sabéis que los que trabajan en las cosas sagradas, comen del templo y que los que sirven al altar, del altar participan? Así también ordenó el Señor a los que anuncian el evangelio, que vivan del evangelio**» (1 Co. 9:13-14).

2. Los discípulos debían mostrar estabilidad y permanencia (v. 10). Al entrar en una ciudad y hallar donde hospedarse, debían permanecer allí y no mudarse de lugar en lugar. No debían buscar mayor confort y lujo a medida que llegaban a conocer el lugar.

Pensamiento. Hay varias buenas razones para esta instrucción. (*Véase* nota—Mt. 10:11 en cuanto al tipo de hospedaje que debían buscar.)
1) Preferir una casa respecto de otra indicaría favoritismo y causaría celos.
2) Preferir una casa respecto de otras indicaría una mentalidad egoísta, materialista y cómoda; ello llevaría a cuestionar la entrega del discípulo.
3) Preferir una casa respecto de otras, los distraería de su propósito de ministrar como discípulos.
4) Preferir una casa respecto de otras, heriría y frecuentemente alejaría a quienes dieron el primer hospedaje y a otros en la congregación.

3. Los discípulos debían rechazar a cualquiera que no fuera hospitalario y receptivo (v. 11). (*Véase* nota, ptos. 3-4—Mt.10:12-15 para una discusión detallada.)
4. Los discípulos debían predicar el arrepentimiento (v. 12). Los discípulos no debían predicar su propio mensaje o idea, ni lo que ellos pensaban o creían. Eran heraldos...
- hombres que representaban al Rey.
- hombres que recibieron el mensaje del Rey.
- hombres que debían proclamar el mensaje del Rey.

Pensamiento. El mensaje era que los hombres deben arrepentirse. Los hombres deben cambiar sus vidas, su manera de vivir. (*Véase* nota, *Arrepentimiento*—Hch. 17:29-30.)

«**Os digo: No; antes si no os arrepentís, todos pereceréis igualmente**» (Lc. 13:3).

«**Pedro les dijo: Arrepentíos, y bautícese cada uno de vosotros en el nombre de Jesucristo para perdón de los pecados; y recibiréis el don del Espíritu Santo**» (Hch. 2:38).

«**Así que, arrepentíos y convertíos, para que sean borrados vuestros pecados; para que vengan de la presencia del Señor tiempos de refrigerio**» (Hch. 3:19).

«**Arrepiéntete, pues, de esta tu maldad, y ruega a Dios, si quizá te sea perdonado el pensamiento de tu corazón**» (Hch. 8:22).

«**Deje el impío, y el hombre inicuo sus pensamientos, y vuélvase Jehová, el cual tendrá de él misericordia, y al Dios nuestro, el cual será amplio en perdonar**» (Is. 55:7).

«**Mas el impío, si se apartare de todos sus pecados que hizo, y guardare todos mis estatutos e hiciere**

según el derecho y la justicia, de cierto vivirá; no morirá» (Ez. 18:21).

«Echad de vosotros todas vuestras transgresiones con que habéis pecado, y haceos un corazón nuevo y un espíritu nuevo. ¿Por qué moriréis, casa de Israel?» (Ez. 18:31).

5.   Los discípulos debían ministrar a los endemoniados y a los enfermos (v. 13). Note que debían ministrar tanto al cuerpo como al alma. Debían librar al alma de los malos espíritus, librando a aquellos que evidentemente eran prisioneros del pecado y la vergüenza. También debían ministrar a los que tenían el cuerpo enfermo, a los que sufrían y estaban heridos.

Note: Ellos «ungían con aceite a muchos enfermos». Este es el ungimiento mencionado por Santiago (*véase* nota—Stg. 5:14-15).

a.   El aceite es símbolo del Espíritu Santo, de su presencia. El aceite ayuda a la persona a fijarse y concentrarse en la presencia del Espíritu Santo y de su poder. Con frecuencia es difícil para un enfermo, fijar la atención concentrarse. Esto es especialmente así con los que sufren dolores, los que son azotados por dolor insoportable. También es cierto en aquellos que cuya atención es espasmódica y breve. El aceite —su presencia y su ungimiento sobre el cuerpo— ayuda a la persona a fijar la atención y concentrarse en el Espíritu Santo, en su presencia y poder.

b.   El aceite es un símbolo del cuidado de Dios, consuelo y gozo, de su misericordia para con nosotros. Es el aceite del gozo. Por eso el aceite realmente fija la atención y motiva a la persona a creer en la misericordia de Dios. La atención fijada y la fe incentivada ayudan a llenar el corazón de la persona con gozo.

«Has amado la justicia y aborrecido la maldad; por tanto, te ungió Dios, el Dios tuyo, con óleo de alegría más que a tus compañeros» (Sal. 45:7).

«Has amado la justicia y aborrecido la maldad, por lo cual te ungió Dios, el Dios tuyo, con óleo de alegría más que a tus compañeros» (He. 1:9).

B. Muerte de Juan el Bautista: el inmoral vs. el justo, 6:14-29
(Mt. 4:1-14; Lc. 9:7-9)

1 Las opiniones acerca de Jesús se difundieron donde los discípulos predicaban, (cp. vv. 7, 30ss).
  a. Herodes pensó que Jesús era Juan el Bautista
  b. Otros pensaban que Jesús era Elías, el profeta
2 La reacción de Herodes hacia Jesús: una conciencia culpable
  a. Por muchos actos ilegales
    1) Por encarcelar a un hombre justo
    2) Por tomar la esposa de su hermanastro

    3) Por cometer adulterio

  b. Por su religión inadecuada[EF1]

  c. Por su espíritu festivo y bebedor[EF2]

14 Oyó el rey Herodes la fama de Jesús, porque su nombre se había hecho notorio; y dijo: Juan el Bautista ha resucitado de los muertos, y por eso actúan en él estos poderes.
15 Otros decían: Es Elías. Y otros decían: Es un profeta, o alguno de los profetas.
16 Al oír esto Herodes, dijo: Este es Juan, el que yo decapité, que ha resucitado de los muertos.
17 Porque el mismo Herodes había enviado y prendido a Juan, y le había encadenado en la cárcel por causa de Herodías, mujer de Felipe su hermano; pues la había tomado por mujer.
18 Porque Juan decía a Herodes: No te es lícito tener la mujer de tu hermano.
19 Pero Herodías le acechaba, y deseaba matarle, y no podía; porque Herodes temía a Juan, sabiendo que era varón justo y santo, y le guardaba a salvo; y
20 oyéndole, se quedaba muy perplejo, pero le escuchaba de buena gana.
21 Pero venido un día oportuno, en que Herodes,

en la fiesta de su cumpleaños, daba una cena a sus príncipes y tribunos y a los principales de Galilea,
22 entrando la hija de Herodías, danzó, y agradó a Herodes y a los que estaban con él a la mesa; y el rey dijo a la muchacha: Pídeme lo que quieras, y yo te lo daré.
23 Y le juró: Todo lo que me pidas te daré, hasta la mitad de mi reino.
24 Saliendo ella, dijo a su madre: ¿Qué pediré? Y ella le dijo: La cabeza de Juan el Bautista.
25 Entonces ella entró prontamente al rey, y pidió diciendo: Quiero que ahora mismo me des en un plato la cabeza de Juan el Bautista.
26 Y el rey se entristeció mucho; pero a causa del juramento, y de los que estaban con él a la mesa, no quiso desecharla.
27 Y en seguida el rey, enviando a uno de la guardia, mandó que fuese traída la cabeza de Juan.
28 El guarda fue, le decapitó en la cárcel, y trajo su cabeza en un plato y la dio a la muchacha, y la muchacha la dio a su madre.
29 Cuando oyeron esto sus discípulos vinieron y tomaron su cuerpo, y lo pusieron en un sepulcro.

  d. Por buscar aprobación social[EF3]

  e. Por su temor a lo que la gente pudiera decir[EF4] (v. 26)
3 La reacción de Salomé hacia Juan: debilidad de carácter
  a. Aspecto de la vestimenta y realización de fiestas, (v. 22)
  b. Dependencia inmadura respecto de su madre, (v. 24)
4 Reacción de Herodías hacia Juan: espíritu vengativo, (vv. 19, 24)

5 Reacción de Juan hacia Jesús: lealtad valiente hacia el Mesías—martirio

---

B. Muerte de Juan el Bautista: el inmoral vs. el justo, 6:14-29

(6:14-29) *Introducción—Herodes :* la predicación de los discípulos por toda Galilea llegó a oídos de Herodes. Herodes oyó las nuevas sobre Jesús y éstas lo preocuparon y perturbaron, causando, aparentemente alguna convicción espiritual en él. ¿Por qué? El motivo está en este pasaje, un pasaje que ilustra al *inmoral vs. el justo.*

1. Las opiniones acerca de Jesús se difundieron a medida que los discípulos predicaban (vv. 14-15).
2. La reacción de Herodes hacia Jesús: una conciencia culpable (vv. 16-23).
3. La reacción de Salomé hacia Juan: debilidad de carácter (vv. 24-25).

4. La reacción de Herodías hacia Juan: espíritu vengativo (vv. 25-26).
5. Reacción de Juan hacia Jesús: lealtad valiente hacia el Mesías—martirio (vv. 27-29).

1 (6:14-15) *Jesucristo, opiniones acerca de:* las opiniones acerca de Jesús se difundieron como reguero de pólvora a media que los discípulos predicaban (cp. v. 7, 30ss). Herodes oyó todo lo que estaba ocurriendo. Oyó de un hombre llamado Jesús que predicaba justicia y que obraba enormes milagros. Nuevamente Herodes fue influido en su conciencia. Vivía una vida tan inmoral y homicida que no podía escapar al sentido de culpa, especialmente cuando aparecía una persona justa en el escenario. Al principio, oyendo de Jesús, de sus obras fenomenales, quedó perplejo. Había conocido a un solo hombre que había sido tan justo que tuvo la capacidad de hacer obras poderosas, y ese fue Juan. Por eso Herodes llegó a la conclusión que Juan el Bautista había «resucitado de los muertos», es decir, resucitado en el cuerpo de Jesucristo. Sin embargo, otros creían y le decían a Herodes que no era Juan, sino Elías o alguno de los otros profetas (*véase* nota—Mr. 8:28 para la discusión). Como se verá, Herodes se rehusó a creer que fuese otro que Juan el Bautista.

2 (6:16-23) *Herodes—culpa:* la reacción de Herodes hacia Jesús fue la de una conciencia culpable. El hombre vivía una vida de groseros pecados, inmoralidad y homicidios, incluyendo el homicidio del profeta de Dios, Juan el Bautista.

Herodes tenía cargos de conciencia debido a diversos actos ilegales. Había encarcelado a un hombre justo e inocente, a Juan el Batista, porque Juan predicaba contra el tipo de vida que Herodes vivía. Herodes se había casado con la hija del rey Areta, rey de los nabateos de Arabia. En un viaje a Roma había visitado a su hermanastro sintiéndose profundamente atraído por Herodías, la esposa de aquel. El la sedujo y la convenció a volverse con él. La propia mujer de Herodes descubrió el plan y huyó a su casa paterna, al rey Areta. Herodes cometió dos pecados graves. Había dejado a su propia mujer (cuya vida probablemente corría peligro) y tomado la mujer de su hermanastro. Era contra esa clase de inmoralidad que predicaba Juan (*véanse* Estudios a fondo 1, 2—Mt. 14:1-14 para una discusión y pensamientos más detallados).

ESTUDIO A FONDO 1

(6:20) *Herodes—religión, inadecuada:* Herodes tenía cargos de conciencia debido a una religión inadecuada. La conciencia de Herodes era sensible; no estaba totalmente endurecido hacia la verdad de la justicia. Protegió la vida de Juan por algo más de un año. Reconocía algo en Juan, algo que lo atraía y lo motivaba a querer oír lo que tenía para decir, y aparentemente incluso trató de observar y hacer algunas de las cosas que Juan predicaba. (¿Cuántas personas tratan de hacer algo de lo que el predicador dice?) Sin embargo, cualesquiera fueran las cosas hechas por Herodes, estas eran inadecuadas. Como todo creyente genuino sabe, la religión nunca es adecuada. Solamente la relación personal con Dios es suficiente y suple las necesidades del alma humana. Herodes fue inconsistente, amando al mundo y sus cosas más que a Dios y su justicia.

«**Por lo cual, salid de en medio de ellos, y apartaos, dice el Señor, y no toquéis lo inmundo; y yo os recibiré, y seré para vosotros por Padre, y vosotros me seréis hijos e hijas, dice el Señor todopoderoso**» (2 Co. 6:17-18).

«**No améis al mundo, ni las cosas que están en el mundo. Si alguno ama al mundo, el amor del Padre no está en él. Porque todo lo que hay en el mundo, los deseos de la carne, los deseos de los ojos, y la vanagloria de la vida, no proviene del Padre, sino del mundo**» (1 Jn. 2:15-16).

ESTUDIO A FONDO 2

(6:21-22) *Herodes—fiestas:* Herodes tenía cargos de conciencia por vivir en fiestas con un espíritu bebedor. Un ejemplo de esto se ve en el acontecimiento registrado por este pasaje. Aparentemente seguía la costumbre griega de celebrar los eventos especiales con fiestas licenciosas, mucha bebida, y danzas sugestivas y pasionales. (*Véase* nota—Mt. 14:6-8) para una discusión detallada.)

Pensamiento. ¡Qué escena! Tan parecida a nuestro tiempo y a nuestros días. En efecto ¡tan parecida a tantas generaciones!

«**Ni tampoco presentéis vuestros miembros al pecado como instrumentos de iniquidad, sino presentaos vosotros mismos a Dios como vivos de entre los muertos, y vuestros miembros a Dios como instrumentos de justicia**» (Ro. 6:13).

ESTUDIO A FONDO 3

(6:22) *Herodes—pasión:* Herodes tenía cargos de conciencia porque buscaba la aprobación social más que el honor y el respeto del piadoso. Cuando hubo bebido abundantemente se sintió tan impulsado por deseos pasionales hacia su sobrina, que le ofreció cualquier cosa, hasta la mitad de su reino. El juicio embotado y la necedad de Herodes se manifestaron en el *temerario ofrecimiento* que le hizo a su sobrina. Fue necio pensando que debía cumplir un juramento malvado y deshonroso para no perder el favor de sus amigos y allegados. (*Véase* Estudio a fondo 1—Mt. 14:1-14 para una discusión más detallada.)

Pensamiento 1. ¡Cuántas veces usa la gente fiestas y ocasiones para beber con el fin de hallar aprobación social! Cuántas veces se busca la aprobación social mediante un comportamiento temerario y necio, desde el exceso de bebida, sugestivos movimientos corporales en la danza, conversaciones sugestivas; y, como en el caso de Herodes, todo junto.

Pensamiento 2. ¿Por qué ocurre tanto comportamiento irresponsable, licencioso, y pecaminoso en los eventos danzantes y de consumo de bebidas?

- La persona necesita aprobación y aceptación social.
- La persona tiene un bajo nivel de auto estima e intenta amoldarse a la sociedad.
- La persona teme la desaprobación, falta de aceptación y el rechazo.

«**¡Oh almas adúlteras! ¿No sabéis que la amistad del mundo es enemistad contra Dios? Cualquiera, pues, que quiera ser amigo del mundo, se constituye enemigo de Dios**» (Stg. 4:4).

«**Mirad también por vosotros mismos, que vuestros corazones no se carguen de glotonería y embriaguez y de los afanes de esta vida, y venga de repente sobre vosotros aquel día**» (Lc. 21:34).

ESTUDIO A FONDO 4

(6:23) *Herodes—orgullo:* Herodes tenía cargos de conciencia por su temor a lo que pudiera decir la gente. Esto se ve en el v. 26: «A causa ... de los que estaban con él a la mesa, no quiso desecharla.» Herodes había hecho una promesa necia. Ahora encaraba la necesidad de cumplir un juramento necio o quebrantar uno de los mayores mandamientos de Dios: «No matarás.» Su orgullo le impedía reconocer el error cometido. Temía ser avergonzado y escarnecido por los caprichos de una mujer en presencia de sus huéspedes, convirtiéndose finalmente en el objeto de las bromas y chanzas de ellos. Sabía lo que debía hacer, pero en su *orgullo y debilidad* ante los hombres accedió a cometer un terrible pecado. (*Véase* Estudio a fondo 1—Mt. 14:1-14 para una discusión detallada.)

«**No os conforméis a este siglo, sino transformaos por medio de la renovación de vuestro entendimiento, para que comprobéis cuál sea la buena voluntad de Dios, agradable y perfecta**» (Ro. 12:2).

3 (6:24-25) *Mundanalidad—inmadurez—Salomé:* la reacción de Salomé hacia Juan fue la de un carácter débil. Esto se ve en dos hechos.

1. Buscaba aprobación y conformidad social (v. 22). Su vestimenta era necesariamente la que correspondía a las jóvenes que danzaban en ocasiones dedicadas a danzar y beber. La vestimenta socialmente aceptable exponía ciertas partes del cuerpo con el propósito de atraer la atención y el asombro de otros. La danza de Salomé raya en lo increíble puesto que ella era de la familia real. El hecho de danzar tan sugestivamente es un cuadro triste de su carácter.

Pensamiento. ¡Qué lección en cuanto a los efectos de la vestimenta y danza en reuniones destinadas a beber!

> **«Asimismo que las mujeres se atavíen de ropa decorosa, con pudor y modestia; no con peinado ostentoso, ni oro, ni perlas, ni vestidos costosos» (1 Ti. 2:9).**

> **«Vuestro atavío no sea el externo de peinados ostentosos, de adornos de oro o de vestidos lujosos» (1 P. 3:3; cp. Is. 3:16-24).**

2. Tenía una dependencia inmadura respecto de su madre (v. 24). Aparentemente la conducta de Salomé era instigada por su propia madre, Herodías. No se conoce la edad de Salomé, pero ya no podía ser una niña; no podía ser menor de edad. Danzar sola en un acontecimiento social implicaba que al menos era una mujer joven. Tenía la edad para ser responsable de sus decisiones. Pero note cuán sometida estaba a la influencia de su madre, tanto al danzar como al preguntar qué pedir en recompensa. Era inmadura tanto en espíritu como en su responsabilidad personal. No tenía la capacidad de tomar decisiones correctas. Fue llevada fácilmente a una conducta irresponsable y pecaminosa, carente de auto estima, carente de un espíritu fuerte.

> **«E [Ocozías] hizo lo malo ante los ojos de Jehová, y anduvo en el camino de su padre, y en el camino de su madre, y en el camino de Jeroboam hijo de Nabat, que hizo pecar a Israel; porque sirvió a Baal, y lo adoró, y provocó a ira a Jehová Dios de Israel, conforme a todas las cosas que había hecho su padre» (1 R. 22:52-53).**

> **«También él [Ocozías] anduvo en los caminos de la casa de Acab, pues su madre le aconsejaba que actuase impíamente» (2 Cr. 22:3).**

> **«Antes se fueron tras la imaginación de su corazón, y en pos de los baales, según les enseñaron sus padres» (Jer. 9:14).**

> **«Así ha dicho Jehová: Por tres pecados de Judá, y por el cuarto, no revocaré su castigo; porque menospreciaron la ley de Jehová, y no guardaron sus ordenanzas, y les hicieron errar sus mentiras, en pos de las cuales anduvieron sus padres» (Am. 2:4).**

> **«Antes dije en el desierto a sus hijos: No andéis en los estatutos de vuestros padres, ni guardéis sus leyes, ni os contaminéis con sus ídolos. Yo soy Jehová vuestro Dios; andad en mis estatutos, y guardad mis preceptos, y ponedlos por obra» (Ez. 20:18-19).**

Pensamiento. Salomé es un cuadro de tantas personas de hoy carentes de auto estima y de un espíritu fuerte, de tantas personas que sienten la necesidad de adecuarse a la sociedad. Por eso ceden a las sugerencias inmorales y pecaminosas y a los deseos de otros.

> **«Por lo cual, salid de en medio de ellos, y apartaos, dice el Señor, y no toquéis lo inmundo; y yo os recibiré, y seré para vosotros por Padre, y vosotros me seréis hijos e hijas, dice el Señor todopoderoso» (2 Co. 6:17-18).**

> **«No seguirás a los muchos para hacer el mal, ni responderás en litigio inclinándote a los más para hacer agravios» (Éx. 23:2).**

4 (6:24-25) *Venganza—pecado, amor al—Herodías:* la reacción de Herodías hacia Juan fue la de un espíritu vengativo (vv. 19, 24). El espíritu vengativo de Herodías se expresa claramente en las palabras de los versículos 18-19. La predicación de Juan contra la inmoralidad le causó un enojo sin fin. Lo quería ver muerto, y aparentemente urdió todo este acontecimiento para atrapar a Herodes en la obligación de ejecutar a Juan. La vida de Herodías es una ilustración de la venganza y sus causas.

1. Ella *quería vivir según su propio antojo* sin que nadie le dijera cómo vivir; ni el rey, ni el justo, y ciertamente tampoco Dios.

2. Ella *quería pecar sin interferencia* y sin ser recordada de ello. Quería que todo y cada uno que le recordase su vida pecaminosa fuese quitado de su presencia.

3. Ella *ignoraba a Dios,* su ley y su demanda de responsabilidad. Ignoró el mensaje de Dios y de su justicia. Ignoró el hecho de tener que econtrarse con Dios después de morir.

> **«Y de la manera que está establecido para los hombres que mueran una sola vez, y después de esto el juicio» (He. 9:27).**

> **«El que dice que está en la luz, y aborrece a su hermano, está todavía en tinieblas» (1 Jn. 2:9).**

> **«Todo el que aborrece a su hermano es homicida; y sabéis que ningún homicida tiene vida eterna permanente en él» (1 Jn. 3:15).**

5 (6:27-29) *Fidelidad—dedicación:* la reacción de Juan a toda esta escena fue la de una valiente lealtad al Mesías y el martirio. Juan estaba firme en Dios. Predicaba justicia mientras languidecía por un año y medio en la prisión infestada de ratas y cucarachas. Fue salvajemente ejecutado como mártir por causa de la justicia. (*Véanse* notas—Mt. 14:10-14 para una discusión y aplicación detallada.)

> **«En nada intimidados por los que se oponen, que para ellos ciertamente es indicio de perdición, mas para vosotros de salvación; y esto de Dios» (Fil. 1:28).**

> **«Jehová está conmigo; no temeré lo que me pueda hacer el hombre» (Sal. 118:6).**

> **«He aquí Dios es salvación mía; me aseguraré y no temeré; porque mi fortaleza y mi canción es JAH Jehová, quien ha sido salvación para mí» (Is. 12:2).**

> **«No temas en nada lo que vas a padecer. He aquí, el diablo echará a algunos de vosotros en la cárcel, para que seáis probados, y tendréis tribulación por diez días. Sé fiel hasta la muerte, y yo te daré la corona de la vida» (Ap. 2:10).**

	C. La necesidad de descanso y sus peligros, 6:30-34 (cp. Jn. 6:1-4; Lc. 9:10)	manera que ni aun tenían tiempo para comer.	b. Los discípulos eran presionados por las multitudes
1 Los discípulos volvieron de la misión a. Informaron de lo que habían hecho b. Informaron lo enseñado	30 Entonces los apóstoles se juntaron con Jesús, y le contaron todo lo que había acontecido, y lo que habían enseñado.	32 Y se fueron solos en una barca a un lugar desierto. 33 Pero muchos los vieron ir, y le reconocieron; y muchos fueron allá a pie desde las ciudades, y llegaron antes que ellos, y se juntaron a él.	c. Los discípulos se fueron a descansar **3 Peligro 2: tomarse demasiado tiempo para descansar cuando la gente busca ayuda**
2 Peligro 1: no descansar a. Los discípulos trabajaban muchas horas, y duro	31 El les dijo: Venid vosotros aparte a un lugar desierto, y descansad un poco. Porque eran muchos los que iban y venían, de	34 Y salió Jesús y vio una gran multitud, y tuvo compasión de ellos, porque eran como ovejas que no tenían pastor; y comenzó a enseñarles muchas cosas.	**4 Peligro 3: perder de vista a la gente sin pastor** a. Jesús tuvo compasión b. Jesús comenzó a enseñar

C. La necesidad de descanso y sus peligros, 6:30-34

(6:30-34) *Introducción—descanso:* cada persona necesita descanso, relajamiento, y tiempo de estar a solas con Dios. Sin embargo, cuando el creyente busca descanso, debe saber que lo confrontan algunos peligros graves. Este pasaje muestra tres de esos peligros.

1. Los discípulos volvieron de la misión (v. 30).
2. Peligro 1: no descansar (vv. 31-32).
3. Peligro 2: tomarse demasiado tiempo para descansar cuando la gente busca ayuda (v. 33).
4. Peligro 3: perder de vista a la gente que son como ovejas sin pastor (v. 34).

1 (6:30) *Discípulos—ministros:* los discípulos volvieron de su misión e informaron a Jesús. Informaron dos cosas: lo que habían hecho y lo que habían enseñado. Cómo habían vivido y qué habían enseñado eran dos cosas de vital interés para Cristo. Él les había dado instrucciones precisas en ambas áreas. Este informe le revelaría la obediencia de ellos, el grado de entrega y eficiencia de cada discípulo. Jesús necesitaba saber esto, puesto que la salvación del mundo dependía de la vida y de la enseñanza de ellos. Pronto Él dejaría todo en sus manos.

> *Pensamiento 1.* Los creyentes son responsables de cómo viven y qué enseñan. Deben ser obedientes a Cristo— viviendo exactamente como él lo ha mandado y enseñado exactamente lo que les dijo que enseñen. Cada discípulo es responsable delante de Dios (2 Co. 5:10; He. 13:17).

> *Pensamiento 2.* El discípulo debe vivir y enseñar de modo que pueda compartir cualquier cosa con el Señor. No debe tener nada que ocultar o de qué estar avergonzado.

2 (6:31-32) *Descanso—devoción:* el primer peligro es no tomarse tiempo para descansar. Los discípulos estaban extremadamente cansados. Habían salido por el Señor y habían ejecutado su misión, y ahora estaban exhaustos. Desde su regreso las exigentes multitudes que rodeaban a Jesús presionaban también sobre ellos. Apenas tuvieron tiempo para dar sus informes, y ni hablar de descansar y meditar. Por eso, Jesús sugirió que se apartaran a un lugar desierto para estar por un tiempo a solas con Dios. Note varias osas.

1. Era el trabajo del ministerio tanto como las demandas de la multitud lo que lo que había agotdo las energías de los discípulos.

> *Pensamiento.* No es solamente el trabajo lo que cansa el cuerpo. La responsabilidad y el peso de ella crean presiones que agotan la energía. La mera presencia de una multitud necesitada le re recuerda a uno la responsabilidad de trabajar.

2. Los discípulos tenían cuerpos que por naturaleza requerían

algún alivio de la presión, y descanso del trabajo.

> **«Y dije: ¡Quién me diese alas como de paloma! Volaría yo, y descansaría. Ciertamente huiría lejos; moraría en el desierto» (Sal. 55:6-7).**

3. Los discípulos tenían espíritus que requerían períodos prolongados para estar a solas con Dios en meditación, estudio, y oración. Ellos tenían que recibir de Dios a efectos de compartir la presencia y el mensaje de Dios. Debían permanecer quietos y escuchar, dando a Dios la oportunidad de compartir con ellos. Debían ser reabastecidos antes de abastecer a otros.

> **«Ahora, pues, aguardad, y contenderé con vosotros delante de Jehová acerca de todos los hechos de salvación que Jehová ha hecho con vosotros y con vuestros padres» (1 S. 12:7).**

> **«Escucha esto, Job; detente, y considera las maravillas de Dios» (Job 37:14).**

> **«Jehová es mi pastor; nada me faltará. En lugares de delicados pastos me hará descansar; junto a aguas de reposo me pastoreará» (Sal. 23:12).**

> **«Este es el reposo; dad reposo al cansado; y este es el refrigerio; mas no quisieron oír» (Is. 28:12).**

4. Los discípulos necesitaban un lugar tranquilo para estar a solas con Dios, no un lugar donde estuvieron otros, no un lugar de negocios, de mercantilismo, o de finas comodidades.

5. El Señor se ocupó de ellos; se ocupó del agotamiento que tenían. Ellos se habían lanzado a la misión de Jesús y a las vidas de la gente. Jesús sabía que necesitaban descanso, renovación de la llama, refugio y consuelo, reposo y adoración. Tuvo compasión de ellos y por eso dijo: «Venid vosotros aparte ... y descansad un poco».

> **«Venid a mí todos los que estáis trabajados y cargados, y yo os haré descansar» (Mt. 11:28).**

> **«Y él dijo: Mi presencia irá contigo, y te daré descanso» (Éx. 33:14).**

> **«Seis días trabajarás, mas en el séptimo día descansarás; aun en la arada y en la siega, descansarás» (Éx. 34:21).**

> **«Seis días se trabajará, mas el séptimo día será de reposo, santa convocación; ningún trabajo haréis; día de reposo es de Jehová en dondequiera que habiteis» (Lv. 23:3).**

> **«Estad quietos, y conoced que yo soy Dios; seré exaltado entre las naciones; enaltecido seré en la tierra» (Sal. 46:10).**

> **«En verdad que me he comportado y he acallado mi alma como un niño destetado de su madre; como un niño destetado está mi alma» (Sal. 131:2).**

> **«Mas el que me oyere, habitará confiadamente, y vivirá tranquilo, sin temor del mal» (Pr. 1:33).**

3 (6:33) *Descanso:* el segundo peligro es tomarse demasiado tiempo para descansar. La gente está desesperada buscando ayuda; por eso, el creyente tiene que tomarse el tiempo necesario para descansar su cuerpo y espíritu, ni más ni menos. La escena era dramática. La gente vio hacia donde iba Jesús con sus discípulos. Comenzaron a correr a pie rodeando el lago. En su carrera pasaban por las ciudades exclamando con gran excitación las nuevas de que Jesús estaba cerca. Multitudes de personas se unieron a la clamorosa masa humana abriéndose camino alrededor del lago. Al tiempo que llegaron al lugar donde atracaría la barca de Jesús, la multitud había crecido a cinco mil hombres sin contar a las mujeres y niños.

Este es el punto esencial: los discípulos necesitaban descansar. Ellos lo sabían, y Jesús lo sabía, pero allí estaba la multitud con sus necesidades. La gente estaba interfiriendo e impidiendo que los discípulos tuvieran su muy necesario descanso. Los discípulos se irritaron y quisieron despachar a la gente pronto. (Esto se nota en el pedido que hacen en v. 36 y la forma ruda de formular la pregunta del v. 37.) Sin embargo, Jesús sabía algo. Los discípulos habían descansado un poco cruzando el lago. El mar, terreno que conocían desde niños, los había relajado en gran medida. Era suficiente para llevar a los discípulos a través de otra sesión de ministerio. Era cuestión de saber cuán agotado *realmente* estaba el cuerpo humano vs. las necesidades de la gente. En este caso particular los discípulos estaban listos a actuar con egoísmo y tomarse demasiado descanso, descuidando con ello a la gente.

Pensamiento 1. Hay un tiempo para ministrar así como hay un tiempo para estar a solas con Dios. Hay tiempo para trabajar y hay tiempo para orar. Hay tiempo para levantarse y hacer el trabajo y hay tiempo para descansar y relajarse.

«Y el efecto de la justicia será paz; y la labor de la justicia, reposo y seguridad para siempre» (Is. 32:17).

Pensamiento 2. Desafortunadamente muchas personas tienen el problema de descansar y relajarse demasiado en vez de trabajar demasiado. Algunos incluso dedican demasiado tiempo a lo que llaman estudio bíblico, oración y compañerismo con Dios, descuidando el estar suficientemente afuera con la gente. En esta tierra el compañerismo con Dios es primordialmente para prepararnos a salir y ministrar.

«Me es necesario hacer las obras del que me envió, entre tanto que el día dura; la noche viene, cuando nadie puede trabajar» (Jn. 9:4).
«Porque no podemos dejar de decir lo que hemos visto y oído» (Hch. 4:20).
«Me es impuesta necesidad; y ¡ay de mí si no anunciare el evangelio!» (1 Co. 9:16).
«Por amor de Sion no callaré, y por amor de Jerusalén no descansaré, hasta que salga como resplandor su justicia, y su salvación se encienda como una antorcha» (Is. 62:1).
«Y dije: No me acordaré más de él, ni hablaré más en su nombre; no obstante había en mi corazón como un fuego ardiente metido en mis huesos; traté de sufrirlo, y no pude» (Jer. 20:9).

4 (6:34) *Pastor—ovejas:* el tercer peligro es el de perder de vista a la gente que son como ovejas sin pastor. Nuevamente, la escena es descriptiva. Cuando Jesús se acercaba a la orilla, se puso de pie en la barca para ver a la multitud que clamaba por un lugar en la orilla del lago. Necesitaba descansar, y los discípulos lo necesitaban aun más. Pero no se molestó ni irritó con la gente. Al contrario, fue movido con profunda e intensa compasión porque la gente era como ovejas sin pastor. No podía darles la espalda. No podía despedirlos a pesar de necesitar descanso. Solo podía hacer una cosa. Suplir la necesidad de ellos; tenía que enseñarles, de manera que «comenzó a enseñarles muchas cosas».

Note que cuando Jesús vio a la multitud, dijo que eran: «como ovejas sin pastor». Con esa afirmación quiso decir al menos tres cosas. (*Véanse* notas—Jn. 10:1-6; 10:11-18; cp. Is. 53:6.)

1. Las ovejas sin pastor andan confundidas de un lado a otro, sin saber donde están ni a dónde deben ir. Se pierden con tanta facilidad, y no saben encontrar el camino de regreso al rebaño. Así es con la gente. La gente sin el pastor, el Señor Jesucristo, anda confundida. No saben de donde vienen, a dónde van, ni por qué están donde están. Van de un lado a otro, se pierden en lugar tras otro, sin hallar jamás el camino de la verdadera vida (*véase* Estudio a fondo 1—Lc.15:4).

«Y al ver las multitudes, tuvo compasión de ellas; porque estaban desamparadas y dispersas como ovejas que no tienen pastor» (Mt. 9:36).
«Jesús le dijo: Yo soy el camino, y la verdad, y la vida; nadie viene al Padre, sino por mí» (Jn. 14:6).
«Porque vosotros erais como ovejas descarriadas, pero ahora habéis vuelto al Pastor y Obispo de vuestras almas» (1 P. 2:25).
«Ovejas perdidas fueron mi pueblo; sus pastores las hicieron errar, por los montes las descarriaron; anduvieron de monte en collado, y se olvidaron de sus rediles» (Jer. 50:6).
«Anduvieron perdidas mis ovejas por todos los montes, y en todo collado alto; y en toda la faz de la tierra fueron esparcidas mis ovejas, y no hubo quien las buscase, ni quien preguntase por ellas» (Ez. 34:6).

2. Las ovejas sin pastor comienzan a tener hambre. No tienen alimento adecuado. No saben hallar suficiente alimento para vivir. Así es con la gente. La gente sin el Pastor, el Señor Jesucristo, comienza a pasar hambre. No tienen al Pastor de Dios que las alimente e inspire sus almas, ni para satisfacer los anhelos internos de paz, amor, y gozo (Gá. 5:22-23). Solamente cuentan consigo mismos para buscar de satisfacer las necesidades de la vida. Solo se tienen a sí mismos para responder a la necesidad de...

- propósito
- depresión
- vacío
- seguridad
- muerte
- soledad
- dirección
- enfermedad
- perturbación

«Jesús les dijo: Yo soy el pan de vida; el que a mí viene, nunca tendrá hambre; y el que en mí cree, no tendrá sed jamás» (Jn. 6:35).
«Yo soy el pan vivo que descendió del cielo; si alguno comiere de este pan, vivirá para siempre; y el pan que yo daré es mi carne, la cual yo daré por la vida del mundo» (Jn. 6:51).

3. Las ovejas sin pastor no logran hallar protección o seguridad. Están expuestas a todos los peligros del desierto (*véase* nota—Lc. 15:4). Así es con la gente. Gente sin el Pastor, el Señor Jesucristo, son expuestos a todo lo que hay en el mundo, y están condenados. Están condenadas porque las bestias, las tentaciones y pruebas del mundo, atacan en toda oportunidad y destruyen a quien encuentran a su paso. (*Véanse* bosquejos y notas—Jn.10:1-18; Estudio a fondo 3—10:27-29 para una mayor discusión y otras aplicaciones.)

«Sed sobrios, y velad; porque vuestro adversario el diablo, como león rugiente, anda alrededor buscando a quien devorar» (1 P. 5:8).
«Ten misericordia de mí, oh Dios, ten misericordia de mí; porque en ti ha confiado mi alma, y en la sombra de tus alas me ampararé hasta que pasen los quebrantos» (Sal. 57:1).
«El que habita al abrigo del Altísimo morará bajo la sombra del Omnipotente» (Sal. 91:1, cp. Sal. 61:1-4; 91:1-6).

1 Dos actitudes hacia la necesidad humana
  a. Responsabilidad individual
 	
  b. Responsabilidad corporativa
2 Seis actitudes hacia los recursos
  a. Cuestionar la propia capacidad de dar
 	
  b. Hacer inventario de lo que uno puede dar
	D. Actitud hacia las necesidades y recursos humanos, 6:35-44 (Mt. 14:15-21; Lc. 9:11-17; Jn. 6:1-15)
	
	35 Cuando ya era muy avanzada la hora, sus discípulos se acercaron a él, diciendo: El lugar es desierto, y la hora ya muy avanzada.
	36 Despídelos para que vayan a los campos y aldeas de alrededor, y compren pan, pues no tienen qué comer.
	37 Respondiendo él, les dijo: Dadles vosotros de comer. Ellos le dijeron: ¿Que vayamos y compremos pan por doscientos denarios, y les demos de comer?
	38 El les dijo: ¿Cuántos panes tenéis? Id y vedlo. Y
		al saberlo, dijeron: Cinco, y dos peces.
		39 Y les mandó que hiciesen recostar a todos por grupos sobre la hierba verde.
		40 Y se recostaron por grupos, de ciento en ciento, y de cincuenta en cincuenta.
		41 Entonces tomó los cinco panes y los dos peces, y levantando los ojos al cielo, bendijo, y partió los panes, y dio a sus discípulos para que los pusiesen delante; y repartió los dos peces entre todos.
		42 Y comieron todos, y se saciaron.
		43 Y recogieron de los pedazos doce cestas llenas, y de lo que sobró de los peces.
		44 Y los que comieron eran cinco mil hombres.
			c. Organizarse para usar los recursos disponibles
			
			d. Gratitud por lo que uno tiene y puede dar
			
			e. Dar lo que uno tiene
			
			f. Cuidado en el manejo de los recursos

D. Actitud hacia las necesidades y recursos humanos, 6:35-44

(6:35-44) *Introducción:* este acontecimiento es de crucial importancia. La alimentación de los cinco mil es el *único milagro* registrado por los cuatro evangelios. Los discípulos se sintieron profundamente afectados por el milagro. El mismo hizo un impacto dramático y duradero en ellos.

El milagro tiene que ver con lo que está tan cerca del corazón de Dios, es decir, la necesidad humana. Cristo trata con nuestras actitudes hacia la necesidad humana. Le preocupa nuestra forma de manejar nuestros recursos, la forma de proceder para suplir las necesidades que nos sobrevienen. La lección es poderosa (*véanse* bosquejo y notas—Mt. 14:15-21; Lc. 9:10-17; Jn. 6:1-15).

1. Dos actitudes hacia la necesidad humana (vv. 35-37).
2. Seis actitudes hacia los recursos (vv. 37-44).

6:35-44) *Otro bosquejo:* lo que Cristo hace con las cosas que se le dan.

1. Da gracias a Dios por ello (v. 41).
2. Lo bendice (v. 41).
3. Lo parte (v. 41).
4. Lo multiplica (v. 41).
5. Con ello da alimento (v. 42).
6. Suple más que suficiente (v. 43).

1 (6:35-37) *Necesidades, actitudes hacia rllas—mayordomía:* hay dos actitudes hacia la necesidad humana. Cristo había estado enseñando durante muchas horas, y ahora la tarde estaba avanzada, probablemente eran las tres de la tarde. Los discípulos estaban exhaustos y aún necesitaban un poco de descanso. Se acercaron a Jesús recordándole la hora que era porque les había quedado poco tiempo para descansar. Ellos sugirieron: «Despídelos para que vayan a los campos y aldeas de alrededor, y compren pan» *para sí mismos*. Pero Jesús dijo: No, «dadles vosotros de comer». En estas palabras se ven las dos actitudes hacia la necesidad humana.

1. Hay la actitud de la responsabilidad individual o personal. Es cierto que ni los discípulos, ni Jesús, habían invitado a la multitud. De hecho, la multitud ni siquiera era deseada. Los discípulos y Jesús habían planeado algo diferente. La multitud estaba interfiriendo; por eso los discípulos no se sintieron responsables de la multitud. Querían librarse de la gente para quedar libres de hacer lo que quisieran. La actitud de ellos era: «Son responsables de sí mismos, por eso, despídelos, para que se alimenten».

2. Hay la actitud de la responsabilidad corporativa. Jesús dijo de manera muy sencilla: «Dadles vosotros de comer. Están hambrientos y son vecinos de ustedes, parte del mundo de ustedes. Ustedes son responsables por su mundo y la gente que vive en Él. Si saben de personas necesitadas, ustedes son los responsables en ayudarles. Tal vez sean irresponsables. Tal vez no hayan sido invitadas. Tal vez estén interfiriendo con los planes de ustedes; pero están necesitados, y ustedes saben de su necesidad. Entonces súplanla. Aliméntenlos.»

> *Pensamiento.* Demasiadas personas tratan de eludir su responsabilidad por el mundo. Cuando ven a los pobres y hambrientos u oyen de ellos, de los solitarios y deprimidos, de los que tienen problemas y están cargados, demasiadas personas dicen: «Despídelos. Ellos mismos se han metido en este problema porque eran demasiado perezosos o irresponsables o pecadores. Si hubieran querido estar bien y ser responsables habrían podido. Estoy demasiado ocupado para involucrarme con personas tan indolentes e irresponsables.»
>
> Esa clase de actitud no capta en nada la enseñanza de Cristo. El hombre es responsable de este mundo, no importa cual sca la condición. Somos responsables de nuestros vecinos. En efecto, cuanto peor esté nuestro semejante, mayor nuestra responsabilidad de ayudar. No importa la causa de su condición; si fue el pecado o la vergüenza, o circunstancias claras y comprensibles.

- Si su condición es pecado y vergüenza, nosotros debemos compartir el evangelio y enseñarle cómo vivir y trabajar responsablemente.
- Si su condición se debe a circunstancias claras y comprensibles, entonces debemos ayudar a su restauración, a volver a una posición de responsabilidad y dignidad propia.

> **«Hermano, si alguno fuere sorprendido en alguna falta, vosotros que sois espirituales, restauradle con espíritu de mansedumbre, considerándote a ti mismo, no sea que tú también seas tentado» (Gá. 6:1).**

2 (6:37-44) *Recursos:* hay seis actitudes hacia los recursos. Suplir las necesidades humanas requiere de recursos. En consideración de ello, hay un hecho que debe ser reconocido. Toda persona tiene algo que puede dar. Toda persona puede ayudar y hacer algo para suplir una necesidad cuando ésta se presenta. El problema no es la falta de recursos ni una falta de habilidad o dinero o tiempo. El problema es de actitud; el problema se centra en la actitud de uno hacia los recursos que tiene.

1. Hay la actitud de cuestionar la propia capacidad de dar (v. 37). Jesús acababa de decirles: «Dadles vosotros de comer». Los discípulos quedaron impactados e incluso perturbados por las instrucciones, puesto que la multitud era enorme y la tarea *imposible*. Ya estaban fastidiados por la presencia de la multitud y la carga que constituía. Irritados, los discípulos no tardaron en responder a Jesús: «¿Que vayamos y compremos pan por doscientos denarios, y les demos de comer?». Para los discípulos representaba seis meses de trabajo. No disponían de ese dinero, de modo que el pedido de Jesús les pareció ridículo. No había forma de dar de comer para suplir la necesidad de la multitud. Pero note que los discípulos olvidaban dos cosas.

a. Olvidaron que algo tenían. En este caso la necesidad de la multitud era comida, y los discípulos tenían algo de comida para sí mismos (o al menos suficiente dinero para comprar para sí mismos). Sin embargo, no pensaron en mencionar este hecho. Solamente pensaron en qué dar, suplidas las propias necesidades.
b. Olvidaron el poder de Dios. Olvidaron que Dios los amaba y cuidaba de esta gente, tanto como de ellos. Olvidaron que Dios supliría las necesidades de cualquiera y de todos, con tal que ellos pusieran lo que tenían a la disposición de Él. Olvidaron que el poder de Dios podía tomar lo poco y multiplicarlo.

Pensamiento. La ofrenda de la viuda es una excelente aplicación de este punto.

> **«Estando Jesús sentado delante del arca de la ofrenda, miraba cómo el pueblo echaba dinero en el arca; y muchos ricos echaban mucho. Y vino una viuda pobre, y echó dos blancas, o sea un cuadrante. Entonces llamando a sus discípulos, les dijo: De cierto os digo que esta viuda pobre echó más que todos los que han echado en el arca; porque todos han echado de lo que les sobra; pero ésta, de su pobreza echó todo lo que tenía, todo su sustento» (Mr. 12:41-44).**
>
> **«Dad, y se os dará; medida buena, apretada, remecida y rebosando darán en vuestro regazo; porque con la misma medida con que medís, os volverán a medir» (Lc. 6:38).**
>
> **«Honra a Jehová con tus bienes, y con las primicias de todos tus frutos» (Pr. 3:9).**

2. Hay la actitud de hacer un inventario para ver lo que uno tiene (v. 38). En respuesta a la impaciencia de los discípulos, Jesús permaneció tranquilo, preguntando con firmeza: «¿Cuántos panes tenéis? Id y vedlo.» Los discípulos averiguaron e informaron que tenían cinco panes y dos pescados. Note dos hechos.

a. Tenían recursos que habían *pasado por alto*. ¿Por qué los habían pasado por alto? Porque eran tan escasos. No había posibilidad de que alguna vez esos recursos pudieran suplir la necesidad. En efecto, dos pescados y cinco panes no podía hacer mella en el hambre de cinco mil personas. A los ojos de los discípulos era imposible que esos recursos sirviesen de algo.
b. Jesús no pidió que los discípulos averiguaran cómo alimentar a los cinco mil hombres. Les pidió averiguar *qué recursos tenían* para dar. Debían ver lo que ellos mismos podían dar, no la manera de hacer toda la tarea. Sus ojos y su perspectiva debían fijarse en usar lo que tenían, no en la gigantesca imposibilidad de la tarea. Este es un punto esencial que debe ser notado cuidadosamente cuanto uno mira las vastas necesidades del mundo.

Pensamiento 1. Es preciso que averigüemos todo recurso, cada cosa que podamos dar, no importa cuán pequeña e insignificante. Cualquier pequeñez puede ser usada por Dios para ayudar a suplir la necesidad.

Pensamiento 2. La necesidad puede ser avasalladora. Puede arrastrarnos y desalentarnos fácilmente. La respuesta es lo que Cristo está enseñando. Pongan sus ojos en lo que pueden dar y hacer, no en la imposibilidad de la tarea. Hagan un inventario de ustedes mismos. Descubran qué recursos tienen y pueden dar para *ayudar* a suplir la necesidad.

> **«Entonces los discípulos, cada uno conforme a lo que tenía, determinaron enviar socorro a los hermanos que habitaban en Judea» (Hch. 11:29).**
>
> **«Cada primer día de la semana cada uno de vosotros ponga aparte algo, según haya prosperado, guardándolo, para que cuando yo llegue no se recojan entonces ofrendas» (1 Co. 16:2).**
>
> **«Cada uno con la ofrenda de su mano, conforme a la bendición que Jehová tu Dios te hubiere dado» (Dt. 16:17).**

3. Hay la actitud de organizar los recursos que uno tiene a efectos de que puedan ser usados (vv. 39-40). Este es un importante paso que da Jesús, algo que debe ser notado cuidadosamente. La hora era avanzada. La oscuridad de la noche caía rápidamente. Fácilmente la distribución podía llegar a ser un problema. La gente tenía que ser organizada en pequeños círculos o filas dejando lugar para que los discípulos caminasen entre ellos para la distribución de la comida.

Pensamiento. Nuestros recursos, sea lo que fuere lo que damos y hacemos, deben ser usados de modo organizado. La organización, la disposición ordenada, siempre han sido la voluntad de Dios para suplir necesidades y manejar recursos.

> **«Pero hágase todo decentemente y con orden» (1 Co. 14:40).**

4. Hay la actitud de ser agradecido por lo que uno tiene y puede dar (v. 41). Fue muy impresionante lo que Jesús hizo. Tomó en sus manos lo que tenía, y miró al cielo y dio gracias por ello. Era poco; insignificante. Parecía ser poco para lograr algo, intrascendente; sin embargo, Él lo tomó y *mirando al cielo lo bendijo*.

Pensamiento. ¡Qué tremenda lección en cuanto a los recursos! Ningún recurso, ningún don, ninguna habilidad es demasiado pequeña. Dios debe recibir la gratitud por todo recurso que tengamos, no importa cuán insignificante, intrascendente o inatractivo.

> **«De Jehová es la tierra y su plenitud; el mundo, y los que en él habitan» (Sal. 24:1).**
>
> **«Porque mía es toda bestia del campo, y los millares de animales en los collados» (Sal. 50:10).**
>
> **«Mía es la plata, y mío es el oro, dice Jehová de los ejércitos» (Hag. 2:8).**

5.   Hay la actitud de dar lo que se tiene (vv. 41-42). Después
de dar gracias, Jesús tomó la comida y la dio a los discípulos para
presentarla a la gente. ¡Y ocurrió un milagro! El recurso se multiplicó.
Toda la gente fue alimentada y saciada (v. 42).

Pensamiento 1. Se ven al menos dos lecciones en este acto
de Cristo.

1)   Debemos dar lo que tenemos, no importa cuán
pequeño sea. *Debemos* tomar *todo* lo que tenemos
para suplir la necesidad.

> **«En todo os he enseñado que, trabajando
> así, se debe ayudar a los necesitados, y recordar
> las palabras del Señor Jesús, que dijo: Más
> bienaventurado es dar que recibir» (Hch. 20:35).**
>
> **«Entonces Jesús dijo a sus discípulos: Si
> alguno quiere venir en pos de mí, niéguese a sí
> mismo, y tome su cruz y sígame. Porque todo el
> que quiera salvar su vida, la perderá; y todo el
> que pierda su vida por causa de mí, la hallará»
> (Mt. 16:24-25).**
>
> **«Jesús le dijo: Si quieres ser perfecto, anda,
> vende lo que tienes, y dalo a los pobres, y tendrás
> tesoro en el cielo; y ven y sígueme» (Mt. 19:21).**
>
> **«Pero dad limosna de lo que tenéis, y
> entonces todo os será limpio» (Lc. 11:41).**
>
> **«Vended lo que poseéis, y dad limosna;
> haceos bolsas que no se envejezcan, tesoro en los
> cielos que no se agote, donde ladrón no llega, ni
> polilla destruye» (Lc. 12:33).**
>
> **«A los ricos de este siglo manda que no sean
> altivos, ni pongan la esperanza en las riquezas,
> las cuales son inciertas, sino en el Dios vivo, que
> nos da a todos las cosas en abundancia para que
> las disfrutemos. Que hagan bien, que sean ricos
> en buenas obras, dadivosos, generosos; ateso-
> rando para sí buen fundamento para lo por venir,
> que echen mano de la vida eterna» (1 Ti. 6:17-
> 19).**

2)   Cristo es el *Proveedor perfecto, Aquel que suple
perfectamente.* Toma lo que le damos y lo multiplica
para suplir las necesidades.

> **«Mas buscad primeramente el reino de Dios
> y su justicia, y todas estas cosas os serán
> añadidas» (Mt. 6:33).**

Pensamiento 2. Cristo toma todo lo que le es dado y
multiplica su propósito, sentido y significado.

6.   Hay la actitud de manejar cuidadosamente los recursos (vv.
43-44). Cristo sencillamente enseña que los recursos no deben ser
desperdiciados. Deben ser usados día tras día. Cuando hay más que
suficiente para suplir una necesidad, se junta el sobrante y se usa en
otra parte.

Pensamiento. Note tres lecciones.

1)   En la economía de Cristo no hay lugar para la
extravagancia. Cuando hay más de lo que se necesita,
el sobrante es guardado para otra necesidad.

2)   No hay lugar para el derroche. Ningún recurso debe
ser derrochado; debe ser usado en otra parte.

3)   No hay lugar para almacenar recursos y acumularlo;
no hay ninguna excusa para permitir que los recursos
nos rodeen sin ser usados. Todos los recursos, sean
habilidades o dinero, deben ser usados para suplir
necesidades mientras estas existan (*véanse* notas—
Mt. 19:21-22; 19:23-26).

	E. Cinco sabias lecciones para el servicio, 6:45-52 (Mt. 14:22-33; Jn. 6:16-21)	cerca de la cuarta vigilia de la noche vino a ellos andando sobre el mar, y quería adelantárseles	
1 Lección 1: el entusiasmo de la multitud no siempre es sabio	45 En seguida hizo a sus discípulos entrar en la barca e ir delante de él a Betsaida, en la otra ribera, entre tanto que él despedía a la multitud?	49 Viéndole ellos andar sobre el mar, pensaron que era un fantasma, y gritaron; 50 porque todos le veían, y se turbaron. Pero en seguida habló con ellos, y les dijo: ¡Tened ánimo; yo soy, no temáis!	b. Su temor era horrible c. Su clamor fue desesperado **4 Lección 4: recibir la presencia de Jesús es sabio** EF2 a. Su presencia borra el temor b. Su presencia calma la tormenta
2 Lección 2: orar después del servicio es sabio **3 Lección 3: clamar por ayuda en tiempo de necesidad es sabio** a. Lucharon prolongadamente EF1	46 Y después que los hubo despedido, se fue al monte a orar; 47 y al venir la noche, la barca estaba en medio del mar, y él solo en tierra. 48 Y viéndolos remar con gran fatiga, porque el viento les era contrario,	51 Y subió a ellos en la barca, y se calmó el viento; y ellos se asombraron en gran manera, y se maravillaban. 52 Porque aún no habían entendido lo de los panes, por cuanto estaban endurecidos sus corazones.	**5 Lección 5: recordar y confiar en el poder de Jesús es sabio**

E. Cinco sabias lecciones para el servicio, 6:45-52

(6:45-52) *Introducción—Jesucristo, naturaleza mesiánica:* Jesús tuvo que insistir para que los discípulos partieran y fueran a la otra orilla. Se oponían a ir. Por varios motivos fue necesario constreñirlos a ir.

Primero, porque inmediatamente después que Jesús hubo alimentado a la multitud, esta quiso tomarlo por la fuerza y hacerlo rey. Esto lo cuenta el evangelio de Juan (Jn. 6:15). Jesús conocía el concepto popular que la gente tenía del Mesías. Esperaban que el Mesías condujera a Israel a rebelarse contra el conquistador romano, que libertase al pueblo, que estableciera un gobierno teocrático, es decir, el gobierno y reinado de Dios sobre toda la tierra (*véanse* notas—Mt. 1:11; Estudio a fondo 1—1:18; Estudio a fondo 3—3:11; notas—11:1-6; 11:2-3; Estudio a fondo 1—11:5; Estudio a fondo 2—11:6; Estudio a fondo 1—12:16; nota—Lc. 7:21-23). Los discípulos fueron presos del entusiasmo. Cristo tuvo que mandarlos a cruzar el lago y dispersar a la multitud a efectos de impedir un levantamiento inmediato.

La necesidad de luchar contra una tormenta, y luchar por sobrevivir calmaría el entusiasmo de los discípulos. El apaciguar la tormenta también demostraría otra vez la naturaleza mesiánica de Jesús y que Él tenía bajo su control todas las cosas y que conocía la mejor manera de proclamar su carácter mesiánico.

Segundo, era tiempo para Jesús de continuar su camino. Había otros que necesitaban su ministerio. Quería que sus discípulos aprovechasen la poca luz que quedaba para cruzar el lago.

Tercero, y es tan importante comprenderlo, Jesús necesitaba tiempo para orar a solas.

Cuarto, Cristo quería que los discípulos aprendieran cinco lecciones para el servicio, cinco lecciones que resultarían invalorables al lo largo del ministerio que ellos ofrecerían al mundo (*véanse* bosquejo y notas—Mt. 14:22-33; Jn. 6:16-21).

1. Lección 1: el entusiasmo de la multitud no siempre es sabio (v. 45).
2. Lección 2: orar después del servicio es sabio (v. 46).
3. Lección 3: clamar por ayuda en tiempo de necesidad es sabio (vv. 47-49).
4. Lección 4: recibir la presencia de Jesús es sabio (vv. 50-51).
5. Lección 5: recordar y confiar en el poder de Jesús es sabio (v. 52).

1 (6:45) *Jesucristo, naturaleza mesiánica—entusiasmo—multitud:* la primera lección es que el entusiasmo de la multitud no siempre es sabio. La multitud había sido alimentada milagrosamente. Estaba extremadamente excitada, pues Jesús necesariamente tenía que ser el Mesías. Él siempre podría alimentarlos y suplir sus necesidades, no importa qué necesidades fuesen. Querían tomarlo por la fuerza y hacerle rey (*véase* nota—Mr. 6:45-52; cp. Jn. 6:14-15). Por su puesto, las autoridades nunca permitirían una revuelta; aplastarían a la gente. Pero la gente no pensaba. Querían actuar ahora, fuese sabio o no.

- Las emociones carnales estaban fuera de control.
- Dominaban los deseos egoístas.
- Faltaba racionalidad y consideración.
- El discernimiento espiritual estaba totalmente ausente.

Jesús no podía permitir que los discípulos fuesen aprisionados por el entusiasmo y los deseos mundanos de la multitud. Era preciso hacer la voluntad de Dios; y la voluntad de Dios era la cruz, un reino eterno, no un reino mundanal que le da vida al hombre durante aproximadamente setenta años. Dios quiere el hombre viva ahora, sí, pero también quiere que viva eternamente. Jesús lo sabía. Y también sabía que el hombre *solamente* puede vivir eternamente *mediante la cruz, únicamente mediante un nuevo nacimiento espiritual* obrado por la muerte del Hijo de Dios (Jn. 3:16; Ef. 1:7; 1 P. 2:24; 3:18). Jesús tenía que hacer la voluntad de Dios. Tenía que apartar a los discípulos de la multitud y de su entusiasmo carnal, y mundano para que ellos no fuesen afectados (*véase* nota—Jn. 6:14-15).

Pensamiento 1. Motivación, objetivo, y control personal es lo que marca la diferencia. El entusiasmo debido a motivaciones y deseos equivocados pueden causar diversos problemas.

1) Acciones carnales y necias y una conducta sin premeditación ni entendimiento.
2) Estimulación o excitación de la carne.
3) Ignorar la oración consciente y la voluntad de Dios.

Cuando una multitud de personas está entusiasmada, con frecuencia la persona seguirá en el entusiasmo emocional de esa multitud. La persona sigue marchando y hace lo que hace la multitud sin pensar. Su carne es estimulada, excitada, acicateada y frecuentemente llena de anhelos. Le da lugar a esos deseos. Actúa en su propia carne y fuerza. Ignora a Dios sin considerar de manera alguna la voluntad de Dios. Este era el peligro con los discípulos. Muchas veces es el peligro que nos confronta a nosotros.

La respuesta, por su puesto, es lo que Jesús hizo con los discípulos; apartarlos de la multitud y de sus motivaciones y de la excitación mundana y carnal.

«Por lo cual, salid de en medio de ellos, y apartaos, dice el Señor, y no toquéis lo inmundo; y yo os recibiré, y seré para vosotros por Padre, y vosotros me seréis hijos e hijas, dice el Señor todopoderoso» (2 Co. 6:17-18).

«Y no participéis en las obras infructuosas de las tinieblas, sino más bien reprendedlas» (Ef. 5:11).

Pensamiento 2. Tenemos que estar entregados al andar en la voluntad y el camino de Dios, no en la voluntad y camino de la multitud mundana.

«Así que, hermanos, os ruego por las misericordias de Dios que presentéis vuestros cuerpos en sacrificio vivo, santo, agradable a Dios, que es vuestro culto racional. No os conforméis a este siglo, sino transformaos por medio de la renovación de vuestro entendimiento, para que comprobéis cuál sea la buena voluntad de Dios, agradable y perfecta» (Ro. 12:1-2).

2 (6:46) *Oración—multitud:* la segunda lección es que orar después del servicio es sabio (*véase* nota—Mt. 14:22-23 para la discusión). Jesús había estado enseñando y ministrando a la multitud. A los ojos del mundo no pudo haber tenido más éxito. Los resultados de su servicio y ministerio eran fenomenales.

- Tenía un ministerio amplio y exitoso. Las multitudes eran grandes, llegando a miles y miles. Literalmente corrían y clamaban detrás de Él por llegar a Él (cp. Mr. 6:33).
- Tenía el reconocimiento, estima, alabanza y honor de la multitud.
- Tenía el entusiasmo y la motivación de la multitud. La multitud estaba suficientemente motivada para hacerle rey.

Pero note lo que hizo Jesús. Despidió a la gente. ¿Por qué? Para poder apartarse y estar a solas «para orar». Dios, y no la multitud era su ...

- fuente
- fuerza
- descanso
- motivación
- entusiasmo
- objeto de adoración
- liberación
- fuente de renovación

Necesitaba estar a solas con Dios. La palabra para oración (*proseuchasthai*) es una palabra descriptiva. Significa orar fervientemente; derramar todo el corazón y la totalidad del ser ante Dios. Jesús dependía totalmente de Dios, no de las multitudes. Las multitudes no podían darle nada, mientras que Dios podía darle todo.

- Estaba exhausto. Necesitaba la presencia y el descanso de Dios.
- Fue tentado. Necesitaba la fuerza y liberación de Dios (*véase* nota—Mt. 14:22-23).
- Estaba espiritualmente agotado. Necesitaba adorar a Dios y ser renovado.
- Estaba cansado del entusiasmo y de las motivaciones mundanas del hombre. Necesitaba el entusiasmo y las motivaciones de Dios.

«Velad y orad, para que no entréis en tentación; el espíritu a la verdad está dispuesto, pero la carne es débil» (Mt. 26:41).

«También les refirió Jesús una parábola sobre la necesidad de orar siempre, y no desmayar» (Lc. 18:1).

«Orad sin cesar» (1 Ts. 5:17).

«Buscad a Jehová y su poder; buscad su rostro continuamente» (1 Cr. 16:11).

3 (6:47-49) *Temor:* la tercera lección es que un clamor pidiendo ayuda en tiempo de necesidad es sabio. Se levantó una tormenta mientras los discípulos cruzaban el lago. Tres cosas se acentúan respecto de los discípulos en la tormenta.

1. La lucha de ellos fue prolongada. El lago de Galilea tenía solamente de cuatro a seis millas de ancho. Habían estado emando contra el viento unas seis a nueve horas y solamente habían avanzado unas tres millas.

2. Su temor era horrible. Los discípulos estaban físicamente exhaustos y mentalmente agotados usando todas sus habilidades de marinos. Sus vidas corrían peligro; estaban luchando por sobrevivir. Súbitamente, vieron salir de la nada una figura, una aparición (fantasma) caminando sobre el agua. Estaban atemorizados, tal vez al límite de un choque, pensando tal vez que el ángel de la muerte o una premonición de la muerte estaba cerca.

3. Su clamor fue desesperado. Todos luchaban y remaban para salvar sus vidas (v. 48); y «todos le veían [a Jesús] y se turbaban [agitaban, estaban aterrorizados]» (v. 50).

Pensamiento. Note dos puntos significativos.

1) Los discípulos necesitaban desesperadamente ser ayudados. Hicieron exactamente lo que tenían que hacer para recibir ayuda, es decir, clamaron a Jesús.

«Echando toda vuestra ansiedad sobre él, porque él tiene cuidado de vosotros» (1 P. 5:7).

«En la calamidad clamaste, y yo te libré; te respondí en lo secreto del trueno; te probé junto a las aguas de Meriba» (Sal. 81:7).

«Clama a mí y yo te responderé, y te enseñaré cosas grandes y ocultas que tú no conoces» (Jer. 33:3).

2) Cuando se desató la tormenta los discípulos estaban haciendo la voluntad de Dios. Estaban haciendo exactamente lo que Cristo les había dicho que hicieran, es decir, cruzando el lago y preparándose para ministrar. La tormenta era parte de la voluntad de Dios. Tenían que aprender...

- a confesar su necesidad de él antes que él pudiera ayudarles.
- a perseverar contra las tormentas de la vida.
- a confiar en todas las circunstancias, no importa cuán aterradoras.

ESTUDIO A FONDO 1

(6:48) *La hora del día:* en los evangelios de Mateo, Marcos, y Lucas, y en el libro de los Hechos se usa el tiempo hebreo. La salida del sol (las seis de la mañana) era el comienzo del día. Las siete equivalía a la primera hora, y así sucesivamente. A veces las Escrituras hacen referencia a una vigilia. Tanto el día como la noche eran divididos en cuatro vigilias cada una. Una vigilia duraba tres horas. La primera vigilia del día era desde las seis hasta las nueve de la mañana. La cuarta vigilia de la noche, mencionada en este pasaje, era desde las tres de la mañana hasta las seis de la mañana. Los discípulos habían estado remando entre seis a nueve horas y solamente habían avanzado tres millas. El Evangelio de Juan usa el tiempo romano, que se contaba desde las doce del mediodía hasta las doce de la medianoche. Note que el tiempo del siglo veinte se cuenta igual que el tiempo romano.

4 (6:50-51) *Jesucristo, presencia:* la cuarta lección es que recibir la presencia de Jesús es sabio. Aquella fue una tormenta catastrófica. Los discípulos estuvieron aterrorizados; clamaron por ayuda. En forma totalmente súbita la voz procedente de un cuerpo caminando sobre el agua a voces les decía: «¡Tened ánimo; yo soy, no temáis!»

(v. 50). La autoridad y seguridad de la voz permitió a los discípulos reconocer que era Jesús. Los discípulos fueron alentados. Sabían que estaban a salvo y seguros. Él los cuidaba y tenía el poder para proteger a todos. Note tres resultados.

1. El temor de ellos se disipó.
2. La tormenta se calmó.
3. Ellos quedaron maravillados (desmedidamente) en la presencia del Señor.

Pensamiento 1. Al recibir la presencia de Jesucristo, Él se ocupa de todos los problemas y pruebas. Él da fuerzas para remar en todas las tormentas de la vida, no importa cuán turbulentas y severas.

Pensamiento 2. Piense: ¿Qué si los discípulos hubieran tenido que enfrentar solos la tormenta? ¿Qué si nosotros tuviéramos que enfrentar solos las tormentas de la vida? ¿Qué tormenta nos puede quitar el aliento de vida? ¿Qué tormenta nos mandaría tambaleantes a la eternidad, a enfrentarnos *indefensos* a Dios?

«Mas a todos los que le recibieron, a los que creen en su nombre, les dio potestad de ser hechos hijos de Dios» (Jn. 1:12).

«La paz os dejo, mi paz os doy; yo no os la doy como el mundo la da. No se turbe vuestro corazón, ni tenga miedo» (Jn. 14:27).

«Estas cosas os he hablado para que en mí tengáis paz. En el mundo tendréis aflicción; pero confiad, yo he vencido al mundo» (Jn. 16:33).

«Por nada estéis afanosos, sino sean conocidas vuestras peticiones delante de Dios en toda oración y ruego, con acción de gracias. Y la paz de Dios, que sobrepasa todo entendimiento, guardará vuestros corazones y vuestros pensamientos en Cristo Jesús» (Fil. 4:6-7).

«Y el Señor me librará de toda obra mala, y me preservará para su reino celestial. A él sea gloria por los siglos de los siglos. Amén» (2 Ti. 4:18).

«Y librar a todos los que por el temor de la muerte estaban durante toda la vida sujetos a servidumbre» (He. 2:15).

«De manera que podemos decir confiadamente: El Señor es mi ayudador; no temeré lo que me pueda hacer el hombre» (He. 13:6).

«Sabe el Señor librar de tentación a los piadosos, y reservar a los injustos para ser castigados en el día del juicio» (2 P. 2:9).

«El te librará del lazo del cazador, de la peste destructora» (Sal. 91:3).

«Pues tú has librado mi alma de la muerte, mis ojos de lágrimas, y mis pies de resbalar» (Sal. 116:8).

«No temas, porque yo estoy contigo; no desmayes, porque yo soy tu Dios que te esfuerzo; siempre te ayudaré, te sustentaré con la diestra de mi justicia» (Is. 41:10).

«Y hasta la vejez yo mismo, y hasta las canas os soportaré yo; yo hice, yo llevaré, yo soportaré y guardaré» (Is. 46:4).

ESTUDIO A FONDO 2

(6:50) *«Yo Soy»—Jesucristo, nombres—títulos:* este es el gran nombre de Dios, el que existe eternamente, el Supremo del Universo (*véase* nota—Jn. 6:20-21).

5 **(6:52)** *Jesucristo, poder—corazón duro:* la quinta lección es que recordar y confiar en el poder de Jesús es sabio. Los discípulos no tenían motivo para estar maravillados ante Jesús calmando la tempestad. Acababan de presenciar el milagro de los panes y la alimentación de cinco mil personas con un poco de comida. Cristo era incuestionablemente Dios. Y Dios no solo cuidaba de la gente, puede hacer cualquier cosa por la gente, incluso controlar la totalidad de la naturaleza. ¿Cómo podían olvidar tan pronto? «Por cuanto

estaban endurecidos sus corazones» (v. 52). Un corazón endurecido está apegado a la tierra. No puede desprenderse de la tierra; no logra ver nada que esté más allá de lo ordinario y explicable. Es lento para ver cualquier cosa más allá de la ley natural que controla al mundo. El corazón endurecido quizá tenga esperanza en la existencia de Dios; incluso puede decir que Dios existe, pero es difícil aceptar y aplicar a la vida diaria la auténtica fe de que Dios existe y está controlando activamente el mundo. Hacer una profesión de fe es fácil; vivir, confiando plenamente en Dios, es difícil.

Pensamiento 1. A los discípulos les pasaba como a tantas personas: tienen una experiencia espiritual tras otra, pero están apegados a la tierra. Por eso se endurecieron y encallecieron y se volvieron obtusos para las verdades espirituales. Su entendimiento espiritual siempre necesitaba un incentivo.

«Porque el corazón de este pueblo se ha engrosado, y con los oídos oyeron pesadamente, y sus ojos han cerrado, para que no vean con los ojos, y oigan con los oídos, y entiendan de corazón, y se conviertan, y yo los sane» (Hch. 28:27).

«No hay quien entienda, no hay quien busque a Dios» (Ro. 3:11).

«Estas siempre están aprendiendo, y nunca pueden llegar al conocimiento de la verdad» (2 Ti. 3:7).

«No saben, no entienden, andan en tinieblas; tiemblan todos los cimientos de la tierra» (Sal. 82:5).

«Tú habitas en medio de casa rebelde, los cuales tienen ojos para ver y no ven, tienen oídos para oír y no oyen, porque son casa rebelde» (Ez. 12:2).

«Mas ellos no conocieron los pensamientos de Jehová, ni entendieron su consejo; por lo cual los juntó como gavillas en la era» (Mi. 4:12).

Pensamiento 2. Una mente espiritual y la oración constante son la respuesta a un corazón duro (cp. v. 46).

«No os conforméis a este siglo, sino transformaos por medio de la *renovación de vuestro entendimiento,* para que comprobéis cuál sea la buena voluntad de Dios, agradable y perfecta» (Ro. 12:2).

«Derribando argumentos y toda altivez que se levanta contra el conocimiento de Dios, y *llevando cautivo todo pensamiento* a la obediencia a Cristo» (2 Co. 10:5).

«En cuanto a la pasada manera de vivir, despojaos del viejo hombre, que está viciado conforme a los deseos engañosos. Y *renovaos en el espíritu de vuestra mente,* y vestíos del nuevo hombre, creado según Dios en la justicia y santidad de la verdad» (Ef. 4:22-24).

«Y revestido del nuevo, el cual conforme a la imagen del que lo creó se va *renovando hasta el conocimiento pleno»* (Col. 3:10).

«En nada estéis afanosos, sino sean conocidas vuestras peticiones delante de Dios en toda oración y ruego, con acción de gracias. Y la paz de Dios, que sobrepasa todo entendimiento, guardará vuestros corazones y vuestros pensamientos en Cristo Jesús. Por lo demás, hermanos, todo lo que es verdadero, todo lo honesto, todo lo justo, todo lo puro, todo lo amable, todo lo que es de buen nombre; si hay virtud alguna, si algo digno de alabanza, *en esto pensad»* (Fil. 4:6-8).

	F. Pasos hacia la sanidad, 6:53-56 (Mt. 4:34-36)	zaron a traer de todas partes enfermos en lechos, a donde oían que estaba.	propia necesidad y que Jesús puede ayudar
1 Paso 1: reconocer a Jesús	53 Terminada la travesía, vinieron a tierra de Genezaret, y arribaron a la orilla. 54 Y saliendo ellos de la barca, en seguida la gente le conoció.	56 Y dondequiera que entraba, en aldeas, ciudades o campos, ponían en las calles a los que estaban enfermos, y le rogaban que les dejase tocar siquiera el borde de su manto; y todos los que le tocaban quedaban sanos.	3 Paso 3: pedir osadamente y sin reservas la ayuda de Jesús
2 Paso 2: reconocer la	55 Y recorriendo toda la tierra de alrededor, comen-		

F. Pasos hacia la sanidad, 6:53-56

(6:53-56) *Introducción:* la persona puede ser sanada espiritualmente y puede ser sanada físicamente (cp. Ro.10:9-13). Aquí están los pasos, tanto para la sanidad espiritual como para la sanidad física. Si una persona quiere ser sanada por Cristo, tiene que dar estos tres pasos. (*Véanse* bosquejos y notas—Mt. 14:34-36 para una discusión más detallada.)

1. Paso 1: reconocer a Jesús (vv. 53-54).
2. Paso 2: reconocer la propia necesidad y que Jesús puede ayudar (v. 55).
3. Paso 3: pedir osadamente y sin reservas la ayuda de Jesús (v. 56).

1 (6:53-54) *Jesucristo, misión—sanidad:* el primer paso a la sanidad es reconocer a Jesús. La gente lo «conocía» (*epiginosko*); es decir, reconocían plenamente, percibían, conocían exactamente quien era. La idea es que la gente *lo conocía por experiencia.* Algunos habían sido tocados y sanados por Jesús anteriormente. Otros lo habían visto tocar y sanar a miembros de la familia, amigos, y extraños. La gente sabía dos cosas.

1. Sabían que Jesús había venido a sus tierras. Ahora estaba presente, cerca, al alcance, disponible para que ellos y sus seres queridos fuesen sanados.
2. Sabían que Jesús atendía a los enfermos y que tenía el poder para sanarlos. Sencillamente había algo diferente en Jesús. Su interés y cuidado en la gente y su poder para ayudarles era fenomenal. Era tan humilde y manso, sin embargo, autoritativo y fuerte. La presencia de Dios estaba incuestionablemente en él en forma singular.

Pensamiento. Jesús vino a la tierra. Ha venido a nuestra tierra, y está disponible y es poderoso para sanarnos.

«Como el Hijo del Hombre no vino para ser servido, sino para servir, y para dar su vida en rescate por muchos» (Mt. 20:28).

«Porque el Hijo del hombre vino a buscar y a salvar lo que se había perdido» (Lc. 19:10).

«Porque de tal manera amó Dios al mundo, que ha dado a su Hijo unigénito, para que todo aquel que en él cree, no se pierda, mas tenga vida eterna. Porque no envió Dios a su Hijo al mundo para condenar al mundo, sino para que el mundo sea salvo por él» (Jn. 3:16-17).

«Yo he venido para que tengan vida: y para que la tengan en abundancia» (Jn. 10:10).

«Buscad a Jehová mientras pueda ser hallado, llamadle en tanto que está cercano. Deje el impío su camino, y el hombre inicuo sus pensamientos, y vuélvase a Jehová,el cual tendrá de él, misericordia, y al Dios nuestro, el cual será amplio en perdonar» (Is. 55:6-7).

2 (6:55) *Necesidad, reconocer la—Jesús, buscar a:* el segundo paso a la sanidad es reconocer la necesidad propia y creer que Cristo puede ayudar. Note un hecho significativo. No solo vino la gente misma a Jesús, sino que fueron «recorriendo toda la tierra de

alrededor» para traer a sus familiares y amigos. Inclusive difundieron la palabra acerca de Jesús a los extraños. El cuadro es muy descriptivo. La gente «le conoció» (v. 54) sabiendo que se preocupaba profundamente por la gente de toda su región. El cuidado y amor de ellos eran intensos. No había problema demasiado grande, ningún esfuerzo excesivo; ellos «recorrieron toda la región ... y comenzaron a traer ... enfermos». Los llevaban a cualquier lugar donde habían oído que estaba Jesús. El cuadro es el de gente corriendo de un lugar a otro. Si Jesús no estaba donde ellos iban, tomaban sus enfermos y proseguían a la siguiente ciudad o pueblo, buscándolo hasta encontrarlo.

Dos motivos para buscar a Jesús tan intensamente.

1. La gente sabía que tenía gran necesidad. Estaban enfermos y necesitaban ser sanados. Estaban dispuestos a confesar su necesidad. No trataban de esconder su enfermedad o herida.
2. La gente creía que Jesús podía ayudar; creían que Él podía sanarlos. De ninguna manera iban a perder esta oportunidad.

Pensamiento. Las mismas dos cosas se aplican a nosotros.
1) Tenemos necesidad de ser sanados ...

- espiritualmente
- racialmente
- mentalmente
- internacionalmente
- emocionalmente
- nacionalmente
- físicamente
- socialmente

«El mundo entero está bajo el maligno» (1 Jn. 5:19; cp. Ro. 3:10-18 para un cuadro descriptivo de la desesperada necesidad del hombre. Cp. también Ro. 1:18-32.)

«Como está escrito: No hay justo, ni aun uno; no hay quien entienda, no hay quien busque a Dios. Todos se desviaron, a una se hicieron inútiles; no hay quien haga lo bueno, no hay ni siquiera uno. Sepulcro abierto es su garganta; con su lengua engañan. Veneno de áspides hay debajo de sus labios» (Ro. 3:10-13).

«Porque la paga del pecado es muerte, mas la dádiva de Dios es vida eterna en Cristo Jesús Señor nuestro» (Ro. 6:23).

2) Tenemos que creer que Jesús nos puede ayudar. Él puede, pero nosotros *tenemos que creer* que Él puede, antes que el mundo venga a Él por ayuda.

«Al oír esto Jesús, les dijo: Los sanos no tienen necesidad de médico, sino los enfermos. No he venido a llamar a justos, sino a pecadores» (Mr. 2:17).

«Si puedes creer, al que cree todo le es posible» (Mr. 9:23).

«Que si confesares con tu boca que Jesucristo es el Señor, y creyeres en tu corazón que Dios le levantó de los muertos, serás salvo. Porque con el corazón se cree para justicia, pero con la boca se confiesa para salvación» (Ro. 10:9-10).

3 (6:56) *Salvación—decisión—humildad—fe:* el tercer paso hacia la sanidad consiste en pedir osadamente y sin reservas la ayuda de Jesús. La gente pedía e imploraba a Jesús que le permitieran tocarlo, solamente tocar «el borde de su manto» (*véase* Estudio a fondo 1—Mt. 14:36). Note la palabra: «rogaban» significa pedir, implorar. La palabra señala hacia tres actitudes necesarias para ser sanado.

1.   Un sentido de necesidad: percibir tanto nuestra necesidad de la ayuda de Cristo que le imploremos, pidamos y supliquemos, si es necesario, desesperadamente.

2.   Un sentido de humildad: percibir que nuestra necesidad realmente es desesperada y que trasciende la posibilidad humana. Debemos sentir tan profundamente la desesperación que nos humillemos a nosotros mismos, implorando a Cristo que nos sane. Los espectadores y curiosos que puedan estar simplemente mirando, no importan. Estamos dispuestos a humillarnos, no importa lo que los hombres puedan decir, a efectos de que nuestra necesidad sea suplida.

3.   Una fe en el poder y la disposición de Cristo para sanarnos: creer tan intensamente que supliquemos y pidamos e imploremos a Cristo a sanarnos total y completamente.

Note que todos los que tocaron a Jesús fueron sanados. El tocar a Cristo llevó sanidad a la totalidad del ser de ellos (*véase* nota— Mt. 14:36). Jesús no se apartaba de nadie, no importa cuán deformado, anormal, enfermo, inatractivo, sucio, inmoral o pecaminoso fuese la persona.

> *Pensamiento.* Jesús ama a cada uno, y ve la necesidad dentro de cada uno, y anhela suplir esa necesidad. Todo aquel que se extiende a Jesús es tomado de la mano y atraído a su corazón. La persona es recibida y sanada total y completamente.
>
> **«Mas a todos los que le recibieron, a los que creen en su nombre, les dio potestad de ser hechos hijos de Dios» (Jn. 1:12).**
>
> **«Todo lo que el Padre me da, vendrá a mí; y al que a mí viene, no le echo fuera» (Jn. 6:37).**
>
> **«Si algo pidiereis en mi nombre, yo lo haré» (Jn. 14:14).**
>
> **«Si se *humillare* mi pueblo, sobre el cual mi nombre es invocado, y *oraren*, y *buscaren* mi rostro, y se *convirtieren* de sus malos caminos; entonces yo oiré desde los cielos, y perdonaré sus pecados, y sanaré su tierra» (2 Cr. 7:14. Note que este versículo incluye los tres puntos de la presente nota.)**

CAPÍTULO 7

G. Vanidad de tradición, ritual, ceremonial y obras (hechas por hombres), 7:1-13
(Mt. 15:1-9)

Se juntaron a Jesús los fariseos, y algunos de los escribas, que habían venido de Jerusalén;

2 los cuales, viendo a algunos de los discípulos de Jesús comer pan con manos inmundas, esto es, no lavadas, los condenaban.

3 Porque los fariseos y todos los judíos, aferrándose a la tradición de los ancianos, si muchas veces no se lavan las manos, no comen.

4 Y volviendo de la plaza, si no se lavan, no comen. Y otras muchas cosas hay que tomaron para guardar, como los lavamientos de los vasos de beber, y de los jarros, y de los utensilios de metal, y de los lechos.

5 Le preguntaron, pues, los fariseos y los escribas: ¿Por qué tus discípulos no andan conforme a la tradición de los ancianos, sino que comen pan con manos inmundas?

6 Respondiendo él, les dijo: Hipócritas, bien profetizó de vosotros Isaías, como está escrito: Este pueblo de labios me honra, mas su corazón está lejos de mí.

7 Pues en vano me honran, enseñando como doctrinas mandamientos de hombres.

8 Porque dejando el mandamiento de Dios, os aferráis a la tradición de los hombres: los lavamientos de los jarros y de los vasos de beber; y hacéis otras muchas cosas semejantes.

9 Les decía también: Bien invalidáis el mandamiento de Dios para guardar vuestra tradición.

10 Porque Moisés dijo: Honra a tu padre y a tu madre; y: El que maldiga al padre o a la madre, muera irremisiblemente.

11 Pero vosotros decís: Basta que diga un hombre al padre o a la madre: Es Corbán (que quiere decir, mi ofrenda a Dios) todo aquello con que pudiera ayudarte,

12 y no le dejáis hacer más por su padre o por su madre,

13 invalidando la palabra de Dios con vuestra tradición que habéis transmitido. Y muchas cosas hacéis semejantes a estas.

1 Los religiosos hallaron defectos en los discípulos de Jesús
a. Una comisión investigadora de Jerusalén
b. El defecto: comer con manos no lavadas

   1) La tradición de la pureza explicada

   2) La tradición ilustrada

c. La acusación contra los discípulos fue traída a Jesús

2 La tradición puede ser un honor hipócrita

3 La tradición puede ser adoración vana, indigna

4 La tradición pueden ser mandamientos humanos

5 La tradición puede recibir mayor obediencia que los mandamientos de Dios

a. Torcieron los mandamientos de Dios[EF1]

b. Insistían en la obediencia a la tradición

6 La tradición puede hacer ineficaz la Palabra de Dios [EF2, 3]

G. Vanidad de tradición, ritual, ceremonial y obras (hechas por hombres), 7:1-13

(7:1-13) *Introducción:* este pasaje es de importancia crítica para el destino tanto del hombre como de la religión. ¿Por qué es tan importante? Porque ni el hombre ni la religión pueden sobrevivir si son institucionalizados, es decir, si son fundamentados y enfocados en la tradición, el ritual, las ceremonias y obras. La supervivencia depende del corazón del hombre y del corazón de la religión. En ambos casos el corazón tiene que estar dirigido hacia la aceptación, reconciliación, aprobación y redención, paz, amor, humildad y ofrenda, gozo y esperanza. Los hombres solo pueden sobrevivir si ...

- se aceptan mutuamente y son reconciliados a Dios en Cristo (unos con otros).
- se aprueban mutuamente y son redimidos.
- viven en paz y amor.
- experimentan el gozo y esperanza de Cristo.
- andan en humildad y viven una vida de servicio.

1. Los religiosos hallaron defectos en los discípulos de Jesús (vv. 1-5).

2. La tradición puede ser un honor hipócrita (v. 6).
3. La tradición puede ser adoración vana, indigna (v. 7).
4. La tradición pueden ser mandamientos humanos (v. 8).
5. La tradición puede recibir mayor obediencia que los mandamientos de Dios (vv. 9-12).
6. La tradición puede hacer ineficaz la Palabra de Dios (v. 13).

1 (7:1-5) *Religiosos—tradición:* la escena presenta a los religiosos que encontraron defectos en los discípulos de Jesús. Los religiosos eran una comisión investigadora procedente de Jerusalén. Habían venido para investigar a Jesús, para ver exactamente lo que estaba ocurriendo y sucediendo. Constantemente se llevaban a los líderes de Jerusalén las noticias de la predicación y de las sanidades de Jesús y de sus conflictos que con las autoridades locales. Anteriormente ya habían enviado una comisión investigadora para confrontar a Jesús. El correspondiente informe no había sido bueno. Habían acusado a Jesús de sanar y echar fuera demonios por Beelzebú. También lo habían acusado de quebrantar la ley del día de reposo. También hubo una comisión investigadora enviada para investigar a Juan el Bautista, el hombre de quien se dijo que sería el predecesor de Jesús. Su predicación, bautismo, y sacerdocio habían sido cuestionados (*véanse* notas—Mt. 3:7-10; Jn. 1:19).

Todo el país estaba convulsionado por las noticias de las afirmaciones y de los increíbles milagros de Jesús. La gente estaba peligrosamente convulsionada. Todo ello hizo que fuese necesario el envío de otra comisión para investigar a Jesús.

Al llegar la comisión sus miembros inmediatamente vieron que los discípulos estaban quebrantando una de las tradiciones. Los discípulos estaban comiendo con manos no lavadas, es decir impuras. Por su puesto, no quiere decir que los discípulos tuvieran malos modales, ni que seguían prácticas anti higiénicas. Querían decir que los discípulos eran impuros a los ojos de Dios ¿Por qué? Porque los discípulos no se habían lavado las manos en señal de ofrecerse a sí mismos y a su comida a Dios. La ceremonia tradicional de lavarse las manos antes de las comidas (como señal de gratitud a Dios) había sido quebrantada. Los discípulos eran, desde el punto de vista ceremonial, impuros.

La ley de Moisés prescribía el lavamiento previo al manejo de ciertas cosas. La idea era implantar en la gente la convicción de la santidad de Dios y de su templo, y la necesidad del hombre de ser *espiritualmente puro* antes de acercarse a Dios o de manipular sus asuntos. Pero lo que había ocurrido es que algunos religiosos habían hecho agregados a la Palabra de Dios. Habían tomado la Ley de Dios, incluyendo las leyes de la purificación, y les habían agregado miles y miles de reglas y reglamentos. Había un reglamento para regir prácticamente cada cosa que una persona hacía; en efecto, eran tantas las reglas que era imposible que alguien pudiera guardarlas todas. En vez de guiar a la persona a Dios y señalarle la necesidad de purificar el corazón, los reglamentos hacían que la persona se concentrase en las reglas y la forma de obedecerlas. Las reglas, y no Dios, se convirtieron en el centro de atención.

En este caso, la regla quebrantada era la del lavamiento de manos antes de comer. Los discípulos habían violado la tradición de la iglesia y habían avergonzado a los religiosos fieles de su día. Según la comisión investigadora eran impuros a los ojos de Dios. Habían quebrantado la tradición de los ancianos y no había excusa para ello, al menos no si eran discípulos de un verdadero rabino. Un verdadero rabino enseñaría a sus discípulos las tradiciones de los ancianos, a no ignorarlas ni violarlas. Siendo esa la situación, la comisión presentó sus cargos contra Jesús (v. 5).

[2] (7:6) *Tradición—hipócritas:* la tradición puede ser un honor hipócrita. Jesús tomó la acusación de los religiosos y la dirigió contra ellos mismos. Citó las Escrituras, aplicando las palabras de Isaías a la condición espiritual de ellos (Is. 29:13; cp. 1 S. 15:22; 16:7). Sus palabras fueron fuertes y vigorosas: los llamó «hipócritas» (*véase* Estudio a fondo 2—Mt. 23:13). Con sus labios honraban a Dios, pero su corazón estaba lejos de Él.

Pensamiento. El hipócrita sirve a Dios con sus labios, pero mantiene su corazón apartado de él. Reconoce a Dios, asiste al servicio, pero eso es prácticamente todo lo que hace. Sin embargo, hay algunos que son *religiosamente engañados* (cp. Fariseos y Escribas). Estudian la Escritura, oran, testifican, ayudan a los necesitados, y guardan las reglas. Se pelearían por mantener la tradición religiosa. Sin embargo, Jesús dice que son hipócritas. ¿Por qué? Porque su corazón no es de Dios. Se niegan a aceptar personalmente a Jesús como Hijo de Dios, el Mesías y Salvador del mundo. No conocen a Dios personalmente, no en lo profundo de su corazón (Jn. 14:6).

«Profesan conocer a Dios, pero con los hechos lo niegan, siendo abominables y rebeldes, reprobados en cuanto a toda buena obra» (Tit. 1:16).

«Sabiendo que fuisteis rescatados de vuestra vana manera de vivir, la cual recibisteis de vuestros padres, no con cosas corruptibles, como oro o plata, sino con la sangre preciosa de Cristo, como de un cordero sin mancha y sin contaminación» (1 P. 1:18-19).

«Pues hablando palabras infladas y vanas [los hipócritas], seducen con concupiscencias de la carne y disoluciones a los que verdaderamente habían huido de los que viven en error. Les prometen libertad, y son ellos mismo esclavos de corrupción. Porque el que es vencido por alguno es hecho esclavo del que lo venció» (2 P. 2:18-19).

«En esto conoced el Espíritu de Dios: Todo espíritu que confiesa que Jesucristo ha venido en carne, es de Dios; y todo espíritu que no confiesa que Jesucristo ha venido en carne, no es de Dios; y este es el espíritu del anticristo, el cual vosotros habéis oído que viene, y que ahora ya está en el mundo» (1 Jn. 4:2-3).

[3] (7:7) *Tradición—adoración:* la tradición puede ser vana, adoración sin valor. Jesús acusó a los religiosos de adorar en vano. «Adoráis lo que no sabéis» (Jn. 4:22). El religioso adora, pero con el corazón vacío. Jesús enseñó que la verdadera adoración tiene que ser *en espíritu y en verdad*, no solamente *en espíritu*, sino *en verdad* (Jn. 4:24). La persona que niega a Cristo o la Palabra de Dios no puede adorar en verdad a Dios (Jn. 14:6; 17:17). Puede ser que adore; pero su adoración es vana, carente de valor, inaceptable. Los religiosos del tiempo de Jesús profesaban la religión con sus labios, pero en sus corazones negaban a Cristo, el Hijo de Dios (cp. vv. 17-20).

[4] (7:8) *Tradición:* la tradición puede estar constituida de mandamientos humanos. El religioso enseña la tradición como si fuera un mandamiento de Dios. Mediante su práctica o proclamación enseña su tradición. La tradición es la *idea* humana de lo que debería o no hacerse. Algunas tradiciones son buenas; sin embargo ellas no deben ser enseñadas como si fuesen mandamientos de Dios. Por muy importantes que puedan ser algunas tradiciones, no son tan importantes como la Palabra de Dios.

«Que prediques la *palabra;* que instes a tiempo y fuera de tiempo; redarguye, reprende, exhorta con toda paciencia y doctrina» (2 Ti. 4:2).

«Mirad que nadie os engañe por medio de filosofías y huecas sutilezas, según las tradiciones de los hombres, conforme a los rudimentos del mundo» (Col. 2:8).

«No atendiendo a fábulas judaicas, ni a mandamientos de hombres que se apartan de la verdad» (Tit. 1:14; cp. Jn. 17:17).

[5] (7:9-12) *Tradición—mandamientos:* la tradición puede ser obedecida antes que los mandamientos de Dios. Jesús presentó otro grave cargo. Dijo que el religioso quebrantaba la ley de Dios *para obedecer* la tradición de la religión. Y Jesús dio un ejemplo:

«La Escritura dice: "Honra a tu padre y a tu madre." Pero la tradición de ustedes dice que si la persona se compromete a dar una ofrenda para el templo, nunca puede abandonar esa promesa, aunque después necesite esa ofrenda para cuidar de sus padres.»

Jesús estaba diciendo, «No soy yo el hipócrita que quebranta la ley, sino ustedes. Ustedes son quienes quebrantan la ley de Dios. Ustedes ponen su propia regla por encima de la regla de Dios.» (Se recomienda leer varias notas referidas a este punto para ver el trasfondo del conflicto. *Véanse* notas—Mt. 12:1-8; Estudio a fondo 1—12:10; Estudio a fondo 1—Mr. 7:11; Estudio a fondo 1—Lc. 6:2.)

«Porque dejando el mandamiento de Dios, os aferráis a la tradición de los hombres» (Mr. 7:8).

«Y este es su mandamiento: Que creamos en el nombre de su Hijo Jesucristo, y nos amemos unos a otros como nos lo ha mandado» (Jn. 3:23).

«Hijitos, aún estaré con vosotros un poco. Me bsucaréis; pero como dije a los judíos, así os digo a vosotros: a donde yo voy, vosotros no podéis ir. Un mandamiento nuevo os doy: Que os améis unos a otros; como yo os he amado, que también os améis unos a otros» (Jn. 13:33-34).

«Dice, pues, el Señor: Porque este pueblo se acerca a mí con su boca, y con sus labios me honra, pero su corazón está lejos de mí, y su temor de mí no es más que un mandamiento de hombres que les ha sido enseñado» (Is. 29:13).

ESTUDIO A FONDO 1

(7:11) *Corbán:* una ofrenda dedicada a Dios. Cuando una persona daba una ofrenda o dejaba una propiedad para Dios, simplemente pronunciaba las palabras: «Mis bienes son corbán». Esas palabras eran una declaración oficial que obligaba legalmente al ofrendante. Una vez pronunciadas esas palabras, los bienes pertenecían al templo. Los problemas surgieron cuando los líderes se excedían alentado esas ofrendas y propiedades. Procuraban obtener ese juramento inclusive de aquellas personas que tenían padres y miembros de la familia que necesitaban esa ayuda. En esos casos, la persona estaba evadiendo el más fundamental de los deberes: cuidar de los miembros de su familia (cp. Éx. 20:12; 21:17).

[6] (7:13) *Tradición—palabra de Dios:* la tradición puede hacer ineficaz la Palabra de Dios. Jesús acusó a los religiosos de poner de lado la Palabra de Dios en favor de la tradición. Las tradiciones religiosas pueden ser descritas como institucionales o personales.

1. Las tradiciones institucionales son cosas tales como rituales, reglas, reglamentos, horarios, formas, servicios, procedimientos, organizaciones; cualquier cosa que otorga orden y seguridad a las personas involucradas.

2. Las tradiciones personales son cosas tales como asistencia a la iglesia, oraciones, hábitos, ceremonias, objetos que una persona usa (supersticiosamente) para mantenerse religiosamente segura.

Jesús estaba atacando el hecho de que tantos religiosos ponían sus tradiciones en primer lugar descuidando e ignorando la Palabra de Dios (*véanse* notas—Mt. 12:1-8; nota y Estudio a fondo 1—12:10).

«Respondiendo él le dijo: ¿Por que también vosotros quebrantáis el mandamiento de Dios por vuestra tradición?» (Mt. 15:3).

«Estad, pues, firmes en la libertad con que Cristo nos hizo libres, y no estéis otra vez sujetos al yugo de esclavitud» (Gá. 5:1).

«Pues si habéis muerto con Cristo en cuanto a los rudimentos del mundo, ¿por qué, como si vivieseis en el mundo, os sometéis a preceptos?» (Col. 2:20).

«Ya que [el culto] consiste sólo de comidas y bebidas, de diversas abluciones, y ordenanzas acerca de la carne, impuestas hasta el tiempo de reformar las cosas. Pero estando ya presente Cristo, sumo sacerdote de los bienes venideros, por el más amplio y más perfecto tabernáculo, no hecho de manos, es decir, no de esta creación, y no por sangre de machos cabríos ni de becerros, sino por su propia sangre, entró una vez para siempre en el Lugar Santísimo, habiendo obtenido eterna redención. Porque si la sangre de los toros y de los machos cabríos, y las cenizas de la becerra rociadas a los inmundos, santifican para la purificación de la carne, ¿cuánto más la sangre de Cristo, el cual mediante el Espíritu eterno se ofreció a sí mismo sin mancha a Dios, limpiará vuestras conciencias de obras muertas para que sirváis al Dios vivo?» (He. 9:10-15).

ESTUDIO A FONDO 2

(7:13) *Invalidar* (a *kurountes*): hacer ineficaz, ineficiente; anular; privar de autoridad y poder; anular validez.

ESTUDIO A FONDO 3

(7:13) **Palabra de Dios:** *véanse* notas y Estudio a fondo 1—1 Ts. 2:13; notas—2 Ts. 2:13; 2 Ti. 3:16; nota y Estudios a fondo 1, 2—2 P. 1:19-21. Cp. Hch. 17:11; 20:32; 1 P. 2:2-3.

	H. Cosas que contaminan, 7:14-23 (Mt. 15:10-20; cp. Lc. 11:37-41)	entra en el hombre, no le puede contaminar,	
1 Jesús llamó a la multitud a. Oír y entender b. La afirmación	14 Y llamando a sí a toda la multitud, les dijo: Oídme todos, y entended:	19 porque no entra en su corazón, sino en el vientre, y sale a la letrina? Esto decía, haciendo limpios todos los alimentos.	a. No entra al corazón b. Entra al aparato digestivo
c. La importancia nuevamente acentuada d. El entendimiento lento de los discípulos	15 Nada hay fuera del hombre que entre en él, que le pueda contaminar; pero lo que sale de él, eso es lo que contamina al hombre. 16 Si alguno tiene oídos para oír, oiga. 17 cuando se alejó de la multitud y entró en casa, le preguntaron sus discípulos sobre la parábola.	20 Pero decía, que lo que del hombre sale, eso contamina al hombre. 21 Porque de dentro, del corazón de los hombres, salen los malos pensamientos, los adulterios, las fornicaciones, los homicidios, 22 los hurtos, las avaricias, las maldades, el engaño, la lascivia, la envidia, la maledicencia, la soberbia, la insensatez.	**3 Explicación 2: lo que sale del corazón es lo que contamina**[EF1] a. El proceso del pecado[EP2] b. Los pecados [EF3-15]
2 Explicación 1: lo que entra al cuerpo no contamina	18 El les dijo: ¿También vosotros estáis sin entendimiento? ¿No entendéis que todo lo de fuera que	23 Todas estas maldades de dentro salen, y contaminan al hombre.	**4 Explicación 3: el origen del mal es el corazón**

H. Cosas que contaminan, 7:14-23

(7:14-23) *Introducción:* esta es una de las cosas más asombrosas que Jesús haya enseñado. Algo que sacudió al mundo de su tiempo, y que desde entonces ha perturbado y conmovido las mentes y conciencias de los hombres. Revoluciona la idea del hombre en cuanto al mal y al hacer el mal, de lo que el mal es y su causa. Despoja de sus apoyos a la religión del hombre y a la moralidad. Deja al hombre inerme delante de Dios de modo que depende totalmente de Él para la salvación de su vida.

1. Jesús llamó a la multitud (vv. 14-17).
2. Explicación 1: lo que entra al cuerpo no contamina (vv. 18-19).
3. Explicación 2: lo que sale del corazón es lo que contamina (vv. 20-22).
4. Explicación 3: el origen del mal es el corazón (v. 23).

1 (7:14-17) *Corazón—contaminación:* Jesús llamó a las multitudes. Note el versículo quince, donde dice: «Escuchen, oigan y entiendan. No oigan solamente lo que voy a decir, sino entiendan. Es de suprema importancia.»

«**Nada hay fuera del hombre que entre en él, que le pueda contaminar; pero lo que sale de él, eso es lo que contamina al hombre**» (v. 15).

Dicho con palabras simples, el hombre no es contaminado por lo que entra en su cuerpo, sino por lo que sale de su corazón. Ahora note el versículo dieciséis. Nuevamente se acentúa la importancia: del asunto: si alguien oye, que oiga. Pero los discípulos estaban espiritualmente embotados. No entendieron la parábola. Le pidieron una explicación.

> *Pensamiento.* Para nosotros no es suficiente oír lo que Cristo está diciendo, también tenemos que entender.

2 (7:18-19) *Pecado, origen del—contaminación:* la primera explicación: aquello que entra al cuerpo no contamina. Lo que contamina al hombre no es lo que come y bebe. Lo que una persona come y bebe no entra a su corazón; entra en su aparato digestivo y pasa por el cuerpo. Por eso, la comida y bebida, o el comer con manos sin lavar, o el hacer cualquier otra cosa exterior no puede contaminar al hombre, no *espiritualmente.*

No hay relación entre lo que comemos y la espiritualidad. Lo cual no significa que el comer en exceso y la intemperancia no sean malos. Apetitos carnales y excesivos *salen del corazón.* Pero cuando se trata de los comestibles propiamente dichos, la comida y bebida, no hay mérito ni valor, ni mérito ni virtud en ellos; no en sí mismos. *Es lo que hacemos con las cosas*, lo que nuestro corazón hace, lo que nos convierte en buenos o malos, espirituales o carnales.

> *Pensamiento.* Cuando la *religión formal o exterior* es bosquejada tal como Cristo lo hace en este pasaje, permite ver realmente la necedad de aquel concepto de esa posición.
> «**Porque el reino de Dios no es comida ni bebida**» (Ro. 14:17).
> «**La circuncisión nada es, y la incircuncisión nada es**» (1 Co. 7:19).
> «**Si bien la vianda no nos hace más aceptos ante Dios; pues ni porque comamos, seremos más, ni porque no comamos, seremos menos**» (1 Co. 8:8).
> «**Guardáis los días, los meses, los tiempos y los años. Me temo de vosotros, que haya trabajado en vano con vosotros**» (Gá. 4:10-11).
> «**Que tendrá apariencia de piedad, pero negarán la eficacia de ella; a estos evita**» (2 Ti. 3:5).

3 (7:20-22) *Pecado, origen del—corazón:* la segunda explicación: lo que sale del corazón es lo que contamina. Note cuidadosamente lo que Jesús está diciendo: «No son las cosas las que contaminan al hombre. Es el corazón lo que contamina al hombre. El corazón del hombre está corrompido; por eso lo corrompe. El hombre no es *hecho impuro* por las cosas; es impuro porque su corazón está contaminado. *Es él mismo quien toma las cosas y las contamina*» (véanse Estudios 3-15—Mr. 7:21 para la discusión).

ESTUDIO A FONDO 1

(7:20) *Corazón* (*kardia*): en la Biblia la palabra «corazón» se refiere tanto al principal órgano del cuerpo (Lv. 17:11) como a la parte más importante de la persona, es decir, a su ser más íntimo. El corazón es la parte central, el centro mismo de la vida del hombre. Es la parte más vital del ser humano.

El corazón es la vida interior del hombre. Está en la profundidad, conteniendo al *hombre oculto* o al verdadero hombre (1 P. 3:4); es decir, el corazón contiene lo que el hombre realmente es, su verdadero carácter. El corazón determina lo que el hombre hace, su conducta, sea buena o depravada (Mt. 15:18; Mr. 7:21-23).

1. El corazón es el origen del raciocinio del hombre: su razonamiento (Mr. 2:6), entendimiento (Mt. 13:15), pensamiento (Mt. 9:4).

2. El corazón es el origen del ser emocional del hombre: gozo (Jn. 16:22; Ef. 5:19), afectos (Lc. 4:32), deseos (Mt. 5:28).

3. El corazón es el origen del ser espiritual del hombre: conciencia (Hch. 2:37), voluntad (Ro. 6:17), fe (Mr. 11:23; Ro. 10:10), mal (Mt. 15:18; Mr. 7:21-23; cp. Jer. 17:9).

ESTUDIO A FONDO 2

(7:21) *Pecado:* note el proceso del pecado en el interior del hombre. (1) Comienza en la naturaleza humana: «de dentro, del corazón». (2) Se desarrolla en la mente humana: en «malos pensamientos». (3) Es expresado en actos humanos: «adulterios, fornicaciones....»

ESTUDIO A FONDO 3

(7:21) *Pensamientos malos* (*dialogismoi hoi kakoi*): pensamientos e imaginaciones e ideas y conceptos malos, equivocados, malvados, inmorales, injustos, reprensibles; pensamientos que no son lo que deben ser; pensamientos que no son morales, limpios y puros; pensamientos que no son justos ni equitativos; pensamientos que no son elevantes ni edificantes; pensamientos que no son espirituales, sino carnales. (Cp. Ro. 8:6; 2 Co.10:5; Fil. 4:8. Cp. Mt. 5:28.) Los pensamientos malos son un pecado contra todos los mandamientos (Éx. 20:1ss).

«Y conociendo Jesús los pensamientos de ellos, dijo: ¿Por qué pensáis mal en vuestros corazones?» (Mt. 9:4).

«Pues habiendo conocido a Dios, no le glorificaron como a Dios, ni le dieron gracias, sino que se envanecieron en sus razonamientos, y su necio corazón fue entenebrecido» (Ro. 1:21).

«Y vio Jehová que la maldad de los hombres era mucha en la tierra, y que todo designio de los pensamientos del corazón de ellos era de continuo solamente el mal» (Gn. 6:5).

«Jehová conoce los pensamientos de los hombres, que son vanidad» (Sal. 94:11).

«Abominación son a Jehová los pensamientos del malo; mas las expresiones de los limpios son limpias» (Pr. 15:26).

«Porque cual es su pensamiento en su corazón, tal es él. Come y bebe, te dirá; mas su corazón no está contigo» (Pr. 23:7).

«El pensamiento del necio es pecado, y abominación a los hombres el escarnecedor» (Pr. 24:9).

«Y me dijo: Hijo de hombre, ¿has visto las cosas que los ancianos de la casa de Israel hacen en tinieblas, cada uno en sus cámaras pintadas de imágenes? Porque dicen ellos: No nos ve Jehová; Jehová ha abandonado la tierra» (Ez. 8:12).

ESTUDIO A FONDO 4

(7:21) *Adulterio* (*moicheiai*): infidelidad sexual hacia el cónyuge, esposo o esposa. También implica mirar a una mujer o a un hombre con deseos deshonestos. Mirar y desear el sexo opuesto, sea en persona, revistas, libros, en playas, o en cualquier otro lugar, es adulterio. Imaginar y desear en el corazón es lo mismo que realizar la acción. (*Véanse* notas—Mt. 5:28; Estudio a fondo 5—19:9 para la discusión.) El adulterio es pecado contra el séptimo mandamiento.

«No cometerás adulterio» (Éx. 20:14).

«Oísteis que fue dicho: No cometerás adulterio. Pero yo os digo que cualquiera que mira a una mujer para codiciarla, ya adulteró con ella en su corazón» (Mt. 5:27-28).

«¿No sabéis que los injustos no heredarán el reino de Dios? No erréis; ni los fornicarios, ni los idólatras, ni los adúlteros, ni los afeminados, ni los que se echan con varones, ni los ladrones, ni los avaros, ni los borrachos, ni los maldicientes, ni los estafadores, heredarán el reino de Dios» (1 Co. 6:9-10).

«Tienen los ojos llenos de adulterio, no se sacian de pecar, seducen a las almas inconstantes» (2 P. 2:14).

ESTUDIO A FONDO 5

(7:21) *Fornicación* (*porneiai*): una palabra amplia que incluye a todas las formas y tipos de actos inmorales y sexuales. Es sexo pre-marital y adulterio; es sexo anormal, todo tipo de vicio sexual.

«Huid de la fornicación. Cualquier otro pecado que el hombre cometa, está fuera del cuerpo; mas el que fornica, contra su propio cuerpo peca» (1 Co. 6:18).

«Pero fornicación y toda inmundicia, o avaricia, ni aun se nombre entre vosotros, como conviene a santos» (Ef. 5:3).

«Haced morir, pues, lo terrenal en vosotros: *fornicación,* impureza, pasiones desordenadas, malos deseos y avaricia, que es idolatría» (Col. 3:5).

«Pues la voluntad de Dios es vuestra santificación; que os apartéis de fornicación» (1 Ts. 4:3).

ESTUDIO A FONDO 6

(7:21) *Homicidios* (*phonos*): matar, quitar la vida a otro. El homicidio es pecado contra el sexto mandamiento.

«No matarás» (Éx. 20:13).

«Le dijo: ¿Cuáles? Y Jesús dijo: No matarás. No adulterarás. No hurtarás. No dirás falso testimonio» (Mt. 19:18).

«No debáis a nadie nada, sino el amaros unos a otros; porque el que ama a su prójimo, ha cumplido la ley. Porque: No adulterarás, no *matarás,* no hurtarás, no dirás falso testimonio, no codiciarás, y cualquier otro mandamiento, en esta sentencia se resume: Amarás a tu prójimo como a ti mismo. El amor no hace mal al prójimo; así que el cumplimiento de la ley es el amor» (Ro. 13:8-10).

«Todo el que aborrece a su hermano es homicida; y sabéis que ningún homicida tiene vida eterna permanente en él» (1 Jn. 3:15).

ESTUDIO A FONDO 7

(7:22) *Hurtos* (*klopi*): hurtar, robar; tomar equivocadamente de otra persona, sea legal o ilegalmente.

«No hurtarás» (Éx.20:15).

«No hurtaréis, y no engañaréis el uno al otro» (Lv. 19:11).

«El que hurtaba, no hurte más, sino trabaje, haciendo con sus manos lo que es bueno, para que tenga qué compartir con el que padece necesidad» (Ef. 4:28).

«No defraudando, sino mostrándose fieles en todo, para que en todo adornen la doctrina de Dios nuestro Salvador» (Tit. 2:10).

ESTUDIO A FONDO 8

(7:22) *Avaricias* (*pleonexiai*): codiciar más y más; tener un apetito fatal por algo; amar las posesiones (2 P. 2:14); anhelar y buscar algo. Significa anhelar y asir posesiones, placer, poder, fama. La codicia no tiene límites. No tiene capacidad de discriminar. Quiere poseer a efectos de gastar en placeres y lujos. La avaricia es un deseo insaciable un anhelo de la carne que no puede ser satisfecho. Es un intenso apetito de ganancias, una pasión por el placer que pueden dar las cosas. Es un deseo y anhelo tan profundos que la persona halla su felicidad en las cosas y no en Dios. Es idolatría (Ef. 5:5).

«No codiciarás la casa de tu prójimo, no codiciarás la mujer de tu prójimo, ni su siervo, ni su criada, ni su buey, ni su asno, ni cosa alguna de tu prójimo» (Éx. 20:17).

«Y les dijo: Mirad, y guardaos de toda avaricia; porque la vida del hombre no consiste en la abundancia de los bienes que posee» (Lc. 12:15).

«Porque sabéis esto, que ningún fornicario, o inmundo, o avaro, que es idólatra, tiene herencia en el reino de Cristo y de Dios» (Ef. 5:5).

«Haced morir, pues, lo terrenal en vosotros: fornicación, impureza, pasiones desordenadas, malos deseos y avaricia, que es idolatría» (Col. 3:5).

«Y vendrán a ti como viene el pueblo, y estarán delante de ti como pueblo mío, y oirán tus palabras, y no las pondrán por obra; antes hacen halagos con sus bocas, y el corazón de ellos anda en pos de su avaricia» (Ez. 33:31).

«Codician las heredades, y las roban; y casas, y las toman; oprimen al hombre y a su casa, al hombre y a su heredad» (Mi. 2:2).

ESTUDIO A FONDO 9

(7:22) **Maldades** (*poneria*): ser depravado, activamente malo, hacer daño, causar problemas y daño a otras personas, ser malicioso, ser peligroso y destructivo. Es malicia, odio, mala voluntad. Es una maldad activa, un deseo dentro del corazón de hacer daño y corromper a la gente. Es perseguir a otros para seducirlos o dañarlos.

«Porque nosotros también éramos en otro tiempo insensatos, rebeldes, extraviados, esclavos de concupiscencias y deleites diversos, viviendo en malicia, envidia, aborrecibles, y aborreciéndonos unos a otros» (Tit. 3:3).

«Porque en la boca de ellos no hay sinceridad; sus entrañas son maldad, sepulcro abierto es su garganta, con su lengua hablan lisonjas» (Sal. 5:9).

«Maquina el impío contra el justo, y cruje contra él sus dientes» (Sal. 37:12).

«Porque no duermen ellos si no han hecho mal, y pierden el sueño si no han hecho caer a alguno» (Pr. 4:16).

«¡Oh gente pecadora, pueblo cargado de maldad, generación de malignos, hijos depravados! Dejaron a Jehová, provocaron a ira al Santo de Israel, se volvieron atrás» (Is. 1:4).

«Pero los impíos son como el mar en tempestad, que no puede estarse quieto, y sus aguas arrojan cieno y lodo» (Is. 57:20).

ESTUDIO A FONDO 10

(7:22) **Engaño** (*dolos*): cazar con cebo, enredar, descarriar, mentir, ser astuto y engañoso, desviar o dar una impresión falsa con palabras o acciones o influencia. Es disimular o torcer la verdad para salirse uno con la suya. La persona urde complots y engaña, hace lo que haya que hacer para obtener lo que quiere.

«Sepulcro abierto es su garganta; con su lengua engañan. Veneno de áspides hay debajo de sus labios» (Ro. 3:13).

«No mintáis los unos a los otros, habiéndoos despojado del viejo hombre con sus hechos» (Col. 3:9).

«Destruirás a los que hablan mentiras; al hombre sanguinario y engañador abominará Jehová» (Sal. 5:6).

«No habitará dentro de mi casa el que hace fraude; el que habla mentiras no se afirmará delante de mis ojos» (Sal. 101:7).

«Los labios mentirosos son abominación a Jehová; pero los que hacen verdad son su contentamiento» (Pr. 12:22).

«Amontonar tesoros con lengua mentirosa es aliento fugaz de aquellos que buscan la muerte» (Pr. 21:6).

«Y cada uno engaña a su compañero, y ninguno habla verdad; acostumbraron a su lengua a hablar mentira, se ocupan de actuar perversamente» (Jer. 9:5).

«Engañoso es el corazón más que todas las cosas, y perverso; ¿quién lo conocerá?» (Jer. 17:9).

«Sus ricos se colmaron de rapiña, y sus moradores hablaron mentira, y su lengua es engañosa en su boca» (Mi. 6:12).

ESTUDIO A FONDO 11

(7:22) **Lascivia** (*aselgeia*): impureza, indecencia, vergüenza. Una característica principal de la conducta es la abierta y desvergonzada indecencia. Significa tener pensamientos y conductas irrestrictamente malos. Dar lugar a deseos brutos y carnales, a una disposición para cualquier placer. Es el hombre que no conoce restricciones, es la persona que ha pecado tanto que ya no le importa lo que la gente pueda decir o pensar. Es algo mucho más repugnante que simplemente hacer el mal. La persona que se comporta mal, generalmente trata de ocultarlo, pero a la persona lasciva no le importa quien conoce sus excesos o vergüenzas. Tiene deseos; entonces procura conseguir lo que quiere para gratificarse. La decencia y opinión de otros no importan. Al principio, cuando comenzó a pecar, hizo como todos, lo hizo en secreto. Pero con el tiempo el pecado llegó a ser lo principal de él; ya no le importó quien veía o sabía. Llegó a ser esclavo de un amo, el hábito, esclavo de la cosa en sí. Los hombres llegan a ser esclavos de cosas tales como pasiones desenfrenadas, impudicia, licencias, excesos, desvergüenza, insolencia (Mr. 7:22), modales impúdicos, palabras inmundas, movimientos corporales indecentes, manejo indecente de macho y hembra (Ro. 13:13), carnalidad, glotonería, e inmoralidad sexual (1 P. 4:3; 2 P. 2:2, 18). (Cp. 2 Co. 12:21; Gá. 5:19; Ef. 4:19; 2 P. 2:7.)

«Y de igual modo también los hombres, dejando el uso natural de la mujer, se encendieron en su lascivia unos con otros, cometiendo hechos vergonzosos hombres con hombres, y recibiendo en sí mismos la retribución debida a su extravío» (Ro. 1:27)

«Los cuales, después que perdieron toda sensibilidad, se entregaron a la lascivia para cometer con avidez toda clase de impureza» (Ef. 4:19).

«Porque algunos hombres han entrado encubiertamente, los que desde antes habían sido destinados para esta condenación, hombres impíos, que convierten en libertinaje la gracia de nuestro Dios, y niegan a Dios el único soberano, y a nuestro Señor Jesucristo ... como Sodoma y Gomorra y las ciudades vecinas, las cuales de la misma manera que aquéllas, habiendo fornicado e ido en pos de vicios contra naturaleza, fueron puestas por ejemplo, sufriendo castigo del fuego eterno» (Jud. 4, 7).

«Baste ya el tiempo pasado para haber hecho lo que agrada a los gentiles, andando en lascivias, concupiscencias, embriagueces, orgías, disipación y abominables idolatrías» (1 P. 4:3).

ESTUDIO A FONDO 12

(7:22) **Envidia** (*aphtalmos poneros*): mirar indebidamente;

desear lo que uno no debe; envidiar, codiciar, anhelar y desear con la mirada; usar la vista de modo malo; satisfacer los anhelos y deseos mirando.

«La lámpara del cuerpo es el ojo; cuando tu ojo es bueno, también todo tu cuerpo está lleno de luz; pero cuando tu ojo es maligno, también tu cuerpo está en tinieblas» (Lc. 11:34).

«El hombre tierno en medio de ti, y el muy delicado, mirará con malos ojos a su hermano, y a la mujer de su seno, y al resto de sus hijos que le quedaren» (Dt. 28:54).

«No comas pan con el avaro, ni codicies sus manjares» (Pr. 23:6).

«Oísteis que fue dicho: No cometerás adulterio. Pero yo os digo que cualquiera que *mira* a una mujer para codiciarla, ya adulteró con ella en su corazón» (Mt. 5:27-28).

ESTUDIO A FONDO 13

(7:22) *Maledicencia* (*blasphemia*): blasfemar, insultar, injuriar, hablar mal de Dios o del hombre (*véase* Estudio a fondo 4—Mt. 9:3).

«De cierto os digo que todos los pecados serán perdonados a los hijos de los hombres, y las blasfemias cualesquiera que sean; pero cualquiera que blasfeme contra el Espíritu Santo, no tiene jamás perdón, sino que es reo de juicio eterno» (Mr. 3:28-29).

«De los cuales son Himeneo y Alejandro, a quienes entregué a Satanás para que aprendan a no blasfemar» (1 Ti. 1:20).

«¿No blasfeman ellos el buen nombre que fue invocado sobre vosotros?» (Stg. 2:7).

«Nos pusiste por escarnio a nuestros vecinos, y nuestros enemigos se burlan entre sí» (Sal. 80:6).

«Príncipes también se sentaron y hablaron contra mí, mas tu siervo meditaba en tus estatutos» (Sal. 119:23).

ESTUDIO A FONDO 14

(7:22) *Soberbia* (*huperephania*): exaltación propia, presunción, arrogancia, altivez, considerarse superior a otros, mirar con desprecio a otros, menosprecio, desdén. Significa elevar la cabeza encima de las de otros; sentir menosprecio hacia otros, compararse con otros. La soberbia puede estar oculta en el corazón y también puede ser exhibida abiertamente. Dios resiste a los soberbios (Stg. 4:6; 1 P. 5:5; Pr. 3:24).

«Unánimes entre vosotros; no altivos, sino asociándoos con los humildes. No seáis sabios en vuestra propia opinión» (Ro. 12:16).

«Y si alguno se imagina que sabe algo, aún no sabe nada como debe saberlo» (1 Co. 8:2).

«Porque todo lo que hay en el mundo, los deseos de la carne, los deseos de los ojos, y la *vanagloria* de la vida, no proviene del Padre, sino del mundo» (1 Jn. 2:16).

«Con arrogancia el malo persigue al pobre; será atrapado en los artificios que ha ideado» (Sal. 10:2).

«No seas sabio en tu propia opinión; teme a Jehová y apártate del mal» (Pr. 3:7).

«Cuando viene la soberbia, viene también la deshonra» (Pr. 11:2).

«Antes del quebrantamiento es la soberbia, y antes de la caída la altivez de espíritu» (Pr. 16:18).

«Altivez de ojos, y orgullo de corazón, y pensamiento de impíos, son pecado» (Pr. 21:4).

«¡Ay de los sabios en sus propios ojos, y de los que son prudentes delante de sí mismos!» (Is. 5:21).

ESTUDIO A FONDO 15

(7:22) *Insensatez* (*aphrosune*): sin sentido moral, desatino, indiscreción, insensibilidad. Es el hombre que actúa neciamente en su deber y en lo moral, en su conducta y pensamiento.

«Este su camino es locura; con todo, sus descendientes se complacen en el dicho de ellos» (Sal. 49:13).

«Mas la indiscreción de los necios es engaño» (Pr. 14:8).

«El corazón entendido busca la sabiduría; mas la boca de los necios se alimenta de necedades» (Pr. 15:14).

«Al que responde palabra antes de oír, le es fatuidad y oprobio» (Pr. 18:13).

«Como perro que vuelve a su vómito, así es el necio que repite su necedad» (Pr. 26:11).

«Dice el necio en su corazón: No hay Dios. Se han corrompido, e hicieron abominable maldad; no hay quien haga bien» (Sal. 53:1).

«Los necios se mofan del pecado; mas entre los rectos hay buena voluntad» (Pr. 14:9).

«El necio menosprecia el consejo de su padre; mas el que guarda la corrección vendrá a ser prudente» (Pr. 15:5).

«El que confía en su propio corazón es necio; mas el que camina en sabiduría será librado» (Pr. 28:26).

«Las moscas muertas hacen heder y dar mal olor al perfume del perfumista; así una pequeña locura, al que es estimado como sabio y honorable» (Ecl. 10:1).

«Como la perdiz que cubre lo que puso, es el que injustamente amontona riquezas; en la mitad de sus días las dejará, y en su postrimería será insensato» (Jer. 17:11).

«Pero el Señor le dijo: Ahora bien, vosotros los fariseos limpiáis lo de fuera del vaso y del plato, pero por dentro estáis llenos de rapacidad y de maldad. Necios, ¿el que hizo lo de fuera, no hizo también lo de adentro?» (Lc. 11:39-40).

4 (7:23) *Pecado, origen del mal:* la tercera explicación: el origen del mal es el corazón. El problema del mal es el interior no el exterior; es de adentro, no de afuera. El mal proviene del corazón del hombre (espíritu), no de su cuerpo. Considere las noticias de cualquier ciudad, cualquier día. Note las cosas malas que se informan y recuerde; esos males ocurren en su propia ciudad. Multiplique ese mal por cada ciudad, cualquiera sea su tamaño. Piense simplemente en todo el mal que se comete cada día, y que ese solamente es el mal que se informa, es decir el mal *mayor*. Piense en las palabras malas y los malos tratos —y los pensamientos malos; en todas las cosas malas que ocurren en una ciudad (Mr. 7:21-22)— entonces uno tendrá un cuadro de lo que quiso decir Jesús. El corazón del hombre es un problema. Es del corazón de donde provienen *todas estas cosas*. El hombre sabe hacer todo mejor. Tiene la inteligencia para impedir tanto mal en su vida y hogar y comunidad, y en la ciudad y el mundo. Pero, sencillamente no puede controlar su corazón.

El hombre comete tres errores fatales al tratar los problemas de la ley y del mal, es decir, los problemas de su corazón.

1. El hombre juzga que el mal es solamente exterior. Solamente juzga la acción pecaminosa, solamente el acto. A los ojos de la sociedad, un hombre se considera perfecto si nunca cometió ningún mal —si nunca quebrantó la ley y nunca hizo nada prohibido. Se lo considera buena persona si *pocas veces* hace el mal— si pocas veces quebranta la ley y pocas veces hace algo prohibido (por ejemplo, exceder el límite de velocidad o llevarse una lapicera de la oficina).

2. El hombre no logra ver (o confesar) que el mal surge del corazón, desde el interior. No considera que las cosas malas provienen de un corazón malo. Por eso, el hombre pone pocas restricciones sobre el deseo y el pensamiento interior. El hombre pocas veces piensa más allá de su acción; pocas veces profundiza para descubrir la razón del deseo y del pensamiento; pocas veces le presta atención al corazón. El resultado: el hombre todavía no desentraña y nunca desentrañará el problema y la tragedia del mal.

3. El hombre no alcanza a ver y reconocer que el corazón humano tiene que ser cambiado, es decir, convertido. Se rehusa a encarar un hecho tan obvio: lo que hace falta es un hombre nuevo.

De alguna manera es preciso que el corazón del hombre nazca de nuevo.

> **«Siendo renacidos, no de simiente corruptible, sino de incorruptible, por la palabra de Dios que vive y permanece para siempre» (1 P. 1:23).**

> **«Y renovaos en el espíritu de vuestra mente, y vestíos del nuevo hombre, creado según Dios en la justicia y santidad de la verdad» (Ef. 4:23-24).**

> **«No mintáis los unos a los otros, habiéndoos despojado del viejo hombre con sus hechos. Y revestido del nuevo, el cual conforme a la imagen del que lo creó se va renovando hasta el conocimiento pleno» (Col. 3:9-10).**

Jesús reveló el problema tan claramente en este pasaje. Note el progreso del pecado dentro del hombre. (1) Comienza en la naturaleza humana:«dentro de, del corazón». (2) desarrolla en la mente humana: en «pensamientos malos». (3) Se expresa en tres hechos humanos: «adulterios, fornicaciones....».

| 1 Jesús necesitaba descanso
a. Entró a tierra de los gentiles
b. Buscó tranquilidad en una casa
2 Paso 1: permitir que personas rechazadas interrumpan su descanso
3 Paso 2: conversar con las personas rechazadas | **I. Pasos para atender a personas rechazadas, 7:24-30** (Mt. 15:21-28)

24 Levantándose de allí se fue a la región de Tiro y de Sidón; y entrando en una casa, no quiso que nadie lo supiese, pero no pudo esconderse.
25 Porque una mujer, cuya hija tenía un espíritu inmundo, luego que oyó de él, vino y se postró a sus pies.
26 La mujer era griega, y sirofenicia de nación; y le rogaba que echase fuera de su hija al demonio. | 27 Pero Jesús le dijo: Deja primero que se sacien los hijos, porque no está bien tomar el pan de los hijos y echarlo a los perrillos.
28 Respondió ella y le dijo: Sí, Señor; pero aun los perrillos, debajo de la mesa, comen de las migajas de los hijos.
29 Entonces le dijo: Por esta palabra, vé; el demonio ha salido de tu hija.
30 Y cuando llegó a su casa, halló que el demonio había salido, y a la hija acostada en la cama. | a. Escuchar el clamor de esas personas
b. Acentuar la necesidad de que las personas rechazadas sean humildes[EF1]

c. Guiar a las personas rechazadas a persistir y creer

4 Paso 3: suplir las necesidades de las personas rechazadas |

I. Pasos para atender a personas rechazadas, 7:24-30

(7:24-30) *Introducción:* es malo tener prejuicios y rechazar a ciertas personas. Las personas rechazadas deben ser alcanzadas y ayudadas. Las personas rechazadas siempre son *excluidas* de la sociedad, excluidas de andar en medio de la sociedad. Son personas no aceptadas y expulsadas. ¿Por qué? Porque la sociedad se encierra en su conducta aceptable y excluye a quienes actúan de manera diferente. La sociedad tiene poco tiempo para ocuparse de aquellos que actúan de manera diferente y, a veces, inclusive les teme; ello no debe ser. La sociedad tiene que permitir que su encerramiento en sí misma sea anulado; debe encarar las diferencias y necesidades de las personas rechazadas; conversar y discutir las diferencias con ellas; y luego trabajar para suplir sus necesidades. Note los pasos que las personas rechazadas deben dar para recibir ayuda. La mujer rechazada se acercó humildemente a Jesús (v. 25); discutió con Él la necesidad que la traía (vv. 26-28); perseveró pidiendo ayuda (v. 28); con humildad confesó su condición o necesidad (v. 28); y entonces recibió ayuda (vv. 29-30).

1. Jesús necesitaba descanso (v. 24).
2. Paso 1: permitir que personas rechazadas interrumpan su descanso (v. 25).
3. Paso 2: conversar con las personas rechazadas (vv. 26-28).
4. Paso 3: suplir las necesidades de las personas rechazadas (vv. 29-30).

1 (7:24) *Descanso—Jesucristo, humanidad de:* Jesús necesitaba descansar. En este pasaje se lo ve retirándose deliberadamente hacia los límites del territorio gentil. Necesitaba quietud y tiempo para prepararse, tanto a sí mismo como a los discípulos, para el fin. El único lugar donde podía librarse de las multitudes y de quienes se oponían a Él, era la región norte, el límite del territorio gentil. Ningún judío entraría en territorio gentil. Es de notar que este acontecimiento anticipaba la difusión mundial del evangelio y el gran deseo de Dios de que todas las barreras fuesen eliminadas (*véanse* bosquejo y notas—Ef. 2:11-18, 19-22).

Tiro era la capital de Fenicia. (*Véase* nota, *Tiro*—Hch. 21:1-3.) Fenicia estaba al norte de Judea; Sidón estaba en el límite norte. Aparentemente las multitudes procedentes de estas regiones gentiles se habían congregado alrededor de Jesús. La fama de Jesús se había difundido y llegado hasta Tiro y Sidón (Mr. 3:8). Jesús buscó quietud en una casa privada, pero como dice Marcos: «No pudo esconderse».

Pensamiento. Hay tiempo para trabajar, y hay tiempo para buscar descanso en la presencia de Dios. Note que Jesús quería estar a solas. «No quiso que nadie ... supiese» donde estaba. Buscar descanso y la presencia de Dios son

cruciales si hemos de servir en el poder de Dios. Aparentemente, la estadía de Jesús en territorio gentil duró unos seis meses. Imagínese estar en presencia de Dios, en un retiro espiritual, durante seis meses (*véanse* notas—Mr. 7:31; cp. Mt. 15:29).

2 (7:25) *Judío—gentil:* el primer paso para ayudar a las personas rechazadas es permitir que nos interrumpan. La mujer tenía dos problemas. Primero, tenía una hija con espíritu inmundo. En el mundo antiguo, cuando un miembro de la familia tenía un espíritu inmundo, toda la familia era evitada, a veces temida y expulsada. Tanto la hija como la madre sabían lo que era el rechazo y las profundas emociones que el rechazo implica.

Segundo, la madre era griega, de raza sirofenicia o cananea. Pertenecía a una de las siete naciones expulsadas de la tierra de Canaán en el Antiguo Testamento. Ellos y los judíos eran enemigos a muerte, enemigos ancestrales. Se odiaban mutuamente. Al acercarse a Jesús ella sabía que estaba viniendo a un judío de quien se suponía era un enemigo.

Pero note un hecho significativo: Jesús le permitió acercarse; no la detuvo. Otros la habían rechazado, a ella y a su hija, y no quisieron tener nada que ver con ellas. Ella y su hija estaban solas en el mundo, rechazadas por todos. Jesús necesitaba descanso y tiempo para estar a solas con Dios, y por eso los discípulos le pusieron objeciones (Mt. 15:23). Pero Jesús admitió ser interrumpido. Ella estaba sola en el mundo, ninguna persona podía sentirse más rechazada, pero Jesús la recibió.

«Como el Hijo del Hombre no vino para ser servido, sino para servir, y para dar su vida en rescate por muchos» (Mt. 20:28).

«Venid a mí todos los que estáis trabajados y cargados, y yo os haré descansar» (Mt. 11:28).

«Entonces le fueron presentados unos niños, para que pusiese las manos sobre ellos, y orase; y los discípulos les reprendieron. Pero Jesús dijo: Dejad a los niños venir a mí, y no se lo impidáis; porque de los tales es el reino de los cielos» (Mt. 19:13-14).

3 (7:26-28) *Preocupación—humildad—fe:* el segundo paso para atender a las personas rechazadas es conversar con ellas. Note tres cosas.

1. Jesús prestó atención al clamor de las personas rechazadas. La mujer rechazada «le rogaba» (*erotao*), pedía, suplicaba a Cristo que sanara a su hija endemoniada. La palabra «rogaba» en griego está en tiempo imperfecto lo que significa que *seguía suplicando y suplicando*. Note que Jesús seguía y seguía escuchando.

Es importante entender lo que ocurría. La mujer tenía solamente un concepto *limitado* de Jesús, en cuanto a quien era. Aparentemente había oído que los judíos esperaban un Mesías, un hijo del gran Rey David, que obraría milagros en favor de ellos. Y había escuchado acerca de Jesús, que estaba librando a la gente de sus enfermedades y las estaba sanando. Pero ver a Jesús como mero hacedor de milagros y sanador es tener un concepto inadecuado de Él. Era algo que le impedía obrar. Lo que la mujer necesitaba era crecer en su entendimiento de quien realmente era Jesús.

¡Cuánta gracia nos da nuestro Señor! Escuchó al clamor de la mujer rechazada. Conocía el corazón de ella, lo que había en ese corazón, conocía cada pensamiento. Sabía lo que ella necesitaba para comprender la verdadera naturaleza mesiánica de Jesús. De modo que comenzó a guiarla paso a paso a comprender su Señorío y a confesar su fe en un espíritu de humildad y adoración.

2. Jesús acentuó que la persona rechazada debía ser humilde. Jesús le dijo dos cosas a la mujer, dos cosas que con frecuencia se consideran ásperas; por eso es preciso entender claramente lo que dijo.

a. Jesús dijo: «Deja primero que se sacien los hijos» (v. 26). Jesús estaba diciendo: «Los judíos, los primeros hijos de Dios, tienen que ser alcanzados primero». No había absolutamente ningún rechazo en su afirmación hacia la mujer. Era la mera enunciación de un hecho. Jesús al venir a la tierra, había venido principalmente a la casa de Israel. Era preciso concentrar su ministerio a un lugar si quería lograr su propósito. ¿Pero, por qué hacer esa afirmación a la mujer? Aparentemente había dos motivos.

*   La mujer tenía que aprender persistencia, humildad y confianza.
*   La mujer tenía que aprender que había solamente una religión verdadera y un verdadero Mesías. Ella era griega, procedente de una orgullosa sociedad pagana. Había adorado, y probablemente aún adoraba a dioses falsos; por ese motivo no merecía ser oída por el verdadero Mesías, el único Dios verdadero y viviente del universo. Ella había reconocido a Jesús como el Hijo de David, como el hacedor de milagros de los judíos, el que los libraba de sus enfermedades. Pero era preciso que reconociera algo más: que Él era el *único Mesías,* y la *única esperanza* para todos los pueblos. No había otra religión, ni otros dioses que pudieran hacer algo por ella o por alguna otra persona. Solamente Jesús era su esperanza. Solamente Él debía ser el Señor y Dueño a quien ella adorase. Tuvo que aprender la misma lección que la mujer samaritana en el pozo: la salvación viene de los judíos (Jn. 4:22). (*Véase* nota—Mt. 15:21-28.)

b. Jesús también dijo: «No está bien tomar el pan de los hijos y echarlo a los perillos» (v. 27). Estas palabras podrían ser interpretadas como ásperas, excepto por una cosa: Jesús nunca usó palabras ásperas ni rechazó a nadie que venía a Él con una desesperada necesidad y con el potencial de creer en Él como Señor. De modo que, sea lo que fuere lo ocurrido, las palabras no tenían la intención de ser ásperas o de expresar rechazo.

¿Entonces qué significaron? Nuevamente, Jesús tuvo que empujar a la mujer a crecer en la fe y en el entendimiento de quién era Jesús: es decir, el Señor y Dueño de la vida de cada persona, no solamente de los judíos. No era meramente el Hijo de David. Jesús tuvo que enseñarle que la salvación venía de los judíos, y que Él en persona era la salvación, el Señor de todas las vidas. Jesús le estaba diciendo: «No está bien tomar el pan del evangelio que pertenece a los verdaderos adoradores de Dios y darlo a los *perros,* es decir, a los paganos».

La mujer era griega; procedía de un pueblo orgulloso con una rica herencia; pero los griegos despreciaban a los judíos. Ella adoraba a dioses falsos, era pagana, extranjera, pecadora; y Él era el Mesías, el Señor de todas las vidas. ¿Estaba ella dispuesta a humillarse y a rendirse a Él como Señor de su vida?

3. Jesús guió a la mujer rechazada a persistir y creer. Incisivamente y con gran discernimiento espiritual, ella vio y confesó que espiritualmente ella no era nada; ella era *un perro.* Sin embargo, siendo un perro de la familia, tenía el derecho de comer las migajas que caían debajo de la mesa (*véase* Estudio a fondo 1—Mr. 7:27).

Note: ahora la mujer llamaba a Jesús *Señor,* y ahora lo adoraba como Señor. Antes ya lo había llamado «Señor», pero ahora hizo lo que era esencial hacer, le adoró como Señor (cp. v. 22).

> **«No todo el que me dice: Señor, Señor, entrará en el reino de los cielos, sino el que hace la voluntad de mi Padre que está en los cielos» (Mt. 7:21; cp. 7:21-23).**
>
> **«Que si confesares con tu boca que Jesucristo es el Señor, y creyeres en tu corazón que Dios le levantó de los muertos, serás salvo. Porque con el corazón se cree para justicia, pero con la boca se confiesa para salvación» (Ro. 10:9-10).**
>
> **«Porque todo aquel que invocare el nombre del *Señor,* será salvo» (Ro. 10:13).**
>
> **«Y toda lengua confiese que Jesucristo es el *Señor,* para gloria de Dios Padre» (Fil. 2:11).**

ESTUDIO A FONDO 1

(7:27) *Perro:* normalmente era un símbolo de deshonra; se refería a los perros salvajes y vagabundos de la calle. En tiempos de Jesús era común llamar *perros* a la gente. Pablo llamó a los judaizantes que hostigaban y perseguían a los creyentes, *perros* (Fil. 3:2). Los judíos a veces llamaban a los gentiles *perros* como una forma de desprecio e insulto. Un gentil era una *perro gentil,* un *perro infiel,* o un *perro cristiano.* Sin embargo note esto, la palabra para perro utilizada por Jesús no es la que se usaba para el perro de la calle, sino para la mascota de la casa. Esto, como el tono de su voz, despojaron de todo desprecio a aquellas palabras. Ello resulta obvio por la persistencia de la mujer en buscar ayuda. El uso que Jesús hizo de la palabra evidentemente fue para motivar y probar la sinceridad y persistencia de ella (*véanse* notas—Mt. 15:26-27; 15:28).

4 (7:29-30) *Ministrando—Jesucristo, misión de:* el cuarto paso para atender a las personas rechazadas es suplir sus necesidades. Jesús respondió a la oración de ella. Echó fuera de su hija al demonio.

Hay un aspecto que se eleva por encima de todos los demás en la experiencia de esta madre. Ella creyó que Jesús podía suplir su necesidad, y ella no lo abandonaría hasta que hubiese suplido su necesidad. La fe de ella fue tan fuerte que *no renunciaría a pesar de encontrar silencio, irritación, oposición y aparente rechazo, y de escuchar que no lo merecía* (*véanse* notas—Mt. 15:23-24; Mr. 7:25). No se puede hacer otra cosa que decir: «Oh mujer, grande es tu fe».

> **«Y yo os digo: Pedid, y se os dará; buscad y hallaréis; llamad, y se os abrirá» (Lc. 11:9).**

Imagínese también esto. Ella creyó que el poder de Jesús podía trasponer el espacio y el tiempo. ¡La hija de ella se había quedado en casa! ¡Qué enorme fe!

Pero note un punto crucial. Su fe en el poder de Jesús, por muy grande que era, no fue suficiente. No fue su fe lo que motivó a Jesús a responder su oración. Lo que motivó a Jesús a responder su oración fue la humildad personal de la mujer (el rendirse) y el hecho de adorarlos como Señor. Jesús responde la oración y obra con su poder en favor de aquellos que (1) se rinden (se humillan) ante Él, y (2) lo adoran como Señor.

> **«Como el Hijo del Hombre no vino para ser servido, sino para servir, y para dar su vida en rescate por muchos» (Mt. 20:28).**

> **«Porque no tenemos un sumo sacerdote que no pueda compadecerse de nuestras debilidades, sino uno que fue tentado en todo según nuestra semejanza, pero sin pecado. Acerquémonos, pues, confiadamente al trono de la gracia, para alcanzar misericordia y hallar gracia para el oportuno socorro» (He. 4:15-16).**

> **«Si algo pidiereis en mi nombre, yo lo haré» (Jn. 14:14).**

	J. El veredicto esperado por servicios prestados: bien lo ha hecho todo, 7:31-37 (Mt. 15:29-31)	piendo, tocó su lengua; 34 y levantando los ojos al cielo, gimió, y le dijo: Efata, es decir: Sé abierto.	**4 Confiaba en Dios para tener poder**
1 Se preocupaba de sus propias necesidades personales y de las de sus seres queridos	31 Volviendo a salir de la región de Tiro, vino por Sidón al mar de Galilea, pasando por la región de Decápolis.	35 Al momento fueron abiertos sus oídos, y se desató la ligadura de su lengua, y hablaba bien.	
2 Escuchaba los ruegos de la gente pidiendo ayuda	32 Y le trajeron un sordo y tartamudo, y le rogaron que le pusiera la mano encima.	36 Y les mandó que no lo dijesen a nadie; pero cuanto más les mandaba, tanto más y más lo divulgaban.	**5 No buscaba aplauso personal o alabanza de los hombres**
3 Era considerado con los sentimientos y las condiciones de otros	33 Y tomándole aparte de la gente, metió los dedos en las orejas de él, y escu-	37 Y en gran manera se maravillaban, diciendo: Bien lo ha hecho todo; hace a los sordos oír, y a los mudos hablar.	**6 Demandaba un veredicto: «Bien lo ha hecho todo»**

J. El veredicto esperado por servicios prestados: bien lo ha hecho todo, 7:31-37

(7:31-37) *Introducción—decisión—juicio:* el presente pasaje incluye un veredicto fenomenal referido a Jesús: «Bien lo ha hecho todo» (v. 37). Fue el veredicto de esta particular multitud, pero no fue, y nunca ha sido, el veredicto de todos. Sin embargo, toda persona tiene que tomar una decisión acerca de Jesús; toda persona tiene que juzgar a Jesús. Se requiere un veredicto.

Note algo más: viene el día cuando Dios dará su veredicto, su juicio acerca de cada hombre. Cada persona determina con exactitud cuál será el veredicto de Dios ¿Cómo? Por su forma de vivir.

El veredicto que Cristo quiere que se pronuncie respecto de toda persona es: «Bien lo ha hecho todo» (Mr. 7:37), «Bien, buen siervo y fiel» (Mt. 25:21). ¿Cómo podemos estar seguros de ese veredicto de parte de Dios hacia nosotros? En este pasaje Jesús nos muestra cómo.

1. Se preocupaba de sus propias necesidades personales y de las de sus seres queridos (los discípulos) (v. 31).
2. Escuchaba los ruegos de la gente pidiendo ayuda (v. 32).
3. Era considerado con los sentimientos y las condiciones de otros (v. 33).
4. Confiaba en Dios para tener poder (vv. 34-35).
5. No buscaba aplauso personal o alabanza de los hombres (v. 36).
6. Demandaba un veredicto: «Bien lo ha hecho todo» (v. 37).

1 (7:31) *Discípulos, entrenamiento de los—Jesucristo, cruz de—preocupación:* Jesús se ocupaba de sus necesidades personales y de las de sus seres queridos. Este es un versículo extraño, puesto que Jesús estaba en Tiro y quería ir a Galilea, situada al sur de Tiro. Sin embargo, note que el versículo dice que de Tiro fue a Sidón. ¿Por qué tomaría hacia el norte, a Sidón, si quería ir al sur, a Galilea? Probablemente había dos motivos. Primero, necesitaba un período de quietud antes de enfrentar la oposición y la tormenta que le esperaba en Galilea y más allá. Segundo, los discípulos también necesitaban un largo período de tranquilo entrenamiento.

La cruz estaba esperando a Jesús. El fin estaba cerca. El territorio gentil era el único lugar donde podía hallarse libre de las multitudes y tener un tiempo de quietud con sus discípulos (*véase* nota—Mt. 15:21-22). Él y sus discípulos tenían que estar preparados para el fin. Aparentemente los discípulos tuvieron seis meses de entrenamiento ininterrumpido e intensivo a los pies de Jesús. (*Véanse* notas—Mt.15:21-22; 16:21-28; 17:22.) (*Véase* nota—Mt. 15:29 para una discusión más detallada.)

Pensamiento 1. Se necesita la tranquilidad: la libertad de las multitudes y del ir y venir de las responsabilidades diarias. Sin embargo, el descanso no significa inactividad. Aun descansando debemos encontrarnos con Dios preparándonos para lo que nos espera.

«Ahora, pues, aguardad, y contenderé con vosotros delante de Jehová acerca de todos los hechos de salvación que Jehová ha hecho con vosotros y con vuestros padres» (1 S. 12:7).

«Escucha esto, Job; detente, y considera las maravillas de Dios» (Job 37:14).

«Temblad, y no pequéis; meditad en vuestro corazón estando en vuestra cama, y callad» (Sal. 4:4).

«Estad quietos, y conoced que yo soy Dios; seré exaltado entre las naciones; enaltecido seré en la tierra» (Sal. 46:10).

Pensamiento 2. Imagínese seis meses de entrenamiento referido a la muerte y resurrección de Cristo. ¡Es de importancia tan suprema!

«Porque de tal manera amó Dios al mundo, que ha dado a su Hijo unigénito, para que todo aquel que en él cree, no se pierda, mas tenga vida eterna» (Jn. 3:16).

«Porque primeramente os he enseñado lo que asimismo recibí: Que Cristo murió por nuestros pecados, conforme a las Escrituras; y que fue sepultado, y que resucitó al tercer día, conforme a las Escrituras» (1 Co. 15:3-4).

«Quien llevó él mismo nuestros pecados en su cuerpo sobre el madero, para que nosotros, estando muertos a los pecados, vivamos a la justicia; y por cuya herida fuisteis sanados» (1 P. 2:24).

«¿O no sabéis que todos los que hemos sido bautizados en Cristo Jesús, hemos sido bautizados en su muerte? Porque somos sepultados juntamente con él para muerte por el bautismo, a fin de que como Cristo resucitó de los muertos por la gloria del Padre, así también nosotros andemos en vida nueva. Porque si fuimos plantados juntamente con él en la semejanza de su muerte, así también lo seremos en la de su resurrección; sabiendo esto, que nuestro viejo hombre fue crucificado juntamente con él, para que el cuerpo del pecado sea destruido, a fin de que no sirva más al pecado» (Ro. 6:3-6).

2 (7:32) *Escuchar—compasión:* Jesús escuchó las súplicas de la gente pidiendo ayuda. Después de aproximadamente seis meses, Jesús volvió al mar de Galilea, en el distrito de Decápolis. Algunos amigos trajeron a un hombre sordo, y como ocurre tantas veces con personas sordas, su habla también estaba afectada. Tenía «problemas para hablar»; era tartamudo.

El hombre no podía oír. Cuando los sonidos de la naturaleza cantaban, él no podía percibir su belleza. Cuando la gente conversaba, él no podía participar. Cuando personas extrañas le hablan en voz alta para ayudarle, ello solo agregaba a su sentido de vergüenza. No podía, sino sentarse «mudo» silencioso como una piedra.

Lo importante es que Jesús sintió compasión por el hombre; prestó atención al pedido de ayuda. Jesús era tierno hacia toda persona que padecía necesidad. Los amigos del hombre «rogaron» a Jesús que les ayudara tocando al hombre, y Jesús, lleno de compasión, lo hizo. Hizo exactamente lo que debía hacer: «Todo lo hizo bien» (v. 37).

Pensamiento. Debemos escuchar los ruegos de personas que piden ayuda. Escuchar es parte de «hacer todo bien.» Escuchar demuestra un *corazón centrado en Cristo,* un corazón que pertenece a un siervo del Señor sensible, piadoso.

«Porque tuve hambre, y me disteis de comer; tuve sed, y me disteis de beber; fui forastero, y me recogisteis; estuve desnudo, y me cubristeis; enfermo, y me visitasteis; en la cárcel, y vinisteis a mí» (Mt. 25:35-36).

«Sed pues misericordiosos, como también vuestro Padre es misericordioso» (Lc. 6:36).

«Así que, los que somos fuertes debemos soportar las flaquezas de los débiles, y no agradarnos a nosotros mismos» (Ro. 15:1).

3 (7:33) *Consideración—compasión—preocupación—Jesucristo, fuente:* Jesús fue considerado con los sentimientos y la condición de otros. Note dos cosas.

1. Jesús tomó el hombre aparte, lo sacó de la presencia de los otros. Había ternura en este acto. El hombre había sido avergonzado durante toda su vida por no poder participar en la conversación o actividades con otros. La vida había sido cruel con él. Realmente sabía lo que era sentir vergüenza. Era tímido y reservado, tal vez incluso retraído. Había experimentado vergüenza, inclusive allí, estando delante de Jesús. Jesús respondió con ternura. Fue *considerado* con los sentimientos del hombre; por eso lo llevó aparte de la multitud.

Pensamiento. Hacer todas las cosas bien requiere consideración. Consideración, reaccionando tiernamente hacia los sentimientos de otros; el creyente siempre tendrá esta forma de ser.

«Sobrellevad los unos las cargas de los otros, y cumplid así la ley de Cristo» (Gá. 6:2).

«Porque no tenemos un sumo sacerdote que no pueda compadecerse de nuestras debilidades, sino uno que fue tentado en todo según nuestra semejanza, pero sin pecado. Acerquémonos, pues, confiadamente al trono de la gracia, para alcanzar misericordia y hallar gracia para el oportuno socorro» (He. 4:15-16).

«Como el padre se compadece de los hijos, se compadece Jehová de los que le temen» (Sal. 103:13).

2. Jesús puso sus dedos en los oídos del hombre y escupió y tocó la lengua del hombre. ¿Por qué? El hombre no podía escuchar lo que Jesús estaba diciendo. El hombre sordo tenía que saber que Jesús era el único que tenía poder para sanarlo. La saliva y los dedos eran señales de que el poder venía a través del cuerpo de Jesús, desde el interior de su ser. Jesucristo, solamente su poder, era la fuente de la sanidad del hombre, la fuente de su sanidad total. Era preciso que el hombre supiera esto de manera incuestionable. No podía oír, de manera que fue preciso usar algún acto simbólico.

La escena tiene que haber sido dramática para el hombre. Veía todo; y su atención, parado allí frente a frente a Jesús, debe haber estado pegada a cada acto del Señor. La fe del hombre necesariamente tuvo que ser enormemente motivada cuando Jesús tocó su lengua tartamuda y puso sus dedos en los oídos del hombre.

Necesariamente debía haber un tremendo sentido de expectativa fluyendo a través del cuerpo del hombre.

Pensamiento. La fuente de sanidad del hombre fue Jesús. Jesús usó todo lo que estaba a su disposición para mostrar esto.

1) A cada persona se le debe mostrar que la fuente de sanidad, la fuente de ser sanado, es Jesús.
2) Los creyentes tienen que usar todo lo que está a su disposición para proclamar a Jesús como la Fuente de liberación (salvación) del hombre.

«Por lo cual debía ser en todo semejante a sus hermanos, para venir a ser misericordioso y fiel sumo sacerdote en lo que a Dios se refiere, para expiar los pecados del pueblo. Pues en cuanto él mismo padeció siendo tentado, es poderoso para socorrer a los que son tentados» (He. 2:17-18).

4 (7:34-35) *Jesucristo, poder de—compasión:* Jesús confió en Dios para tener poder. Note tres hechos.

1. Jesús miró al cielo. (Recuerde que el hombre no oía). Jesús simplemente estaba mostrando una cosa, algo que siempre hay que mostrar. El poder para que una persona sea sanada proviene de lo alto, de Dios. El hombre tiene que mirar al cielo, a Dios, para ser librado.

Note un punto significativo: con esta acción Jesús indicó que era *El Mediador* que está entre Dios y los hombres. La fuente del poder es Dios, y el poder es traído al hombre por el Mediador, Jesucristo.

2. Jesús gimió (*stenazo*); es decir, suspiró profundamente. Jesús fue conmovido por el hombre; fue tocado por los sentimientos de las enfermedades del hombre. Y probablemente pensaba en toda la humanidad, en la multitud con todas sus enfermedades y pecados (cp. He. 4:15). Acababa de mirar al cielo y sentir la gran divergencia entre cielo y tierra, la enorme diferencia entre la perfección del cielo y el pecado y la corrupción de la tierra. Jesús necesariamente tuvo que gemir bajo el peso de semejante dolor espiritual—un dolor en favor de todos los hombres que debían ser sanados.

3. Jesús ejecutó el poder de Dios y sanó al hombre. Dijo «efata»: sé abierto. Abrió los oídos del hombre y desató su lengua, y el hombre pudo hablar claramente.

Pensamiento. El milagro consistió de dos cosas.
1) Fue una demostración de que Jesús es el Mesías, el Hijo de Dios mismo. Isaías había predicho tales milagros por parte del Mesías (Is. 35:5-6).

«El Espíritu del Señor está sobre mí, por cuanto me ha ungido para dar buenas nuevas a los pobres; me ha enviado a sanar a los quebrantados de corazón; a pregonar libertad a los cautivos, y vista a los ciegos; a poner en libertad a los oprimidos; a predicar el año agradable del Señor.... Y comenzó a decirles: Hoy se ha cumplido esta Escritura delante de vosotros» (Lc. 4:18-19, 21).

«Cómo Dios ungió con el Espíritu Santo y con poder a Jesús de Nazaret, y cómo éste anduvo haciendo bienes y sanando a todos los oprimidos por el diablo, porque Dios estaba con él» (Hch. 10:38).

2) Fue una tierna demostración de la consideración de Jesús hacia los sentimientos de otros, una lección vigorosa para todos los creyentes.

«Como el Hijo del Hombre no vino para ser servido, sino para servir, y para dar su vida en rescate por muchos» (Mt. 20:28).

«Entonces Jesús les dijo otra vez: Paz a vosotros. Como me envió el Padre, así también os envío» (Jn. 20:21).

«Acordaos de los presos, como si estuvierais presos juntamente con ellos; y de los maltratados, como que también estáis en el cuerpo» (He. 13:3).

5 (7:36) *Humildad—testificar:* Jesús no buscaba honra personal. A cada uno le encargaba mantener en silencio el milagro, no decirle nada a nadie. La palabra para «les mandó» (*diestelleto*) es fuerte. Fue una orden dada con claridad. No sabemos el motivo. Pero hay en la orden una lección sobre la humildad. Jesús no buscaba el aplauso o la alabanza de los hombres. Los milagros no tenían ése propósito. Todo lo que él era y todo lo que hacía era para ayudar a los hombres y señalar hacia Dios. Los hombres estaban perdidos, y Él había venido para buscar y salvar lo que se había perdido, no para lograr el aplauso de ellos (cp. Lc. 19:10).

Pensamiento. Hay aquí dos lecciones.
1) Una lección de humildad.

«Mas entre vosotros no será así, sino que el que quiera hacerse grande entre vosotros, será vuestro servidor, y el que quiera ser el primero entre vosotros será vuestro siervo» (Mt. 20:26-27).

«Nada hagáis por contienda o por vanagloria; antes bien con humildad, estimando cada uno a los demás como superiores a él mismo; no mirando cada uno por lo suyo propio, sino cada cual también por lo de los otros» (Fil. 2:3-4).

«Porque el que se cree ser algo, no siendo nada, a sí mismo se engaña» (Gá. 6:3).

2) Una lección sobre testificar. El hombre sanado y sus amigos no debían compartir su experiencia divina, pero no pudieron guardar silencio. Estaban tan llenos de la presencia de Dios y de su poder, que sencillamente no podían sino dar testimonio. ¡Cuánto más sus discípulos! Les era necesario aprender la importancia de estar llenos de Dios y de su poder para testificar.

«Pero recibiréis poder, cuando haya venido sobre vosotros el Espíritu Santo, y me seréis testigos en Jerusalén, en toda Judea, en Samaria y hasta lo último de la tierra» (Hch. 1:8).

«Que Dios estaba en Cristo reconciliando consigo al mundo, no tomándoles en cuenta a los hombres sus pecados, y nos encargó a nosotros la palabra de la reconciliación; así que, somos embajadores en nombre de Cristo, como si Dios rogase por medio de nosotros; os rogamos en nombre de Cristo: Reconciliaos con Dios» (2 Co. 5:19-20).

6 (7:37) *Decisión—veredicto:* Jesús demandaba un veredicto. En aquel tiempo Jesús sanó a una multitud de personas (Mt. 15:30-31). La gente se maravillaba «en gran manera» (*huperperissos*). Ellos dieron el veredicto: «Bien lo ha hecho todo», precisamente el veredicto que Cristo quería. La gente necesitaba desesperadamente poner su atención en *el Mediador y el poder de Dios* para sanar a los hombres.

«Porque hay un solo Dios, y un solo mediador entre Dios y los hombres, Jesucristo hombre, el cual se dio a sí mismo en rescate por todos, de lo cual se dio testimonio a su debido tiempo» (1 Ti. 2:5-6).

«Por lo cual puede también salvar perpetuamente a los que por él se acercan a Dios, viviendo siempre para interceder por ellos» (He. 7:25).

CAPÍTULO 8

K. La necesidad de alimento espiritual, compasión, y evangelismo, 8:1-9
(Mt. 15:32-39)

1 La necesidad de alimento espiritual
a. Las multitudes seguían a Jesús
b. Tenían hambre espiritual

2 La necesidad de compasión[EF1]
a. Compasión implica ver las necesidades

b. Compasión implica usar los recursos

En aquellos días, como había una gran multitud, y no tenían qué comer, Jesús llamó a sus discípulos, y les dijo:

2 Tengo compasión de la gente, porque ya hace tres días que están conmigo, y no tienen qué comer;

3 y si los enviare en ayunas a sus casas, se desmayarán en el camino, pues algunos de ellos han venido de lejos.

4 Sus discípulos le respondieron: ¿De dónde podrá alguien saciar de pan a éstos aquí en el desierto?

5 El les preguntó: ¿Cuántos panes tenéis? Ellos dijeron: Siete.

6 Entonces mandó a la multitud que se recostase en tierra; y tomando los siete panes, habiendo dado gracias, los partió, y dio a sus discípulos para que los pusiesen delante; y los pusieron delante de la multitud.

7 Tenían también unos pocos pececillos; y los bendijo, y mandó que también los pusiesen delante.

8 Y comieron, y se saciaron; y recogieron de los pedazos que habían sobrado, siete canastas.

9 Eran los que comieron, como cuatro mil; y los despidió.

c. Compasión implica un ordenamiento
d. Compasión implica dar todo, tomar todo y usar todo para suplir las necesidades
e. Compasión implica gratitud a Dios.

f. Compasión implica guardar y preservar

3 La necesidad del evangelismo, de continuar

K. La necesidad de alimento espiritual, compasión, y evangelismo, 8:1-9

(8:1-9) *Introducción:* en este acontecimiento Jesús estaba haciendo dos cosas.

1. Como siempre, estaba demostrando su carácter mesiánico a efectos de sellar la verdad más y más profundamente en los corazones y las mentes de los discípulos.

2. De la forma más directa estaba enseñando a sus discípulos que debían ministrar a los necesitados, sin importar quienes fuesen. En este evento estaba ministrando principalmente, aunque no únicamente, a los gentiles (*véanse* notas—Mt. 15:21-22; 15:29). Los judíos consideraban a los gentiles, paganos, perdidos y despreciados por Dios. El prejuicio judío hacia los gentiles era profundo. Jesús había venido para salvar a todos los hombres, no solamente a judíos. Los discípulos necesitaban desesperadamente aprender esta verdad, porque ellos se verían en la necesidad de ministrar a todos los hombres sin diferencia de raza cuando Jesús hubiera vuelto al Padre.

En una demostración muy simple pero vigorosa, Jesús reveló que *todo el mundo* tiene tres grandes necesidades.

1. La necesidad de alimento espiritual (v. 1).
2. La necesidad de compasión (vv. 2-8).
3. La necesidad del evangelismo (v. 9).

[1] (8:1) *Hambre espiritual—testificar:* la gente tenía hambre de alimento espiritual. Note dos hechos.

1. La multitud era grande, «una gran multitud». Comieron cuatro mil personas. Este número es interesante. El evento tuvo lugar en la orilla opuesta del mar de Galilea, en Decápolis, un territorio densamente poblado por gentiles. Esta era la misma gente que antes había rechazado a Jesús y le había solicitado que dejara sus tierras después de haber sanado al endemoniado (Mr. 5:1-20). ¿Qué causó este cambio tan significativo? La respuesta se encuentra probablemente en las instrucciones que Jesús dio al endemoniado sanado. El endemoniado había pedido a Jesús poder seguirle, pero Jesús le había mandado quedarse en su propio país para testificar. Evidentemente su testimonio había llevado mucho fruto y había preparado a la gente para el regreso de Jesús. (¡Qué lección para nosotros sobre la importancia de testificar!)

2. La multitud tenía hambre espiritual, a tal extremo que había salido, sin comer y así estuvo tres días. Tal vez algunos trajeron alguna provisión, pero en este momento toda comida había sido consumida. La gente tenía necesidad de la Palabra de Dios. La palabra de Jesús fue estimada «más que la comida» (Job 23:12).

> **«Bienaventurados los que tienen hambre y sed de justicia, porque ellos serán saciados» (Mt. 5:6).**

> **«Desead, como niños recién nacidos, la leche espiritual no adulterada, para que por ella crezcáis para salvación, si es que habéis gustado la benignidad del Señor» (1 P. 2:2-3).**

> **«Y ahora, hermanos, os encomiendo a Dios, y a la palabra de su gracia, que tiene poder para sobreedificaros y daros herencia con todos los santificados» (Hch. 20:32).**

> **«Jesús les dijo: Yo soy el pan de vida; el que a mí viene, nunca tendrá hambre; y el que en mí cree, no tendrá sed jamás» (Jn. 6:35).**

[2] (8:28) *Compasión:* era necesario que los discípulos tuviesen compasión por la gente. Los discípulos miraban despectivamente a muchas de estas personas, como si fuesen parias. Eran gentiles, ajenos a la raza escogida por Dios. Incluso muchos judíos los consideraban enemigos. A los ojos de los discípulos no tenían ningún atractivo, nada que los apelaba. Los discípulos ...

- no tenían compasión por ellos.
- no estaban preocupados por ellos.
- no los observaban.
- no habían pensado en ayudarles.

Jesús tuvo que enseñar compasión a sus discípulos. Ya había discutido esta necesidad con ellos (Mt. 9:36-38). Ahora trataba de despertar la compasión de ellos por los perdidos y rechazados. Lo hizo mostrándoles lo que la compasión implica.

1. Compasión implica ver las necesidades (vv. 2-3). Jesús había mirado y observado a la gente. De esa manera había visto sus necesidades. Los discípulos también debían haber mirado y observado a la gente, pero no lo habían hecho. Estaban demasiado prejuiciado y eran demasiado orgullosos. Creían que aquella gente

era inferior a ellos, que no eran dignos del tiempo y esfuerzo de ellos. Por eso, los discípulos nunca observaban las necesidades de la gente. Debían haberlo hecho, puesto que Jesús acababa de enseñarles la misma lección (Mr. 6:35-44); sin embargo, su prejuicio y orgullo les enceguecía los ojos y el corazón, inclusive respecto de la verdad que acaban de aprender. Esto muestra la gran necesidad de Jesús de repetir la misma verdad una y otra vez.

Pensamiento. Mirar y observar a la gente es esencial para ver su necesidad, y ver la necesidad es esencial para despertar la compasión. La compasión se despierta cuando se ve y se observa o estudia las necesidades de la gente. Si nunca nos exponemos a las necesidades de la gente, nunca experimentaremos compasión.

«Y les decía: La mies a la verdad es mucha, mas los obreros pocos; por tanto, rogad al Señor de la mies que envíe obreros a su mies» (Lc. 10:2).

«¿No decís vosotros: Aún faltan cuatro meses para que llegue la siega? He aquí os digo: Alzad vuestros ojos y mirad los campos, porque ya están blancos para la siega» (Jn. 4:35).

«Hermanos, ciertamente el anhelo de mi corazón, y mi oración a Dios por Israel [todas las naciones], es para salvación» (Ro. 10:1).

2. Compasión implica el uso de recursos (vv. 4-5. *Véase* nota—Mr. 6:37-44). Las necesidades nunca pueden ser suplidas aparte de los recursos. Los discípulos se hicieron la pregunta: ¿Dónde podía conseguirse pan para alimentar a tantos? Entonces le preguntaron a Jesús, planteando todas las objeciones y excusas.

* El lugar era desierto, fuera del alcance (v. 4)
* Sus recursos eran demasiado escasos (v. 5)
* La multitud y la necesidad eran demasiado grandes (vv. 1, 9).

Pensamiento 1. Demasiadas personas usan las mismas excusas para no involucrarse. Demasiadas necesidades quedan insatisfechas por excusas tan endebles.

Pensamiento 2. Note dos puntos significativos.
1) Los discípulos pasaron por alto los recursos que tenían.
2) Jesús no les pidió discutir cómo podrían satisfacer una necesidad tan grande. Los mandó a averiguar qué recursos *tenían*. No debían preocuparse por los recursos que tenían otros, ni por cómo haría Dios para suplir la necesidad. Ellos debían preocuparse por ver lo que ellos podían hacer.

«En todo os he enseñado que, trabajando así, se debe ayudar a los necesitados, y recordar las palabras del Señor Jesús, que dijo: Más bienaventurado es dar que recibir» (Hch. 20:35).

«Compartiendo para las necesidades de los santos; practicando la hospitalidad» (Ro. 12:13).

«Así que, según tengamos oportunidad, hagamos bien a todos, y mayormente a los de la familia de la fe» (Gá. 6:10).

«A los ricos de este siglo manda que no sean altivos, ni pongan la esperanza en las riquezas, las cuales son inciertas, sino en el Dios vivo, que nos da a todos las cosas en abundancia para que las disfrutemos. Que hagan bien, que sean ricos en buenas obras, dadivosos, generosos; atesorando para sí buen fundamento para lo por venir, que echen mano de la vida eterna» (1 Ti. 6:17-19).

3. Compasión implica un ordenamiento (v. 6). Note que la atención de las necesidades de la gente no fue hecha de manera desordenada o improlija. La gente fue organizada para recibir su provisión (*véase* nota, pto. 3—Mr. 6:37-44 para la discusión).

4. Compasión implica dar todo, tomar todo, y usar todo lo que uno tiene para suplir la necesidad (v. 6). Note que la totalidad de los siete panes fue *entregada a Jesús,* luego Jesús *tomó la totalidad*

de los siete panes y *usó la totalidad* de ellos para satisfacer la necesidad. No se retuvo nada. Todos los recursos disponibles fueron usados para suplir la necesidad. La compasión siempre da todo, y luego toma todo para usar todo a efectos de suplir la necesidad.

Pensamiento. Cuántas veces retenemos, guardamos, inclusive engañamos, mentimos y hurtamos, respecto de nuestros recursos con el propósito de no tener que dar. Cristo enseña que debemos dar todos nuestros recursos para satisfacer las necesidades de un mundo desesperado. Luego debemos estar seguros de que todo lo que dimos es *tomado y usado* para suplir las necesidades. Esa es la *verdadera compasión.*

«Sino haceos tesoros en el cielo, donde ni la polilla ni el orín corrompen, y donde ladrones no minan ni hurtan» (Mt. 6:20).

«Vended lo que poseéis, y dad limosna; haceos bolsas que no se envejezcan, tesoro en los cielos que no se agote, donde ladrón no llega, ni polilla destruye» (Lc. 12:33).

«Así pues, cualquiera de vosotros que no renuncia a todo lo que posee, no puede ser mi discípulo» (Lc. 14:33).

«Entonces los discípulos, cada uno conforme a lo que tenía, determinaron enviar socorro a los hermanos que habitaban en Judea» (Hch. 11:29).

5. Compasión implica gratitud a Dios. Jesús «dio gracias» (v. 6) y «bendijo» (v. 7) los recursos. Es un punto importante. Era poco lo que los discípulos tenían para dar, realmente insignificante para suplir una necesidad tan gigantesca; y lo que Jesús tenía en sus manos eran tan magro que resultaba imposible satisfacer la necesidad. Sin embargo, Cristo dio gracias por el magro recurso, por lo que tenía en sus manos.

Pensamiento. Note esto: el recurso había sido dado para ser usado. Por eso Jesús pudo usarlo a pesar de su pequeñez. Si no hubiera sido dado, no habría sido usado. Y lo más trágico es que la necesidad no se habría suplido. Cristo está eternamente agradecido por los recursos que se le dan, no importa cuán pequeños; Él tiene el poder para usar el recurso y suplir la necesidad, sin importar cuán insignificante sea y sin importar cuán gigantesca pueda ser la necesidad.

6. Compasión implica guardar y preservar lo que sobra (v. 8). Los recursos deben ser manejados con cuidado. Nada debe ser derrochado. Lo que no se usa para satisfacer una necesidad debe ser usado para suplir otra (*véase* nota, pto. 6—Mr. 6:37-44).

ESTUDIO A FONDO 1
(8:2) *Compasión: véanse* nota 2 y Estudio a fondo 2—Mt. 9:36.

3 (8:9) *Evangelismo—testificar:* había necesidad de evangelizar, de continuar. Recuerde que esta multitud tenía hambre de la Palabra de Dios, hambre de comida espiritual, inclusive había puesto la comida espiritual antes de la física. Ahora Jesús los despedía. La idea es que los despidió como grupo, como un cuerpo de personas que habían tenido hambre espiritual y habían sido alimentadas. Al ir, seguramente darían testimonio de la gloriosa experiencia de haber sido alimentados por Jesús, tanto espiritual como físicamente.

Pensamiento 1. Cristo también nos envió a nosotros a proclamar que solamente Él puede alimentar el alma del hombre.

Pensamiento 2. Hay un tiempo para estar a los pies de Jesús y ser alimentado, pero también hay un tiempo para ser enviado, para ir y llevar el glorioso mensaje de que Él alimenta al alma hambrienta.

«Pero salidos ellos divulgaron la fama de él por toda aquella tierra» (Mt. 9:31).

«Vuélvete a tu casa, y cuenta cuán grandes cosas ha hecho Dios contigo» (Lc. 8:39).

«Entonces Jesús les dijo otra vez: Paz a vosotros. Como me envió el Padre, así también os envío» (Jn. 20:21).

«Porque no podemos dejar de decir lo que hemos visto y oído» (Hch. 4:20).

«Pero teniendo el mismo espíritu de fe, conforme a lo que está escrito: Creí por lo cual hablé, nosotros también creemos, por lo cual también hablamos» (2 Co. 4:13).

«Lo que has oído de mí ante muchos testigos, esto encarga a hombres fieles que sean idóneos para enseñar también a otros» (2 Ti. 2:2).

«Sino santificad a Dios el Señor en vuestros corazones, y estad siempre preparados para presentar defensa con mansedumbre y reverencia ante todo el que demande razón de la esperanza que hay en vosotros» (1 P. 3:15).

«De las misericordias de Jehová haré memoria, de las alabanzas de Jehová, conforme a todo lo que Jehová nos ha dado, y de la grandeza de sus beneficios hacia la casa de Israel, que les ha hecho según sus misericordias, y según las multitud de sus piedades» (Is. 63:7).

«Entonces los que temían a Jehová hablaron cada uno a su compañero; y Jehová escuchó y oyó, y fue escrito libro de memoria delante de él para los que temen a Jehová, y para los que piensan en su nombre» (Mal. 3:16).

	L. El error de los que son espiritualmente ciegos, 8:10-13 (Mt. 16:1-4)	discutir con él, pidiéndole señal del cielo, para tentarle.	a. Eran ciegos respecto de sus obras
		12 Y gimiendo en su espíritu, dijo: ¿Por qué pide señal esta generación? De cierto os dijo que no se daría señal a esta generación.	b. Motivo: querían tentarlo
1 Jesús cruzó el lago	10 Y luego entrando en la barca con sus discípulos, vino a la región de Dalmanuta.		**3 Al Señor le dolió**[EP2]
a. Entró a Dalmanuta[EP1]			**4 No recibieron señal del Señor**
b. Confrontación con los religiosos	11 Vinieron entonces los fariseos y comenzaron a	13 Y dejándolos, volvió a entrar en la barca, y se fue a la otra ribera.	**5 El Señor los dejó atrás**
2 Querían una señal			

L. El error de los que son espiritualmente ciegos, 8:10-13

(8:10-13) *Introducción:* la ceguera espiritual es un problema que afecta a cada generación. La mayoría de las personas son espiritualmente ciegas (2 Co. 4:4). Son ciegas a las «señales», a la presencia, misericordia, cuidado, y a los dones de Dios para con los hombres. Hombres que buscan abierta y honestamente la verdad ven fácilmente a Dios. Lo ven en el mundo y en los acontecimientos de la vida. En las acciones misericordiosas que con frecuencia ocurren en la vida, en la protección y el amor que con frecuencia experimentan, y en los dones de bondad para ayudar a una persona para continuar en un mundo antagónico. Pero son tan pocos los que miran a Dios y le dan gracias por todo lo que es y todo lo que hace. El hombre prefiere, en cambio, rechazar a un Dios personal y atribuir los acontecimientos de la vida y las cosas a sus propios esfuerzos (humanismo). ¿Por qué? Hay un motivo claro: si el hombre reconoce a un Dios personal, tiene que rendir su vida a ese Dios. Por eso, el hombre lanza el desafío: «Si hay un Dios, demuéstralo, que lo veamos, danos una señal». Pero en realidad no espera ninguna señal, y si viera una señal la negaría, porque es espiritualmente ciego a la verdad.

Lo que Jesús hace en este pasaje es discutir los errores de los que son espiritualmente ciegos y quieren más señales.

1. Jesús cruzó el lago (vv. 10-11).
2. Querían una señal (v. 11).
3. Al Señor le dolió (v. 12).
4. No recibieron señal del Señor (v. 12).
5. El Señor los dejó atrás (v. 13).

1 (8:10) *Jesucristo, oposición:* Jesús cruzó el lago (mar de Galilea) hacia la orilla oeste y hacia las costas de Dalmanuta. Tan pronto bajó de la barca fue confrontado por los religiosos. Note que Marcos solamente menciona a los fariseos (v. 11). Mateo dice que los saduceos se habían unido a ellos en un intento por desacreditar a Jesús ante la gente (Mt. 16:1). Con ello revelaron su propia ceguera espiritual (*véanse* nota—Mt. 12:1-8; nota y Estudio a fondo 1—12:10; Estudio a fondo 4—12:24; notas—12:31-32; 15:1-20; Estudio a fondo 2—15:6-9).

ESTUDIO A FONDO 1

(8:10) *Dalmanuta:* era una ciudad vecina a Magdala (Magadán) sobre la costa occidental del mar de Galilea. Ambas ciudades pertenecían al distrito de Decápolis (cp. Mt. 15:39).

2 (8:11) *Ceguera espiritual, señales, buscar:* las personas espiritualmente ciegas buscaban una señal. Note varias cosas.

1. Hay una aguda diferencia entre los sentidos naturales y espirituales del hombre. Los *sentidos naturales del hombre pueden ser muy agudos y de gran discernimiento.* Es hábil para sacar conclusiones de sus observaciones y experiencias del mundo natural. El tiempo es un ejemplo. Sin embargo, *cuando se trata de los sentidos espirituales, el hombre está muerto, carece de discernimiento.* Realmente no observa ni experimenta el mundo espiritual. Las señales

de los tiempos son un ejemplo.

La gente del tiempo de Jesús tenía señales. Vivían tiempos críticos, tiempos que anticipaban la venida del Mesías. La persona reflexiva y genuinamente espiritual podía ver las señales. Algunos lo hicieron, como Simeón y Ana (Lc. 3:25ss).

Algunas de las señales eran como las que siguen.

a. El cetro, es decir, el legislador, era de Judá (Mt. 1:2).
b. Las semanas o eras predichas por Daniel se estaban cumpliendo (*véase* Estudio a fondo 1—Mt. 24:15).
c. El anunciado retorno de Elías, que se cumpliría en el predecesor del Mesías, Juan el Bautista, había venido y proclamado que el Mesías sería Jesús (Mt. 3:1-12).
d. El bebé Jesús había nacido en Belén (Mt. 2:1).
e. Muchas personas en todo el mundo esperaban el advenimiento de una gran persona, algún Mesías (Mt. 1:18).
f. Muchos judíos piadosos esperaban la venida del Mesías el gran Libertador venido de Dios para librar a Israel (Lc. 2:25ss).
g. El mensaje y las obras de Jesús eran una gran evidencia, milagros fenomenales dados por Dios para substanciar sus afirmaciones (*véanse* nota Estudio a fondo 1—Jn. 14:11).

2. La gente de nuestra generación, y de cada generación posterior a Cristo, ha tenido señales.

a. Hay señales en el mundo de la naturaleza cuyas maravillas son reveladas cada día. Pero la gente se niega a reconocer al Creador hacia quien señala la creación (cp. Ro. 1:20; cp. Ro. 1:18-32).
b. Hay los privilegios de la vida, la belleza del mundo, y la experiencia de la diaria misericordia de Dios. Pero la gente adjudica todo a acontecimientos naturales, o a las leyes de la naturaleza o a habilidades humanistas y a la evolución.
c. Hay el Antiguo Testamento. Pero los hombres, aunque quizá aprecien algo de su historia, rechazan sus promesas proféticas en cuanto al Mesías y la salvación de Dios.
d. Hay conciencia de pecado (pensamiento interior). Pero los hombres lo niegan. Lo niegan aun cuando sienten culpa y en la profundidad de su interior se pregunten cuál será realmente la verdad.
e. Hay Jesucristo y su afirmación de ser el Mesías, el propio Hijo de Dios. Pero los hombres rechazan y niegan su afirmación. Lo rechazan y niegan mientras exaltan la moral y el valor de todo lo demás que enseñó.
f. Hay la muerte y resurrección de Cristo y su enorme efecto sobre tantas personas a lo largo de las generaciones. Pero los hombres niegan una muerte sustitutoria en favor del hombre, y niegan la resurrección a pesar de toda la evidencia que la apoya.
g. Hay las vidas cambiadas de miles y miles de perso-

nas que proclaman que el *Señor viviente* los ha salvado de la destrucción y muerte en su interior. Pero los hombres atribuyen tales cambios a causas psicológicas.

3.   La razón por la que los hombres son espiritualmente ciegos está en la motivación que los impulsa. La motivación de los religiosos no era abierta ni honesta, ni era la motivación de hombres que buscan la verdad. Habían determinado *tentar* a Jesús para desaprobar su afirmación y desacreditarlo ante la gente. Estaban determinados a demostrarle que era un impostor (*véanse* notas—Mt.12:1-8; Estudio a fondo 1—12:10; Estudios a fondo 3, 4—12:24; notas—12:31-32, 15:1-20; Estudio a fondo 2—15:6-9).

El hombre puede ser muy inteligente y de gran discernimiento en el mundo natural, pero muy ignorante y ciego en el mundo espiritual.Con demasiada frecuencia la razón es su motivación. Su motivación es desacreditar el mundo espiritual, ya sea negando o desaprobando su existencia, o minimizando su influencia y autoridad.

Si el hombre realmente admite la existencia de un mundo espiritual, o de un Mesías, entonces tiene que seguir al Mesías como Señor, o tiene que rechazar al Mesías y esperar su condenación. El hombre no quiere ser puesto en esa situación. No quiere tener una sensación constante y punzante de ser condenado, ni quiere cambiar su estilo de vida. De modo que cierra su mente y dice que va a creer solamente en Dios si Dios le da una señal personal, una señal milagrosa, una señal del cielo. Pero en realidad no espera ninguna señal, sabiendo que no la obtendrá.

Por supuesto, hay una multitud de señales. Es algo muy sencillo ver a Dios en el mundo espiritual detrás del mundo físico. Toda persona que piensa y que es *abierta, honesta y que busca la verdad* será tocada por Dios. No hay posibilidad de que Dios no abra los ojos y el corazón del hombre honesto de manera que pueda ver y conocer. La persona que realmente es honesta y busca la verdad puede ver claramente que el mundo muestra al Supremo Diseñador, a la Inteligencia y Fuerza Suprema, un propósito eterno, una causa primera. (*Véanse* bosquejos y notas—Ro. 1:19; 1:20; 1:21; 1:22-23.)

El problema es que el hombre natural busca justificación para sus motivaciones mundanas, sus deseos, y su estilo de vida. No quiere cambiar su vida y sus deseos. Quiere hacer las cosas a su modo, controlar su propio destino. En efecto, la moral, los deseos y su estilo de vida determinan sus creencias. El hombre natural se quiere justificar a sí mismo, demostrarse a sí mismo que Él y sus pensamientos están en lo cierto. No quiere descubrir un mundo celestial y un Señor espiritual que demande justicia y amor, entrega y sacrificio total. No quiere estar bajo un Señor que requiera todo lo que es y tiene para suplir las necesidades de un mundo desesperado.

> «Y decía a todos: Si alguno quiere venir en pos de mí, niéguese a sí mismo, tome su cruz cada día, y sígame. Porque todo el que quiera salvar su vida, la perderá; y todo el que pierda su vida por causa de mí, éste la salvará» (Lc. 9:23-24).
>
> «Así, pues, cualquiera de vosotros que no renuncia a todo lo que posee, no puede ser mi discípulo» (Lc. 14:33).
>
> «Sepa, pues, ciertísimamente toda la casa de Israel, que a este Jesús a quien vosotros crucificasteis, Dios le ha hecho Señor y Cristo» (Hch. 2:36).
>
> «Por lo cual Dios también le exaltó a los sumo, y le dio un nombre que es sobre todo nombre, para que en el nombre de Jesús se doble toda rodilla de los que están en los cielos, y en la tierra, y debajo de la tierra» (Fil. 2:9-10).

3 (8:12) *Ceguera espiritual:* las personas espiritualmente ciegas causaron dolor al Señor. No hay excusa para la ceguera espiritual. Evidencia tras evidencia, señal tras señal, obra tras obra son claramente visibles para el hombre *que piensa honestamente.* Pero el hombre sigue engañando a su propio corazón, y lo hace a sabiendas. El hombre sabe que Dios existe; en la profundidad de su interior en la quietud de su corazón lo sabe. Pero exteriormente lo niega, engañándose a sí mismo. Eso es incredulidad obstinada, y la

incredulidad obstinada es irracional e inexcusable.

Jesús encaró un hecho triste. Los hombres que tenía ante si eran hombres espiritualmente ciegos, pero no eran hombres seculares comunes. Eran religiosos que tenían la enorme evidencia de la vida del propio Jesús y sus milagros ante sus ojos. Pero ellos también prefieron tomar sus vidas en manos propias y negar al Hijo de Dios que los había amado y a quienes había venido a salvar.

Pensamiento 1. La incredulidad obstinada entristece terriblemente al Señor.

> «No contristéis al Espíritu Santo» (Ef. 4:30).
>
> «No apaguéis al Espíritu» (1 Ts. 5:19).
>
> «A causa de lo cual me disgusté contra esa generación, y dije: Siempre andan vagando en su corazón, y no han conocido mis caminos» (He. 3:10).

Pensamiento 2. Siempre han existido los incrédulos, aun entre los líderes religiosos. Las acciones de justicia social —la preocupación y el ministerio de proveer suficiente comida, ropa, viviendas, paz, seguridad, felicidad, salud— siempre han atraído a algunos al servicio de Cristo. Cristo enseñó la justicia y protección social, y lo que enseñó debe ser hecho. Pero también enseñó que la existencia es eterna. Enseñó que el hombre tiene que ser librado del pecado y la corrupción, nacer espiritualmente de nuevo, de modo que pueda heredar la vida eterna en vez de morir y ser separado eternamente de Dios. (*Véase* Estudio a fondo 1—He. 9:27.)

> «De cierto, de cierto os digo: El que oye mi palabra, y cree al que me envió, tiene vida eterna; y no vendrá a condenación, mas ha pasado de muerte a vida» (Jn. 5:24).
>
> «Así que, por cuanto los hijos participaron de carne y sangre, él también participó de lo mismo, para destruir por medio de la muerte al que tenía el imperio de la muerte, esto es, al diablo, y librar a todos los que por el temor de la muerte estaban durante toda la vida sujetos a servidumbre» (He. 2:14-15).

ESTUDIO A FONDO 2

(8:12) *Gemir (anastenazas):* significa sufrir con gemidos, suspirar. Jesús sintió dolor e indignación en lo profundo de su corazón. Fue profundamente conmovido, en lo más íntimo de su ser. Hubo dolor e indignación, y entonces gimió en su espíritu (*véanse* notas—Ef.4:30; Estudio a fondo 1—1 Ts. 5:19; cp. Estudio a fondo 1—Mr.3:5; notas—He. 3:10; Sal. 95:10; Is. 54:6).

4 (8:12) *Ceguera espiritual—señales, buscar:* los que son espiritualmente ciegos no reciben señal del Señor. Hay siete motivos por los que «no se dará señal a esta generación».

1.   Los judíos se rehusaban a ver las señales de los tiempos (preferían ser espiritualmente ciegos) porque eran malvados y adúlteros. Nunca había suficientes señales o evidencias para convencerlos, para cambiar sus vidas, ni para llevarlos a volverse a Dios (*véase* nota—Mt. 12:38-40).

> «Que [Cristo] la luz vino al mundo, y los hombres amaron más las tinieblas que la luz, porque sus obras eran malas» (Jn. 3:19).
>
> «Tampoco se persuadirán aunque alguno se levante de los muertos» (Lc. 16:31).

2.   Los judíos estaban completamente injustificados en buscar señales adicionales de Jesús. Hubo señal tras señal, milagro tras milagro, obra tras obra, lo suficiente para llevar a cualquier persona a la firme convicción de: «*Verdaderamente este hombre era Hijo de Dios*» (Mr. 15:39; cp. Hch. 2:22).

3.   Los judíos sencillamente no creían. De hecho, no querían creer. Por supuesto, como resultado ocurrió lo que siempre ocurre a los que son deliberadamente incrédulos: se vuelven obstinados en su incredulidad (*véanse* Estudio a fondo 4—Mt. 12:24; nota—12:31-32).

4.   Los judíos no entendieron el amor y la fe de Dios, es decir, la verdadera religión de Dios. No alcanzaban a ver que Dios quería fe y amor, no señales y obras. Dios quiere que el hombre sencillamente crea y le ame, por lo que es y por lo que ha hecho y hace en favor del hombre. La verdadera religión de Dios no es una religión de palabras y señales, sino de fe y amor en Jesucristo, su propio Hijo (*véanse* Estudio a fondo 2—Jn.2:24; Estudio a fondo 1—4:22; nota—4:48-49; Estudio a fondo 1— Ro. 4:1-25; nota—4:5. Cp. Hch. 2:22.)

5.   Los judíos buscaban una señal porque eran una generación mala y adúltera. La razón era sencilla. Eran apóstatas que iban detrás de falsos dioses de obras y señales en vez de buscar al Dios de fe y amor. Buscando señales y obras cometían adulterio espiritual, apartándose del Dios y de su Mesías y volviéndose a los dioses falsos de señales obras. (Note que es la razón humana la que busca señales y obras y pruebas. El espíritu del hombre busca fe y verdad y amor, las cualidades espirituales que mantienen la vida y le dan sentido en todas sus facetas.)

6.   Los judíos querían señales escogidas por ellos mismos, no las señales que Dios había escogido. Los hombres siempre quieren que Dios los trate por medio de ...
- alguna señal espectacular.
- algún argumento irrefutable.
- alguna señal esplendorosa.
- alguna experiencia milagrosa.
- alguna señal asombrosa.
- alguna liberación increíble.

7.   La gran preocupación de Dios no son las «señales del cielo», señales exteriores. La gran preocupación de Dios es encontrar a la gente en sus vidas, y corazones, donde realmente lo necesitan para vivir la vida abundante y eterna. Dios quiere encontrar a la gente en su enfermedad y dolor, en su corrupción y muerte. Encontrar al hombre en las áreas de su necesidad es una señal irrefutable que Dios da a cada generación.

> **Pensamiento.** Lo que se dice de los religiosos de la generación de Jesús se puede decir de cada generación de incrédulos. Los incrédulos no reciben señales, al menos no del Señor. Pero los creyentes reciben señales, las señales de que sus necesidades son satisfechas.
>
> **«Bienaventurados los que tienen hambre y sed de justicia, porque ellos serán saciados» (Mt. 5:6).**
>
> **«Mas el que bebiere del agua que yo le daré, no tendrá sed jamás; sino que el agua que yo le daré será en él una fuente de agua que salte para vida eterna» (Jn. 4:14).**
>
> **«En el último día de la fiesta, Jesús se puso en pie y alzó la voz, diciendo: Si alguno tiene sed, venga a mí y beba» (Jn. 7:37).**
>
> **«Serán completamente saciados de la grosura de tu casa, y tú los abrevarás del torrente de tus delicias» (Sal. 36:8; cp. Sal. 23:1ss).**
>
> **«Jehová te pastoreará siempre, y en las sequías saciará tu alma, y dará vigor a tus huesos; y serás como huerto de riego, y como manantial de aguas, cuyas aguas nunca faltan» (Is. 58:11).**

5 (8:13) *Ceguera espiritual—Jesucristo, rechazo de:* los que son espiritualmente ciegos son abandonados por el Señor. Note la fuerza de las palabras: «Y dejándolos». Ellos se rehusaron a creer a pesar de todas las evidencias. Jesús no tenía elección. La decisión era de ellos. Necesariamente tuvo que volverse y dejarlos.

> **«Y a cualquiera que me niegue delante de los hombres, yo también le negaré delante de mi Padre que está en los cielos» (Mt. 10:33).**
>
> **«Porque el que se avergonzare de mí y de mis palabras en esta generación adúltera y pecadora, el Hijo del Hombre se avergonzará también de él, cuando venga en la gloria de su Padre con los santos ángeles» (Mr. 8:38).**
>
> **«Si le negáremos, él también nos negará» (2 Ti. 2:12).**
>
> **«¿Quién es el mentiroso, sino el que niega que Jesús es el Cristo? Este es anticristo, el que niega al Padre y al Hijo. Todo aquel que niega al Hijo, tampoco tiene al Padre. [mas] él que confiesa al Hijo, también tiene al Padre» (1 Jn. 2:22-23).**

| 1 **Los discípulos**
   a. Olvidaron llevar pan
   b. Jesús usó ese olvido
2 **El mal: cuídense de la levadura de los religiosos y de los líderes del mundo**[EF1, 2]
3 **El peligro de tratar con los religiosos y los líderes del mundo**
   a. Peligro 1: ceguera espiritual y corazones | **M. El mal y el peligro de los religiosos y líderes del mundo, 8:14-21** (Mt. 16:5-12)

14 Habían olvidado traer pan, y no tenían sino un pan consigo en la barca.
15 Y él les mandó, diciendo: Mirad, guardaos de la levadura de los fariseos, y de la levadura de Herodes.
16 Y discutían entre sí, diciendo: Es porque no trajimos pan.
17 Y entendiéndolo Jesús, les dijo: ¿Qué discutís, porque no tenéis pan? ¿No | entendéis ni comprendéis? ¿Aún tenéis endurecido vuestro corazón?
18 ¿Teniendo ojos no véis, y teniendo oídos no oís? ¿Y no recordáis?
19 Cuando partí los cinco panes entre cinco mil, ¿cuántas cestas llenas de los pedazos recogisteis? Y ellos dijeron: doce.
20 Y cuando los siete panes entre cuatro mil, ¿cuántas canastas llenas de los pedazos recogisteis? Y ellos dijeron: Siete.
21 Y les dijo: ¿Cómo aún no entendéis? | duros; preocupación por cosas materiales

b. Peligro 2: No ver ni entender la provisión de Dios
   1) La alimentación de los cinco mil

   2) La alimentación de los cuatro mil

c. Peligro 3: causar dolor al corazón del Señor |

M. El mal y el peligro de los religiosos y líderes del mundo, 8:14-21

(8:14-21) *Introducción:* algunos religiosos y líderes del mundo son una amenaza a la mayoría de las personas, a cada generación de hombres. Esto lo enseñó Jesús y cada persona debe estar atenta y cuidarse de ambos. En el evento en sí se ve claramente lo que Jesús quiso decir y explicar.

1. Los discípulos (v. 14).
2. El mal: cuídense de la levadura; la levadura de los religiosos y de los líderes del mundo (v. 15).
3. El peligro de tratar con los religiosos y los líderes del mundo (vv. 16-21).

[1] (8:14) *Oportunidad, aprovechar la*: en forma totalmente repentina los discípulos recordaron algo. Habían olvidado traer pan, y solamente tenían un pan consigo en la barca. En el olvido de ellos Jesús vio una oportunidad para enseñarles una lección muy necesaria en cuanto al mal y al peligro de los religiosos y los líderes del mundo.

[2] (8:15) *Religiosos—levadura:* el mal de los religiosos y de los líderes del mundo es una levadura. Jesús dijo: «Guardaos de la levadura de los fariseos, y de la levadura de Herodes.» Los discípulos entendieron totalmente mal lo que Jesús estaba diciendo. Aparentemente pensaron que Jesús estaba diciendo una de tres cosas.

1. Pensaron que Jesús los estaba amonestando por haberse olvidado del pan.
2. Pensaron que les advertía no comer del «pan» de los religiosos y de los líderes del mundo. Los fariseos eran muy estrictos con la forma de usar levadura en el pan. Usaban los reglamentos que regían la levadura para acentuar la pureza ceremonial. Los discípulos pensaron que Jesús estaba diciendo que no debían involucrarse en las exigencias externas de la religión ni en la indulgencia del mundo.
3. Pensaron que no debían sentarse con los religiosos y los líderes del mundo (compañerismo) y comer la «levadura» y el pan de ellos; es decir, que no debían tener comunión con ellos.

¿Qué quiso decir Jesús con la levadura de los fariseos y de Herodes o de los líderes del mundo? (Mateo menciona a los saduceos en lugar de Herodes. La mayoría de los herodianos, seguidores de Herodes, eran saduceos. *Véanse* Estudio a fondo 2—Mt. 22:16; Estudio a fondo 2—Hch. 23:8.)

1. La levadura de los fariseos (religiosos) era la doctrina o enseñanza de ellos (Mt.16:12) y su hipocresía, engaño, y su simulación (Lc.12:1). Los fariseos *fermentaban y agriaban a toda persona que tocaban* (véanse Estudio a fondo 2—Hch. 23:8; cp. Estudio a fondo 2—Mr. 8:15).

Los fariseos creían en un Dios personal y en las Escrituras como Palabra de Dios dada al hombre, pero hacían agregados a la Palabra de Dios (*véase* nota—Lc. 6:2). Agregaron reglas y reglamentos, rituales y ceremonias que ponían restricciones indebidas sobre la conducta del hombre. Esto llevó a tres graves errores.

   a. Llevó a la gente a pensar que su buen comportamiento y sus rituales y ceremonias religiosas los hacía aceptables delante de Dios. Para la justicia se dependía de una religión de buenas obras.
   b. Llevó a una religión de respetabilidad social, a una religión externa. Si una persona era socialmente respetable y hacía todas las cosas indicadas, entonces se la juzgaba aceptable delante de Dios.
   c. Llevó a una actitud y a un aire de autojustificación. Si uno guardaba las reglas y reglamentos, naturalmente se sentía justo y a vees lo demostraba. Se dependía de uno mismo, de guardar las reglas indicadas y con ello alcanzar justicia.

2. Los saduceos y herodianos eran los liberales de su tiempo. La levadura o falsa enseñanza de ellos era doble.
   a. Quitaban de la palabra de Dios, negando toda Escritura excepto el Pentateuco, los primeros cinco libros del Antiguo Testamento.
   b. Eran pensadores libres y racionalistas, de mentalidad secular y materialista. Por eso estaban dispuestos a colaborar con los romanos eliminando la cultura judía e instituyendo la cultura romana y griega. Debido a ello Roma ponía los líderes de ellos en posiciones gubernamentales (el sanhedrín) y les daba riquezas. La mentalidad mundana de ellos, su filosofía secular, y su teología liberal siempre fueron una amenaza para los hombres (*véase* nota—Mt. 16:1-12).

Note la doble advertencia de parte de Jesús: «Mirad, guardaos». Ello acentuaba la suprema importancia de guardarse de la levadura tanto de los religiosos como de los líderes del mundo (*véanse* Estudios a fondo 1, 2—Mr. 8:15).

«Guardaos de los falsos profetas, que vienen a vosotros con vestidos de ovejas, pero por dentro son lobos rapaces» (Mt. 7:15).

«De manera que cualquiera que quebrante uno de estos mandamientos muy pequeños, y así enseña a los hombres, muy pequeño será llamado en el reino de los cielos; mas cualquiera que los haga y los enseñe, éste será llamado grande en el reino de los cielos» (Mt. 5:19).

«Pues en vano me honran, enseñando como doctrinas, mandamientos de hombres» (Mt. 15:9).

«Y de vosotros mismos se levantarán hombres que **hablen cosas perversas para arrastrar tras sí a los discípulos» (Hch. 20:30).**

«Porque ignorando la justicia de Dios, y procurando **establecer la suya propia, no se han sujetado a la justicia de Dios» (Ro. 10:3).**

«Porque tales personas no sirven a nuestro Señor **Jesucristo, sino a sus propios vientres, y con suaves palabras y lisonjas engañan los corazones de los ingenuos» (Ro. 16:18).**

«Para que ya no seamos niños fluctuantes, llevados **por doquiera de todo viento de doctrina, por estratagema de hombres que para engañar emplean con astucia las artimañas del error» (Ef. 4:14).**

«Pero el Espíritu dice claramente que en los postreros **tiempos algunos apostatarán de la fe, escuchando a espíritus engañadores y a doctrinas de demonios; por la hipocresía de mentirosos que, teniendo cauterizada la conciencia» (1 Ti. 4:1-2).**

«Porque hay aún muchos contumaces, habladores de **vanidades y engañadores, mayormente los de la circuncisión [la doctrina de la ley, de obras], a los cuales es preciso tapar la boca; que trastornan casas enteras, enseñando por ganancia deshonesta lo que no conviene» (Tit. 1:10-11).**

«Pero hubo también falsos profetas entre el pueblo, **como habrá entre vosotros falsos maestros, que introducirán encubiertamente herejías destructoras, y aun negarán al Señor que los rescató, atrayendo sobre sí mismos destrucción repentina» (2 P. 2:1).**

«Hijitos, ya es el último tiempo; y según vosotros **oísteis que el anticristo viene, así ahora han surgido muchos anticristos; por esto conocemos que es el último tiempo. Salieron de nosotros, pero no eran de nosotros; porque si hubieran sido de nosotros, habrían permanecido con nosotros; pero salieron para que se manifestase que no todos son de nosotros» (1 Jn. 2:18-19).**

«¿Quién es el mentiroso, sino el que niega que Jesús **es el Cristo? Este es anticristo, el que niega al Padre y al Hijo» (1 Jn. 2:22).**

«Porque muchos engañadores han salido por el **mundo, que no confiesan que Jesucristo ha venido en carne. Quien esto hace es el engañador y el anticristo» (2 Jn. 7).**

ESTUDIO A FONDO 1

(8:15) Mirad (*horao*): ver, apreciar, discernir, informarse a sí mismo mediante una aguda observación y experiencia. Dos cosas son necesarias para que una persona cumpla con «mirad»: estar mentalmente despierto, discernir con el pensamiento. Lo que es preciso mirar debe ser observado activamente, reflexionado, y discerniendo.

En este pasaje la orden es un *imperativo presente*. El discípulo tiene que comenzar ahora mismo a «mirar» y estar atento a la levadura, y debe continuar en esa actitud, siempre observando y discerniendo.

ESTUDIO A FONDO 2

(8:15) Guardaos (*blepo*): ver, percibir, captar, y entender a efectos de estar atento a cierta cosa; centrar la mente en algún objeto y considerarlo y mantener la atención en Él; guardarse y protegerse de algo.

Nuevamente, la orden es un *imperativo presente*. La persona debe comenzar inmediatamente a cuidarse y a continuar en ello, siempre atenta al peligro.

3 **(8:16-18) Religiosos—líderes del mundo:** el peligro al tratar con los religiosos y líderes del mundo es triple.

1. El primer peligro es la ceguera espiritual y dureza de corazón, el preocuparse por cosas materiales y terrenales (pan) (v.16). Note que Jesús no hace otra cosa que formular preguntas en el resto

del pasaje. Sus preguntas señalan el fracaso de los discípulos. Fracaso en ...

- razonar (v. 17)   • ver (v. 18)
- percibir (v. 17)   • oír (v. 18)
- entender (v. 17)   • recordar (v. 18)
- tener corazones blandos (v. 17)

Lo que Jesús hace es amonestar esa preocupación por las cosas terrenales. Lo llama falta de fe: «hombres de poca fe» (Mt. 16:8). Los seguidores del Señor deben estar principalmente preocupados por asuntos espirituales, no por asuntos terrenales. Guardar la propia mente y alma de la levadura de fariseos y líderes mundanales, ésa debe ser la constante preocupación del creyente, no el preocuparse y atender las cosas terrenales. Los pensamientos de la persona tienen que estar dominados por la verdad, de manera que pueda permanecer en ella y no ser espiritualmente desviada (Mt.15:19; Ro. 8:5-7; 2 Co. 10:3-5; Ef. 4:23-34). La levadura, la enseñanza falsa de los religiosos y de los líderes mundanales, es la gran amenaza a la supervivencia humana. Si los creyentes son ciegos a esta realidad, el mundo está destinado a la condenación.

Pensamiento. En la actualidad nosotros encaramos el mismo peligro: ceguera espiritual y dureza de corazón. Demasiadas personas están apegadas al mundo y sus cosas, sus posesiones y placeres. El mundo y su dios (el diablo) enceguece las mentes de los hombres para que no vean la verdad (2 Co. 4:4). Como resultado, los hombres está muriendo, y están condenados a morir eternamente.

«Porque el corazón de este pueblo se ha **engrosado, y con los oídos oyeron pesadamente, y sus ojos han cerrado, para que no vean con los ojos, y oigan con los oídos, y entiendan de corazón, y se conviertan, y yo los sane» (Hch. 28:27).**

«Porque mi pueblo es necio, no me conocieron; **son hijos ignorantes y no entendidos; sabios para hacer el mal, pero hacer el bien no supieron» (Jer. 4:22).**

«Oíd ahora esto, pueblo necio y sin corazón, que **tiene ojos y no ve, que tiene oídos y no oye» (Jer. 5:21).**

«Acordaos de los presos, como si estuvierais **presos juntamente con ellos; y de los maltratados, como que también estáis en el cuerpo» (He. 13:3).**

«Por lo cual, salid de en medio de ellos, y **apartaos, dice el Señor, y no toquéis lo inmundo; y yo os recibiré, y seré para vosotros por Padre, y vosotros me seréis hijos e hijas, dice el Señor todopoderoso» (2 Co. 6:17-18).**

«No os conforméis a este siglo, sino transformaos **por medio de la renovación de vuestro entendimiento, para que comprobéis cuál sea la buena voluntad de Dios, agradable y perfecta» (Ro. 12:2).**

2. El segundo peligro es el de no ver ni comprender la provisión del Señor (vv. 18-20). Los discípulos acababan de presenciar dos acontecimientos fenomenales. Habían visto una multitud de gente hambrienta de la Palabra del Señor, tan hambrienta que habían salido por tres días sin comer. Habían visto la alimentación milagrosa de cuatro mil personas con solamente siete panes (*véanse* bosquejo y notas—Mr. 8:1-9).

- Pero «teniendo ojos, no habían visto» lo que realmente ocurrió (v. 17).
- Teniendo «oídos, no habían oído» lo que realmente ocurrió (v. 17).
- No «recordaban» (v. 17).

Los discípulos habían fracasado en trazar la relación entre...

- el hambre de la gente por la Palabra de Dios y el hecho de que solamente Jesús podía darles la Palabra de Dios.
- el hambre de la gente de pan y el hecho de que solamente Jesús podía darles pan del cielo, la energía y el poder de su propio ser.

Los discípulos habían fallado en ver y entender que Jesucristo era el «Pan de Vida» el único «Pan» que podía satisfacer el hambre espiritual de los hombres. Los líderes del mundo y los líderes religiosos nunca podrían satisfacer la necesidad de ellos (*véase* nota—Jn. 6:1-71. *Véanse* bosquejo y notas—Jn. 6:30-36 para una aplicación.)

> **«Jesús les dijo: Yo soy el pan de vida; el que a mí viene, nunca tendrá hambre; y el que en mí cree, no tendrá sed jamás» (Jn. 6:35).**

> **«De cierto, de cierto os digo: El que cree en mí, tiene vida eterna. Yo soy el pan de vida. Vuestros padres comieron el maná en el desierto, y murieron. Este es el pan que desciende del cielo, para que el que de él come, no muera. Yo soy el pan vivo que descendió del cielo; si alguno comiere de este pan, vivirá para siempre; y el pan que yo daré es mi carne, la cual yo daré por la vida del mundo» (Jn. 6:47-51).**

> **«¿Por qué gastáis el dinero en lo que no es pan, y vuestro trabajo en lo que no sacia? Oídme atentamente, y comed del bien, y se deleitará vuestra alma con grosura?» (Is. 55:2).**

3. El tercer peligro es afligir el corazón del Señor (v. 21). Todas las cosas que el Señor había señalado le causaban agonía de alma. Se afligía profundamente por ...

- la ceguera espiritual.
- mentes materialistas y carnales.
- dureza de corazón.
- no ver ni entender su provisión.

El tema de la levadura —la verdadera y la falsa doctrina, el comportamiento honesto e hipócrita— es de suprema importancia. Es de suprema importancia comprender que Jesús es el Pan de vida, la auténtica verdad, la verdadera doctrina, el único camino a la satisfacción. Al principio los discípulos no lograban comprender ni relacionar lo uno con lo otro, causando profunda aflicción al Señor. ¿Cuántos le han causado igual aflicción desde entonces? (*Véanse* nota—Ef. 4:30; Estudio a fondo 1—1 Ts. 5:19).

> **«Entonces él les dijo: ¡Oh insensatos, y tardos de corazón para creer todo lo que los profetas han dicho!» (Lc. 24:25).**

> **«Jesús le dijo: Yo soy el camino, y la verdad, y la vida; nadie viene al Padre, sino por mí. Si me conocieseis, también a mi Padre conoceríais; y desde ahora le conocéis, y le habéis visto. Felipe le dijo: Señor, muéstranos el Padre, y nos basta. Jesús le dijo: ¿Tanto tiempo hace que estoy con vosotros, y no me has conocido Felipe? El que me ha visto a mí, ha visto al Padre; ¿cómo, pues, dices tú: Muéstranos el Padre?» (Jn. 14:6-9).**

> **«¡Jerusalén, Jerusalén, que matas a los profetas, y apedreas a los que te son enviados! ¡Cuántas veces quise juntar a tus hijos, como la gallina a sus polluelos debajo de sus alas, y no quisiste!» (Lc. 13:34).**

	N. Necesidad de protección, 8:22-26	24 El, mirando, dijo: Veo los hombres como árboles, pero los veo que andan.	4 Jesús atendió *suficientemente* las necesidades del hombre
1 Jesús atendió a los amigos del hombre	22 Vino luego a Betsaida; y le trajeron un ciego, y le rogaron que le tocase.	25 Luego puso otra vez las manos sobre los ojos, y le hizo que mirase; y fue restablecido, y vio de lejos y claramente a todos.	
2 Jesús atendió la discapacidad del hombre	23 Entonces, tomando la mano del ciego, le sacó fuera de la aldea; y escupiendo en sus ojos, le puso las manos encima, y le preguntó si veía algo.	26 Y lo envió a su casa, diciendo: No entres en la aldea, ni lo digas a nadie en la aldea.	5 Jesús atendió a la familia del hombre
3 Jesús atendió las creencias del hombre			

N. Necesidad de protección, 8:22-26

(8:22-26) *Introducción:* solamente Marcos relata la historia de este hombre ciego. Su acento principal está en la atención: la preocupación por todos. A lo largo de todo el evento Jesús experimentó sentimientos profundos. Su preocupación, y la intensidad de la misma queda expuesta en cada frase. Le preocupaba y angustiaba el sufrimiento y dolor de toda persona. Y a lo largo de toda esta experiencia estaba enseñando a sus discípulos a preocuparse profundamente por los necesitados.

1. Jesús atendió a los amigos del hombre (v. 22).
2. Jesús atendió la discapacidad del hombre (v. 23).
3. Jesús atendió las creencias del hombre (v. 23).
4. Jesús atendió *suficientemente* las necesidades del hombre (vv. 24-25).
5. Jesús atendió a la familia del hombre (v. 26).

1 (8:22) *Jesucristo, protección—servicio:* Jesús atendió a los amigos del hombre. Note dos cosas.

1. Eran amigos quienes trajeron al ciego a Jesús, y fueron ellos quienes rogaron a Jesús que tocara al ciego. Aquellos amigos se ocuparon intensamente del hombre. Lo atendieron suficientemente para querer verlo bien. Aparentemente había sido ciego de nacimiento, de modo que sus amigos estarían acostumbrados a su ceguera, a la diaria rutina, año tras año. Sin embargo, aquí están, años después, dándole la misma atención, aún con esperanza, aún orando, y aún queriendo que su amigo fuese sanado. El cuidado que prodigaron al ciego era profundo y genuino, y Jesús lo vio.

2. Los amigos creían que Jesús podía sanar al ciego. Fue principalmente la fe y confianza de ellos lo que motivó a Jesús a actuar. Ellos trajeron al hombre y rogaron a Jesús que lo sanara.

Pensamiento 1. Esta es una vigorosa lección sobre la *intercesión.* Debemos preocuparnos suficientemente para traer las personas a Cristo y orar (implorar) que Cristo las sane.

«Mas no ruego solamente por éstos, sino también por los que han de creer en mí por la palabra de ellos» (Jn. 17:20).

«Porque testigo me es Dios, a quien sirvo en mi espíritu en el evangelio de su Hijo, de que sin cesar hago mención de vosotros siempre en mis oraciones» (Ro. 1:9).

«Por esta causa también yo, habiendo oído de vuestra fe en el Señor Jesús, y de vuestro amor para con todos los santos, no ceso de dar gracias por vosotros, haciendo memoria de vosotros en mis oraciones» (Ef. 1:15-16).

«Por esta causa doblo mis rodillas ante el Padre de nuestro Señor Jesucristo» (Ef. 3:14)

«Orando en todo tiempo con toda oración y súplica en el Espíritu, y velando en ello con toda perseverancia y súplica por todos los santos; y por mí, a fin de que al abrir mi boca me sea dada palabra para dar a conocer con denuedo el misterio del evangelio» (Ef. 6:18-19).

«Doy gracias a mi Dios siempre que me acuerdo de vosotros, siempre en todas mis oraciones rogando con gozo por todos vosotros» (Fil. 1:3-4).

«Siempre orando por vosotros, damos gracias a Dios, Padre de nuestro Señor Jesucristo» (Col. 1:3).

«Os saluda Epafras, el cual es uno de vosotros, siervo de Cristo, siempre rogando encarecidamente por vosotros en sus oraciones, para que estéis firmes, perfectos y completos en todo lo que Dios quiere» (Col. 4:12).

«Damos siempre gracias a Dios por todos vosotros, haciendo memoria de vosotros en nuestras oraciones» (1 Ts. 1:2).

Pensamiento 2. Jesús se ocupa intensamente de *amigos* que se ocupan de otros. Se ocupa suficientemente para escuchar y actuar en favor de ellos. La persona que se ocupa de otro y la que intercede reciben el cuidado de Cristo.

«Sobrellevad los unos las cargas de los otros, y cumplid así la ley de Cristo» (Gá. 6:2).

«Así que, según tengamos oportunidad, hagamos bien a todos, y mayormente a los de la familia de la fe» (Gá. 6:10).

«Pero no será así entre vosotros, sino que el que quiera hacerse grande entre vosotros será vuestro servidor, y el que de vosotros quiera ser el primero, será siervo de todos» (Mr. 10:43-44).

2 (8:23) *Atención—discapacidad:* Jesús atendió la discapacidad del hombre. El hombre era ciego. Imagínese la escena. El hombre nunca antes había visto. Alrededor suyo y de Jesús había una multitud de personas con el ruido característico de una multitud. El hombre se hallaba muy excitado, nervioso y algo abrumado; todo ello debilitó su concentración. Jesús sabía todo lo que había en el interior del hombre ...

- sabía que el hombre tenía que ser llevado aparte, alejado de la multitud de manera que pudiera concentrarse mejor en Jesús.
- sabía que los ojos del hombre tenían que ser abiertos lentamente, para que no quedase encandilado y perturbado por todas las cosas que por los ojos inundarían su mente.

Jesús sabía todo. Conocía todos los problemas y dificultades que la ceguera habían causado al hombre, y conocía todo lo que el hombre necesitaba para ser totalmente sanado. Jesús se ocupó de la discapacidad del hombre, de modo que tomó al hombre de la mano y lo condujo fuera de la ciudad. Jesús fue extremadamente sensible a las necesidades del ciego.

Pensamiento. Debemos atender a las personas discapacitadas ...

- entendiendo los problemas y dificultades de los discapacitados.
- siendo sensibles a las necesidades especiales de la persona discapacitada.
- haciendo cuanto está a nuestro alcance para

traer la persona a Cristo y ver que sea ayudada y sanada.

«**El amor sea sin fingimiento. Aborreced lo malo, seguid lo bueno. Amaos los unos a los otros con mor fraternal; en cuanto a honra, prefiriéndoos los unos a los otros**» (Ro. 12:9-10).

«**Así que, los que somos fuertes debemos soportar las flaquezas de los débiles, y no agradarnos a nosotros mismos**» (Ro. 15:1).

«**En todo os he enseñado que, trabajando así, se debe ayudar a los necesitados, y recordar las palabras del Señor Jesús, que dijo: Más bienaventurado es dar que recibir**» (Hch. 20:35).

«**Yo era ojos al ciego, y pies al cojo. A los menesterosos era padre, y de la causa que no entendía, me informaba con diligencia**» (Job 29:15-16).

3 **(8:23)** *Testificar—creencias:* Jesús atendió las creencias del hombre. La gente de aquel tiempo creía que la saliva tenía ciertos poderes curativos. Normalmente, una de las primeras cosas que una persona hace al quemarse o lastimarse un dedo, es poner el dedo en la boca. La saliva pareciera aliviar el dolor. Note lo que hizo Jesús: puso saliva sobre los ojos del hombre y puso sus manos sobre el hombre. Jesús fijó la atención del hombre en el poder sanador tanto de su saliva como de sus manos. El contacto de ambas cosas significaría tanto más que las meras palabras, y el contacto de saliva y manos despertaría con mayor rapidez la fe del hombre.

El tema es este: Jesús atendió las creencias del hombre en el poder curativo de la saliva. Jesús comenzó donde el hombre se hallaba con su fe, y lo condujo a creer en lo esencial, es decir, que la sanidad viene por medio del Señor mismo, por medio del toque suyo.

«**Porque no tenemos un sumo sacerdote que no pueda compadecerse de nuestras debilidades, sino uno que fue tentado en todo según nuestra semejanza, pero sin pecado. Acerquémonos, pues, confiadamente al trono de la gracia, para alcanzar misericordia y hallar gracia para el oportuno socorro**» (He. 4:15-16).

«**Echando toda vuestra ansiedad sobre él, porque él tiene cuidado de vosotros**» (1 P. 5:7).

Pensamiento. Note tres cosas involucradas en prodigar cuidado.
1) Debemos atender a las personas aun cuando sus creencias sean equivocadas.
2) Debemos empezar a tratar a las personas donde ellas se encuentran. Podemos comenzar con la fe que las personas tienen y avanzar hacia una mayor fe en Cristo.
3) Siempre debemos conducir a las personas a la fe esencial: el poder para ser sanado viene únicamente a través del Señor mismo.

4 **(8:24-25)** *Perseverancia—persistencia—testificar—entrenar:* Jesús se ocupó lo suficiente para atender la necesidad del hombre. Hasta donde se sepa este es único milagro que tuvo lugar en etapas. Jesús le preguntó al hombre «si veía algo». El hombre respondió que veía los hombres, caminando, como árboles. La vista del hombre no estaba totalmente sana. Veía borrosamente, turbiamente. Sus ojos estaban nublados. Veía a los objetos con cuerpos o troncos como árboles, sin embargo caminaban; entonces, razonando, tuvo que decir que eran hombres. El hombre estaba extremadamente excitado, y necesariamente decía lo primero que le venía a la mente.

Note lo que hizo Jesús. Nuevamente puso sus manos sobre los ojos del hombre y lo hizo mirar hacia arriba. Entonces la vista del hombre quedó restaurada, entonces vio claramente. ¿Por qué sanó Jesús al hombre por etapas? Aparentemente la fe del hombre era débil y debía ser fortalecida paso por paso. Fue preciso despertar mayor esperanza y anhelo en el interior del hombre. El hombre tenía que crecer espiritualmente, crecer en fe, antes que pudiera ser sanado.

Esto parece indicarlo el silencio del ciego cuando pidieron a Jesús que lo tocase. Fueron los amigos, no Él mismo, quienes lo pidieron.

El tema es este, Jesús le dio la suficiente atención para ocuparse de la necesidad del hombre. No ignoró al hombre, ni lo rechazó porque su fe fuese débil. Jesús no dejó al hombre, ni dejó que se fuera. Se quedó con él e hizo todo lo necesario para suplir la necesidad del hombre.

Pensamiento. Note un punto crucial. La persona crece por etapas.
- Una persona no siempre es llevada a Cristo de una sola vez.
- Una persona nunca está inmediatamente *madura en Cristo.* No hay tal cosa como *madurez instantánea.* La persona crece en Cristo paso por paso, por etapas (2 P. 3:18; 2 Ts. 1:3; 1 P. 2:2-3).

El tema esencial para los creyentes y las iglesias puede ser enunciado con sencillez: debemos *ocuparnos suficientemente* en atender las necesidades de una persona. Debemos ocuparnos suficientemente de ...
- testificar
- enseñar e instruir
- alimentar y vestir
- ministrar
- visitar
- amar

«**No nos cansemos, pues, de hacer el bien; porque a su tiempo segaremos, si no desmayamos**» (Gá. 6:9).

«**Así que, hermanos míos amados, estad firmes y constantes, creciendo en la obra del Señor siempre, sabiendo que vuestro trabajo en el Señor no es en vano**» (1 Co. 15:58).

«**Acordaos de los presos, como si estuvierais presos juntamente con ellos; y de los maltratados, como que también estáis en el cuerpo**» (He. 13:3).

5 **(8:26)** *Familia—testificar:* Jesús atendió a la familia del hombre. Le dijo al hombre sanado que no volviera a la aldea de Betsaida. Aparentemente vivía en el campo o en las afueras de la aldea. ¿Por qué le dijo Jesús al hombre que no volviera a la aldea y, en cambio, fuera a su casa? El motivo parece ser que Jesús se ocupaba de toda la familia y era sensible a sus sentimientos y esperanzas. Puesto que el hombre no vivía en la aldea, Jesús quiso que fuera inmediatamente a su casa para compartir las gloriosas nuevas con su familia. Todos ellos merecían participar del gozo.

Pensamiento. Es esencial ser sensible hacia la familia de una persona. Los sentimientos y esperanzas de los miembros de la familia son de gran importancia.

«**Así también los maridos deben amar a sus mujeres como a sus mismos cuerpos, el que ama a su mujer, a sí mismo se ama**» (Ef. 5:28).

«**Por tanto, guárdate, y guarda tu alma con diligencia, para que no te olvides de las cosas que tus ojos han visto, ni se aparten de tu corazón todos los días de tu vida; antes bien, las enseñarás a tus hijos, y a los hijos de tus hijos**» (Dt. 4:9).

«**Estas palabras que yo te mando hoy, estarán sobre tu corazón; y las repetirás a tus hijos, y hablarás de ellas estando en tu casa, y andando por el camino, y al acostarte, y cuando te levantes.... y las escribirás en los postes de tu casa, y en tus puertas**» (Dt. 6:6-7, 9).

	V. EL MINISTERIO FINAL DEL HIJO DE DIOS: JESÚS ENSEÑA LA IDEA DEL MESÍAS DE DIOS, NO DEL MESÍAS HUMANO, 8:27—9:50	Cesarea de Filipo. Y en el camino preguntó a sus discípulos, diciéndoles: ¿Qué dicen los hombres que soy yo?	b. Preguntó por lo que la gente creía acerca de Él, de quién era Él
		28 Ellos respondieron: Unos, Juan el Bautista; otros, Elías, y otros, alguno de los profetas.	**2 La confesión de los hombres: es un gran hombre**
	A. La gran confesión de Pedro: quién es Jesús, 8:27-30 (Mt. 16:13-20; Lc. 9:18-21)	29 Entonces él les dijo: Y vosotros, ¿quién decís que soy? Respondiendo Pedro, le dijo: Tú eres el Cristo.	**3 La confesión de sus discípulos**
1 Jesús en Cesarea de Filipo[EF1] a. Visitaba las aldeas	27 Salieron Jesús y sus discípulos por las aldeas de	30 Pero él les mandó que no dijesen esto de él a ninguno.	**4 La necesidad: aprender acerca del Mesías de Dios**

V. EL MINISTERIO FINAL DEL HIJO DE DIOS: JESÚS ENSEÑA LA IDEA DEL MESÍAS DE DIOS, NO DEL MESÍAS HUMANO, 8:27—9:50

A. La gran confesión de Pedro: quién es Jesús, 8:27-30

(8:27- 9:50) *Jesucristo, salvador—Mesías:* la mayoría de la gente no objeta la idea de un Mesías, es decir, de un libertador, salvador, proveedor, y protector. La mayoría de la gente quiere un líder que dé lugar a una sociedad utópica con justicia social y abundancia para todos. Lo que los hombres quieren es un Mesías que se adapte a los deseos y pasiones y a las estructuras de poder del mundo de ellos. La gente quiere tener sus estómagos llenos, sus cuerpos vestidos y una vivienda; quieren ver sus urgencias satisfechas. Quieren las *buenas cosas* de este mundo. Si un Mesías puede darlas los hombres están listos y dispuestos a aceptar ese Mesías. Jesús procuró deliberadamente que sus discípulos vieran al Mesías de Dios y no al mesías del hombre. Tenía que asegurarse de que ellos entendieran el camino de salvación y utopía de Dios, que Dios buscaba victoria sobre la muerte y una vida que dure eternamente, no simplemente setenta años. El Mesías de Dios y la salvación no eran conforme al modo del poder y placer del hombre; no dejaba que el futuro quedase librado a sí mismo (*véanse* notas—Mt. 1:1; Estudio a fondo 2 1:18; Estudio a fondo 3—3:11; notas—11:1-6; 11:2-3; Estudio a fondo 1—11:5; Estudio a fondo 2—11:6; Estudio a fondo 2—12:16; nota—22:42).

(8:27-30) *Introducción:* Jesús se acercaba rápidamente, muy rápidamente a su fin, y aún quedaba mucho por enseñar a sus discípulos. Para ellos había llegado el momento de aprender que Jesús estaba construyendo una iglesia—una asamblea de personas que lo confiesen a él como Mesías. El presente pasaje es una de las revelaciones más dramáticas que se hayan hecho. También encierra una de las preguntas más exigentes que se hayan formulado. La respuesta determina el destino eterno de uno y requiere una sola respuesta: «Tú eres el Cristo.» La importancia de la pregunta y de su confesión se ven con claridad cuando se miran rápidamente los diversos puntos del pasaje.

1. Jesús en Cesarea de Filipo (v. 27).
2. La confesión de los hombres: es un gran hombre (v. 28).
3. La confesión de sus discípulos (v. 29).
4. La necesidad: aprender acerca del Mesías de Dios (v. 30).

1 (8:27) *Jesucristo, respuesta a:* Jesús salió de Betsaida y recorrió las aldeas de Cesarea de Filipo (*véase* Estudio a fondo 1—Mr. 8:27). Recorriendo alguno de los caminos entre las aldeas, hizo la pregunta suprema de la vida—la pregunta que determina el destino eterno del hombre: «¿Quién dicen los hombres que yo soy?»

(8:27) *Cesarea de Filipo:* esta ciudad tenía una rica historia religiosa. Alguna vez había sido centro de la adoración a Baal, y había tenido al menos catorce templos en y alrededor de la ciudad. Se creía que la ciudad encerraba la caverna en la que el dios griego de la naturaleza, Pan, había nacido. Al comienzo de la historia la ciudad se identificó de tal manera con su dios que se la llamó con el mismo nombre, se la llamó Panias. Una de sus estructuras más hermosas era el templo de resplandeciente mármol blanco construido para la adoración de César. Herodes el Grande había construido el templo en honor al César cuando éste le otorgó otro país para gobernar. Pero fue el hijo de Herodes, Filipo quien adornó el templo con la magnificencia que le había dado fama mundial. También fue Filipo quien cambió el nombre de la ciudad de Pania a Cesarea, ciudad de César. Además agregó su propio nombre, llamando a la ciudad Cesarea de Filipo.

La ciudad proclamaba a los cuatro vientos la adoración al César y a los dioses de la propia elección de cada uno, es decir, la adoración de todos menos del Verdadero y Viviente Dios. Fue contra este fondo dramático y terrible que Jesús formuló la precisa pregunta: «Y vosotros, ¿quién decís que soy?» (traducción enfática del griego). Fue en presencia de este fondo religioso que Pedro hizo su gran descubrimiento y confesión: Jesús es el Cristo, el verdadero Mesías.

2 (8:28) *Profesión de fe, falsa—Jesucristo, negación:* la confesión de los hombres minimizaba a Jesús. La mayoría de los hombres solamente veía en Jesús un gran hombre, un hombre tenido en gran estima y respeto. Se lo consideraba uno de los hombres más grandes, pero note un asunto crucial: estas *profesiones* de fe no solamente faltaban a la verdad, sino que eran peligrosas. Solamente contenían medias verdades, y la gente era engañada y desviada por ellas.

1. Algunos decían que Jesús era Juan el Bautista. Afirmaban que Jesús era un gran espíritu de justicia, un espíritu dispuesto al martirio por amor a su fe. Esto era lo que Herodes y otros pensaban (Mt. 14:1-2). Oyendo de las maravillosas obras de Jesús, Herodes pensó que o bien había revivido Juan el Bautista o bien su espíritu moraba en el hombre llamado Jesús.

La gente común también veía alguna similitud entre Juan y Jesús; ambos hacían una gran obra de Dios; ambos eran divinamente escogidos y dotados por Dios; y ambos proclamaban el reino de Dios preparando a la gente para dicho reino. Por eso, cuando algunos miraban a Jesús y su ministerio, no pensaban que Jesús fuese el Mesías mismo, sino el anunciado antecesor del Mesías (Mal. 4:5).

2. Algunos decían que Jesús era Elías. Afirmaban que Jesús

era el más grande de los profetas y maestros de todos los tiempos, pues así se lo consideraba a Elías. Estaba anunciado que Elías sería el antecesor del Mesías que vendría (Mal. 4:5). Hasta el día de hoy los judíos esperan que Elías retorne antes del Mesías. En la celebración de la pascua siempre conservan una silla desocupada para Él. Elías también había sido usado por Dios para alimentar milagrosamente a una viuda y su hijo (1 R. 17:14); por eso la gente relacionaba el milagro de Elías con la alimentación de la multitud, obrada por Jesús.

3.   Algunos decían que Jesús era uno de los profetas. Afirmaban que Jesús era un profeta enviado al tiempo de ellos. Creían que era uno de los grandes profetas que había revivido o uno en quien moraba el espíritu de un gran profeta moraba (cp. Dt. 18:15, 18).

Pensamiento. En cada generación existen las mismas confesiones falsas acerca de Cristo.
1)   Que solamente fue un gran hombre de justicia, martirizado por causa de su fe. Como tal nos deja un gran ejemplo de cómo vivir y defender lo que creemos.
2)   Fue uno de los mayores maestros y profetas de todos los tiempos.
3)   Solamente fue un gran hombre que nos reveló algunas cosas muy importantes acerca de Dios y la religión. Como tal puede contribuir significativamente a toda persona en su búsqueda de Dios.
4)   Solamente fue un gran hombre, un profeta enviado al pueblo (judíos) de su tiempo de quien podemos aprender al estudiar su vida.

> «¿No es éste el carpintero, hijo de María, hermano de Jacobo, de José, de Judas y de Simón? ¿No están también con nosotros sus hermanas? Y se escandalizaban de él» (Mr. 6:3).
> «En el mundo estaba, y el mundo por él fue hecho; pero el mundo no le conoció. A lo suyo vino, y los suyos no le recibieron» (Jn. 1:10-11).
> «Ellos le dijeron: ¿Dónde está tu Padre? Respondió Jesús: Ni a mí me conocéis, ni a mi Padre; si a mí me conocieseis, también a mi Padre conoceríais» (Jn. 8:19).
> «¿Quién es el mentiroso, sino el que niega que Jesús es el Cristo? Este es anticristo, el que niega al Padre y al Hijo. Todo aquel que niega al Hijo, tampoco tiene al Padre» (1 Jn. 2:22-23).
> «Y todo espíritu que no confiesa que Jesucristo ha venido en carne, no es de Dios; y este es el espíritu del anticristo, el cual vosotros habéis oído que viene, y que ahora ya está en el mundo» (1 Jn. 4:3).

3   (8:26) *Confesión—Jesucristo, nombre y títulos:* la confesión de los discípulos fue que Jesús es el Cristo, el Mesías. Note tres hechos que se acentúan.

1.   La palabra «dijo» (*eperotao*) significa preguntar, interrogar. Está en tiempo imperfecto, indicando que Jesús proseguía preguntándoles. La pregunta: «Vosotros ¿quién decís que soy?» era extremadamente crucial. La respuesta requería concentración de pensamientos, una fe correcta y una confesión genuina.

2.   En griego la pregunta es enfática: «Pero ustedes, ¿quién dicen que yo soy?» La respuesta a esta pregunta es crucial; extremadamente importante. Determina el destino de la persona, su destino eterno.

3.   La respuesta dada fue inmediata y segura: «Tú eres el Cristo», es decir, el Mesías prometido, el Hijo del Dios viviente (cp. Mt. 16:16 en cuanto a la confesión completa. Recuerde que Marcos era discípulo de Pedro, y lo que Marcos está escribiendo muestra la humildad de Pedro. Normalmente resta importancia a los hechos relacionados con Pedro.)

La confesión es suprema, surge de una convicción personal. Es tanto la confesión que salva al alma, como la confesión que pone el fundamento de la iglesia. La vida misma del hombre y la supervivencia de su alma y de la iglesia como un todo descansan en esta convicción simple pero profunda.

1.   El Cristo. El Mesías; el Ungido de Dios (*véase* Estudio a fondo 1—Mt. 1:18 para la discusión).

2.   El Hijo de Dios. Del mismo ser, de la misma sustancia; uno con el Padre (*véanse* notas—Jn. 1:1-2; 1:34; Fil. 2:6).

3.   Viviente. Fuente del ser y de la vida; poseedor de la fuente, energía y poder de la vida en sí mismo (*véanse* Estudio a fondo 2—Jn.1:4; nota—1:4-5; Estudio a fondo 1—17:2-3. Cp. Jn. 5:26; 1 Ts. 1:9 para la discusión y aplicación.)

4   (8:30) *Mesías—naturaleza mesiánica—estudio:* los discípulos tenían gran necesidad de aprender acerca del *Mesías de Dios*. Note que Jesús instruyó a los discípulos a no compartir su confesión con nadie más, no en ese momento. ¿Por qué no? Porque apenas comenzaban a aprender lo que realmente significaba la idea del Mesías de Dios. Ellos debían conocer la verdad y ser precisos en su predicación de la verdad antes de comenzar a compartirla. Podían hacer un daño irreparable difundiendo un concepto falso del Mesías. Jesús tenía que protegerlos contra tal error.

Pensamiento. La confesión de fe es solamente el comienzo de nuestra peregrinación espiritual. Hay mucho que estudiar y aprender acerca de Cristo una vez que lo hemos conocido personalmente. Note dos cosas.
1)   Es necesario que seamos precisos en lo que estudiamos. Debemos asegurarnos de aprender la verdad y no el error (*véanse* bosquejos y notas—Mr. 8:15).
2)   Debemos ser precisos en lo que compartimos, asegurándonos de compartir la verdad. Esto requiere tiempo para estudiar y crecer antes de comenzar a compartir.

> «Desead, como niños recién nacidos, la leche espiritual no adulterada, para que por ella crezcáis para salvación si es que habéis gustado la benignidad del Señor» (1 P. 2:2-3; cp. Hch. 20:32; 2 Ti. 2:15; 2 P. 3:18).
> «Y éstos eran más nobles que los que estaban en Tesalónica, pues recibieron la palabra con toda solicitud, escudriñando cada día las Escrituras para ver si estas cosas eran así» (Hch. 17:11).

| 1 El camino del Mesías de Dios[EF1]
a. Implica sufrimiento y muerte
b. Implica resurrección de la muerte | B. Primera predicción de muerte: el Mesías de Dios vs. el mesías del hombre, 8:31-33
(Mt. 16:21-23; Lc. 9:22)

31 Y comenzó a enseñarles que le era necesario al Hijo del Hombre padecer mucho, y ser desechado por los ancianos, por los principales sacerdotes y por los escribas, y ser | muerto, y resucitar después de tres días.
32 Esto les decía claramente. Entonces Pedro le tomó aparte y comenzó a reconvenirle.
33 Pero él, volviéndose y mirando a los discípulos, reprendió a Pedro, diciendo: ¡Quítate de delante de mí, Satanás! porque no pones la mira en las cosas de Dios, sino en las de los hombres. | 2 El camino del mesías humano
a. Implica rechazar el Mesías de Dios
b. Implica seguir el camino de Satanás
c. Implica poner la mente en cosas materiales, no en las cosas de Dios |

B. Primera predicción de muerte: el Mesías de Dios vs. el mesías del hombre, 8:31-33

(8:31-33) *Introducción—utopía:* el hombre gime en busca de la utopía, del Mesías, de un salvador que pueda traer la utopía a la tierra. Pero hay un asunto crucial para tener en cuenta. El Mesías de Dios y el mesías del hombre difieren. (*Véanse* bosquejo y notas— Mr. 8:27—9:50; 9:30-32; 10:32-34; Mt. 16:21-23; 17:22-23; 20:17-19).

1. El camino del Mesías de Dios (v. 31).
2. El camino del mesías humano (vv. 32-33).

■ (8:31) *Naturaleza mesiánica—Jesucristo, muerte; resurrección:* el camino del Mesías de Dios. Los discípulos acababan de hacer la profunda confesión de que Jesús era el Cristo, el Mesías, el Hijo del Dios viviente. En ese momento Jesús comenzó una nueva etapa. Comenzó a adoctrinarlos en cuanto al camino del Mesías de Dios, porque el Mesías de Dios no era el mesías del hombre (*véase* nota—Mr. 8:27—9:50). Note diversas cosas.

1. La frase «comenzó a enseñarles» es importante. Mateo dice: «Desde entonces»; es decir, desde el momento de la profunda confesión de que Jesús es el Mesías —incuestionablemente el Mesías— ocurrió algo significativo. Una nueva etapa estaba siendo inaugurada. Jesús reveló con un poderoso impulso que «el Hijo del Dios viviente» sería muerto, y que resucitaría de los muertos. Nunca había ocurrido algo semejante. Nunca volvería a ocurrir. Haría historia. La «Jerusalén ... que matas a tus profetas» cometería su crimen máximo: Jerusalén mataría al propio Hijo de Dios (cp. Mt. 23:37).

2. Por algún tiempo Jesús había estado hablando a sus discípulos acerca de su muerte y resurrección, pero ellos no lo habían entendido. Primero, la idea de un Mesías sufriente difería radicalmente de la propia idea que ellos tenían del Mesías (*véanse* notas—Mt. 1:1; Estudio a fondo 2—1:18; Estudio a fondo 3—3:11; notas—11:1-6; 11:2-3; Estudio a fondo 1—11:5; Estudio a fondo 2—11:6; Estudio a fondo 1—12:16; nota—Lc. 7:21-23). Y, segundo, esa revelación había estado oculta en cuadros y símbolos.

«Destruid este templo, y en tres días lo levantaré» (Jn. 2:19).

«Y como Moisés levantó la serpiente en el desierto, así es necesario que el Hijo del Hombre sea levantado» (Jn. 3:14).

«Yo soy el pan vivo que descendió del cielo; si alguno comiere de este pan, vivirá para siempre; y el pan que yo daré es mi carne, la cual yo daré por la vida del mundo» (Jn. 6:51).

La diferencia era que ahora Jesús ya no hablaba en cuadros y símbolos. Les hablaba en palabras simples y directas (Mt. 20:18-20; Lc. 8:31-33). Iba a tener lugar una nueva etapa en la revelación del plan de Dios para el mundo. El Hijo de Dios debía morir y ser resucitado por los pecados del mundo. El plan de Dios para salvar al mundo se haría con un Mesías sufriente, no un Mesías conquistador. El Mesías de Dios no iba a entregar un mundo materialista a las

manos de sus seguidores. En cambio, moriría, y su muerte inauguraría el reino de Dios y permitiría que sus seguidores viviesen eternamente en la presencia misma de Dios (*véase* Estudio a fondo 3—Mt. 19:23-24; cp. Jn. 3:16; 5:24ss).

3. Las palabras «Le era necesario [dei] ... padecer» son fuertes. «Necesario» es verse constreñido, una necesidad suprema. (*véase* nota, *Jesucristo, muerte*—Hch. 2:23 para mayor discusión.) Por la misma naturaleza del caso a Jesús le era absolutamente necesario sufrir. Dios es amor y el hombre es susceptible a corrupción, de modo que Dios en su amor tuvo que proveer salvación para el hombre. Pero Dios también es justo, de manera que debía proveer salvación de tal modo que se hiciera justicia. La pena debía ser pagada; la muerte debía ser ejecutada. Algún *Hombre Ideal* debe morir por el hombre de modo que su *Muerte Ideal* pudiera valer y cubrir a todos los hombres (*véanse* notas, *Hijo del hombre*—Jn. 1:51; *Justificación*—Ro. 5:1). Solamente hay un hombre ideal, Jesús, el Hijo de Dios. El Hijo de Dios tiene que convertirse en Hijo del hombre, el Hombre ideal...

- Es preciso que viva una vida perfecta proveyendo al mundo la Justicia Ideal o la Vida Ideal.
- Es preciso que muera, proveyendo al mundo la Muerte Ideal.
- Es preciso que resucite de la muerte, proveyendo al mundo la Resurrección Ideal.

4. Las palabras: «padecer mucho» incluyen mucho más que solamente los sufrimientos que rodean su muerte. Con frecuencia esto se pasa por alto. Hebreos 5:8 lo deja claro: «Y aunque era Hijo, por lo que padeció aprendió la obediencia.» Sin embargo, no se ve el tema central hasta que uno no reconoce la verdad de la palabra *Hijo*, es decir, la deidad de Jesús. Jesús es *el Hijo de Dios* que dejó la presencia misma de Dios. Dejó el cielo con toda su majestad y esplendor, gloria y adoración, alabanza y honor. Él es *el Hijo del cielo*, pero se convirtió en Hijo de una mujer. Le correspondía estar en el cielo, pero estaba presente en la tierra. Gobernaba en el mundo perfecto, incorruptible, pero ahora era un siervo en este mundo imperfecto y corruptible. Cada vista, sonido, contacto, sabor, cada experiencia y cada cosa de la que era consciente, estaba a un mundo de distancia de lo que había conocido. Sufría a través de cada momento y a través de cada experiencia. Cada experiencia extraía «poder» de Él, porque ante su rostro siempre tenía la verdad y la gloria del cielo, y el pecado y corrupción de la tierra.

5. A nosotros nos resulta clara la predicción de Jesús respecto de su resurrección, porque nosotros podemos verla retrospectivamente. Pero a los discípulos nunca les resultó clara. ¿Por qué? Muy sencillamente porque sería una experiencia nueva. Jamás nadie había resucitado de la muerte; no existía una persona que no volvería a morir. Nunca antes había ocurrido; era sin precedentes. Tal vez los discípulos creían algo como Marta, de que habría una futura resurrección para todos los hombres (Jn. 11:24-26). Esa creencia era expresión de la esperanza que hay en el interior de toda persona, la esperanza de seguir existiendo de alguna manera. Es una creencia

fácil de sostener. Pero pensar en una resurrección inmediata, pensar que una persona se levante de la muerte es difícil (piense en ello). La idea del Mesías muriendo y resucitando de los muertos era prácticamente inimaginable para quienes no habían sido instruidos en la verdad.

No se sabe exactamente lo que los discípulos creyeron que Jesús quiso decir con «resucitar». El hecho de no entenderlo plenamente queda demostrado por el abatimiento de sus espíritus cuando Jesús fue muerto. Pero aparentemente algunos de sus seguidores captaban más que otros el significado de una verdadera resurrección corporal. Esto lo demuestra el recuerdo inmediato de las palabras de Jesús dichas después de su resurrección. Por ejemplo, Juan creyó inmediatamente (Jn. 20:8-9); María Magdalena, a quien se le mostró que Jesús había resucitado (Mt. 28:6). Sin embargo, otros fueron más lentos en comprender y creer (Mr. 16:11; Jn. 20:24-25).

«**Pero habiendo obtenido auxilio de Dios, persevero hasta el día de hoy, dando testimonio a pequeños y a grandes, no diciendo nada fuera de las cosas que los profetas y Moisés dijeron que habían de suceder: Que el Cristo había de padecer, y ser el primero de la resurrección de los muertos, para anunciar la luz al pueblo y a los gentiles» (Hch. 26:22-23).**

«**Porque primeramente os he enseñado lo que asimismo recibí: Que Cristo murió por nuestros pecados, conforme a las Escrituras; y que fue sepultado, y que resucitó al tercer día, conforme a las Escrituras» (1 Co. 15:3-4).**

«**Y por todos [Cristo] murió, para que los que viven, ya no vivan para sí, sino para aquel que murió y resucitó por ellos» (2 Co. 5:15).**

«**Porque también Cristo padeció una sola vez por los pecados, el justo por los injustos, para llevarnos a Dios, siendo a la verdad muerto en la carne, pero vivificado en espíritu» (1 P. 3:18).**

ESTUDIO A FONDO 1

(8:31) *Jesucristo, oposición a: véase* nota—Mt. 8:31 en cuanto a los tres grupos de personas que se opusieron a Cristo.

2 (8:32-33) *Naturaleza mesiánica:* el camino del mesías humano. Note la palabra «claramente» (*parresia*). Significa con claridad, inconfundiblemente, francamente, sin vacilación (*véase* nota, pto.1—Mr. 8:31). Jesús adoctrinó literalmente a sus discípulos con el hecho y significado de su muerte. Habló tanto del asunto que causó una impresión en los apóstoles, a tal punto que Pedro confrontó a Cristo. Note tres puntos.

1. El hombre natural rechaza al Mesías de Dios. Se rebela contra la idea de la cruz. Quiere otro camino que el de la cruz. Esto era lo que Pedro estaba haciendo: se estaba rebelando contra la idea de que el *Hijo de Dios* iba a morir, que su sangre fuera vertida por los pecados del mundo (1 P. 2:24). Pedro podía aceptar a Jesús como el *Hijo del Dios viviente,* pero no como el Salvador sufriente. Le resultaba una idea repulsiva e inaceptable. Por eso intentó frenar esa idea. Pedro hizo dos cosas.
   a. «Pedro le tomó» (*proslabomenos*). El griego es fuerte. Significa *asir de él.* Pedro asió a Jesús. Pedro llevó corporalmente a Jesús aparte para hablarle.
   b. Pedro «comenzó a reconvenirle [*epitiman*]». Esto también es fuerte. No es simplemente un deseo, sino un intento vigoroso de frenar la idea del Salvador sufriente. «Esto no te acontecerá. Esto no debe ni puede ocurrirte.» La idea equivalente es *Dios no lo permita.* Pedro estaba determinado a impedir la cruz. Estaba presionando a Jesús a ser el Mesías de poder, fama, y de la sensación que los judíos esperaban (*véanse* notas—Mr. 8:27—9:50; 8:30; Mt. 1:1; Estudio a fondo 2—1:18; Estudio a fondo 3—3:11; notas—11:1-6; 11:2-3; Estudio a fondo 1—11:5; Estudio a fondo 2—11:6; Estudio a fondo 1—12:16;

nota—Lc. 7:21-23). Pedro estaba presionando a Jesús a seguir sus propios esquemas humanos en vez del camino de Dios. Y de esa manera estaba tentando a Jesús con el mismo compromiso usado por Satanás para tentar a Jesús, el compromiso con el poder, la fama, y la sensación (Mt. 4:1-11). Pedro era celoso de Dios, pero estaba equivocado y errado en su celo. No entendía que Dios planeaba salvar al mundo mediante la muerte de su Hijo (*véase* nota, pto. 3—Mr. 8:31).

El comportamiento de Pedro muestra el camino del mundo. Es la mente natural, carnal. El hombre sencillamente se rebela, y rechaza la idea del Salvador sufriente que muere por los pecados del mundo, un Salvador sufriente que demanda el mismo sacrificio y negación de parte de sus seguidores. Semejante idea es inaceptable y repulsiva.

Pensamiento. La idea que el hombre natural tiene de Dios y del plan de Dios para el hombre se ve en tres conceptos.
1) Algunos piensan que la senda de la vida es un amor indulgente. Dios es visto como una *tipo de abuelo* dadivoso, amante, indulgente. Es visto como alguien que tolera (y recompensa mediante la aceptación) hasta el peor comportamiento, no importa cuánto sufrimiento humano y devastación cause dicho comportamiento. Pensar en la cruz y la sangre de Cristo como emblema de sufrimiento, resulta repulsivo. La cruz se ve solamente como emblema de amor, no de pecado y vergüenza. Se cree que el amor es la senda de la vida que el hombre debe seguir.
2) Algunos creen que el confort y placer son la senda de la vida y el camino de Dios. Nuevamente, Dios es considerado como un *tipo de abuelo* indulgente. Su voluntad para el hombre es que tenga *las buenas cosas* de la vida: comodidad y placer, una vida fácil y placentera, salud y tiempo libre. Y nuevamente, la cruz solamente es un emblema de amor y protección hacia el mundo, no del sufrimiento y sacrificio y de la auto negación. Su vergüenza y dolor y agonía y su propósito de reconciliar al mundo perdido en pecado y depravación es negado.

«**La que cayó entre espinos, éstos son los que oyen, pero yéndose, son ahogados por los afanes y las riquezas y los placeres de la vida, y no llevan fruto» (Lc. 8:14).**

«**Y diré a mi alma: alma, muchos bienes tienes guardados para muchos años; repósate, come, bebe, regocíjate» (Lc. 12:19).**

«**Pero la que se entrega a los placeres, viviendo está muerta» (1 Ti. 5:6).**

«**Recibiendo [ellos] el galardón de su injusticia, ya que tienen por delicia el gozar de deleites cada día. Estos son inmundicias y manchas, quienes aun mientras comen con vosotros, se recrean en sus errores» (2 P. 2:13).**

«**Oye, pues, ahora esto, mujer voluptuosa, tú que estás sentada confiadamente, tú que dices en tu corazón: Yo soy, y fuera de mí no hay más; no quedaré viuda, ni conoceré orfandad. Estas dos cosas te vendrán de repente en un mismo día, orfandad y viudez; en toda su fuerza vendrán sobre ti, a pesar de la multitud de tus hechizos y de tus muchos encantamientos» (Is. 47:8-9).**

3) Algunos creen que el triunfo, la victoria, poder y el reinado supremo son el camino de Dios. Esta era la idea que tenían la mayoría de los judíos en tiempo de Cristo. Ese era el concepto que Pedro tenía del Mesías (*véanse* notas—Mt. 1:1; Estudio a fondo 2—1:18;

Estudio a fondo 3—3:11; notas—11:1-6; 11:2-3; Estudio a fondo 1—11:5; Estudio a fondo 2—11:6; Estudio a fondo 1—12:16; nota—Lc. 7:21-23). Repasando rápidamente las notas y aplicando las ideas del hombre a su condición emocional y mental, como a su condición física y material, queda revelado ese concepto. Las ideas muestran cómo algunos sostienen que los conceptos de *imagen propia, auto-ayuda,* y *desarrollo de la personalidad* son el plan de Dios, y la senda del hombre. Nuevamente, la idea del sufrimiento y sacrificio y de la negación del ego es rechazada.

«Sabéis que los gobernantes de las naciones se enseñorean de ellas, y los que son grandes ejercen sobre ellas potestad. Mas entre vosotros no será así, sino que el que quiera hacerse grande entre vosotros, será vuestro servidor, y el que quiera ser el primero entre vosotros será vuestro siervo» (Mt. 20:25-27).

«¿Cómo podéis vosotros creer, pues recibís la gloria los unos de los otros, y no buscáis la gloria que viene del Dios único?» (Jn. 5:44).

«Y si alguno se imagina que sabe algo, aún no sabe nada como debe saberlo» (1 Co. 8:2).

«Porque todo lo que hay en el mundo, los deseos de la carne, los deseos de los ojos, y la *vanagloria de la vida,* no proviene del Padre, sino del mundo» (1 Jn. 2:16).

«Sabes que tú eres un desventurado, miserable, pobre, ciego y desnudo» (Ap. 3:17).

«Mas el hombre no permanecerá en honra; es semejante a las bestias que perecen» (Sal. 49:12).

«Antes del quebrantamiento es la soberbia, y antes de la caída la altivez de espíritu» (Pr. 16:18).

«¿Haz visto hombre sabio en su propia opinión? Más esperanza hay del necio que de él» (Pr. 26:12).

2.   El hombre natural es de Satanás. El significado literal del nombre Satanás es *adversario* (*véase* Estudio a fondo 1—Ap. 12:9). Llamar a Pedro «Satanás» era severo, pero era una severidad necesaria. Pedro estaba tentando a Cristo con la misma tentación que Jesús había enfrentado en el desierto (*véanse* notas—Mt. 4:8-10). Toda la gloria del mundo que podía haber sido suya pasó ante su mente. Nuevamente le fue sugerida la lealtad y fidelidad de los hombres sin la cruz. ¿Cómo debe haber herido esto el corazón de Jesús! Esta vez la tentación venía de uno que era discípulo suyo. Cuando una persona se rehusa a aceptar el plan de Dios para la vida, se convierte en adversario de Dios. Se opone a la voluntad de Dios. En esencia el hombre afirma saber lo que es mejor; afirma ser más *sabio* que Dios. ¡Piense en ello! Cuando la persona no acepta el plan de Dios para la vida, la esencia de lo que Dios dice, «la cruz se hace innecesaria. La muerte de Jesús para salvar al mundo es un plan inútil. Innecesario.»

Esto era lo que Pedro estaba haciendo y diciendo. Se estaba oponiendo al plan de Dios para la vida, es decir, a la salvación del mundo mediante la muerte del Hijo de Dios. Pedro estaba afirmando ser más sabio que Dios. Note: Jesús se volvió abruptamente a Pedro, antes que este pudiera decir otra cosa, deteniéndolo en su camino. Acusó a Pedro de ser Satanás, de estar bajo la autoridad de Satanás, de hablar por Satanás. Se había vuelto como Satanás, un adversario del plan de Dios para con su Hijo y para la salvación del mundo.

«Dijo: ¡Oh, lleno de todo engaño y de toda maldad, hijo del diablo, enemigo de toda justicia! ¿No cesarás de trastornar los caminos rectos del Señor?» (Hch. 13:10).

«Vosotros sois de vuestro padre el diablo, y los deseos de vuestro padre queréis hacer» (Jn. 8:44).

«En los cuales anduvisteis en otro tiempo, siguiendo la corriente de este mundo, conforme al príncipe de la potestad del aire, el espíritu que ahora opera en los hijos de desobediencia» (Ef. 2:2).

«En esto se manifiestan los hijos de Dios, y los hijos del diablo: todo aquel que no hace justicia, y que no ama a su hermano, no es de Dios» (1 Jn. 3:10).

3.   El hombre natural pone su mente en las cosas materiales, no en las cosas de Dios. Las palabras «no pones la mira» (*ou phroneis*) significan pensar, tener en mente. Pedro no tenía su mente, sus pensamientos en línea con la mente y los pensamientos de Dios. Sus gustos eran diferentes a los de Dios. Los pensamientos y gustos de Pedro eran mundanos y destinados al placer propio, no espirituales, no agradando a Dios. Estaba usando razonamientos humanos, no el razonamiento de Dios. La muerte del Hijo de Dios mediante el derramamiento de su sangre por los pecados del mundo le resultaba desagradable a Pedro. En su concepto era una idea inadecuada para Dios.

Note las palabras de Jesús a Pedro, cuánta verdad encierran: «No pones la ira en las cosas de Dios, sino en las de los hombres». La muerte de Jesús revela la auténtica naturaleza del hombre, una naturaleza que usa el razonamiento natural y carnal en lugar del razonamiento espiritual.

«Porque los que son de la carne piensan en las cosas de la carne; pero los que son del Espíritu, en las cosas del Espíritu. Porque el ocuparse de la carne es muerte, pero el ocuparse del Espíritu es vida y paz. Por cuanto los designios de la carne son enemistad contra Dios; porque no se sujetan a la ley de Dios, ni tampoco pueden» (Ro. 8:5-7).

«Esto, pues, digo y requiero en el Señor: que ya no andéis como los otros gentiles, que andan en la vanidad de su mente» (Ef. 4:17).

«Porque por ahí andan muchos, de los cuales os dije muchas veces, y aún ahora lo digo llorando, que son enemigos de la cruz de Cristo; el fin de los cuales será perdición, cuyo Dios es el vientre, y cuya gloria es su vergüenza; que sólo piensan en lo terrenal» (Fil. 3:18-19).

«Y a vosotros también, que erais en otro tiempo extraños y enemigos en vuestra mente, haciendo malas obras, ahora os ha reconciliado en su cuerpo de carne, por medio de la muerte, para presentaros santos y sin mancha e irreprensibles delante de él» (Col. 1:21-22).

«Todas las cosas son puras para los puros, mas para los corrompidos e incrédulos nada les es puro; pues hasta su mente y su conciencia están corrompidas» (Tit. 1:15).

«Jehová conoce los pensamientos de los hombres, que son vanidad» (Sal. 94:11).

«Lava tu corazón de maldad, oh Jerusalén, para que seas salva. ¿Hasta cuándo permitirás en medio de ti los pensamientos de iniquidad?» (Jer. 4:14).

Pensamiento 1. Jesús fue tentado a pasar por alto la voluntad de Dios para su vida. Y note que la tentación vino de un discípulo. ¡Con frecuencia somos tentados a pasar por alto la voluntad de Dios, y desafortunadamente, la tentación con frecuencia viene de amigos! Pueden estar bien intencionados; querrán librarnos del difícil sendero de problemas, dolor, y pruebas. Sin embargo, la sugerencia de ellos de pasar por alto la cruz no es de Dios. Es de Satanás.

Pensamiento 2. Note el testimonio de Pedro después de la muerte y resurrección de Jesús.

«Bendito el Dios y Padre de nuestro Señor Jesucristo, que según su grande misericordia nos hizo renacer para una esperanza viva, por la resurrección de Jesucristo de los muertos, para una herencia incorruptible, incontaminada e inmarcesible, reservada en los cielos para vosotros» (1 P. 1:3-4).

«Sabiendo que fuisteis rescatados de vuestra vana manera de vivir, la cual recibisteis de vuestros padres, no con cosas corruptibles, como oro o plata, sino con la sangre preciosa de

Cristo, como de un cordero sin mancha y sin contaminación» (1 P. 1:18-19).

«Y mediante el cual creéis en Dios, quien le resucitó de los muertos y le ha dado gloria, para que vuestra fe y esperanza sean en Dios» (1 P. 1:21).

«Quien llevó él mismo nuestros pecados en su cuerpo sobre el madero, para que nosotros, estando muertos a los pecados, vivamos a la justicia; y por cuya herida fuisteis sanados» (1 P. 2:24).

«Porque también Cristo padeció una sola vez por los pecados, el justo por los injustos, para llevarnos a Dios, siendo a la verdad muerto en la carne, pero vivificado en espíritu» (1 P. 3:18).

«Puesto que Cristo ha padecido por nosotros en la carne, vosotros también armaos del mismo pensamiento» (1 P. 4:1).

	C. Los temas de Dios y los temas de los hombres, 8:34—9:1 (Mt. 16:24-28; Lc. 9:27-33)	mundo, y perdiere su alma? 37 ¿O que recompensa dará el hombre por su alma? 38 Porque el que se avergonzare de mí y de mis palabras en esta generación adúltera y pecadora, el Hijo del Hombre se avergonzará también de él, cuando venga en la gloria de su Padre con los santos ángeles.	perder el mundo
1 Jesús les habló tanto a la gente como a sus discípulos **2 El tema del discipulado:** *EF1, 2, 3* **3 El tema de la vida: salvando la vida vs. perdiendo la vida** **4 El tema del valor: ganar el mundo vs.**	34 Y llamando a la gente y a sus discípulos, les dijo: Si alguno quiere venir en pos de mí, niéguese a sí mismo, y tome su cruz, y sígame. 35 Porque todo el que quiera salvar su vida, la perderá; y todo el que pierda su vida por causa de mí y del evangelio, la salvará. 36 Porque ¿qué aprovecha al hombre si ganare todo el	**CAPÍTULO 9** También les dijo: De cierto os digo que hay algunos de los que están aquí, que no gustarán la muerte hasta que hayan visto el reino de Dios venido con poder.	**5 El tema del Mesías: avergonzarse de Cristo vs. confesar a Cristo** **6 El tema de la muerte: gustar la muerte vs. ver el reino de Dios**

C. Los temas de Dios y los temas de los hombres, 8:34—9:1

(8:34-9:1) *Introducción:* los temas de Dios y los temas de los hombres difieren radicalmente. Este pasaje muestra, cuánto difieren, y en ese sentido es una advertencia a cada persona.

1. Jesús les habló a todos, tanto a la gente como a sus discípulos (v. 34).
2. El tema del discipulado: ser indulgente consigo mismo vs. negarse a sí mismo (v. 34).
3. El tema de la vida: salvando la vida vs. perdiendo la vida (v. 35).
4. El tema del valor: ganar el mundo vs. perder el mundo (vv. 36-37).
5. El tema del Mesías: avergonzarse de Cristo vs. confesar a Cristo (v. 38).
6. El tema de la muerte: gustar la muerte vs. ver el reino de Dios (v. 9:1).

1 (8:34) *Jesucristo advierte:* Jesús les habló a todos, tanto a la gente como a los discípulos. Note que Jesús había llamado «a la gente ... y sus discípulos». Lo que estaba diciendo ahora era una advertencia a toda la multitud, a todo el mundo.

2 (8:34) *Discipulado—indulgencia—negación de sí mismo:* el tema de la disciplina, es decir, de ser indulgente vs. de negarse uno mismo. Jesús fue muy puntual. Hay una vida de auto indulgencia y una vida de auto negación (Ro. 12:1-2; 2 Co. 6:17-18; 1 Jn. 2:15-16). La persona tiene que elegir entre...

- amar el confort y la comodidad o la entrega y la disciplina.
- amar las riquezas y propiedades o trabajar y tener compasión.
- amar el reconocimiento y la fama o la humildad y el sacrificio.
- amar las posiciones o el servicio y el ministerio.
- amar el placer y las sensaciones o la justicia y el autocontrol.

La pregunta es: «¿Cómo hace la persona para hacer la decisión correcta?» Jesús dijo cuatro cosas:

1. Es preciso que la persona *esté dispuesta a seguirlo* (véase Estudio a fondo 1, *Estar dispuesto*—Mt. 8:34).
2. Es preciso que la persona *se niegue a sí misma* (véase Estudio a fondo 2, *Negarse*—Mr. 8:34).
3. Es preciso que la persona *tome su cruz* (véase Estudio a fondo 1, *Cruz*—Lc. 9:23).
4. Es preciso que la persona *siga a Cristo* (véase Estudio a fondo 3, *Seguir*—Mr. 8:34).

ESTUDIO A FONDO 1

(8:34) *Estar Dispuesto (thelei):* anhelar, desear, designar, tener el propósito, resolver, determinar. Es una disposición deliberada, una elección deliberada, una resolución de seguir a Cristo. Si la persona realmente quiere y deliberadamente escoge seguir a Cristo entonces tiene que hacer las cosas mencionadas. Note que la elección es voluntaria. La persona no es obligada en una u otra dirección. Es el individuo que quiere y escoge; por eso es el individuo quien tiene que actuar y hacer las tres cosas mencionadas.

ESTUDIO A FONDO 2

(8:34) *Negar (aparneomai):* desapropiar, desechar, abandonar, renunciar, rechazar, rehusar, restringir, no reclamar, prescindir. Significa someterse, descartarse uno mismo y los intereses de uno. Significa, muy sencillamente, decir «no». Pero note que el llamado no es a decir «no» a alguna conducta o cosa, sino al *ego*. La persona tiene que *negarse a sí misma*. Esto significa mucho más que ser negativa, es decir, renunciar a algo y prescindir de algo. Significa que debemos actuar positivamente, decir «sí» a Cristo y «no» al yo. Significa dejar reinar y gobernar a Cristo en el corazón y la vida de uno, dejar que Cristo haga completamente su voluntad. Por su puesto, cuando la persona permite que Cristo gobierne su vida, él se ocupa de toda conducta, tanto negativa como positiva (*véase* nota—Mr. 8:34). En el griego es un aoristo ingresivo, que significa que la persona entra a una nueva condición, o a un nuevo estado. Significa que *comience de una vez* a «negarse a sí mismo».

ESTUDIO A FONDO 3

(8:34) *Seguir (akolootheo):* ser un seguidor o compañero, ser

luchando y procurando seguir sus pasos, sin importar el costo. Note que sus pasos conducen a la muerte antes de conducir a la gloria (Mt. 16:21).

[3] (8:35) *Vida—evangelio:* el tema de la vida, es decir, salvar la vida vs. perder la vida. Jesús hizo una afirmación muy sorprendente. Si una persona quiere salvar su vida, tiene que perderla. ¿Qué quiso decir? La clave se encuentra en dos frases.

1. La primera frase dice: «por causa de mí». «Todo el que pierda su vida por *causa de mí ... la salvará.*» La persona que abandona esta vida, que sacrifica y renuncia a todo lo que es y tiene por Cristo, esa persona salvará su vida. Pero la persona que *guarda* su vida, es decir, lo que tiene, y *procura* tener más y más de esta vida, perderá su vida de manera completa y eterna.

La persona que «salva su vida, que ... »
* procura no envejecer, ni decaer, que evita la muerte y niega a Cristo perderá su vida eternamente.
* procura hacer su vida más y más cómoda y segura, más allá de lo que es necesario y es negligente en cuanto a Cristo, perderá eternamente su vida.
* procura ganar riqueza, poder y fama, y renuncia a Cristo, perderá eternamente su vida.
* procura los encantos, la excitación, y el estímulo de este mundo e ignora a Cristo perderá su vida eternamente.

Como se dijo arriba, la persona que pierde su vida por Cristo, que sacrifica y entrega todo lo que es y tiene por Cristo, salva su vida; y la salva eternamente. La persona que guarda su vida y lo que tiene para sí misma, perderá su vida, y la perderá eternamente. El llamado de Cristo es precisamente lo que él dice: una vida de entrega que toma la cruz y sigue en los pasos de Cristo.

«Y diré a mi alma: alma, muchos bienes tienes guardados para muchos años; repósate, come, bebe, regocíjate. Pero Dios le dijo: Necio, esta noche vienen a pedirte tu alma; y lo que has provisto, ¿de quién será?» (Lc. 12:19-20).

«¿Por qué gastáis el dinero en lo que no es pan, y vuestro trabajo en lo que no sacia? Oídme atentamente, y comed del bien, y se deleitará vuestra alma con grosura?» (Is. 55:2).

«Los tesoros de maldad no serán de provecho; mas la justicia libra de muerte» (Pr. 10:2).

2. La segunda frase es: «y del evangelio [por causa del evangelio]». «Y todo el que pierda su vida por causa ... del evangelio, la salvará.» La persona que abandona esta vida, que sacrifica y entrega todo lo que es y tiene por el evangelio salvará su vida. Pero la persona que guarda su vida y todo lo que tiene, y procura protegerse a sí misma y a su familia exenta del sufrimiento y las necesidades de este mundo, esa persona perderá su vida.

La persona que salva su vida	*La persona que entrega su vida*
• que se huelga en las comodidades del hogar ... perderá su vida.	• que se convierte en explorador y pionero por Cristo ... salvará su vida.
• que gasta cuanto tiene en sí misma y su familia ... perderá su vida.	• que sacrifica todo lo que es y tiene por el evangelio ... salvará su vida.
• que usa todo su tiempo para los asuntos y deseos propios ... perderá su vida.	• que entrega su tiempo al evangelio (visitando, enseñando, compartiendo, testificando, ministrando) ... salvará su vida.

«Y cualquiera que haya dejado casas, o hermanos, o hermanas, o padre, o madre, o mujer, o hijos o *tierras,* por mi nombre, recibirá cien veces más, y heredará la vida eterna» (Mt. 19:29).

«Fui forastero y no me recogisteis; estuve desnudo, y no me cubristeis; enfermo, y en la cárcel, y no me visitasteis» (Mt. 25:43).

«Porque nosotros que vivimos, siempre estamos entregados a muerte por causa de Jesús, para que también la vida de Jesús se manifieste en nuestra carne mortal» (2 Co. 4:11).

«Porque a vosotros os es concedido a causa de Cristo, no sólo que creáis en él, sino también que padezcáis por él» (Fil. 1:29).

«Pero el que tiene bienes de este mundo y ve a su hermano tener necesidad, y cierra contra él su corazón, ¿cómo mora el amor de Dios en él?» (1 Jn. 3:17).

«Y cuando coméis y bebéis, ¿no coméis y bebéis para vosotros mismos?» (Zac. 7:6).

[4] (8:36-37) *Mundanalidad—valor—alma:* el tema del valor, es decir, ganar el mundo vs. salvar el alma. La palabra griega traducida con *alma* es la misa palabra griega traducida con *vida.* Jesús usó la palabra *vida* en dos sentidos. Hay *dos etapas, dos seres, dos existencias en la misma vida*: la vida que existe en esta tierra y la vida que existirá más allá de esta tierra. Cuando una persona (vida) ha nacido en este mundo, esa persona existirá para siempre. Es solamente cuestión de saber dónde va después de la vida en este mundo: a estar con Dios o separada de Dios.

Ninguna persona puede ganar todo el mundo. ¿Pero, qué si pudiera? Todo el placer y riqueza y poder y fama no son nada comparados con su alma. Hay cuatro razones fundamentales por las que el alma es muy superior a las cosas de esta tierra.

1. Todas las cosas pasan. Cuando una persona posee algo, solo es por un breve tiempo ...
* Una persona puede escoger dinero y propiedades en lugar de ayudar a suplir las necesidades del mundo. Pero el dinero y las propiedades solamente se pueden tener un breve tiempo.
* Una persona puede escoger posición y poder en lugar de entregar su vida en un lugar donde haría mucho bien. Pero las posiciones y el poder se sostienen por un breve tiempo solamente.
* Una mujer puede escoger libertad y placer en lugar del hogar y la familia. Pero la libertad y el placer solamente duran un breve tiempo.
* Una persona puede escoger el mundo y el confort, en vez de Dios y su iglesia. Pero el mundo y el confort no satisfacen, y solamente duran un breve tiempo.

«Porque nada hemos traído a este mundo, y sin duda nada podremos sacar» (1 Ti. 6:7).

«Porque toda carne es como hierba, y toda la gloria del hombre como flor de la hierba. La hierba se seca y la flor se cae» (1 P. 1:24).

«Voz que decía: Da voces. Y yo respondí: ¿Qué tengo que decir a voces? Que toda carne es hierba, y toda su gloria como flor del campo» (Is. 40:6).

2. No se pueden usar todas las cosas al mismo tiempo. Todas las cosas permanecen la mayor parte del tiempo sin ser usadas. La mayor parte de tiempo ...
* la ropa está guardada.
* el automóvil está guardado.
* el poder no se usa.
* la popularidad y la fama no son tenidos en cuenta.

3. El alma humana es eterna; nunca muere, nunca deja de existir. Debe vivir por siempre, ya sea con, Dios o separada de Dios.

«El que cree en el Hijo tiene vida eterna; pero el que rehusa creer en el Hijo no verá la vida, sino que la ira de Dios está sobre él» (Jn. 3:36).

«El que ama su vida la perderá; y el que aborrece su vida en este mundo, para vida eterna la guardará» (Jn. 12:25).

«Porque el que siembra para su carne, de la carne segará corrupción; mas el que siembra para el Espíritu, del Espíritu segará vida eterna» (Gá. 6:8).

4. El alma humana tiene más valor que todo el mundo.

«Porque ¿Qué aprovechará al hombre, si ganare todo el mundo, y perdiere su alma? ¿O qué recompensa dará el hombre por su alma?» (Mt. 16:26).

«Mas el hombre no permanecerá en honra; es semejante a las bestias que perecen» (Sal. 49:12).

5 (8:38) *Confesión:* el tema del Mesías, es decir, avergonzarse de Cristo vs. confesar a Cristo. En este versículo se dicen al menos cinco cosas (*véase* nota—Mt. 10:32-33).

1. Cristo es el auténtico Mesías. *Él y su Palabra* determinan el destino del hombre. Note las palabras: «de mí y de mis palabras».

2. La persona puede avergonzarse de Cristo, y en efecto algunas personas se avergüenzan de Él. Algunas temen lo que dirán los demás. Temen ser ridiculizadas por sus compañeros; temen ser tema de habladurías, preguntas, temen ser evitadas, temen la burla, el abuso, la persecución. Por eso niegan a Cristo. Lo niegan con palabras, hechos y silencio.

3. El mundo hace que confesar a Cristo sea difícil. ¿Por qué? El mundo es un lugar adúltero y pecaminoso. Y cada generación pasa a la siguiente su conducta adúltera y pecaminosa. Pocas personas quieren confesar (seguir) al verdadero y viviente Dios. La insistencia de Dios en la negación del ego y en la necesidad de dar cuanto uno es y tiene es un precio demasiado alto para la mayoría de las personas. La mayoría de las personas quieren mantener algún control sobre sus vidas y alguna riqueza para sí mismas. La mayoría no están dispuestos a dar todo lo que son y tienen a Dios (es decir, al evangelio) y al amor demandado por las *necesidades de este mundo desesperado*.

4. Viene el día de la gloria del Mesías, un día en que será revelada a todos su gloria. Será un día de gloria y esplendor, triunfo y victoria, un día cuando todos vean cómo realmente es Cristo; verán al auténtico Mesías, al Hijo del Dios viviente.

5. Viene el día del juicio, de la vergüenza y de ser avergonzados. Todos los que se avergüenzan del Mesías en este mundo se avergonzarán de su comportamiento en el sitio donde ello sea tenido en cuenta: en presencia de Dios misma. La persona verá a Cristo junto a Dios, y Cristo se avergonzará de la persona y de la vida egoísta que esa persona ha vivido. Y entonces la *persona avergonzada* oirá aquellas aterradoras palabras finales: «Nunca os conocí; apartaos de mí, hacedores de maldad» (Mt. 7:23; cp. Mt. 25:41-46).

«Y entonces les declararé: Nunca os conocí; apartaos de mí, hacedores de maldad» (Mt. 7:23).

«Mas el que me negare delante de hombres, será negado delante de los ángeles de Dios» (Lc. 12:9).

«Pero os dirá: Os digo que no sé de dónde sois; apartaos de mí todos vosotros, hacedores de maldad» (Lc. 13:27).

6 (9:1) *Muerte, espiritual—salvación—reino de Dios:* el tema de la muerte, es decir, gustar la muerte vs. ver el reino de Dios. Esta no es una referencia a la segunda venida del Señor. Los discípulos murieron antes del retorno de Jesús. Es más que probable que se refiera a la victoria del Señor sobre la muerte y el infierno que tuvo lugar en la cruz y en la resurrección. Se refiere al gobierno y reinado del reino de Dios que tiene lugar en el corazón del creyente, al gobierno y reinado del Espíritu Santo cuando el Espíritu Santo viene a residir en el creyente (*véanse* notas —Mt. 16:28, pto. 4; Estudio a fondo 3—19:23-24; cp. Jn. 8:52; He. 2:9).

Pensamiento. El hombre o bien experimenta la muerte, o ve el reino de Dios con poder.

1) La mayoría de la gente anda en muerte.

«Jesús les dijo: de cierto, de cierto os digo: Si no coméis la carne del Hijo del Hombre, y bebéis su sangre, no tenéis vida en vosotros» (Jn. 6:53).

«Por lo cual dice: Despiértate tú que duermes, y levántate de los muertos, y te alumbrará Cristo» (Ef. 5:14).

«Pero la que se entrega a los placeres, viviendo está muerta» (1 Ti. 5:6).

«Yo conozco tus obras, que tienes nombre de que vives, y estás muerto» (Ap. 3:1).

2) Algunas personas experimentan el poder salvador del reino de Dios (*véase* nota, pto. 1—Mt. 19:23-24).

«Era necesario hacer fiesta y regocijarnos, porque este tu hermano era muerto, y ha revivido; se había perdido y es hallado» (Lc. 15:32).

«Y él os dio vida a vosotros, cuando estabais muertos en vuestros delitos y pecados» (Ef. 2:1).

«Y a vosotros, estando muertos en pecados y en la incircuncisión de vuestra carne, os dio vida juntamente con él, perdonándoos todos los pecados» (Col. 2:13).

«Entonces los judíos le dijeron: Ahora conocemos que tienes demonio. Abraham murió y los profetas; y tú dices: El que guarda mi palabra, nunca sufrirá muerte» (Jn. 8:52).

«Pero vemos a aquel que fue hecho un poco menor que los ángeles, a Jesús, coronado de gloria y de honra, a causa del padecimiento de la muerte, para que por la gracia de Dios gustase la muerte por todos» (He. 2:9).

| 1 Jesús llevó consigo a tres discípulos^{EF1}
2 La transfiguración fortaleció a Jesús^{EF2}
  a. Su transfiguración: su ropa comenzó a resplandecer

  b. Hablaban con Jesús
    1) El gran profeta
    2) El dador de la ley
3 La transfiguración les fortaleció
  a. Les ayudó en su sacudida fe
  b. Les dio un anticipo de la gloria
  c. Los impactó con temor reverencial

  d. Los hizo testigos de la aprobación de Dios^{EF3} | **D. La transfiguración: un atisbo de la gloria del cielo, 9:2-13**
(Mt. 17:1-13; Lc. 9:28-36)

2 Seis días después, Jesús tomó a Pedro, a Jacobo y a Juan, y los llevó aparte solos a un monte alto; y se transfiguró delante de ellos. 3 Y sus vestidos se volvieron resplandecientes, muy blancos, como la nieve, tanto que ningún lavador en la tierra los puede hacer tan blancos. 4 Y les apareció Elías con Moisés, que hablaba con Jesús. 5 Entonces Pedro dijo a Jesús: Maestro, bueno es para nosotros que estemos aquí; y hagamos tres enramadas, una para ti, otra para Moisés, y otra para Elías. 6 Porque no sabía lo que hablaba, pues estaban espantados. 7 Entonces vino una nube que les hizo sombra, y | desde la nube una voz que les decía: Este es mi Hijo amado; a él oíd. 8 Y luego, cuando miraron, no vieron más a nadie consigo, sino a Jesús solo. 9 Y descendiendo ellos del monte, les mandó que a nadie dijeren lo que habían visto, sino cuando el Hijo del Hombre hubiese resucitado de los muertos. 10 Y guardaron las palabra entre sí, discutiendo qué sería aquello de resucitar de los muertos. 11 Y le preguntaron, diciendo: ¿Por qué dicen los escribas que es necesario que Elías venga primero? 12 Respondiendo él, les dijo: Elías a la verdad vendrá primero, y restaurará todas las cosas; ¿y cómo está escrito del Hijo del Hombre, que padezca mucho y sea tenido en nada. 13 Pero os digo que Elías ya vino, y le hicieron todo lo que quisieron, como está escrito de él. | 4 La transfiguración proveyó una oportunidad singular
  a. Jesús mandó a los discípulos a guardar en secreto esta experiencia hasta después de su resurrección

  b. Los discípulos preguntaron acerca de la resurrección

  c. Jesús corrigió a los discípulos
    1) Elías debía venir primero
    2) Las Escrituras decían que el Mesías debía morir
    3) Elías ya había venido: en Juan el Bautista |

D. La transfiguración: un atisbo de la gloria del cielo, 9:2-13

(9:2-13) *Introducción:* el propósito de la transfiguración era revelar la gloria de cielo. La gloria del cielo fortalecería a Jesús a llevar la cruz, y fortalecería a los discípulos en su fe de que Jesús era el Mesías de Dios (*véase* nota—Mt. 17:1-13; Lc. 9:28-36). Un cuidadoso estudio de la transfiguración fortalece la fe de cualquier creyente del Señor. Y una fe fortalecida capacitará al creyente a llevar la cruz de su propio llamado.

    1.   Jesús llevó consigo a tres discípulos a la cima de una montaña (v. 2).

    2.   La transfiguración fortaleció a Jesús (vv. 2-4).

    3.   La transfiguración fortaleció a los discípulos (vv. 5-7).

    4.   La transfiguración proveyó una oportunidad singular para discutir la naturaleza mesiánica (vv. 8, 13).

(9:2-13) *Otro bosquejo:* la transfiguración—algunos acontecimientos extraños.

    1.   La transfiguración de Jesús (v. 3).

    2.   Elías y Moisés hablando con Jesús (v. 4).

    3.   El fortalecimiento extasiante de la experiencia (vv. 5-6).

    4.   La voz de Dios (v. 7).

    5.   El repentino silencio (v. 8).

    6.   La restricción: «No contar la experiencia» (v. 9).

    7.   La afirmación de que Jesús iba a resucitar de los muertos (vv. 9b-10).

    8.   La discusión sobre la naturaleza mesiánica (vv. 11-13).

1 (9:2) *Discípulos, círculo íntimo:* Jesús se fue a solas, con tres discípulos, a la cima de una montaña. ¿Por qué no llevó a los otros discípulos consigo? No tenemos la respuesta. Solamente se puede suponer especulando. (*Véase* Estudio a fondo 1, *Círculo íntimo.* Mr. 9:2.)

ESTUDIO A FONDO 1

(9:2) *Discípulos, círculo íntimo:* aparentemente Pedro, Jacobo y Juan formaban un círculo íntimo alrededor de Jesús. Jesús les reveló más a estos tres hombres que a los otros discípulos. Ellos lo acompañaron cuando levantó a la hija de Jairo, cuando estuvo en el huerto del Getsemaní, y aquí, en el monte de la transfiguración. ¿Por qué fueron escogidos estos tres para recibir estas revelaciones adicionales?

Lo sabido es esto. Cada uno era escogido para un rol muy especial en el liderazgo. Los discípulos todavía no eran conscientes de ello, pero después ocuparían posiciones únicas.

    1.   Pedro sería el líder de la joven iglesia, el que abriría la puerta del evangelio tanto a judíos como a gentiles después del Pentecostés (Hch. 2:1ss; 10:1ss).

    2.   Jacobo sería la cabeza de la primera gran iglesia, que tendría su asiento en Jerusalén (Hch. 15:13).

    3.   Juan recibiría *El Apocalipsis* con la cual se cerrarían las Escrituras.

2 (9:2-4) *Jesucristo, transfiguración de—gloria:* la transfiguración fortaleció a Jesús. Jesús tenía necesidad de ser fortalecido. Jesús enfrentaba la cruz y el peso pleno de lo que significaba morir por los pecados del mundo. El peso del juicio de Dios sobre todos los pecados comenzaba a presionarlo. Necesitaba la fuerza de Dios, y una seguridad muy especial. Por eso Dios le dio a Jesús dos experiencias muy especiales.

1. Jesús «se transfiguró ... y sus vestidos se volvieron resplandecientes» (*véase* Estudio a fondo 2, *Transfigurado*—Mr. 9:2-3).

2. Jesús fue visitado por dos santos del cielo, esto es, Moisés, el gran dador de la ley, y Elías, el gran profeta. ¿Por qué aparecieron Moisés y Elías con Jesús? Aparentemente hay dos respuestas.

    a. Para discutir la muerte de Jesús (Lc.17:31). Jesús tenía necesidad de ser fortalecido para soportar el peso y la presión de la cruz. (Cp. la experiencia en el huerto del Getsemaní y su clamor desde la cruz, Lc. 22:39-46; *véase* nota—Mt. 27:46-49.)

    b. Ellos demuestran que Jesús es el verdadero Mesías, el Hijo de Dios, aquel que es superior a la ley y los profetas. Moisés representaba a la ley; Elías, considerado el mayor de los profetas, representaba precisamente a éstos. Ambos hombres estaban honrando y ministrando a Jesús. Simbólicamente decían que la ley y los profetas hallaban su cumplimiento en Cristo. Jesús es de quien hablan la ley y los profetas; Él es a quien señalaban la ley y los profetas. Ahora iba a cumplirse el antiguo pacto; Jesús lo reemplazaría inaugurando un pacto nuevo (*véanse* bosquejo y notas—2 Co. 3:6-18; He. 9:15-22; cp. Mt. 9:16-17).

ESTUDIO A FONDO 2

(9:2-3) *Transfigurado* (*metamorphoo*): cambiar a otra forma; una transfiguración; un cambio de apariencia; un cambio completo. Lucas dice: «La apariencia de su rostro se hizo otra» (Lc. 9:29). Note como los escritores de los evangelio describen lo ocurrido.

    «Y resplandeció su rostro como el sol, y sus vestidos se hicieron blancos como la luz» (Mt. 17:2).

    «Y sus vestidos se volvieron resplandecientes, muy blancos, como la nieve, tanto que ningún lavador en la tierra los puede hacer tan blancos» (Mr. 9:3).

    «La apariencia de su rostro se hizo otra, y su vestido blanco y resplandeciente» (Lc. 9:29).

Aparentemente *la gloria* de su naturaleza divina pudo resplandecer a través de su cuerpo. «Aquella gloria que tuve contigo antes que el mundo fuese» emanaba a través de su cuerpo atravesando sus vestidos (Jn. 17:5). Pedro dice: «Hemos visto su gloria.» En *El Apocalipsis* Juan describe la gloria de Cristo como el sol «cuando resplandece en su fuerza» (Ap. 1:16). Las Escrituras dicen:

    «Dios es luz» (1 Jn. 1:5).

    «[Dios] ... habita en la luz inaccesible; a quien ninguno de los hombres ha visto ni puede ver» (1 Ti. 6:16).

    «[Dios] que se cubre de luz como de vestidura» (Sal. 104:2).

Dos cosas tienen que destacarse.

1. La palabra «resplandecer» (*stilbo*) es un participio griego que expresa un resplandecer activo. La transfiguración fue una experiencia real, activa. No fue una ilusión, un sueño; no fue producto de la imaginación. No fue un reflejo del sol al dar contra la roca, o un vidrio, o el lago. «El [propio] rostro de Jesús resplandeció.» La gloria que «resplandecía» era la gloria de la naturaleza interior del Señor, de su naturaleza divina que resplandecía a través de su ser.

2. No era toda la gloria de la Deidad lo que resplandecía a través de Jesús. Jamás persona alguna puede permanecer en la gloria plena de la presencia del Señor, al menos no con su actual cuerpo físico. Como dicen las Escrituras: «Nuestro Señor

Jesucristo ... Rey de reyes, y Señor de señores; el único que tiene inmortalidad, que habita en la luz *a que ninguno de los hombres ha visto ni puede ver*» (1 Ti. 6:14-16). Aparentemente Dios solo permitió que una pequeña medida de la gloria, solamente lo que los tres discípulos podían soportar, resplandeciera a través del cuerpo y la ropa de Jesús.

Por su puesto, la transfiguración es un misterio para el hombre. Pero es importante recordar que es un misterio propio a la plenitud de la Deidad. Y la gloria de Dios es tan resplandeciente que no hay necesidad de sol (Ap. 21:23; 22:5). La gloria del Ser Supremo que está detrás del universo en su ilimitada presencia y poder, necesariamente trasciende toda descripción y pensamiento (cp. Ef. 3:20).

3 (9:5-7) *Jesucristo, transfiguración—fe sacudida—discípulos:* la transfiguración fortaleció a los discípulos. Al menos de cuatro maneras fueron fortalecidos.

1. La transfiguración les ayudó en su sacudida fe (v. 5). Los discípulos se sentían sacudidos porque Jesús les había dicho que iría a Jerusalén a morir (Mr. 8:31). Comenzaron a interpretar simbólicamente sus palabras (Mr. 8:10). La transfiguración los convirtió en testigos oculares del radiante esplendor y de la brillante gloria del Mesías y de la voz de aprobación de parte de Dios. También vieron que la ley y los profetas, representados en Moisés y Elías, hallaban su cumplimiento en Él. Por eso el espíritu de ellos fue fortalecido con la firme convicción de que Jesús era el Mesías de Dios.

2. La transfiguración le dio a los discípulos un anticipo de la gloria (v. 5). Los tres discípulos estaban sintiendo algo del gozo, la paz, seguridad, satisfacción y perfección del cielo. No querían abandonar aquel terreno santo.

Note lo que hizo Pedro.

    a. Se ofreció para construir tres *enramadas* (*skenas*) para Jesús y los dos profetas. Con ello esperaba prolongar la estadía de los huéspedes celestiales y aquella gloriosa experiencia. Las enramadas que Pedro propuso construir eran las chozas hechas de ramas y pasto, de rápida construcción, el tipo de chozas que los viajeros levantaban con frecuencia a cada anochecer cuando hacían un alto en el camino.

    b. Pedro dijo «Si quieres». Aun en un momento tan glorioso como este, Pedro no actuaría contra la voluntad de su Señor. Imagínese qué devoción y lealtad.

3. La transfiguración infundió en los discípulos un temor reverencial (v. 6). La experiencia de los discípulos puede ser aplicada al futuro, cuando el creyente aparezca ante Dios en el gran día de la redención. En efecto, eso fue lo que pasó con Pedro, Jacobo y Juan. Se hallaron en la presencia de Dios. La experiencia del creyente en el día de la redención sin duda será muy similar a lo que ellos experimentaron.

    a. El creyente experimentará la gloria Shekiná; verá su manifestación plena sobre Cristo.

    b. El creyente oirá la voz de Dios proclamando a Cristo como Hijo suyo, expresando perfecta aprobación de su obra redentora, regocijándose porque Cristo ha sido oído, y porque será oído por toda la eternidad.

    c. El creyente caerá sobre su rostro, se postrará ante Cristo en reverencia, adoración y culto.

    d. El creyente experimentará la obra intercesora del Señor. Sentirá la mano del Señor extendiéndose para tocarlo y levantarlo. Y el creyente estará en la justicia y perfección del Señor, viviendo para siempre en un estado glorificado.

    e. El creyente presenciará y experimentará la preeminencia del Señor en toda la eternidad.

4.   La transfiguración convirtió a los discípulos en testigos de la aprobación de Dios (v. 7. *Véase* Estudio a fondo 3, *Nube*—Mr. 9:7. *Véase* también nota—Mt.17:8).

Pensamiento. El creyente necesita con frecuencia estar a solas con Cristo para que su fuerza sea renovada.

«Pero los que esperan a Jehová tendrán nuevas fuerzas; levantarán alas como las águilas; correrán, y no se cansarán; caminarán, y no se fatigarán» (Is. 40:31).

«No temas, porque yo estoy contigo; no desmayes, porque yo soy tu Dios que te esfuerzo; siempre te ayudaré, siempre te sustentaré con la diestra de mis justicia» (Is. 41:10).

«Escuchadme, costas, y esfuércense los pueblos; acérquense» (Is. 41:1).

«Por tanto no desmayamos; antes aunque este nuestro hombre exterior se va desgastando, el interior no obstante se renueva [se fortifica] día en día» (2 Co. 4:16).

ESTUDIO A FONDO 3

(9:7) *Nube:* la nube envolvió tanto a Jesús como a los tres discípulos. La nube y la voz de Dios causó terror en los discípulos de modo que inmediatamente cayeron sobre sus rostros, postrados, incapaces de levantar la vista. Como hombre mortales que eran, el temor los había paralizado. Note tres hechos:

1.   La nube fue una nube resplandeciente que «les hacía sombra». Era la gloria Shekiná, la nube que simbolizaba la presencia de Dios. Fue la nube que guió a Israel fuera de Egipto y que reposaba sobre el tabernáculo (Éx. 40:34-38) y el asiento de Misericordia en el lugar santísimo. Dios «tiene inmortalidad, que habita en la luz *inaccesible*» (1 Ti. 6:16). Dios mora en luz inaccesible, luz que ningún hombre puede mirar. Luego Pedro la llamaría «la magnífica gloria» (2 P. 1:17).

2.   La nube resplandeciente que cubría a Jesús contrasta con la nube amenazante que cubría el anitguo pacto de Moisés, es decir la ley (Ex.19:18; 20:21). Hay un tema que destacar aquí. La ley (antiguo pacto) era oscura y amenazante *(véase* Estudio a fondo 2—Gá. 3:10); el nuevo pacto (el amor de Cristo) es resplandeciente y es dado para salvar y bendecir, no amenazar ni condenar (He. 12:18-24; cp. He. 8:6-13).

3.   La voz que hablaba decía literalmente en griego: «Este es mi Hijo, el Amado». Note los dos hechos que se acentúan. Jesús es Hijo de Dios, y es el amado. La idea es que Jesús es el «Hijo unigénito» que sería entregado por el mundo (Jn. 3:16).

[4] (9:8-13) *Jesucristo, transfiguración:* la transfiguración proveyó una oportunidad singular para discutir la naturaleza mesiánica de Cristo. Jesús mandó a los discípulos a no contar a nadie la experiencia que habían vivido hasta que Él hubiese «resucitado de los muertos». La referencia a *resucitar de los muertos* los impulsó a preguntar lo que quiso decir. Acababan de presenciar su gloria y de ver a Moisés y Elías con Él. Pensaban que *ahora* establecería su reino, y que ahora reinaría en gloria. ¿Entonces, por qué, se fue Elías? Los escribas enseñaban que Elías tenía que venir antes que el Mesías estableciera su reino. Cristo respondió a los discípulos y corrigió el concepto que desde siempre habían enseñado los escribas.

Primero, las Escrituras no enseñan que Elías tiene que venir primero y restaurar o preparar todas las cosas.

Segundo, las Escrituras también enseñan que el Mesías tiene que morir. Y era eso lo que estaban pasando por alto (Jn. 10:11, 15, 17-18).

Tercero, Elías ya había venido. Fue Juan el Bautista.

Pensamiento. Jesucristo es el Mesías, el Hijo de Dios. La fe en él es absolutamente esencial.

«Por eso os dije que moriréis en vuestros pecados; porque si no creéis que yo soy, en vuestros pecados moriréis» (Jn. 8:24).

«Le dijo la mujer: Sé que ha de venir el Mesías, llamado el Cristo; cuando él venga nos declarará todas las cosas. Jesús le dijo: Yo soy, el que habla contigo» (Jn. 4:25-26).

«Y nosotros hemos creído y conocemos que tú eres el Cristo, el Hijo del Dios viviente» (Jn. 6:69; cp. Jn. 11:25-27).

«Pero Saulo [el apóstol Pablo] mucho más se esforzaba, y confundía a los judíos que moraban en Damasco, demostrando que Jesús era el Cristo» (Hch. 9:22; cp. Hch. 17:2-3).

«Todo aquel que cree que Jesús es el Cristo, es nacido de Dios; y todo aquel que ama al que le engendró, ama también al que ha sido engendrado por él» (1 Jn. 5:1).

E. El problema de la inmadurez espiritual y carencia de poder, 9:14-29 (Mt. 17:14-21; Lc. 9:37-42)

1 La inmadurez espiritual empequeñece
a. Se junt. las multids.
b. Los escribas hacían preguntas
c. Las multitudes se apresuraron a encontrar a Jesús[EF1]
d. Jesús apartó la atención en los discípulos
e. La causa de la vergüenza
  1) Una necesidad; un joven enfermo[EF2]
  2) Una fe débil; de un padre preocupado (v. 23)
  3) Un ministerio sin poder; de los discípulos[EF3]

2 La inmadurez espiritual entristece al Señor
a. La falta de fe de los hombres
b. La lamentable condición de una persona necesitada

14 Cuando llegó a donde estaban los discípulos, vio una gran multitud alrededor de ellos, y escribas que disputaban con ellos.
15 Y en seguida, toda la gente, viéndole, se asombró, y corriendo a él, le saludaron.
16 El les preguntó: ¿Qué disputáis con ellos?
17 Y respondiendo uno de la multitud, dijo: Maestro, traje a ti mi hijo, que tiene un espíritu mudo,
18 el cual, dondequiera que le toma, le sacude; y echa espumarajos, y cruje los dientes, y se va secando; y dije a tus discípulos que lo echasen fuera, y no pudieron.
19 Y respondiendo él, les dijo: ¡Oh generación incrédula! ¿Hasta cuándo he de estar con vosotros? ¿Hasta cuándo os he de soportar? Traédmelo.
20 Y se lo trajeron; y cuando el espíritu vio a Jesús, sacudió con violencia al muchacho, quien cayendo en tierra se revolcaba, echando espumarajos.

21 Jesús preguntó al padre: ¿Cuánto tiempo hace que le sucede esto? Y él dijo: desde niño.
22 Y muchas veces le echa en el fuego y en el agua, para matarle; pero si puedes hacer algo, ten misericordia de nosotros, y ayúdanos.
23 Jesús le dijo: Si puedes creer, al que cree todo le es posible.
24 E inmediatamente el padre del muchacho clamó y dijo: Creo; ayuda mi incredulidad.
25 Y cuando Jesús vio que la multitud se agolpaba, reprendió al espíritu inmundo, diciéndole: Espíritu mudo y sordo, yo te mando, sal de él, y no entres más.
26 Entonces el espíritu, clamando y sacudiéndole con violencia, salió y él quedó como muerto, de modo que muchos decían: Está muerto.
27 Pero Jesús, tomándole de la mano le enderezó; y se levantó.
28 Cuando él entró en casa, sus discípulos le preguntaron aparte: ¿Por qué nosotros no pudimos echarle fuera?
29 Y les dijo: Este género con nada puede salir, sino con oración y ayuno.

c. La angustia desesperada de los seres queridos

3 La inmadurez espiritual debe ser reconocida para recibir las bendiciones de Dios
a. Reconocida en fe
b. Con humildad
c. Resultado: las bendiciones espirituales son aseguradas por la palabra y el poder de Jesús

4 La inmadurez espiritual puede ser conquistada; el poder espiritual es accesible
a. Hay que buscarlo
b. Mediante oración y ayuno[EF4, 5]

E. El problema de la inmadurez espiritual y carencia de poder, 9:14-29

(9:14-29) *Introducción:* el texto y el bosquejo que anteceden señalan un problema crónico entre los creyentes: la inmadurez espiritual y una vida y ministerio carentes de poder.

1. La inmadurez espiritual empequeñece y avergüenza (vv. 14-18).
2. La inmadurez espiritual entristece al Señor (vv. 19-22).
3. La inmadurez espiritual debe ser reconocido para recibir las bendiciones de Dios (vv. 23-27).
4. La inmadurez espiritual puede ser conquistada; el poder espiritual es accesible (vv. 28-29).

[1] (9:14-18) *Inmadurez espiritual:* la inmadurez espiritual empequeñece y avergüenza. Al descender Jesús de la montaña, vio que una gran multitud se había reunido esperándolo al pie de la montaña. Al acercarse notó que los escribas estaban ridiculizando y avergonzando a los discípulos. Los escribas, por supuesto, estaban cuestionando y desestimando sus credenciales como ministros. Desacreditando a los discípulos esperaban desacreditar a Jesús en

la opinión de la gente (*véanse* notas—Mt. 12:1-8; Estudio a fondo 1—12:10). Cuando vieron que Jesús se acercaba, la gente «se asombró» y corrió a su encuentro (*véase* Estudio a fondo 1—Mr. 9:15).

Cuando Jesús llegó hasta donde estaban los escribas y los discípulos, preguntó a los escribas qué estaban disputando. Note cómo Jesús entró en escena. Desvió la atención puesta en los discípulos humillados. Los libró.

Note también quién le respondió a Jesús. No fueron los escribas, sino el padre desesperado de un joven necesitado. La causa de la vergüenza era triple.

1. La enfermedad causaba vergüenza (v. 17. *Véase* Estudio a fondo 2, *Espíritus malos*—Mr. 9:17-18.) La posesión demoníaca y la epilepsia eran enfermedades malditas, enfermedades que causaban aislamiento y rechazo por parte de la sociedad. Debido a la reacción de la sociedad las familias con frecuencia eran avergonzadas cuando uno de sus miembros era afligido por una de estas enfermedades. Imagínese la escena. El joven y su padre como centro de una experiencia vergonzosa. Eran objeto del cuestionamiento y de las burlas. Imagínese la vergüenza de ellos al ser el centro de atención

de la multitud, y el problema que tenían con la posesión demoníaca habiendo buscado ayuda de quienes aparentemente eran estafadores.

«Y dije: Dios mío, confuso y avergonzado estoy para levantar, oh Dios mío, mi rostro a ti, porque nuestras iniquidades se han multiplicado sobre nuestra cabeza, y nuestros delitos han crecido hasta el cielo» (Es. 9:6).

«Pero Sion dijo: Me dejó Jehová, y el Señor se olvidó de mí» (Is. 49:14).

«Cada día mi vergüenza está delante de mí, y la confusión de mi rostro me cubre» (Sal. 44:15).

2. La presencia de una fe débil. La fe del padre era débil.
- Era parte de la generación «incrédula» (v. 19).
- Jesús le dijo: «Si puedes creer» (v. 23).
- El padre tuvo que clamar: «Ayuda mi incredulidad» (v. 24).

El joven no había sido sanado debido a la débil fe. Pero no era solamente la débil fe de los discípulos; nadie tenía suficiente fe para salvar al joven, ni el padre, ni los discípulos, ni los religiosos (escribas).

«Y no hizo allí muchos milagros, a causa de la incredulidad de ellos» (Mt. 13:58).

«Al momento Jesús, extendiendo la mano asió de él, y le dijo: ¡Hombre de poca fe! ¿Por qué dudaste!» (Mt. 14:31).

«Respondiendo Jesús, dijo: ¡Oh generación incrédula y perversa! ¿Hasta cuándo he de estar con vosotros? ¿Hasta cuándo os he de soportar? Traédmelo acá» (Mt. 17:17).

«Y les dijo: ¿Por qué estáis así amedrentados? ¿Cómo no tenéis fe?» (Mr. 4:40).

3. Un ministerio carente de poder (v. 18). Las personas que deberían haber podido ayudar eran los discípulos. Cuando el hombre recién llegó para pedir ayuda, había nueve discípulos, sin embargo, ninguno de ellos pudo ayudar. Todos carecían de poder (véase Estudio a fondo 3—Mr. 9:18).

Pensamiento 1. *La falta de poder* afecta el testimonio de los creyentes (véase nota—Mr. 9:18).

Pensamiento 2. Recuerde este hecho crucial, el mundo usa la vida de los creyentes no sólo para juzgar el testimonio de ellos, sino también para juzgar a Cristo mismo. El mundo procura desacreditar a Cristo por causa de la impotencia de los creyentes.

Pensamiento 3. Note las tres causas de vergüenza que se mencionan en este pasaje: una fe débil, un ministerio sin poder, y la enfermedad del muchacho. Cualquier enfermedad (sea de origen natural o causada por inmoralidad, ebriedad, o alguna otra conducta pecaminosa que destruye o causa daño al cuerpo), siempre será motivo de vergüenza. No hay excusas para un creyente para vivir una vida pecaminosa, una vida tan pecaminosa que debilite su fe, reste poder a su ministerio, o que su cuerpo contraiga una enfermedad.

«Conozco, oh Jehová, que el hombre no es señor de su camino, ni del hombre que camina es el ordenar sus pasos» (Jer. 10:23).

«Respondió Juan y dijo: No puede el hombre recibir nada, si no le fuere dado del cielo» (Jn. 3:27).

«Yo soy la vid, vosotros los pámpanos; el que permanece en mí, y yo en él, éste lleva mucho fruto; porque *separados de mí nada podéis hacer*» (Jn. 15:5).

«No que seamos competentes por nosotros mismos para pensar algo [poder] como de nosotros mismos, sino que nuestra *competencia proviene de Dios*» (2 Co. 3:5).

ESTUDIO A FONDO 1

(9:15) *Asombro* (ekethambethe): ser llenos de asombro. ¿Qué asombró a la gente cuando «vieron» a Jesús?

1. Tal vez Jesús retenía algo de la gloria de la transfiguración (cp. Éx. 34:29 cuando Moisés bajó de la montaña después de estar con Dios). La gente tal vez vio un resplandor, una apariencia de majestad en el rostro de Jesús.

2. Tal vez Jesús llegó en un momento tan oportuno que la gente quedó asombrada al verle, como si el momento hubiera sido establecido anticipadamente. Llegó en el momento preciso en que los discípulos necesitaban su ayuda.

3. Tal vez Jesús caminaba con una aire renovado, un aspecto más decidido y de mayor autoridad que antes. El hecho de venir directamente de la transfiguración necesariamente debía despertar en él una renovada confianza y autoridad.

ESTUDIO A FONDO 2

(9:17-18) *Espíritus malos:* aparentemente la enfermedad del hijo era tanto física como espiritual. La descripción de la enfermedad en Marcos señala hacia lo que hoy es conocido como epilepsia y posesión demoníaca (Mt. 17:15; Mr. 9:17-18; Lc. 9:39). La posesión demoníaca en particular pareciera haber agudizado y agravado la condición, causando quizá algunas tendencias suicidas (Mt. 17:15; Mr. 9:22). A lo largo de los evangelios esto pareciera ser una de las mayores obras del los espíritus malos: *agudizar y agravar* condiciones existentes.

Note las descripciones de los tres evangelios. La de Lucas es especialmente interesante por ser la descripción de un médico.

Marcos 9:17-18	Lucas 9:39
Un espíritu mudo	Un espíritu (malo)
Lo toma (lo aferra)	Lo toma
Lo sacude (lo arroja al suelo)	Da voces
Echa espumarajos	Lo sacude
Cruje los dientes	Echa espuma
Se va secando	Lo estropea

Mateo 17:15
Un demonio (v. 18)
Lunático
Padece mucho
Cae en el fuego
Cae en el agua

ESTUDIO A FONDO 3

(9:18) *Poder, carencia de:* ¿Por qué fallan los siervos de Dios? ¿Por qué con frecuencia carecen de poder? ¿Por qué se debilita la fe de ellos? Esta experiencia de los discípulos revela mucho acerca del fracaso espiritual y de la carencia de poder.

1. La sensación de que Cristo está muy distante y fuera del alcance hace ineficiente al discípulo. Sencillamente no siente la presencia interior y el poder de Cristo, al menos no en la medida necesaria. En la situación arriba relatada, Cristo estaba ausente, pero su poder todavía estaba disponible. Los discípulos sencillamente no eran suficientemente conscientes de su poder.

2. La falta de liderazgo debilita la fe y lealtad de algunos. Los nueve discípulos aparentemente no tenían un líder que saliera al frente como campeón de fe y el poder.

3. La incredulidad incondicional puede debilitar la confianza del creyente (v. 16). Esto fue lo que ocurrió con la incredulidad y los cuestionamientos de los escribas. Ellos distrajeron y menguaron la fe y el poder de los discípulos.

4. Con frecuencia una atmósfera de cuestionamientos e incredulidad afecta la fe y el poder de la vida de una persona. Cada uno de los presentes contribuyó a crear una terrible atmósfera de incredulidad y desconfianza en Dios: la cuestionable

incredulidad del hombre (v. 22), las disputas de los escribas (v. 16), la falta de fe y poder de los discípulos, y la confusión de la gente en cuanto a todo el asunto.

¿Qué ocurre cuando los siervos de Dios *no tienen poder*? ¿Cuáles son los resultados de una vida y ministerio sin poder?

1. La falta de poder causa sentimientos de vergüenza
2. La falta de poder impulsa al mundo a cuestionar, ridiculizar y desacreditar.
3. La falta de poder cuestiona la deidad (validez) de Cristo y Dios.
4. La falta de poder produce cuestionamientos en cuanto a Dios y su poder para librar.

La respuesta a la falta de poder es dada por Cristo. El poder (1) hay que buscarlo y (2) buscarlo con oración y ayuno (vv. 28-29).

2 (9:19-22) *Inmadurez espiritual:* en tres áreas la inmadurez espiritual entristece al Señor.

1. La incredulidad de los hombres entristece a Cristo. Cristo amonestó a la generación que tenía ante sí; pero, con toda honestidad, todas las generaciones fueron amonestadas, puesto que todas las generaciones han demostrado ser incrédulas. La falta de fe entristeció al Señor, llenó de dolor su corazón; Jesús lo expresó diciendo: «¿Hasta cuándo he de sufrir con [tolerar] vosotros?»

¿Quién es amonestado? ¿Quién es incrédulo? ¿A quién se dirige Cristo? La respuesta se ve claramente. No había entre los presentes una sola persona que ayudara al desesperado joven: ni el padre, ni la multitud, ni los discípulos, ni siquiera los religiosos con sus cuestionamientos.

- El padre era incrédulo.
- La multitud no era espiritual, sino mundana.
- Los discípulos eran ineficientes e impotentes.
- Los religiosos estaban centrados en sí mismos, tenían una actitud crítica.

> «Entonces, mirándolos alrededor con enojo, entristecido por la dureza de sus corazones, dijo al hombre: Extiende tu mano. Y él la extendió, y la mano le fue restaurada sana» (Mr. 3:5).
>
> «A causa de lo cual me disgusté contra esa generación, y dije: Siempre andan vagando en su corazón, y no han conocido mis caminos» (He. 3:10).
>
> «Cuarenta años estuve disgustado con la nación, y dije: Pueblo es que divaga de corazón» (Sal. 95:10).

2. A Cristo le entristece la lamentable condición de una persona necesitada. El hijo estaba indefenso, sometido al poder de un espíritu malo que lo sacudía (convulsiones) y lo impulsaba a revolcarse, y echar espumarajos (*véanse* notas—Mr. 1:23-24; 5:6-7). El aspecto del muchacho, en una condición tan lamentable, tocó y entristeció el corazón de Cristo.

3. La desesperada angustia de los seres queridos entristece al Señor. A Jesús le importó tanto el padre como el hijo. El padre sufría en su corazón. Era su amor por el hijo lo que le impulsó a buscar primeramente a Jesús. Jesús lo sabía, y sabía algo más. La fe del padre era débil y necesitaba ser fortalecida, por eso Jesús preguntó al padre por la historia de la enfermedad del joven. Pero note que Jesús no estaba tan interesado en conocer el caso del muchacho como en llevar al padre a ...

- fijar la atención en su propia desesperante necesidad.
- fijar su atención en Jesús, a quien tenía delante suyo.
- fijar su atención en sólo Jesús que puede llenar su necesidad.
- fijar su atención tan intensamente en Jesús que su fe fuera impulsada a crecer.

El propósito de Jesús fue eficaz; el hombre fijó su atención en

Jesús y en el caso de su hijo. El hombre dijo dos cosas importantes a Jesús.

1. «Si puedes hacer algo ... ayúdanos.»
2. «Ten misericordia de nosotros, y ayúdanos.»

El hombre carecía de conocimiento personal de Jesús, y de fe en su poder, pero clamó por la misericordia de Jesús, si es que realmente tenía el poder para ayudar. Jesús de ninguna manera rechazaría el clamor del hombre por misericordia (cp. Lc. 18:13).

Pensamiento 1. Note dos afirmaciones significativas. No es tanto nuestra fe como nuestro clamor por misericordia y compasión lo que despierta la ayuda de Dios hacia nosotros. No es tanto nuestra fe como el objeto de nuestra fe (Dios mismo) lo que nos salva (*véase* nota—Mr. 11:22-23).

> «Cercano está Jehová a los quebrantados de corazón; y salva a los contritos de espíritu» (Sal. 34:18).
>
> «Por cuanto en mí ha puesto su amor, yo también lo libraré; le pondré en alto, por cuanto ha conocido mi nombre. Me invocará, y yo responderé; con él estaré yo en la angustia; lo libraré y le glorificaré» (Sal. 91:14-15).

Pensamiento 2. Los mismos tres motivos que entristecen a Cristo, también deberían entristecer el corazón de cada creyente. Deberíamos entristecernos al punto de actuar y ministrar tal como lo hizo como Cristo.

3 (9:23-27) *Bendiciones espirituales:* es preciso reconocer la inmadurez espiritual para recibir las bendiciones de Dios.

1. La inmadurez espiritual debe ser reconocida por *fe*. La fe del hombre era inmadura. Jesús le devolvió al padre las palabras que él mismo había dicho: «No es cuestión de preguntar si yo puedo; es cuestión de saber si tú puedes creer. Al que cree todo le es posible.»

a. Para el Hijo de Dios todas las cosas son posibles. El poder de Dios está al alcance, pero la persona tiene que confiar en el poder de Dios.

b. Jesús estaba enseñando al hombre el gran principio de la oración y fe.

> «Y todo lo que pidiereis en oración, creyendo, lo recibiréis» (Mt. 21:22). (*Véase* nota—Mr. 11:22-23.)
>
> «Pero sin fe es imposible agradar a Dios; porque es necesario que el que se acerca a Dios crea que le hay, y que es galardonador de los que le buscan» (He. 11:6).

2. La inmadurez espiritual debe ser reconocida con *humildad y pedido de ayuda*. El hombre era débil, pero su necesidad, desesperante. El hombre *aceptó* la Palabra del Señor ...

- en cuanto a su debilidad (pecado) y su necesidad personal de ayuda.
- en cuanto al problema que era su falta de fe.

El hombre respondió con humildad y con lágrimas exclamó: «Creo; ayuda mi incredulidad». Note que *incluso* para su propia fe pidió la ayuda de Jesús. Necesitaba ayuda incluso para creer; pero hizo algo esencial, clamó de todo corazón, con todo su ser, *confesando* que necesitaba ayuda.

> «Porque no tenemos un sumo sacerdote que no pueda compadecerse de nuestras debilidades, sino uno que fue tentado en todo según nuestra semejanza, pero sin pecado. Acerquémonos, pues, confiadamente al trono de la gracia, para alcanzar misericordia y hallar gracia para el oportuno socorro» (He. 4:15-16).
>
> «Porque así dijo el Alto y Sublime, el que habita en la eternidad, y cuyo nombre es Santo: Yo habito en la altura y la santidad, y con el quebrantado y humilde de espíritu, para hacer vivir el espíritu de los humildes, y para vivificar el corazón de los quebrantados» (Is. 57:15).
>
> «Porque la tristeza que es según Dios produce arrepentimiento para salvación, de que no hay que arrepentirse; pero la tristeza del mundo produce muerte» (2 Co. 7:10).

«Como el padre se compadece de los hijos, se compadece Jehová de los que le temen» (Sal. 103:13).

3. Las bendiciones espirituales provienen de la Palabra y el poder de Jesús. Note varias cosas.

    a. Jesús sanó al muchacho cuando vio que la multitud se agolpaba. Aparentemente había llevado al padre y al muchacho a un lado para ayudar al padre a concentrarse (cp. v. 25. *Véase* nota, pto. 1—Lc. 9:14-18.)

    b. Fue la palabra de Jesús lo que sanó al muchacho. Fue su palabra lo que quebró el poder del demonio. La palabra «reprendió» (*epetimese*) es fuerte, autoritaria, incluso severa. Satanás no resiste la Palabra de Dios. Cristo ha hollado los principados y potestades del mal (Col. 2:15).

    c. El espíritu malo hizo un último esfuerzo por confundir y desacreditar el poder de Cristo. El espíritu malo aparentemente intentó (como ocurre tantas veces) destruir al muchacho.

    d. Jesús tomó al muchacho de la mano y lo levantó, y el joven se puso de pie, y estuvo sano.

4 (9:28-29) *Inmadurez espiritual—poder—oración—ayuno:* la inmadurez espiritual puede ser conquistada; el poder espiritual está disponible.

1. La inmadurez espiritual puede ser conquistada *buscando poder espiritual.* Los discípulos quisieron saber por qué habían fracasado. Querían conocer la causa. Recuerde que Jesús ya les había dado poder sobre los malos espíritus, y ya habían ejercido ese poder. No podían entender por qué fallaron cuando antes ya habían tenido éxito (Mr. 3:14-15; cp. Lc. 9:1; 10:17).

2. La inmadurez puede ser conquistada mediante *oración y ayuno.* Jesús señaló una cosa, los discípulos no estaban viviendo suficientemente cerca de Dios. No estaban orando y ayunando lo suficiente, no lo estaban buscando lo suficiente, no lo estaban poniendo antes de la comida y otras cosas. Se tomaban tiempo para otras cosas, como para comer, pero no se tomaban tiempo para Dios.

    Pensamiento. Es necesario depender de tal manera de Dios que la comida y todo lo demás queden de lado a efectos de buscarlo a Él. A veces el corazón del hombre tiene que buscar a Dios de tal manera que la comida y todo lo demás pasen a segundo plano.

    «Y yo os digo: Pedid, y se os dará; buscad y hallaréis; llamad, y se os abrirá» (Lc. 11:9).

    «Si algo pidiereis en mi nombre, yo lo haré» (Jn. 14:14).

    «Mas si de allí buscares a Jehová tu Dios, lo hallarás, si lo buscares de todo tu corazón y de toda tu alma» (Dt. 4:29).

    «Y me buscaréis y me hallaréis, porque me buscaréis de todo vuestro corazón» (Jer. 29:13).

    «Yo amo a los que me aman, y me hallan los que temprano me buscan» (Pr. 8:17).

ESTUDIO A FONDO 4

(9:29) *Oración: véase* nota—Mt. 7:7-11; cp. Ef. 6:18.

ESTUDIO A FONDO 5

(9:29) *Ayuno: véase* nota—Mt. 6:16-18.

| | F. Segunda predicción de muerte: entrenamiento intensivo en cuanto a la muerte de Cristo, 9:30-32
(Mt. 17:22-23; Lc. 9:43-45) | 31 Porque enseñaba a sus discípulos, y les decía: El Hijo de Hombre será entregado en manos de hombres, y le matarán; pero después de muerto, resucitará al tercer día. | 2 La lección: Jesús enseñó a sus discípulos, que él iba a morir y resucitar[EF1.2] |
| 1 Los preparativos: Jesús se fue a solas con sus discípulos | 30 Habiendo salido de allí, caminaron por Galilea; y no quería que nadie lo supiese. | 32 Pero ellos no entendían esta palabra y tenían miedo de preguntarle. | 3 La respuesta: los discípulos rechazaban lo que no querían ver |

F. Segunda predicción de muerte: entrenamiento intensivo en cuanto a la muerte de Cristo, 9:30-32

(9:30-32) *Introducción:* el acento de este pasaje es la muerte y resurrección de Jesucristo (*véanse* bosquejo y notas —Mr. 8:31-33; 10:32-34; Mt. 16:21-23;17:22-23; 20:17-19). Debido a su enorme importancia Jesús remarcó la verdad de su muerte y resurrección en el entendimiento de los discípulos. Es absolutamente necesario que toda persona capte la verdad de la muerte y resurrección de Jesús.

- De ello depende el destino eterno de la persona.
- El mensaje cristiano depende de creer esta verdad.
- El destino del mundo, la verdad moral y la justicia, dependen de hombres que captan y creen esta verdad.

1. Los preparativos: Jesús se fue a solas con sus discípulos (v. 30).
2. La lección: Jesús enseñó a sus discípulos que Él iba a morir y resucitar (v. 31).
3. La respuesta: los discípulos rechazaban lo que no querían ver (v. 32).

1 (9:30) *Jesucristo, enseñanza de:* los preparativos: Jesús se fue a solas con sus discípulos. Este era un punto de inflexión en el ministerio de Jesús. Dejó la zona de Cesarea de Filipo en el norte del país, donde estaba seguro, y tomó rumbo a Galilea desde donde iría a Jerusalén. Tenía la cruz directamente ante sus ojos (cp. Mr. 8:31-33). Pero note que todavía se movía sin sobresaltos. Mateo dice que Jesús recorría todas partes de Galilea. La idea es que Jesús se mantenía en movimiento para evitar las multitudes, pero cada vez se movía más cerca de Jerusalén y de la cruz. Jesús sentía la necesidad de concentrarse en sus discípulos, de remarcar en ellos el hecho de tener que morir y resucitar de los muertos. Tenía que seguir repitiendo y reiterando el tema de su muerte y resurrección porque esos hechos contradecían todas sus esperanzas y especulaciones de ellos. Sería diferente de todo lo que habían oído y aprendido. Creían que el Mesías sería un Mesías de poder y gobierno soberano, no un Mesías que debía sufrir y morir a efectos de salvar al hombre. (*Véase* notas— Mt. 1:1; Estudio a fondo 2—1:18; Estudio a fondo 3—3:11; notas— 11:1-6; 11:2-3; Estudio a fondo 1—11:5; Estudio a fondo 2—11:6; Estudio a fondo 1—12:16; notas—22:42; Lc.7:21-23.)

2 (9:31) *Jesucristo, muerte de; resurrección de:* la lección. Jesús les enseñó que iba a morir y resucitar de los muertos. Note tres cosas.

1. Jesús «enseñó» (*edidaske*) a sus discípulos. En griego el tiempo es un imperfecto, es decir, Jesús les enseñaba continuadamente, seguía enseñando. Fue un proceso continuo, llevando aparte a uno, luego a otro, luego a dos, después a cuatro o cinco, finalmente a todo el grupo. Enseñaba y enseñaba, remarcando en ellos la verdad de la muerte y resurrección que él padecería.

2. La palabra «entregado» (*paradidotai*) significa ser entregado para ser muerto. Significa que su muerte estaba determinada, ordenada, establecida en el plan y consejo de Dios. Note que Jesús dijo: «El Hijo del Hombre *será* entregado». Jesús tiene la muerte ante sus ojos.

    a. Dios entregó a Cristo para ser traicionado.

       «A éste, entregado por el determinado consejo y

anticipado conocimiento de Dios, prendisteis y matasteis por manos de inicuos, crucificándole» (Hch. 2:23).

       «El que no escatimó ni a su propio Hijo, sino que lo entregó por todos nosotros, ¿cómo no nos dará también con él todas las cosas?» (Ro. 8:32).

    b. Cristo se entregó a sí mismo para ser crucificado.

       «El cual se dio a sí mismo por nuestros pecados para librarnos del presente siglo malo, conforme a la voluntad de nuestro Dios y Padre» (Gá. 1:4).

       «Y andad en amor, como también Cristo nos amó, y se entregó a sí mismo por nosotros, ofrenda y sacrificio a Dios en olor fragante» (Ef. 5:2).

       «Maridos, amad a vuestras mujeres, así como Cristo amó a la iglesia, y se entregó a sí mismo por ella» (Ef. 5:25).

       «Quien se dio a sí mismo por nosotros para redimirnos de toda iniquidad y purificar para sí un pueblo propio, celoso de buenas obras» (Tit. 2:14).

       «En esto hemos conocido el amor, en que él puso su vida por nosotros; también nosotros debemos poner nuestras vidas por los hermanos» (1 Jn. 3:16).

    c. Judas lo traicionó (*véanse* notas—Mt. 26:20-25; 27:3-5; Mr. 14:10-11; Lc. 22:4-6; Jn. 13:18; 13:21-26).

Jesús nombró al hombre que lo mataría (*véase* Estudio a fondo 1—Mt. 16:21). La entrega sería por medio de *Judas* quien lo identificaría ante los *ancianos, principales sacerdotes* y *escribas;* estos, a su vez lo entregarían a los *gentiles* (o romanos) para la ejecución (Mt. 20:19).

Predicando a los judíos inmediatamente después de pentecostés, Pedro acusó a los judíos: «Prendisteis y matasteis por manos de inicuos, [las manos de los gentiles o romanos desaforados] crucificándole» (Hch. 2:23).

3. Había muchos motivos por los que Jesús repetía una y otra vez el hecho de su muerte (*véase* también Estudio a fondo 1—Mr. 9:30).

    a. Para subrayar que estaba *muriendo como un sacrificio voluntario* y no como un mártir sin esperanza o como un hombre equivocado que creyó ser el Mesías.

       «Yo soy el buen pastor; el buen pastor su vida da por las ovejas» (Jn. 10:11).

       «Así como el Padre me conoce, y yo conozco al Padre; y pongo mi vida por las ovejas» (Jn. 10:15).

       «Por eso me ama el Padre, porque yo pongo mi vida, para volverla a tomar. Nadie me la quita, sino que yo de mí mismo la pongo. Tengo poder para ponerla, y tengo poder para volverla a tomar. Este mandamiento recibí de mi Padre» (Jn. 10:17-18).

    b. Para subrayar que estaba *muriendo para redimir al hombre* siguiendo la voluntad de Dios.

«Siendo justificados gratuitamente por su gracia, mediante la redención que es en Cristo Jesús, a quien Dios puso como propiciación por medio de la fe en su sangre, para manifestar su justicia, a causa de haber pasado por alto, en su paciencia, los pecados pasados» (Ro. 3:24-25).

«Cristo nos redimió de la maldición de la ley, hecho por nosotros maldición (porque está escrito: Maldito todo el que es colgado de un madero» (Gá. 3:13).

«En quien tenemos redención por su sangre, el perdón de pecados según las riquezas de su gracia» (Ef. 1:7).

«Y andad en amor, como también Cristo nos amó, y se entregó a sí mismo por nosotros, ofrenda y sacrificio a Dios en olor fragante» (Ef. 5:2).

«En quien tenemos redención por su sangre, el perdón de pecados» (Col. 1:14).

«Quien se dio a sí mismo por nosotros para redimirnos de toda iniquidad y purificar para sí un pueblo propio, celoso de buenas obras» (Tit. 2:14).

«Y no por sangre de machos cabríos ni de becerros, sino por su propia sangre, entró una vez para siempre en el Lugar Santísimo, habiendo obtenido eterna redención» (He. 9:12).

«Sabiendo que fuisteis rescatados de vuestra vana manera de vivir, la cual recibisteis de vuestros padres, no con cosas corruptibles, como oro o plata, sino con la sangre preciosa de Cristo, como de un cordero sin mancha y sin contaminación» (1 P. 1:18-19).

«Y cantaban un nuevo cántico, diciendo: digno eres de tomar el libro y de abrir sus sellos; porque tú fuiste inmolado, y con tu sangre nos has redimido para Dios, de todo linaje y lengua y pueblo y nación» (Ap. 5:9).

c. Para subrayar que su muerte fue planificada deliberadamente en el propósito de Dios y que estaba dispuesto a morir para cumplir dicho propósito.

«A éste, entregado por el determinado consejo y anticipado conocimiento de Dios, prendisteis y matasteis por manos de inicuos, crucificándole» (Hch. 2:23).

«El que no escatimó ni a su propio Hijo, sino que lo entregó por todos nosotros, ¿cómo no nos dará también con él todas las cosas?» (Ro. 8:32).

d. Para impedir que los discípulos piensen que el Mesías, el Hijo de Dios, nunca moriría (véase nota, pto. 2 — Mr. 9:30).

e. Para remarcar en los discípulos el hecho de su muerte, la del Cristo, para que después de la resurrección pudieran entender mejor la verdad.

ESTUDIO A FONDO 1

(9:31) *Jesucristo, muerte de:* Jesucristo fue muerto por dos razones (véase nota, *Muerte*—Mt. 17:23 para la discusión. Dicha nota incluye la mayoría de los pasajes del Nuevo Testamento sobre la muerte de Cristo. *Véanse* nota y Estudio a fondo 1—Hch. 1:3; Estudios a fondo 2, 3—2:23; Estudio a fondo 2—Ro. 3:24; notas—5:1; 5:6-7; 5:6-11; 6:1-10; 7:4; Estudio a fondo 2—8:3; nota—8:31-33.)

ESTUDIO A FONDO 2

(9:31) *Jesucristo, resurrección de:* Dios resucitó a Cristo por varias razones (véase nota, *Resurrección*—Mt. 17:23 para la discusión. Dicha nota incluye la mayoría de los pasajes del Nuevo Testamento sobre la resurrección de Cristo. *Véanse* nota y Estudio a fondo 1—Hch. 1:3; Estudio a fondo 4—2:24).

[3] (9:32) *Jesucristo, muerte de:* la respuesta. Los discípulos rechazaron lo que no querían ver. Jesús acentuaba una y otra vez su muerte y resurrección ante los discípulos. Quería significar lo que decía: iba a morir, e iba resucitar de la muerte. Los discípulos sencillamente no estaban capacitados para aceptar literalmente los hechos. La confusión de ellos y su rechazo era comprensible.

- Durante toda su vida les habían enseñado que el Mesías vendría para librarlos de toda opresión y sufrimiento (véase Estudio a fondo 3—Lc. 3:24-31).
- Jesús les había enseñado que el reino de Dios estaba cerca, listo para ser establecido. ¿Cómo se podría establecer su reino si iba a morir literalmente? No alcanzaron a ver las diversas etapas del reino (véase nota—Mt. 19:23-24).
- Solamente habían estado algunos meses con Jesús. *Una inversión completa de todo lo aprendido lleva tiempo.* No tuvieron suficiente tiempo para estar a los pies de Jesús, tiempo para aceptar y entender la verdad literal de la muerte y resurrección de Jesús.

Aparentemente, los discípulos espiritualizaron la muerte y resurrección de Cristo. Veían claramente que reflejaba un aire diferente al apresurar su paso y poner su rostro hacia Jerusalén. Sabían que algo iba a pasar, algo que aparentemente impulsaba a Cristo a continuar con mayor determinación que nunca antes. Sabían que ahora hacía varios meses que Jesús se había concentrado en enseñarles y compartir con ellos la verdad sobre su muerte y resurrección. Sin embargo, para ellos era todo misterio; para ellos era un rompecabezas (véanse notas—Mt.17:22; Mr. 9:30, nota 1). Con muerte y resurrección, ¿acaso quería decir que ...

- debía *morir al ego,* ser avergonzado y desacreditado por los líderes antes de estar suficientemente motivado para *levantarse y establecer su reino?*
- debía morir al ego, rechazando el orden presente de las cosas (religión y gobierno) antes de poder *levantarse* y restaurar las cosas en algún nivel o condición superior?
- que el conflicto para librar a Israel de sus enemigos sería tan severo que sería como morir, y que la victoria que demandaría tres días sería semejante a una resurrección de los muertos?

Los discípulos sencillamente no lo entendían. Ciertamente no querían aceptar el hecho de que su Señor sería muerto literalmente. De manera que prosiguieron con su deseo carnal espiritualizando lo dicho por Jesús.

«Entonces él les dijo: ¡Oh insensatos, y tardos de corazón para creer todo lo que los profetas han dicho!» (Lc. 24:25).

«Jesús dijo: ¿También vosotros sois aún sin entendimiento?» (Mt. 15:16).

«Porque el corazón de este pueblo se ha engrosado, y con los oídos oyeron pesadamente, y sus ojos han cerrado, para que no vean con los ojos, y oigan con los oídos, y entiendan de corazón, y se conviertan, y yo los sane» (Hch. 28:27).

«No saben, no entienden, andan en tinieblas; tiemblan todos los cimientos de la tierra» (Sal. 82:5).

«Mas ellos no conocieron los pensamientos de Jehová, ni entendieron su consejo; por lo cual los juntó como gavillas en la era» (Mi. 4:12).

	G. La terrible ignorancia de los discípulos en cuanto al carácter mesiánico: un problema de ambición, 9:33-37 (Mt. 18:1-4; Lc. 9:46-48)	había de ser el mayor. 35 Entonces él se sentó y llamó a los doce, y les dijo: Si alguno quiere ser el primero, será el postrero de todos, y el servidor de todos. 36 Y tomó a un niño, y lo	3 La ambición necesita de instrucción 4 Es preciso dirigirla ambición al objetivo correcto: el de servir 5 La ambición de servir de un discípulo
1 Jesús volvió a. Discutieron entre sí b. Jesús preguntó qué estaban discutiendo 2 La ambición puede ser vergonzosa	33 Y llegó a Capernaum; y cuando estuvo en casa, les preguntó: ¿Qué disputabais entre vosotros en el camino? 34 Mas ellos callaron; porque en el camino habían disputado entre sí, quién	puso en medio de ellos; y tomándole en sus brazos, les dijo: 37 El que reciba en mi nombre a un niño como este, me recibe a mí; y el que a mí me recibe, no me recibe a mí sino al que me envió.	a. Recibir a un niño b. Uno es discípulo 1) Demuestra que ha recibido a Cristo 2) Demuestra que ha recibido a Dios

G. La terrible ignorancia de los discípulos en cuanto al carácter mesiánico: un problema de ambición, 9:33-37

(9:33-37) *Grandeza:* en más de una ocasión los discípulos discutieron sobre la posición más alta en el reino (*véanse* bosquejos y notas—Mt. 18:1-2; 20:20-28; Lc. 22:24-30). Ellos deseaban reconocimiento y honor en un reino terrenal. Jesús tenía que reeducar el pensamiento de ellos.

Todos los hombres necesitan la misma reeducación. Todos los hombres tienen las mismas necesidades de ...

- algún reconocimiento
- alguna posición
- algún prestigio
- algo de dinero
- alguna autoridad
- alguna estima
- un poco de desafío
- alguna satisfacción física

No hay nada malo en estas necesidades. Son humanas y legítimas y deben ser satisfechas, pero los hombres permiten que sus corazones sean dominados por el egoísmo. Los hombres comienzan a querer más y más, al extremo de tener pasiones y consumir y acumular. Se vuelven orgullosos, codiciosos, mundanos, ambiciosos, envidiosos e hirientes al extremo de destruir y matar con el objeto de satisfacer sus pasiones (cp. Stg. 4:1-3).

Lo que Cristo se propone es cambiar las vidas y reeducar el concepto de grandeza del hombre.

1. Jesús volvió a Capernaum (v. 33).
2. La ambición puede ser vergonzosa (v. 34).
3. La ambición necesita de instrucción (v. 35).
4. La ambición es una virtud, pero es preciso dirigirla al objetivo correcto: el de servir (v. 35).
5. La ambición de servir demuestra que la persona es un discípulo (vv. 36-37).

1 (9:33) *Ambición—espíritu de división:* Jesús volvió a Capernaum, su cuartel general, y entró al hogar que tantas veces le había abierto las puertas. En el camino los discípulos habían estado discutiendo entre sí y probablemente seguían discutiendo después de entrar al hogar. La palabra «disputabais» (*dialogizomai*) significa discutir y reñir, como también razonar. Estaban concretamente discutiendo entre sí.

Imagínese como el corazón de Jesús debía haberse despedazado en lo más profundo. Cuántas veces les había hablado de la cruz. Ahora estaba a punto de encontrarse cara a cara con ella, sin embargo, sus discípulos discutían sobre quien sería el principal entre ellos.

Una sola cosa le quedaba para hacer, seguir enseñando. Supo de la discusión, pero ellos no se percataron de que Él sabía. Sencillamente se volvió a ellos y preguntó: «¿Qué disputabais entre vosotros en el camino?»

Pensamiento 1. Cuántas veces hemos oído de la cruz, y sin embargo, cuán fácilmente olvidamos.

1) Muchos han oído una y otra vez, sin embargo, no han respondido. Es algo que le rompe el corazón a Cristo.
2) Muchos han oído y respondido, pero siguen buscando las cosas del mundo, es decir, poder, posiciones, riqueza, propiedades, fama. Ello también lastima el corazón de Cristo.

Pensamiento 2. La persona que sigue al mundo, pronto olvida la cruz. Se olvida de «la purificación de sus antiguos pecados» (2 P. 1:9).

2 (9:34) *Ambición—avergonzado—vergüenza:* la ambición puede ser vergonzosa. Los discípulos habían estado discutiendo sobre quién de ellos debería ser el mayor en el gobierno de Jesús. Note varias cosas acerca de su disputa.

1. No se referían a quién sería el mayor en calidad o carácter, sino en título y posición. Ellos pensaban en términos de poder, fama, riqueza, posición y nombre (*véanse* notas—Mt. 1:1; Estudio a fondo 1—1:18; Estudio a fondo 3—3:11; notas—11:1-6; 11:2-3; Estudio a fondo 1—11:5; Estudio a fondo 2—11:6; Estudio a fondo 1—12:16; nota—Lc. 7:21-23 en cuanto al concepto que tenían del Mesías).
   a. Percibían que Jesús estaba por establecer su reino, a punto de subir a su trono. Se anticipaban a los hechos tratando de ver quiénes serían los principales ministros en su reino.
   b. Habían visto que tres hombres de ellos habían sido honrados de manera especial (Pedro, Jacobo, y Juan, Mt. 17:1-13). Y uno de ellos había sido distinguido de manera especial (Pedro, Mt. 16:17-19). ¿Quiénes serían los líderes en el reino del Señor? Aparentemente eran víctimas de celos, envidia, ambición y alguna rivalidad.
   c. Interpretaron mal las palabras de Jesús en cuanto a tener que morir y resucitar. Espiritualizaron sus palabras en vez de recibirlas en su significado real (*véanse* notas—Mr. 9:32; Mt. 17:22). Aparentemente relacionaban el pensamiento de «resucitar de los muertos» con el establecimiento de su reino, y por eso comenzaron a discutir sobre las principales posiciones de liderazgo.
2. Todavía no entendían lo que era el reino. Todavía veían un reino terrenal, temporal y no espiritual y eterno. Este pasaje muestra cuán lejos estaban de entender la idea de Dios en cuanto al Mesías (cp. los puntos de arriba. *Véase* nota—Mr. 10:35-37).

Note que los discípulos «callaron». Guardaron silencio sin decir nada en respuesta a Jesús. Sabían que habían estado mal, y se sentían avergonzados y turbados. La ambición los había impulsado a reñir y causar divisiones. La ambición de ellos fue vergonzosa.

Pensamiento 1. La ambición que conduce a la disputa y división es ambición equivocada. La persona que busca posiciones mediante la disputa y división pronto se hallará frente a Cristo donde será avergonzada y turbada.

Pensamiento 2. A todos se les preguntará acerca de qué razonaban y disputaban al transitar por la vida.

«Porque es necesario que todos nosotros comparezcamos ante el tribunal de Cristo, para que cada uno reciba según lo que haya hecho mientras estaba en el cuerpo, sea bueno o sea malo» (2 Co. 5:10).

«Y de la manera que está establecido para los hombres que mueran una sola vez, y después de esto el juicio» (He. 9:27).

Pensamiento 3. Toda persona será llamada para responder por sus disputas. Deberá responder tanto por sus palabras como por su vida.

«Porque por tus palabras serás justificado, y por tus palabras serás condenado» (Mt. 12:37).

«Porque el que se enaltece será humillado, y el que se humilla será enaltecido» (Mt. 23:12).

«Pero por cuanto eres tibio, y no frío ni caliente, te vomitaré de mi boca. Porque tú dices: Yo soy rico, y me he enriquecido, y de ninguna cosa me he enriquecido, y de ninguna cosa tengo necesidad; y no sabes que tú eres un desventurado, miserable, pobre, ciego y desnudo» (Ap. 3:16-17).

«Los que confían en sus bienes, y de la muchedumbre de sus riquezas se jactan, ninguno de ellos podrá en manera alguna redimir al hermano, ni dar a Dios su rescate» (Sal. 49:6-7).

«Como águila, y aunque entre las estrellas pusieres tu nido, de ahí te derribaré, dice Jehová» (Abd. 4).

3 (9:35) *Ambición:* la ambición necesita de instrucción. Note que Jesús «se sentó y llamó a los doce». En los tiempos de Jesús, cuando un rabino estaba listo para impartir una profunda lección, se sentaba delante de sus alumnos. Los discípulos se habían deslizado y cometido un grave error, habían cometido un grave pecado. Debían ser corregidos y enseñados en la verdad. La ambición de ellos necesitaba instrucción y guía para tomar la dirección correcta.

«Procura con diligencia presentarte ante Dios aprobado, como obrero que no tiene de qué avergonzarse, que *usa bien* la palabra de verdad. Mas evita profanas y vanas palabrerías, porque conducirán más y más a la impiedad» (2 Ti. 2:15-16).

4 (9:35) *Ambición:* la ambición es una virtud, pero es preciso dirigirla al objetivo correcto. Note los temas mencionados por Jesús.

1. La ambición es una virtud. No está mal desear grandeza, querer hacer una contribución. Jesús no amonestó la ambición de sus discípulos. Lo que hizo fue dirigir la ambición de ellos, su energía motivación y esfuerzos en la dirección correcta.

2. El camino a la grandeza es el servicio, servicio en humildad. Si una persona desea ser grande, debe buscar activamente la forma de servir a otros. No importa su posición o la autoridad que tenga, debe servir; debe trabajar activamente por amor y beneficio de otros. La ambición de una persona no debe ser usada para defender o mantener una posición o autoridad ni para recibir honra de los hombres.

Para ser grande, la ambición de una persona debe hacer uso de los propios dones y habilidades a efectos de servir a otros, ayudando y amonestándoles en todas las formas posibles. Un gran hombre no construye su propio prestigio. Un gran hombre edifica las vidas y aumenta el bienestar de los otros.

«Digo, pues, por la gracia que me es dada, a cada cual que está entre vosotros, que no tenga más alto concepto de sí que el que debe tener, sino que piense de sí con cordura, conforme a la medida de fe que Dios repartió a cada uno» (Ro. 12:3).

«Unánimes entre vosotros; no altivos, sino asociándoos con los humildes. No seáis sabios en vuestra propia opinión» (Ro. 12:16).

«Nada hagáis por contienda o por vanagloria; antes bien con humildad, estimando cada uno a los demás como superiores a él mismo; no mirando cada uno por lo suyo propio, sino cada cual también por lo de los otros» (Fil. 2:3-4).

«Porque el malo se jacta del deseo de su alma, bendice al codicioso, y desprecia a Jehová» (Sal. 10:3).

«Como nubes y vientos sin lluvia, así es el hombre que se jacta de falsa liberalidad» (Pr. 25:14).

5 (9:36-37) *Discipulado—salvación—niño:* la ambición de servir demuestra que la persona es un discípulo. Jesús ilustró este punto. Tomó un niño en sus brazos y recibió y rodeó a ese niño. Y luego subrayó su enseñanza. Dijo que precisamente las cualidades necesarias para *recibir* a un niño son las cualidades que deben caracterizar la vida del creyente. El creyente debe tratar a todos los hombres como trata a un niño cuando lo toma en sus brazos.

Note las cualidades que se encuentran en una persona cuando toma a un niño en sus brazos.

1. Recibir a un niño requiere humildad. En los asuntos de la vida adulta muchas personas consideran inútil al niño, incapaz de contribuir. Pasan por alto y no alcanzan a comprender la gran contribución que un niño hace al adulto. Un niño requiere y enseña un espíritu de amor, protección perdón, coraje, confianza, y cuántas cosas más. La persona que sirve a un niño debe ser humilde.

2. Recibir a un niño requiere coraje. Un niño es una gran responsabilidad. Cuando una persona recibe a un niño, asume la protección y el bienestar del mismo. La persona que sirve a un niño tiene que tener coraje.

3. Recibir a un niño requiere fe y confianza. La persona tiene que creer que el niño responderá y aprenderá, que no se rebelará ni rechazará al adulto. La persona que sirve a un niño debe tener fe y confianza.

4. Recibir a un niño requiere paciencia y persistencia. La persona tiene que ser paciente y perseverante al enseñar e instruir al niño. A veces el niño es lento. La persona que sirve a un niño debe ser paciente.

5. Recibir a un niño requiere perdón. Un niño fracasa y falla con frecuencia, haciendo una y otra vez el mismo error. La persona que sirve a un niño debe saber perdonar.

Jesús estaba enseñando que un niño tiene necesidades. Es así con la sociedad. Todas las personas tienen necesidades. Así como recibimos a un pequeño niño, así debemos tratar a todos los hombres. Note que Jesús hizo una maravillosa promesa. Si recibimos un niño, a un hombre en necesidad, recibimos a Jesús; y si recibimos a Jesús, recibimos a Dios (cp. Mt. 25:34ss).

«Porque así dijo el Alto y Sublime, el que habita en la eternidad, y cuyo nombre es el Santo: Yo habito en la altura y la santidad, y con el quebrantado y humilde de espíritu, para hacer vivir el espíritu de los humildes, y para vivificar el corazón de los quebrantados» (Is. 57:15).

«Humillaos delante del Señor, y él os exaltará» (Stg. 4:10).

«Como el Hijo del Hombre no vino para ser servido, sino para servir, y para dar su vida en rescate por muchos» (Mt. 20:28).

«Entonces Jesús les dijo otra vez: Paz a vosotros. Como me envió el Padre, así también os envío» (Jn. 20:21).

«En todo os he enseñado que, trabajando así, se debe ayudar a los necesitados, y recordar las palabras del Señor Jesús, que dijo: Más bienaventurado es dar que recibir» (Hch. 20:35).

«Justificados, pues, por la fe, tenemos paz para con Dios por medio de nuestro Señor Jesucristo» (Ro. 15:1).

«Sobrellevad los unos las cargas de los otros, y cumplid así la ley de Cristo» (Gá. 6:2).

	H. Condiciones de la tolerancia, 9:38-41 (Lc. 9:49-50)	lo prohibáis; porque ninguno hay que haga milagro en mi nombre, que luego pueda decir mal de mí.	Recíbanlo
1 Juan se sentía culpable a. Un hombre que ministraba en nombre de Jesús b. Los discípulos lo habían reprendido c. Instrucciones de Jesús:	38 Juan le respondió diciendo: Maestro, hemos visto a uno que en tu nombre echaba fuera demonios, pero él no nos sigue; y se lo prohibimos, porque no nos seguía. 39 Pero Jesús dijo: No se	40 Porque el que no es contra nosotros, por nosotros es. 41 Y cualquiera que os diere un vaso de agua en mi nombre, porque sois de Cristo, de cierto os digo queno perderá su recompensa.	2 Condición 1: que no hable mal de Cristo 3 Condición 2: que no esté contra Cristo 4 Condición 3: que muestre bondad hacia los seguidores de Cristo

H. Condiciones de la tolerancia, 9:38-41

(9:38-41) *Introducción:* Jesús acababa de enseñar sobre la ambición y el servicio. Ahora enseña sobre la tolerancia. Es una enseñanza muy necesaria, porque con frecuencia se malinterpreta la tolerancia. Algunas personas creen que todos deben ser recibidos y aceptados, sin importar sus creencias o conductas. Otras están convencidas de que creencia y conducta sí importan; es decir, si las creencias de una persona y su conducta dañan el bienestar de otros, esa persona no debe ser aceptada ni recibida (por ejemplo, Hitler, agnosticismo, humanismo, ateísmo).

Las palabras de Jesús en el versículo 37 motivaron a Juan a hablar de un hombre que ministraba en el nombre de Jesús. Juan comprendió enseguida que Jesús aparentemente enseñaba que la gente debía ser aceptada y protegida en el nombre de Él, sin importar quiénes fuesen. Jesús tomó el relato de Juan y estableció las condiciones de la tolerancia.

1. Juan se sentía culpable; había rechazado a un hombre (vv. 38-39).
2. Condición 1: que no hable mal de Cristo (v. 39).
3. Condición 2: que no esté contra Cristo (v. 40).
4. Condición 3: que muestre bondad hacia los seguidores de Cristo (v. 41).

1 (9:38-39) *Tolerancia:* Juan se sentía culpable por haber rechazado a un hombre. Jesús acaba de decir que ellos, sus seguidores, debían tener los brazos abiertos y recibir a la gente (v. 37). Esas palabras despertaron sentimientos de culpa en Juan. El, y los otros discípulos, habían visto a un hombre ministrando en nombre de Jesús, y se lo habían impedido. ¿Por qué? Note las palabras de Juan: «*No nos sigue:* y se lo prohibimos, porque *no nos sigue*». Los discípulos lo detuvieron porque el hombre ...

- no era uno de ellos, no pertenecía a su grupo.
- no pertenecía al círculo íntimo de ellos.
- era independiente, no había sido llamado ni ordenado por el líder de ellos (Cristo).
- no había sido enseñado por el maestro de ellos (Cristo).
- no podía ser tan fuerte y firme en sus creencias como eran ellos.
- no estaba con ellos. Creían que el camino de ellos era el único.

Sin embargo, note esto acerca del hombre.

- De alguna manera había recibido la influencia del Señor. Sabía del Señor.
- Tenía una vigorosa fe en el nombre del Señor. Se había entregado al ministerio y estaba ministrando a las personas. En efecto, estaba ministrando a los casos más difíciles, a los endemoniados. Y note que el ministrar a los endemoniados era lo que les resultaba difícil a los discípulos (cp. Mr. 9:14-29).

Hay muchos motivos por los que unas personas se oponen a otras, por los que los hombres son intolerantes.

1. La lealtad a una organización o a un líder puede causar intolerancia. Si una persona no está en favor de nuestra organización o de nuestro líder, con frecuencia no se la acepta.
2. La convicción en cuanto a nuestra propia posición y creencia puede causar intolerancia. Si una persona no concuerda con nuestra posición o creencia, con frecuencia no es aceptada.
3. La necesidad de unión puede causar intolerancia. Si alguien cuestiona o se opone a nuestra organización y a sus acciones, con frecuencia no es aceptada.
4. Un sentimiento de autoridad y auto exaltación puede causar intolerancia. Podemos pensar en términos demasiado elevados de nosotros mismos, creyendo que somos los *grandes defensores* de la verdad. Por eso, si una persona cuestiona o se opone a nuestra posición y a nuestras acciones, con frecuencia es rechazada.
5. Los celos y las envidias pueden causar intolerancia. Con frecuencia se desea y codicia secretamente lo que una persona *es* (espiritual, física y mentalmente) y lo que *tiene* (posición, dones, reconocimiento).
6. Un sentimiento de orgullo y arrogancia, un sentimiento de ser mejores que otros puede causar intolerancia. La persona puede ser pobre, sin ventajas, sin trabajo, sin educación, y tener mil otras *condiciones* desventajosas, y por eso ser rechazada.

Este hombre, aunque profesaba y ministraba *en nombre de Cristo,* fue reprendido e impedido por los apóstoles. Para ellos era inaceptable lo que estaba haciendo. Pero note: Juan se sintió culpable al respecto, y fue suficientemente honesto para confesar su intolerancia y consultar a Jesús al respecto.

¿Qué dijo Jesús? Muy simple: «No se lo impidan. Recíbanlo. Dejen que ministre». Luego Jesús estableció las condiciones para la tolerancia.

Pensamiento 1. Los discípulos cometieron varios errores graves.
1) Se establecieron a sí mismos como jueces de otros.
2) Eran demasiado estrechos, demasiado excluyentes.
3) Negaron a otro el derecho de servir.
4) Arruinaronel ministerio de un siervo.
5) Impidieron que muchas personas fuesen ayudadas.
6) Enseñaron la intolerancia.

Pensamiento 2. La intolerancia ha arruinado muchas vidas y muchas iglesias. La intolerancia causa pelea y división, heridas y dolor. Avergüenza, arruina y paraliza a individuos e iglesias.

2 (9:39) *Tolerancia—Jesucristo, hablar mal de—ministros:* la primera condición es ser tolerantes si la persona no habla mal de Cristo. El acento de este punto pareciera caer sobre la frase: «decir mal de mí». Una persona que realmente ministra «en nombre de Cristo» muy probablemente no hablará mal de Cristo. Si alguna vez lo hace, no será mientras ministra y comparte acerca de Cristo, sino algún tiempo después, después de ministrar "«en nombre de Cristo».

Por eso, la persona que no habla mal de Cristo muestra que está ministrando «en nombre de Cristo». Pero lo contrario también vale.

La persona que habla mal de Cristo, demuestra que es enemigo de Él. La primera persona debe ser aceptada. La otra persona, la que habla mal de Cristo, no debe ser aceptada.

> «Algunos, a la verdad, predican a Cristo por envidia y contienda; pero otros de buena voluntad. Los unos anuncian a Cristo por contención, no sinceramente, pensando añadir aflicción a mis prisiones; pero los otros por amor, sabiendo que estoy puesto para la defensa del evangelio. ¿Qué, pues? que no obstante, de todas maneras, o por pretexto o por verdad, Cristo es anunciado; y en esto me gozo, y me gozaré aún» (Fil. 1:15-18).

> «Así que, los que somos fuertes debemos soportar las flaquezas de los débiles, y no agradarnos a nosotros mismos» (Ro. 15:1).

> «¿Y por qué miras la paja que está en el ojo de tu hermano, y no echas de ver la viga que está en tu propio ojo?» (Mt. 7:3).

[3] (9:40) *Tolerancia:* la segunda condición es ser tolerante con la persona que no está en contra de Cristo y sus discípulos. Note dos cosas.

1. Jesús usó la palabra «nosotros» «Porque el que no es contra nosotros, por nosotros es [a favor de nosotros].» (Cp. Mt.12:30). La actitud de una persona tanto hacia Cristo como hacia *sus discípulos* (iglesia) debe ser tenida en cuenta. La actitud de un hombre hacia los creyentes revela su actitud hacia Cristo. A los ojos de Cristo, Él y sus discípulos, son uno. Estar en contra de sus seguidores es estar en contra de Él. Maltratar a sus seguidores es maltratarlo a Él. Hablar mal de sus seguidores es hablar mal de Él.

> «También tengo otras ovejas que no son de este redil; aquéllas también debo traer, y oirán mi voz; y habrá un rebaño, y un pastor» (Jn. 10:16).

> «Para que todos sean uno; como tú, oh Padre, en mí, y yo en ti, que también ellos sean uno en nosotros; para que el mundo crea que tú me enviaste» (Jn. 17:21).

> «El que a vosotros recibe, a mí me recibe; y el que me recibe a mí, recibe al que me envió» (Mt. 10:40).

> «El que a vosotros oye, a mí me oye; y el que a vosotros desecha, a mí me desecha; y el que me desecha a mí, desecha al que me envió» (Lc. 10:16).

2. Es preciso observar las acciones de una persona, nada más: ni su aspecto, educación, credenciales, grupo, o título. Si la persona tiene un espíritu de fe, amor, gozo, paz, perdón, de unidad, y adoración, debe ser aceptada. No está en contra de Cristo. Pero si la persona tiene un espíritu de incredulidad, perturbación, rencor, división, egoísmo, y pecado, entonces es contraria a Cristo y a sus seguidores. La conducta de esa persona no debe ser aceptada. Es «contra nosotros».

> «El que no es conmigo, contra mí es; y el que conmigo no recoge, desparrama» (Lc. 11:23).

> «Ningún siervo puede servir a dos señores; porque o aborrecerá al uno y amará al otro, o estimará al uno y menospreciará al otro. No podéis servir a Dios y a las riquezas» (Lc. 16:13).

> «De esta manera, pues, pecando contra los hermanos e hiriendo su débil conciencia, contra Cristo pecáis» (1 Co. 8:12).

[4] (9:41) *Tolerancia—bondad—ministerio:* la tercera condición es la de ser tolerantes con la persona que muestra bondad hacia los seguidores de Cristo. Dar un vaso de agua en un país cálido como Palestina era un cuadro común. Pero note que Cristo habla de dar «en su nombre». Si una persona hace algo por un creyente «porque pertenece a Cristo», entonces esa persona debe ser recompensada. Y la idea es que será recompensada grandemente. El punto esencial es ayudar, dar a una persona «porque pertenece a Cristo». Note tres puntos.

1. Muchas personas ayudan y dan a otros. Ayudan y dan a otros porque ...

- es la costumbre y práctica.
- es el comportamiento respetable e indicado.

- quieren reconocimiento y honor.
- sentirían vergüenza si no dan.
- son tocados por la necesidad.

2. La promesa de recompensa es por una acción específica, la de ayudar a una persona porque «pertenece a Cristo».

3. La recompensa es otorgada por la más simple y humilde de las acciones, la de dar agua a un creyente sediento. Cualquier persona daría un vaso de agua, sin embargo, una acción tan simple hecha a uno de los seguidores de Cristo será grandemente recompensada.

Pensamiento. Ninguna dádiva y ningún servicio es demasiado pequeño. Dios cuenta todo. ¡Qué aliciente! ¡Qué desafío a usar lo que tenemos y a dar cuanto tenemos para Cristo y sus seguidores! «No perderemos nuestra recompensa» (1 Co.15:58; 2 Co.5:10). Nuestra recompensa es segura; ¡garantizada!

> «Y cualquiera que haya dejado casas, o hermanos, o hermanas, o padre, o madre, o mujer, o hijos o tierras, por mi nombre, recibirá cien veces más, y heredará la vida eterna» (Mt. 19:29).

> «Entonces el Rey dirá a los de su derecha: Venid, benditos de mi Padre, heredad el reino preparado para vosotros desde la fundación del mundo. Porque tuve hambre, y me disteis de comer; tuve sed, y me disteis de beber; fui forastero, y me recogisteis. Estuve desnudo, y me cubristeis; enfermo, y me visitasteis; en la cárcel, y vinisteis a mí... Y respondiendo el Rey, les dirá: De cierto os digo que en cuanto lo hicisteis a uno de estos mis hermanos más pequeños, a mí lo hicisteis» (Mt. 25:34-36, 40).

	I. El carácter terrible del pecado, 9:42-50	ser echado en el infierno, al fuego que no puede ser apagado,	b. Motivo: los pecados del pie condenan a la persona al infierno
1 El terrible pecado de hacer tropezar a otros	42 Cualquiera que haga tropezar a uno de estos pequeñitos que creen en mí,	46 donde el gusano de ellos no muere, y el fuego nunca se apaga.	c. El infierno es castigo, y es eterno
a. Especialmente el de hacer tropezar a «los pequeños»	mejor le fuera si se le atase una piedra de molino al cuello, y se le arrojase en	47 Y si tu ojo te fuere ocasión de caer, sácalo; mejor te es entrar en el reino de	**4 Los terribles pecados del ojo**
b. La mejor alternativa: ahogar el ego propio[EF1, 2]	el mar.	Dios con un ojo, que teniendo dos ojos ser	a. La mejor alternativa
2 Los terribles pecados de las manos	43 Si tu mano te fuere ocasión de caer, córtala; mejor	echado al infierno,	b. El motivo
a. La mejor alternativa: cortarlas	te es entrar en la vida manco, que teniendo dos	48 donde el gusano de ellos no muere, y el fuego nunca	
b. El motivo: los pecados de la mano condenan a la persona al infierno	manos ir al infierno, al fuego que no puede ser apagado,	se apaga.	c. El infierno es castigo, y es eterno
c. El infierno es castigo, y es eterno	44 donde el gusano de ellos no muere, y el fuego nunca	49 Porque todos serán salados con fuego, y todo sacrificio será salado con sal.	**5 El juicio**
3 Los terribles pecados de los pies	se apaga.	50 Buena es la sal; mas si	a. Cada uno
	45 Y si tu pie te fuere ocasión de caer, córtalo;	la sal se hace insípida, ¿con qué la sazonaréis?	b. Todo sacrificio
a. La mejor alternativa: cortar el pie	mejor te es entrar a la vida cojo, que teniendo dos pies	Tened sal en vosotros mismos; y tened paz los unos con los otros.	**6 El maravilloso desafío de salvarse uno del pecado** a. Analizarse uno b. Ser salado: puro y útil

I. El carácter terrible del pecado, 9:42-50

(9:42-50) Introducción: este es un mundo pecaminoso, lleno de terribles males y conductas. Nadie puede andar en este mundo sin enfrentar tentación tras tentación, y sin ser tironeado una y otra vez a mirar, tocar, saborear, experimentar la *buena vida* de la gratificación física, del confort terrenal y de la satisfacción personal. Somos tentados, seducidos e influenciados a cada vuelta del camino. No hay escapatoria (cp. Ro. 3:9-18).

> **«El mundo entero está bajo el maligno» (1 Jn. 5:19).**
> **«Por cuanto todos pecaron, y están destituidos de la gloria de Dios» (Ro. 3:23).**

En este pasaje Cristo acentúa lo terrible que es el pecado, y hace una advertencia al pecador. Cada persona es personalmente responsable de su pecado. El hecho de que el mundo sea pecador no disminuye la responsabilidad personal del hombre. No puede culpar al mundo, la sociedad o a otros, puesto que tiene libertad de decisión. Además posee el conocimiento de mucho bien, y tiene la tendencia a hacer el bien (al menos en un principio). Además tiene ejemplos de bondad, y puede escoger el bien. El hombre inclusive puede esforzarse por superar y fortalecer sus debilidades. Y sobre todo, tiene a Dios, quien le provee un camino para escapar de la tentación (1 Co. 10:13). ¡Ay del pecador, porque es *personalmente* responsable. Todo pecado se convierte en piedra de tropiezo a otros! Ay del hombre que peca y pone tropiezo para que caigan otros.

1. El terrible pecado de ofender a otros (v. 42).
2. Los terribles pecados de las manos (vv. 43-44).
3. Los terribles pecados de los pies (vv. 45-46).
4. Los terribles pecados del ojo (vv. 47-48).
5. La terrible seguridad del juicio sobre el pecado (v. 49).
6. El maravilloso desafío de salvarse uno del pecado (v. 50).

1 **(9:42) Pecado—piedra de tropiezo:** Cristo mencionó el terrible pecado de poner piedra de tropiezo a otros, de causar el tropiezo de otros, de guiar concretamente a otros a pecar (*véase* nota—Mt. 18:5-10 para mayor discusión).

Note varias cosas. (*Véanse* bosquejos y notas—Mt. 18:6 para mayor discusión.)

1. La palabra «tropezar» (*skandalizo*) significa hacer tropezar a una persona, llevar la persona a pecar (*véanse* notas—Mt. 5:29; nota 4—17:27).

2. Los «pequeñitos» son identificados por Cristo. Son los que «creen en mí». Con frecuencia Cristo llamó «pequeñitos« a los creyentes, y se refirió al creyente como a un «niño» (*véase* nota—Mt. 18:5-10). Los creyentes son hijos de Dios. Un «pequeñito» es cualquier niño pequeño, cualquier *nuevo principiante* en la fe, y cualquier persona que tiene una *fe y espíritu en Cristo como la de un niño.*

3. Aparentemente Cristo está diciendo: «El más terrible de todos los pecados es llevar a otra persona a pecar. No hay ningún pecado peor que extraviar a otra persona. Es el peor pecado imaginable».

Hay varias formas en que hacemos pecar a otros.

a. Guiándolos a pecar y enseñándoles a pecar. «Vamos, no importa, nadie lo sabrá. No te hará ningún daño.»

b. Con el ejemplo, cosas que nosotros hacemos. El ejemplo no es una sugerencia directa, verbal. No somos necesariamente conscientes de que «el niño» nos ve y observa; sin embargo, ve y aprende de lo que nosotros hacemos. Para sus adentros piensa: «Si para él está bien, entonces necesariamente tiene que estar bien para mí».

c. Ignorando o pasando por alto el mal; dándole nombres atenuantes; considerando a algunos pecados como meramente menores. «Oh, está bien. No es tan grave. No le hará daño a nadie. No le prestes atención. Sencillamente, olvídalo.»

d. Ridiculizando o burlándose, o haciendo bromas y chanzas de los intentos de una persona de hacer el bien. «Oh, no seas un santulón; no seas una cabeza cuadrada; estás actuando como un fanático. Siempre tú y tu religión.»

e. Mirando, tocando, y gustando algunas cosas que son aceptadas por la sociedad, pero que son pecaminosas ante Dios. Son dañinas, forman hábito, y son físicamente estimulantes cuando no debieran. «Pero mira eso.» «Saborea esto.» «¡Qué novedad!»

f. Persiguiendo y amenazando a «un niño» o a un creyente. La amenaza puede ir desde la pérdida de promoción, empleo, amistad o aceptación hasta el encarcelamiento y la muerte.

4. El carácter terrible de este pecado es acentuado por la alternativa mejor presentada por Cristo. Sería mejor para la persona atarse una gran piedra al cuello y arrojarse al mar que llevar a otra persona a pecar (*véanse* Estudios a fondo 1, 2—Mr. 9:42).

> «Dijo Jesús a sus discípulos: Imposible es que no vengan tropiezo; mas ¡ay de aquel por quien vienen! Mejor le fuera que se le atase al cuello una piedra de molino y se le arrojase al mar, que hacer tropezar a uno de estos pequeñitos» (Lc. 17:1-2).

> «Así que, ya no nos juzguemos más los unos a los otros, sino más bien decidid no poner tropiezo u ocasión de caer al hermano» (Ro. 14:13).

> «Pero si por causa de tu comida tu hermano es contristado, ya no andas conforme al amor. No hagas que por la comida tuya se pierda aquel por quien Cristo murió» (Ro. 14:15).

> «Bueno es no comer carne, ni beber vino, ni nada en que tu hermano tropiece, o se ofenda, o se debilite» (Ro. 14:21).

> «No seáis tropiezo ni a judíos, ni a gentiles, ni a la iglesia de Dios» (1 Co. 10:32).

> «No damos a nadie ninguna ocasión de tropiezo, para que nuestro ministerio no sea vituperado» (2 Co. 6:3).

> «El que ama a su hermano, permanece en luz, y en él no hay tropiezo» (1 Jn. 2:10).

ESTUDIO A FONDO 1

(9:42) *Piedra de molino* (*mulos/onikos*): la palabra *onos* es la que se usa para un asno o mula. La palabra *mulos* es la que se usa para la piedra de molino que es tirada por el asno para trillar grano. De modo que la piedra de molino mencionada por Cristo es una piedra grande, no el pequeño mortero manual usado por la mujer para moler un poco de grano. Note que el hecho mismo de escoger Cristo la gran piedra de molino para acentuar su argumento muestra la enormidad de este pecado. El espantoso y terrible peso mantendría a la persona en el fondo del mar. El pecado de extraviar a un niño es el peor de todos los pecados; por eso, su condena será espantosa y terrible.

ESTUDIO A FONDO 2

(9:42) *Muerte—ahogo:* el ahogar a una persona era una forma de castigo criminal usado por los romanos, pero nunca por los judíos. Los judíos consideraban el hecho de ahogar a alguien como símbolo de *completa destrucción y aniquilación*, de estar en las profundidades misma de la muerte. Lo temían. Incluso los romanos reservaban este tipo de ejecución solo para los peores criminales.

Note algo: Cristo *añadió al temor* de su audiencia. Pintó el cuadro de una piedra alrededor del cuello de un ofensor ¿Por qué? Para demostrar que el cuerpo nunca podría volver a la superficie ni recibir adecuada sepultura. Pero fue aún más allá para agregar al temor: usó en su ilustración la gran piedra de molino, no el pequeño pisón de un mortero. ¿Por qué quiso atemorizar el corazón de sus oyentes, acentuando tanto más el elemento temido? La respuesta es clara: el pecado de descarriar a otra persona es terrible y el culpable debe saber el destino que le espera.

2 (9:43-44) *Pecado—manos—infierno—vida:* Cristo mencionó los terribles pecados de la mano. Señaló cinco temas significativos acerca de los pecados de la mano (*véase* nota—Mt.18:7-9).

1. La mano puede ofender y ser una piedra de tropiezo. Si algo que está *prohibido* o que no es *prudente* o si debe ser *entregado o librado*, la mano puede pecar ...

- tocando.
- golpeando.
- señalando.
- sosteniendo.
- aferrando.
- apretando.
- rechazando.

2. Hay una alternativa mejor que la de pecar con la mano—la de cortar la mano. Este es un lenguaje fuerte, muy descriptivo, y radical en su objetivo. Se requiere honestidad y reflexión para ver lo que Cristo dice. ¿Qué cosa puede ser más terrible que usar la mano y llevar a «un niño» a pecar siendo así una piedra de tropiezo para su vida y salvación ¿Qué cosa es más detestable que condenar al niño a lo que Cristo llama el *fuego del infierno*? ¿Qué cosa más terrible que hacerlo con uno mismo? Si Dios realmente ama al hombre, y si el fuego del infierno es real, entonces es necesario usar lenguaje descriptivo y radical para despertar al hombre a la verdad.

3. Pecar con la mano conduce al infierno. Cristo dijo con toda claridad: «Si tu mano te fuere ocasión de caer ... [irá] al fuego que no puede ser apagado» (*véase* Estudio a fondo 2, *Infierno*—Mt. 5:22).

4. El infierno es castigo, y es para siempre (v. 44). Cristo dijo: «El gusano de ellos no muere, y el fuego nunca se apaga». El significado de este versículo es tanto el castigo como la duración del mismo. El castigo será similar al castigo infligido por el gusano y el fuego, y el castigo será por siempre.

Con «gusano» Cristo significó una de dos cosas.

a. Hay un «gusano» en el infierno que aflige al hombre; por eso puede ser llamado el «gusano de ellos». Por supuesto, esto es algo que está en el infierno que atacará al hombre, que lo herirá, que le morderá, que lo comerá consumiéndolo en dolor. Y note que «nunca muere»; no tiene fin.

b. Hay un «gusano» dentro del hombre en el infierno. Es un «gusano» interior, un gusano creado por sus propias manos pecaminosas; un gusano interior que lo muerde, y come y lo consume. Tal vez el gusano sea la memoria y la conciencia que nunca abandona al hombre. Lo perturba y le recuerda lo que no ha alcanzado y lo que ha perdido. (*Véase El hombre rico y Lázaro*—Lc. 16:19-31.) Note que el castigo es por siempre. Tanto el gusano como el fuego son por siempre.

5. La vida puede ser vivida abundantemente aun cuando uno está tullido ante los ojos del mundo. La abundancia de la vida no depende de la integridad física. La persona puede tener vida y carecer de una mano. La abundancia e integridad de la vida depende de la justicia, de vivir por Cristo y de no permitir que la mano de uno peque (cp. Jn. 10:10).

> *Pensamiento.* La mano determina nuestro destino.
> «Por lo cual, salid de en medio de ellos, y apartaos, dice el Señor, y *no toquéis* lo inmundo; y yo os recibiré, y seré para vosotros por Padre, y vosotros me seréis hijos e hijas, dice el Señor todopoderoso» (2 Co. 6:17-18).

3 (9:45-46). *Pecado—pie—infierno—vida:* Cristo mencionó los terribles pecados del pie. Jesús señaló cinco temas significativos acerca de los pecados del pie (*véase* nota—Mt. 18:7-9).

1. El pie puede ser una piedra de tropiezo. Si algo está *prohibido o es imprudente* o si debería ser *evitado o no presenciado*, el pie puede pecar...

- permaneciendo quieto.
- volviendo.
- señalando.
- saltando.
- caminando.
- corriendo.
- dando puntapies.
- bailando.

2. Existe una alternativa mejor que la de pecar con el pie, la de cortar el pie (*véase* nota, pt. 2—Mr. 9:43-44 para la discusión).

3. Pecar con el pie lo condena a uno al infierno. Nuevamente, Cristo dijo: « si tu pie te fuere ocasión de caer ... [entrará] ... al

infierno al fuego que no puede ser apagado» (*véase* Estudio a fondo 2, *Infierno*—Mt. 5:22.)

4.   El infierno es castigo, y es por siempre (v. 46). (*Véase* nota, pto. 4—Mr. 9:43-44.)

5.   La vida puede ser vivida abundantemente aunque uno esté tullido ante los ojos del mundo (*véase* nota, pto. 5— Mr. 9:43-44).

> ***Pensamiento.*** El creyente debe andar como anduvo Cristo.
>
> > **«Mirad pues con diligencia cómo andéis, no como necios sino como sabios» (Ef. 5:15).**
> >
> > **«Por tanto, de la manera que habéis recibido a Jesucristo, andad en él» (Col. 2:6).**
> >
> > **«El que dice que permanece en él, debe andar como él anduvo» (1 Jn. 2:6).**

4 (9:47-48) *Pecado—ojos—infierno—reino de Dios:* Cristo mencionó los terribles pecados del ojo. Señaló cinco temas significativos en cuanto a los pecados del ojo (*véase* nota—Mt. 18:7-9).

1.   El ojo puede ofender y ser una piedra de tropiezo. Si hay algo que está *prohibido o es imprudente* o si debe ser *evitado o no observado,* el ojo puede pecar ...

• mirando.	• dando un vistazo.
• atisbando.	• guiñando.
• escudriñando.	• enfocando.
• abriendo.	• cerrando.
• fijando la vista en algo.	

2.   Existe una alternativa mejor que pecar con el ojo, es decir, arrancar el ojo. Note que en este caso la alternativa es el reino de Dios en vez de la vida. Los ojos son una de *las puertas* hacia la mente y el corazón del hombre. Las cosas que una persona mira y en las que fija su vista son de extrema importancia. La vista puede despertar con más rapidez que cualquier otra cosa un espíritu de codicia: de deseo ...

- del mundo y su excitación.
- de reconocimiento y fama.
- de bienes materiales y posesiones.
- de dinero y riqueza.
- de asuntos y relaciones ilícitas.

Cada persona conoce la importancia de la vista, de la capacidad de ver. La mayoría de la gente preferiría perder cualquier otro sentido que el sentido de la vista. Debido a la enorme necesidad de la vista y del poder del ojo, Cristo la puso junto al reino de Dios. Sería mejor entrar al reino de Dios con un ojo, que permitir que un ojo peque y lo condene a uno al infierno.

3.   Pecar con el ojo lo condena a uno al infierno. Por tercera vez, Cristo dice lo mismo: «Si tu ojo te fuere ocasión de caer ... [serás] echado en el infierno, al fuego que no puede ser apagado» (*véase* Estudio a fondo 2, *Infierno*—Mt. 5:22.)

4.   El infierno es castigo y es por siempre (v. 48). (*Véase* nota, pto. 4—Mr. 9:43-44.)

5.   Se puede entrar al reino de Dios aunque le falte a uno un ojo (*véase* nota—Mt. 19:23-24).

> ***Pensamiento.*** La advertencia de las Escrituras en cuanto al ojo es puntual.
>
> > **«Pero yo os digo que cualquiera que mira a una mujer para codiciarla, ya adulteró con ella en su corazón» (Mt. 5:28).**
> >
> > **«Porque todo lo que hay en el mundo, los deseos de la carne, los deseos de los ojos, y la vanagloria de la vida, no proviene del Padre, sino del mundo» (1 Jn. 2:16).**
> >
> > **«El que guiña el ojo acarrea tristeza; y el necio de labios será castigado» (Pr. 10:10).**
> >
> > **«Nunca se sacia el ojo de ver, ni el oído de oír» (Ec. 1:8).**
> >
> > **«Ni sus ojos se sacian de sus riquezas» (Ec. 4:8).**

5 (9:49) *Juicio:* la terrible seguridad del juicio. Toda persona será juzgada: todo sacrificio hecho por una persona, y toda obra hecha por la persona, serán juzgados.

1.   «Salados con fuego» probablemente significa que todos serán probados con fuego. Las obras y sacrificios de una persona serán puestas a prueba. La madera, heno, y hojarasca se quemarán. ¿Por qué? Porque ...

- son impuros.
- carecen de valor, son inútiles.
- son desagradables.

Pero el oro, plata y las piedras preciosas durarán por siempre y demostrarán que son incorruptibles. ¿Por qué? Porque...

- son puros.
- son benficiosos y útiles.
- son agradables.

2.   «Salados con sal» probablemente significa que todo sacrificio y toda obra serán preservados, no importa de qué tipo sean. Si el sacrifico y la obra son buenos, serán preservados por siempre en el reino de Dios. Pero si el sacrificio y la obra son malos, serán preservados por siempre en el infierno. No tendrá fin el nuevo mundo que viene.

> > **«Porque el Hijo del Hombre vendrá en la gloria de su Padre con sus ángeles, y entonces pagará a cada uno conforme a sus obras» (Mt. 16:27).**
> >
> > **«Todo aquel que viene a mí, y oye mis palabras y las hace, os indicaré a quién es semejante. Semejante es al hombre que al edificar una casa, cavó y ahondó y puso el fundamento sobre la roca; y cuando vino una inundación, el río dio con ímpetu contra aquella casa, pero no la pudo mover, porque estaba fundada sobre la roca. Mas el que oyó y no hizo, semejante es al hombre que edificó su casa sobre la tierra, sin fundamento; contra la cual el río dio con ímpetu, y luego cayó, y fue grande la ruina de aquella casa» (Lc. 6:47-49).**
> >
> > **«La obra de cada uno se hará manifiesta; porque el día la declarará, pues por el fuego será revelada; y la obra de cada uno cuál sea, el fuego la probará» (1 Co. 3:13).**
> >
> > **«Y si invocáis por Padre a aquel que sin acepción de personas juzga según la obra de cada uno, conducíos en temor todo el tiempo de vuestra peregrinación» (1 P. 1:17).**
> >
> > **«Y vi a los muertos, grandes y pequeños, de pie ante Dios; y los libros fueron abiertos, y otro libro fue abierto, el cual es el libro de la vida; y fueron juzgados los muertos por las cosas que estaban escritas en los libros, según sus obras» (Ap. 20:12).**
> >
> > **«He aquí yo vengo pronto, y mi galardón conmigo, para recompensar a cada uno según sea su obra» (Ap. 22:12).**
> >
> > **«Yo Jehová, que escudriño la mente, que pruebo el corazón, para dar a cada uno según su camino, según el fruto de sus obras» (Jer. 17:10).**

6 (9:50) *Sal—pecado, liberación del:* el maravilloso desafío de salvar a la persona del pecado. La sal es buena, beneficiosa, y útil (*véase* nota, *Sal*—Mt. 5:13 para una discusión detallada de este tema). Cristo dijo que tres cosas son necesarias para que la persona se salve del terrible pecado.

1.   Analizarse uno mismo y trabajar. Evaluar la propia *«salinidad»*, la pureza y utilidad de uno.

2.   Estar seguro de tener sal. Es preciso ser puro y útil.

3.   Vivir en paz unos con otros. Esto es esencial.

> > **«Un mandamiento nuevo os doy: Que os améis unos a otros; como yo os he amado, que también os améis unos a otros. En esto conocerán todos que sois mis discípulos, si tuviereis amor los unos con los otros» (Jn. 13:34-35).**
> >
> > **«Quítense de vosotros toda amargura, enojo, ira gritería y maledicencia, y toda malicia. Antes sed benignos unos con otros, misericordiosos, perdonándoos unos a otros, como Dios también os perdonó en Cristo» (Ef. 4:31-32).**

Note lo que dio lugar a esta gran lección de Cristo: la disputa entre los discípulos (Mr. 9:33-37), y la intolerancia mostrada a un hombre que estaba ministrando en nombre del Señor (Mr. 9:38-41).

	CAPÍTULO 10 **VI. EL ÚLTIMO MINISTERIO PÚBLICO DEL HIJO DE DIOS: JESÚS TRATA ALGUNOS PROBLEMAS ESPECIALES 10:1-52** **A. El problema del divorcio, 10:1-12** (Mt. 19:1-12; cp. Mt. 5:31-32; Lc. 16:18; 1 Co. 7:10-16)
1 Jesús comenzó a ministrar en Judea a. Las multitudes se reunieron y Jesús les enseñaba	Levantándose de allí vino a la región de Judea y al otro lado del Jordán; y volvió el pueblo a juntarse a él, y de nuevo les enseñaba como solía.
b. Los fariseos le hicieron una pregunta capciosa: ¿es legal el divorcio?[EF1] 1) Jesús preguntó qué decía la ley del ellos	2 Y se acercaron los fariseos y le preguntaron, para tentarle, si era lícito al marido repudiar a su mujer. 3 El, respondiendo les dijo: ¿Qué os mandó Moisés?
2) Los fariseos dijeron: la ley admite el divorcio	4 Ellos dijeron: Moisés permitió dar carta de divorcio, y repudiarla.
2 Jesús vio el divorcio como dureza de corazón	5 Y respondiendo Jesús, les dijo: Por la dureza de vuestro corazón os escribió este mandamiento;
3 Jesús vio el matrimonio como el camino de Dios	6 pero al principio de la creación, varón y hembra los hizo Dios.
4 Jesús lo vio como el lazo más precioso	7 Por esto dejará el hombre a su padre y a su madre, y se unirá a su mujer,
5 Jesús lo vio como el más estrecho de los lazos humanos	8 y los dos serán una sola carne; así que no son ya más dos, sino uno.
6 Jesús lo vio como un lazo espiritual	9 Por tanto, lo que Dios juntó, no lo separe el hombre.
7 Jesús vio el divorcio y el nuevo matrimonio como adulterio[EF2]	10 En casa volvieron los discípulos a preguntarle de lo mismo, 11 y les dijo: Cualquiera que repudia a su mujer y se casa con otra, comete adulterio contra ella; 12 y si la mujer repudia a su marido y se casa con otro, comete adulterio.

VI. EL ÚLTIMO MINISTERIO PÚBLICO DEL HIJO DE DIOS: JESÚS TRATA ALGUNOS PROBLEMAS ESPECIALES, 10:1-52

A. El problema del divorcio, 10:1-12

(10:1-12) ***Matrimonio—divorcio:*** matrimonio y divorcio siempre son preguntas candentes, extremadamente controvertidos en las sociedades con gran influencia cristiana. Las opiniones varían y las interpretaciones difieren. Siempre existe el concepto cerrado que afirma que el divorcio nunca es aceptado por Dios, no importa la crueldad y bajeza que exista en un matrimonio. Y siempre existe el concepto más abierto, afirmando que el divorcio es permitido cuando la rispidez entre los cónyuges ya no halla reconciliación y es mayor el daño causado que el bien.

Los primeros afirman que Jesús hizo una exposición completa de lo que es matrimonio y divorcio; los segundos dicen que dio líneamientos a seguir. A veces los primeros tratan el divorcio en un espíritu tal que lo hace aparecer como el pecado imperdonable; los otros a veces lo tratan con un espíritu que lo hace aparecer como la ruta de escape para hacer lo que uno quiere (desde fines egoístas menores, hasta placeres licenciosos).

En los días de Jesús las dos escuelas de pensamiento eran la escuela de Shammai (conservadora) y la escuela de Hillel (liberal). (*Véase* Estudio a fondo 1—Mt.19:1-12 para la discusión.) Como en todas las generaciones, en cada escuela había aquellos que no querían trato alguno con quienes eran de opinión diferente. El concepto de una persona se convertía decisivo para el compañerismo.

Era por causa de estos sentimiento fuertes que los religiosos (fariseos) pensaron que podían atrapar y desacreditar a Jesús. No importa lo que dijera, un gran número de personas sería de opinión diferente, y esas personas dejarían de apoyar su ministerio. Jesús sería desacreditado y su ministerio, destruido.

Note varias cosas.

1. Siempre existe una renuencia a expresar una opinión cuando un gran número de presentes sostienen cierta posición. Compare por ejemplo: los temas esclavitud, prejuicio, fumar, comer en exceso, beber, bañarse sin distinción de sexos, apostar, jugar a los naipes, ir al cine, ver televisión, y el divorcio.
2. Es erróneo no encarar los temas del matrimonio y divorcio, no importan las diferentes opiniones y prácticas e la sociedad. ¿Por qué?
    a. Siempre hay un número grande de personas divorciadas. Muchas de ellas necesitan desesperadamente ayuda. La fe de ellas, su esperanza, seguridad, sus hijos, la totalidad de la vida de ellas han sido afectadas drásticamente. Si el pueblo de Dios no les abre el corazón, se pierde una gran oportunidad de alcanzarlas y ayudarles a crecer en Cristo.
    b. Siempre hay un gran número de matrimonios (tal vez la mayoría) atravesando graves dificultades. Dureza y crueldad, desde el suave retiro hasta el abuso físico, sencillamente presionan y presionan sobre la fidelidad matrimonial. A veces la culpa es de uno; a veces de ambos. En ambos casos existe una gran necesidad. Nuevamente, si el pueblo de Dios no se extiende y ayuda, se pierde una gran oportunidad para Cristo.

Note lo que hizo Jesús. No vaciló en expresarse y en enseñar, y era un tema tan controversial en sus días como lo ha sido en la mayoría de las generaciones. (*Véanse* también bosquejos y notas—Mt. 5:31-32; 1 Co. 7:1-16; Ef. 5:22-33.)

1. Jesús comenzó a ministrar en Judea (vv. 1-4).
2. Jesús vio el divorcio como dureza de corazón (v. 5).
3. Jesús vio al matrimonio como el camino de Dios, desde la creación (v. 6).

4. Jesús vio el matrimonio como el más precioso de los vínculos que atan (v. 7).

5. Jesús vio el matrimonio como el más estrecho de los vínculos humanos: los dos se hacen una carne (v. 8).

6. Jesús vio el matrimonio como divino, un vínculo espiritual obrado por Dios (v. 9).

7. Jesús vio el divorcio y el nuevo matrimonio como adulterio (vv. 10-12).

1 (10:1-4) *Ministerio en Judea:* Jesús comenzó a ministrar en Judea. Los capítulos 1-9 cubren el ministerio de Jesús en Galilea; ahora, los capítulos 10-15 cubren el ministerio de Jesús en Judea. Es preciso destacar que ocurrieron muchas cosas entre estos dos ministerios que Marcos no menciona. La sección omitida usualmente es conocida como narrativas de viaje, o ministerio itinerante. Lucas lo cubre detalladamente en los capítulos 9-18. Mateo también incluye eventos aislados del ministerio itinerante.

Note que las multitudes volvían a agolparse junto a Jesús y que «de nuevo les enseñaba» y los sanaba (Mt. 19:2). El éxito del ministerio de Jesús fue fenomenal. Durante los pocos meses de su ministerio parecía que toda la nación corría a Él. Por su puesto, esto alarmó a los líderes, tanto civiles como religiosos (*véanse* notas— Mt. 12:1-8; nota y Estudio a fondo 1—12:10; Estudio a fondo 2— Mr. 3:22). Nuevamente los líderes judíos enviaron una comisión investigadora a efectos de desacreditar a Jesús delante del pueblo. Los líderes judíos (sanhedrín) estaban convencidos de tener que desprender al pueblo de Jesús. Aparentemente Jesús estaba socavando la religión judía y extraviando al pueblo. Y siempre existía el peligro de que las autoridades romanas aplastaran los aparente disturbios causados por el así llamado Mesías. Temían ser removidos del poder por los romanos y reemplazados por líderes más competentes.

Este es el trasfondo que motivó a la comisión investigadora a confrontar a Jesús. Le consultaron acerca del divorcio, totalmente convencidos de que Jesús no podría responder sin enredarse a sí mismo (*véase* Estudio a fondo 1—Mr. 10:2-4).

ESTUDIO A FONDO 1

(10:2-4) *Matrimonio—divorcio—escuelas de pensamiento— Shammai—Hillel:* los fariseos vinieron a Jesús para tentarlo procurando desacreditarlo. Preguntaron: «si era lícito al marido repudiar a su mujer». Mateo agrega: «por cualquier causa» (Mt. 19:3).

La pregunta tenía su trasfondo. En tiempos de Jesús la sociedad era de una moral muy ligera—inclusive la sociedad judía. El matrimonio no era más que un trozo de papel; si funcionaba, bien; si no funcionaba, igualmente bien. Uno siempre podía divorciarse (*véanse* notas—Mt. 5:31).

Existían dos escuelas de pensamiento en cuanto al divorcio. Moisés había dicho que cualquier hombre podía divorciar a su mujer «si no le agradare por haber hallado en ella alguna cosa indecente» (Dt. 24:1).

1. La escuela de Shammai decía que las palabras «alguna cosa indecente» se referían únicamente al adulterio. Una mujer podía ser tan libertina y ordinaria como Jezabel, pero no podía ser divorciada a menos que cometiera adulterio.

2. La escuela de Hillel sostenía que las palabras «alguna cosa indecente» se referían a cualquier cosa que pudiera desagradar al hombre. Uno debe recordar que las mujeres eran consideradas como nada más que una *propiedad* que los hombres poseían. No tenían derecho alguno, excepto los que el hombre quisiera darles. Por su puesto, la posición de la sociedad era la que daba rienda suelta a la naturaleza humana. Se abusaba de las mujeres: se las descuidaba, usaba, descartaba y violaba. No tenían derecho alguno, y pocas veces les era concedido alguno. No eran más que un bien mueble de los hombres, con frecuencia de menos valor que la propiedad (sea de animales o cosas). Por eso el divorcio era flagrante en los días de Jesús.

Los fariseos querían enredar a Jesús en la controversia entre conservadores (Shammai) y liberales (Hillel). Simplemente le preguntaron si estaba de acuerdo con la escuela de Hillel: ¿es «lícito al marido repudiar a su mujer *por cualquier* causa?» No importa qué posición tomara Jesús, de cualquiera manera ofendería y rechazaría a un número grande de personas, y se enredaría en una ordinaria controversia. Jesús respondió de la siguiente manera.

1. «Dios los hizo [a Adán y Eva] hombre y mujer.» No los hizo machos y hembras (plural) como a los animales. Sino que hizo *un varón y una mujer*. El uno fue hecho para el otro. No fueron hechos para ningún otro, porque no había ningún otro.

2. «El hombre dejará a padre y madre, y se unirá a su mujer.» Un hombre se unirá a su mujer y creará una nueva familia distinta a la familia de sus padres. Dice «el hombre», no los hombres, y «su mujer», no mujeres. Note que el hombre deja a padre y madre. La unión entre marido y mujer tendrá prioridad sobre la unión entre padre e hijo. La unión es obrada por Dios y establecida por Dios; por eso, el matrimonio es una institución divina. Así como padre e hijo no deben divorciarse, tampoco deben divorciarse marido y mujer.

3. «El hombre ... se unirá a su mujer y ambos [los dos] serán una carne.» Dos personas se funden en una. El hombre y su mujer se unen: «así que no son ya más dos, sino uno». ¿Qué los hace una carne? La unión. Son un cuerpo, una carne, una persona. No están unidos a dos o tres o cuatro personas, sino que se unen a solamente una persona.

4. «Por tanto, lo que Dios juntó, no lo separe el hombre.» «El hombre ... se unirá a su mujer ... así que no son ya más dos, sino ... una sola carne [unidos por Dios]. Por tanto, lo que Dios juntó, no lo separe el hombre.»

Los temas son claros.

a. La unión entre hombre y mujer es obra de Dios.

b. Ninguno debe separar lo que Dios juntó. Ninguno de los dos, ni ningún otro debe interponerse entre los dos y causar separación.

2 (10:5) *Divorcio—corazón, duro:* Jesús vio al divorcio como dureza de corazón. El Antiguo Testamento (Moisés) *no ordenaba* el divorcio en caso que dos personas no fuesen compatibles y no se entendieran. El Antiguo Testamento *solamente permitía el divorcio*. Note cuatro cosas.

1. El mundo antiguo trataba a las mujeres como nada más que propiedades muebles. Un hombre podía tener tantas mujeres como quisiera (poligamia) y podía dejarlas *cuando quisiera, donde quisiera, cómo quisiera*. Podía sacar a *su mujer a puntapies* y disponer de ella como quisiera. El corazón del hombre era duro en su trato con las mujeres en su actitud hacia el matrimonio y el divorcio. Había ...

- un total desdeño por la moral.
- un desafío total de las leyes matrimoniales.
- una total desconsideración de la voluntad de Dios para el matrimonio.
- una insensibilidad total hacia los derechos de las mujeres en el matrimonio.

2. El Antiguo Testamento, y su (Moisés) ley no era una ley ligera, al menos no en el mundo antiguo. La ley requería un *certificado escrito de divorcio*, cosa que en la mayoría de las sociedades era algo que no se practicaba o de lo que no se había oído. El certificado requería algo de tiempo y reflexión antes que el divorcio fuese otorgado, y el hombre ya no podía deshacerse de su mujer sin involucrar a una tercer parte en el asunto. Alguna autoridad oficial tenía que aprobar y escribir el *certificado de divorcio*.

3. La ley del Antiguo Testamento (Moisés) enseñaba que un «certificado escrito de divorcio» ...

- podía controlar en alguna medida el quebranto de la familia.

- daría tiempo a la persona a pensar en las consecuencias del divorcio.
- proclamaría la existencia de una ley superior a la de los propios caprichos, urgencias y deseos del hombre. Aunque no fuese nada más, el hombre tenía que conseguir «un certificado de divorcio» de parte de una autoridad superior.

4. Jesús *consideraba el divorcio como dureza de corazón.* Dijo: «Por *la dureza de vuestro corazón* [Moisés] les escribió este precepto». Note que Jesús estaba diciendo tres cosas acerca de la ley de divorcio del Antiguo Testamento.

    a. El divorcio era una concesión, *no la voluntad de Dios.*

    b. El divorcio estaba permitido *solamente porque el corazón del hombre era duro, es decir, pecaminoso.*

    c. El divorcio *nunca fue querido ni nunca estuvo en el propósito de Dios.* (*Véase* Estudio a fondo 4, **Dureza de corazón** —Mt. 19:8 para una discusión detallada y una aplicación de este punto.)

3 (10:6) *Divorcio—matrimonio—creación—Adán—Eva:* Jesús vio al matrimonio como el camino de Dios—desde la creación. Jesús dijo: «al principio de la creación, varón y hembra los hizo [Adán y Eva] Dios». Lo que Jesús estaba diciendo es que la creación era la raíz, el fundamento mismo del matrimonio. En esta simple declaración destacó tres verdades.

1. La verdad de la creación. Jesús dijo que Dios no hizo al hombre y a la mujer en forma plural. No hizo varon*es* y hembr*as.* Hizo un hombre y una mujer—el uno para el otro. No fueron hechos para *ningún* otro, puesto que no existía ningún otro—solamente Adán y Eva.

2. La verdad espiritual. Jesús estaba diciendo que el varón y la mujer fueron creados a diferencia de los animales. Los animales fueron creados en masa, para aparearse con cualquiera y con muchos. Pero el hombre y la mujer fueron creados en forma diferente y distintiva. Fueron creados un varón y una mujer, como seres espirituales, creados para un propósito mucho mayor que el de los animales. Puesto que no había otros semejantes a ellos, ellos compartían su propósito juntos, en constante compañerismo con Dios. Note que no compartían su propósito con ningún otro, puesto que no había ningún otro.

3. La verdad lógica. La razón dice por sí misma que si Dios creó a todos los animales en masa, y luego hizo un giro y creó un varón y una mujer, entonces el varón y la mujer se pertenecen el uno al otro. Fueron creados para estar juntos, el uno con el otro, así como los animales fueron creados para estar juntos en masa.

4 (10:7) *Matrimonio—divorcio—unirse:* Jesús vio al matrimonio como el más precioso de los vínculos, un vínculo que une. «Por esto *dejará* el hombre a su padre y a su madre, y *se unirá* a su mujer.» Note varias verdades.

1. Un hombre (singular) se unirá a su mujer y creará una nueva familia, distinta a la familia de sus padres. Jesús dijo: «un hombre», no los hombres, y dijo: «su mujer», no, mujeres.

2. Un hombre deja a su padre y madre. La unión entre marido y mujer tendrá prioridad sobre la unión entre padre e hijo. El *dejar* es un acto permanente; y el *unirse* también es un acto permanente.

3. *Unirse* es más que estar cerca, es más que intimidad. Es más que la cercanía que existe entre padre e hijo, puesto que motiva a marido y mujer a dejar a sus padres. Con *unirse* Jesús significaba una unión espiritual que solamente puede ser obrada y dada por Dios (*véase* Estudio a fondo 3, *Unirse*—Mt. 19:5). Por eso el matrimonio se convierte en el más precioso vínculo que se pueda conocer entre seres humanos. El matrimonio se constituye en una institución divina.

4. Así como padre e hijo no deben divorciarse uno de otro, así tampoco deben divorciarse marido y mujer. Note que padre, madre e hijo constituyen una unidad, una familia. Jesús dijo que padre y madre están allí cuando el hijo sale, y el hijo (hombre) se va para

«unirse a su mujer». No hay un solo pensamiento, ni siquiera un indicio de separación en esta afirmación. Es incuestionablemente una afirmación del propósito de Dios para el padre, la madre y el hijo. La estructura de la familia es el medio por el cual el hombre debe cumplir el propósito de Dios en la tierra. El divorcio, el quebranto de la estructura familiar, no es propósito de Dios. Padre, madre, e hijo —estructura de una familia— es el propósito de Dios.

5. La relación entre padre y madre debe ser más estrecha, más íntima, y más prolongada que la relación entre padre e hijo. Viene el día cuando el niño (hombre) deja a los padres, entonces éstos quedan solos: el uno para el otro. Esto es de gran significado para marido y mujer, porque significa que no deben descuidar su vida juntos. Viene el día cuando queden solos, el uno con el otro.

5 (10:8) *Matrimonio, divorcio:* Jesús vio al matrimonio como el más estrecho de los vínculos humanos al convertirse dos personas en una sola carne. Jesús acababa de decir que el hombre «se unirá a su mujer». Ahora agrega: «Y los dos serán una sola carne; así que no son ya más dos, sino uno». Jesús estaba destacando al menos tres hechos.

1. El *unirse,* cuando es obrado espiritualmente por Dios, funde a dos personas en una sola. Como el esposo y la esposa se unen, al quedar más y más unidos espiritualmente por Dios, sus seres se confunden más y más en un ser. Cada uno crece dentro del ser de su cónyuge. Se convierten en un cuerpo, una carne, una persona.

2. El marido y la mujer no están unidos a dos o tres o cuatro personas. Solamente pueden *unirse* bajo el auspicio de Dios, y solamente pueden unirse una persona con una persona.

3. El poder de Dios es enorme para una pareja que quiere obedecer a Dios. Dios puede hacer que su unión sea tan estrecha que ambos sean como una persona.

6 (10:9) *Matrimonio—divorcio:* Jesús vio al verdadero matrimonio como un vínculo divino, espiritual obrado por Dios. Jesús dijo: «Por tanto, lo que Dios juntó no lo separe el hombre» (v. 9).

1. Dios une a «un hombre [que] deja a su padre y madre y se *une* a su mujer» (v. 7). Es esta *unión* entre marido y mujer lo que es obrado por Dios. Y note algo de crucial importancia. Con *unión* Cristo no se refiere a lo que generalmente se piensa e ilustra; unirse no significa asir de una mujer mediante el contrato civil, el abrazo o la unión sexual.

Note las palabras ...

- «se unirá».
- «una sola carne» (unión física).
- «lo que Dios juntó» (unión espiritual).

Los cónyuges que son *obedientes* a Cristo uniéndose mutuamente (no solo física, sino espiritualmente, para toda su vida y siendo como Dios quiso) son quienes se convierten en una carne, los que Dios une. Un contrato civil no ata a la gente, ni el abrazo, ni el sexo. Solamente Dios puede unir a una pareja espiritualmente, y lo hace porque la pareja es obediente a Él. Recompensa y bendice la obediencia, no la desobediencia.

2. Nadie debe separar lo que Dios junta. Ni la esposa ni el esposo ni ninguna otra persona debe interponerse entre los dos y causar separación.

3. El matrimonio debe ser un vínculo tan estrecho y espiritualmente unido que puede asemejar la unión espiritual que hay entre Cristo y su Iglesia (Ef. 5:32) y Cristo y el creyente. (*Véanse* bosquejo y notas—Ef. 5:22-33; Col. 3:18-21; 1 Co. 6:19.)

        «Maridos, amad a vuestras mujeres, así como Cristo amó a la iglesia, y se entregó a sí mismo por ella» (Ef. 5:25).

7 (10:10-12) *Matrimonio—nuevo matrimonio—divorcio—adulterio:* Jesús vio el divorcio y nuevo matrimonio como adulterio. En su discusión de este punto Mateo es mucho más extenso en los temas que cubre. Por ese motivo, siempre se debe estudiar a Mateo en relación con el divorcio y el nuevo matrimonio (*véanse* bosquejo y notas—Mt. 19:9-12).

ESTUDIO A FONDO 2

(10:10-12) *Fornicación—adulterio:* la persona, especialmente un creyente cristiano, debe pensar en el significado real del adulterio. Adulterio es apartarse de un cónyuge y dirigirse a otra persona. Muchas personas nunca pensarían en dejar a su cónyuge en favor de otra persona, sin embargo, con facilidad y deliberadamente se vuelven a su propio ego, o a otras cosas. Como lo dijo Dios respecto de la nación de Israel: «Yo la había despedido y dado carta de repudio» (Jer. 3:8). Muchas personas hicieron precisamente lo de Israel. Se rehusaron a someterse a Dios; han vivido en un estado de rebeldía, y día tras día se han apartado más de su cónyuge y en muchos casos de sus hijos.

Es posible que una persona sea día tras día...
*   ordinaria y desagradable.
*   mentalmente cruel y agotadora.
*   descuidada y negligente.
*   físicamente abusiva y amenazante para la vida.
*   deliberadamente apartada y separada de cónyuge e hijos.

Y la verdad es que muchos son así de egoístas.
*   Algunos son crueles; otros sádicos.
*   Algunos critican; otros son sarcásticos, otros endemoniados e infernales.
*   Algunos cometen abuso mental; otros se abusan físicamente, aun al punto de lo impensable, de ser homicidas del cónyuge y los hijos.

Solamente Dios conoce la verdad de un matrimonio. Un esposo o esposa puede usar su personalidad para presentar una fachada al mundo. Sin embargo, en el interior del corazón puede haber tal dureza hacia el cónyuge, tal renuencia a unirse realmente que Dios sencillamente no los puede unir como una carne. La dureza sencillamente arruina al matrimonio motivando a un cónyuge a volverse y separarse del otro. Si los cónyuges no están juntos, están separados, no unidos. No puede haber unión si los dos no están juntos. Y, como se señaló anteriormente, la unión es la bendición y el don de Dios. La unión solamente es posible en la medida en que cada uno permita a Dios *juntarlos* en el vínculo espiritual del matrimonio.

	B. El problema de los niños y la verdad acerca de los niños, 10:13-16 (Mt. 19:13-15; Lc. 18:15-17)	a los niños venir a mí, y no se lo impidáis; porque de los tales es el reino de Dios.	**los niños**[EF2]
1 El problema. con los niños [EF1]	13 Y le presentaban niños para que los tocase; y los discípulos reprendían a los que los presentaban.	15 De cierto os digo, que el que no reciba el reino de Dios como un niño, no entrará en él.	a. Son invitados a venir a Cristo[EF3] b. Son ciudadanos del reino de Dios[EF4] c. Ilustran cómo se recibe el reino de Dios[EF5]
a. Son dependientes b. Causan orgullo c. Molestan el trabajo	14 Viéndolo Jesús, se indignó, y les dijo: Dejad	16 Y tomándolos en los brazos, poniendo las manos sobre ellos, los bendecía.	d. Son recibidos y bendecidos por Jesús[EF6]
2 La verdad acerca de			e. Responden a Jesús[EF7]

B. El problema de los niños y la verdad acerca de los niños, 10:13-16

(10:13-16) *Niños—Jesucristo, enojo de:* note que este acontecimiento, involucrando a niños, siguió inmediatamente al tema del divorcio (cp. también Mt. 19:13). Se discute el tema global de la familia: marido, esposa e hijos.

Los niños son una alegría, pero muchos de ellos también son considerados como problema. Y, trágicamente, a veces los niños son descuidados, ignorados, oprimidos e incluso abusados.

En este pasaje, Jesús no se anda con aguas tibias. Fue una de las veces en que se enojó violentamente, totalmente indignado. Jesús es el gran defensor de los niños, y todo hombre y mujer debe prestarle cuidadosa atención.

1. El problema con los niños (v. 13).
2. La verdad acerca de los niños (vv. 14-16).

1 (10:13) *Niños:* el problema con los niños. La escena era al mismo tiempo conmovedora y trágica. Algunos padres, llenos de ternura y esperanza, traían sus niños a Jesús. ¿Por qué? Simplemente para que pudiera *tocarlos.* Los padres esperaban que Jesús simplemente tocase a sus niños, y al tocarlos, los niños serían bendecidos. Pero esta no fue la única escena. Los discípulos estaban reprendiendo a los padres por traer a sus niños. La palabra reprender (*epitimao*) es una palabra fuerte; significa reprender activamente, impedir, y amonestar. Los discípulos realmente estaban deteniendo a los padres y empujándolos hacia atrás, procurando impedirles que trajeran a sus hijos a Jesús ¿Por qué? Sencillamente porque los discípulos veían un problema en los niños. Consideraban a los niños como los consideran muchas otras personas; creían que los niños no contribuían en nada al mundo de los adultos. En los asuntos de los adultos los niños eran inútiles, sin importancia; por eso no debían perturbar a los adultos cuando éstos estuviesen ocupados con su trabajo. Creían que Jesús estaba demasiado ocupado y que su obra era demasiado importante para ser interrumpido. Los discípulos, como tantos otros adultos, veían los siguientes problemas con los niños.

1. Los niños son totalmente dependientes. Estos niños eran tan jóvenes que tuvieron que ser traídos a Jesús. Los discípulos creían que no podían contribuir en nada significativo. Eran demasiado jóvenes, demasiado dependientes. Por eso el lugar de ellos era estar apartados en algún lugar. No debían molestar precisamente ahora al Señor. Los padres debían haberlo sabido, debían haber sido más respetuosos.

2. Los niños causan un orgullo frívolo. Muchas veces los padres se sienten frívolamente orgullosos de sus hijos. Los discípulos pueden haber pensado que los padres simplemente querían mostrar sus hijos a Jesús. El orgullo de los padres por sus hijos frecuentemente se considera una inmerecida interrupción. El orgullo de los padres muchas veces molesta a los hombres ocupados, especialmente cuando son interrumpidos por padres que solamente quieren hacerse ver con sus hijos. Los discípulos creían que los niños no eran suficientemente importantes para permitir una interferencia, al menos no en este momento.

3. Los niños interfieren el trabajo. Los discípulos sabían que este era uno de los mayores problemas con los niños. Ellos interrumpen el trabajo, a veces un trabajo importante. Distraen, haciendo que la persona deje de concentrarse, requiriendo atención y ayuda. Los discípulos creían que los niños no eran suficientemente importantes para permitirles interrumpir ahora.

ESTUDIO A FONDO 1

(10:13) *Presentaban* (*prosphero*): traer a; traer a la presencia de. Es una palabra usada en relación a las ofrendas. La idea es que lo que se trae es traído a modo de ofrenda. Es una dedicación a Dios (cp. Mt. 5:23-24).

En este caso particular los niños fueron traídos y ofrecidos a Jesús. Eran entregados a Jesús como una *ofrenda,* como una dedicación a Él.

2 (10:14-16) *Niños:* la verdad acerca de los niños. Jesús vio que los niños eran maltratados, y la Escritura dice literalmente que «se indignó». (*Véase* nota, *Indignado*—Mr. 10:14). Los niños no son un problema, al menos no para Jesús, nunca. Quería que los discípulos aprendieran esto, de modo que comenzó a enseñarles cinco verdades referidas a los niños.

1. Los niños son invitados a venir a Cristo.
2. Los niños son ciudadanos del reino de Dios.
3. Los niños ilustran cómo se recibe el reino de Dios.
4. Los niños son recibidos y bendecidos por Jesús.
5. Los niños responden a Jesús.

ESTUDIO A FONDO 2

(10:14) *Indignado—disgusto* (*aganaktese*): estar indignado; ser movido por la indignación; sentir dolor; pena; sentir disgusto, estar profundamente disgustado, estar muy disgustado (cp. 2 Co. 7:11).

Es una palabra muy fuerte, expresando una emoción profunda y aun violenta. El Señor fue movido por la indignación hacia los discípulos viendo lo que hacían. Note dos hechos indicados por esta experiencia.

1. A veces se justifica sentir profunda indignación por el pecado y la injusticia.
2. A veces es un grave error no indignarse profundamente por el pecado y la injusticia.

ESTUDIO A FONDO 3

(10:14) *Niños:* los niños deben ser invitados a venir a Jesús. Jesús dijo que dejaran venir los niños a él; y que nadie les impida venir. La palabra «impedir» (*koluo*) significa obstaculizar, prevenir. El tiempo es un *presente imperativo,* un mandamiento continuo: dejen de poner obstáculos, dejen de evitar que los niños vengan a mí. En este caso sus propios discípulos estaban impidiendo a los niños, estaban continuamente poniendo obstáculos para que los niños vinieran a Jesús. No es de asombrarse entonces, que se llenara de indignación. Note cuatro puntos.

1. Jesús llamó y recibió a los niños. Eran bienvenidos a pesar de ser tan pequeños que debían ser traídos. Tal vez eran demasiado pequeños para entender, pero Él, Jesús, era suficientemente grande para bendecirlos y hacer que la bendición permanezca en ellos por toda la eternidad. Después de todo, Él es Dios; y siendo Dios, es omnipotente, todopoderoso, y capaz de ejercer su poder como Él quiere. Los niños de ninguna manera serían rechazados.

2. Jesús reprendió a los que impedían y descartaban a los niños. Dijo que era un error hacerlo. No debemos impedir a los niños a venir a Cristo. Al contrario, debemos traerlos a Él. Él es Dios, y como Dios también es providencia, y hace según su voluntad; por eso, es Él quien determina a quién va a bendecir. Nadie lo determina en su lugar. A pesar de la tierna edad y falta de comprensión, los niños no deben ser detenidos de venir a Él. No se debe poner obstáculo alguno en el camino de ellos.

3. Son innumerables los beneficios de traer los niños a Cristo. A continuación incluimos solo algunos de los más importantes:

   a. El niño aprende el amor, es decir, que Dios lo ama, y todos aquellos que creen en Dios, no importa lo mal que algunos actúan en el mundo. El niño aprende a amar a los que obran mal.

   b. El niño crece aprendiendo a vivir con poder y a triunfar: aprende que Dios ayuda a sus seguidores a pasar por todas las pruebas y tentaciones. Aprende que dispone de poder sobrenatural para ayudarle, un poder para ayudar cuando mamá y papá y los seres queridos han hecho todo lo que podían.

   c. El niño crece aprendiendo a tener esperanza y fe: no importa lo que pase, no importa cuán grande sea la prueba, todavía podemos confiar en Dios y tener esperanza en Él. Dios ha provisto una fuerza muy especial para sostener a sus hijos a través de las pruebas de la vida (no importa cuán penosas); y Dios ha provisto un lugar muy especial, llamado cielo, lugar al que nos llevará junto a nuestros seres queridos cuando estemos ante la muerte.

   d. El niño crece aprendiendo la verdad de la vida y la persistencia (servicio): aprende que Dios nos ha dado el privilegio de la vida, y de vivir en un mundo y un universo hermoso. El mal y el pecado que existen en el mundo son causados por el mal y por gente pecadora. Pero a pesar de ese mal, debemos apreciar la vida y su hermosura; debemos servir a la vida y a la tierra. Debemos trabajar y trabajar haciendo la mayor contribución que podamos tanto a la vida como a la tierra.

   e. El niño crece aprendiendo a confiar, y a perseverar: aprende que la vida está llena de tentaciones y fracasos que fácilmente pueden despojarnos del gozo y destruir nuestras vidas y el cumplimiento de nuestros propósitos. La forma de escapar a las tentaciones y los fracasos es siguiendo a Cristo, y siendo fieles a Él, perseverando en nuestro trabajo y propósito.

   f. El niño crece aprendiendo la paz: aprende que existe una paz interior a pesar de las aguas turbulentas de este mundo, y que esa paz consiste en conocer a Cristo y confiar en Él.

4. Hay diversos motivos por los que los padres no traen sus hijos a Cristo.

   a. Algunos padres (tanto en regiones civilizadas como incivilizadas del mundo) no son conscientes del único y viviente Dios. Por eso son ciegos; sencillamente no saben. Los cristianos ha fallado en llevar el evangelio a todo el mundo.

   b. Algunos padres han oído la verdad, pero han rechazado a Cristo. Existen agnósticos, o ateos, y quienes aman al mundo y las cosas del mundo más que las buenas nuevas del Dios viviente que da la vida eterna. No se preocupan por ninguna otra cosa que no sea la comodidad propia y los beneficios de este mundo.

   c. Algunos padres creen, al menos mentalmente, pero son complacientes y lentos. No están suficientemente interesados para venir a Cristo ni traer a sus hijos a Cristo.

   d. Algunos padres son creyentes, pero desafortunadamente son inmaduros e inconscientes en su vida cristiana. Su propia vida cristiana y adoración es débil y descuidada, de modo que sus hijos aprenden que Cristo realmente no es tan importante.

   e. Algunos padres son de mentalidad liberal. No quieren influir y moldear el pensamiento espiritual de sus hijos. Quieren que sus hijos tomen las propias decisiones. Están dispuestos a enseñarles qué comer y qué leer y cualquier otra cosa que les enseñe a cuidarse física y materialmente. Pero dejan el cuidado de lo espiritual hasta después que sean adultos.

En los cinco motivos mencionados hay dos grandes errores.

   a. La filosofía que subyace a cada uno de esos motivos es falsa. Todo padre que no trae sus hijos a Cristo está siguiendo una filosofía de la vida que es falsa, y no está encarando la realidad.

      «Pero sin fe es imposible agradar a Dios; porque es necesario que el que se acerca a Dios crea que le hay, y que es galardonador de los que le buscan» (He. 11:6).

      «Jesús le dijo: Yo soy el camino, y la verdad, y la vida; nadie viene al Padre, sino por mí» (Jn. 14:6).

      «Porque hay un solo Dios, y un solo mediador entre Dios y los hombres, Jesucristo hombre» (1 Ti. 2:5).

      «Por eso os dije que moriréis en vuestros pecados; porque si no creéis que yo soy, en vuestros pecados moriréis» (Jn. 8:24).

   b. La mente del niño es moldeada por los que están con él, sean ellos superficiales e inmorales o disciplinados y morales. La mente del niño que no es moldeada por *padres piadosos*, será moldeada por la mundanalidad de sus padres y la carnalidad de quienes andan en caminos egoístas y corruptos.

      «Trayendo a la memoria la fe no fingida que hay en ti, la cual habitó primero en tu abuela Loida, y en tu madre, Eunice, y estoy seguro que en ti también» (2 Ti. 1:5).

      «Y Jehová estuvo con Josafat, porque anduvo en los primeros caminos de David su padre, y no buscó a los baales» (2 Cr. 17:3).

      «Y anduvo en el camino de Asa su padre, sin apartarse de él, haciendo lo recto ante los ojos de Jehová» (2 Cr. 20:32).

      «E hizo lo recto ante los ojos de Jehová, conforme a todas las cosas que había hecho Amasías su padre» (2 Cr. 26:4).

      «Ella, instruida primero por su madre, dijo: Dame aquí en un plato la cabeza de Juan el Bautista» (Mt. 14:8).

«E hizo lo malo ante los ojos de Jehová, y anduvo en el camino de su padre, y en el camino de su madre» (1 R. 22:52).

«También él [Ocozías, de la casa de Acab] anduvo en los caminos de la casa de Acab, pues su madre le aconsejaba que actuase impiamente» (2 Cr. 22:3).

«Antes se fueron tras la imaginación de su corazón, y en pos de los baales, según les enseñaron sus padres» (Jer. 9:14).

«Antes dije en el desierto a sus hijos: No andéis en los estatutos de vuestros padres, ni guardéis sus leyes, ni os contaminéis con sus ídolos» (Ez. 20:18).

ESTUDIO A FONDO 4

(10:14) *Niños:* los niños son ciudadanos del reino de Dios. Jesús dijo: «Porque de los tales [de los pequeños] es el reino de Dios». Jesús quiso decir al menos dos cosas.

1. Los niños pequeños son ciudadanos del reino de Dios, al menos hasta tener la capacidad de razonar y decidir entre el bien y el mal, es decir, hasta la edad de la responsabilidad.

2. Los niños muestran cómo debe entrar el hombre al reino de Dios. En los niños se ven la naturaleza, el carácter y los rasgos esenciales para entrar al cielo.

   a. El niño depende de otros, es confiado. Es totalmente dependiente. Sabe poco y puede hacer poco para cuidar de sí mismo. *Los grandes,* especialmente «mamá» y «papá», saben todo y pueden hacer todo. El niño también tiene confianza. Confía en cualquiera. Cualquier persona puede tomar al niño en sus brazos. El niño no ha aprendido a sospechar del mundo. Todos son amigos; ninguno es enemigo y pocos son extraños.

   b. El niño responde y se somete. El niño responde al adulto. El niño viene, va, levanta, y hará cuanto se le sugiera. Dejará lo que está haciendo, abandonará lo que ocupa su mente, pensamientos y conducta, y responderá.

   c. El niño obedece y aprende. Hará exactamente lo que se le pide, y haciéndolo aprende. Está aprendiendo constantemente por lo que ve, por lo que se le dice, sea malo o bueno.

   d. El niño pequeño es humilde y perdonador. No le interesa la prominencia, fama, poder, riqueza o posición. No hace fuerza hacia adelante. No quiere estar sentado en medio de un grupo de adultos. No ha aprendido a pensar en términos de importancia propia, todavía no. El niño también perdona fácilmente a otros. Se lo puede disciplinar, descuidar, e incluso se puede abusar de él; y antes que el adulto se vuelva, el niño perdona y olvida (a menos, por supuesto, que sea un abuso extremo. Debemos recordar que Cristo está hablando de un niño en un medio normal y saludable).

ESTUDIO A FONDO 5

(10:15) *Niños:* los niños ilustran exactamente cómo se recibe el reino de Dios. Note las vigorosas palabras de Jesús: el final terrible del hombre que no viene como niño a Dios. La persona tiene que acercarse a Dios y recibir el reino de Dios (su gobierno, reinado, y autoridad) en su propia vida tal como lo haría un niño, de lo contrario «no entrará en el reino de Dios» (*véase* Estudio a fondo 5—Mt. 19:23-24).

¿Qué quiso decir Jesús con recibir como un niño el reino de Dios? (*Véase* nota, *Conversión*—Mt. 18:3 para una clara ilustración de esto.)

1. El niño confía en Jesús y depende de Él. (a) Siente la calidez, ternura, protección, y amor de Jesús; y (b) escucha el llamado (mensaje, evangelio) de Jesús. Cree en lo que oye y depende de Jesús para su protección ahora y siempre.

«En verdad que me he comportado y he acallado mi alma como un niño destetado de su madre; como un niño destetado está mi alma» (Sal. 131:2).

«De cierto, de cierto os digo: el que oye mi palabra, y cree al que me envió, tiene vida eterna; y no vendrá a condenación, mas ha pasado de muerte a vida» (Jn. 5:24).

2. El niño responde a Jesús y se rinde a Él. Está listo y dispuesto a responder a Jesús. Está dispuesto a renunciar a lo que está haciendo, a renunciar a todo lo que ocupa su mente, conducta y tiempo para recibir a Jesús. Quiere tener el reino de Dios en su corazón (gobierno y reinado de Dios), y algún día futuro quiere entrar al eterno reino de Dios.

«El Espíritu mismo da testimonio a nuestro espíritu, de que somos hijos de Dios. Y si hijos, también herederos; herederos de Dios y coherederos con Cristo, si es que padecemos juntamente con él, para que juntamente con él seamos glorificados» (Ro. 8:16-17).

«Pero cuando vino el cumplimiento del tiempo, Dios envió a su Hijo, nacido de mujer y nacido bajo la ley, para que redimiese a los que están bajo la ley, a fin de que recibiésemos la adopción de hijos. Y por cuanto sois hijos, Dios envió a vuestros corazones el Espíritu de su Hijo, el cual clama: ¡Abba Padre! Así que ya no eres esclavo, sino hijo; y si hijo, también heredero de Dios por medio de Cristo» (Gá. 4:4-7).

3. El niño es obediente a Jesús y siempre está aprendiendo de él. Escucha y hace exactamente lo que Jesús dice, incluso si es algo difícil y requiere la negación de sí mismo. Lo hace sencillamente porque Jesús se lo pide. No actúa independientemente, ni se comporta egoístamente.

«Si guardareis mis mandamientos, permaneceréis en mi amor; así como yo he guardado los mandamientos de mi Padre, y permanezco en su amor.... Vosotros sois mis amigos, si hacéis lo que yo os mando» (Jn. 15:10, 14).

«Sed, pues, imitadores de Dios como hijos amados» (Ef. 5:1).

«Y habéis ya olvidado la exhortación que como a hijos se os dirige, diciendo: Hijo mío, no menospreciéis la disciplina del Señor, ni desmayes cuando eres reprendido por él; porque el Señor al que ama, disciplina, y azota a todo el que recibe por hijo» (He. 12:5-6; cp. vv. 5-10).

4. El niño es humilde y perdonador (*véase* nota, pto. 2—Mr. 10:14).

«Oh hombre, él te ha declarado lo que es bueno, y qué pide Jehová de ti: solamente hacer justicia, y amar misericordia, y humillarte ante tu Dios» (Mi. 6:8).

«Bienaventurados los pacificadores, porque ellos serán llamados hijos de Dios» (Mt. 5:9).

«Mas no así vosotros, sino sea el mayor entre vosotros como el más joven, y el que dirige, como el que sirve» (Lc. 22:26).

«Quítense de vosotros toda amargura, enojo, ira gritería y maledicencia, y toda malicia. Antes sed benignos unos con otros, misericordiosos, perdonándoos unos a otros, como Dios también os perdonó en Cristo» (Ef. 4:31-32).

«Igualmente, jóvenes, estad sujetos a los ancianos; y todos, sumisos unos a otros, revestíos de humildad; porque: Dios resiste a los soberbios, y da gracia a los humildes. Humillaos, pues, bajo la poderosa mano de Dios, para que él os exalte cuando fuere tiempo» (1 P. 5:5-6).

ESTUDIO A FONDO 6

(10:16) *Niños:* los niños son recibidos y bendecidos por Jesús. Note cómo Jesús tomó a los niños «en los brazos, poniendo las manos sobre ellos, los bendecía». Es una escena cálida, llena de auténtico cuidado y verdad, cosas que con frecuencia pasamos por alto. Mayormente no es tan frecuente que nosotros vengamos y toquemos a Dios, como que Él venga y nos toque a nosotros. No es tan frecuente que nosotros nos aferremos de Dios como que Él nos aferra a nosotros (Fil. 3:12-13).

«Mas a todos los que le recibieron, a los que creen en su nombre, les dio potestad de ser hechos hijos de Dios; los cuales no son engendrados de sangre, ni de voluntad de carne, ni de voluntad de varón, sino de Dios» (Jn. 1:12-13).

«Todo lo que el Padre me da, vendrá a mí; y al que a mí viene, no le echo fuera» (Jn. 6:37).

«Yo amo a los que me aman, y me hallan los que temprano me buscan» (Pr. 8:17).

La bendición de Dios no se debe tanto a nuestra racionalidad y capacidad sino a su propósito y voluntad. Dios puede escoger para tocar y bendecir a quien Él quiere, y Él demuestra en forma incuestionable que escoge y toca y bendice a los niños traídos a Él.

ESTUDIO A FONDO 7

(10:16) *Niños:* los niños responden a Jesús. No tienen nada que ofrecer sino a sí mismos, y están dispuestos a darse a sí mismos. Sus pequeños corazones son tiernos y responden a la autoridad. Dependen de otros para su provisión, enseñanza, protección y cuidado. Están dispuestos a responder; lo único que necesitan es que alguien les presente la calidez y ternura y el amor de Jesús.

«Pero los principales sacerdotes y los escribas, viendo las maravillas que hacía, y a los muchachos aclamando en el templo y diciendo: ¡Hosanna al Hijo de David! se indignaron» (Mt. 21:15. *Véase* nota—Mt. 21:15-16, en cuanto a un excelente ejemplo de este tema).

«Entonces él les dijo: ¿Por qué me buscabais? ¿No sabíais que en los negocios de mi Padre me es necesario estar?» (Lc. 2:49).

«Trayendo a la memoria la fe no fingida que hay en ti, la cual habitó primeramente en tu abuela Loida, y en tu madre Eunice, y estoy seguro que en ti también» (2 Ti. 1:5).

«Y que desde la niñez has sabido las Sagradas Escrituras, las cuales te pueden hacer sabio para la salvación por la fe que es en Cristo Jesús» (2 Ti. 3:15).

«Y el joven Samuel iba creciendo, y era acepto delante de Dios y delante de los hombres» (1 S. 2:26).

«El joven Samuel ministraba a Jehová en presencia de Elí; y la palabra de Jehová escaseaba en aquellos días; no había visión con frecuencia» (1 S. 3:1).

«De siete años era Joás cuando comenzó a reinar, y cuarenta años reinó en Jerusalén. El nombre de su madre fue Sibia, de Beerseba. E hizo Joás lo recto ante los ojos de Jehová todos los días de Joiada el sacerdote» (2 Cr. 24:1-2).

«De ocho años era Josías cuando comenzó a reinar, y treinta y un años reinó en Jerusalén. Este hizo lo recto ante los ojos de Jehová, y anduvo en los caminos de David su padre, sin apartarse a la derecha ni a la izquierda. A los ocho años de su reinado, siendo aún muchacho, comenzó a buscar al Dios de David su padre; y a los doce años comenzó a limpiar a Judá y a Jerusalén de los lugares altos, imágenes de Asera, esculturas, e imágenes fundidas» (2 Cr. 34:1-3).

	C. El joven rico: el problema de la vida eterna, 10:17-22 (Mt. 19:16-22; Lc. 19:18-23)	mates. No hurtes. No digas falso testimonio. No defraudes. Honra a tu padre y a tu madre.	para recibir vida eterna a. Leyes de respetabilidad b. Su carácter respetable
1 Un joven rico buscó a Jesús a. Ansiedad: corriendo b. Humildad: postrado c. Respecto: maestro bueno d. Tema: eternidad	17 Al salir él para seguir su camino, vino uno corriendo, e hincada la rodilla delante de él, le preguntó: Maestro bueno, ¿qué haré para heredar la vida eterna?	20 El entonces, respondiendo, le dijo: Maestro, todo esto lo he guardado desde mi juventud. 21 Entonces Jesús, mirándole, le amó, y le dijo: Una cosa te falta:	**4 Hecho 3: ser amado por Jesús no es suficiente para recibir vida eterna**
2 Hecho 1: no es suficiente alabar a Cristo para tener vida eterna **3 Hecho 2: no es suficiente ser respetable**	18 Jesús le dijo: ¿Por qué me llamas bueno? Ninguno hay bueno, sino sólo uno, Dios. 19 Los mandamientos sabes: No adulteres. No	anda, vende todo lo que tienes, y dalo a los pobres, y tendrás tesoro en el cielo; y ven, sígueme, tomando tu cruz. 22 Pero él, afligido por esta palabra, se fue triste, porque tenía muchas posesiones.	**5 Hecho 4: se requiere la entrega de todo** a. Tomar la cruz: compromiso sacrificial b. Este requisito es una mala noticia: el joven se aleja triste

C. El joven rico: el problema de la vida eterna, 10:17-22

(10:17-22) Introducción: este hombre es conocido como el «joven principal rico». Se lo llama así por el cuadro combinado que ofrecen los tres evangelios.

- Era rico (Mt. 19:22; Mr. 10:22; Lc. 18:23).
- Era joven (Mt. 19:20).
- Era un principal (Lc. 18:18).

Era un joven llamativo en su tiempo. Esto se desprende de dos hechos.

1. Era consciente, responsable, confiable: rasgos que frecuentemente faltan en la juventud. Ya investía una posición de liderazgo.

2. Buscaba ansiosamente vida eterna: un asunto espiritual muchas veces evitado por la gente joven.

El tema dominante en la experiencia del joven es su sinceridad, su desesperada búsqueda de vida eterna. Jesús acepta la desesperación del hombre y causa una influencia en el mundo. Desesperación, sinceridad, ansiedad y la búsqueda de vida eterna no son suficientes. Heredar la vida eterna requiere mucho más que solamente estar desesperado por poseerla. El hombre que nos ocupa tiene un problema en la búsqueda de vida eterna.

1. Un joven rico buscó a Jesús (v. 17).
2. Hecho 1: no es suficiente alabar a Cristo (v. 18).
3. Hecho 2: no es suficiente ser respetable (vv. 19-20).
4. Hecho 3: ser amado por Jesús no es suficiente (v. 21).
5. Hecho 4: se requiere la entrega de todo (vv. 21-22).

1 **(10:17) Buscar a Jesús:** era una escena llamativa. Un hombre, joven y rico, buscaba a Jesús; lo buscaba con un sentido de urgencia y desesperación raras veces visto.

1. El hombre estaba *ansioso,* muy ansioso; se acercaba *corriendo* a Jesús.

2. El hombre fue *humilde;* se postró y arrodilló ante Jesús, mostrando extrema reverencia. Tenía a Jesús en muy alta estima. Dobló la rodilla ante Él.

3. El hombre fue *respetuoso;* se dirigió a Jesús como «Maestro bueno», que era la forma adecuada y cortés de dirigirse a un rabino o maestro reverenciado.

4. El hombre estaba *preocupado* por su bienestar espiritual. Preguntó qué debía hacer para heredar la vida eterna.

El joven demostró la forma en que debemos buscar vida eterna. Hizo exactamente lo que debemos hacer nosotros cuando queremos algo: lo buscó. Debemos *buscar* la vida eterna como la buscó este principal joven y rico. Pero hay algo esencial en la búsqueda. Debemos dirigirnos a la *fuente* correcta. Es exactamente lo que hizo el joven rico: (1) se acercó a Jesús, fuente de vida eterna; y (2) buscó confesando su necesidad.

Note dos cosas acerca de la búsqueda de vida eterna del joven.

1. Creía que la vida eterna existe, que había algo así como la vida eterna. Creía que había vida en el otro mundo, y fue sincero y buscó ansiosamente (tal vez desesperadamente) para recibirla. Vino «corriendo, e hincando la rodilla» ante Jesús.

2. Hizo algo llamativo. Confesó abiertamente su profunda preocupación por la vida eterna. Pocas personas ricas confesarían como él una preocupación concreta, y pocas personas jóvenes le asignarían suficiente importancia a esa edad. Este joven tenía una necesidad, y lo sabía, y lo confesó abiertamente. Estaba buscando la paz interior y un sentido de cumplimiento, realización y satisfacción.

2 **(10:18) Vida eterna:** lo primero que hay que saber acerca de la vida eterna es esto, alabar a Jesús no es suficiente para recibirla. El joven había alabado y honrado a Jesús en la mayor medida posible para una persona. Había buscado ansiosamente y reverenciado a Jesús, no solo al arrodillarse delante de Él, sino arrojándose a sí mismo al polvo de la tierra delante de Jesús. Se dirigió a Jesús con el título más elevado con que uno podía dirigirse a un reverenciado maestro. Era imposible alabar más a Jesús. Pero note que la alabanza del hombre y la honra que le dio a Jesús no fueron suficientes.

Llamó a Jesús «Maestro bueno», pero con Maestro quería decir *buen maestro, rabino bueno.* Estaba reconociendo que Jesús era una persona honorable, alguien que debía ser tenido en gran estima. Pero consideraba a Jesús como *solamente* un maestro altamente estimado. No consideraba a Jesús como el divino Hijo de Dios. Veía a Jesús como un mero hombre, no como Dios. Creía que Jesús era un hombre que había logrado una bondad inusual y que por ella había llegado a ser un *buen maestro,* alguien capacitado para enseñar las grandes verdades de Dios y la vida. (*Véase* nota, pto. 1—Lc. 18:18-23 en cuanto a otra idea y una discusión más extensa.)

Jesús tuvo que corregir este grave error. Procuró la corrección diciendo simplemente: «¿Por qué me llamas bueno? Ninguno hay bueno, sino sólo uno, Dios». Le estaba diciendo al joven rico: «Solamente Dios es bueno. No hay hombres buenos, al menos no comparados con Dios, nadie es suficientemente bueno para ser justificado ante Dios. *Si yo no soy más que un hombre,* un buen maestro, entonces no soy "bueno" ni tengo las palabras de la vida eterna. *Pero si yo soy Dios,* entonces puedes decirme "bueno" y entonces yo también tendré las palabras conducentes a la vida eterna.»

Note dos cosas.

1. Jesús le dijo al joven cómo entrar a la vida, es decir, cómo recibir la vida eterna. Por eso, Jesús estaba afirmando ser Dios.

2. Jesús estaba corrigiendo al joven rico. Enérgicamente dijo: «¿Por qué me llamas bueno? Ninguno hay bueno, sino sólo uno, Dios». Jesús no permitiría que el joven piense que Él era solamente un hombre, por mucho que el joven lo considerase un maestro prominente. Jesús es Dios, el propio Hijo de Dios; y debe ser conocido y llamado Hijo de Dios. Por eso Jesús intentó llevar al joven a reconocerlo y adorarlo como Dios. Era la única forma en que el joven podría alguna vez recibir vida eterna.

«Porque de tal manera amó Dios al mundo, que ha dado a su Hijo unigénito, para que todo aquel que en él cree, no se pierda, mas tenga vida eterna» (Jn. 3:16).

«Le respondió Simón Pedro: Señor, ¿a quién iremos? Tú tienes palabras de vida eterna» (Jn. 6:68).

«Por eso os dije que moriréis en vuestros pecados; porque si no creéis que yo soy, en vuestros pecados moriréis» (Jn. 8:24).

«Jesús le dijo: Yo soy el camino, y la verdad, y la vida; nadie viene al Padre, sino por mí. Si me conocieseis, también a mi Padre conoceríais; y desde ahora le conocéis, y le habéis visto» (Jn. 14:6-7).

«Y en ningún otro hay salvación; porque no hay otro nombre bajo el cielo dado a los hombres, en que podamos ser salvos» (Hch. 4:12).

«Porque hay un solo Dios, y un solo mediador entre Dios y los hombres, Jesucristo hombre, el cual se dio a sí mismo en rescate por todos, de lo cual se dio testimonio a su debido tiempo» (1 Ti. 2:5-6).

3 (10:19-20) *Vida eterna—justicia propia—ser respetable:* el segundo hecho que hay que saber acerca de la vida eterna es: ser respetable no es suficiente para tenerla. Note un punto esencial, el joven había preguntado: «¿Qué haré?» Tenía una religión de obras, no de fe. Creía que el hombre mismo podía conseguir la vida eterna siendo bueno. Creía que si podía guardar simplemente alguna gran regla o ley y vivir una vida moral, una vida limpia, Dios lo aceptaría. Creía que sus obras de moralidad y sus buenas obras sencillamente se sumarían en el balance y lo harían aceptable ante Dios.

Este fue el segundo gran error del hombre. Nuevamente Jesús tuvo que corregirlo; tenía que ir a la raíz misma del problema. El hombre no lograba amar a su prójimo como a sí mismo, y Jesús lo sabía (esto quedará a la vista luego). De modo que Jesús sencillamente le dijo al hombre. «Los mandamientos sabes»; y a continuación citó cinco de los diez mandamientos, las cinco leyes de respetabilidad referidas a la obligación que tenía hacia su prójimo (Éx. 20:12-16).

El hombre hizo la fenomenal afirmación de haber cumplido la totalidad de los cinco mandamientos citados por Jesús. Por su puesto, no los había guardado perfectamente, al menos no a los ojos de Dios, no en el espíritu con que Dios quería que los guarde. No era suficientemente generoso con otros, no estaba dando y ayudando como debía hacerlo. Ahora Jesús estaba listo para mostrarle cómo hacerlo y a guiarlo en ello. En resumen, esto es lo que Jesús tenía para decirle al principal joven y rico: Guarda los mandamientos referidos a tu prójimo —aquellos que deben ser guardados especialmente por personas en altas posiciones y por los ricos— aquellos que tantas veces son mal entendidos y desatendidos por los principales y los ricos.

Pero el joven rico entendió mal la ley de Dios; tenía un trágico sentido de justicia propia.

1. Creía que algunos mandamientos eran más importantes que otros.

2. Creía que el hombre podía guardar la ley de Dios y estar a cuentas con Dios, obteniendo su aceptación.

Pensamiento. «¿Qué haré» para heredar la vida eterna? No es la *buena obra* que hago, ni son todas las *buenas obras* que hago lo que me da vida eterna.

«Porque os digo que si vuestra justicia no fuere mayor que la de los escribas y fariseos [religiosos], no entraréis en el reino de los cielos» (Mt. 5:20).

«Muchos me dirán en aquel día: Señor, Señor, ¿no profetizamos en tu nombre, y en tu nombre echamos fuera demonios, y en tu nombre hicimos muchos milagros? Y entonces les declararé: Nunca os conocí; apartaos de mí, hacedores de maldad» (Mt. 7:22-23).

Sabiendo que el hombre no es justificado por las obras de la ley, sino por la fe en Jesucristo, nosotros también hemos creído en Jesucristo, para ser justificados por la fe de Cristo y no por las obras de la ley, por cuanto por las obras de la ley nadie será justificado» (Gá. 2:16).

«Porque por gracia sois salvos por medio de la fe; y esto no de vosotros, pues es don de Dios; no por obras, para que nadie se gloríe» (Ef. 2:8-9).

«Quien nos salvó y llamó con llamamiento santo, no conforme a nuestras obras, sino según el propósito suyo y la gracia que nos fue dada en Cristo Jesús antes de los tiempos de los siglos» (2 Ti. 1:9).

«Pero cuando se manifestó la bondad de Dios nuestro Salvador, y su amor para con los hombres, nos salvó, no por obras de justicia que nosotros hubiéramos hecho, sino por su misericordia, por el lavamiento de la regeneración y por la renovación en el Espíritu Santo» (Tit. 3:4-5).

4 (10:21) *Vida eterna—Jesucristo, amor de:* el tercer hecho que es preciso conocer acerca de la vida eterna es este: ser amado por Jesús no es suficiente para recibir la vida eterna. Note las palabras exactas: «mirándole, le *amó*». Los ojos de Jesús penetraron a lo más profundo del ser del hombre, y percibió una muy profunda ansiedad y sinceridad. El anhelo y deseo de tener vida eterna influyó profundamente a Jesús. Jesús se sintió atraído al hombre y lo amó en un sentido muy, muy especial.

Pero note el tema crucial: el amor de Jesús por el alma del hombre —aun el amor muy, muy especial de Jesús por una persona— no fue suficiente para salvar al hombre. Al hombre aun le faltaba una cosa.

Pensamiento. El amor de Cristo es grande, es conmovedor y alentador. Pero no es suficiente. El amor del Señor no puede salvarnos, no por sí solo, no en contra de nuestra voluntad, no si nos rehusamos a *entregar todo,* todo lo que somos y tenemos.

«¡Jerusalén, Jerusalén, que matas a los profetas, y apedreas a los que te son enviados! ¡Cuántas veces quise juntar a tus hijos, como la gallina junta sus polluelos debajo de las alas, y no quisiste!» (Mt. 23:37).

«Por cuanto llamé, y no quisisteis oír, extendí mi mano, y no hubo quien atendiese» (Pr. 1:24).

«Echad de vosotros todas vuestras transgresiones con que habéis pecado, y haceos un corazón nuevo y un espíritu nuevo. ¿Por qué moriréis, casa de Israel?» (Ez. 18:31).

5 (10:21-22) *Vida eterna—negación del ego—cruz:* el cuarto hecho que hay que conocer acerca de la vida eterna es éste: para recibir la vida eterna es preciso entregar todo. *Entregar todo* es lo que faltaba, es lo único por lo cual tantas personas pierden la vida eterna.

Jesús sabía exactamente lo que el joven necesitaba. Esto lo mostró el rechazo de Jesús por el joven. Estaba acumulando riqueza en vez de distribuirla. Dios le había dado riqueza para que pudiera ayudar a otros, pero estaba fallando en amar y ayudar como debía a su prójimo (Ef. 4:28).

El joven necesitaba escuchar precisamente lo que Jesús dijo: «Si quieres ser perfecto [recibir el cielo, guarda realmente los mandamientos, como dices que lo has hecho] entonces demuestra a todos públicamente y sin condiciones que amas a tu prójimo. Ve y vende todo lo que tienes, y dálo a los pobres ... y ven, *sígueme*.»

En nuestra lucha por proteger la gloriosa verdad de que el hombre es salvo por gracia y solamente por gracia, frecuentemente olvidamos y descuidamos otra gran verdad: *seguir a Cristo es servir y ministrar a nuestro prójimo.* Seguir a Cristo es negarnos completamente, *todo lo que somos y tenemos* (*véase* Estudio a fondo 1—Lc. 9:23). Cuando amamos a nuestro semejante como a nosotros mismos, mostramos que realmente amamos a Dios. Si no amamos y ministramos a nuestro prójimo (encima de nuestro ego) no amamos a Dios.

Si nos negamos a nosotros mismos y damos cuanto somos y tenemos (1 Jn. 4:20), entonces, y solamente entonces, recibimos el cielo; pero mucho más importante, recibimos tesoros en el cielo. Negarse a sí mismo, *dar cuanto somos y tenemos* es algo difícil, pero Cristo lo demanda. Nuestro intento de suavizar su exigencia no puede anularla (*véase* Estudio a fondo 1—Ro. 3:3).

Por tres motivos el joven rechazó a Jesús.

1. Incredulidad: no estaba dispuesto a confiar su vida a Jesús. No creía totalmente que el hombre Jesús que tenía ante sí, realmente fuese Dios.

2. Justicia propia y orgullo: en su concepto la religión consistía en guardar leyes y hacer el bien a efectos de obtener la aceptación de Dios. Creía tener, igual que otros hombres, el poder y la bondad para ser aprobado y aceptado por Dios.

3. Amor al mundo: era rico y no estaba dispuesto a renunciar a todo el confort y las posesiones que había obtenido. Cometió el error fatal que tantos cometen respecto de las riquezas, el poder y la fama.

   a. Amaba las cosas del mundo más que a la gente. Prefería acumular y vivir extravagantemente, en suntuosidad y confort antes que ayudar a aquellos que estaban en desesperada necesidad.

   b. Amaba las cosas del mundo más que la esperanza de vida eterna.

   c. Amaba la posición, el reconocimiento, estima y el poder de la tierra más que a Cristo.

Ahora note un tema crucial: el tema de *dar todo* es un tema sensible, tanto que las palabras de Cristo pocas veces son tomadas o predicadas en su significación inmediata. Las palabras del Señor son *diluídas* de modo de significar nada más que un ideal en la mente de un hombre: un ideal respecto del cual cada uno puede decidir en el interior de su propio corazón egoísta, engañoso y corrupto. ¿Está *dispuesto* el hombre *a dar todo?* En tal caso su disposición se considera como aceptable a Dios. Si en la práctica no da todo es de menor importancia. Sin embargo, pocas veces se cruza por la mente de los hombres el tema crucial: el Dios de todos los hombres *nunca puede justificar el guardar y acumular, el depositar en bancos y atesorar e incluso el retener mientras exista una sola necesidad no satisfecha.*

Si todos los hombres realmente pertenecen por creación a Dios, entonces Dios necesariamente tiene que esperar que todas las necesidades sean satisfechas, y necesariamente tiene que considerar responsable al hombre que tiene y guarda, que acumula y deposita en bancos, que junta y retiene. La persona honesta y pensante fácilmente lo entiende al reflexionar en el tema. La persona honesta y pensante ve tanto a las masas como al individuo ...

- que está muriendo de hambre.
- que carece de ropa, casa, remedios, tratamiento médico, educación y habilidades.
- que está alejado de Dios y condenado eternamente porque nunca ha escuchado el evangelio.

Imagínese los millones que nunca han escuchado siquiera una vez de Cristo. Cuando la persona pensante ve el cuadro, y si es honesta, no puede menos que aceptar las palabras de Jesús tales como son. Pero son tantas las personas que no piensan y tantas las que se rehusan a ser honestas. De manera que siguen *espiritualizando e idealizando los dichos de Jesús* dirigidos a este hombre. ¿Por qué? ¿Tememos el carácter estricto de lo que Cristo dice? ¿Tememos la reacción de la gente? ¿Tenemos miedo de los renunciamientos que tendremos que hacer? ¿Nos falta la fe interior para confiar en Dios? (*véanse* bosquejo, notas y Estudio a fondo 1—Mt. 10:28; nota—Mr. 10:23-27 para mayor discusión.)

Pensamiento 1. Dios espera que trabajemos de modo que tengamos lo suficiente para ayudar a otros (Ef. 4:28). Debemos ayudar conforme a nuestra capacidad, pero debemos ser *honestos* respecto de nuestra capacidad de ayudar.

Pensamiento 2. Note un tema crucial. Dios nos da *un talento* para que lo usemos y atendamos nuestras propias necesidades; pero cuando nuestras necesidades han sido suplidas, el talento que nos ha sido confiado debe ser usado para ayudar a otros en su necesidad.

Pensamiento 3. El joven rico tenía un grave defecto, el mismo defecto que existe en tantas personas de hoy: no creía que el cielo fuese tan glorioso que *merezca el renunciamiento* de sus posesiones.

«Y decía a todos: si alguno quiere venir en pos de mí nieguese a sí mismo, tome su cruz cada día, y sígame» (Lc. 9:23).

«Pero dad limosna de lo que tenéis, y entonces todo os será limpio» (Lc. 11:41).

«Vended lo que poseéis, y dad limosna; haceos bolsas que no se envejezcan, tesoro en los cielos que no se agote, donde ladrón no llega, ni polilla destruye» (Lc. 12:33).

«Entonces Zaqueo, puesto en pie, dijo al Señor: He aquí, Señor, la mitad de mis bienes doy a los pobres; y si en algo he defraudado a alguno, se lo devuelvo cuadruplicado» (Lc. 19:8).

«Dad, y se os dará; medida buena, apretada, remecida y rebosando darán en vuestro regazo; porque con la misma medida con que medís, os volverán a medir» (Lc. 6:38).

«En todo os he enseñado que, trabajando así, se debe ayudar a los necesitados, y recordar las palabras del Señor Jesús, que dijo: Más bienaventurado es dar que recibir» (Hch. 20:35).

«Compartiendo para las necesidades de los santos» (Ro. 12:13).

«Y si repartiese todos mis bienes para dar de comer a los pobres, y si entregase mi cuerpo para ser quemado, y no tengo amor, de nada me sirve» (1 Co. 13:3).

«Porque si primero hay la voluntad dispuesta, será acepta según lo que uno tiene, no según lo que no tiene» (2 Co. 8:12).

«Pero esto digo: El que siembra escasamente, también segará escasamente; y el que siembra generosamente, generosamente también segará» (2 Co. 9:6).

«Así que, según tengamos oportunidad, hagamos bien a todos, y mayormente a los de la familia de la fe» (Gá. 6:10).

«El que hurtaba, no hurte más, sino trabaje, haciendo con sus manos lo que es bueno, para que tenga qué compartir con el que padece necesidad» (Ef. 4:28).

«A los ricos de este siglo manda que no sean altivos, ni pongan la esperanza en las riquezas, las cuales son inciertas, sino en el Dios vivo, que nos da a todos las cosas en abundancia para que las disfrutemos. Que hagan bien, que sean ricos en buenas obras, dadivosos, generosos» (1 Ti. 6:17-18).

«Y de hacer bien y de la ayuda mutua no os olvidéis; porque de tales sacrificios se agrada Dios» (He. 13:16).

«El alma generosa será prosperada; y el que saciare, él también será saciado» (Pr. 11:25).

«El ojo misericordioso será bendito, porque dio de su pan al indigente» (Pr. 22:9).

	D. El problema de la riqueza y sus peligros, 10:23-27 (Mt. 19:23-26; Lc. 18:24-27)	difícil es entrar en el reino de Dios a los que confían en las riquezas!	b. Su confianza no está en Dios
1 El principal joven y rico[EF1]	23 Entonces Jesús, mirando alrededor, dijo a sus discípulos: ¡Cuán difícilmente entrarán en el reino de Dios los que tienen riquezas!	25 Más fácil es pasar un camello por el ojo de una aguja, que entrar un rico en el reino de Dios.	**3 Los ricos tienen grandes dificultades, espiritualmente**
a. La tremenda afirmación[EP2]		26 Ellos se asombraban aun más, diciendo entre sí: ¿Quién, pues, podrá ser salvo?	**4 Los ricos son colocados en un pedestal por el mundo**
b. Peligro de la riqueza	24 Los discípulos se asombraron de sus palabras; pero Jesús, respondiendo, volvió a decirles: Hijos, ¡cuán	27 Entonces Jesús, mirándolos, dijo: Para los hombres es imposible, mas para Dios, no; porque todas las cosas son posibles para Dios.	**5 Los ricos tienen una sola esperanza: Dios**
2 Los ricos tienden a confiar en las riquezas			a. Solamente Dios puede salvar
a. Su confianza es en el mundo			b. Sólo Dios juzga

D. El problema de la riqueza y sus peligros, 10:23-27

(10:23-27) *Introducción:* Jesús tomó el rechazo del cielo por parte del joven rico y advirtió a todos los hombres el problema y los peligros de la riqueza. La riqueza está entrelazada de peligros y caídas, tanto para el hombre que está buscando riquezas como para aquel que ya es rico. Los peligros son muchos. Enredan y esclavizan a tal extremo que Jesús hizo una llamativa declaración «¡Cuán difícilmente entrarán en el reino de Dios los que tienen riquezas!»

Son palabras fuertes; la idea es chocante. Sin embargo, Jesús tiene que ser veraz, puesto que ama y cuida a las personas. Tiene la necesidad de advertir a todos los hombres; para un hombre rico es extremadamente difícil entrar al cielo. Los peligros que encaran los ricos son reales y terribles, de modo que la advertencia tiene que ser real y veraz.

1. El principal joven y rico (v. 23).
2. Los ricos tienden a confiar en las riquezas (v. 24).
3. Los ricos tienen grandes dificultades, espiritualmente (v. 25).
4. Los ricos son colocados en un pedestal por el mundo (v. 26).
5. Los ricos tienen una sola esperanza: únicamente Dios (v. 27).

1 (10:23) *Riqueza, peligro de las:* este pasaje está relacionado al joven rico. El cuadro es como sigue: al alejarse de Jesús el principal joven y rico, Jesús se quedó prolongadamente mirando cómo la figura del joven se desvanecía en la distancia. A Jesús le quebrantó el corazón y lo preocupó, puesto que había tanto potencial en el joven. Rápidamente, lleno de energía y autoridad, quizá al borde del enojo (por el poder esclavizante de la riqueza), Jesús «miró alrededor» suyo e hizo una impactante afirmación: «¡Cuán difícilmente entrarán en el reino de Dios los que tienen riquezas!»

El terrible peligro de la riqueza es que tan rápidamente le impide a la persona entrar al reino de Dios. Bienes, riquezas, y posesiones (tales como propiedades, dinero, televisiones, automóviles, equipamiento recreacional), todo ello constituye un grave problema y un eterno peligro para el hombre.

ESTUDIO A FONDO 1

(10:23) *Riquezas (chremata):* dinero, cosas, placeres —lo que uno tiene y usa— cosas o bienes materiales. Significa todo tipo de cosas que una persona tiene, todas las cosas que tienen valor, que valen algo. Jesús escogió una palabra aplicable a cada generación y a todo hombre que tiene posesiones o cosas de valor.

ESTUDIO A FONDO 2

(10:23) *Bienes—riquezas:* ¿Quiénes son los ricos? Desde un punto de vista realista, en comparación con lo que tiene la vasta mayoría del mundo, *la persona rica es cualquiera que tiene algo* para guardar después de suplir las necesidades reales de su propia familia.

Esto es exactamente lo que Cristo y la Biblia dicen una y otra vez (cp. también Mt. 12:41-44; Lc. 21:1-4; Hch. 4:34-35; etc.).

En una sentencia sumaria, ¿quién es rico? *La persona rica es cualquier persona que tiene cualquier cosa más allá de sus necesidades.* Lo que Cristo demanda es que demos *cuanto somos y tenemos* para ayudar a los que están en una necesidad tan desesperada, y que lo hagamos sin retener nada. Con frecuencia esta es la gran queja contra los cristianos, que no creemos lo que Cristo dice. La evidencia de nuestra incredulidad se ve en la insistencia de Cristo de que demos todo para alimentar a los que mueren de hambre y suplamos las desesperantes necesidades del mundo, y sin embargo, nos rehusamos a obedecerle. Se dice que Gandhi, el gran líder de la independencia india, por este motivo nunca abrazó el cristianismo; porque los cristianos viven vidas hipócritas. Los cristianos no siguen las enseñanzas de Cristo; no dan todo lo que son y todo lo que tienen para suplir las necesidades desesperantes del mundo. ¿Cuántos otros han rechazado a Cristo por causa de nuestra hipocresía?

«Jesús le dijo: Si quieres ser perfecto, anda, vende lo que tienes, y dalo a los pobres, y tendrás tesoro en el cielo; y ven y sígueme» (Mt. 19:21).

«Y cualquiera que haya dejado casas, o hermanos, o hermanas, o padre, o madre, o mujer, o hijos o tierras, por mi nombre, recibirá cien veces más, y heredará la vida eterna» (Mt. 19:29).

«Porque donde esté vuestro tesoro, allí estará también vuestro corazón» (Mt. 6:21).

«Y el segundo es semejante: Amarás a tu prójimo como a ti mismo» (Mt. 22:39).

«Mas buscad el reino de Dios y todas estas cosas os serán añadidas. No temáis, manada pequeña, porque a vuestro Padre le ha placido daros el reino. Vended lo que poseéis, y dad limosna; haceos bolsas que no se envejezcan, tesoro en el cielo que no se agote, donde ladrón no llega, ni polilla destruye. Porque donde está vuestro tesoro, allí estará también vuestro corazón» (Lc. 12:31-34).

«Entonces Zaqueo, puesto en pie, dijo al Señor: He aquí, Señor, la mitad de mis bienes doy a los pobres; y si en algo he defraudado a alguno, se lo devuelvo cuadruplicado» (Lc. 19:8).

«En esto conocerán todos que sois mis discípulos, si tuviereis amor los unos con los otros» (Jn. 13:35).

«Si guardareis mis mandamientos, permaneceréis en mi amor; así como yo he guardado los mandamientos de mi Padre, y permanezco en su amor» (Jn. 15:10).

«El amor sea sin fingimiento. Aborreced lo malo, seguid lo bueno» (Ro. 12:9).

> «Como también yo en todas las cosas agrado a todos, no procurando mi propio beneficio, sino el de muchos, para que sean salvos» (1 Co. 10:33).
> «Porque ya conocéis la gracia de nuestro Señor Jesucristo, que por amor a vosotros se hizo pobre, siendo rico, para que vosotros con su pobreza fueseis enriquecidos» (2 Co. 8:9).
> «El que hurtaba, no hurte más, sino trabaje, haciendo con sus manos lo que es bueno para que tenga qué compartir con el que padece necesidad» (Ef. 4:28).
> «Y el Señor os haga crecer y abundar en amor unos para con otros y para con todos, como también lo hacemos nosotros para con vosotros» (1 Ts. 3:12).
> «Sean vuestras costumbres sin avaricia, contentos con lo que tenéis ahora; porque él dijo: No te desampararé, ni te dejaré» (He. 13:5).

2 (10:24) *Riqueza—materialismo—mundanalidad:* los ricos tienden a confiar en las riquezas (dinero y cosas). Jesús hizo esta afirmación en vista de las cosas que *alejaron* al joven rico. La riqueza aleja a las personas del cielo. Hay una tensión, atracción, una fuerza, un poder, un tironeo que se extiende sobre cualquier persona que busca o posee riquezas. Hay atracciones tan poderosas que esclavizan y condenan a cualquier persona rica que no se vuelve y abraza a Dios. Cristo ofrece tres motivos para esto.

1. El hombre tiende a confiar en el mundo y en sus riquezas. Su riqueza lo ata al mundo. La riqueza lo capacita a comprar cosas que ...

- le dan comodidad.
- desafían sus propósitos mentales.
- halagan su paladar.
- estimulan su carne.
- motivan su ego.
- agrandan su auto imagen.
- expanden su experiencia.

Si una persona centra su vida en las cosas del mundo, su atención estará puesta en el mundo, no en Dios. Tiende a envolverse en la búsqueda de más y más y en la protección de lo que tiene. Le otorga poco tiempo y escasos pensamientos a los asuntos celestiales. La riqueza y las cosas que ella puede proveer pueden consumir al rico y normalmente así lo hacen.

2. La confianza del hombre probablemente no está en las cosas de mayor valor, es decir, en Dios. La riqueza lleva al hombre a confiar en sí mismo, sus habilidades, su energía y esfuerzos. Las riquezas crean el *gran yo* (cp. vv. 17, 20). Normalmente se mira a los ricos, se los estima, honra y envidia. La riqueza trae posiciones, poder, reconocimiento. Impulsa al *ego,* y hace que la persona sea auto-suficiente e independiente en este mundo. Como resultado hay una tendencia en el rico de sentirse realmente independiente y auto-suficiente, creer que realmente no necesita nada. Y en esa clase de atmósfera y en ese mundo de pensamientos, Dios queda olvidado. El hombre olvida que existen cosas que el dinero no puede comprar, y eventos de los que el dinero no puede salvar. Paz, amor, gozo; todo lo que realmente importa dentro del espíritu del hombre nunca puede ser comprado. El dinero tampoco puede salvar al hombre del desastre, la enfermedad, accidentes, muerte, y de tantas otras cosas más.

3. El hombre rico tiende a acumular, a ser egoísta con la *mayor* parte de su dinero. Confía en sus riquezas, guardando la *mayoría* de todas ellas para sí mismo (*véase* nota, pto. 2—Mt. 19:23).

> «Porque los que quieren enriquecerse caen en tentación y lazo, y en muchas codicias necias y dañosas, que hunden a los hombres en destrucción y perdición; porque raíz de todos los males es el amor al dinero, el cual codiciando algunos, se extraviaron de la fe, y fueron traspasados de muchos dolores» (1 Ti. 6:9-10).
> «A los ricos de este siglo manda que no sean altivos, ni pongan la esperanza en las riquezas, las

cuales son inciertas, sino en el Dios vivo, que nos da a todos las cosas en abundancia para que las disfrutemos» (1 Ti. 6:17).
> «Y diré a mi alma: alma, muchos bienes tienes guardados para muchos años; repósate, come, bebe, regocíjate. Pero Dios le dijo: Necio, esta noche vienen a pedirte tu alma; y lo que has provisto, ¿de quién será?» (Lc. 12:19-20).
> «Si puse en el oro mi esperanza, y dije al oro: Mi confianza eres tú; si me alegré de que mis riquezas se multiplicasen, y de que mi mano hallase mucho ... Esto también sería maldad juzgada; porque habría negado al Dios soberano» (Job 31:24-25; 28).
> «He aquí el hombre que no puso a Dios por su fortaleza, sino que confió en la multitud de sus riquezas, y se mantuvo en su maldad» (Sal. 52:7).
> «El que confía en sus riquezas caerá; mas los justos reverdecerán como ramas» (Pr. 11:28).

3 (10:25) *Riqueza—camello—aguja:* los ricos tienen gran dificultad, espiritualmente. Para un rico es extremadamente difícil entrar al reino de Dios. Tan difícil que Jesús dijo: «Más fácil es pasar un camello por el ojo de una aguja, que entrar un rico en el reino de Dios».

Se han dado diversas interpretaciones para «camello» y «aguja» con la intención de suavizar las palabras de Jesús. Por ejemplo, algunos han dicho que la aguja era una puerta angosta en el muro que rodeaba a Jerusalén. Esta puerta angosta estaba adyacente al gran portal. De noche éste era cerrado para proteger a la ciudad de merodeadores y enemigos, pero se usaba la puerta angosta. También se dice que esa pequeña puerta era llamada «el ojo de la aguja» porque era tan pequeña que aun para una sola persona era difícil pasar. Otros han dicho que la palabra griega usada por Jesús fue *kamilos* (soga o cable de embarcación), no *kamelos* (camello). Note que la única diferencia entre las dos palabras es la segunda vocal.

Es preciso notar tres cosas respecto de estas interpretaciones.

1. No hay duda de que Jesús habló literalmente de una aguja. Incluso en el versículo 27 dijo: «Para los hombres es imposible». Lo que hizo fue usar una expresión proverbial para significar algo *imposible.* La mayoría de los países tienen proverbios que expresan la imposibilidad de algunas cosas. El camello era el animal más grande que existía entre los judíos, de modo que Jesús simplemente usó un proverbio bien conocido entre los judíos, o bien creó una. También está el hecho de que cuando Jesús decidió hablar en parábolas decidió hacer lo más común y usual para expresar lo que quería expresar.

2. Los intentos por suavizar lo dicho por Jesús son solamente eso: intentos suavizantes. Pero no se puede suavizar nada respecto del versículo 27: «Para los hombres es imposible.» Ninguna persona, ni siquiera el propio rico, puede salvar a un hombre rico. El peligro de las riquezas es muy real y terrible. Las riquezas enredan y esclavizan tanto al hombre que es extremadamente difícil para el rico, renunciar, entregar su riqueza para ayudar a suplir las desesperantes necesidades del mundo. Sencillamente no puede aceptar que deba trabajar «haciendo con sus manos ... para que tenga qué compartir con el que padece necesidad» (Ef. 4:28). Es tan difícil no vivir en el lujo personal y construir grandes propiedades. Grandes y coloridas comidas, roperos llenos y a la moda, una casa grande y hermosa, el automóvil más grande, último momento, es muy difícil renunciar a tanto. Es el ego quien se rehusa a renunciar a tanto.

3. La dificultad es la misma, tanto para las interpretaciones suavizantes, como para la interpretación literal. ¿Cómo hace un camello para suavizar en algo su intento de pasar por una puerta hecha para un hombre? Sería imposible. ¿Y cómo suavizar en algo el intento de enhebrar una soga de barco en el ojo de una aguja? Nuevamente, es imposible.

Pensamiento. Pocos ricos entrarán al reino de Dios. ¿Por qué? Las Escrituras expresan claramente las razones.

1) Las riquezas y la mundanalidad ahogan la Palabra de Dios.

«Pero los afanes de este siglo, y el engaño de las riquezas, y las codicias de otras cosas, entran y ahogan la palabra, y se hace infructuosa» (Mr. 4:19).

2) Las riquezas dan al hombre un sentido falso de seguridad.

«Y diré a mi alma: alma, muchos bienes tienes guardados para muchos años; repósate, come, bebe, regocíjate. Pero Dios le dijo: Necio, esta noche vienen a pedirte tu alma; y lo que has provisto, ¿de quién será?» (Lc. 12:19-20).

3) Las riquezas acarrean un torrente de tentaciones y trampas a la persona.

«Porque los que quieren enriquecerse caen en tentación y lazo, y en muchas codicias necias y dañosas, que hunden a los hombres en destrucción y perdición» (1 Ti. 6:9).

4) Las riquezas llevan al hombre a sobreestimar su propio valor (engreimiento, orgullo, arrogancia, altivez).

«A los ricos de este siglo manda que no sean altivos, ni pongan la esperanza en las riquezas, las cuales son inciertas, sino en el Dios vivo, que nos da todas las cosas en abundancia para que las disfrutemos» (1 Ti. 6:17).

«Las riquezas del rico son su ciudad fortificada, y como un muro alto en su imaginación» (Pr. 18:11).

5) Las riquezas tienden a hacer que el hombre olvide a Dios.

«Y tus vacas y tus ovejas se aumentaren, y la plata y el oro se te multipliquen, y todo lo que tuvieres se aumente; y se enorgullezca tu corazón, y te olvides de Jehová tu Dios» (Dt. 8:13-14).

6) Las riquezas fortalecen al hombre en su maldad.

«He aquí el hombre que no puso a Dios por su fortaleza, sino que confió en la multitud de sus riquezas, y se mantuvo en su maldad» (Sal. 52:7).

4 (10:26) *Riqueza—salvación:* el mundo pone en un pedestal a los ricos. Los judíos consideraban a la riqueza una bendición especial de Dios. Indicaba la medida de la condición espiritual del hombre ante Dios. Este es el concepto de la *religión natural.* A lo largo de toda la historia una persona rica en bienes, intelecto, talento o personalidad ha sido considerada como especialmente bendecida por Dios, y que su vida es en todo más fácil.

Note: los discípulos se asombraron dos veces, más allá de lo imaginable (vv. 24, 26). ¿Por qué? Porque no alcanzaban a ver que las riquezas constituyen: un agudo examen de parte de Dios, y una responsabilidad para el hombre de probar precisamente su grado de responsabilidad ante Dios y sus semejantes en cuanto a suplir las desesperantes necesidades de ellos. (*Véase* nota—Stg. 1:9-11.)

Jesús estaba diciendo algo diametralmente opuesto de lo que ellos y cada uno habían oído desde siempre. Siempre les habían enseñado (como ocurrió en generaciones posteriores, incluso en la iglesia):

- que la prosperidad (riqueza, comodidad, y cosas) es bendición de Dios.
- que la persona recibe y tiene porque Dios los está bendiciendo.
- que la prosperidad es la recompensa a la justicia y obediencia.
- que Dios bendice a una persona con las cosas de esta tierra cuando esa persona es justa y obediente.

Pero en este pasaje Jesús está diciendo precisamente lo opuesto: la persona próspera probablemente nunca entrará al cielo; la prosperidad implicaba una amenaza tan peligrosa para la persona que su eterno destino estaba casi asegurado. Los discípulos sabían que Dios nunca pondría a una persona en una posición tan precaria y peligrosa. Sabían que Jesús estaba atacando la creencia más apreciada y ardiente del mundo: sé bueno (justo) y serás bendecido por Dios (y el concepto de las bendiciones era que éstas siempre eran materiales. *Véase* nota—Ef. 1:3 para una discusión de las bendiciones de Dios).

Los discípulos estaban impresionados, totalmente atónitos. ¿Quién podrá salvarse entonces? La mayoría de la gente estaba amenazando su propio eterno destino. Se estaban condenando a sí mismos. Si la prosperidad no es la recompensa (señal) por justicia, y si los ricos no pueden entrar al cielo, tampoco pueden entrar los pobres; puesto que pasan la mayor parte de su tiempo soñando con la prosperidad y con la forma de obtenerla.

La idea de que la prosperidad es recompensa por justicia, que Dios bendice a las personas con cosas de esta tierra si son justas y obedientes, es un concepto tan prevalente que hay necesidad de un

1. Dios se preocupa por las bendiciones espirituales, no por bendiciones materiales. Dios promete al hombre suplir sus necesidades vitales (comida, ropa, techo) si busca primeramente a Dios (Mt. 6:33; cp. 6:25-34). Si Dios quiere, puede bendecirnos, a cualquiera de nosotros con todo lo que Él quiera de manera que tengamos para dar a aquel que necesita. Pero el mero hecho de que una persona sea próspera no significa que sea justa, y el mero hecho de que una persona sea justa no significa que va a ser bendecida materialmente. La justicia y la prosperidad no tienen nada que ver una con otra. En efecto, «¡cuán difícilmente entrarán en el reino de Dios los que tienen riquezas!»

2. *Raras veces* es la riqueza algo bueno. Como lo enseña Jesús en este pasaje, la riqueza está llena de peligros que le hacen muy difícil al rico entrar al cielo. Sin embargo, todo el mundo, ricos y pobres por igual, creyentes y no creyentes, pone su atención primordial en soñar y obtener más y más.

3. El hombre mismo adquiere sus riquezas, mediante su propia energía y esfuerzo. El hombre busca riquezas, sueña con cómo hacer para obtenerlas (visión clara, perspectiva), y toma la iniciativa para ello (actuando en el momento adecuado). El hombre puede confiar en la ayuda de Dios para obtener riquezas, pero también puede ser que el hombre no tenga nada que ver con Dios y adquiera la riqueza por sí mismo. Hay un sentido en el cual la fuerza y la mente provienen de Dios, pero eso no tiene nada que ver con una relación personal, activa, con Dios. La mayoría de los hombres ricos manejan sus propias vidas y proceden a asegurarse de sus tesoros en esta tierra *sin Dios* (Mt. 6:21).

Por otra parte, la persona puede confiar en Dios para recibir su bendición a efectos de poder ayudar a otros, y puede ser que Dios decida bendecirla. Pero si Dios decide bendecirla es con el propósito de ayudar a otros, no de acumular y vivir por encima de lo que es necesario (extravagancias y cosas suntuosas). De hecho, lo que Jesús enseña es que *los ricos deben vivir tan sacrificialmente como los pobres a efectos de suplir las desesperantes necesidades de un mundo que muere de hambre, condenado y moribundo. ¡Quiera conceder Dios que nunca lo olvidemos!* Nuestro destino eterno depende de cómo vivimos, depende de que vivamos sacrificialmente. Por eso, esta verdad debe ser repetida: lo que Jesús enseña es que *los ricos deben vivir tan sacrificialmente como los pobres a efectos de suplir las desesperantes necesidades de un mundo que muere de hambre, que está condenado y moribundo.* (*Véanse* notas y Estudios 1, 2—Mt. 19:23; Mr.12:42. *Véase* bosquejo—Lc. 21:1-4.)

Pensamiento. Una de las tendencias más peligrosas y trágicas de los hombres es poner en un pedestal a los ricos (poderosos, atletas, dotados). Las Escrituras son claras: la esperanza y seguridad del hombre no debe basarse en otros hombres.

«Mejor es confiar en Jehová que confiar en príncipes» (Sal. 118:9).

«Dejaos del hombre, cuyo aliento está en su nariz; porque ¿de qué es él estimado?» (Is. 2:22).

«Así ha dicho Jehová: Maldito el varón que confía en el hombre, y pone carne por su brazo, y su corazón se aparta de Jehová» (Jer. 17:5).

5 (10:27) *Riqueza—salvación—arrepentimiento:* los ricos tienen una sola esperanza: únicamente Dios. Cristo dijo dos cosas.

1. Solamente Dios puede salvar. El hombre rico tiene que volverse a Dios y apartarse del mundo. Nadie puede salvarlo, ni el mismo puede salvarse ni ningún otro hombre.

    a. Ninguna persona tiene la fuerza o el conocimiento para romper el poder que lo obliga a *buscar cosas* y que lo tiene sujetado. La tendencia natural dentro del hombre es buscar más y más comodidad, y más facilidades y posesiones. Ninguna persona tiene el poder de romper ese *deseo natural.* Las redes son demasiado agradables y esclavizantes.

    b. Ninguna persona puede recrear el alma del hombre; nadie puede cambiar el alma de otra persona de manera que «busque las cosas de arriba» y ponga sus afectos «en las cosas de arriba, *no en las de la tierra*» (Col. 3:1-2). No hay filosofía, ni psicología, ni medicina, ni educación, ni política, ni movimiento social que pueda cambiar el alma del hombre.

«**Difícilmente entrará un rico en el reino de los cielos... ¿Quién, pues, podrá ser salvo [puesto que aun los pobres sueñan con ser ricos y lo intentan]? ... Para los hombres esto [la salvación] es imposible; mas para Dios todo es posible**» (Mt. 19:23, 25-26).

El rico tiene que volverse a Dios y a su poder. Dios es la única esperanza del rico. Solamente Dios puede quebrar su atadura a esta tierra; solamente Dios puede convertir, cambiar, volver y salvar al hombre del peligro y de la condenación de la riqueza. ¿Cómo? Muy simple. Las palabras de Jesús al principal joven y rico le dicen qué hace:

«**Anda, vende lo que tienes, y dalo a los pobres, y tendrás tesoro en el cielo; y ven y sígueme**» (Mt. 19:21).

Esta es una palabra dura, algo difícil de hacer para cualquiera de nosotros. Es algo tan difícil que intentamos escapar de la grave demanda que implica, intentamos alejarla mediante explicaciones suavizantes. Pero *es lo que Jesús dijo.* Los discípulos lo entendieron perfectamente bien (vv. 25-27). En términos muy prácticos, para recibir vida eterna debemos entregar *cuanto somos y cuanto tenemos.* Por supuesto, esto es más difícil para el rico; porque tiene «muchas posesiones» (v. 22).

2. Solamente Dios juzga. Dios juzgará a los ricos en base a cómo consiguieron sus riquezas y a cómo las usaron.

Existen cuatro pasos prácticos que ayudarán al rico a ser salvo.

    a. Escuchar y prestar inmediata atención a la voz interior, al impulso de la conciencia de entregar la propia vida y posesiones a Dios. Volverse inmediatamente a Dios. Nunca alejarse.

    b. Estudiar la Palabra de Dios en busca de dirección —cada día— y hablar con Dios y confiar que Dios guardará su corazón de la atracción y del engaño de las posesiones.

    c. Usar la propia riqueza para ayudar a otros en sus desesperantes necesidades. *Comprender, saber y reconocer que la vasta mayoría* del mundo está hambrienta, herida, y necesitada de ayuda— desesperadamente; y que Dios espera que usemos todo lo que tenemos para suplir esas necesidades, *no para acumular y vivir extravagantemente en medio de tanta necesidad.*

    d. Desarrollar un vigoroso anhelo por el cielo, sabiendo que nuestra travesía por la tierra es tan breve, tan breve como el lirio del campo.

Pensamiento 1. Si el justo con dificultad se salva, ¿en dónde aparecerá el impío y el pecador [el rico] (1 P. 4:18)?

Pensamiento 2. Cristo se ve forzado a dejar que cada persona rica tome su propia decisión. Tuvo que dejar al joven rico alejarse a su propio destino eterno. También tiene que dejarnos ir a nosotros si así lo decidimos. No puede violar la libertad de nuestra voluntad. No puede hacernos robots.

Pensamiento 3. El dinero y las posesiones no pueden cuidar de nosotros. El dinero y las diversiones no tienen vida. Son materiales. No pueden cuidarnos. Nosotros debemos cuidar de ellos. Pero no es así con Dios. Dios puede ocuparse de nosotros y cuidar de nuestro bienestar, tanto ahora como eternamente.

«**Porque nada hay imposible para Dios**» (Lc. 1:37).

«**Yo conozco que todo lo puedes, y que no hay pensamiento que se esconda de ti**» (Job 42:2).

«**A los ricos de este siglo manda que no sean altivos, ni pongan la esperanza en las riquezas, las cuales son inciertas, sino en el Dios vivo, que nos da a todos las cosas en abundancia para que las disfrutemos. Que hagan bien, que sean ricos en buenas obras, dadivosos, generosos; atesorando para sí buen fundamento para lo por venir, que echen mano de la vida eterna**» (1 Ti. 6:17-19).

«**Porque nadie puede poner otro fundamento que el que está puesto, el cual es Jesucristo**» (1 Co. 3:11).

«**Por la fe Moisés, hecho ya grande, rehusó llamarse hijo de la hija de Faraón, escogiendo antes ser maltratado con el pueblo de Dios, que gozar de los deleites temporales del pecado, teniendo por mayores riquezas el vituperio de Cristo que los tesoros de los egipcios; porque tenía puesta la mirada en el galardón**» (He. 11:24-26).

	E. El problema de las recompensas: lo que uno recibe por seguir a Cristo, 10:28-31 (Mt. 19:27-30; Lc. 18:28-30)	dejado casa, o hermanos, o hermanas, o padres, o madres, o mujer, o hijos, o tierras, por causa de mí y del evangelio, 30 que no reciba cien veces más ahora en este tiempo; casas, hermanos, hermanas, madres, hijos, y tierras, con persecuciones; y en el siglo venidero la vida eterna. 31 Pero muchos primeros serán postreros, y los postreros, primeros.	b. Ya se trate de propiedades y riquezas
1 Pedro preguntó por recompensas 2 Recibe cien veces más de lo que entrega a. Ya se trate de casa y familia	28 Entonces Pedro comenzó a decirle: He aquí, nosotros lo hemos dejado todo, y te hemos seguido. 29 Respondió Jesús y dijo: De cierto os digo que no hay ninguno que haya		3 Recibe persecución 4 Recibe vida eterna 5 Recibe una seguridad inmediata y una advertencia

E. El problema de las recompensas: lo que uno recibe por seguir a Cristo, 10:28-31

(10:28-31) *Introducción:* para muchas personas la idea de recompensas en el cielo es extraña; otros la rechazan pensando que la idea de recompensas dadas por Dios a la gente es de naturaleza mercenaria. Creen que las recompensas en términos de rangos, y posiciones, de posesiones y grados de responsabilidad, no tienen lugar en un mundo perfecto. Sin embargo, Cristo mismo soportó la cruz «*por el gozo puesto delante de Él*» (He. 12:2). Y se dice de Moisés que estimó más «el vituperio de Cristo que los tesoros de los egipcios» (He. 11:26; cp. He. 11:1-40). Las Escrituras abundan con la enseñanza de recompensas «en el siglo venidero» (v. 30).

Las recompensas son el tema de este pasaje. Jesús trata el problema de las recompensas; habla precisamente de lo que un verdadero discípulo recibirá, tanto en este mundo como en el mundo venidero. (*Véanse* notas—Lc. 16:10-12; Jn. 4:36-38.)

1. Pedro preguntó acerca de recompensas (v. 28).
2. Recibe cien veces más de lo que entrega (vv. 29-30).
3. Recibe persecución (v. 30).
4. Recibe vida eterna (v. 30).
5. Recibe una seguridad inmediata y una advertencia (v. 31).

1 (10:28) *Recompensas:* Pedro preguntó por las recompensas porque acababa de recibir un choque. Había visto a un joven rico, de enorme potencial, volverse y alejarse de Jesús. El hombre había rechazado a Jesús porque no estaba dispuesto a abandonar lo que tenía; no estaba dispuesto a abandonar su riqueza y usarla para suplir las necesidades del mundo. Luego Pedro había oído las trastabillantes declaraciones de Jesús acerca de las riquezas, acerca de lo difícil que será para la gente con riquezas entrar al cielo. ¿Por qué? Porque no están dispuestos a dar sus riquezas para suplir las necesidades del mundo. La persona tiene que renunciar a todo para entrar al cielo; tiene que dar cuanto es y tiene para salvar a un mundo desesperado.

El requisito parecía duro y severo. Pedro se sintió impactado y atónito. Tenía la idea de que él y los discípulos habían dado todo. Estaba *casi seguro de que no retenían nada, pero quería una seguridad absoluta.* Cualquier persona hubiera necesitado una nueva seguridad después de lo que Jesús acababa de decir. Pocas personas venden todo, y renuncian a todo, y pocas personas (ricas o pobres) controlan sus sueños y anhelos de tener más (*véase* nota—Mt. 19:25). Los discípulos, como todas las personas honestas, lo sabían. También conocían la extrema demanda que Jesús estaba planteando a un verdadero seguidor suyo. *Ellos, en contraste con tantos de nosotros que intentamos suavizar las palabras de Jesús, entendieron exactamente lo que Jesús estaba diciendo.* La naturaleza extrema de sus palabras era chocante. Ellos no lograban ver cómo alguien podía ser salvo. Y la respuesta de Jesús a la pregunta de ellos respecto de la salvación no decía nada para darles una seguridad personal: «Para

los hombres esto es imposible; mas para Dios todo es posible» (Mt. 19:26).

Los discípulos sentían una profunda necesidad de seguridad. ¿Habían hecho ya lo suficiente, ya habían renunciado a suficientes cosas? Ellos creían que sí, estaban casi seguros de ello, ¿pero realmente era suficiente? Con cierta mansedumbre Pedro dijo: «He aquí [mira], nosotros lo hemos dejado todo y te hemos seguido; ¿qué, pues, tendremos? ¿Tendremos la vida eterna ...?» (Mt. 19:27).

Jesús utilizó la pregunta de Pedro para enseñar una maravillosa verdad. Ellos, sus propios apóstoles, y todos los que le siguieron después de ellos, pueden estar totalmente seguros de ser enormemente recompensados.

1. «Nosotros lo hemos dejado todo.» ¡Qué testimonio glorioso! Deténgase a pensar en estos hombres. Habían «dejado [todo] ... por causa de mí [Cristo] y del evangelio» (v. 29). Habían dejado a su familia, amigos, negocio, profesiones, riqueza, habían dejado todo para suplir las necesidades de un mundo desesperado. Es de notar que estaban dispuestos a suplir las necesidades de sus familias (cp. Mt. 8:14). El mismo Jesús tuvo cuidado de su madre (Jn. 19:26-27). *Dejar todo no significa abandonar o rehuir las responsabilidades que uno tiene. Significa centrar la propia vida y posesiones en Cristo y en usar cuánto uno es y tiene para servirle y para suplir las necesidades del mundo. Significa poner a Cristo primero* (Mt. 6:33).

2. «Nosotros ... te hemos seguido.» Habían seguido a Jesús y a su evangelio; no habían seguido a otro Mesías auto proclamado o a un mensaje falso (cp. Gá. 1:6-9). Sabían que Él era el verdadero Mesías, el Hijo del Dios viviente; y habían entregado sus vidas y posesiones, todo lo que eran y tenían, a Él y a su evangelio.

Dejar todo y seguir a Cristo son las dos bases para la recompensa. Toda persona que deja todo y sigue a Cristo puede esperar recompensa. Esta es la maravillosa verdad que Jesús estaba por enseñar a sus discípulos. Ellos se sentían mal por lo que acababa de ocurrir al joven y rico principal y por los comentarios que Jesús hizo sobre el incidente. Jesús quiso darles seguridad. Ellos le eran muy queridos porque habían dejado todo y le estaban siguiendo. Quería que supieran que serían recompensados, y recompensados abundantemente.

2 (10:29-30) *Recompensa—compañerismo—bendiciones:* Jesús hizo una asombrosa promesa. El *verdadero discípulo* será abundantemente recompensado; en efecto, recibirá cien veces más de lo que entrega y sacrifica. Pero note el tema crucial: lo que es entregado es entregado «*a causa de Cristo y del evangelio*». El motivo de la persona tiene que ser el de dar a Cristo y difundir el evangelio. Está sacrificando y dando lo que tiene para el Señor y su causa. Esta haciendo su parte, todo lo que está a su alcance para el cumplimiento de la misión redentora y para ayudar a la humanidad.

Note lo que mencionó Jesús.
1. La entrega de casa y familia. Aquí hay dos ideas.
   a. Algunas personas han sido rechazadas por su familia y perdieron su hogar. Cuando se volvieron a Jesús buscando salvación, o para servir a Jesús, fueron rechazados por su familia y expulsados del hogar.
   b. Todos los *verdaderos discípulos* sirven a Jesús, poniéndolo primero a Él. Toman lo que son y tienen, incluyendo familia y casa, y lo usan «por causa de Cristo y del evangelio». La casa y la familia son sacrificados por Él, es decir, centrados en Él. La casa y la familia son conocidos ...
     • como lugar donde es honrado Cristo.
     • como lugar donde es difundido el evangelio.

También está el hecho de que el verdadero discípulo sirve a Jesús lejos de su casa y de su familia. El discípulo tiene que sacrificarse, dejando casa y familia para servir a Jesús afuera en el mundo, visitando, ministrando, predicando, haciendo todo lo concerniente a su llamado misionero. Con frecuencia esto implica estar lejos del hogar y la familia durante períodos prolongados (por ejemplo: evangelistas, misioneros, incluso ministros que son llamados de día y de noche).

Ahora note la gloriosa promesa de Cristo. El verdadero discípulo que entrega casa y familia por amor de Cristo y del evangelio, recibirá cien veces más. Recibirá ...
• un lazo de unión y una parentela con una familia mucho mayor, la familia de Dios, tanto en el cielo como en la tierra. (*Véanse* bosquejo y notas, *Hermandad*—Mt.12:46-50; Lc. 8:19-21.)
• un compañerismo y comunión, una ayuda muy presente y práctica prestada por la iglesia local cuando es necesario, y el compañerismo de los creyentes de su propia comunidad *(véanse* notas y Estudios a fondo 1-5—Hch. 2:42).
• la presencia del Espíritu de Dios que tiene comunión con el creyente y lo dirige día tras día.

Pensamiento 1. Un verdadero creyente tiene que estar seguro de pertenecer a una iglesia local, o a un compañerismo realmente centrado en Cristo y el evangelio. No en todas las iglesias se cumple esto.

Pensamiento 2. Cada iglesia tiene que analizar su corazón y asegurarse de honrar a Cristo y su evangelio, de tener un corazón célido y ofrecer un lazo espiritual; de tener los brazos abiertos y brindar el vigoroso compañerismo que el pueblo de Dios necesita.

«Lo que hemos visto y oído, eso os anunciamos, para que también vosotros tengáis comunión con nosotros; y nuestra comunión verdaderamente es con el Padre, y con su Hijo Jesucristo» (1 Jn. 1:3).

«Pero si andamos en luz, como él está en luz, tenemos comunión unos con otros, y la sangre de Jesucristo su Hijo nos limpia de todo pecado» (1 Jn. 1:7).

«Y perseveraban en la doctrina de los apóstoles, en la comunión unos con otros, en el partimiento del pan y en las oraciones» (Hch. 2:42).

«Porque donde están dos o tres congregados en mi nombre, allí estoy yo en medio de ellos» (Mt. 18:20).

«Así nosotros, siendo muchos, somos un cuerpo en Cristo, y todos miembros los unos de los otros» (Ro. 12:5).

«Compañero soy yo de todos los que te temen y guardan tus mandamientos» (Sal. 119:63).

«Entonces los que temían a Jehová hablaron cada uno a su compañero; y Jehová escuchó y oyó, y fue escrito libro de memoria delante de él para los que temen a Jehová, y para los que piensan en su nombre» (Mal. 3:16).

2. La entrega de propiedades y riqueza. La promesa de ser *bendecido materialmente*, de recibir cien veces más es asombrosa para el mundo, pero no para el creyente. El creyente entiende lo que Jesús está diciendo. Jesús está estableciendo el principio de Dios para con el dinero, las finanzas, riquezas, posesiones, bienes materiales, con las dádivas, la mayordomía—o como querramos llamar a *mammón* y a las *cosas* de este mundo que valoramos (*véase* Estudio a fondo 1, *Riquezas*—Mr. 10:23). El principio es simple. Se lo puede enunciar de diversas formas.
• El verdadero creyente busca primeramente el reino de Dios y su justicia, y entonces todas las necesidades de su vida le son suplidas (Mt. 6:33). Simplemente da todo lo que es y tiene al reino de Dios, y Dios se ocupa de que tenga lo necesario para cubrir sus necesidades. La idea es la de una experiencia presente, un proceso continuo. El creyente sigue dando de sí mismo y de lo que tiene, y Dios sigue proveyendo al creyente.
• El verdadero creyente trabaja de tal manera de tener lo suficiente para dar a otros. Su propósito al trabajar no solamente es cuidar de sus propias necesidades, sino también de ganar lo suficiente para ayudar a otros. Nuevamente, la idea es la de un proceso continuo. El creyente trabaja y gana y da a otros, de modo que Dios sigue dándole a él de manera que pueda seguir esparciendo el evangelio y ayudar a otros.
• Un verdadero discípulo da cuanto es y tiene para suplir las necesidades de un mundo desesperado. Dios se ocupa de que el creyente reciba más. Pero lo que el creyente recibe no es dado para guardar y acumular. Dios reabastece al creyente de manera que éste pueda seguir extendiéndose al mundo para ayudarle. El verdadero creyente sigue dando, y Dios le sigue dando a él, de manera que el creyente, mientras viva, pueda seguir esparciendo el evangelio y supliendo las necesidades del mundo.

La idea global es que el creyente nunca ve el fin de lo que recibe de Dios. El dar y recibir continúa y continúa, sin terminar. La fuente de recursos no tiene fin, es inagotable.

Hay otra idea detrás de lo que Jesús estaba diciendo. La idea de seguridad y confianza y certeza. El hombre que busca primeramente a Dios, que entrega cuanto es y tiene, está seguro de contar siempre con el cuidado de Dios. Dios promete al verdadero creyente que tendrá comida, ropa y techo, si de veras busca primeramente a Dios. No se puede poner precio a semejante seguridad, confianza y certeza. Es invalorable, más que cien veces más. Mientras el verdadero creyente permanece en la tierra, hasta tanto Dios esté listo a recogerlo en el cielo, tiene la seguridad de que Dios cuidará de él. Y luego, además de todo esto, está la vida eterna, la gloriosa experiencia de vivir por siempre en la majestad y gloria de Dios y de servirle por siempre.

«Mas buscad primeramente el reino de Dios y su justicia, y todas estas cosas os serán añadidas» (Mt. 6:33; cp. 6:25-34).

«El ladrón no viene sino para hurtar y matar y destruir; yo he venido para que tengan vida: y para que la tengan en abundancia» (Jn. 10:10).

«Y poderoso es Dios para hacer que abunde en vosotros toda gracia, a fin de que, teniendo siempre en todas las cosas todo lo suficiente, abundéis para toda buena obra» (2 Co. 9:8).

«Y a Aquel que es poderoso para hacer todas las cosas mucho más abundantemente de lo que pedimos o entendemos, según el poder que actúa en nosotros» (Ef. 3:20).

«Mi Dios, pues, suplirá todo lo que os falta conforme a sus riquezas en gloria en Cristo Jesús» (Fil. 4:19).

«Porque de esta manera os será otorgada amplia y generosa entrada en el reino eterno de nuestro Señor y

Salvador Jesucristo» (2 P. 1:11).

«Mas a Jehová vuestro Dios serviréis, y él bendecirá tu pan y tus aguas; y yo quitaré toda enfermedad de en medio de ti» (Éx. 23:25).

«Aderezas mesa delante de mí en presencia de mis angustiadores; unges mi cabeza con aceite; mi copa está rebosando» (Sal. 23:5).

«Serán completamente saciados de la grosura de tu casa, y tú los abrevarás del torrente de tus delicias» (Sal. 36:8).

«Bendito el Señor; cada día nos colma de beneficios el Dios de nuestra salvación» (Sal. 68:19).

«Entonces dará el Señor lluvia a tu sementera, cuando siembres la tierra, y dará pan del fruto de la tierra, y será abundante y pingüe; tus ganados en aquel tiempo serán apacentados en espaciosas dehesas» (Is. 30:23).

«Comeréis hasta saciaros, y alabaréis el nombre de Jehová vuestro Dios, el cual hizo maravillas con vosotros; y nunca jamás será mi pueblo avergonzado» (Job 2:26).

«Traed todos los diezmos al alfolí y haya alimento en mi casa; y probadme ahora en esto, dice Jehová de los ejércitos, si no os abriré las ventanas de los cielos, y derramaré sobre vosotros bendición hasta que sobreabunde» (Mal. 3:10).

3 (10:30) *Recompensa—persecución:* el verdadero discípulo también es recompensado con persecución. Esta es una afirmación chocante. ¿Cómo puede la persecución ser considerada una recompensa? Pedro nos responde.

«Si sois vituperados por el nombre de Cristo, sois bienaventurados, porque *el glorioso Espíritu de Dios reposa sobre vosotros*. Ciertamente, de parte de ellos, él es blasfemado, pero por vosotros es glorificado» (1 P. 4:14).

Las palabras: «vituperados por ... Cristo» significan que el creyente sufre por la justicia; es decir, es perseguido, o se abusan de él o es ridiculizado por causa de Cristo. Cuando un discípulo sufre por Cristo, «el glorioso Espíritu de Dios reposa sobre [él]». Le es dada una *cercanía* muy *especial*, una intimidad con Cristo que trasciende todo lo imaginable y explicable (Hch. 7:54-60). El Espíritu Santo le infunde una *conciencia intensa* y profunda, de la presencia del Señor; es una concientización tan profunda que no puede ser experimentada aparte de alguna severa experiencia de sufrimiento.

Al sufrir por Cristo el discípulo también experimenta una identificación muy especial con Él. Porque así como el Señor sufrió por el discípulo, ahora éste sufre por el Señor. Hay un sentido en el que el sufrimiento del discípulo «completa los sufrimientos de Cristo» y los sufrimientos de Cristo por la Iglesia (*véase* nota—Col.1:24).

Estas dos experiencias, en las que el creyente obtiene una conciencia más profunda de la presencia del Señor, y de ser usado para completar los sufrimientos por la Iglesia, se obtienen solamente por el sufrimiento. Hacen del sufrimiento un privilegio y un gozo para el discípulo, porque el discípulo sufre así como su Señor ha sufrido (Mt. 10:24-25; Hch. 5:41).

«Bienaventurados sois cuando por mi causa os vituperen y os persigan, y digan toda clase de mal contra vosotros, mintiendo. Gozaos y alegraos, porque vuestro galardón es grande en los cielos; porque así persiguieron a los profetas que fueron antes de vosotros» (Mt. 5:11-12).

«Porque a vosotros os es concedido a causa de Cristo, no sólo que creáis en él, sino también que padezcáis por él» (Fil. 1:29).

«Y también todo los que quieran vivir piadosamente en Cristo Jesús padecerán persecución» (2 Ti. 3:12).

«Pues para esto fuisteis llamados; porque también Cristo padeció por nosotros, dejándonos ejemplo, para que sigáis sus pisadas» (1 P. 2:21).

«Mas también si alguna cosa padecéis por causa de la justicia, bienaventurados sois. Por tanto, no os amedrenteis por temor de ellos, si os conturbéis» (1 P. 3:14).

4 (10:30) *Recompensa—vida eterna:* el verdadero discípulo recibe vida eterna. Cristo no solamente promete recompensar al

discípulo en esta vida, sus promesas son de recompensarlo «en el siglo venidero [con] vida eterna». Imagínese la recompensa: *vivir por siempre en una condición de perfección.* Imagínese los cielos y la tierra convertidos en «nuevo cielo y nueva tierra», perfeccionados y eternos. Vivir por siempre en ese mundo perfecto es lo que Cristo promete al verdadero discípulo, al hombre que da cuanto es y cuanto tiene por amor de Cristo y del evangelio (*véanse* notas y Estudio a fondo 1—Mt. 19:28; Estudio a fondo 2—Jn. 1:4; Estudio a fondo 1—17:2-3).

«Entonces Jesús, mirándole, le amó, y le dijo: Una cosa te falta: anda, vende todo lo que tienes, y dalo a los pobres, y tendrás tesoro en el cielo; y ven, sígueme, tomando tu cruz» (Mr. 10:21).

«De cierto, de cierto os digo: el que oye mi palabra, y cree al que me envió, tiene vida eterna; y no vendrá a condenación, mas ha pasado de muerte a vida» (Jn. 5:24).

5 (10:31) *Recompensa—juicio:* Jesús dio seguridad a los discípulos y les hizo una advertencia. En el cielo Dios va a cambiar y revertir el orden de los hombres. Muchas personas que son primeras en este mundo serán puestas al final, y por siempre serán postreras. Y muchas personas que son últimas van a ser puestas en primer lugar por Dios, y allí estarán por siempre.

Dios va a poner a cada persona en el sitio exacto que le corresponde. Va a rectificar las injusticias. No importa cual sea su estima y rango en la tierra, si a alguien le corresponde ser último, Dios lo va a poner último. Si le corresponde ser primero, Dios lo va a poner primero. Y Cristo dice concretamente que vendrán «muchos» cambios. La idea es que la mayoría de las personas serán cambiadas de lugar. A los ojos de Dios algunas personas de las más queridas, más arrepentidas, quebrantadas y diligentes ahora son últimas; pero Dios las va a exaltar para que estén muy cerca y juntos a Él.

«Porque es necesario que todos nosotros comparezcamos ante el tribunal de Cristo, para que cada uno reciba según lo que haya hecho mientras estaba en el cuerpo, sea bueno o sea malo» (2 Co. 5:10).

«La obra de cada uno se hará manifiesta; porque el día la declarará, pues por el fuego será revelada; y la obra de cada uno cuál sea, el fuego la probará. Si permaneciere la obra de alguno que sobreedificó, recibirá recompensa. Si la obra de alguno se quemare, él sufrirá pérdida, si bien él mismo será salvo, aunque así como por fuego» (1 Co. 3:13-15).

«Quitó de los tronos a los poderosos, y exaltó a los humildes» (Lc. 1:52).

«¡Ay de vosotros, los que ahora estáis saciados! porque tendréis hambre. ¡Ay de vosotros, los que ahora reís! porque lamentaréis y lloraréis» (Lc. 6:25).

«Pero Abraham le dijo: Hijo, acuérdate que recibiste tus bienes en tu vida, y Lázaro también males; pero ahora éste es consolado aquí, y tú atormentado» (Lc. 16:25).

«Mas Dios es el juez; a éste humilla, y a aquél enaltece» (Sal. 75:7).

	F. Tercera predicción de la muerte: el problema de la muerte de Cristo, 10:32-34 (Mt. 20:17-19; Lc. 18:31-34)	comenzó a decir las cosas que le habían de acontecer: 33 He aquí subimos a Jerusalén, y el Hijo del Hombre será entregado a los principales sacerdotes y a los escribas, y le condenarán a muerte, y le entregarán a los gentiles; 34 y le escarnecerán, le azotarán, y escupirán en él, y le matarán; mas al tercer día resucitará.	4 Magnífico amor y coraje de Jesús a. Será entregado a los judíos y condenado b. Será entregado a los gentiles, torturado y muerto 5 El gran propósito de Jesús a. Morir b. Resucitar
1 Férrea determinación de Jesús 2 Asombroso poder de atracción de Jesús 3 Profunda consideración de Jesús	32 Iban por el camino subiendo a Jerusalén; y Jesús iba delante, y ellos se asombraron, y le seguían con miedo. Entonces volviendo a tomar a los doce aparte, les		

F. Tercera predicción de la muerte: el problema de la muerte de Cristo, 10:32-34

(10:32-34) *Introducción:* esta es la tercera vez que Marcos acentúa la muerte y resurrección de Cristo. Cristo estaba insistiendo constantemente con este hecho ante sus discípulos. (*Véanse* bosquejo y notas—Mr. 8:31-33; 9:30-32; Mt. 16:21-23; 17:22-23; 20:17-19. Estos pasajes deberían ser estudiados juntamente con el presente texto. Mt. 17:22-23 incluye la mayoría de los pasajes sobre la muerte y resurrección de Cristo.) El presente texto ofrece un poderoso retrato de Jesús y trata de manera muy directa el problema de su muerte.

1. Férrea determinación de Jesús (v. 32).
2. Asombroso poder de atracción de Jesús (v. 32).
3. Profunda consideración de Jesús (v. 32).
4. Magnífico amor y coraje de Jesús (v. 33).
5. El gran propósito de Jesús (v. 34).

[1] (10:32) *Jesucristo, muerte:* la férrea determinación de Jesús. Una escena muy gráfica. Jesús había puesto rumbo a Jerusalén. Mientras iba, sus pensamientos se llenaron de preocupación—pensaba en la cruz que le esperaba. Anteriormente había dicho: «De un bautismo tengo que ser bautizado; y ¡cómo me angustio hasta que se cumpla!» (Lc. 12:50). Ahora había llegado el momento. Esta sería la última vez que iría a Jerusalén; iba a subir para recibir el bautismo, la inmersión en la cruz. Caminando y pensando en la cruz comenzó a angustiarse tanto que perdió conciencia de su entorno. Dios le dio un espíritu de determinación, una determinación tan fuerte que inconscientemente aceleró sus pasos adelantándose mucho a los discípulos, tanto que éstos quedaron perplejos. Sin embargo, el tema a destacar es la decidida determinación de Jesús. Estaba decidido a ir al encuentro de la cruz. La cruz lo esperaba, y esto tenía tanto significado para Él que estaba dispuesto a soportarla. Se sentía impulsado, constreñido, presionado, compelido y determinado (férreamente) a soportar los sufrimientos de la cruz. ¿Por qué?

1. La cruz era el camino para salvar al mundo.

«Porque de tal manera amó Dios al mundo, que ha dado a su Hijo unigénito, para que todo aquel que en Él cree, no se pierda, mas tenga vida eterna» (Jn. 3:16).

«Y yo si fuere levantado de la tierra, a todos atraeré a mí mismo» (Jn. 12:32).

«Quien llevó él mismo nuestros pecados en su cuerpo sobre el madero, para que nosotros, estando muertos a los pecados, vivamos a la justicia; y por cuya herida fuisteis sanados» (1 P. 2:24).

«Porque también Cristo padeció una sola vez por los pecados, el justo por los injustos, para llevarnos a Dios, siendo a la verdad muerto en la carne, pero vivificado en espíritu» (1 P. 3:18).

2. La cruz era la forma de agradar a Dios, su Padre (*véase* nota—Ef. 5:2).

«No puedo yo hacer nada por mí mismo; según oigo, así juzgo; y mi juicio es justo, porque no busco mi voluntad, sino la voluntad del que me envió, la del Padre» (Jn. 5:30).

«Ahora está turbada mi alma; ¿y qué diré? ¿Padre sálvame de esta hora? Mas para esto he llegado a esta obra. Padre glorifica tu nombre. Entonces vino una voz del cielo: Lo he glorificado, y lo glorificaré otra vez» (Jn. 12:27-28).

«Mas para que el mundo conozca que amo al Padre, y como el Padre me mandó, así hago. Levantaos, vamos de aquí [a la cruz]» (Jn. 14:31).

«Yo te he glorificado en la tierra; he acabado la obra que me diste que hiciese» (Jn. 17:4).

3. La cruz era el camino para asegurar su propio gozo.

«Puestos los ojos en Jesús, el autor y consumador de la fe, el cual por el gozo puesto delante de él sufrió la cruz, menospreciando el oprobio, y se sentó a la diestra del trono de Dios» (He. 12:2).

[2] (10:32) *Jesucristo, muerte:* el asombroso *poder de atracción* de Jesús. Note las dos palabras usadas para describir la reacción de la gente ante Jesús: asombro y miedo. No podemos saber con seguridad si los que tenían «miedo» eran sus apóstoles o algunos otros discípulos que le seguían. Cualquiera sea el caso, la reacción fue de asombro y miedo. Había al menos dos motivos para estas reacciones.

1. La conducta de Jesús era inusual. Normalmente caminaba con los discípulos, aprovechando cada momento para enseñar. Su práctica era no perder ninguna oportunidad, excepto cuando necesitaba estar a solas para la meditación. Cuando los discípulos vieron que se adelantaba, supieron que algo grave e inusual ocupaba su mente. Su paso y su preocupación los asombró y los dejó perplejos.

2. Los profundos pensamientos y su rostro, anticipando los hechos, asombraron y dejaron perplejos a los discípulos. Se maravillaron de que Jesús pudiera estar tan ensimismado en sus pensamientos, al extremo de ser inconsciente de lo que ocurría a su alrededor. Aparentemente estaba concentrado en algún acontecimiento que le esperaba inmediatamente en Jerusalén. Fuera lo que fuese, Él debía llegar allí.

El tema es que la conducta inusual y la anticipación en el rostro de Jesús llenó de asombro y temor a los discípulos. Basados en la forma inusual de actuar de Jesús podían decir que algo terrible iba a ocurrir. No tenían idea de qué podía ser. Por eso estaban *perturbados, temerosos, vacilantes* en cuanto a continuar. Fueron presos tanto de asombro como de miedo. Sin embargo, note que a pesar de no entender y de tener miedo, siguieron a Jesús. No se apartaron ni lo abandonaron ¿Por qué? Porque eran atraídos por el amor de Jesús. Jesús era la vida de ellos. Era tanto lo que había hecho por ellos, era el todo para ellos; valía la pena seguirle. Y estaban totalmente convencidos de que era el verdadero Mesías. Sabían que seguirle a Él bien valdría la pena.

Pensamiento 1. Muchas personas no entienden el comportamiento (naturaleza sin pecado) o la profundidad de pensamiento (enseñanzas) de Cristo. En tal caso Cristo requiere la misma respuesta que demandó de sus discípulos:

fe. Espera que le sigamos aunque tal vez no entendamos.

Pensamiento 2. El amor de Jesús atrajo a sus discípulos. Ellos lo amaban porque Él los amó. Era amor lo que los mantenía siguiéndole, aun teniendo miedo y sin entender.

> «Porque el amor de Dios nos constriñe, pensando esto: que si uno murió por todos, luego todos murieron; y por todos murió, para que los que viven, ya no vivan para sí, sino para aquel que murió y resucitó por ellos» (2 Co. 5:14-15).

> «El perfecto amor echa fuera el temor» (1 Jn. 4:18).

3 (10:32) *Jesucristo, muerte:* la profunda consideración de Jesús. Esta se puede establecer fácilmente. Jesús fue consciente del asombro y temor de los discípulos. Estaban angustiados, a oscuras e incapaces de ver lo que les esperaba. Necesitaban la ayuda de Jesús. Necesitaban estar preparados para la tragedia que venía sobre ellos. Eran difíciles de enseñar y lerdos para aprender. Jesús ya les había informado de la inmediata muerte que le esperaba y del concepto de Dios en cuanto al Mesías. Necesariamente tenía que considerar la lentitud de los discípulos y su dureza de corazón, y seguirles enseñando hasta que captasen la naturaleza mesiánica de Dios. Como siempre, los tomó aparte y suplió la necesidad de ellos. (*Véanse* notas—Lc. 18:31-35).

Pensamiento. Note tres importantes lecciones.

1) Jesús siempre va a suplir nuestra necesidad, no importa si es pequeña o grande.
2) No es la voluntad de Jesús que estemos perturbados y llenos de temor.
3) Sin embargo, debemos recordar que nuestro andar debe ser por fe. Por eso, no es el propósito de Dios que sepamos todas las cosas.

> «Porque no nos ha dado Dios, espíritu de cobardía, sino de poder, de amor y de dominio propio» (2 Ti. 1:7).

> «Mas el justo vivirá por fe; y si retrocediere, no agradará a mi alma. Pero nosotros no somos de los que retroceden para perdición, sino de los que tienen fe para preservación del alma» (He. 10:38-39).

> «Aunque ande en valle de sombra de muerte, no temeré mal alguno; tu vara y tu cayado me infundirán aliento» (Sal. 23:4).

> «¡Cuán grande es tu bondad, que has guardado para los que te temen, que has mostrado a los que esperan en ti, delante de los hijos de los hombres!» (Sal. 31:19).

> «Por tanto, no temeremos, aunque la tierra sea removida, y se traspase los montes al corazón del mar» (Sal. 46:2).

> «He aquí Dios es salvación mía; me aseguraré y no temeré; porque mi fortaleza y mi canción es JAH Jehová, quien ha sido salvación para mí» (Is. 12:2).

> «Ni nunca oyeron, ni oídos percibieron, ni ojo a visto a Dios fuera de ti, que hiciese por el que en él espera» (Is. 64:4).

4 (10:33) *Jesucristo, muerte; amor:* el magnífico amor y coraje de Jesús. En muchas cosas se ve el gran amor de Jesús, pero el epítoma de su amor se ve en el acto supremo de su *disposición* a sacrificarse por el hombre.

Note que Jesús sabía lo que le esperaba en Jerusalén. Jesús señaló dos cosas.

1. Sería entregado a los judíos y condenado. La palabra «entregado» (*paradothesetai*) significa ser entregado a algo. Significa que su muerte estaba determinada, ordenada, era parte del plan y consejo de Dios. Note que Jesús dijo: «El Hijo del Hombre será entregado». Su muerte lo esperaba de manera *inmediata*, estaba a punto de ocurrir.

Jesús ya había nombrado a quienes lo matarían (*véase* Estudio a fondo 1—Mt. 16:21). La traición sería por medio de *Judas* quien identificaría a Jesús ante los *ancianos, principales sacerdotes,* y *escribas;* y ellos a su vez lo entregarían a los *gentiles* (o romanos) para la ejecución (Mt. 20:19).

Pedro, predicando a los judíos inmediatamente después de pentecostés, acusó a los judíos: «A éste, ... prendisteis y matasteis por manos de inicuos [las manos de los gentiles y romanos inicuos], crucificándole» (Hch. 2:23).

El hecho que Jesús fuese condenado por los judíos, el pueblo escogido para traer salvación al mundo, debe haberle lastimado profundamente. «A lo suyo [los judíos] vino, y los suyos no le recibieron» (Jn. 1:11).

2. Será entregado a los gentiles y torturado y muerto. Note que se mencionan los nombres de los verdugos. Serían los judíos, particularmente los líderes judíos, es decir, los principales sacerdotes y escribas y ancianos (*véase* Estudio a fondo 1—Mt.16:21; 1 Ts. 2:15-16). Pero note que ellos solamente serían los acusadores, no los verdugos. La ley les prohibía cualquier ejecución (Jn.8:31) para la ejecución debían entregarlo a los gentiles.

En este hecho hay un simbolismo: (1) tanto los judíos como los gentiles (el mundo) son culpables de la muerte del Hijo de Dios, y (2) en su muerte Jesús cargaría con los pecados, tanto de judíos como de gentiles (el mundo). Reconciliaría a ambos con Dios. (*Véanse* bosquejo y notas—Ef. 2:14-15; 2:16-17.)

Jesús sería entregado a los gentiles para ser torturado y ejecutado. Note las cuatro formas de tortura que se mencionan.

1. Escarnecimiento: ridiculizar, burlar, insultar, humillar, desafiar, mofar.
2. Azotes: golpear con una vara o látigo provisto de puntas metálicas o astillas de hueso. Se asestaban treinta y nueve o cuarenta azotes. El propósito de los azotes era infligir severo dolor.
3. Escupir: una señal de desprecio total (*véase* Estudio a fondo 1—Mr. 14:65).
4. Crucificar: *véase* Estudio a fondo 1—Mt. 27:26-44 en cuanto al terrible sufrimiento de la cruz.

Jesús llevó los pecados del hombre, sufriendo el grado máximo de dolor. Sufrió dolores en un sentido absoluto.

1. Mientras era torturado, su mente necesariamente estaba fijada en el motivo de su sufrimiento. Pensaba en el pecado del hombre y en el problema que el pecado había causado a Dios. Imagínese el pecado del mundo —la totalidad del pecado, la enormidad y el espanto del pecado— consumiendo la mente de Jesús. Jesús sufría mentalmente al grado máximo.
2. Espiritualmente su corazón estaba quebrantado. Aquellos a quienes tanto amaba estaban cometiendo un pecado tan horrendo que era imposible imaginarlo. Se estaban rebelando contra Dios al extremo de matar al propio Hijo de Dios.

Además, y esto era peor, su propio Padre le volvería la espalda. Sería separado de Dios llevando la condenación del pecado en favor del hombre (*véanse* notas—Mt. 27:46-49; Mr. 15:34). Comenzaba a soportar e iba a soportar dolores espirituales en un grado absoluto (1 P. 2:24; 2 Co. 5:21; cp. Is. 53:4-7 en cuanto a un relato descriptivo de la carga de nuestro pecado).

3. Físicamente, su dolor sería más severo debido a la presión mental y espiritual que debía soportar en forma simultánea. También es cierto que cuanto mayor la burla en el corazón del acusador, mayor la intensidad de la tortura (cp. la corona de espinas, vestimenta real, excesiva burla de parte de los soldados). El hecho de que Jesús afirmaba ser el Hijo de Dios motivó a los acusadores a infligir mayor escarnio y tortura.

Pensamiento. ¡El amor de Cristo es magnífico: su *disposición* a soportar tanto por nosotros!

> «Yo soy el buen pastor; el buen pastor su vida da por las ovejas» (Jn. 10:11).

> «Así como el Padre me conoce, y yo conozco al Padre; y pongo mi vida por las ovejas» (Jn. 10:15).

> «Por eso me ama el Padre, porque yo pongo mi vida, para volverla a tomar. Nadie me la quita, sino que yo de mí mismo la pongo. Tengo poder para

ponerla, y tengo poder para volverla a tomar. Este mandamiento recibí de mi Padre» (Jn. 10:17-18).

«El cual se dio a sí mismo por nuestros pecados para librarnos del presente siglo malo, conforme a la voluntad de nuestro Dios y Padre» (Gá. 1:4).

«Y andad en amor, como también Cristo nos amó, y se entregó a sí mismo por nosotros, ofrenda y sacrificio a Dios en olor fragante» (Ef. 5:2).

«Quien se dio a sí mismo por nosotros para redimirnos de toda iniquidad y purificar para sí un pueblo propio, celoso de buenas obras» (Tit. 2:14).

«En esto hemos conocido el amor, en que él puso su vida por nosotros; también nosotros debemos poner nuestras vidas por los hermanos» (1 Jn. 3:16).

«Y de Jesucristo el testigo fiel, el primogénito de los muertos, y el soberano de los reyes de la tierra. Al que nos amó, y nos lavó de nuestros pecados con su sangre» (Ap. 1:5).

5 (10:34) *Jesucristo, muerte:* el gran propósito de Jesús. Morir y resucitar.

«Quien llevó él mismo nuestros pecados en su cuerpo sobre el madero, para que nosotros, estando muertos a los pecados, vivamos a la justicia; y por cuya herida fuisteis sanados» (1 P. 2:24).

En los sufrimientos y la muerte, Jesucristo experimentó el dolor máximo. Jesús sufrió dolor en grado último, en un sentido absoluto. Sin embargo, en medio de un sufrimiento tan terrible hay algo que es muy precioso —un pensamiento que nos debe ser muy muy precioso: *la muerte de Jesús fue muy cara a su propio corazón*— a pesar del terrible sufrimiento que debía soportar. De manera desconocida para el hombre, y eternamente incomprensible para el hombre, Jesús puso su corazón y su rostro hacia la cruz. La cruz lo consumía y obsesionaba. ¿Por qué? Porque la cruz fue el centro del propósito de Dios a lo largo de toda la eternidad.

1. La cruz era cara a su corazón porque era la voluntad del Padre. Al morir, Jesús agradaría a su Padre, y el agradar a su Padre era el supremo objetivo de su vida (*véase* nota—Ef. 5:2).

«Nadie me la quita, sino que yo de mí mismo la pongo. Tengo poder para ponerla, y tengo poder para volverla a tomar. Este mandamiento recibí de mi Padre» (Jn. 10:18).

«Y andad en amor, como también Cristo nos amó, y se entregó a sí mismo por nosotros, ofrenda y sacrificio a Dios en olor fragante» (Ef. 5:2).

2. La cruz era cara a su corazón porque era el medio con el cual ganaría muchos de sus hermanos (*véase* nota— Ro. 8:28-39).

«Pero cuando vino el cumplimiento del tiempo, Dios envió a su Hijo, nacido de mujer y nacido bajo la ley, para que redimiese a los que están bajo la ley, a fin de que recibiésemos la adopción de hijos. Y por cuanto sois hijos, Dios envió a vuestros corazones el Espíritu de su Hijo, el cual clama: ¡Abba Padre!» (Gá. 4:4-6).

«Porque a los que antes conoció, también los predestinó para que fuesen hechos conformes a la imagen de su Hijo, para que él sea el primogénito entre muchos hermanos» (Ro. 8:29).

3. La cruz era cara a su corazón porque con la muerte Jesús fue hecho «autor» de la salvación del hombre.

«Pero vemos a aquel que fue hecho un poco menor que los ángeles, a Jesús, coronado de gloria y de honra, a causa del padecimiento de la muerte, para que por la gracia de Dios gustase la muerte por todos. Porque convenía a aquel por cuya causa son todas las cosas, y por quien todas las cosas subsisten, que habiendo de llevar muchos hijos a la gloria, perfeccionase por aflicciones al autor de la salvación fe ellos» (He. 2:9-10).

4. La cruz fue cara a su corazón porque mediante su muerte destruiría el poder del diablo sobre el hombre, es decir, la muerte.

«Así que, por cuanto los hijos participaron de carne y sangre, él también participó de lo mismo, para destruir por medio de la muerte al que tenía el imperio de la muerte, esto es, al diablo, y librar a todos los que por el temor de la muerte estaban durante toda la vida sujetos a servidumbre» (He. 2:14-15).

5. La cruz fue cara a su corazón porque por medio de ella reconciliaría a todos los hombres, tanto con Dios como entre ellos (*véanse* bosquejo y notas—Ef. 2:13-18).

«Pero ahora en Cristo Jesús, vosotros que en otro tiempo estabais lejos, habéis sido hechos cercanos por la sangre de Cristo. Porque él es nuestra paz, que de ambos pueblos hizo uno, derribando la pared intermedia de separación.... Y mediante la cruz reconciliar con Dios a ambos en un solo cuerpo, matando en ella las enemistades» (Ef. 2:13-14, 16).

6. La cruz era cara a su corazón porque por medio de la muerte resucitaría y volvería a la gloria que había tenido con su Padre antes de la fundación del mundo (Jn. 17:1-5). (*Véanse* notas, *Resurrección*—Mt.17:23; nota y Estudio a fondo 1— Hch. 1:3; Estudio a fondo 4— 2:24).

«Yo te he glorificado en la tierra; he acabado la obra que me diste que hiciese. Ahora, pues, Padre, glorifícame tú al lado tuyo, con aquella gloria que tuve contigo antes que el mundo fuese. Padre, aquellos que me has dado, quiero que donde yo estoy, también ellos estén conmigo, para que vean mi gloria que me has dado; porque me has amado desde antes de la fundación del mundo» (Jn. 17:4-5, 24).

1 El engaño de la ambición equivocada a. Una entrevista secreta, (cp. v. 41) b. Un pedido sin límites 2 Posibles motivos para la ambición a. Favoritismo b. Condición social y de poder c. Amor, fe, lealtad 3 El gran precio de la ambición^{EF1} a. La copa: sacrificio y sufrimiento b. El bautismo: inmerso c. La profecía: certeza e pagar el precio^{EF2, 3}	**G. El problema de la ambición, 10:35-45** (Mt. 20:20-28; cp. Lc. 22:24-27) 35 Entonces Jacobo y Juan, hijos de Zebedeo, se le acercaron, diciendo: Maestro querríamos que no hagas lo que pidiéremos. 36 El les dijo: ¿Qué queréis que os haga? 37 Ellos le dijeron: concédenos que en tu gloria nos sentemos el uno a tu derecha, y el otro a tu izquierda. 38 Entonces Jesús les dijo: No sabéis lo que pedís. ¿Podéis beber el vaso que yo bebo, o ser bautizados con el bautismo con que yo soy bautizado? 39 Ellos dijeron: Podemos. Jesús les dijo: A la verdad, del vaso que yo bebo, beberéis, y con el bautismo con que yo soy bautizado, seréis bautizados;	40 pero el sentaros a mi derecha y a mi izquierda, no es mío darlo, sino a aquellos para quienes está preparado. 41 Cuando lo oyeron los diez, comenzaron a enojarse contra Jacobo y contra Juan. 42 Mas Jesús llamándolos, les dijo: Sabéis que los que son tenidos por gobernantes de las naciones se enseñorean de ellas, y sus grandes ejercen sobre ellas potestad. 43 Pero no será así entre vosotros, sino que el que quiera hacerse grande entre vosotros será vuestro servidor, 44 y el que de vosotros quiera ser el primero, será siervo de todos. 45 Porque el Hijo del Hombre no vino para ser servido, sino para servir, y para dar su vida en rescate por muchos.	4 El derecho exclusivo de Dios respecto la ambición 5 Conflicto potencial entre hombres ambiciosos 6 La grandeza de la buena ambición a. No gobernar, no ejercer autoridad b. Ser un ministro c. Ser un servidor, un esclavo 7 El supremo ejemplo de la ambición a. Suprema humillación b. Suprema misión c. Supremo precio^{EF4}

G. El problema de la ambición, 10:35-45

(10:35-45) Introducción: Jesús estaba camino a Jerusalén. Esta sería una visita suprema a la capital. En ella tendría lugar la crisis de su muerte y resurrección. Acababa de compartir otra vez el hecho de la crisis (vv. 17-19). Durante meses había cautivado su atención y sus mensajes personales a los discípulos (Mt. 16:13-20; 16:21-28; 17:1-13; 17:22; 17:24-27; 20:17). No había dudas en la mente de los discípulos: esta visita a Jerusalén era el evento supremo que anticipaban desde hacía tiempo. Jesús iba a librar a Israel y establecer su reino en la tierra.

Nosotros que vivimos ahora, sabemos lo que Jesús quería decir con muerte y resurrección. Iba a morir por nuestros pecados y ser resucitado para impartirnos vida nueva. Pero los discípulos no lo sabían. Jesús todavía no había muerto y resucitado. Según el entendimiento de ellos, estaba hablando de un reino terrenal y material. Por eso, si iba a establecer su reino, éste era el momento de asegurar las posiciones de poder en dicho reino. Ahora era el momento para asegurarse las posiciones de gobierno y autoridad. (Véanse notas—Mt. 1:1; Estudio a fondo 1—1:18; Estudio a fondo 3—3:11; notas—11:1-6; 11:2-3; Estudio a fondo 1—11:5; Estudio a fondo 2—12:16; nota—Lc. 7:21-23.)

Esto era lo que Jacobo y Juan estaban haciendo. Se estaban asegurando las posiciones claves en el gobierno de Jesús. (Véanse bosquejos y notas—Mt. 18:1-4; Lc. 22:24-30.)

1. El engaño de la ambición equivocada (v. 35).
2. Posibles motivos para la ambición (vv. 36-37).
3. El gran precio de la ambición (vv. 38-39).
4. El derecho exclusivo de Dios respecto la ambición (v. 40).
5. Conflicto potencial entre hombres ambiciosos (v. 41).
6. La grandeza de la buena ambición (vv. 42-44).
7. El supremo ejemplo de la ambición (v. 45).

(10:35) Ambición: el engaño de la ambición equivocada. Note lo que hicieron Jacobo y Juan.

1. Se acercaron secretamente a Jesús. Querían ganar de mano a los otros discípulos; sabían que los otros discípulos también tenían ambición de posiciones (cp. Lc. 9:46). Sabían que necesitaban un acceso interior. Persuadieron a Salomé, madre de los dos discípulos, a acompañarlos; se acercaron a Jesús cuando éste se encontraba solo (Mt. 20:20-21). Recuerde que Salomé probablemente era hermana de María, tía de Jesús. Lo más probable es que Jacobo y Juan creían que ella daría mayor peso al pedido que harían. Por eso se acercaron secretamente. La ambición que les cautivaba el corazón no era sana; era una ambición mala. Y la ambición mala actúa secretamente y con astucia. Procura obtener un asidero interior, ganar de mano a otros, sea por las buenas o por las malas. Utiliza cualquier medio, incluso hace uso y abuso de la gente, aun de los seres queridos (cp. Salomé).

2. Presentaron un pedido sin límites. Note las palabras de ellos: «Querríamos que nos hagas lo que pidiéremos». Nuevamente actuaban con astucia. Procuraban obtener un compromiso antes de revelar su pedido. Percibían que su deseo podía ser equivocado o malo; pero hicieron a un lado sus dictados de conciencia; estaba enceguecidos por el deseo de obtener honra, posición, poder, riqueza y reconocimiento.

> **Pensamiento.** La ambición equivocada o mala *siempre es engañosa y astuta.* Cuando el hombre quiere tener algo que no debe tener, pero que de todos modos está determinado a conseguir, comienza a actuar con astucia.
> * Para conseguir cosas del mundo.
> * Para conseguir cosas de la carne.
> * Para usar y abusar de la gente.

«**Porque el que se enaltece será humillado, y el que se humilla será enaltecido**» (Mt. 23:12).

«**¿Cómo podéis vosotros creer, pues recibís la gloria los unos de los otros, y no buscáis la gloria que viene del Dios único?**» (Jn. 5:44).

«**Si te remontares como águila, y aunque entre las estrellas pusieres tu nido, de ahí te derribaré, dice Jehová**» (Abd. 4).

2 (10:36-37) *Ambición—motivación:* posibles motivaciones para la ambición. Jesús preguntó a los dos hombres cuál era su pedido. Ellos fueron al grano, sin perder tiempo, como lo haría cualquier líder consciente: «concédenos posiciones claves en el reino [gloria, gobierno] que vas a establecer cuando lleguemos a Jerusalén». Los hombres eran extremadamente ambiciosos. Querían ser los principales ministros de estado en el gobierno de Cristo.

Lo que es preciso destacar es que la ambición puede ser buena o mala. El factor determinante es su motivación. La motivación de la persona es lo que hace a la ambición buena o mala. La ambición de Jacobo y Juan puede haber tenido varias motivaciones. Cada una toca un punto sensible en el interior de todo hombre, e impulsa a que cada hombre examine las motivaciones de su corazón (*véase* nota, *Ambición*—Mt. 20:20-21).

1. La motivación del favoritismo. Jacobo y Juan, juntamente con Pedro, constituían el círculo que rodeaba a Cristo (*véase* Estudio a fondo 1—Mr. 9:2). Aparentemente se sentían de alguna manera especiales, los favoritos de Cristo; por eso eran los indicados para las principales posiciones.

Pensamiento 1. Sentirse especial, como si uno fuera el favorito de Dios, es un pecado común, un pecado de orgullo. ¿Cuántos de nosotros hemos sentido que somos uno de los favoritos o especiales de Dios? ¿Cuántas veces hemos tenido estos sentimientos?

Pensamiento 2. El círculo íntimo, o los multidotados, con frecuencia se sienten como los preferidos de Dios o de la iglesia. Algunos con frecuencia creen que se les debe favores especiales.

«**Dios no hace acepción de personas**» (Hch. 10:34).

«**Antes del quebrantamiento es la soberbia, y antes de la caída la altivez de espíritu**» (Pr. 16:18). (Recuerde como Jacobo y Juan abandonaron a Cristo en la cruz.)

2. La motivación de la riqueza. Zebedeo, el padre de Jacobo y Juan, aparentemente era rico. Poseía un comercio de pescadería, suficientemente grande para proveer de pescado al palacio (*véase* nota—Mr.1:20; Jn. 18:15-18). Financieramente estaban en mejor posición que algunos de los otros discípulos. Existía la posibilidad de que los dos hombres actuasen con egoísmo por ser jóvenes apañados que buscan más. La riqueza abría puertas hacia los monarcas de su tiempo, y ellos lo sabían.

Pensamiento 1. Note dos puntos.

1) La riqueza puede volver al hombre centrado en sí mismo. Lo puede apañar a uno y hacerlo egoísta. Puede llevar al hombre a esperar mayor atención, mayor honra, mayor reconocimiento, mayor favor.

2) Los que tienen riquezas con frecuencia quieren más. Están determinados a obtener más, sea sabio o no, correcto o equivocado. La sabiduría y justicia de tener riquezas es determinado por la motivación y la verdadera necesidad de la persona.

«**Pero los afanes de este siglo, y el engaño de las riquezas, y las codicias de otras cosas, entran y ahogan la palabra, y se hace infructuosa**» (Mr. 4:19).

«**Porque los que quieren enriquecerse caen en tentación y lazo, y en muchas codicias necias y dañosas, que hunden a los hombres en destrucción y perdición**» (1 Ti. 6:9).

3. La motivación del poder, posición, influencia y autoridad. Este fue claramente uno de los motivos de Jacobo y Juan. Querían estar inmediatamente junto a Jesús en cuanto a posición e influencia, poder y autoridad. Eso fue lo que pidieron.

Pensamiento 1. Los hombres quieren posiciones. Los hombres piensan en términos de posición e influencia. En el mundo comercial, los hombres quieren una posición que les asegure influencia y recompensa. En la iglesia, algunos quieren una posición de liderazgo y de influencia. Los hombres pocas veces piensan en términos de servicio o de cómo ayudar a la compañía o a la iglesia. Demasiadas veces sus pensamientos se fijan en la honra, recompensa, influencia, en la posición que recibirán.

Pensamiento 2. Cuántas personas procuran ser el próximo jefe, pastor, líder o maestro, tratando de obtener su favor; procuran ser reconocidos por él y por otros, procuran ser favorecidos por él?

«**Ninguno busque su propio bien, sino el del otro**» (1 Co. 10:24).

«**Como también yo en todas las cosas agrado a todos, no procurando mi propio beneficio, sino el de muchos, para que sean salvos**» (1 Co. 10:33).

«**Porque ya conocéis la gracia de nuestro Señor Jesucristo, que por amor a vosotros se hizo pobre, siendo rico, para que vosotros con su pobreza fueseis enriquecidos**» (2 Co. 8:9).

«**Unánimes entre vosotros; no altivos, sino asociándoos con los humildes. No seáis sabios en vuestra propia opinión**» (Ro. 12:16).

«**No mirando cada uno por lo suyo propio, sino cada cual también por lo de los otros**» (Fil. 2:4).

4. La motivación de la condición social. Jacobo y Juan eran de una condición mejor. Tenían algunas riquezas y eran aceptados en el palacio, además eran conocidos personales del sumo sacerdote (*véanse* notas—Mr. 1:20; Jn. 18:15-18; Cp. Jn. 18:16).

Con frecuencia la condición social hace pensar a la persona que tiene derecho a más: a mayor posición, mayor reconocimiento, un sitio más elevado. La posición social también puede impulsar a la persona a creerse superior a otras. Tal vez Jacobo y Juan tendían a pensar ambas cosas.

5. La motivación del amor, fe, y lealtad. Cuando la ambición está arraigada en el Señor y fundamentada en el amor y la lealtad *siempre es una ambición sana*. Es posible que Jacobo y Juan querían estar cerca de Jesús porque sentían algún grado de amor y lealtad hacia Él. El amor y la lealtad hacia él no serían las fuerzas dominantes en este momento, pero eran fuerzas definidamente presentes.

• Creían concretamente en Jesús: en su Palabra, sus promesas, su reino, su poder. Mostraban su lealtad a Cristo expresando confianza en su poder para inaugurar el reino de Dios. Estaban pidiendo posiciones en dicho reino. Sabían que era el verdadero Mesías, el Hijo del Dios viviente, y que sería el Rey de reyes y Señor de señores.

• Querían concretamente esas posiciones porque querían estar junto a Él. En el concepto de ellos Jesús *merecía* el reino y el honor. Los merecía por lo mucho que había hecho y que aún haría en favor de ellos y del pueblo de Dios.

«**Pues el Padre mismo os ama, porque vosotros me habéis amado, y habéis creído que yo salí de Dios. Salí del Padre, y he venido al mundo; otra vez dejo el mundo, y voy al Padre. Le dijeron los discípulos: He aquí ahora hablas claramente, y ninguna alegoría dices. Ahora entendemos que sabes todas las cosas, y no necesitas que nadie te pregunte; por esto creemos que has salido de Dios**» (Jn. 16:27-30).

«**La gracia sea con todos los que aman a**

nuestro Señor Jesucristo con amor inalterable»
(Ef. 6:24).

«A quien amáis sin haberle visto, en quien
creyendo, aunque ahora no lo veáis, os alegráis
con gozo inefable y glorioso» (1 P. 1:8).

3 (10:38-39) *Ambición—copa—bautismo:* el gran precio de la
ambición. Jesús fue directo, sin rodeos, con estos dos hombres
ambiciosos. «No sabéis lo que pedís. ¿Podéis beber el vaso que yo
bebo, o ser bautizados con el bautismo con que yo soy bautizado?»
Jesús estaba preguntando al creyente ambicioso: «¿Puedes soportar
conmigo la terrible experiencia que voy a padecer? ¿Puedes beber
la copa de mi terrible agonía, de mi agonía interior y de mi dolor?
¿Puedes soportar el bautismo de mis terribles sufrimientos?» (*Véase*
Estudio a fondo 1, *Copa—bautismo*—Mr. 10:38-39 para mayor
discusión.)

Note que los dos hombres aceptaron el desafío del Señor e
inmediatamente respondieron de manera totalmente positiva:
«Podemos». Por su puesto, no sabían lo que estaban haciendo, al
menos no plenamente. Sin embargo, en este momento particular,
estaban dispuestos a morir, si era necesario, por Cristo en Jerusalén.

Note también que Jesús les anticipó que pagarían el precio de
su ambición (*véanse* Estudios a fondo 2, 3—Mr. 10:39 para la
discusión).

Pensamiento 1. Cada persona es desafiada de la misma
manera. Debemos tomar la copa del Señor y ser bautizados
con su bautismo.
1) Debemos sufrir por amor a Él, debemos trabajar por
   él y servirle hasta el agotamiento para difundir el
   evangelio y ministrar a un mundo perdido.
2) Si es necesario, debemos soportar la persecución para
   cumplir la misión. En esencia, debemos negar nuestro
   ego, y hacer todo lo que sea necesario hacer (*véanse*
   notas y Estudio a fondo 1—Lc.9:23; Estudio a fondo
   1—Mr.10:38-39).

Pensamiento 2. Debemos seguir el ejemplo de Jacobo y
Juan. Debemos aceptar el desafío del Señor...
• aceptarlo inmediatamente, sin vacilar.
• aceptarlo aunque no entendamos plenamente lo que
  involucra.

«Así, pues, cualquiera de vosotros que no
renuncia a todo lo que posee, no puede ser mi
discípulo» (Lc. 14:33).

Pensamiento 3. Hay un precio que pagar por la ambición.
Si una persona realmente quiere lograr algo, debe ocuparse
de ello, lo cual requiere tiempo y trabajo. Involucra
sacrificio y dolor, sudor y lágrimas, aislamiento y soledad,
y con frecuencia implica sacrificar su vida social. Con toda
honestidad, pocas personas están dispuestas a pagar
semejante precio.

«Y les dijo, Si alguno quiere venir en pos
de mí, niéguese a sí mismo, tome su cruz cada
día, y sígame. Porque todo el que quiera salvar
su vida, la perderá; y todo el que pierda su vida
por causa de mí, éste la salvará» (Lc. 9:23-24).

«Si alguno viene a mí, y no aborrece a su
padre, y madre, y mujer, e hijos, y hermanos, y
hermanas, y aun también su propia vida, no
puede ser mi discípulo. Y el que no lleva su cruz
y viene en pos de mí, no puede ser mi discípulo»
(Lc. 14: 26-27).

«Porque si vivís conforme a la carne,
moriréis; mas si por el Espíritu hacéis morir las
obras de la carne, viviréis» (Ro. 8:13).

«Pero los que son de Cristo han crucificado
la carne con sus pasiones y deseos» (Gá. 5:24).

«Y ciertamente, aun estimo todas las cosas
como pérdida por la excelencia del conocimiento de Cristo Jesús, mi Señor, por amor del

cual lo he perdido todo, y lo tengo por basura,
para ganar a Cristo» (Fil. 3:8).

ESTUDIO A FONDO 1

(10:38-39) *Copa—bautismo:* hay una diferencia entre beber
la copa del sufrimiento y ser bautizado con sufrimiento. La copa
se refiere más a lo que uno acepta y soporta en su propio
interior. Es un sufrimiento más bien interior, una agonía interior.
El bautismo se refiere más a lo que le es impuesto a uno desde
afuera. Es más el sufrimiento externo.

La copa significa beber la amargura y agonía de pruebas,
dolores, heridas, tristezas, quebranto de corazón, desaliento y
lágrimas (cp. la experiencia de Cristo en el huerto del Getsemaní,
Mt. 26:36-46; sus sufrimientos, Mt. 20:19; 27:46-49; y la
experiencia de Juan en Patmos, Ap. 1:9; cp. *Introducción—
Fecha*).

El bautismo de sufrimiento significa una inmersión en los
torrentes de la aflicción, rechazo, abuso, burla, oposición,
persecución y martirio.

El creyente cristiano que realmente vive y testifica de Cristo,
beberá su copa y será bautizado con su bautismo. Deténgase a
pensar un momento. Cristo demanda *cuanto somos y tenemos* a
efecto de ayudar a la gente y de difundir el mensaje de salvación
en un mundo perdido. Si lo tomamos en serio y *damos cuanto
somos y tenemos*, imagínese el costo para cada uno de nosotros.
Esa sería la diferencia entre nosotros y el mundo. Imagínese la
reacción del mundo hacia nosotros. Ese es el motivo por el que
Jesús y sus apóstoles hallaron tantas veces tanta oposición.
Dieron *cuanto eran y tenían* y vivieron de manera tan diferente.
Vivieron para Dios en vez de vivir para el ego y el mundo. Por
eso, el mundo no pudo entenderlos. Algunos los ignoraron, otros
los ridiculizaron, se abusaron de ellos, los persiguieron e incluso
los mataron. Debían beber la copa del Señor y soportar su
bautismo. Y de igual manera lo hacen todos los que
verdaderamente siguen a Cristo. (*Véanse* bosquejos y notas—
Mt. 10:16-23; 10:24-33; 10:34-42; 19:23-26; 19:27-30. Cp. Mt.
10:22; Fil.1:28; 2 Ti .3:12; 1 P. 2:21; 4:1-5; 5:10; Mt. 19:29;
Ro. 8:16-17.)

ESTUDIO A FONDO 2

(10:39) *Jacobo:* fue matado por Herodes. Fue el primer apóstol
que bebió la copa del martirio.

ESTUDIO A FONDO 3

(10:39) *Juan:* vivió aproximadamente 100 años. No se conoce
con exactitud cómo murió; sin embargo, bebió la copa y fue
bautizado con sufrimiento de la forma más horrenda.
1. Presenció los sufrimientos y la muerte de Jesús.
2. Sobrevivió el asesinato y la muerte de todos los otros
apóstoles.
3. Vivió una larga vida de expatriación y exilio en la isla
de Patmos (*véase Introducción, Apocalipsis—Fecha*).

4 (10:40) *Ambición:* la prerrogativa de Dios en la ambición.
Note las palabras exactas de Jesús: «el sentaros ... no es mío darlo,
sino a aquellos para quienes está preparado». Dos cosas se dicen
aquí.

1. Jesús dijo que alguien *estará sentado* a su derecha y a su
izquierda. Dios está preparando ese honor para algunos. Esto señala
que habrá grados de gloria en el cielo.

2. Jesús dijo que el derecho de reinar con él lo determina
exclusivamente Dios (es decir, su absoluta justicia). También hace
una distinción entre los *grandes*, que solamente se entregan para
ministrar y los *más grandes* que se entregan para ser *esclavos*. (*Véase*
nota—Mt. 20:23-28.)

«Lo que os digo en tinieblas, decidlo en la luz; y lo que oís al oído, proclamadlo desde las azoteas» (Mt. 10:27).

«Si alguno me sirve, sígame; y donde yo estuviere, allí estará también mi servidor. Si alguno me sirviere, mi Padre le honrará» (Jn. 12:26).

«Pues si yo, el Señor y el Maestro, he lavado vuestros pies, vosotros también debéis lavaros los pies los unos a los otros» (Jn. 13:14).

«Volvió a decirle la segunda vez: Simón, Hijo de Jonás, ¿me amas? Pedro le respondió: Sí, Señor; tú sabes que te amo. Le dijo: Pastorea mis ovejas» (Jn. 21:16).

«Porque habéis sido comprados por precio [la sangre de Cristo]; glorificad, pues, a Dios en vuestro cuerpo y en vuestro espíritu, los cuales son de Dios» (1 Co. 6:20).

«Porque el que en el Señor fue llamado siendo esclavo, liberto es del Señor; asimismo el que fue llamado siendo libre, esclavo es de Cristo» (1 Co. 7:22).

«Sabiendo que del Señor recibiréis la recompensa de la herencia, porque a Cristo el Señor servís» (Col. 3:24).

5 (10:41) *Ambición:* el conflicto potencial entre hombres ambiciosos. ¿Cómo supieron los otros diez discípulos lo que Jacobo y Juan habían hecho? Probablemente vieron a la distancia que se acercaron a Jesús. Vieron cómo se postraron ante Él (Mt. 20:20). Eso era inusual debido al contacto diario que tenían con Jesús. Sabían que estaba ocurriendo algo inusual. Cuando Jacobo y Juan volvieron, los diez les preguntaron acerca de lo ocurrido. Por su puesto, Jacobo y Juan vacilaron en revelar la verdad. Pero, como era de esperar, esto sólo sirvió para despertar más la curiosidad de los discípulos y su interrogatorio. Insistieron e insistieron hasta que Jacobo y Juan tuvieron que relatar su malvado y repugnante plan.

• Hubo enojo.
• Se exaltaron los temperamentos.
• Se inflamaron los argumentos.

Los diez estaban indignados con Jacobo y Juan. ¿Qué derecho tenían de hacer semejante cosa? ¿Por qué iban a merecer una posición más elevada que cualquiera de ellos? Celos, envidia, orgullo y egoísmo y amargura surgieron en el corazón de cada uno contra los dos. Tal vez incluso se llegó a expresiones de odio. Una cosa es cierta. El grupo de discípulos estaba amenazado; la cohesión de ellos, y la obra misma del Señor estaban en peligro. Existía la posibilidad de una división irremediable.

Pensamiento. La ambición egoísta puede causar cosas terribles entre los hombres. Puede causar ...

• celos	• envidia
• amargura	• enojo
• odio	• astucia
• conflicto	• actitud egocéntrica
• sufrimiento	• divisiones
• muerte	• destrucción

«El que ama la disputa, ama la transgresión; y el que abre demasiado la puerta busca su ruina» (Pr. 17:19).

«Comer mucha miel no es bueno, ni el buscar la propia gloria es gloria» (Pr. 25:27).

«Porque el que se enaltece será humillado, y el que se humilla será enaltecido» (Mt. 23:12).

«¿Cómo podéis vosotros creer, pues recibís la gloria los unos de los otros, y no buscáis la gloria que viene del Dios único?» (Jn. 5:44).

6 (10:42-44) *Ambición:* la grandeza de la sana ambición. Jesús no vio problema con la ambición en sí. Hay ambición sana, como también hay ambición mala y falsa. Jesús tenía una idea completamente clara sobre la diferencia entre ambas. Una es del mundo, la otra, de Dios. Note exactamente lo que dijo. La verdadera ambición, ambición buena y sana, no procura gobernar y ejercer autoridad.

1. El concepto mundano de ambición es doble. La mayoría de las personas son en cierta medida prisioneras de la ambición mundana, y buscan tener más y más. Pocas personas están totalmente despojadas de la ambición mundana.

«Oíd esto, pueblos todos; Escuchad, habitantes todos del mundo» (Sal. 49:1).

a. El concepto interior de la ambición. La persona debe tener cierto grado de libertad para buscar lo que desea. La persona debe tener el derecho de algún recono-cimiento, alguna posición, alguna influencia, alguna fama, alguna riqueza, distracción, algunos vehículos, algunas maquinarias. La persona debe poder cumplir su ambición, buscar y conseguir lo que desea.

b. El concepto externo de la ambición. La ambición de un hombre (grandeza) se juzga como exitosa por...

• su riqueza	• su influencia
• su hogar	• su reconocimiento
• sus vehículos	• su posición social
• sus distracciones	• su fama
• su posición	• su autoridad

2. El concepto del Señor en cuanto a la ambición es cuádruple.

a. La verdadera ambición o grandeza no consiste en ejercer señoría y autoridad sobre la gente. No consiste en desear las principales posiciones. La verdadera ambición no es egocéntrica y egoísta, no es de mentalidad mundana.

b. La verdadera ambición desea grandeza. Note las palabras exactas de Jesús: «El que quiera hacerse grande entre vosotros». Pero hay un punto crucial para destacar: la grandeza deseada debe centrarse en Cristo si va a ser una ambición veraz. El hombre se hace grande haciendo lo que Cristo dice. La grandeza buscada *no debe* ser grandeza para uno mismo, sino para hacer lo que dice el Hijo de Dios. Es grandeza debida a la obediencia, comprometida a hacer lo revelado por Cristo.

c. La verdadera ambición (grandeza) procura ministrar, no ser ministrada (cp. Mr. 10:45). Busca a la gente que necesita ayuda, y busca caminos para ayudarle, sea en el trabajo, el hogar, juego, o iglesia. Siempre busca a aquellos que necesitan ser visitados, cuidados, atendidos, acompañados, alimentados, vestidos, albergados, provistos de dinero. Procura ministrar por amor a ministrar (cp. Mt. 25:34-40).

d. La verdadera ambición (grandeza) procura *servir a todos.* La palabra siervo (doulos) significa esclavo (*véase* nota—Ro. 1:1). Cristo hizo una significativa distinción entre los términos *grandes* y *principales.* Note la diferencia.

• Los «grandes» son los que «ministran».
• Los «principales» son los «siervos» o *esclavos.*

Lo que Jesús estaba diciendo es que entre sus discípulos, *los que ministran son grandes,* pero los que sirven como *esclavos son principales.* La idea de ministrar es la de dar un servicio ocasional, mientras que el esclavo es una persona ligada en todo momento al Señor, para servirle siempre, sin importar la hora, el llamado o la dificultad.

Existe la idea incuestionable del grado de servicios. No todos los creyentes sirven con el mismo fervor o dedicación. La idea de grados de recompensa por el trabajo también está contenida en la enseñanza del Señor.

Lo que Cristo quiere decir es esto: la persona debe ser un ministro y un siervo. La verdadera grandeza no consiste en ser señor o patrón, sino en ministrar y servir a otros. La verdadera ambición y grandeza es la de aquella persona que se vuelve *ministro y siervo como algo natural.* Asume el rol del siervo, el rol del esclavo (*véanse* notas, *Siervo*—Ro. 1:1).

«Y cualquiera que dé a uno de estos pequeñitos un vaso de agua fría solamente, por cuanto es discípulo, de cierto os digo que no perderá su recompensa» (Mt. 10:42).

«Así, no es la voluntad de vuestro Padre que está en los cielos, que se pierda uno de estos pequeños» (Mt. 18:14).

«Mas no así vosotros, sino sea el mayor entre vosotros como el más joven, y el que dirige, como el que sirve» (Lc. 22:26).

«Pues si yo, el Señor y Maestro, he lavado vuestros pies, vosotros también debéis lavaros los pies los unos a los otros» (Jn. 13:14).

«Sirviendo de buena voluntad, como al Señor y no a los hombres» (Ef. 6:7).

«Así que, recibiendo nosotros un reino inconmovible, tengamos gratitud, y mediante ella sirvamos a Dios agradándole con temor y reverencia» (He. 12:28).

«Riquezas, honra y vida son la remuneración de la humildad y del; temor a Jehová» (Pr. 22:4).

«Oh hombre, él te ha declarado lo que es bueno, y qué pide Jehová de ti: solamente hacer justicia, y amar misericordia, y humillarte ante tu Dios» (Mi. 6:8).

7 (10:45) *Ambición—Jesucristo, propósito de:* el acto supremo de ambición pertence a Jesucristo. Con férrea determinación se dispuso a cumplir su propósito. Esto se ve en tres actos supremos.

1. La humillación suprema. Esta se vio en el acto de venir a la tierra: «El Hijo de Dios *vino*». La encarnación es el Hijo Dios haciéndose hombre. Para la mayoría de los hombres, la humanidad es el clímax de la creación sobre la tierra. Pero en el marco y la perspectiva del universo y ante Dios, el hombre no es nada, al menos no para quien piense sinceramente. Es un microbio sobre un grano de arena flotando atravès de lo que parece ser espacio infinito y que solamente sobrevive, si puede, setenta años.

En realidad, es inimiganible que Dios se convierta en miembro de una raza de seres tan insignificantes. Es el acto más humillante posible.

2. La misión suprema. El acto de ministrar: «No vino [Jesús] para ser servido, sino para servir». Los hombres, a quienes vino, lo trataron como al más vil. ¡Imposible, pero cierto! No le dieron lugar donde reposar su cabeza (Mt. 8:20; Lc. 9:58), a solamente tres años de anunciar públicamente que había venido para salvarlos, lo mataron. Ahora note esto, Jesús es el Rey de reyes y Señor de señores, sin embargo, estableció su reino haciéndose ministro y siervo de todos. No se «enseñoreó» sobre los hombres. Ministró y sirvió a los hombres. Por haberse hecho siervo de todos, ahora Dios lo ha exaltado en grado sumo (Fil. 2:8).

3. El precio supremo. Es el acto de dar su vida «en rescate por muchos» (*véase* Estudio a fondo 4—Mr.10:45 para la discusión y otros versículos).

ESTUDIO A FONDO 4

(10:45) *Rescate por muchos* (lutron anti pollon)*:* un rescate dado en cambio de (*anti*) por muchos, un rescate dado por muchos, un rescate en lugar de muchos.

En el Antiguo Testamento rescate (*lutron*) es un medio para soltar. Es la liberación (rescate) de una vida (Éx. 21:30); es un precio de rescate, el precio redentor pagado por algo, por ejemplo: un esclavo (Lv.19:20), alguna tierra (Lv. 25:24), un cautivo (Is. 45:13).

La palabra griega para rescate (*anti*) es significativa. No hay duda que existe la idea de cambio. Cristo dio su vida en cambio, como sustituto por muchos. Esta palabra es usada dos veces más en el Nuevo Testamento; en el pasaje paralelo en Mt.20:28 y en 1 Ti. 2:6. En 1 Ti. 2:6 las palabras son «un rescate de sustitución por todos» (*antilutron huper panton*). En el griego *huper* es la preposición para la idea de sustitución. Es una sustitución en favor de todos.

«Y por todos murió, para que los que viven, ya no vivan para sí, sino para aquel que murió y resucitó por [*huper*] ellos» (2 Co. 5:15).

«Al que no conoció pecado, por [*huper*] nosotros lo hizo pecado, para que nosotros fuésemos hechos justicia de Dios en él» (2 Co. 5:21).

«Que no tiene necesidad cada día como aquellos sumos sacerdotes, de ofrecer primero sacrificios por sus propios pecados, y luego por [*huper*] los del pueblo; porque esto lo hizo una vez para siempre, ofreciéndose a sí mismo» (He. 7:27).

«Porque si la sangre de los toros y de los machos cabríos, y las cenizas de la becerra rociadas a los inmundos, santifican para la purificación de la carne, ¿cuánto más la sangre de Cristo, el cual mediante el Espíritu eterno se ofreció a sí mismo sin mancha a Dios, limpiará vuestras conciencias de obras muertas para que sirváis al Dios vivo?» (He. 9:13-14).

«Y no para ofrecerse muchas veces, como entra el sumo sacerdote en el Lugar Santísimo cada año con sangre ajena. De otra manera le hubiera sido necesario padecer muchas veces desde el principio del mundo; pero ahora, en la consumación de los siglos, se presentó una vez para siempre por el sacrificio de sí mismo para quitar de en medio el pecado» (He. 9:25-26).

«En esa voluntad somos santificados mediante la ofrenda del cuerpo de Jesucristo hecha una vez para siempre» (He. 10:10).

«Pero Cristo, habiendo ofrecido una vez para siempre un solo sacrificio por los pecados, se ha sentado a la diestra de Dios.... Porque con una sola ofrenda hizo perfectos para siempre a los santificados» (He. 10:12, 14).

«Quien llevó él mismo nuestros pecados en su cuerpo sobre el madero, para que nosotros, estando muertos a los pecados, vivamos a la justicia; y por cuya herida fuisteis sanados» (1 P. 2:24; cp. 1 Co. 5:7; Ef. 5:2).

	H. Los pasos para obtener ayuda: el ciego Bartimeo, 10:46-52 (Mt. 20:29-34; cp. Lc. 18:35-43)	clamaba mucho más: ¡Hijo de David, ten misericordia de mí!	
1 Jesús en Jericó a. Los discípulos y la multitud b. Un ciego mendigando en el camino	46 Entonces vinieron a Jericó; y al salir de Jericó él y sus discípulos y una gran multitud, Bartimeo, el ciego, hijo de Timeo, estaba sentado junto al camino mendigando.	49 Entonces Jesús, deteniéndose, mandó llamarle; y llamaron al ciego, diciéndole: Ten confianza; levántate, te llama. 50 El entonces, arrojando su capa, se levantó y vino a Jesús.	5 Paso 4: esperar ansiosamente la ayuda de Jesús a. Jesús se detuvo y llamó al hombre b. El hombre dejó su manto
2 Paso 1: creer los informes acerca de Jesús 3 Paso 2: reconocer la necesidad personal^{EF1} 4 Paso 3: persistir^{EF2} siguiendo a Jesús	47 Y oyendo que era Jesús nazareno, comenzó a dar voces y a decir: ¡Jesús, Hijo de David, ten misericordia de mí! 48 Y muchos le reprendían para que callase, pero él	51 Respondiendo Jesús, le dijo: ¿Qué quieres que te haga? Y el ciego le dijo: Maestro, que recobre la vista. 52 Y Jesús le dijo: Vete, tu fe te ha salvado. Y en seguida recobró la vista, y seguía a Jesús en el camino.	6 Paso 5: pedir con precisión lo que se necesita 7 Paso 6: seguir a Jesús

H. Los pasos para obtener ayuda: el ciego Bartimeo, 10:46-52

(10:46-52) *Introducción:* este es el cuadro de un hombre que necesitaba ayuda y la necesitaba desesperadamente. Al leer la historia no quedan dudas de que la ceguera del hombre es un cuadro de la ceguera, oscuridad y necesidad de un mundo que gime en su desesperación por recibir ayuda. La necesidad puede ser física, mental, emocional, o espiritual; puede ser algún problema mental, alguna desesperante soledad, o algún pecado trágico. Sea lo que fuere, este pasaje muestra los pasos para obtener ayuda.

1. Jesús en Jericó (v. 46).
2. Paso 1: creer los informes acerca de Jesús (v. 47).
3. Paso 2: reconocer la necesidad personal (v. 47).
4. Paso 3: persistir, perseverar siguiendo a Jesús (v. 48).
5. Paso 4: esperar ansiosamente la ayuda de Jesús (vv. 49-50).
6. Paso 5: pedir con precisión lo que se necesita (vv. 51-52).
7. Paso 6: seguir a Jesús (v. 52).

1 (10:46) *Jericó—Bartimeo:* Jesús había estado en Jericó (desconocemos cuánto tiempo). En tiempos de Jesús, Jericó era una de las ciudades más importantes de Palestina. Una de las principales rutas comerciales atravesaban la ciudad de norte a sur. La ciudad se encontraba a solamente diecisiete millas de Jerusalén, y se cree que sea la ciudad más antigua del mundo.

Era tiempo de pascua, ello significa que miles de peregrinos estaban en camino a Jerusalén. Los peregrinos atravesaban el centro de Jericó. El ciego Bartimeo lo sabía y también sabía que los religiosos son más sensibles a las necesidades de la gente indefensa que debía mendigar para su sustento. También es posible que Bartimeo hubiera escuchado que Jesús estaba en Jericó (cp. Lc. 18:35-43). En tal caso, sabía que su mejor oportunidad para encontrar a Jesús sería ubicarse en el límite de la ciudad donde Jesús pasaría al salir de ella. Cualquiera fuese el caso, Bartimeo estaba obligado a mendigar para su sustento, de modo que «estaba sentado junto al camino mendigando».

> *Pensamiento.* La persona debe ir al lugar donde sabe que encontrará a Jesús; donde «pase Jesús». La persona debe ir donde puede oír a Jesús, o puede perder la oportunidad de la vida eterna.
>
> **«Buscad a Jehová mientras puede ser hallado, llamadle en tanto que está cercano» (Is. 55:6).**
> **«Porque todo aquel que pide, recibe; y el que busca, halla; y al que llama, se le abrirá» (Lc. 11:10).**

2 (10:47) *Creer:* el primer paso para obtener ayuda es creer los informes acerca de Jesús. Sentado allí, Bartimeo oyó todo tipo de ruidos originados por la gente que pasaba: el ruido de individuos, de grupos, de caravanas completas. Oyó el ruido de pies que pasaban, de animales, de conversación, risas, del juego entre niños. Oyó todo tipo de conversaciones: serias, joviales, comerciales, vanas, rudas, de mal gusto, religiosas. Pero entonces ocurrió algo. El número de los que pasaban y el ruido cambiaron. Los que pasaban, una multitud de personas, se hicieron más compactos; y el ruido y la conversación era acerca de Jesús, aquel a quien había esperado y anhelado encontrar.

Bartimeo había sido ciego por muchos años, quizá toda la vida, no tenía esperanza de ver. Aparentemente era un mendigo sin nadie que cuidara de él. Pero entonces ocurrió el acontecimiento más glorioso de su vida. Oyó de alguien llamado Jesús de Nazaret que afirmaba ser el verdadero Mesías. Por primera vez en su vida tuvo esperanza. Sabía que había una posibilidad, y que podría ser sanado y recuperar la vista. Desde el primer día que escuchó de Jesús había esperado y anhelado la oportunidad de que Jesús pasara junto a él. ¿Por qué? Porque *creyó los testimonios* acerca de Jesús.

Note otro hecho. Estando sentado allí, junto al camino, no tenía modo de saber que era Jesús quien pasaba. No lo podía ver. Solamente podía oír a la gente caminar y hablar. Cuando oyó a la gente hablar de Jesús, creyó que era Él quien pasaba. Creyó y confió en lo que estaba escuchando.

> *Pensamiento.* La persona tiene que creer el informe, el testimonio acerca de Jesús. Todo cuanto Bartimeo llegó a tener fue lo que oyó. Nunca había visto o estado cerca de Jesús. Solamente conocía el testimonio que la gente compartía: Jesús es el Mesías, el Hijo de David. Y creyó el testimonio.
>
> **«De cierto, de cierto os digo: el que oye mi palabra, y cree al que me envió, tiene vida eterna; y no vendrá a condenación, mas ha pasado de muerte a vida» (Jn. 5:24).**
> **«Pero éstas se han escrito para que creáis que Jesús es el Cristo, el Hijo de Dios, y para que creyendo, tengáis vida en su nombre» (Jn. 20:31).**
> **«Que si confesares con tu boca que Jesucristo es el Señor, y creyeres en tu corazón que Dios le levantó de los muertos, serás salvo. Porque con el corazón se cree para justicia, pero con la boca se confiesa para salvación» (Ro. 10:9-10).**

«¿Quién ha creído a nuestro anuncio? ¿y sobre quién se ha manifestado el brazo de Jehová?» (Is. 53:1).

«El Espíritu de Jehová el Señor está sobre mí, Porque me ungió Jehová; me ha enviado a predicar buenas nuevas a los abatidos, a vendar a los quebrantados de corazón, a publicar libertad a los cautivos, y a los pesos apertura de la cárcel; a proclamar el año de la buena voluntad de Jehová, y el día de venganza del Dios nuestro; a consolar a todos los enlutados» (Is. 61:1-2).

3 (10:47) *Decisión pública—profesión—misericordia—naturaleza mesiánica:* el segundo paso para obtener ayuda es reconocer la necesidad personal. Tan pronto como Bartimeo oyó que era Jesús, comenzó a llamar a gran voz para atraer a Jesús, perturbando y haciendo tanto ruido como fuera posible para ser oído a pesar del ruido de la multitud.

El tema es este: Bartimeo reconoció su necesidad, y la confesó públicamente. No se acercó secretamente a Jesús ni silenciosamente pidiendo que alguno de los allegados intercediera a su favor ante Jesús. Tenía una desesperada necesidad y aceptó ese hecho. Quería la ayuda de Jesús, sin importar otra cosa. Note los hechos.

1. Clamó al «Hijo de David». Este era un concepto inadecuado de Jesús. Pero Bartimeo se acercó a Jesús como su esperanza, su salvador, su libertador, su líder. Usó el conocimiento que tenía y clamó a Jesús.

Pensamiento. Ninguna persona que viene por primera vez a Jesús tiene un concepto adecuado de Él. Ninguna persona entiende a Jesús sino hasta haber sido salvada y haber recibido el Espíritu Santo en su vida y aprendido de Cristo.

2. Clamó por misericordia, y por ninguna otra cosa. Era ciego y era un mendigo, sin embargo no clamó por techo o ropa o comida. Clamó por su necesidad más básica, por misericordia.

«Mas el publicano, estando lejos, no quería ni alzar los ojos al cielo, sino que se golpeaba el pecho, diciendo: Dios, sé propicio a mí, pecador. Os digo que este descendió a su casa justificado antes que el otro; porque cualquiera que se enaltece, será humillado; y el que se humilla será enaltecido» (Lc. 18:13-14).

«Porque la tristeza que es según Dios produce arrepentimiento para salvación, de que no hay que arrepentirse; pero la tristeza del mundo produce muerte» (2 Co. 7:10).

«Este pobre clamó, y le oyó Jehová, y lo libró de todas sus angustias» (Sal. 34:6).

«Cercano está Jehová a los quebrantados de corazón; y salva a los contritos de espíritu» (Sal. 34:18).

«Señor, delante de ti están todos mis deseos, y mi suspiro no te es oculto» (Sal. 38:9).

«Los sacrificios de Dios son el espíritu quebrantado; al corazón contrito y humillado no despreciarás tú, oh Dios» (Sal. 51:17).

«Desde el cabo de la tierra clamaré a ti, cuando mi corazón desmayare. Llévame a la roca que es más alta que yo» (Sal. 61:2).

Mi mano hizo todas las cosas, y así todas estas cosas fueron, dice Jehová; pero miraré a aquel que es pobre y humilde de espíritu, y que tiembla a mi palabra» (Is. 66:2).

«Rasgad vuestro corazón, y no vuestros vestidos, y convertíos a Jehová vuestro Dios; porque misericordioso es y clemente, tardo para la ira y grande en misericordia, y que se duele del castigo» (Jl. 2:13).

ESTUDIO A FONDO 1

(10:47) *Hijo de David: véanse* notas—Mt.1:1; Estudio a fondo 1—1:18; Estudio a fondo 3—3:11; notas—11:1-6; 11:2-3; Estudio a fondo 1—11:5; Estudio a fondo 2—11:6; Estudio a fondo 1—12:16; nota—Lc. 7:21-23.

4 (10:48) *Persistencia:* el tercer paso para obtener ayuda es persistir y perseverar ante Jesús. Muchas personas de la multitud trataron de apartar a Bartimeo, pero Bartimeo estaba desesperado y determinado hasta la muerte. No se dejaría desalentar, ni silenciar ni detener. Repetidamente clamó con toda su voz: «¡Hijo de David, ten misericordia de mí!»

Lo importante es que Bartimeo perseveró. Estaba necesitado y no dejaría de buscar ayuda para su necesidad. Note las voces que se levantaron contra él, note que eran «muchos». Su fe en Jesús era fuerte. Realmente creyó que Jesús le podía ayudar. Su fe se opuso a todas las voces de *desaliento* y a los sentimientos de tantos para quienes el esfuerzo de Bartimeo era *inútil*.

Pensamiento 1. Perseverancia es la respuesta a la desesperada necesidad—oración perseverante y fe perseverante (*véanse* nota y Estudio a fondo 1—Mt. 7:7; nota y Estudio a fondo 1—Lc. 11:5-10 para la discusión).

«Porque todo aquel que pide, recibe; y el que busca, halla; y al que llama, se le abrirá» (Mt. 7:8).

«Mas si de allí buscares a Jehová tu Dios, lo hallarás, si lo buscares de todo tu corazón y de toda tu alma» (Dt. 4:29).

«Y me buscaréis y me hallaréis, porque me buscaréis de todo vuestro corazón» (Jer. 29:13).

Pensamiento 2. Las voces del mundo se levantarán contra nosotros, intentando...

• apartarnos.
• convencernos de que nuestra necesidad es demasiado.
• decirnos que todo desesperada para ser suplida es inútil.
• alentarnos a intentar el camino del mundo.

ESTUDIO A FONDO 2

(10:48) *Persistencia—perseverancia:* la persistencia siempre atrae la atención del Señor (*véanse* bosquejo y notas—Mt. 7:7-11; cp. Lc.18:1). Note la pregunta de Jesús. Ya sabía lo que el ciego quería. Probablemente también lo había oído, pero quería que el ciego practicara la persistencia. ¿Por qué enseña perseverancia Cristo en vez de suplir simplemente nuestras necesidades enseguida? Hay al menos cinco motivos.

1. El tener que perseverar agudiza, aumenta y acrecienta nuestra fe. Nos enseña paciencia, experiencia (vivir victoriosamente), y esperanza (Ro. 5:2-4).

2. El tener que perseverar nos agudiza mentalmente y nos hace más concientes. Nos da más tiempo para pensar y meditar y buscar la verdad acerca de nosotros mismos y de nuestras necesidades. Nos hace enfocar las necesidades reales.

3. El tener que perseverar nos enseña a orar y buscar más a Dios. Nos hace más concientes de nuestra indefensión y de nuestra necesidad de su presencia y ayuda. Necesidad de mayor compañerismo y profundo comunión con Él.

4. El tener que perseverar nos da mayor parte en su obra y adoración. Crea dentro de nosotros un sentido de tener una mayor participación. Esta no es una necesidad de Dios, sino una necesidad nuestra. Servirle a Él es un gran privilegio que nos concede.

5. El tener que perseverar nos da más tiempo para que un mayor número de personas sea alcanzado con el poder de Dios. La perseverancia es un testimonio mayor hacia Dios. Cuando Dios responde y obra, mayor cantidad de personas verán ese obrar de Dios.

5 (10:49-50) *Expectativa:* el cuarto paso para recibir ayuda es esperar ansiosamente esa ayuda de Jesús. Hay dos acciones significativas en esto.

1. «Entonces Jesús, *deteniéndose*.» La multitud debe haber sido grande. Jesús tuvo que enviar a alguien a buscar el hombre. Jesús *se detuvo*...

- por la necesidad del hombre. No podía llegar a Jesús por sí mismo.
- porque el hombre había persistido en clamar a pesar de la oposición de muchos (*véase* Estudio a fondo 2—Mr. 10:48).
- porque Jesús nunca daba la espalda a un hombre que clamaba por ayuda.

«Todo lo que el Padre me da, vendrá a mí; y al que a mí viene, no le echo fuera» (Jn. 6:37).

«El Señor no retarda su promesa, según algunos la tienen por tardanza, sino que es paciente para con nosotros, no queriendo que ninguno perezca, sino que todos procedan al arrepentimiento» (2 P. 3:9).

2. El hombre arrojó a un lado el manto, apartó todos los impedimentos. Este fue un acto interesante. Bartimeo no quería que nada le impidiese llegar a Jesús tan pronto como fuera posible. Con un solo movimiento arrojó de sí su manto, se puso de pie (*ana pedesas*), y se dirigió hacia Jesús. El acento está en su ansiedad por alcanzar a Jesús y no permitir que nada se lo impida.

Pensamiento. ¡Qué lección para nosotros! ¡Cuán pocos son tan diligentes! ¿Cuántos no pueden desprenderse de los impedimentos y tropiezos, y de lo que les impide llegar a Cristo?

«En cuanto a la pasada manera de vivir, despojaos del viejo hombre, que está viciado conforme a los deseos engañosos» (Ef. 4:22).

«Por tanto, nosotros también, teniendo en derredor nuestro tan grande nube de testigos, *despojémonos* de todo peso y del pecado que nos asedia, y corramos con paciencia la carrera que tenemos por delante» (He. 12:1).

«Amados, yo os ruego como a extranjeros y peregrinos, que os abstengáis de los deseos carnales que batallan contra el alma» (1 P. 2:11).

«Si alguna iniquidad hubiere en tu mano, y la echares de ti, y no consintieres que more en tu casa la iniquidad» (Job 11:14).

«Deje el impío su camino, y el hombre inicuo sus pensamientos, y vuélvase a Jehová, el cual tendrá de él, misericordia, y al Dios nuestro, el cual será amplio en perdonar» (Is. 55:7).

6 (10:51-52) *Conversión:* el quinto paso para obtener ayuda es pedir precisamente lo que se necesita. Note varios hechos.

1. Bartimeo sabía exactamente lo que necesitaba y no tuvo dificultad en expresar su necesidad. No vaciló un instante. No era como muchos que son vagos en sus oraciones y pedidos. Bartimeo se había examinado a sí mismo y sabía con precisión lo que necesitaba.

«Y todo lo que pidiereis en oración, creyendo, lo recibiréis» (Mt. 21:22).

«Y todo lo que pidiereis al Padre en mi nombre, lo haré, para que el Padre sea glorificado en el Hijo. Si algo pidiereis en mi nombre, yo lo haré» (Jn. 14:13-14).

«Hasta ahora nada habéis pedido en mi nombre; pedid y recibiréis, para que vuestro gozo sea cumplido» (Jn. 16:24).

«Y antes que clamen, responderé yo; mientras aún hablan, yo habré oído» (Is. 65:24).

«Clama a mí y yo te responderé, y te enseñaré cosas grandes y ocultas que tú no conoces» (Jer. 33:3).

2. Sin embargo, Bartimeo tenía que hacer una confesión personal respecto de Jesús. Jesús, por supuesto, sabía lo que Bartimeo necesitaba; pero no era suficiente que Él conociera la necesidad del hombre. El hombre tenía que hacer una profesión personal respecto de Jesús.

«A cualquiera, pues, que me confiese delante de los hombres, yo también le confesaré delante de mi Padre que está en los cielos. Y a cualquiera que me niegue delante de

los hombres, yo también le negaré delante de mi Padre que está en los cielos» (Mt. 10:32-33).

3. Bartimeo tenía que confesar el poder de Jesús por el bien de los que estaban presentes. Ellos tenían que saber que era fe en Jesús lo que había salvado al hombre.

«Que si confesares con tu boca que Jesucristo es el Señor, y creyeres en tu corazón que Dios le levantó de los muertos, serás salvo. Porque con el corazón se cree para justicia, pero con la boca se confiesa para salvación» (Ro. 10:9-10).

«Porque todo aquel que invocare el nombre del Señor, será salvo» (Ro. 10:13).

4. La palabra Señor (Rabboni) significa *mi Maestro*. Es un título de reverente respeto. Note el posesivo «mi». El corazón de Bartimeo se extendió a Jesús, deseando pertenecerle.

«Si alguno quiere venir en pos de mí, niéguese a sí mismo, tome su cruz cada día, y sígame» (Lc. 9:23).

5. Un pedido específico recibió una respuesta específica: «tu fe te ha salvado» (*véase* notas—Mr. 11:22-23; Estudio a fondo 1—Jn. 2:24; notas—Ro. 10:16-17; He. 11:1; Estudio a fondo 1—11:6).

«Por lo cual puede también salvar perpetuamente a los que por él se acercan a Dios, viviendo siempre para interceder por ellos» (He. 7:25).

«Pero sin fe es imposible agradar a Dios; porque es necesario que el que se acerca a Dios crea que le hay, y que es galardonador de los que le buscan» (He. 11:6).

«Encomienda a Jehová tu camino, y confía en él; y él hará» (Sal. 37:5).

«Fíate de Jehová de todo tu corazón, y no te apoyes en tu propia prudencia» (Pr. 3:5).

«Confiad en Jehová perpetuamente, porque en Jehová el Señor está la fortaleza de los siglos» (Is. 26:4).

7 (10:52) *Discipulado—seguir a Jesús:* el sexto paso para obtener ayuda es seguir a Jesús. Esta fue una escena llena de ternura. Note lo que Jesús había dicho a Bartimeo: «Vete». Pero Bartimeo no se fue; no se fue después que el Maestro lo hubo tocado. Bartimeo se aferró a Jesús. Nada lo apartaría de él; al contrario, «seguía a Jesús en el camino».

Pensamiento. Hay varias lecciones aquí.

1) El corazón lleno de gratitud y reconocimiento.

«Con gozo dando gracias al Padre que nos hizo aptos para participar de la herencia de los santos en luz» (Col. 1:12).

«Y la paz de Dios gobierne en vuestros corazones, a la que asimismo fuisteis llamados en un solo cuerpo; y sed agradecido» (Col. 3:15).

«Y comerás y te saciarás, y bendecirás a Jehová tu Dios por la buena tierra que te habrá dado» (Dt. 8:10).

2) La idea de una conversión genuina. Bartimeo dio todos los pasos.

«Si alguno quiere venir en pos de mí, niéguese a sí mismo, tome su cruz cada día, y sígame» (Lc. 9:23).

3) La idea de crecer, de querer aprender más y más del Salvador de los hombres.

«Venid a mí todos los que estáis trabajados y cargados, y yo os haré descansar. Llevad mi yugo [servicio y discipulado] sobre vosotros, y aprended de mí, que soy manso y humilde de corazón; y hallaréis descanso para vuestras almas; porque mi yugo es fácil, y ligera mi carga» (Mt. 11:28-30).

4) El testimonio de lealtad y fidelidad.

«Así que, hermanos míos amados, estad firmes y constantes, creciendo en la obra del Señor siempre, sabiendo que vuestro trabajo en el Señor no es en vano» (1 Co. 15:58).

	CAPÍTULO 11	4 Fueron y hallaron el pollino atado afuera a la puerta, en el recodo del camino, y lo desataron.	b. Detalles cuidado-samente seguidos
	VII. EL ÚLTIMO MINISTERIO DEL HIJO DE DIOS EN JERUSALÉN: ADVERTENCIA DE JESÚS Y SU CONFLICTO CON LOS RELIGIOSOS, 11:1—12:44	5 Y unos de los que estaban allí les dijeron: ¿Qué hacéis desatando el pollino? 6 Ellos entonces les dijeron como Jesús les había mandado; y los dejaron.	
	A. La entrada triunfal: una advertencia dramática, Jesús es el Mesías,[EF1] **11:1-11** (Mt. 21:1-11; Lc. 19:28-40; Jn. 12:12-19)	7 Y trajeron el pollino a Jesús, y echaron sobre él sus mantos, y se sentó sobre él. 8 También muchos tendían sus mantos por el camino, y otros cortaban ramas de los árboles, y las tendían por el camino.	c. El homenaje rendido por los discípulos[EF4] **2 Escena 2: la entrada triunfal, Cristo vino para salvar ahora (Hosanna)**
1 Escena 1: el pollino; Cristo venía en son de paz[EF2]	Cuando se acercaban a Jerusalén, junto a Betfagé y a Betania, frente al monte de los Olivos, Jesús envió dos de sus discípulos, 2 y les dijo: Id a la aldea que está enfrente de vosotros, y luego que entréis en ella, hallaréis un pollino atado, en el cual ningún hombre ha montado; desatadlo y traedlo.	9 Y los que iban delante y los que venían detrás daban voces, diciendo: ¡Hosanna! ¡Bendito el que viene en el nombre del Señor! 10 ¡Bendito el reino de nuestro padre David que viene! ¡Hosanna en las alturas!	a. El concepto de la gente: un héroe nacional, Hosanna, salva ahora[EF5, 6]
a. Minuciosos detalles para seguir 1) El pollino nunca montado		11 Y entró Jesús en Jerusalén, y en el templo; y habiendo mirado alrededor todas las cosas, como ya anochecía, se fue a Betania con los doce.	b. El significado del Señor: paz espiritual[EF7, 8] **3 Escena 3: investigación de la situación; Cristo venía obedien-temente**
2) El dueño y sus preguntas[EF3]	3 Y si alguno os dijere: ¿Por qué hacéis eso? decid que el Señor lo necesita, y que luego lo devolverá.	12 Al día siguiente, cuando salieron de Betania, tuvo hambre.	**4 Escena 4: el retiro a Betania; Cristo se preparó espiritualmente**

VII. EL ÚLTIMO MINISTERIO DEL HIJO DE DIOS EN JERUSALÉN: ADVERTENCIA DE JESÚS Y SU CONFLICTO CON LOS RELIGIOSOS, 11:1—12:44

A. La entrada triunfal: una advertencia dramática, Jesús es el Mesías, 11:1-11

(11:1-12:44) *Jesucristo, ministerio—Jerusalén:* es necesario destacar tres asuntos significativos referidos al ministerio de Jesús en Jerusalén.

1. Los primeros tres evangelios (Mateo, Marcos, Lucas) dicen poco del ministerio de Jesús en Jerusalén. Este texto es la primera mención de una visita específica. Los tres evangelio sinópticos apenas mencionan de paso que Jesús haya estado alguna vez en Jerusalén. Las menciones son tales como...

- «¡Jerusalén, Jerusalén ... Cuántas veces quise juntar a tus hijos... !» (Mt. 23:37). Esto indica que estuvo anteriormente en la ciudad y que una y otra vez llamó a sus habitantes.
- Su cálida relación familiar con Marta y su hermana y hermano, María y Lázaro. El hogar de ellos era el hogar de Jesús cada vez que se encontraba en Jerusalén (*véase* nota—Jn. 11:1-3).

- Su amistad con Nicodemo y José de Arimatea. Ambos estuvieron involucrados en el sepelio de Jesús, lo cual implica una estrecha amistad desarrollada probablemente a lo largo de muchos encuentros (*véase* nota—Mt. 27:57-60; cp. Jn. 19:38-42).

Los tres primeros evangelios se concentran en el ministerio de Jesús en Galilea. Es el cuarto evangelio, el evangelio de Juan, el que cubre el ministerio de Jesús en Judea y Jerusalén. Juan nos dice que Jesús estuvo frecuentemente en Jerusalén, especialmente durante las grandes festividades. (Cp. Jn. 2:13ss; 5:1s.; 7:1-10ss; esp. v. 10 para tener una idea de su ministerio en Jerusalén.)

2. Cuando Jesús visitó a Jerusalén, su ministerio era totalmente diferente al realizado en Galilea. En Galilea Jesús enseñó muchas cosas, pero en Jerusalén se enfocó en un solo tema: su mesiazgo. Dedicó mucho tiempo a proclamar vigorosamente que Él era, incuestionablemente, el Mesías. Tenía un gran motivo para esto. Jerusalén era la capital de Palestina, y el templo mismo estaba allí. Jerusalén era el eje y centro de la vida y del culto judío. La población de Jerusalén y de los suburbios y ciudades circundantes sumaba centenares de miles (por ejemplo, Betfagé y Betania. Incluso Jericó, ciudad de considerable población, estaba a solamente 17 millas). Solo el templo requería de veinte mil sacerdotes, sin contar a los ayudantes levitas que deben haber sido más aun. Si había algún lugar indicado para que Jesús proclamara su naturaleza mesiánica, ese lugar

era Jerusalén. Jerusalén era una ciudad donde vivían todos los tipos de personas que habían nacido y que todavía nacerían. Jerusalén debía oír la verdad del Hijo de Dios y del gran amor de Dios por el mundo. Ninguna persona de Jerusalén, y ninguna persona nacida después, tenía excusa para ignorar la verdad.

«¡Jerusalén, Jerusalén [mundo, mundo], que matas a los profetas, y apedreas a los que te son enviados! ¡Cuántas veces quise juntar a tus hijos, como la gallina junta sus polluelos debajo de las alas, y no quisiste!» (Mt. 23:37).

3. Note las siguientes visitas a Jerusalén.
   a. Juan 2:13ss: Jesús purificó el templo proclamando que es «la casa de mi Padre» (Jn. 2:16); proclamó ser el Hijo del Hombre (Jn. 3:14); y el unigénito Hijo de Dios (Jn. 3:16).
   b. Juan 5:1ss: Jesús sanó a un hombre en sábado, un hombre enfermo desde hace 38 años. Luego proclamó tener el derecho de quebrantar la ley del sábado por el hecho de ser el Hijo del Padre. En todo sentido de la palabra era igual con Dios (Jn. 5:1-16; 5:17-30).
   c. Jn. 7:1-10s: Jesús declaró ser enviado de Dios (Jn. 7:16-17, 28-29; 8:18, 26, 29, 42); la fuente de la vida (Jn. 7:37-39); la luz del mundo (Jn. 8:12; 9:5); el Mesías (Jn. 8:24, 28); el mensajero de Dios (Jn. 8:26-28, 40); el Hijo del Hombre (Jn. 8:28); que Dios era su Padre (Jn. 9:28, 36, 38, 49, 54); que había venido de Dios (Jn. 8:42); que Él era el gran «Yo Soy» (Jn. 8:58); el Hijo de Dios (Jn. 9:35-37); el gran Pastor de la Vida (Jn. 10:1-42); y así sucesivamente.

(11:1-11) *Introducción:* no hay declaración más elocuente de la naturaleza mesiánica que la entrada triunfal en Jerusalén. Jesús estaba mostrando gráficamente ser *el Mesías,* proclamando deliberadamente ser «el Hijo del Dios viviente» (Mt. 16:16). Pero la entrada triunfal también era algo más. Jesús estaba haciendo una *dramática advertencia* a la gente. La gente debía cambiar su concepto del Mesías. El Mesías no venía como un *héroe nacional* para salvar físicamente al mundo y derrocar materialmente a los gobiernos romanos y gentiles del mundo. Estaba viniendo como el *Rey de Paz* para salvar al mundo espiritual y eternamente. La salvación espiritual y eterna tenía que ocurrir primero, después *volvería* para traer paz y salvación nacional a todos los hombres de todas partes. Primero, debía venir como Rey de Paz; luego vendría como rey conquistador.

1. Escena 1: el pollino—Cristo venía en son de paz (vv. 1-7).
2. Escena 2: la entrada triunfal—Cristo vino para salvar ahora (Hosanna) (vv. 8-10).
3. Escena 3: investigación de la situación—Cristo venía obedientemente (v. 11).
4. Escena 4: el retiro a Betania—Cristo se preparó espiritualmente (v. 11).

ESTUDIO A FONDO 1

(11:1-11) *Jesucristo, última semana—Semana Santa—Domingo de Ramos:* este era el comienzo de la última semana de Jesús en la tierra. Pasó la víspera (la noche del sábado) en Betania con Marta, María y Lázaro (Jn.12:1ss). La última semana de la vida de nuestro Señor se ha conocido en todas partes y desde los tiempos más antiguos del cristianismo como «Semana Santa». La entrada triunfal fue el primer acontecimiento de la semana, y tuvo lugar el primer día de la misma. Se lo llama Domingo de Ramos.

[1] (11:1-7) *Jesucristo, rey; propósito:* la primera escena involucraba al pollino y simbolizaba que Cristo venía en son de paz. Note un hecho importante. El acento de estos versículos cae sobre los minuciosos detalles que deben ser seguidos, y que fueron seguidos en forma estricta. Cristo tenía un motivo para preparativos tan detallados al entrar a Jerusalén. Estaba cumpliendo deliberadamente la profecía de Zacarías 9:9. Dicha profecía decía cuatro cosas.

1. «Da voces de júbilo, hija de Jerusalén.» Jerusalén recibiría una gran noticia, incluyendo una triple advertencia. ¿Por qué tenía que ser advertida? Porque los acontecimientos que iban a tener lugar, no serían como ella los anticipaba.
2. «He aquí tu rey vendrá a ti.» Esta era la primera advertencia. El Rey de Jerusalén estaba en camino a ella, tal como ella lo esperaba. En esta parte de su expectativa la gente estaba acertada. Pero su expectativa encerraba un peligro, el peligro de ser tan fervientes en sus propias ideas y expectativas que pasarían por alto lo que realmente ocurría. «Tu rey vendrá», pero vendrá en forma algo diferente de lo esperado.

Pensamiento. ¡Qué lección para nosotros! Debemos cuidarnos para no introducir con nuestra lectura conceptos a las Escrituras que no están en ella; especialmente, mirando hacia la segunda venida de nuestro Señor. No debemos dictar *cómo* debe volver Jesús; no debemos agregar a lo que Dios ha revelado en su Palabra.

3. «Tu rey vendrá ... *humilde*»: esta era la segunda advertencia. El Mesías venía en mansedumbre, no como un monarca en ejercicio de su gobierno. Venía para conquistar espiritual y eternamente los corazones y vidas de la gente, no física y materialmente (*véanse* notas—Mr. 11:1-11; Ef. 1:3; cp. Mt. 11:29).
4. «Tu rey vendrá ... cabalgando sobre ... un pollino hijo de asna.» Esta era la tercera advertencia. El Mesías venía no como un conquistador cabalgando un corcel blanco, sino como un rey de paz cabalgando sobre un pollino. Venía para salvar pacíficamente al mundo, para reconciliar al mundo con el Dios de amor y reconciliación, no con el Dios de rencor y venganza y guerra. No iba a matar a la gente ni derrocar sus gobiernos (romanos y gentiles). Venía para conquistar el corazón y la vida de la gente mediante las gloriosas nuevas (evangelio) de que Dios ama y reconcilia (*véanse* bosquejo y notas—Ef. 2:13-18).

Nuevamente, note la profecía y la cuidadosa preparación por parte de Cristo para cumplirla. Esto nos dice algo: Cristo estaba dramatizando su naturaleza mesiánica con tanta claridad que la gente no podría dejar de ver y comprender que Él era el Mesías de Dios. Esta era la voluntad de Dios, profetizada generaciones antes de venir Cristo. Dios quería que su Hijo proclame su propia naturaleza mesiánica con tanta claridad que nadie pudiera entender mal lo que estaba haciendo. Dios quería que el mundo supiera que estaba trayendo paz a la tierra, por medio de su Hijo Jesucristo.

«Por la entrañable misericordia de Dios, con que nos visitó desde lo alto la aurora, para dar luz a los que habitan en tinieblas y en sombra de muerte; para encaminar nuestros pies por camino de paz» (Lc. 1:78-79).

«Y repentinamente apareció con el ángel una multitud de las huestes celestiales, que alababan a Dios, y decían: ¡Gloria a Dios en las alturas, y en la tierra paz, buena voluntad para con los hombres!» (Lc. 2:13-14).

«La paz os dejo, mi paz os doy; yo no os la doy como el mundo la da. No se turbe vuestro corazón, ni tenga miedo» (Jn. 14:27).

«Estas cosas os he hablado para que en mí tengáis paz. En el mundo tendréis aflicción; pero confiad, yo he vencido al mundo» (Jn. 16:33).

«Dios envió mensaje a los hijos de Israel, anunciando el evangelio de la paz por medio de Jesucristo; éste es Señor de todo» (Hch. 10:36).

«Justificados, pues, por la fe, tenemos paz para con Dios por medio de nuestro Señor Jesucristo» (Ro. 5:1).

«Porque el reino de Dios no es comida ni bebida, sino justicia, paz y gozo en el Espíritu Santo» (Ro. 14:17).

«Porque él es nuestra paz, que de ambos pueblos hizo uno, derribando la pared intermedia de separación» (Ef. 2:14).

«Y por medio de él reconciliar consigo todas las cosas, así las que están en la tierra como las que están en los cielos, haciendo la paz mediante la sangre de su cruz» (Col. 1:20).

«Jehová dará poder a su pueblo; Jehová bendecirá a su pueblo con paz» (Sal. 29:11).

ESTUDIO A FONDO 2

(11:1-7) *Asno—pollino:* antiguamente el asno era un animal noble. Era usado para llevar las cargas de los hombres. Pero, lo que es más significativo, era usado por reyes y sus emisarios. Cuando estos entraban a una ciudad en son de paz lo hacían montando un pollino para simbolizar sus intenciones pacíficas (cp. los jueces de Israel y los capitanes de la tierra Jueces 5:10; 10:4). Esto difería dramáticamente de un rey en son de conquista. Cuando un rey entraba a una ciudad como conquistador, cabalgaba sobre un corcel.

Jesús estaba demostrando en forma dramática dos cosas a su gente. Primero, que Él era incuestionablemente el Rey prometido, el Salvador del pueblo; y, segundo, que no venía como un rey conquistador. No estaba viniendo como un poderoso del mundo, en pompa y ceremonia; no estaba viniendo al frente de un ejército determinado a matar, herir, y mutilar. La gente tenía que cambiar su concepto del Mesías. Porque el Mesías venía como Salvador de Paz, Salvador de todos lo hombres. Venía para mostrar a los hombres que Dios es el Dios de amor y reconciliación.

1.   El pollino era símbolo de paz. Jesús vino para traer paz, tal como se indicó en la discusión precedente.

2.   El pollino simbolizaba servicio. Era un animal noble, un animal usado al servicio del hombre a efectos de llevar sus cargas. Jesús vino cabalgando en un pollino simbolizando que vino para servir a los hombres, para llevar las cargas de los hombres.

3.   El pollino simbolizaba un carácter sagrado. No había sido montado anteriormente (v. 2). Los animales y las cosas usadas con propósitos sacros o religiosos tenían que ser animales o cosas que nunca habían sido usados antes (Nm. 19:2; Dt. 21:3; 1 S. 6:7). Este detalle señala el carácter sagrado de este evento. Demostraba a todo el mundo que Jesús estaba proclamando deliberadamente que *Él es la esperanza sagrada*, el Mesías prometido del pueblo.

ESTUDIO A FONDO 3

(11:3-6) *El propietario del pollino: véase* nota, *Profecía*—Mt. 21:2-5.

ESTUDIO A FONDO 4

11:7) *Discípulos, homenaje a Jesús—obediencia:* Cristo recibió deliberadamente el homenaje de los discípulos (reverencia, reconocimiento). Ellos hicieron exactamente lo que Él les pidió, a pesar de la incertidumbre del asunto. Probablemente no tenían dinero para comprar o alquilar animales, y se les preguntaría para qué querían los animales; no obstante obedecieron, sin dudar ni preguntar nada.

Note el otro acto de homenaje. No había montura para el Señor; pero ellos cuidaron del Señor y de su bienestar, de manera que tomaron sus propias ropas exteriores y las pusieron a modo de montura sobre el animal. Los dos hombres, por seguir a Cristo seguramente aceptaron una vida de pobreza, de manera que su ropa era escasa. Este acto de humildad les costó su ropa. La ropa se mancharía e impregaría con el olor del animal, pero ellos cuidaban del Señor y por medio de este acto le adoraban. El tema crucial es que ahora Cristo estaba afirmando incuestionablemente su dignidad y sus derechos como rey. Ahora no estaba lavando pies, ni se estaba presentando como el servidor de los hombres; estaba aceptando deliberadamente el homenaje y la reverencia de la gente.

Pero note algo de crucial importancia. Al afirmar que tenía la dignidad y los derechos de un rey, lo estaba haciendo conforme a la más humilde práctica de su tiempo: entrando a la ciudad como un rey de paz, cabalgando sobre un joven pollino en vez de usar el corcel del conquistador. Estaba desacreditando todas las ideas de un reino terrenal y material. Había venido a salvar a Jerusalén y al mundo a través de la paz, no de la guerra.

2 (11:8-10) *Jesucristo, propósito de:* la segunda escena fue la entrada misma a la ciudad. Esto significaba que Cristo venía para salvar ahora (Hosanna). Note la palabra «muchos» (v. 8). La multitud era «muy grande» (Mt. 21:8). Estaban proclamando que Jesús era el Mesías, el Hijo de David que había venido a librarlos de la esclavitud romana y gentil (*véanse* Estudios a fondo 5-8—Mr. 11:9-10). Por supuesto, al cabalgar sobre un pollino Jesús estaba proclamando que *había venido para salvar ahora*, pero para salvar trayendo paz espiritualmente, no militarmente (*véanse* notas—Mr. 11:1-11; 11:1-7).

Note sin embargo, que Jesús recibió deliberadamente el homenaje del pueblo. Aparentemente lo que ocurrió fue esto. La multitud había comenzado a reunirse desde tempranas horas de la mañana, procurando ver ansiosamente al que había levantado a Lázaro de la muerte.Esto los dice Juan. En efecto, Juan cuenta que había tanta gente que los fariseos dijeron: «El mundo se va tras él» (Jn. 12:17-19). Allí estaba la multitud de los discípulos que ya le acompañaba, los peregrinos que iban a la fiesta de la pascua y que se habían unido a la caravana, los residentes de Betania y Betfagé que habían oído de la presencia de Jesús y de los milagros, y aquellos que ya estaban en Jerusalén, ciudadanos y peregrinos que se apresuraron a salir para ver al Señor.

Necesariamente tenemos que imaginarnos una multitud de miles y miles apostados junto a la ruta cuando ayudaron a Cristo a montar el pollino y comenzar su entrada triunfal en Jerusalén. Hay diversos hechos que llevan a esta conclusión.

1.   Dos millones de peregrinos, o más, se reunían cada año en Jerusalén para la fiesta de la pascua (*véase* Estudio a fondo 1—Mt. 26:2). Miles y miles eran religiosos estrictos que creían en el Mesías judío.

2.   Se estaban difundiendo las noticias en la ciudad y zonas vecinas en cuanto a los milagros que Cristo había realizado; en los últimos días había realizado un número concentrado de milagros incluyendo la resucitación de Lázaro (Jn.11:1ss; 11:55-56). La atmósfera misma estaba electrizada con las influyentes noticias de que Jesús era el Mesías prometido por Dios. Las multitudes habían oído que estaba en Betania y Betfagé (Mr. 14:1-9). Y, como ya se dijo, la multitud que había salido de Jerusalén para encontrarlo (Jn. 12:17-19). La multitud que ya viajaba con Él (Mt. 21:29). Y la multitud de ciudadanos en Betania y Betfagé que había comenzado a reunirse alrededor de Jesús (Mr. 14:1-9; Jn. 12:1ss). El acento global del cuadro señala a multitudes buscando a Jesús y saliendo apresuradamente a darle la bienvenida al saber que ya venía. (Note las palabras de Marcos: «los que iban delante y los que venían detrás», v. 9.)

Las multitudes hicieron dos cosas.

1.   Recibieron a Jesús como Rey. Esto lo demuestran dos hechos que siempre se realizaban cuando los reyes entraban a una ciudad. Se quitaron sus mantos y cortaron ramas de árboles para extender ambas cosas sobre la ruta delante de Él. Querían honrarlo y darle el homenaje de un Rey. Querían mostrarle que lo recibían como el Rey prometido de Israel.

2.   Lo recibieron como Mesías (*véanse* notas—Mt. 21:8-9).

«Respondió Natanael y le dijo: Rabí, tú eres el Hijo de Dios; tú eres el Rey de Israel» (Jn. 1:49).

«Porque de tal manera amó Dios al mundo, que ha dado a su Hijo unigénito, para que todo aquel que en él cree, no se pierda, mas tenga vida eterna» (Jn. 3:16).

«Le dijo entonces Pilato: ¿Luego, eres tú rey? Respondió Jesús: Tú dices que yo soy rey. Yo para esto he nacido, y para esto he venido al mundo, para dar testimonio

a la verdad. Todo aquel que es de la verdad, oye mi voz»
(Jn. 18:37).

«Porque dice: En tiempo aceptable te he oído, y en
día de salvación te he socorrido. He aquí ahora el tiempo
aceptable; he aquí ahora el día de salvación» (2 Co. 6:2).

«La cual a su tiempo mostrará el bienaventurado y
solo Soberano, Rey de reyes, y Señor de señores» (1 Ti.
6:15).

«Porque la gracia de Dios se ha manifestado para
salvación a todos los hombres, enseñándonos que,
renunciando a la impiedad y a los deseos mundanos,
vivamos en este siglo sobria, justa y piadosamente» (Tit.
2:11-12).

ESTUDIO A FONDO 5
(11:9) *Hosanna:* significa salva ahora, o salva, te rogamos.

ESTUDIO A FONDO 6
(11:9) *Bendito ... el Señor:* significa bendito el que ha sido
enviado por Dios para salvar a su pueblo; bendito el que es
enviado con la autoridad de Dios.

ESTUDIO A FONDO 7
(11:10) *Reino de David: véanse* notas—Mt. 1:1; Estudio a fondo
1 —2:18; Estudio a fondo 3 —3:11; notas—11:1-6; 11:2-3;
Estudio a fondo 1 —11:5; Estudio a fondo 2 —11:6; Estudio a
fondo 1 —12:16; nota—Lc. 7:21-23.

ESTUDIO A FONDO 8
(11:10) *En las alturas:* significa Dios salve, pedimos; tú que
estás en las alturas, salva ahora por medio de Aquel a quien has
enviado.

3 (11:11) *Obediencia:* la tercera escena fue la inspección del
templo, de la situación general. Esto simbolizaba que Jesús venía
obedientemente. Fue una escena descriptiva. Jesús «entró ... en el
templo; y habiendo mirado alrededor *todas las cosas*». Allí se
mantuvo de pie, en algún sitio apartado desde el cual podía ver todo
lo que estaba ocurriendo. Ya anochecía y Jesús estaba cansado. Se
paraba a solas. El tema a notar es que estaba haciendo la voluntad
de Dios. Hacía falta mucho coraje para estar allí de pie. Las
autoridades judías estaban buscando alguna oportunidad para
quitarle la vida, y estaban más indignadas que nunca, porque Jesús
no había desalentado el homenaje de la gente (cp. Lc. 19:39).

- Los romanos percibían que estaba en proceso una
  sublevación popular.
- Los herodianos judíos (partido gobernante) temían
  ser culpados y reemplazados por los romanos.
- Los fariseos se sentían empujados a nuevas
  profundidades de envidia y malicia.

Y ante todo ello Jesús tenía que ser valiente; le era necesario
estar allí. Esa era la voluntad de Dios. Tenía que inspeccionar la
situación, inspeccionar la casa de Dios. Tenía que preparar todas
las cosas para la salvación del pueblo de Dios. Había venido en
obediencia; había venido para obedecer a Dios.

«Jesús les dijo: Mi comida es que haga la
voluntad del que me envió, y que acabe su obra»
(Jn. 4:34).

«No busco mi voluntad, sino la voluntad del que
me envió, la del Padre» (Jn. 5:30).

«Mas para que el mundo conozca que amo al
Padre, y como el Padre me mandó, así hago.
Levantaos, vamos de aquí» (Jn. 14:31).

«Y aunque era Hijo, por lo que padeció aprendió
la obediencia» (He. 5:8).

Pensamiento. Hay dos lecciones en este punto.

1) Debemos obedecer, no importan las amenazas y la
   oposición.

2) Debemos investigar antes de entrar en cualquier
   situación que involucre amenazas o corrupción (*véase*
   nota—Mr. 11:15-19).

4 (11:11) *Preparación—oración:* la cuarta escena fue el retiro a
Betania. Esto simbolizaba que Cristo se preparaba espiritualmente.
Jesús se retiró para pasar la noche en la zona aledaña de Betania. Sin
duda pasó considerable tiempo a solas en oración. Eran muchas las
cosas que le esperaban en esa última semana de su vida. Él lo sabía
y percibía cada detalle y cada emoción que experimentaría.
Necesitaba de la poderosa mano de su Padre sosteniéndolo.
Necesitaba prepararse espiritualmente. (*Véase* nota, *Preparación*—
Lc. 21:37 donde se nos dice que Jesús pasó la última noche de esta
semana orando en el Monte de los Olivos.)

«Más él se apartaba a lugares desiertos, y oraba» (Lc.
5:16).

«En aquellos días él fue al monte a orar, y pasó la
noche orando a Dios» (Lc. 6:12).

	B. La higuera maldecida: una advertencia sobre la vida estéril, 11:12-14 (Mt. 21:17-20)	higuera que tenía hojas, fue a ver si tal vez hallaba en ella algo; pero cuando llegó a ella, nada halló sino hojas, pues no era tiempo de higos.	**3 Jesús examinó el fruto**
1 Jesús tenía una necesidad	12 Al día siguiente, cuando salieron de Betania, tuvo hambre.	14 Entonces dijo a la higuera: Nunca jamás coma nadie fruto de ti. Y lo oyeron sus discípulos.	**4 Jesús condenó la profesión de fe sin fruto**
2 Jesús vio un potencial	13 Y viendo de lejos una		

B. La higuera maldecida: una advertencia sobre la vida estéril, 11:12-14

(11:12-14) *Introducción—higuera—juicio—Dios, severidad:* ¿Por qué destruyó Jesús a la higuera? Muchas personas dicen que esa destrucción era contraria a su carácter. Afirman que nunca eliminaría un árbol por no tener fruto, especialmente cuando no era estación para frutos maduros (v. 13). Pero hay dos cosas que siempre den ser recordadas.

1. Dios es bueno pero también severo. Como dice Pablo: «Mira, pues, la bondad y la severidad de Dios» (Ro. 11:22). Debemos acentuar tanto la bondad como la severidad de Dios; no solamente su bondad. Dios es amor, pero también es puro y justo. Dios demuestra cuidado y perdón, pero también pide cuentas a los hombres y los considera responsables. Dios no es un Padre indulgente que jamás mostrará severidad. No es débil ni necio en su trato con los hombres, aceptando y nunca castigando la falta de fruto. La esterilidad y el pecado llevan a la destrucción, y Dios no es un *mal Padre* dispuesto a permitir que toda la raza humana se destruya a sí misma. Dios es bueno con los hombres. Dios castiga la ausencia de frutos para que otros sean fructíferos.

2. Jesús siempre actuó ya sea para enseñar o para salvar y ayudar a los hombres. En la destrucción de la higuera Jesús estaba enseñando a los hombres una lección muy necesaria, una lección que a voces dice: «*¡Lleven fruto!* Cuídense de hacer profesión de fe sin llevar fruto».

1. Jesús tenía una necesidad (v. 12).
2. Jesús vio un potencial (v. 13).
3. Jesús examinó el fruto (v. 13).
4. Jesús condenó la profesión de fe sin fruto (v. 14).

1 (11:12) *Jesucristo, propósito:* Jesús tenía una necesidad. Marcos dice que sencillamente «tuvo hambre». Jesús había pasado la noche en Betania. Mateo dice que entraba a Jerusalén temprano «por la mañana». Era muy de madrugada, antes que la mayoría de la gente se hubiera levantado (*véase* Estudio a fondo 1—Mt. 21:18). Lo más probable es que Jesús haya estado levantado dedicando un buen tiempo a orar. Necesitaba estar espiritualmente preparado; necesitaba una fuerza muy especial en esta última semana de su vida en la tierra.

Salió de Betania antes del desayuno. El tema es que tuvo hambre; tuvo una necesidad. Su necesidad ilustró el anhelo de Jesús de ver fruto: mucho fruto en la vida de los hombres. Cristo quiere ganar a los hombres, y quiere que sean hombres fructíferos. Esta es la clase de hambre, de anhelo, y deseo de Jesús. Este es el propósito mismo de su ser.

> «El ladrón no viene sino para hurtar y matar y destruir; yo he venido para que tengan vida: y para que la tengan en abundancia» (Jn. 10:10).
> «Yo soy la vid, vosotros los pámpanos; el que permanece en mí; y yo en él, éste lleva mucho fruto porque separados de mí nada podéis hacer ... En esto es glorificado mi Padre, en que llevéis mucho fruto, y seáis así mis discípulos» (Jn. 15:5, 8).
> «Porque el Hijo del Hombre vino a buscar y a salvar lo que se había perdido [lo que no tenía fruto]» (Lc. 19:10).

> «¿Pero qué fruto teníais de aquellas cosas de las cuales ahora os avergonzáis? Porque el fin de ellas es muerte. Mas ahora que habéis sido libertados del pecado y hechos siervos de Dios, tenéis por vuestro fruto la santificación, y como fin, la vida eterna» (Ro. 6:21-22).
> «Así también vosotros, hermanos míos, habéis muerto ... mediante el cuerpo de Cristo, para que... llevemos fruto para Dios» (Ro. 7:4).
> «Así que, ofrezcamos siempre a Dios, por medio de él, sacrificio de alabanza, es decir, fruto de labios que confiesen su nombre» (He. 13:15).

2 (11:13) *Hipocresía—falta de fruto:* Jesús vio un potencial. Jesús vio la higuera «de lejos», a una gran distancia. El árbol estaba tan lleno de follaje (a pesar de la fecha temprana) que parecía estar plenamente desarrollado. En tal caso, por supuesto, el árbol debería tener higos; porque en la higuera aparecen primero los brotes del fruto y luego las hojas (*véase* nota—Mr. 11:13). Era de esperar que la higuera tuviera frutos aunque éstos no estuviesen maduros. Era natural esperarlo. El pleno follaje, la apariencia de tener fruto, eran una abierta afirmación. Note cuatro cosas. (*Véanse* bosquejo y notas—Mr. 4:3-20.)

1. Las muchas hojas indicaban la presencia de fruto. Así es con los hombres que profesan tener fe, su profesión indica que hay fruto.

2. Las muchas hojas son indicación de buena salud, de la ausencia de enfermedad. La profesión de fe indica que la enfermedad del pecados ha sido controlada, fumigada, destruida.

3. Las muchas hojas y el follaje lleno despertaban esperanzas. Jesús esperaba hallar fruto. Esperaba satisfacer su hambre con el fruto del árbol. La profesión de fe de una persona despierta esperanza entre los que la observan, especialmente entre los allegados.

4. Las muchas hojas, el follaje lleno requería la existencia de frutos. La profesión de fe requiere que le siga una vida fructífera. Si no hay fruto, la profesión de fe es vana e inútil. Es lo mismo que no exista (cp. 5:13; Jn. 15:6).

> «Así también vosotros por fuera, a la verdad, os mostráis justos a los hombres, pero por dentro estáis llenos de hipocresía e iniquidad» (Mt. 23:28).
> «Que tendrá apariencia de piedad, pero negarán la eficacia de ella; a estos evita» (2 Ti. 3:5).
> «Profesan conocer a Dios, pero con los hechos lo niegan, siendo abominables y rebeldes, reprobados en cuanto a toda buena obra» (Tit. 1:16).

3 (11:13) *Juicio—falsa profesión de fe—falta de fruto:* Jesús examinó el fruto. Cuando Jesús llegó a la higuera, miró, inspeccionó y examinó; pero no encontró *nada*, ningún fruto. A juzgar por su follaje y de su apariencia el árbol era estéril, sin fruto. *Parecía ser fructífero,* se declaraba fructífero, pero después de la inspección, se vio el árbol no tenía *sino hojas* (apariencia). Note dos advertencias.

1. La apariencia de un follaje tupido atraía la atención. Fue precisamente la apariencia que atrajo a Jesús. Así es con la profesión de fe. Cristo es definidamente atraído a toda persona que profesa tener fe. Jesús se acerca a la persona que desea amor, ayuda, y compañerismo con Él.

2. La apariencia que presentaba el follaje completa invitó a

Jesús a inspeccionarlo. Jesús tenía hambre, quería hallar fruto. Al llegar miró y miró, pero no halló fruto. Así es con el hombre. Cristo anhela fruto del hombre. Si ve a una persona haciendo profesión de fe, Cristo es atraído a acercarse e inspeccionar. La persona que profesa fe en Cristo está invitando a ser inspeccionada por Cristo, y es lo que Cristo hará; en efecto, inspeccionará a la persona que hace profesión de fe mucho antes que a la persona que no hace tal profesión. El que hace una profesión hipócrita es mucho más responsable que quien no la hace.

> «La obra de cada uno se hará manifiesta; porque el día la declarará, pues por el fuego será revelada; y la obra de cada uno cuál sea, el fuego la probará» (1 Co. 3:13).

> «De manera que cada uno de nosotros dará a Dios cuenta de sí» (Ro. 14:12).

> «Porque no hay nada oculto que no haya de ser manifestado; ni escondido, que no haya de salir a la luz» (Mr. 4:22).

> «Porque Dios traerá toda obra a juicio, juntamente con toda cosa encubierta, sea buena o sea mala» (Ec. 12:14).

[4] (11:14) *Falsa profesión de fe—falta de fruto:* Jesús condenó la profesión de fe sin fruto. De pie allí Jesús vio fruto. El árbol tenía vida; existía. Tenía la sabia para producir un abundante follaje de hojas; pero lo triste era que a pesar de toda la apariencia de ser fructífero, el árbol no tenía fruto. El propósito mismo de su existencia era llevar fruto, pero no lo hacía. Falló de tres maneras.

1.   El árbol hacía una profesión vana. Así ocurre con los hombres. Los hombres hacen profesión de fe, pero es una profesión vacía. La vida de ellos no se corresponde con su profesión. Les falta vida, comportamiento, obras, pureza, santidad, fe, amor y tantas otras cosas. No hay diferencia entre ellos y el mundo.

2.   El propósito del árbol no se había cumplido. Así ocurre con los hombres. Profesan tener fe en Cristo, pero permanecen en sus propios designios mundanos, olvidando totalmente el propósito de Dios. Muchas personas que profesan fe en Cristo dedican su tiempo, energía y dinero a satisfacer sus propios deseos y ambiciones en vez de la voluntad de Dios y su propósito.

3.   El árbol fue engañoso en vez de servir. Así ocurre con los hombres. Dicen servir, y tal vez exhiban algún pequeño servicio; pero están dedicadas a sí mismas, a la familia, al negocio, a la propiedad, sociedad, una lista interminable de cosas. El servicio a Dios solamente es un *agregado* a todo lo demás. Dios no es el verdadero Señor del que hace la profesión. Este no tiene intención de servir al Señor. Mira a Dios como alguien que meramente *está allí,* junto a todo lo demás.

> «Y ya también el hacha está puesta a la raíz de los árboles; por tanto, todo árbol que no da buen fruto es cortado y echado en el fuego» (Mt. 3:10).

> «Así, todo buen árbol da buenos frutos, pero el árbol malo da frutos malos» (Mt. 7:17).

> «Pero la que produce espinos y abrojos es reprobada, está próxima a ser maldecida, y su fin es el ser quemada» (He. 6:8).

> «Porque de la vid de Sodoma es la vid de ellos, y de los campos de Gomorra; las uvas de ellos son uvas ponzoñosas, racimos muy amargos tienen» (Dt. 32:32).

	C. Purificación del templo: advertencia a los que abusan del templo de Dios, 11:15-19 (Mt. 21:12-16; Lc. 19:45-46; cp. Jn. 2:13-16)	nadie atravesase el templo llevando utensilio alguno. 17 Y les enseñaba, diciendo: ¿No está escrito: Mi casa será llamada casa de oración para todas las naciones? Mas vosotros la habéis hecho cueva de ladrones.	la casa de Dios c. A los que afectaban la atmósfera de oración d. A los que excluían a otra gente e. A los que cambiaban el propósito del templo
1 Jesús entró al templo	15 Vinieron, pues, a Jerusalén; y entrando Jesús en el templo, comenzó a echar fuera a los que vendían y compraban en el templo; y volcó las mesas de los cambistas, y las sillas de los que vendían palomas; 16 y no consentía que	18 Y lo oyeron los escribas y los principales sacerdotes, y buscaban cómo matarle; porque le tenían miedo, por cuanto todo el pueblo estaba admirado de su doctrina. 19 Pero al llegar la noche, Jesús salió de la ciudad.	3 Jesús motivó una reacción al proclamar la verdad del templo a. Algunos intentaron perseguirlo b. Algunos se asombraron
2 Jesús expulsó a algunos del templo a. A los que comercializaban o secularizaban la religión b. A los que profanaban			4 Jesús se alejó cuando la verdad se rechazó

C. Purificación del templo: advertencia a los que abusan del templo de Dios, 11:15-19

(11:15-19) *Introducción—templo, purificación:* la purificación del templo tuvo lugar el lunes, el día después de la entrada triunfal a Jerusalén. Esta era la escena: miles y miles de personas se habían apostado junto a la ruta para la entrada triunfal de Jesús. Al cabalgar acompañado del clamor de bienvenida de las multitudes, el camino lo llevó directamente a la escalinata del templo. Entró al templo «y habiendo mirado alrededor todas las cosas» (v. 11), observó todo lo que ocurría allí. Se mantuvo de pie, aparte, observando toda la corrupción. Pasado algún tiempo, quebrantado en su corazón y apesadumbrado, se fue, volviendo a Betania para pasar allí la noche del domingo. El lunes, después de levantarse, volvió al templo y lo purificó de todos aquellos que profanaban su santidad.

Cuatro cosas deben ser notadas en cuanto al templo durante esta última semana en la vida del Señor.

1. Jesús estaba terminando su ministerio en el templo, la casa de oración de su Padre, el lugar donde mora de manera muy especial la presencia de Dios. Ahora iba a terminar su ministerio en la tierra: un ministerio glorioso cumpliendo perfectamente la voluntad de Dos. La noche anterior, cuando estuvo en el templo, observando desde un costado todo lo que allí ocurría, sus pensamientos deben haber sido muy contemplativos. Meditaría en su Padre, en el inminente fin de su propia vida, en el gran sacrificio que iba a pagar por el pecado del hombre, la corrupción del templo que tenía lugar allí alrededor suyo, la adoración que debería haberse realizado allí, y en tantas otras cosas habrá meditado. Probablemente su corazón se sentía muy cerca de Dios, pero quebrantado y llorando interiormente. Ante sus ojos tenía un cuadro del terrible pecado por el cual iba a morir. El templo mismo, el lugar donde la gente debía poder acercarse a Dios, había sido corrompido por los hombres. Ahora era cualquier cosa menos una casa de oración. Era un lugar para el comercio, para la codicia del hombre.

2. Al purificar el templo Jesús estaba revelando quién era. Estaba proclamando a todas las generaciones que Él tenía el derecho de determinar cómo debe ser usado el templo, y a purgarlo de corrupciones. Como Hijo de Dios, el templo era habitación suya, el lugar donde debía conocerse de manera especial la adoración a Dios.

3. Al purificar el templo Jesús estaba revelando cómo los hombres debían tratar y usar el templo de Dios.

4. Jesús comenzó y terminó su ministerio purificando el templo. Las dos purificaciones fueron dos eventos que marcaron el comienzo y el final de su ministerio. Se demostró así la importancia del templo como casa de oración y adoración de Dios.

Cuando el Señor entró a Jerusalén, no fue al templo del rey, a las cortes de los gobernantes; fue al templo, a la casa de Dios. Su reino no era de este mundo; fue al templo, a la casa de Dios. Su reino no era de este mundo; no era un reino físico. Su reino era del cielo; un reino espiritual. Su autoridad y gobierno estaban en el templo de Dios y en el corazón de los hombres. Por eso, fue al templo de Dios para limpiarlo y para enseñar cómo debe ser usado el templo.

1. Jesús entró al templo (v. 15).
2. Jesús expulsó a algunos del templo (vv. 15-17).
3. Jesús motivó una reacción cuando fue proclamada la verdad del templo (v. 18).
4. Jesús se alejó cuando la verdad fue rechazada (v. 19).

1 (11:15) *Templo:* Jesús entró al templo. Es preciso comprender el diseño del templo para ver lo que estaba ocurriendo en este acontecimiento. Estaba construido en la cima del monte Sion, y se estima que cubría unas treinta hectáreas de superficie. El templo consistía de dos partes, el edificio propiamente dicho y los atrios o patios. La lengua griega tiene dos palabras para distinguir entre templo y atrio.

1. *El edificio del templo (naos)* era pequeño, una estructura ornamentada, dispuesta en el centro de la propiedad global. Se lo llamaba lugar santo, o santísimo, y solamente podía entrar a él el sumo sacerdote; pero aun el sumo sacerdote solamente podía entrar una vez por año, el día de la expiación.

2. *Los atrios del templo (hieron)* eran cuatro patios que rodeaban el edificio del templo, cada uno de importancia de creciente conforme a la mentalidad judía. Es importantísimo recordar que grandes muros separaban a los atrios entre sí.

    a. Primero estaba el atrio de los sacerdotes. Solamente los sacerdotes tenían acceso a él. Dentro del atrio de los sacerdotes estaban los grandes mobiliarios afectados a la adoración, es decir, el altar de la ofrenda quemada, la fuente de bronce, el candelero de siete brazos, el altar del incienso y la mesa con los panes de la proposición.

    b. Le seguía el atrio de los israelitas. Este era un gran patio donde se reunían los adoradores judíos en ocasión de los grandes días de fiesta. Era también el lugar donde los adoradores entregaban sus sacrificios a los sacerdotes.

    c. El atrio de las mujeres era el tercer patio. Normalmente las mujeres eran limitadas a esta zona excepto para la adoración. Sin embargo, podían entrar al atrio de los israelitas cuando venían para traer sus sacrificios o para adorar con todos los demás en alguna de las grandes fiestas.

d. El atrio de los gentiles era el último de los patios. Cubría una gran superficie y rodeaba a los otros tres atrios; era el lugar de adoración para los gentiles convertidos a judaísmo.

Cuando Jesús entro al templo, entró al atrio de los gentiles. Fue este atrio, el atrio exterior que causó el enojo de Jesús.

Pensamiento. Note dos temas significativos.

1) Hay grandes barreras levantadas entre el pueblo cuando se trata de adorar. Imagínese las grandes paredes (barreras) separando al pueblo de Dios, y los diversos atrios que favorecían a los hombres judíos respecto de las mujeres, y a todos los judíos respecto de cualquier gentil. Imagínese la justicia propia, el orgullo, egocentrismo, prejuicios, envidia, y celos. ¿Dónde está el amor, cuidado, ministerio, evangelismo, conciencia social y el sentido de necesidad humana en semejante esquema religioso? Cada generación de creyentes tiene que analizar sus corazones en busca de señales de prejuicio y división, y purificar sus corazones de semejantes pecados.

2) Cristo purificó el *atrio exterior,* no el *atrio interior.* No era solamente el centro de adoración lo que estaba *dedicado* a Dios; los atrios también estaban dedicados. La totalidad de las treinta hectáreas eran terreno santo y debía ser tratado como tal. Esta es una advertencia a la iglesia que debe ser atendida (*véase* nota—1 Co. 3:17).

2 (11:15-17) *Templo—iglesia:* Jesús expulsó a algunos del templo. Toda esta escena tuvo lugar en el atrio de los gentiles. Hubo cinco ofensas, cinco contaminaciones o corrupciones que motivaron a Jesús a expulsar a algunos hombres del templo.

1. Jesús expulsó a los que comercializaban con la religión y la secularizaban. El atrio exterior del templo, el atrio de los gentiles, era el lugar de adoración de los gentiles. Pero se había abusado trágicamente de él. Se había vuelto en nada más que un mercado público, poseído y, en muchos casos, operado, por los sacerdotes. Se lo utilizaba para vender y comprar animales para el sacrificio. Esto incluía bueyes, y ovejas, y animales menores como palomas y palominos. Se lo utilizaba para la inspección de la pureza de los animales, y también era usado para el cambio de monedas extranjeras. Cada período pascual veía a miles de peregrinos procedentes de todas las naciones viajando grandes distancias para llegar al templo. Normalmente era imposible para un peregrino traer su propio animal para el sacrificio; pero si lo hacía, tenía que llevarlo al inspector, lo que frecuentemente implicaba el pago de un arancel. Las voces que iban y venían en el regateo creaban una atmósfera de completo caos; aparentemente el sonido era como el rugir de un volcán humano (*véase* nota, pto. 2: Ef. 2:14-15).

En las grandes fiestas se vendían centenares de miles de animales, y, desafortunadamente el sumo sacerdote y otros sacerdotes con frecuencia estaban en medio del comercio. Era este comercio y este secularismo de la religión lo que Jesús rechazó. (*Véase* Estudio a fondo 1—Mt. 21:12-16 para una discusión detallada y pensamientos relacionados.)

«Mis días de reposo guardaréis, y mi santuario tendréis en reverencia. Yo Jehová» (Lv. 19:30).

«Mas Jehová está en su santo templo; calle delante de él toda la tierra» (Hab. 2:20).

2. Jesús expulsó a los que profanaban la casa de Dios. Note que la gente estaba usando los terrenos del templo para transportar toda clase de cosas (v. 16). El templo y sus tierras eran tan grandes que las entradas se habían convertido en atajos para pasar de una parte de la ciudad a otra, especialmente si uno llevaba una carga pesada. Jesús estaba prohibiendo semejante falta de respeto y semejante profanación de la casa de Dios.

Pensamiento. Note lo santo que era el templo para Jesús. Le prohibió a la gente atravesar el atrio exterior, aunque tuvieran que llevar una carga pesada y hacer un camino mucho más largo. Esto debería hablar elocuentemente y claramente a la iglesia, en cualquier generación. Dios espera que su iglesia y sus territorios o atrios sean tenidos en el mayor respeto y estima.

«Dios temible en la gran congregación de los santos, y formidable sobre *todos los que están alrededor de él*» (Sal. 89:7).

«Y dijo: No te acerques; quita tu calzado de tus pies, porque el lugar en que tú estás tierra santa es» (Éx. 3:5).

3. Jesús expulsó a los que afectaban la atmósfera de oración en el interior del templo. El templo era más que solamente un edificio y tierras. Era una «casa de oración». En efecto, note las palabras exactas de Jesús. Tres cosas dijo acerca del templo.

a. El templo es «mi casa». «Mi» es posesivo. Cristo posee el templo. Él es el Señor, el dueño del templo. Cualquiera que esté en su interior o bien es un huésped o bien es un siervo. Nadie tiene el derecho de maltratar la casa de otro. El huésped y el siervo deben respetar la propiedad del dueño de casa.

b. «Mi casa será llamada ... casa de oración.» El propósito de la casa del Señor es la oración. Debe ser usada para la oración, y a *tal extremo* que sea conocida como «la casa de oración». La oración será su rasgo distintivo, su función, aquello por lo que es conocida (tener comunión, compartir, alabar, rogar, dar gracias, escuchar y adorar).

c. «Mi casa será llamada casa de oración para *todas las naciones.*» El templo debe ser lo mismo en todas las naciones: una casa de oración. Ninguna nación, ningún pueblo debe utilizarla con otro propósito. En todas las naciones, el templo debe ser usado para la oración, y debe ser conocido y llamado «casa de oración».

Pensamiento. La atmósfera de oración es perturbada por...

• ruido.	• espíritus perturbados.
• espíritus divisivos.	• actividades seculares.
• barreras personales.	• barreras religiosas.
• otras actividades religiosas.	• falta de preparación espiritual.

«Dios es espíritu; y los que le adoran, en espíritu y en verdad es necesario que adoren» (Jn. 4:24).

«Dad a Jehová la honra debida a su nombre; traed ofrenda, y venid delante de él; postraos delante de Jehová en la hermosura de la santidad» (1 Cr. 16:29).

«Venid, adoremos y postrémonos; arrodillémonos delante de Jehová nuestro Hacedor» (Sal. 95:6).

«Exaltad a Jehová nuestro Dios, y postraos ante el estrado de sus pies; él es santo» (Sal. 99:5).

4. Jesús expulsó a aquellos que dejaban fuera a la gente. El templo debía ser una casa de oración para *todas* las naciones. Note dos cosas.

a. Ni los gentiles ni nadie debían ser excluidos. Las mujeres y los gentiles debían tener tanto *acceso* al atrio interior de adoración como los hombres judíos (cp. Is. 56:7).

b. El atrio de los gentiles debía tener una atmósfera de oración tan intensa como cualquiera de los otros atrios del templo. No había *sectores para adorar* en el templo, al menos no en el concepto del Señor. Todo el templo y sus atrios eran para orar y adorar.

Pensamiento 1. Esta lección es crucial, una lección que Dios ha intentado enseñar una y otra vez a los hombres y a las naciones a lo largo de los años. No hay un sistema de castas, no hay una corteza social, una raza superior o inferior. Ni siquiera hay una *persona mejor o peor, o favorita o especial,* ante los ojos de Dios.

«Dios no hace acepción de personas» (Hch. 10:34).

«Porque de tal manera amó Dios al mundo [de modo igual a cada nación y a cada hombre], que ha dado a su Hijo unigénito, para que todo aquel que en Él cree, no se pierda, mas tenga vida eterna» (Jn. 3:16).

Pensamiento 2. Toda persona debe tener acceso al templo de Dios. Nadie debe ser excluido, ni siquiera ignorado en el interior del templo. El templo (iglesia) debe estar abierto para todos, y todos deben saber que es *casa de oración de Dios* para toda persona. Todo el mundo debe saber que allí puede orar, que allí será bienvenido, consolado y ayudado. Esto incluye...

- al pobre
- al andrajoso
- desamparado
- pecador
- viudo
- al niño
- viuda
- al sucio
- hambriento
- al retardado
- al huérfano
- divorciado
- al anciano
- enfermo

5. Jesús expulsó a los que cambiaron el propósito del templo. Trágicamente eran los mismos sacerdotes los que alteraron el propósito del templo. No se sabe precisamente cuándo, pero en algún momento de la historia los sacerdotes decidieron aprovechar la necesidad de animales para el sacrificio y otros elementos del culto de quienes venían a adorar. Los sacerdotes vieron cómo obtener alguna ganancia para el bienestar del templo y para ellos mismos. Comenzaron a instalar puestos dentro del atrio de los gentiles para atender las necesidades de los peregrinos, ayudar a solventar los gastos del templo y suplir sus propias necesidades.

Note el punto crucial que constituye una severa advertencia al pueblo de Dios. Se le vendía a la gente cosas necesarias para su adoración. No eran simplemente cosas que les *ayudarían* en su crecimiento espiritual y en su adoración, sino cosas que eran absolutamente necesarias. Cosas que los peregrinos necesariamente debían tener.

Ahora piense por un momento. Si estas cosas eran necesarias para la adoración y el crecimiento, ¿qué había de malo en lo que los sacerdotes hacían? Las palabras del versículo 15 nos responden: «Jesús ... comenzó a echar fuera a los que vendían y compraban en el templo». El comprar y vender las cosas para la adoración y el crecimiento era algo necesario y bueno, *pero no en el templo.* Debía ser hecho fuera de los muros del templo, fuera del territorio del templo. El templo y la iglesia no son lugar para el comercio.

«Y dijo a los que vendían palomas: Quitad de aquí esto, y no hagáis de la casa de mi Padre casa de mercado» (Jn. 2:16).

«Pues que, ¿no tenéis casas en que comáis y bebáis? ¿O menospreciáis la iglesia de Dios, y avergonzáis a los que no tienen nada? ¿Qué os diré? ¿Os alabaré? En esto no os alabo» (1 Co. 11:22).

«Cuando fueres a la casa de Dios, guarda tu pie; y acércate más para oir que para ofrecer el sacrificio de los necios; porque no saben que hacen mal» (Ec. 5:1).

«Porque los hijos de Judá han hecho lo malo ante mis ojos, dice Jehová; pusieron sus abominaciones en la casa sobre la cual fue invocado mi nombre, amancillándola» (Jer. 7:30).

Sus [el templo, las iglesias] profetas son livianos, hombres prevaricadores; sus sacerdotes contaminaron el santuario, falsearon la ley» (Sof. 3:4).

3 (11:18) *Templo—Jesucristo, reacción contra:* Jesús causó una reacción cuando fue proclamada la verdad del templo. Hubo tres reacciones contrarias a Jesús.

1. Algunas personas se enojaron tanto que comenzaron a perseguir a Jesús. En efecto, procuraron matarlo. La palabra griega «matar» (*apolesousin*) significa destruir totalmente. Por supuesto, esta reacción violenta procedía de quienes abusaban del templo y lo profanaban. Querían borrar de inmediato la influencia de Jesús. Temían que las medidas de Jesús tuvieran eco favorable de modo de impedirles sus actividades seculares dentro del templo. La única forma que veían para borrar su influencia era deshacerse de Él.

Pensamiento. ¿Cuántas personas serían *eliminadas* si realmente tratasen de limpiar a la iglesia de abusadores y de actividades seculares frecuentemente permitidas y promovidas en ella?

«Porque raíz de todos los males es el amor al dinero, el cual codiciando algunos, se extraviaron de la fe, y fueron traspasados de muchos dolores» (1 Ti. 6:10).

«Vuestro oro y plata están enmohecidos; y su moho testificará contra vosotros, y devorará del todo vuestras carnes como fuego. Habéis acumulado tesoros para los días postreros» (Stg. 5:3).

«Mejor es lo poco con justicia, que la muchedumbre de frutos sin derecho» (Pr. 16:8).

«Como la perdíz que cubre lo que puso, es el que injustamente amontona riquezas; en la mitad de sus días las dejará, y en su postrimería será insensato» (Jer. 17:11).

2. Algunos se asombraron ante la doctrina de Jesús, ante lo que estaba enseñando por medio de lo que hacía.

«Bienaventurados los que tienen hambre y sed de justicia, porque ellos serán saciados» (Mt. 5:6).

«Señor, delante de ti están todos mis deseos, y mi suspiro no te es oculto» (Sal. 38:9).

«Con mi alma te he deseado en la noche, y en tanto que me dure el espíritu dentro de mí, madrugaré a buscarte; porque luego que hay juicios tuyos en la tierra, los moradores del mundo aprenden justicia» (Is. 26:9).

4 (11:19) *Jesucristo, respuesta a:* Jesús se fue cuando la verdad fue rechazada por los líderes. Su vida corría peligro; era peligroso pasar la noche en la ciudad. No podía exponerse neciamente; todavía quedaban algunas cosas para hacer por Dios. Todavía no había llegado su hora, de modo que volvió al monte de los Olivos, un lugar más seguro para pasar las horas de la noche. (*Véanse* nota 2 y Estudio a fondo 1, *Monte de los Olivos*—Lc. 21:37.)

Pensamiento. Al hacer cosas por Dios y ejecutar su voluntad, no debemos exponernos neciamente a peligros y amenazas.

	D. Las condiciones para orar, 11:20-26 (Mt. 21:21-22)	corazón, sino creyere que será hecho lo que dice, lo que diga le será hecho.	2) Creer en la autoridad de Dios
1 La higuera: motivo de atención (cp. vv. 12-14) a. El árbol maldecido por Jesús b. Pedro se sorprendió ante la respuesta de la oración de Jesús	20 Y pasando por la mañana, vieron que la higuera se había secado desde las raíces. 21 Entonces Pedro, acordándose, le dijo: Maestro, mira, la higuera que maldijiste se ha secado.	24 Por tanto, os digo que todo lo que pidiereis orando, creed que los recibiréis, y os vendrá. 25 Y cuando estéis orando, perdonad, si tenéis algo contra alguno, para que también vuestro Padre que está en los cielos os perdone vuestras ofensas.	d. Los resultados de la fe **3 Condición 2: espectativa** a. Emociones: desear b. Voluntad: pedir c. Espíritu: creer **4 Condición 3: espíritu perdonador** a. Perdonar mientras se ora
2 Condición 1: fe en Dios a. El objetivo de la fe b. El propósito de la fe c. La forma de tener fe 1) No dudar	22 Respondiendo Jesús, les dijo: Tened fe en Dios. 23 Porque de cierto os digo que cualquiera que dijere a este monte: Quítate y échate en el mar, y no dudare en su	26 Porque si vosotros no perdonáis, tampoco vuestro Padre que está en los cielos os perdonará vuestras ofensas.	b. El perdón de Dios es condicional

D. Las condiciones para orar, 11:20-26

(11:20-26) *Introducción:* la oración tiene sus condiciones. Jesús usó la higuera para enseñar cuáles son las condiciones de la oración.

1. La higuera fue motivo de atención (vv. 20-21).
2. Condición 1: fe en Dios (vv. 22-23).
3. Condición 2: expectativa (v. 24).
4. Condición 3: espíritu perdonador (vv. 25-26).

1 (11:20-21) *Oración:* el martes por la mañana, cuando los discípulos volvían al templo, les llamó la atención la higuera. No la habían notado la noche anterior porque o bien salieron de Betania por otro camino, o bien estaba demasiado oscuro para verla al pasar.

Hay quienes afirman que la higuera representa a Israel. La higuera estaba llena de hojas, aparentemente era fructífera, sin embargo, carecía de fruto. Israel parecía estar lleno, parecía ser religioso, profesando tener fruto espiritual; pero la nación no tenía fruto. Su religión era estéril, legalista, sin fruto. De modo que el árbol era una señal de desaliento y del inminente juicio y castigo.

Sin embargo, debemos notar que esta no fue la lección que sacó Jesús. Puede haber muchas lecciones deducidas del evento, incluyendo la experiencia de Israel; pero la aplicación que le dio Jesús estaba claramente referida al poder, al poder que viene por medio de la fe y de la oración (*véanse* bosquejo y notas—Mt. 21:17-22). Marcos enfoca el tema desde un ángulo levemente diferente, un ángulo que puede ser titulado: *«Las condiciones de la oración»*.

Pedro quedó *asombrado* ante la respuesta a la oración o pronunciamiento de Jesús al maldecir a la higuera. Su sorpresa fue tanto ante la *eficacia como ante la rapidez de la respuesta*.

> *Pensamiento.* El hombre que cumple las condiciones de la oración será más eficiente y probablemente tendrá respuestas más rápidas a sus oraciones.

2 (11:22-23) *Fe—oración:* la primera condición para orar es la fe en Dios. Pero note cuatro hechos significativos.

1. El objeto de la fe es Dios mismo. Las palabras cruciales son «en Dios». Hay tres cosas significativas que deben ser notadas acerca del objeto de la fe.
   a. Jesús no dijo: «tened fe», sino «tened fe *en Dios*». La fe tiene que tener alguien a quien dirigirse. «En Dios» indica en quien tener fe, en quien situar la fe. La fe no tiene valor en sí misma; solamente el objeto (Dios) tiene valor.
   La Biblia nunca habla de tener fe en la fe, sin embargo, esta es la experiencia de muchos. Con demasiada frecuencia surge una gran dificultad o problema, y el creyente cree que tiene que estimular su fe. Cree que si puede *despertar en sí mismo* suficiente fe, barrerá el problema. Pero en realidad ha tenido fe en la fe. Su mente, su atención, y su corazón se han enfocado en la fe, no en Dios.
   b. La fe no tiene poder; es el objeto de la fe lo que tiene poder. La fe de una persona no va a remover una montaña. Dios la va a remover. La fuerza de la fe no es la fe, sino Dios. En la Biblia prácticamente todos los que vinieron a Dios tenían poca fe. Solo unos pocos tenían mucha fe; sin embargo, Dios los salvó y les concedió sus peticiones (cp. Mt.14:22-33).
   c. La fe requiere conocer el objeto. Cuanto más uno conoce el objeto de la fe, más uno cree en Él (cp. He. 11:6). Por ejemplo, considere a dos hombres que salen a un lago congelado para pescar. Uno de los hombres es encargado de ir primero y cruzar el lago. El amigo le asegura que el hielo no se rompe. Sin embargo, al comenzar a pisar el hielo, da cuidadosamente y temblando paso tras paso, hasta no soportarlo más, entonces vuelve. Pero el otro camina osada y velientemente sobre el hielo, hace un agujero y se sienta para comenzar a pescar.
   Note tres preguntas importantes.
   • ¿Qué sostenía al hombre sentado en el hielo? No era su fe, sino el hielo, el objeto de su fe.
   • ¿Quién tenía más fe? Por su puesto el hombre allí afuera sobre el hielo. El hombre de poca fe es el que lentamente, y con pequeños pasos, volvió.
   • ¿Cuál fue la diferencia en la fe de uno la fe del otro? Una sola cosa. Uno *conocía* el hielo mientras que el otro *no lo conocía*.

2. Un segundo hecho notable acerca de la fe es su propósito. El propósito de la fe es remover montañas. La enseñanza de Jesús dice: «Tened fe en Dios ... [y entonces] decid a esta montaña, quítate». Las montañas representan lo inamovible, lo imposible. Es algo casi demasiado vertical para ser escalado, casi demasiado alto para ser cruzado, casi demasiado terrible para ser visto.

Es por eso que Jesús discutió la oración juntamente con la comunión y la fe. Uno aprende a tener fe en Dios a medida que ora y tiene comunión con Dios. Y cuanto más uno ora y más comunión tiene con Dios, más uno conoce a Dios; y cuanto más uno conoce a Dios, mas fe puede uno experimentar en Él, y ver la remoción de las montañas que dificultan los pasos por la vida. (*Véase* Estudio a fondo 3—Mt. 17:20 para mayor discusión.)

3. Un tercer hecho notable es la forma de tener fe. La forma es orar. Jesús dice explícitamente: «cualquiera que ... no dudare ... sino creyere que será hecho lo que dice, lo que diga le será hecho». Hay dos puntos cruciales en esta promesa.

    a. No dudar, absolutmente. Esto es no cuestionar nunca con pensamiento alguno si algo puede o no ser hecho. Significa no vacilar, no preguntar, no cuestionar, no considerar, no estar de ninguna manera preocupado. En realidad solamente Dios mismo sabe si algo puede o no ocurrir; lo sabe tan perfectamente que jamás cruzará por su mente un pensamiento de duda. Lo que Cristo persigue es que nosotros crezcamos en fe y confianza. Quiere que creamos que todas las cosas son posible por medio de Cristo que nos fortalece (Fil. 4:13). (*Véanse* bosquejo y notas—Mt. 17:15-16; 17:17-18; 17:19-20; Estudio a fondo 3—Mr. 9:18.)

    b. Creer en la autoridad de Dios. Note las palabras «que dijere» (*véase* Estudio a fondo 3—Mt. 17:20). El poder de Cristo procedía de la autoridad de Dios. Solamente tenía que *decir*, esto es, hablar la palabra, y lo dicho era hecho. Eso era precisamente lo que nos enseñaba. Si creemos, no dudando nada, estamos en la autoridad de Dios. Podemos *decir*, hablar la palabra y lo dicho será hecho.

4. Un cuarto hecho notable acerca de la fe es su resultado. Una persona que ora con fe, «que tiene fe *en Dios* ... lo que diga le será hecho». Las montañas que lo confrontan serán removidas, *eficiente y rápidamente* (*véase* nota—Mr. 11:20-21).

    «Y todo lo que pidiereis en oración, *creyendo,* lo recibiréis» (Mt. 21:22).

    «Jesús le dijo: Si *puedes* creer, al que cree todo le es posible» (Mr. 9:23).

    «De cierto, de cierto os digo: El que en mí cree, las obras que yo hago, él las hará también; y aun mayores hará, porque yo voy al Padre. Y todo lo que pidiereis al Padre en mi nombre, lo haré, para que el Padre sea glorificado en el Hijo. Si algo pidiereis en mi nombre, yo lo haré» (Jn. 14:12-14).

    «Me invocará, y yo responderé; con él estaré yo en la angustia; lo libraré y le glorificaré» (Sal. 91:15).

    «Los afligidos y menesterosos buscan las aguas, y no las hay; seca está de sed su lengua; yo Jehová los oiré, yo el Dios de Israel no los desampararé» (Is. 41:17).

3 (11:24) *Oración:* la segunda condición para la oración es la expectativa. La persona tiene que creer y esperar la respuesta a su oración. Tiene que tener confianza y seguridad, tiene que anticipar la respuesta y ver si llega (*véase* nota—Mt. 21:22). Las palabras exactas de Jesús son interesantes (mire el versículo). La expectativa involucra todo el ser de una persona. El espíritu de expectativa...

- Involucra las emociones de la persona: desea.
- Involucra la voluntad (volición) de la persona: pide.
- Involucra el espíritu de la persona: cree.

    «Y esta es la confianza que tenemos en él, que si pedimos alguna cosa conforme a su voluntad, él nos oye. Y si sabemos que él nos oye en cualquier cosa que pidamos, sabemos que tenemos las peticiones que le hayamos hecho» (1 Jn. 5:14-15).

    «Pero pida con fe, no dudando nada; porque el que duda es semejante a la onda del mar, que es arrastrada por el viento y echada de una parte a la otra» (Stg. 1:6).

    «Y antes que clamen, responderé yo; mientras aún hablan, yo habré oído» (Is. 65:24).

4 (11:25-26) *Oración—perdón:* la tercera condición para orar es el espíritu perdonador. Esta es una condición crucial en la oración,

condición una y otra vez acentuada por Jesús (Mt. 5:23-24; 6:14-15; 18:32-33). Note que es mientras la persona *está orando*, «cuando estéis orando», que debe perdonar. No está bien orar sin perdonar. Para orar siempre tiene que haber perdón hacia aquellos que nos han dañado. Malos sentimientos o enojo hacia una persona es pecado. Es evidencia de que realmente no nos hemos vuelto de nuestros pecados y que realmente no somos sinceros al buscar perdón. (*Véanse* bosquejo y notas—Mt. 6:14-15 para una discusión detallada.) Note el acento que Jesús pone en la condición de ser perdonado en la oración. No se concede perdón hasta que la persona haya perdonado totalmente a todos los demás.

    «Y perdónanos nuestras deudas, como también nosotros perdonamos a nuestros deudores» (Mt. 6:12).

    «Porque si perdonáis a los hombres sus ofensas, os perdonará también a vosotros vuestro Padre celestial; mas si no perdonáis a los hombres sus ofensas, tampoco vuestro Padre os perdonará vuestras ofensas» (Mt. 6:14-15).

    «Bienaventurados los misericordiosos, porque ellos alcanzarán misericordia» (Mt. 5:7).

    «Sed pues misericordiosos, como también vuestro Padre es misericordioso. No juzguéis y no seréis juzgados; no condenéis, y no seréis condenados; perdonad, y seréis perdonados» (Lc. 6:36-37).

	E. La autoridad de Jesús cuestionada: Dos elecciones en cuanto a Jesús, 11:27-33 (Mt. 21:23-27; Lc. 20:1-8)	os diré con qué autoridad hago estas cosas.	el Bautista
1 Jesús estaba en el templo a. Iba caminando b. Los religiosos se le acercaron 2 El interrogante tocante la autoridad de Jesús a. Autoridad para las obras b. Autoridad personal 3 Las alternativas para el hombre: planteadas por Juan	27 Volvieron entonces a Jerusalén; y andando él por el templo, vinieron a él los principales sacerdotes, los escribas y los ancianos, 28 y le dijeron: ¿Con qué autoridad haces estas cosas, y quién te dio autoridad para hacer estas cosas? 29 Jesús, respondiendo, les dijo: Os haré también una pregunta; respondedme, y	30 El bautismo de Juan, ¿era del cielo, o de los hombres? Respondedme. 31 Entonces ellos discutían entre sí, diciendo: Si decimos, del cielo, dirá: ¿Por qué, pues, no le creísteis 32 ¿Y si decimos, de los hombres? Pero temían al pueblo, pues todos tenían a Juan como un verdadero profeta. 33 Así que, respondiendo, dijeron a Jesús: No sabemos. Entonces respondiendo Jesús, les dijo: Tampoco yo os digo con qué autoridad hago estas cosas.	a. Primera alternativa posible: era de Dios b. Segunda alternativa posible: era un mero hombre 4 La respuesta trágica: no responder

E. La autoridad de Jesús cuestionada: dos elecciones en cuanto a Jesús, 11:27-33

(11:27-33) *Introducción:* este es un evento importante. Dios inició una serie de situaciones combativas para Jesús. Tanto los líderes religiosos como civiles atacaron frontalmente a Jesús, haciendo todo lo posible para atraparlo y desacreditarlo ante el pueblo, de manera de poder arrestarlo y llevarlo a la muerte. Todos los eventos de esta sección como también el discurso en el Monte de los Olivos (Mt. 24-25) aparentemente ocurrieron el martes (cp. Mt. 22:23; 25:1; 26:1-2). Una lectura rápida del texto le abre los ojos a uno en cuanto a la gran tragedia y el problema de la autojustificación e incredulidad. Jesús atacó con mucha fuerza la autojustificación e incredulidad. Lanzó un *ataque sostenido*, sin dejar duda de que la persona, incluso un religioso, que sigue en su actitud de auto justificación no es digna del reino de Dios. La incredulidad obstinada condena a cualquier persona.

1. Jesús estaba en el templo (v. 27).
2. El interrogante acerca de la autoridad de Jesús (v. 28).
3. Las alternativas para el hombre: planteadas por Juan el Bautista (vv. 29-32).
4. La respuesta trágica: no responder (v. 33).

1 (11:27) *Templo—puerta de Salomón—Jesucristo, oportunidad de:* Jesús estaba en el templo, aparentemente caminaba entre los arcos meditando y orando. Aparentemente estaba solo. La escena era dramática si uno se imagina la situación de fondo.

El templo tenía entonces dos galerías de arcos que rodeaban el atrio de los gentiles. Eran precisamente como lo muestran las películas reflejando arcos de la era greco romana: imponentes, magníficos, inspiraban reverencia. Había una galería de arcos al este y otra al sur. La del este era conocida como la puerta de Salomón. Numerosos eventos bíblicos ocurrieron en esta magnífica galería (Jn. 10:23; Hch. 3:11; 5:12). Era un lugar destinado a la enseñanza, y los maestros con frecuencia caminaban entre las columnas mientras enseñaban a sus alumnos. Los arcos también eran suficientemente grandes para albergar a una gran multitud para dar instrucciones, tipo aula. Uno puede imaginarse la magnificencia pensando en las monumentales columnas que se elevaban a una altura de 35 pies. Los arcos protejían de la lluvia, del sol, y proveían un ambiente inspirador.

Aparentemente Jesús caminaba solo en una de esas galerías cuando se le acercaron los religiosos. Se trataba nuevamente de una delegación oficial enviada por el cuerpo gobernante de los judíos, es decir, del sanhedrín. Allí había representantes de los tres grupos principales: los sumos sacerdotes, los escribas, y los ancianos (*véase* Estudio a fondo 1—Mt. 16:21). Estaban indignados, enfurecidos, rabiosos. Todo lo ocurrido —la entrada triunfal de Jesús, la aceptación por parte de Jesús del homenaje del pueblo y el título de Mesías, la purificación del templo y la perturbación de la ganancia de los sacerdotes procedente de los que compraban y vendían, la curación de ciegos y cojos, la adoración de los niños— todo ello creaba naturalmente una crisis para el cuerpo gobernante. Lo que Jesús hacía, aparentemente los enfurecía y les provocaba un estado de violencia. Todo ello los motivó a preguntar: «¿Quién se cree ser este Jesús de Nazaret?» (Mt. 21:10-11).

Note que el propósito del interrogante era despreciar, no buscar. La pregunta era un intento de desacreditar, no de aprender la verdad. Plantearon el interrogante porque la propia posición de ellos, su estima y ganancia, eran perturbadas; no porque realmente quisieran saber si era el Mesías. Las mentes de ellos estaban cerradas y obstruidas a las afirmaciones de Jesús. Tenían muchas afirmaciones y muchas pruebas de la naturaleza mesiánica de Jesús, pero la ignoraban deliberadamente y negaban su misión divina. Tenían muchas oportunidades para aprender la verdad (*véase* nota—Jn.3:1-2), sin embargo no permitirían que nada los cambiara. Eran prisioneros de incredulidad obstinada (*véanse* Estudio a fondo 1—Mt. 12:1-8; nota y Estudio a fondo 1—12:10; nota—15:1-20; Estudio a fondo 2—15:6-9. Estas notas proveen el trasfondo de la oposición a Jesús).

2 (11:28) *Jesucristo, oposición; autoridad cuestionada; deidad—hombre, pregunta básica:* el cuestionamiento de la autoridad. Esta era la pregunta básica que debía haber sido formulada, una pregunta que sondeaba la naturaleza misma de Jesús: ¿Cuál era su autoridad? ¿Quién lo había mandado? ¿Quién le había dado poder? ¿Quién le había dado el derecho de hacer lo que hacía? ¿De dónde había venido?

Los líderes querían saber qué derecho tenía para entremeterse en la vida de ellos y en el área de la autoridad. Ellos eran los guardas autorizados y los gobernadores del templo y del pueblo. Jesús se estaba entremetiendo en la administración de ellos y no tenía derecho para entremeterse. Note que le hicieron dos preguntas.

1. ¿Cuál era su autoridad para las obras que hacía? «¿Con qué autoridad haces *estas cosas*?» Jesús marchó triunfalmente, como un Rey, al entrar a Jerusalén, y recibió el homenaje de la gente;

expulsó a los mercaderes del templo; sanó a los ciegos y cojos (Mt. 21:14); y aceptó el homenaje de los niños que lo proclamaban como Mesías. ¿Qué autoridad tenía para hacer estas cosas?

Los líderes hicieron la pregunta básica, la pregunta que era preciso hacer. Tal vez no eran conscientes de ello, pero estaban formulando la pregunta que determinaría el destino eterno de ellos. Todos los hombres deben preguntar: «¿Cuál es la autoridad, la explicación para las obras de Cristo?» Las obras de...

- de ascender al cielo.
- anticipar el futuro.
- de enseñar.
- de resucitar.
- calmar las tormentas de la naturaleza.
- de predicar.
- levantar a los muertos.
- de sanar.
- ministerio.
- de morir y cumplir las Escrituras.

2. ¿Cuál era la autoridad de su persona?: «¿Quién te dio autoridad para hacer estas cosas?» Jesús afirmaba ...

- ser el prometido rey mesiánico al entrar en la ciudad tal como lo hizo.
- ser la cabeza, el Dios del templo: «Mi casa».
- ser la luz del mundo para los ciegos y el Médico mesiánico de los cojos (Mt. 21:14).
- ser el cumplimiento mesiánico de las Escrituras al recibir la alabanza de los niños.

Las autoridades sabían quién afirmaba ser. Sencillamente rechazaban sus afirmaciones y se rehusaban a creer. Escogieron el camino de la incredulidad obstinada. Tuvieron prueba tras prueba, pero aún se rehusaban a creer.

Hay dos respuestas posibles a la pregunta: ¿quién es Jesús?

a. Jesús pudo haber querido actuar en su propia autoridad, pudo haber dicho que el poder era suyo propio. Esto lo hubiera convertido en un ego-maníaco o en un gran impostor, el mayor impostor de la historia. Por supuesto, si hubiera afirmado actuar por autoridad propia, las autoridades podían haberlo desacreditado inmediatamente y lo podían haber arrestado por causar tanto estrago.

b. Jesús pudo haber dicho que actuaba por autoridad de Dios, de ser de Dios y provenir de Dios. Pero note que esta afirmación Jesús la había hecho una y otra vez. Pero si la hacía en la cara misma de las autoridades, ellos lo habrían arrestado inmediatamente acusado de blasfemia. Habrían dicho que Dios nunca habría dado órdenes para levantar tanto torbellino en el templo.

Nuevamente los líderes estaban haciendo la pregunta básica que toda persona debe hacer: ¿Quién dio a Jesús su autoridad? ¿Quién es Él? ¿Un mero hombre, o realmente el Hijo de Dios? ¿Procede del hombre o procede de Dios? ¿Procede su autoridad de los hombres, o del interior, de su propia naturaleza como Dios?

3 (11:29-32) *Decisión—Jesucristo, deidad; oposición—Mesías*: las alternativas posibles para el hombre planteadas por Juan el Bautista. Jesús sabía lo que las autoridades tramaban. Note lo que hizo.

Primero, los encontró en su propio terreno. Dijo que les respondería, pero primero debían responder ellos a una pregunta, luego respondería él.

Segundo, formuló e hizo una pregunta, que en su efecto fue asombrosa.

- En realidad respondía a la pregunta de ellos.
- Los silenció, porque si respondían, ellos mismos se acusarían.
- Puso fin a la discusión, a las preguntas de ellos y a la inminente amenaza contra Cristo.
- Reveló la obstinada incredulidad de ellos haciéndolos aun más inexcusables ante Dios (acumulando ira sobre sí mismos).

Jesús sencillamente les preguntó: «El bautismo de Juan, ¿era del cielo [de Dios], o de los hombres?» La pregunta planteaba dos alternativas de respuesta para el hombre.

1. Primera alternativa: ¿Era Juan de Dios? Si así era, entonces Jesús era de Dios. ¿Por qué? Porque siendo de Dios Juan no mentiría, y Juan dio testimonio diciendo:

«He aquí el Cordero de Dios, que quita el pecado del mundo....Y yo le vi, y he dado testimonio de que éste es el Hijo de Dios» (Jn. 1:29, 34).

2. Segunda alternativa: ¿Era Juan un mero hombre? Si así fuera, también Jesús sería un mero hombre. Pero, ¿cómo sería posible? Si los ministerios de Juan y Jesús realmente eran de los hombres, ¿cómo se podían explicar tantas *vidas cambiadas* y *obras maravillosas*? Esta sola pregunta muestra lo absurda y pecaminosa que es la incredulidad, no solamente de los incrédulos en tiempos de Jesús, sino también de los incrédulos de nuestro tiempo (*véanse* bosquejo y notas—Mt. 3:1-17).

«Y todo el pueblo y los publicanos, cuando lo [Juan] oyeron, justificaron a Dios, bautizándose con el bautismo de Juan» (Lc. 7:29).

«Jesús les respondió: Os lo he dicho, y no creéis; las obras que yo hago en nombre de mi Padre, ellas dan testimonio de mí» (Jn. 10:25).

«¿Al que el Padre santificó y envió al mundo, vosotros decís: Tú blasfemas, porque dije: Hijo de Dios soy? Si no hago las obras de mi Padre, no me creáis. Mas si las hago, aunque no me creáis a mí, creed a las obras, para que conozcáis y creáis que el Padre está en mí, y yo en el Padre» (Jn. 10:36-38).

«Y muchos venían a él, y decían: Juan, a la verdad, ninguna señal hizo; pero todo lo que Juan dijo de éste, era verdad. Y muchos creyeron en él allí» (Jn. 10:41-42).

«¿No crees que yo soy en el Padre, y el Padre en mí? Las palabras que yo os hablo, no las hablo por mi propia cuenta, sino que el Padre que mora en mí, él hace las obras» (Jn. 14:10).

Note las palabras, «ellos discutían entre sí» (*par eantois*). Esto significa que entre ellos discutieron sobre qué responder. No razonaron sencillamente dejando que cada uno tuviera sus pensamientos. Este era un ataque planificado contra Jesús, un rechazo deliberado hacia Jesús.

Los interlocutores del Señor inmediatamente reconocieron la acusación implícita. Si respondían que el ministerio de Juan era de Dios, Jesús les preguntaría por qué no habían creído el testimonio de Juan acerca del Mesías. Si respondían que el ministerio de Juan era de los hombres, sublevarían al pueblo contra sí mismos, porque el pueblo creía firmemente que Juan fue un auténtico profeta de Dios.

Note cómo los interrogadores discutían entre sí. La preocupación de ellos no era descubrir la verdad; sino salvar las apariencias y la posición que investían, su estima, y seguridad. Por eso cometieron un triple pecado.

1. Negaron deliberadamente a Jesús. Confesar que Juan era de Dios los obligaba a reconocer a Jesús. Y no estaban dispuestos a esto. Temían la pérdida de todas sus posesiones (posición, poder, riqueza, estima, imagen, seguridad).

2. Temían a los hombres; eran deliberadamente cobardes. Temían las reacciones de la gente (abuso, ridículo, persecución).

3. Escogieron la conveniencia, prefirieron deliberadamente ser ignorantes. Temían ser avergonzados, burlados, ridiculizados. Confesar a Jesús significaba confesar que *ellos* se habían equivocado en todo. Significaría negarse completamente ellos mismos, y hacerlo públicamente. La mayoría de los hombres...

- escoge la conveniencia más que los principios.
- escoge el camino seguro antes que interceder por la verdad.
- escoge decir «no sé» antes que decir la verdad.

Pensamiento. Nosotros tenemos las mismas dos alternativas que tuvieron aquellas autoridades. O bien

Cristo es un mero hombre (ego-maníaco o impostor) o es lo que declaró Juan: «El Cordero de Dios ... el Hijo de Dios» (Jn. 1:29, 34). Cada persona tiene que escoger y tomar una decisión.

> «Jesús les respondió: Os lo he dicho, y no creéis; las obras que yo hago en nombre de mi Padre, ellas. Dan testimonio de mí» (Jn. 10:25).

> «¿Al que el Padre santificó y envió al mundo, vosotros decís: Tú blasfemas, porque dije: Hijo de Dios soy? Si no hago las obras de mi Padre, no me creáis. Mas si las hago, aunque no me creáis a mí, creed a las obras, para que conozcáis y creáis que el Padre está en mí, y yo en el Padre» (Jn. 10:36-38).

> «¿No crees que yo soy en el Padre, y el Padre en mí? Las palabras que yo os hablo, no las hablo por mi propia cuenta, sino que el Padre que mora en mí, él hace las obras» (Jn. 14:10).

4 (11:33) *Decisión:* la trágica respuesta: ninguna respuesta (*véanse* notas—Mt. 8:21-22). Las autoridades dijeron: «No sabemos». Mintieron. Sabían perfectamente bien que el bautismo de Juan era de Dios. Sencillamente no estaban dispuestos a correr el riesgo de perder su posición, prosperidad, y seguridad. Amaban al mundo más que a Dios y a la esperanza que les extendía. Por eso negaron, actuaron cobardemente, y escogieron el camino de la conveniencia.

Estos incrédulos no hicieron ninguna decisión. Era trágico. Siempre son trágicos la indecisión y el agnosticismo. Simplemente no querían ser convencidos de la verdad. No es que no *podían* ser convencidos, sino que *no querían* ser convencidos. Una incredulidad tan obstinada pocas veces ve la verdad de Cristo si es que alguna vez la ve. Aunque Cristo les revelara abiertamente la verdad, ellos la rechazarían.

> «Si no oyen a Moisés y a los profetas, tampoco se persuadirán aunque alguno se levante de los muertos» (Lc. 16:31).

> «Y no queréis venir a mí para que tengáis vida» (Jn. 5:40).

> «Y [Dios] envió a sus siervos a llamar a los convidados a las bodas; mas éstos no quisieron venir» (Mt. 22:3).

> «Ahora, pues, por cuanto vosotros habéis hecho todas estas obras, dice Jehová, y aunque os hablé desde temprano y sin cesar, no oísteis, y os llamé y no respondisteis ... os echaré de mi presencia» (Jer. 7:13, 15).

> «A los cielos y la tierra llamo por testigos hoy contra vosotros, que os he puesto delante la vida y la muerte, la bendición y la maldición; escoge, pues, la vida, para que vivas tú y tu descendencia amando a Jehová tu Dios, atendiendo a su voz, y siguiéndole a él; porque él es vida para ti, y prolongación de tus días» (Dt. 30:19-20).

> «Porque dice: En tiempo aceptable te he oído, y en día de salvación te he socorrido. He aquí ahora el tiempo aceptable; he aquí ahora el día de salvación» (2 Co. 6:2).

CAPÍTULO 12

F. Parábola de los labradores malvados: Dios e Israel, 12:1-12

(Mt. 21:33-46; Lc. 20:19-20; cp. Is. 5:1-7)

1 Dios es generoso: entrega todo lo necesario	**Entonces** comenzó Jesús a decirles por parábolas: Un hombre plantó una viña, la cercó de vallado, cavó un lagar, edificó una torre, y la arrendó a unos labradores, y se fue lejos.
2 Dios es confiado: da responsabilidad y libertad para gobernar la vida	2 Y a su tiempo envió un siervo a los labradores, para que recibiese de éstos del fruto de la viña.
3 Dios es exigente: espera el pago	3 Mas ellos, tomándole, le golpearon, y le enviaron con las manos vacías.
4 Dios es paciente: Envía mensajeros para recibir el pago	4 Volvió a enviarles otro siervo; pero apedreándole, le hirieron en la cabeza, y también le enviaron afrentado.
a. Uno sufrió abusos leves	
b. Otro sufrió abuso severo	5 Volvió a enviar otro, y a éste mataron; y a otros muchos, golpeando a unos
c. Otro sufrió abuso capital	

y matando a otros.

6 Por último, teniendo aún un hijo suyo, amado, lo envió también a ellos, diciendo: Tendrán respeto a mi hijo.

7 Mas aquellos labradores dijeron entre sí: Este es el heredero; venid, matémosle, y la heredad será nuestra.

8 Y tomándole, le mataron, y le echaron fuera de la viña.

9 ¿Qué, pues, hará el Señor de la viña? Vendrá, y destruirá a los labradores, y dará su viña a otros.

10 ¿Ni aun esta escritura habéis leído: La piedra que desecharon los edificadores ha venido a ser cabeza del ángulo;

11 el Señor ha hecho esto, y es cosa maravillosa a nuestros ojos?

12 Y procuraban prenderle, porque entendían que decía contra ellos aquella parábola; pero temían a la multitud, y dejándole, se fueron.

5 Dios es amor: envía a su propio Hijo al mundo

   a. Complot del hombre: matar al Hijo[EP1]

   b. Motivos del hombre: asegurarse la herencia

   c. El crimen del hombre: mataron al Hijo

6 Dios es justo: vendrá a destruir los labradores malvados

7 Dios es confiable: cumple sus promesas

   a. La promesa del Mesías: la roca

   b. La exaltación del Mesías

8 La gran tragedia

   a. Reaccionar en vez de arrepentirse

   b. Tener un concepto equivocado del Mesías

   c. Tomar el camino propio

F. Parábola de los labradores malvados: Dios e Israel, 12:1-12

(12:1-12) Introducción: esta es una de las parábolas más interesantes que Jesús haya contado. Es interesante porque es, simultáneamente, histórica y predictiva. Jesús cubrió la historia de Israel desde la perspectiva de Dios, tal como Dios la ve (vv. 1-5). Y luego predijo o reveló exactamente lo que le iba a ocurrir a Israel: iba a rechazar al propio Hijo de Dios (v. 6) y debido al rechazo y la crueldad de ellos, Dios los iba a rechazar a ellos dando el reino de Dios a otra gente (v. 9).

Lo que se dice a través de este pasaje es aplicable a todas las personas tanto como a Israel. Dios nos ha confiado la viña de la iglesia y del mundo (Mt. 28:19-20), la nueva nación, la nueva creación de Dios (véanse notas—Ef. 2:11-18; pto. 4—Ef. 2:14-15; 4:17-19). Por eso, cada parte de la historia de Israel debe ser un dinámico mensaje hablando a nuestros corazones.

1. Dios es generoso: entrega todo lo necesario (v. 1).
2. Dios es confiado: da responsabilidad y libertad para gobernar la vida (v. 1).
3. Dios es exigente: espera el pago (v. 2).
4. Dios es paciente: envía mensajeros para recibir el pago (vv. 2-5).
5. Dios es amor: envía a su propio Hijo al mundo (vv. 6-8).
6. Dios es justo: vendrá a destruir los labradores malvados (v. 9).
7. Dios es confiable: cumple sus promesas (vv. 10-11).
8. Conclusión: la gran tragedia (v. 12).

1 (12:1) **Dios, provisión de—protección—mundo—Israel:** Dios es generoso. Nos da todo lo que necesitamos. Note tres cosas

maravillosas que Dios hizo por su viña. Proveyó todo lo imaginable para proteger su viña y a los labradores. Proveyó todo lo necesario para asegurar el crecimiento y los frutos. Los labradores no tenían excusa para no producir.

1. Dios «la cercó de vallado». Se trata de un muro construido alrededor de la viña para mantener a los animales lejos de las uvas. El cerco o muro *aseguraba* crecimiento y fruto.
2. Dios cavó un lagar. Esto era una cubeta o tanque donde los racimos eran exprimidos. A veces se la cavaba en la roca, a veces se la construía de madera. La cubeta representa el equipamiento que Dios provee para que su obra sea hecha.
3. Dios construyó una torre. Esta era una torre atalaya para proteger y guardar la viña de los ladrones. La torre representa la seguridad y protección provistos por el cuidado de Dios hacia los labradores (cp. 6:25-34).

> **Pensamiento.** Dios es generoso con todas las personas.
> 1) Dios ha dado a las personas el mundo y todo su espacio para que cuiden de ellos. (*Véase* nota—Mr. 12:1 para la discusión y otros versículos.)
> 2) Dios ha puesto un cerco protector alrededor de sus seguidores y de la iglesia. Dios los protege y les asegura crecimiento y frutos (Jn. 15:1-8).
>
> **«No me elegisteis vosotros a mí, sino que yo os elegí a vosotros, y os he puesto para que vayáis y llevéis fruto, y vuestro fruto permanezca; para que todo lo que pidiéreis al Padre en mi nombre, él os lo dé»** (Jn. 15:16).
>
> **«Llenos de frutos de justicia que son por medio de Jesucristo, para gloria y alabanza de Dios»** (Fil. 1:11).

«Para que andéis como es digno del Señor, agradándole en todo, llevando fruto en toda buena obra, y creciendo en el conocimiento de Dios; fortalecidos con todo poder, conforme a la potencia de su gloria, para toda paciencia y longanimidad» (Col. 1:10-11).

3) Dios da a sus seguidores los dones, el equipamiento que necesitan para cumplir sus responsabilidades en la tierra (1 Co. 12:4-11).

«A uno dio cinco talentos, y a otro dos, y a otro uno, a cada uno conforme a su capacidad; y luego se fue lejos» (Mt. 25:15).

«Pero recibiréis poder, cuando haya venido sobre vosotros el Espíritu Santo, y me seréis testigos en Jerusalén, en toda Judea, en Samaria, y hasta lo último de la tierra» (Hch. 1:8).

«De manera que, teniendo diferentes dones, según la gracia que nos es dada» (Ro. 12:6).

«Ahora bien, hay diversidad de dones, pero el Espíritu es el mismo» (1 Co. 12:4).

4) Dios da a sus seguidores seguridad y garantía de su protección (Mt. 6:25-34).

«No os afanéis, pues, diciendo: ¿Qué comeremos, o qué beberemos, o qué vestiremos? Porque los gentiles buscan todas estas cosas; pero vuestro Padre celestial sabe que tenéis necesidad de todas estas cosas» (Mt. 6:31-32).

«Pues aun los cabellos de vuestra cabeza están todos contados. No temáis, pues; más valéis vosotros que muchos pajarillos» (Lc. 12:7).

«Echando toda vuestra ansiedad sobre él, porque él tiene cuidado de vosotros» (1 P. 5:7).

«Mi Dios, pues, suplirá todo lo que os falta conforme a sus riquezas en gloria en Cristo Jesús» (Fil. 4:19).

2 (12:1) *Libre voluntad—responsabilidad—confianza:* Dios confía. Le da a los hombres la responsabilidad y libertad de gobernar la vida. Dios confió su viña a los labradores. Los labradores eran la nación y el pueblo de Israel, en particular los líderes (tanto religiosos como civiles). Cada uno debía cuidar del cuerpo completo del pueblo. Cada uno era responsable, contribuyendo con ello al bienestar y a la provisión de todos. (Cp. el cuerpo total de la iglesia y cada uno de sus miembros son responsables de trabajar en la viña haciendo cada cual su parte.)

Note dos cosas:

1. Dios confía en los hombres. Piense qué glorioso privilegio es ser dignos de la confianza de Dios. Imagínese cuán estimada es a Dios su viña, y luego piense en cómo nos confía a nosotros el cuidado de la misma y no a los ángeles o alguna otra forma de ser superior. ¡Qué cosa tan asombrosa y maravillosa pensar que Dios nos encomienda su más preciosa viña!

2. Dios le da la libertad al hombre. Dios dejó que los labradores cuidaran de su viña como ellos quisieran. Debían ejercitar su voluntad, su elección, su iniciativa para cuidar de la viña. Tuvieron el glorioso privilegio de la libertad, de no tener alguien super-visándolos constantemente y obligándolos a cierto comportamiento.

Pensamiento. Dos de los mayores dones que Dios ha dado a los hombres son *confianza* y *libertad.* El hecho en sí de ser objetos de la confianza de Dios es uno de los más gloriosos privilegios de la vida. Y recibir la libertad de cuidar de la inmensa creación de Dios trasciende todo entendimiento. ¡Qué maravillosos son estos dos gloriosos dones! Todavía, note como los hombres han ignorado, abusado, violado, y aun destruido estes grandes dones.

«Y creó Dios al hombre a su imagen, a imagen de Dios lo creó; varón y hembra los creó. Y los bendijo Dios, y les dijo: Fructificad y multiplicaos; llenad la tierra, y sojuzgadla, y señoread en los peces del mar, en las aves de los cielos, y en todas las bestias que se mueven sobre la tierra» (Gn. 1:27-28).

«Le hiciste señorear sobre las obras de tus manos; todo lo pusiste debajo de sus pies» (Sal. 8:6).

«Porque el reino de los cielos es como un hombre que yéndose lejos, llamó a sus siervos y les entregó sus bienes» (Mt. 25:14).

«Ahora bien, se requiere de los adminis-tradores que cada uno sea hallado fiel» (1 Co. 4:2).

«Guarda lo que se te ha encomendado, evitando las profanas pláticas sobre cosas vanas, y los argumentos de la falsamente llamada ciencia» (1 Ti. 6:20).

«Y llamando a diez siervos suyos, les dio diez minas, y les dijo: Negociad entre tanto que vengo» (Lc. 19:13).

3 (12:2) *Responsabilidad:* Dios es exigente, espera el pago. Es un empresario; considera que los hombres son responsables. Dios envió mensajeros para recoger el fruto de la viña. Los mensajeros serían los profetas y líderes, buenos y piadosos, a lo largo de la historia de Israel (jueces, reyes, y sacerdotes).

Note dos cosas.

1. El fruto era esperado. Se esperaba que todo agricultor, esto es, toda persona responsable de la viña trabaje y produzca.

2. Vino el día de rendir cuentas. Cada uno debía pagar su cuenta, para hacer su contribución al maravilloso privilegio de vivir en una hermosa viña y ser bendecido por ella. (El reino de Dios, el mundo, la iglesia —como uno quiera aplicar el pasaje— son todas maravillosas viñas a las cuales tenemos la responsabilidad de contribuir con el fruto que podamos.)

«Dijo también esta parábola: Tenía un hombre una higuera plantada en su viña, y vino a buscar fruto en ella, y no lo halló» (Lc. 13:6).

«Todo pámpano que en mí no lleva fruto, lo quitará; y todo aquel que lleva fruto, lo limpiará, para que lleve más fruto» (Jn. 15:2)

«Yo soy la vid, vosotros los pámpanos; el que permanece en mí, y yo en él, éste lleva mucho fruto; porque separados de mí nada podéis hacer. El que en mí no permanece, será echado fuera como pámpano, y se secará; y los recogen, y los echan en el fuego y arden» (Jn. 15:5-6).

4 (12:2-5) *Dios, paciencia de—paciencia:* Dios es paciente: envía mensajeros para recoger el pago. A lo largo de toda la historia de Israel Dios amó a la nación y le mostró su paciencia al no reaccionar ni rechazar a la nación. Dios le da al hombre oportunidad tras oportunidad. Una y otra vez envía sus mensajeros a encontrarnos en nuestros caminos. Nos ama y anhela que paguemos nuestras deudas, que llevemos fruto viviendo como corresponde.

Trágicamente, la mayoría de los labradores siguen como siempre, esto es, rebelándose y reclamando todos los derechos sobre la viña y sobre sus propias vidas. Por eso siguen reaccionando contra los mensajeros de Dios. Así fue con Israel. Se rebelaron y se rehusaron a pagar a su Señor. De hecho, la rebelión de ellos condujo a la persecución y el homicidio de los siervos de Dios.

1. Los hombres se rebelan deliberadamente contra Dios. Los hombres quieren gobernar por sí mismos la viña. Quieren ser los reyes del reino, los gobernadores de la tierra e incluso las cabezas de la iglesia. Quieren que las cosas sean como ellos quieren, y gobernar y reinar conforme su propio deseo y voluntad. No quieren ninguna autoridad superior a ellos. Quieren vivir y hacer las cosas conforme a sus propios deseos, y reclaman el fruto para ellos mismos.

2. Los hombres quieren tan intensamente sus propios caminos que ridiculizan, vituperan, persiguen e incluso matan a los auténticos siervos de Dios.

«¿A cuál de los profetas no persiguieron vuestros padres? Y mataron a los que anunciaron de antemano la venida del Justo, de quien vosotros ahora habéis sido entregadores y matadores» (Hch. 7:52; cp. Mt. 23:34-37; He. 11:36-38).

3. El siervo de Dios debe entender que es llamado a sufrir

(*véase* Estudio a fondo 2—Mt. 20:22-23). Note la descripción detallada de cómo el mundo trata a los mensajeros de Dios.

- Al primer mensajero *golpearon y enviaron con las manos vacías.*
- Al segundo mensajero apedrearon, hirieron y afrentaron.
- Al tercer mensajero mataron.
- A «otros muchos» golpearon.
- A «otros muchos» mataron.

«Y dijo al viñador: He aquí, hace tres años que vengo a buscar fruto en esta higuera, y no lo hallo; córtala; ¿para qué inutiliza también la tierra? El entonces, respondiendo, le dijo: Señor, déjala todavía este año, hasta que yo cave alrededor de ella, y la abone. Y si diere fruto, bien; y si no, la cortarás después» (Lc. 13:7-9).

«El Señor no retarda su promesa, según algunos la tienen por tardanza, sino que es paciente para con nosotros, no queriendo que ninguno perezca, sino que todos procedan al arrepentimiento» (2 P. 3:9).

«Por amor de mi nombre diferiré mi ira, y para alabanza mía la reprimiré para no destruirte» (Is. 48:9).

Pensamiento. ¿Cuántos creyentes, laicos y ministros por igual, son maltratados por este mundo?

«Porque a vosotros os es concedido a causa de Cristo, no sólo que creáis en él, sino que también padezcáis por él» (Fil. 1:29).

«Y también todos los que quieran vivir piadosamente en Cristo Jesús padecerán persecución» (2 Ti. 3:12).

«Amados, no os sorprendáis del fuego de prueba que os ha sobrevenido, como si alguna cosa extraña aconteciese, sino gozaos por cuanto sois participantes de los padecimientos de Cristo, para que también en la revelación de su gloria os gocéis con gran alegría» (1 P. 4:12-13; cp. 1 P. 2:21; 4:5-6; Mt. 19:29; Ro. 8:16-17).

5 (12:6-8) *Dios, amor de:* Dios es amor. Por eso Dios envió a su propio Hijo al mundo, para hablar personalmente a los hombres. En su condescendencia pidió a su Hijo a dejar la gloria eterna y traer su Palabra a este mundo, hablando cara a cara con el hombre. Tal vez, escuchasen su voz y respetasen sus derechos.

Note cinco hechos.

1. Jesús afirmó ser Hijo de Dios. Era diferente a todos los siervos enviados anteriormente. Era más que otro siervo humano; era el propio Hijo de Dios. No hay dudas de que Jesús hacía claramente esta afirmación en cuanto a sí mismo.

2. Los labradores vieron al Hijo de Dios. Hubo toda clase de evidencias: las profecías del Antiguo Testamento, el testimonio de Juan el Bautista, la propia afirmación de Jesús y las obras milagrosas que probaban su deidad, el cumplimiento de las señales de los tiempos (Gá. 4:4). Aun sus oponentes sentían que era el prometido Mesías (*véase* nota—Jn.3:1-2; cp. Jn. 11:47-53). Esta es la trágica acusación contra los judíos. En lo más profundo de su interior sentían que Jesús realmente era el Mesías; pero el pecado y la codicia de estar en posiciones, ser estimado, tener poder y seguridad les impedía reconocerlo. La incredulidad de ellos era deliberada y obstinada (*véanse* bosquejo y notas—Mt. 21:23-27).

3. Los labradores planificaron su muerte (cp. Mt. 12:14; Jn. 11:53).

4. Los labradores planificaron apropiarse de la herencia. Los hombres querían poseer el reino, la nación, la propiedad, el poder, el gobierno, el reinado, la posición, la estima, fama, reconocimiento, la riqueza. Cualquiera sea la posesión, los hombres quieren poseerla ellos mismos. Y negarán, engañarán, mentirán, falsearán, hurtarán e incluso matarán para obtenerla. (*Véanse* notas—Mt. 12:1-8; nota y Estudio a fondo 1—12:10; nota—15:1-20; Estudio a fondo 2—15:6-9.)

5. Los labradores mataron al Hijo. Cometieron el peor crimen de la historia, mataron al Hijo de Dios mismo. Note dos cosas: (1) la muerte de Jesús había sido profetizada. Él mismo estaba prediciendo su muerte. Y (2) la muerte de Jesús fue un acto voluntario de su parte. Sabía que la muerte lo esperaba, de manera que pudo haber escapado. Pero escogió morir. Así estaba establecido «por determinado consejo» de Dios (Hch. 2:23).

«Porque de tal manera amó Dios al mundo, que ha dado a su Hijo unigénito, para que todo aquel que en él cree, no se pierda, mas tenga vida eterna» (Jn. 3:16).

«Mas Dios muestra su amor para con nosotros, en que siendo aún pecadores, Cristo murió por nosotros» (Ro. 5:8).

«Pero Dios, que es rico en misericordia, por su gran amor con que nos amó aun estando nosotros muertos en pecados, nos dio vida juntamente con Cristo (por gracia sois salvos)» (Ef. 2:4-5).

ESTUDIO A FONDO 1

(12:7) *Hombre, error del:* el hombre cree que Dios está demasiado lejos para hacer algo respecto del rechazo humano. Cree que Dios es demasiado inactivo e irrelevante. Esto lo dice la expresión «y se fue lejos» (v. 1), el consiguiente rechazo (vv. 3-5), y la negación final del Hijo de Dios (vv. 6-8).

6 (12:9) *Dios, justicia de:* Dios es justo. Vendrá y destruirá a todos los labradores malos. Aquí hay tres cuestiones importantes.

1. Jesús dijo que el Señor de la viña viene. Viene para vengar la muerte de su único Hijo.

2. Dios viene para destruir a los malvados. Será una destrucción horrenda (*kakos*), terrible. Note que eran tanto los gobernantes como el pueblo quienes decían que habría justicia. El hombre, por su propia naturaleza, espera que la injusticia sea castigada.

3. Dios va a confiar la viña a otros. Nuevamente, fue la multitud quien dijo esto. Aun el hombre sabe que una viña no puede permanecer desatendida. Alguien la debe cuidar. Dios levantará nueva gente para hacerlo (la iglesia, la nueva creación de Dios). (*Véanse* Estudio a fondo 8—Mt. 21:43; notas—Ro. 9:25-33; Ef. 2:11-18; pto.4: Ef. 2:14-15; 4:17-19 para mayor discusión.)

«Y ya también el hacha está puesta a la raíz de los árboles; por tanto, todo árbol que no da buen fruto es cortado y echado en el fuego» (Mt. 3:10).

«Pero la que produce espinos y abrojos es reprobada, está próxima a ser maldecida, y su fin es el ser quemada» (He. 6:8).

7 (12:10-11) *Jesucristo, la piedra—promesa cumplida:* Dios es confiable. Cumple sus promesas. Cristo es la cabeza de la piedra angular (*véase* nota—Lc. 2:34). Esta es una cita del Salmo 118:22-23. Se la reconocía como una promesa mesiánica. El Mesías sería la cabeza de la piedra angular que comenzaría la edificación del reino de Dios y que soportaría a todas las otras piedras o líderes que vinieron después. Los líderes religiosos que rodeaban a Jesús sabían que Cristo se refería al Mesías (Is. 28:16; Dn. 2:34; Zac. 3:9).

Pero note las promesas. Primero sería rechazada la piedra. La considerarían inadecuada e inútil para la construcción. Los edificadores no permitirían que formara parte del edificio; la arrojarían al costado y la tratarían como inutilizable.

Sin embargo, el gran Arquitecto, supervisaba a los edificadores. Levantó la piedra del lugar de piedras rechazadas y la exaltó a la posición de cabeza de piedra angular, la piedra que soporta a todas las otras, y que sostiene el edificio del reino de Dios. Lo mantiene levantado y unido (cp. Fil.2:9-11. *Véanse* notas—Ef. 2:20).

El simbolismo de la cabeza de piedra angular nos dice al menos dos cosas significativas.

1. La piedra angular es la primera piedra que se pone. Todas las otras piedras son puestas después. En el tiempo es la piedra primordial. Así es con Cristo. Él es *el primer* nuevo movimiento de Dios.

- Cristo es el capitán de nuestra salvación. Todos los demás son tripulantes o soldados que le siguen.

  > **«Porque convenía a aquel por cuya causa son todas las cosas, y por quien todas las cosas subsisten, que habiendo de llevar muchos hijos a la gloria, perfeccionase por aflicciones al autor de la salvación de ellos»** (He. 2:10).

- Cristo es el autor de eterna salvación y de nuestra fe. Todos los demás son lectores de la historia.

  > **«Y habiendo sido perfeccionado, vino a ser autor de eterna salvación para todos los que le obedecen»** (He. 5:9).

  > **«Puestos los ojos en Jesús, el autor y consumador de la fe, el cual por el gozo puesto delante de él sufrió la cruz, menospreciando el oprobio, y se sentó a la diestra del trono de Dios»** (He. 12:2).

- Cristo es el comienzo y el fin. Todo lo demás viene después de Él.

  > **«Yo soy el Alfa y la Omega, principio y fin, dice el Señor, el que es y que era y que ha de venir, el Todopoderoso»** (Ap. 1:8; cp. 21:6; 22:13).

- Cristo es el precursor que entra a la presencia misma de Dios. Todos los demás entran después de Él a la presencia de Dios.

  > **«La cual tenemos como segura y firme ancla del alma, y que penetra hasta dentro del velo; donde Jesús entró por nosotros como precursor, hecho sumo sacerdote para siempre según el orden de Melquisedec»** (He. 6:19-20).

2. La piedra angular es la piedra fundamental. Todas las otras piedras son colocadas sobre ella y sostenidas por ella. Todas descansan sobre ella. Es la piedra preeminente en posición y poder. Así es con Cristo. Él es el sostén y poder, el fundamento del nuevo movimiento de Dios.

- Cristo es *la cabeza de la piedra angular,* la única auténtica fundación sobre la cual el hombre puede edificar. Todo lo que no es construido sobre Él se desmorona.

  > **«Porque nadie puede poner otro fundamento que el que está puesto, el cual es Jesucristo»** (1 Co. 3:11).

- Cristo es la *principal piedra angular* sobre la cual todas las otras son adecuadamente colocadas. Todos los que quieran ser adecuadamente unidos tienen que apoyarse en Él.

  > **«Edificados sobre el fundamento de los apóstoles y profetas, siendo la principal piedra del ángulo Jesucristo mismo, en quien todo el edificio bien coordinado, va creciendo para ser un templo santo en el Señor; en quien todos vosotros también sois juntamente edificados para morada de Dios en el Espíritu»** (Ef. 2:20-22).

- Cristo es la *piedra viva* sobre la que todos los otros son edificados como casa espiritual. Todos los demás tienen que ser construidos sobre Él si desean vivir, y si quieren que su sacrificio espiritual sea aceptado por Dios.

  > **«Acercándose a él, piedra viva, desechada ciertamente por los hombres, mas para Dios escogida y preciosa, vosotros también, como piedras vivas, sed edificados como casa espiritual y sacerdocio santo, para ofrecer sacrificios espirituales aceptables a Dios por medio de Jesucristo»** (1 P. 2:4-5).

Note que todo es obra de Dios. Es Él quien levanta al Salvador. Note también que el Salvador es objeto de maravilla y asombro.

[8] (12:12) *Jesucristo, respuesta de—decisión:* la parábola concluye con una gran tragedia, una tragedia que se vio en tanta gente a lo largo de los años.

1. La tragedia de reaccionar en vez de arrepentirse. Los líderes comprendían que Jesús se dirigía a ellos. Pero sus conciencias estaban cauterizadas por la obstinada incredulidad (1 Ti. 4:2). Eran insensibles a sus advertencias (v. 9). Por eso reaccionaron en vez de arrepentirse. Tenían que haber escuchado sus advertencias, pero no lo hicieron. Estaban dispuestos a oponerse a Él, procurando destruirlo y silenciar de esa manera su afirmación.

2. La tragedia de tener un concepto errado del Mesías. Esto se ve en el pueblo. Los líderes temían arrestar a Jesús por causa del pueblo. La gente veía a Jesús como un gran profeta (un gran Maestro), y no como el Mesías, el Hijo del Dios viviente. Esto también era trágico; pero Dios pudo usar el respeto del pueblo para proteger a Cristo hasta el momento señalado para su muerte.

3. La tragedia de dejar a Jesús e ir por sus propios caminos. Note que esto fue exactamente lo que hicieron (*véase* nota, *Decisión*—Mr. 11:33 para la aplicación de las Escrituras).

	G. El tema del poder civil y religiosos: el estado y Dios, 12:13-17 (Mt. 22:15-22; Lc. 20:20-26)		
1 Los conceptos falsos acerca del estado a. La religión es suprema[EF1] b. El estado es supremo[EF2] **2 Pecados comunes a los conceptos falsos acerca del estado**[EP3] a. Ambición egoísta conduce a concesiones: b. Engaño; conduce a falsa adulación	13 Y le enviaron algunos de los fariseos y de los herodianos, para que le sorprendiesen en alguna palabra. 14 Viniendo ellos, le dijeron: Maestro sabemos que eres hombre veraz, y que no te cuidas de nadie; porque no miras la apariencia de los hombres sino que con verdad ense-	ñas el camino de Dios. ¿Es lícito dar tributo a César o no? ¿Daremos, o no daremos? 15 Mas él, percibiendo la hipocresía de ellos, les dijo: ¿Por qué me tentáis? Traedme la moneda para que la vea. 16 Ellos se la trajeron; y les dijo: ¿De quién es esta imagen y la inscripción? Ellos le dijeron: De César. 17 Respondiendo Jesús, les dijo: Dad a César lo que es de César, y a Dios lo que es de Dios. Y se maravillaron de él.	y destrucción c. Incredulidad obstinada: conduce a la negación de la verdad, a la condenación **3 En el estado la vida depende de Dios, no del dinero: Jesús no tiene un solo centavo** **4 El estado es ordenado por Dios** a. Algunas cosas pertenecen al estado b. Algunas responsabilidades pertenecen al estado **5 El poder del estado es limitado**

G. El tema del poder civil y religiosos: el estado y Dios, 12:13-17

(12:13-17) *Introducción:* este fue el segundo desafío de los líderes contra Jesús. El sanhedrín, el cuerpo gobernante de los judíos, se había reunido oficialmente y analizado cómo podían «sorprenderle [Jesús] en alguna palabra» (v. 13). Idearon entonces una pregunta referida a los impuestos y a la ciudadanía de una persona en el estado: «¿Es lícito dar tributo [impuestos] a César o no?» Una respuesta *afirmativa* desacreditaría a Jesús ante el pueblo puesto que el pueblo se oponía al pago de impuestos a un conquistador extranjero (Roma). Una respuesta *negativa* daría motivo para ser arrestado por las autoridades por oponerse a la ley y amenazar con una sublevación.

Jesús, siendo el Mesías, y el propio Hijo de Dios, reconoció el complot. Y Jesús utilizó la ocasión para enseñar sobre la verdadera ciudadanía, una verdad que era tanto asombrosa como impactante para la gente de aquel tiempo. Era importante porque los judíos siempre habían creído que la lealtad de un ciudadano pertenecía solamente a Dios, y el resto del mundo creía que su lealtad pertenecía al monarca que gobernaba su territorio. Jesús asombró al mundo de su día al declarar que existe una ciudadanía terrenal a la que es preciso entregar algunas cosas, y existe una ciudadanía espiritual, celestial, a la que también es preciso entregar algunas cosas.

1. Los conceptos falsos acerca del estado (v. 13).
2. Pecados comunes a los conceptos falsos acerca del estado (v. 14).
3. En el estado la vida depende de Dios, no del dinero: Jesús no tiene un solo centavo (v. 15).
4. El estado es ordenado por Dios (vv. 16-17).
5. El poder del estado es limitado: hay que dar a Dios las cosas que son de Dios (v. 17).

1 (12:13) *Estado—ciudadanía:* los conceptos falsos acerca de la ciudadanía se reflejan en los fariseos y herodianos. Pero es necesario recordar que hasta esta experiencia el mundo no sabía que eran conceptos falsos.

1. El primer concepto falso es que la religión sea suprema. Esto lo reflejan los fariseos (*véase* nota—Hch. 23:8). Creían firmemente en el mundo celestial, espiritual; a tal extremo iba su concepto que creían que toda obediencia y lealtad se debía a Dios y solamente a Dios. En efecto, todas las cosas en la tierra son debidas a Dios. El estado y todo otro poder y autoridad debían estar sujetos a la ley religiosa. Por eso se oponían vigorosamente a pagar impuestos a un rey extranjero. Pagar impuestos a un gobierno secular era infringir el derecho de Dios.

2. El segundo concepto falso es que el estado sea supremo.

Esto lo reflejan los herodianos (*véase* Estudio a fondo 2—Mr. 12:13 para la discusión).

Imagínese la escena, lo extraña que era. Los fariseos sostenían que la religión era el gobierno dominante. Despreciaban a la autoridad romana y el pago de impuestos. Los herodianos sostenían que el gobierno estaba sobre la religión. Concordarían en que era necesario pagar impuestos al César antes que a Dios. Ellos y los fariseos eran enemigos a muerte. Realmente era extraño encontrarlos juntos. El odio que le tenían a Jesús los había unido contra quien considerabanun enemigo común. (*Véase* notas—Mr. 3:6; Estudio a fondo 3—Hch. 23:8.)

ESTUDIO A FONDO 1

(12:13) *Fariseos: véase* Estudio a fondo 3—Hch. 23:8.

ESTUDIO A FONDO 2

(12:13) *Herodianos:* los herodianos no eran un partido religioso, sino un partido político de Herodes, el rey de Galilea. Apoyaban a Roma, haciendo concesiones donde podían a efectos de preservar su propio poder e influencia. Estaban comprometidos a tal extremo que habían consentido en cierta medida los templos paganos. Desde el punto de vista religioso eran principalmente saduceos que rendían su mayor lealtad al estado (*véase* Estudio a fondo 3—Hch. 23:8). Por eso se opusieron a las afirmaciones mesiánicas, por la perturbación que podían causar en la gente. Estaban de acuerdo que se paguen los impuestos al César antes que a Dios.

2 (12:14) *Ciudadanía—pecados:* existen pecados comunes a los conceptos falsos acerca del estado. A primera vista era inocente la pregunta que los hombres formularon. Era una pregunta que siempre algunos formulan en cualquiera generación: «¿Es legítimo que demos tributo al César [el estado]?» La respuesta, en cambio, era peligrosa. Si Jesús decía que se debían pagar los impuestos al César la gente lo habría tildado de traidor y se habría vuelto contra él como agente romano. Si decía que era injusto pagar impuestos, los religiosos lo habrían informado a los romanos acusándolo de insurrección.

Hubo algo que fue aun más repulsivo y horrible que esta treta. El hecho de camuflarla con adulaciones. Note que las adulaciones abundaron al punto de relajar. Esperaban que sus adulaciones harían creer a Jesús que ellos eran sinceros, así eliminarían cualquier sospecha que él pudiera tener.

Hay pecados que frecuentemente cometen quienes tienen un concepto falso de la ciudadanía. Algunos de ellos se evidencian en el complot de los fariseos y herodianos contra Jesús.

1. Hay la *ambición egoísta* que con frecuencia conduce a concesiones e intrigas. Nada había más sorprendente que ver a los fariseos y herodianos trabajando juntos. Se oponían diametralmente entre sí. Los fariseos sostenían que los herodianos no eran mejores que los paganos condenados al infierno. Sin embargo aquí se los ve trabajar con los herodianos, en contra de Jesús. ¿Qué los había unido? La ambición egoísta. Temían la pérdida de su posición, influencia, poder, riqueza, y seguridad (*véanse* notas—Mt. 12:1-8; nota y Estudio a fondo 1—12:10; nota—15:1-20; Estudio a fondo 2—15:6-9. Estas notas ayudarán considerablemente a entender por qué los gobernantes temían tanto a Jesús.)

La gravedad del pecado de la ambición egoísta se ve en que los primordiales autores del complot eran líderes religiosos. No estaban queriendo hacer el mal, estaban procurando dar muerte a un hombre. En este pasaje se ve claramente *cuán mala* puede ser la ambición egoísta, tanto en el gobierno como en la religión.

«¿Cómo podéis vosotros creer, pues recibís la gloria los unos de los otros, y no buscáis la gloria que viene del Dios único?» (Jn. 5:44).

Pensamiento. La persona que vive para este mundo será de cualquiera que proteja su seguridad. El grado de compromiso o la extraña apariencia raras veces importa.

2. El *engaño*, que generalmente conduce a la adulación y destrucción. En dos hechos se ve el engaño.

a. El engaño se ve en que los fariseos mismos no fueron a Jesús. Enviaron a sus «discípulos con los herodianos». Los discípulos eran aprendices, estudiantes, que realmente buscarían la respuesta a una pregunta como la planteada. Los herodianos estaban allí para dar la impresión de haber sido consultados antes, pero que su respuesta no había sido satisfactoria. Daba la impresión que ahora los estudiantes querían saber lo que Él (alguien que afirmaba ser el Mesías) respondería. En tal caso Jesús creería que la pregunta era el legítimo interés de unos estudiantes, sin sospechar del complot por atraparlo.

b. La clase más baja de engaño se ve en las palabras de adulación usadas para acercarse a Jesús..
   • «Maestro...
   • «sabemos que eres hombre veraz...
   • «y que no te cuidas de nadie...
   • «porque no miras la apariencia de los «hombres...
   • «sino que con verdad enseñas el camino de Dios... »

Note que todo lo que dijeron acerca de Jesús era cierto.
   • Él era Maestro; un rabino; enseñaba. Era aun más; era el Maestro y Señor del universo.
   • Era auténtico y veraz; un maestro de Dios (contraste el acercamiento hipócrita de estos con la sinceridad de Nicodemo, Jn. 3:2).
   • Enseñaba el camino de Dios; cómo debe vivir un hombre y cómo comportarse si quiere agradar a Dios.
   • No le importaba lo que los hombres decían de Él; ello no influía en él ni en sus acciones.
   • No le importaba la apariencia de la persona; no mostraba parcialidad o favoritismo.

El problema era que la intención de ellos no era lo que estaban diciendo, al menos no en sus corazones. Lo que estaban diciendo de Él procedía de una motivación mala. Querían usarlo para asegurar sus propios propósitos egoístas. Al final triunfaron; pudieron hacer lo que planeaban. Pudieron destruirlo.

Pensamiento. El engaño siempre destruye a lo que es veraz y fuerte y bueno.

«Porque tu boca declaró tu iniquidad, pues has escogido el hablar de los astutos» (Job 15:5).

«Porque en la boca de ellos no hay sinceridad; sus entrañas son maldad, sepulcro abierto es su garganta, con su lengua hablan lisonjas» (Sal. 5:9).

«El hombre no se afirmará por medio de la impiedad; mas la raíz de los justos no será removida» (Pr. 12:3).

«El hombre que lisonjea a su prójimo, red tiende delante de sus pasos» (Pr. 29:5).

3. La *mente cerrada y la incredulidad obstinada* que conducen a la negación de la verdad y a la propia condenación. La pregunta dirigida a Jesús era simple: «¿Es lícito dar tributo a César o no?»
   • Los fariseos, religiosos judíos sinceros, proclamarían diciendo: «¡No!»
   • Los herodianos (y quienes buscaban posiciones y riquezas mediante el gobierno romano) dirían: «¡Sí!»

De pie allí, las personas que hicieron la pregunta creyeron haber atrapado a Jesús. Si decía: «No, los impuestos no deben pagarse al César», las autoridades lo arrestaban y se lo llevaban; y la gente pronto sabría que su afirmación de ser el Mesías era falsa.

Si Jesús decía: «Sí, los impuestos deben ser pagados al César», estaría negando la soberanía de Dios; y la gente que se oponía vigorosamente al gobierno romano y sus impuestos, se volvería contra Él. Tanto los fariseos como los herodianos eran de mente cerrada. No estaban dispuestos a ver nada que estuviese más allá de ellos mismos y fuese una amenaza a la posición y las riquezas que tenían. Estaban firmes en su obstinada incredulidad. Por eso rechazaron la verdad; y como resultado de su rechazo de la verdad, se condenaron a sí mismos (cp. Jn. 3:18-21).

ESTUDIO A FONDO 3

(12:14) *Tributo—impuesto:* el impuesto en cuestión era el impuesto del empadronamiento. Era un impuesto que debía ser pagado por toda persona que tuviera entre 12 o 14, y 65 años de edad. En aquel tiempo su monto equivalía a un jornal (*véase* Estudio a fondo 1—Ro. 13:6).

3 (12:15) *Ciudadanía—carencias—necesidades:* la vida en el estado depende de Dios, no del dinero. Esto lo demuestra Jesús con el hecho de no tener un solo centavo. Vivía en el estado de Israel y bajo el gobierno de otro estado, bajo el gobierno de Roma. Teóricamente era ciudadano de dos estados, sin embargo, no tenía un centavo. Su sustento y existencia no se basaban en el estado ni en las cosas del estado. Se basaban en las manos de Dios. Su confianza era en Dios, no en el estado.

Pensamiento. El estado no es necesario para la vida, pero Dios sí. El estado puede ser y debe ser una ayuda, pero no es necesario. En cambio, Dios es necesario, puesto que el hombre no vive de pan solamente. No puede vivir una vida abundante separado de Dios. Con Dios el hombre tiene un propósito, satisfacción, y vida—eternamente. Pero sin Dios no tiene ninguna de estas cualidades vivificantes. El estado puede dar libertades que resultan en oportu-nidades para seguir la vida; pero Dios puede dar libertad de la vida, libertad total, estableciendo en el corazón humano la seguridad perfecta de que uno vivirá por siempre.

«Mas buscad primeramente el reino de Dios y su justicia, y todas estas cosas os serán añadidas» (Mt. 6:33).

«Mas a Jehová vuestro Dios serviréis, y él bendecirá tu pan y tus aguas; y yo quitaré toda enfermedad de en medio de ti» (Éx. 23:25).

«Sino acuérdate de Jehová tu Dios, porque

él te da el poder para hacer las riquezas, a fin de confirmar su pacto que juró a tus padres, como en este día» (Dt. 8:18).

«Si obedeciereis cuidadosamente a mis mandamientos que yo os prescribo hoy, amando a Jehová vuestro Dios, y sirviéndole con todo vuestro corazón, y con toda vuestra alma, yo daré la lluvia de vuestra tierra a su tiempo, la temprana y la tardía; y recogerás tu grano, tu vino y tu aceite. Daré también hierba en tu campo para tus ganados; y comerás, y te saciarás» (Dt. 11:13-15).

«Y aun también te [Salomón] he dado las cosas que no pediste, riqueza y gloria, de tal manera que entre los reyes ninguno haya como tú en todos tus días» (1 R. 3:13).

«El que da alimento a todo ser viviente, porque para siempre es su misericordia» (Sal. 136:25).

4 (12:16-17) *Ciudadanía:* el estado es ordenado por Dios. Jesús confirmó este hecho con dos temas. Demostró claramente que existen algunas cosas que *pertenecen* al estado. Por eso hay algunas responsabilidades que se *deben cumplir* respecto del estado. Lo que pertenece a César es de César. Él tiene primordialmente la responsabilidad de tres funciones: la ley y el orden, los servicios comunitarios, y la protección. Nadie es una isla dentro del estado. Todos son deudores del estado por los servicios y los bienes que provee. Ciudadanía implica responsabilidad.

Jesús fue brillante y breve en su respuesta a los fariseos en cuanto al falso concepto que tenían de ciudadanía, simplemente dijo: «Traedme la moneda ... ¿De quién es esta imagen...?»

Note dos cosas.

1. Obligó a los fariseos (con su concepto de que la religión es suprema) admitir que algunas cosas pertenecen al poder terrenal. Existe una *ciudadanía terrenal.* La imagen era del César; la inscripción era del César; y la moneda había sido hecha o acuñada por el gobierno de César. Por eso, la moneda era del César si César decía que era suya. El tema quedó claro. Puesto que los religiosos *usaban lo que pertenecía y era provisto por el César,* ellos debían a César lo que era suyo. Por eso dijo de manera llamativa: «Dad a César lo que es de César».

2. Con esto Jesús reveló una verdad muy importante para los creyentes de todos los tiempos. Los creyentes *tienen una doble ciudadanía.* Son ciudadanos del cielo, sí, pero también son ciudadanos de este mundo. Por eso, tienen una obligación con el gobierno bajo el cual viven. Reciben los beneficios del gobierno igual que los de mentalidad mundana (por ejemplo, rutas, desagües, agua, protección, y transporte público). Por eso los creyentes deben pagar su parte. (*Véase* nota—Ro. 13:1-7. Esta nota es una discusión exhaustiva de la ciudadanía.)

«Sométase toda persona a las autoridades superiores; porque no hay autoridad sino de parte de Dios, y las que hay, por Dios han sido establecidas» (Ro. 13:1).

«Sin embargo, para no ofenderles, vé al mar, y echa el anzuelo, y el primer pez que saques, tómalo, y al abrirle la boca, hallarás un estatero; tómalo, y dáselo por mí y por ti» (Mt. 17:27).

«Recuérdales que se sujeten a los gobernantes y autoridades, que obedezcan, que estén dispuestos a toda buena obra» (Tit. 3:1).

«Por causa del Señor someteos a toda institución humana, ya sea al rey, como a superior y a los gobernadores, como por él enviados para castigo de los malhechores y alabanza de los que hacen bien porque esta es la voluntad de Dios: que haciendo bien, hagáis callar la ignorancia de los hombres insensatos» (1 P. 2:13-15).

«Honrad a todos. Amad a los hermanos. Temed a Dios. Honrad al rey» (1 P. 2:17).

«Y cualquiera que no cumpliere la ley de tu Dios, y la ley del rey, sea juzgado prontamente, sea a muerte, a destierro, a pena de multa, o prisión» (Esd. 7:26).

«Te aconsejo que guardes el mandamiento del rey y la palabra del juramento de Dios» (Ec. 8:2).

5 (12:17) *Ciudadanía:* el poder del estado tiene límites. Hay que dar a Dios lo que es de Dios. Una ciudadanía celestial pertenece a Dios. Jesús fue igualmente brillante al tratar con los herodianos y su falso concepto de ciudadanía. Los herodianos no solamente sometían la religión al estado, sino que eran de mentalidad mundana y negaban mucho de lo sobrenatural, incluyendo la vida después de la muerte y el mundo espiritual o dimensión espiritual del ser.

Note dos cosas.

a. Jesús dijo inconfundiblemente a los herodianos que existe un mundo espiritual. Dios es real; Dios existe; por eso hay algunas cosas que pertenecen a Dios. «Dad a ... Dios lo que es de Dios.» Nuevamente, el tema queda claro. Puesto que los herodianos (con su concepto de que el estado es supremo), como ciudadanos del mundo y de la vida misma, usaban lo que pertenecía y era provisto por Dios, ellos debían a Dios lo que era suyo.

b. Jesús reveló una verdad muy importante a todas las generaciones de hombres. Ellos son seres de Dios como seres del mundo, seres espirituales y seres físicos. Por eso tienen la responsabilidad de vivir como ciudadanos de Dios y como ciudadanos de este mundo. Es tanto lo que toda persona ha recibido de Dios...

- vida, hecha para existir eternamente con Dios; por eso el hombre le debe a Dios su vida.
- un espíritu que puede *nacer de nuevo* y vivir una vida de negación propia, de amor y de paz por el bien de todos los hombres en todas partes (Gá. 5:22-23).
- una mente y cuerpo que tienen la capacidad de disfrutar la belleza estética de la tierra y aprender, razonar, y producir para el mejoramiento y el servicio de toda la humanidad.

Pensamiento. Todas las personas reciben estos beneficios, y muchos otros, de Dios. Por eso, los hombres deben pagar la parte que les corresponde a Dios.

1) Deben amar a Dios de manera suprema.

«Jesús le respondió: El primer mandamiento de todos es: Oye, Israel; el Señor nuestro Dios, el Señor uno es» (Mr. 12:29-30).

2) Deben buscar al Señor.

«El Dios que hizo el mundo y todas las cosas que en él hay, siendo Señor del cielo y de la tierra, no habita en templos hechos por manos humanas, ni es honrado por manos de hombres, como si necesitase de algo; pues él es quien da a todos vida y aliento y todas las cosas. Y de una sangre ha hecho todo el linaje de los hombres, para que habiten sobre toda la faz de la tierra; y les ha prefijado el orden de los tiempos, y los límites de su habitación; para que *busquen* a Dios, si en alguna manera, palpando, puedan hallarle, aunque ciertamente no está lejos de cada uno de nosotros» (Hch. 17:24-27).

3) Deben saber que el Señor es Dios, y que solamente Él debe ser adorado.

«Reconoced que Jehová es Dios; él nos hizo, y no nosotros a nosotros mismos; pueblo suyo somos, y ovejas de su prado. Entrad por sus puertas con acción de gracias, por sus atrios con alabanza; alabadle, bendecid su nombre» (Sal. 100:3-4).

4) No deben olvidar al Señor.

> **«Y ya te has olvidado de Jehová tu Hacedor, que extendió los cielos y fundó la tierra; y todo el día temiste continuamente del furor del que aflige, cuando se disponía para destruir. ¿Pero en donde está el furor del que aflige?»** (Is. 51:13).

5) No deben profanar el pacto de Dios.

> **«¿No tenemos todos un mismo padre? ¿No nos ha creado un mismo Dios? ¿Por qué, pues, nos portamos deslealmente el uno contra el otro, profanando el pacto de nuestros padres?»** (Mal. 2:10).

	H. Pregunta y argumento acerca de la Resurrección, 12:18-27 (Mt. 22:23-33; Lc. 20:27-38)	también la mujer. 23 En la resurrección, pues, cuando resuciten, ¿de cuál de ellos será ella mujer, ya que los siete la tuvieron por mujer?	
1 Los saduceos intentaron desacreditar a Jesús	18 Entonces vinieron a él los saduceos, que dicen que no hay resurrección, y le preguntaron, diciendo:	24 Entonces respondiendo Jesús, les dijo: ¿No erráis por esto, porque ignoráis las Escrituras, y el poder de Dios?	3 La resurrección se basa en las Escrituras y el poder de Dios
2 Negaron y se burlaron de la resurrección	19 Maestro, Moisés no escribió que si el hermano de alguno muriere y dejare a la esposa, pero no dejare hijos, que su hermano se case con ella, y levante descendencia a su hermano.	25 Porque cuando resuciten de los muertos, ni se casarán ni se darán en casamiento, sino serán como los ángeles que están en los cielos.	4 La resurrección es diferente a cualquier experiencia terrenal: es de otra dimensión
	20 Hubo siete hermanos; el primero tomó esposa, y murió sin dejar descendencia.	26 Pero respecto a que los muertos resucitan,¿no habéis leído en el libro de Moisés cómo le habló Dios en la zarza, diciendo: Yo soy el Dios de Abraham, el Dios de Isaac y el Dios de Jacob?	5 La resurrección implica una relación viva, inquebrantable a. Dios de los santos b. Dios es Dios de vivos
	21 Y el segundo se casó con ella, y murió, y tampoco dejó descendencia; y el tercero, de la misma manera.	27 Dios no es Dios de muertos, sino de vivos; así que vosotros mucho erráis.	c. Otra creencia es un gran error.
	22 Y así los siete, y no dejaron descendencia; y después de todos murió		

H. Pregunta y argumento acerca de la resurrección, 12:18-27

(12:18-27) *Introducción:* todavía era martes de la última semana del Señor. Durante este día los desafíos a su autoridad le habían embestido como nunca.

Primero, habían desafiado su autoridad los sumos sacerdotes y los líderes laicos (ancianos) (*véanse* bosquejo y notas—Mt. 21:23-27). Jesús los había encarado frontalmente y los había sacado del camino. Pero en el proceso su mente se concentró en el tema de su propia muerte y del rechazo de Israel. El solo pensar que Israel, en quien Dios había puesto tanta confianza, le fallaría a Dios llevando a la muerte a su Hijo, necesariamente le partía el corazón a Jesús (*véanse* bosquejo y notas—Mt. 21:33-46; 22:2-14).

Segundo, los fariseos y herodianos (partido político de Herodes) intentaron desacreditar a Jesús poniéndolo o bien contra el gobierno o bien contra el pueblo (*véanse* bosquejos y notas—Mt. 22:15-22). Nuevamente Jesús había enfrentado y eliminado a sus adversarios. Pero la lucha había sido tenaz y agobiante, dura y pesada.

Ahora, por tercera vez, el Señor fue confrontado y desafiado. Y nuevamente fue un grupo diferente el que ahora trata de argumentar y desacreditarlo. Quienes lo desafiaban ahora eran los saduceos, los liberales, religiosos y políticos de su tiempo. Como lo destaca Mateo: ellos «dicen que no hay resurrección» (v. 23). Lucas agrega: «Dicen que no hay resurrección, ni ángel, ni espíritu» (*véase* Estudio a fondo 3—Mt.16:12; Estudio a fondo 2—Hch. 23:8). La posición liberal de ellos tuvo dos resultados.

1. Lo espiritual y sobrenatural les fue de tropiezo. Ridiculizaron y se burlaron de ambas. Por eso, en el concepto de ellos, las enseñanzas de Jesús eran las enseñanzas de un hombre que no pensaba ni tenía lógica, de alguien que carece de análisis filosófico y de pruebas naturales.

2. Esa posición liberal los hizo sentirse amenazados, motivo por el que se opusieron a Jesús. La gente venía en multitudes a Jesús y absorbía sus enseñanzas. Esto significaba que los saduceos estaban perdiendo el control de la gente. La posición y riqueza de ellos estaba en peligro; por eso sintieron el impulso de atacar y desacreditar a Jesús en presencia del pueblo.

1. Los saduceos intentaron desacreditar a Jesús (v. 18).
2. Negaron y ser burlaron de la resurrección (vv. 19-23).
3. La resurrección está basada en las Escrituras y el poder de Dios (v. 24).
4. La resurrección es diferente a cualquier experiencia terrenal; es de otra dimensión (v. 25).
5. La resurrección implica una relación viva, inquebrantable (vv. 26-27).

1 (12:18) *Saduceos: véase* Estudio a fondo 2—Hch. 23:8 para la discusión.

2 (12:19-23) *Resurrección—saduceos:* negaron y se burlaron de la resurrección. A lo largo de los siglos muchas mentes liberales se rieron de la resurrección (cp. 1 Co. 15:12-58; 2 P. 3:3-18). Note el argumento de los saduceos.

1. Usaron la ley de Moisés, la ley del levirato, como base de su argumento (Dt. 25:5-6). Cuando un esposo moría sin tener hijo varón, la ley del levirato establecía que el hermano debía casarse con la viuda para tener un hijo. Por ley, se consideraba a ese hijo como primogénito del hermano fallecido. Esto garantizaba dos cosas: (1) que continuara el nombre de la familia, y (2) que las propiedades inmuebles quedasen en manos de la familia. Era una ley dada para ayudar a preservar y acrecentar a la nación de Israel (cp. Rut 4:5).

2. Luego los saduceos sugirieron una situación lógica que podía ocurrir o realmente había ocurrido. Note que hubo siete hermanos. El primero se casó sin dejar hijos. Cada uno de los otros hermanos obedecieron la ley, pero cada uno de ellos murió antes de tener hijos. Finalmente también murió la mujer.

3. Ahora se planteó la pregunta lógica, la pregunta que al parecer de los saduceos demostraba lo absurdo de la resurrección. Preguntaron: «¿Esposa de quién será en la eternidad?» Note tres cosas al leer varias veces los versículos 23-28.

a. La pregunta fue hecha en espíritu de burla. La situación era lógica; pero el espíritu era frío y adverso, egoísta e incrédulo, detestable y repulsivo. Con frecuencia el espíritu del incrédulo es de auto incrimi-nación y autocondenación.

b. Los saduceos creían que su argumento era irrefutable. Creían que destacaba la necedad de la idea de otro mundo, de un mundo espiritual, para una persona pensante.

c. Los saduceos pensaban que el mundo espiritual sería similar al mundo físico,que no sería sino una continuación de este mundo, tanto en su *naturaleza como en sus relaciones*.

Pensamiento 1. En este evento se ve claramente lo que la Escritura dice acerca del hombre natural.

> **«Pero el hombre natural no percibe las cosas que son del Espíritu de Dios, porque para él son locura, y no las puede entender, porque se han de discernir espiritualmente» (1 Co. 2:14).**

Pensamiento 2. Con frecuencia son cuestionados la resurrección y la segunda venida del Señor.

> **«Pero si se predica de Cristo que resucitó de los muertos, ¿cómo dicen algunos entre vosotros que no hay resurrección de muertos?» (1 Co. 15:12; cp. vv. 13-34 para una discusión completa).**

> **«Pero dirá alguno: ¿Cómo resucitarán los muertos? ¿Con qué cuerpo vendrán?» (1 Co. 15:35; cp. vv. 36-58 para una discusión exhaustiva).**

> **«Sabiendo primero esto, que en los postreros días vendrán burladores, andando según sus propias concupiscencias, y diciendo: ¿Dónde está la promesa de su advenimiento? Porque desde el día en que los padres durmieron, todas las cosas permanecen así como desde el principio de la creación» (2 P. 3:3-4; cp. vv. 5-15 para una discusión exhaustiva).**

3 (12:24) *Resurrección—escrituras—Dios, poder de—mundo espiritual:* la resurrección está basada en las Escrituras y en el Poder de Dios. Jesús dijo muy puntualmente a los saduceos y a todos los que siguen la posición liberal de ellos: «Ustedes están equivocados. Ustedes niegan la resurrección esgrimiendo dos argumentos equivocados».

1. «Ustedes ignoran las Escrituras.» Las Escrituras son claras y directas. No dejan duda en cuanto a la existencia de un mundo espiritual y en cuanto al cumplimiento de una resurrección en el mundo y dimensión espiritual.

> **«Yo sé que mi Redentor vive, y al fin se levantará sobre el polvo; y después de deshecha esta mi piel, en mi carne he de ver a Dios; al cual veré por mí mismo, y mis ojos lo verán, y no otro, aunque mi corazón desfallece dentro de mí» (Job 19:25-27).**

> **«Tus muertos vivirán; sus cadáveres resucitarán. ¡Despertad y cantad, moradores del polvo! porque tu rocío es cual rocío de hortalizas, y la tierra dará sus muertos» (Is. 26:19).**

> **«Y muchos de los que duermen en el polvo de la tierra serán despertados, unos para vida eterna, y otros para vergüenza y confusión perpetua» (Dn. 12:2).**

> **«De cierto, de cierto os digo: Viene la hora, y ahora es, cuando los muertos oirán la voz del Hijo de Dios; y los que la oyeren vivirán» (Jn. 5:25).**

> No os maravilléis de esto; porque vendrá hora cuando todos los que están en los sepulcros oirán su voz; y los que hicieron lo bueno, saldrán a resurrección de vida; mas los que hicieron lo malo, a resurrección de condenación» (Jn. 5:28-29).

> **«Y esta es la voluntad del que me ha enviado: Que todo aquel que ve al Hijo, y cree en él, tenga vida eterna; y yo le resucitaré en el día postrero» (Jn. 6:40).**

> **«Le dijo Jesús: Yo soy la resurrección y la vida; el que cree en mí aunque esté muerto, vivirá» (Jn. 11:25).**

> **«Teniendo esperanza en Dios, la cual ellos también abrigan, de que ha de haber resurrección de los muertos, así de justos como de injustos» (Hch. 24:15).**

> **«Y si el Espíritu de aquel que levantó de los muertos a Jesús mora en vosotros, el que levantó de los muertos a Cristo Jesús vivificará también vuestros cuerpos mortales por su Espíritu que mora en vosotros» (Ro. 8:11).**

> **«Porque así como en Adán todos mueren, también en Cristo todos serán vivificados» (1 Co. 15:22).**

> **«Sabiendo que el que resucitó al Señor Jesús, a nosotros también nos resucitará con Jesús, y nos presentará juntamente con vosotros» (2 Co. 4:14).**

> **«Porque el Señor mismo con voz de mando, con voz de arcángel, y con trompeta de Dios, descenderá del cielo; y los muertos en Cristo resucitarán primero» (1 Ts. 4:16).**

> **«Pero Dios redimirá mi vida del poder del Seol, porque él me tomará consigo» (Sal. 49:15; cp. Sal. 71:20; Os. 13:14.)**

Pensamiento. Hay tres motivos por los que una persona puede no conocer las Escrituras.

1) Nunca *estudió realmente* las Escrituras.
2) *No cree* en las Escrituras. Rechaza las Escrituras como Palabra de Dios.
3) No toma a las Escritura por lo que dicen *literalmente.* Las espiritualiza y alegoriza.

2. «Ustedes ignoran el poder de Dios.»

Pensamiento 1. Hay tres motivos por los que la persona puede no conocer el poder de Dios.

1) Es ignorante respecto de Dios. No sabe nada de Dios, y muy pocas veces piensa en Dios y en su poder.
2) No cree en Dios y su poder. Prefiere reconocer el eterno poder de Dios y de la Deidad revelado en la creación y proseguir *creando* (mental y físicamente) sus dioses propios (Ro. 1:20-32). Sencillamente se rehusa a reconocer los hechos de la naturaleza:

> **«Necio, lo que tú siembras no se vivifica, si no muere antes. Y lo que siembras no es el cuerpo que ha de salir, sino el grano desnudo, ya sea de trigo o de otro grano; pero Dios le da el cuerpo como él quiso, y a cada semilla su propio cuerpo» (1 Co. 15:36-38).**

3) Cree, pero su fe en Dios y su poder es débil. No puede imaginarse que ocurra gran cosa más allá del mundo físico y del poder de las leyes naturales.

Pensamiento 2. La idea de un mundo espiritual deja perplejo al hombre natural. ¡Imagínese! Mientras estamos sentados aquí rodeados por todo lo que vemos...

- hay otro mundo, una dimensión invisible del ser que realmente existe.
- hay un espíritu, la vida en sí dentro de nosotros, que está destinada a existir eternamente.
- habrá una resurrección de todos los cuerpos muertos que han estado descomponiéndose en los sepulcros por años y años. Y los cuerpos de los creyentes serán perfeccionados y glorificados para vivir y trabajar otra vez para siempre en los cielos nuevos y la tierra nueva.

Pensamiento 3. Cuando realmente pensamos en los hechos de la resurrección, dos confesiones necesariamente tienen que ser hechas por todo hombre, creyente o no.

1) El hombre natural, es decir, el hombre en sí mismo y en su mundo, *nunca puede conocer*, el mundo

espiritual. Es prisionero del mundo físico y material del cual es parte. Solamente puede pensar y suponer y hacer hipótesis acerca de la existencia de un mundo espiritual y especular sobre los detalles tales como una resurrección. El hombre no puede, mientras vive en este mundo, penetrar el mundo espiritual con su cuerpo para probar científicamente la existencia del mundo espiritual.

2) Solamente Dios podía revelar la realidad de la dimensión espiritual y el hecho de la resurrección que aun debe ocurrir. Esto solo se podía conocer y experimentar por el poder de Dios. Ningún hombre tiene el poder para que ello tenga lugar. Si va a haber una resurrección, tendrá que ser en relación con el poder de Dios.

Pensamiento 4. Dos cosas protegerán a la persona del error.
1) El conocimiento de las Escrituras.
2) La confianza en el poder de Dios.

4 (12:25) *Resurrección—dimensión espiritual:* la resurrección difiere de toda experiencia terrenal. Pertenece a otra dimensión del ser. Jesús dijo que la resurrección excede las relaciones terrenales. Los saduceos no conocían las Escrituras ni el poder de Dios. Por eso al pensar en resucitar en otro mundo, veían a la vida como una simple continuación de lo que es ahora. Se imaginaban al cielo como una continuación de este mundo. Sencillamente no podían concebir que Dios cambiara las cualidades de la vida y le diera al hombre un entorno completamente nuevo donde vivir.

Jesús dijo dos cosas.

1. La vida y las relaciones futuras excederán a las relaciones terrenales, incluso a los lazos matrimoniales. La fuerte unión y el lazo del matrimonio no serán menores, será mayores y más fuertes.

2. La vida y las relaciones futuras serán como las que experimentan los ángeles y Dios. Esto significa al menos dos cosas. (Note que Jesús acababa de admitir la existencia de ángeles, refutando la incredulidad de los saduceos de mente liberal.)

a. La vida y las relaciones celestiales serán perfectas. Nuestras relaciones, tal como las conocemos en la tierra, cesarán en el cielo. Serán cambiadas en el sentido de ser perfeccionadas; el egoísmo y el pecado no afectarán nuestro amor y nuestras vidas. Nuestro amor será perfeccionado; por eso amaremos a todos de manera perfecta. Una mujer terrenal no será amada como fue amada en esta tierra, de manera imperfecta. Será amada más, será amada de manera perfecta. Cada uno amará al otro de manera perfecta. Dios cambiará todas las relaciones y las hará perfectas, así como son perfectas las relaciones entre los ángeles y Dios.

b. La vida y las relaciones celestiales será eternas. No habrá fin a las relaciones. El hombre y la mujer siempre se tendrán, el uno al otro, para amar. No dejará de ser uno (morir) antes que el otro (como ocurre ahora). Cada uno tendrá siempre al otro para amarlo. Dios cambiará la brevedad del tiempo que tenemos ahora el uno con el otro a una relación eterna. Eternamente gozaremos de la presencia el uno del otro, así como la relación entre ángeles y Dios es gozada eternamente.

Pensamiento. Siempre es preciso hacer dos advertencias cuando pensamos en el cielo y la vida eterna.
1) Uno puede *materializar el cielo* y *humanizar la vida eterna.* Es decir, podemos concebir al cielo como nada más que un mudo glorificado, y podemos concebir la vida eterna como mera vida física, más un poco más. Este era el error de los saduceos, y con frecuencia es el concepto de los librepensadores cuando oyen de

la resurrección.

2) Uno puede *idealizar el cielo* y *alegorizar la vida eterna.* Podemos pensar del cielo como algo que es poco más que un país ideal, al que debemos buscar y al que debemos dirigir nuestras vidas. Y podemos pensar que la vida eterna es un poco más que el sueño utópico de una cualidad indefinida, o podemos pensar en ella como un flotar por el espacio, libres de problemas y pruebas, o podemos pensar en ella como simplemente un lugar al cual ir después de partir de este mundo.

Siempre hay que tener en mente la enseñanza de las Escrituras, de la revelación de Dios, al pensar en el cielo y en la vida eterna. Las Escrituras enseñan que la naturaleza misma de las cosas será cambiada.

1. Se considera al cielo como una dimensión espiritual, un mundo real. Y las Escrituras declaran que los cielos y la tierra que existen ahora algún día serán transformados en una dimensión espiritual del ser (2 P. 3:3-13; Ap. 21:1, 5).

2. Se considera la vida eterna como vida que existirá para siempre en el mundo y dimensión espiritual del ser. Las Escrituras dicen:

«Así también es la resurrección de los muertos. Se siembra en corrupción, resucitará en incorrupción. Se siembra en deshonra, resucitará en gloria; se siembra en debilidad, resucitará en poder. Se siembra cuerpo animal, resucitará cuerpo espiritual. *Hay* cuerpo animal, y *hay* cuerpo espiritual» (1 Co. 15:43-44; cp. 1 Ts. 5:13-18).
«Y así como hemos traído la imagen del terrenal, traeremos también la imagen del celestial. Pero esto digo, hermanos: que la carne y la sangre no pueden heredar el reino de Dios, ni la corrupción hereda incorrupción. He aquí os digo un misterio: No todos dormiremos; pero todos seremos transformados, en un momento, en un abrir y cerrar de ojos, a la final trompeta; porque se tocará la trompeta, y los muertos serán resucitados incorruptibles, y nosotros seremos transformados. Porque es necesario que esto corruptible se vista de incorrupción, y esto mortal se vista de inmortalidad. Y cuando esto corruptible se haya vestido de incorrupción, y esto mortal se haya vestido de inmortalidad, entonces se cumplirá la palabra que está escrita: sorbida es la muerte en victoria» (1 Co. 15:49-54).

(*Véanse* notas y Estudio a fondo 1—Mt. 19:28; Estudio a fondo 1—Jn. 17:2-3; Estudios a fondo 1, 2—2 Ti. 4:18. Cp. Estudio a fondo 2—Jn. 1:4 para la discusión.)

5 (12:26-27) *Resurrección, pruebas:* la resurrección es una relación viva, inquebrantable. Los puntos principales que siguen lo muestran.

1. Dios es el Dios de los santos del pasado, creyentes que han fallecido. Dios es el Dios de Abraham, Isaac, y Jacob. Con esto Jesús quiere decir al menos dos cosas.

a. Las relaciones de Dios son activas, no muertas. Dios dice: «Yo soy el Dios ... » no, «Yo fui el Dios ... » Su relación con los suyos es continua. Se mantiene. Dios es eterno; por eso crea y mantiene relaciones eternamente activas. Los hijos de Dios entran al reino espiritual de su presencia y se relacionan activamente con él. La resurrección es un hecho.

b. Las relaciones de Dios son buenas y recompensantes. A los patriarcas de la antigüedad se les prometió recompensas personales (cp. He. 11:13, 16). Si nuestra relación con Dios es buena y recompensante, necesariamente debe haber una resurrección. Morir y quedar muerto como un cadáver no es bueno ni recompensante. Abraham, Isaac, y Jacob tienen una relación buena recompensante con Dios. Están vivos, más vivos que cuando vivían en la tierra, porque ahora son perfectos y eternos. Están con Dios mismo. Y así estaremos nosotros. La resurrección es un hecho.

2.   Dios es el Dios de los vivos, no de los muertos. Dios es el Dios de Abraham, Isaac, y Jacob, no el Dios de cadáveres descompuestos. Cuando Moisés escribió estas palabras, los patriarcas habían estado muertos por muchos años. Si estaban realmente muertos, Dios no era el Dios de ellos. Puesto que Dios era el Dios de ellos, ellos estaban vivos, viviendo en la presencia de Dios y en relación con Él, en una relación perfecta y eterna. Necesariamente debe haber resurrección.

> **«Porque ninguno de nosotros vive para sí, y ninguno muere para sí. Pues si vivimos, para el Señor vivimos; y si morimos, para el Señor morimos. Así pues, sea que vivamos, o que muramos, del Señor somos. Porque Cristo para esto murió y resucitó, y volvió a vivir, para ser Señor así de los muertos como de los que viven»** (Ro. 14:7-9).

Estas verdades dichas por Cristo destacan claramente un hecho simple: *Puesto que Dios es,* Dios no es Dios de muertos, sino de vivos.

> **«¡Qué! ¿Se juzga entre vosotros cosa increíble que Dios resucite a los muertos?»** (Hch. 26:8).

> **«Ha de haber resurrección de los muertos, así de justos como de injustos»** (Hch. 24:15).

(*Véase* nota—Mt. 12:31-32 para una discusión más detallada y otras Escrituras referidas a la resurrección.)

	I. Pregunta acerca del mayor de los mandamientos, 12:28-34 (Mt. 22:34-40; Lc. 10:25-37)	31 Y el segundo es semejante: Amarás a tu prójimo como a ti mismo. No hay otro mandamiento mayor que éstos.	c. Dios demanda que amemos a nuestro prójimo como a nosotros mismos[EF3, 4]
1 Un escriba o maestro de la ley se acercó a Jesús[EF1] a. Tomó nota de los argumentos de Jesús b. Hizo una pregunta 2 El mayor de los mandamientos a. El Señor nuestro Dios es un Señor[EF2] b. El Señor, nuestro Dios debe ser amado	28 Acercándose uno de los escribas, que los había oído disputar, y sabía que les había respondido bien, le preguntó: ¿Cuál es el primer mandamiento de todos? 29 Jesús le respondió: El primer mandamiento de todos es: Oye, Israel; el Señor nuestro Dios, el Señor uno es. 30 Y amarás al Señor tu Dios con todo tu corazón, y con toda tu alma, y con toda tu mente y con todas tus fuerzas. Este el principal mandamiento.	32 Entonces el escriba le dijo: Bien, Maestro, verdad has dicho, que uno es Dios, y no hay otro fuera de él; 33 y el amarle con todo el corazón, con todo el entendimiento, con toda el alma, y con todas las fuerzas, y amar al prójimo como a uno mismo, es más que todos los holocaustos y sacrificios. 34 Jesús entonces, viendo que había respondido sabiamente, le dijo: No estás lejos del reino de Dios. Y ya ninguno osaba preguntarle.	3 El vasto alcance del mandamiento a. Su alcance es tan grande que lleva a hombres honestos y pensantes a coincidir b. Su alcance es tan grande que excede a todas las ofrendas y sacrificios c. Su alcance es tan grande que por poco asegura la salvación a quienes lo entienden

I. Pregunta acerca del mayor de los mandamientos, 12:28-34

(12:28-34) *Introducción:* Jesús se había encontrado con el tercer grupo de oponentes, los saduceos. Los había silenciado y eliminado. Los fariseos, religiosos estrictos de su tiempo, oyeron de la nueva victoria de Jesús sobre sus oponentes. En el concepto de ellos se mantenía la amenaza a la propia seguridad. Los otros intentos por desacreditar a Jesús habían fallado. Creían que de alguna manera debían desacreditarlo ante el pueblo para romper su control sobre el mismo. Estaba latente la peligrosa posibilidad de que la gente lo siguiera proclamando Mesías, y lo hiciera hasta la últimas consecuencias, produciendo un levantamiento contra las autoridades romanas. Y, por supuesto, la responsabilidad de semejante acción, caería sobre ellos como líderes judíos; entonces serían reemplazados como cuerpo gobernante del sanhedrín, perdiendo su posición, autoridad, estima y riqueza.

Entonces al reunirse volvieron a planear un complot contra Jesús (cp. Mt. 22:34). Esta vez lo enfocaron de manera diferente. Anteriormente lo habían desafiado mediante un cuerpo de inquisidores. Ahora escogieron a solamente uno de sus miembros para atacar a Jesús. Era un maestro de la ley o escriba, brillantemente versado en la ley.

Jesús usó la ocasión para enseñar al hombre la mayor *provisión* y el mayor *deber* de la vida humana: amor. El amor proveerá para todas las necesidades del hombre; por eso el amor es el mayor deber del hombre.

1. Un escriba o maestro de la ley se acercó a Jesús (v. 28).
2. El mayor de los mandamientos (vv. 29-31).
3. El vasto alcance de este mandamiento(vv. 32-34).

[1] (12:28) *Mandamientos, supremos:* este hombre era un maestro de la ley (Mt. 22:35). Aparentemente había sido tocado en su corazón por Jesús. Hay dos indicaciones de ello. Primero, Marcos nos dice que el hombre estuvo presente cuando Jesús disputaba con los saduceos (Mr. 12:28), y había percibido que Jesús «les había respondido bien». Segundo, al término de su propia discusión con Jesús, éste le dijo al hombre: «No estás lejos del reino de Dios» (Mr. 12:34).

Alguna cosa de Jesús tocó una fibra en el interior de este hombre. Su corazón había sido tocado y movido profundamente. Es cierto, ahora era enviado por el cuerpo oficial para desafiar a Jesús. Pero personalmente había notado algo en Jesús al responder a los saduceos —la sabiduría, la confianza en sí mismo, o la autoridad— que había conmovido el corazón del hombre, lo había asombrado y ahora quería conocer más de Jesús.

Note la pregunta: «¿Cuál es el primer mandamiento de todos?» Con el correr de los años los maestros judíos habían establecido seiscientos mandamientos. Había tantos mandamientos que ninguna persona podía cumplirlos todos en la vida diaria. De modo que con frecuencia se discutía el tema de cuál mandamiento debe ser obedecido absolutamente. ¿Cuáles son importantes y cuáles no? ¿Puede ser condonado el incumplimiento de algunos o no? ¿Cuáles son los mandamientos de peso, y cuáles los livianos? ¿Si una persona guarda el mayor de los preceptos, puede ser excusada de no cumplir con los otros (cp. 19:16ss)? Note rápidamente dos puntos.

1. Este es el pecado que ataca Santiago.
   «Porque cualquiera que guardare toda la ley, pero ofendiere en un punto, se hace culpable de todos» (Stg. 2:10).

2. Jesús enseña que algunos mandamientos incluyen todo y son más amplios que otros.
   «¡Ay de vosotros, escribas y fariseos, hipócritas! porque diezmáis la menta y el eneldo y el comino, y dejáis *lo más importante* de la ley: la justicia, la misericordia y la fe. Esto era necesario hacer, sin dejar de hacer aquello» (Mt. 23:23).

Lo que los fariseos trataban de hacer es esto. Diversos grupos creían que el mayor de los mandamientos era diferente a cosas tales como la circuncisión, los sacrificios, y el día de reposo. Los fariseos esperaban que Jesús, al expresar su opinión, perturbaría a aquellos que tenían una opinión diferente. De esa manera perdería la adhesión de ellos. Existía la gran posibilidad de que una persona al expresar su juicio aparentemente desacreditaría a otros mandamientos muy importantes.

2 (12:29-31) *Mandamientos—Dios, naturaleza de—hombre, responsabilidad del—hermandad:* ¿Cuál era el mayor de los mandamientos en la ley? Note que Jesús respondió sin vacilar ni equivocarse. Respondió con toda la autoridad de Dios mismo, y lo que dijo le abrió los ojos al hombre que estaba fundado sobre religiones humanas.

1. Debes saber que «el Señor nuestro Dios, el Señor uno es». (*Véase* nota, *Dios, naturaleza de*—Ro. 3:29-30 para mayor discusión.)

   a. Él es *el Señor*, Jehová, Yaweh. No hay otro. Monoteísmo (un solo Dios) es la creencia correcta. Politeísmo (muchos dioses) es una creencia falsa.

   b. Él es *nuestro Dios*. Hay una relación personal entre un adorador y su Dios. Es una experiencia diaria. Estamos relacionados a Él; somos su pueblo, ovejas de su prado. Por eso debemos amar, adorar y rendir culto a Dios.

   c. Él es *un Señor*. Es el centro de atención, el punto de concentración de nuestra vida, atención, adoración, amor, y alabanza. Él es el único que merece nuestra devoción. No hay motivo, ni excusa, para distraernos con cualquier otro tema. Él es *el único Señor, el único objeto* de nuestra adoración.

      «Que no hay más que un Dios» (1 Co. 8:4).

      «Un Dios y Padre de todos, el cual es sobre todos, y por todos, y en todos» (Ef. 4:6).

      «Porque hay un solo Dios, y un solo mediador entre Dios y los hombres, Jesucristo hombre» (1 Ti. 2:5).

      «Porque tres son los que dan testimonio en el cielo: el Padre, el Verbo y el Espíritu Santo; y estos tres son uno» (1 Jn. 5:7).

      «Por tanto, tú te has engrandecido, Jehová Dios; por cuanto no hay como tú, ni hay Dios fuera de ti, conforme a todo lo que hemos oído con nuestros oídos» (2 S. 7:22).

      «Porque tú eres grandes, y hacedor de maravillas; sólo tú eres Dios» (Sal. 86:10).

      «Vosotros sois mis testigos, dice Jehová, y mi siervo que yo escogí, para que me conozcáis y creáis, y entendáis que yo mismo soy; antes de mí no fue formado dios, ni lo será después de mí. Yo, yo Jehová y fuera de mí no hay quien salve» (Is. 43:10-11).

      «Así dice Jehová Rey de Israel, y su Redentor, Jehová de los ejércitos: Yo soy el primero, y yo soy el postrero, y fuera de mí no hay Dios» (Is. 44:6).

      «Porque así dijo Jehová, que creó los cielos; él es Dios, el que formó la tierra, el que la hizo y la compuso; no la creó en vano, para que fuese habitada la creó: Yo soy Jehová, y no hay otro» (Is. 45:18).

2. El Señor nuestro Dios debe ser amado. «Amarás al Señor tu Dios.» Amar a Dios como *tu* propio Dios. Esta es una relación personal, no una relación distante. Dios no es impersonal, no está en algún rincón lejano del espacio, distante y apartado. Dios es personal, siempre tan cercano, y nosotros debemos estar personalmente involucrados con Dios sobre la base de una relación cara a cara. El mandamiento es «*amarás al Señor tu Dios*». Amar a Dios es algo vivo, y activo, no muerto e inactivo. Por eso nosotros debemos mantener una relación personal con Dios que sea viva y activa.

Note que Jesús manda amar a Dios con todo el ser. Jesús subdivide nuestro ser en tres partes: el corazón, el alma y la mente (*véanse* Estudios 4, 5, 6—Mt. 22:37) para la discusión).

Note también que Jesús agrega «con toda tu fuerza». El amor es la principal obligación del hombre. El hombre es responsable de mantener una relación de amor con Dios. De manera muy práctica, amar a Dios implica exactamente los mismos factores que amar a una persona (*véanse* bosquejos y notas—Ef. 5:22-33).

   a. Una relación de amor incluye *entrega y lealtad*. El verdadero amor no da lugar a un comportamiento licencioso con otras personas. El verdadero amor no codicia y no se ocupa de una definición carnal que permita actos carnales y relaciones sensuales con otros.

      Verdadero amor es entrega y lealtad a una persona. Es muy significativo lo que Dios dice al dar el primer mandamiento; con él el hombre aprende que se trata de entrega y lealtad. Dios se opone concretamente al comportamiento carnal del hombre y a su tendencia de definir el amor en términos de la satisfacción de sus propios deseos. «No tendrás otros dioses» (Éx. 20:3).

   b. Una relación de amor implica *confianza y respeto* a la persona amada. Es amar a la persona por lo que es. Amamos a Dios porque es Dios, porque es quien es.
      • Él es el Creador y Susentador de la vida; por eso lo amamos.
      • Él es el Salvador y Redentor; por eso lo amamos.
      • Él es el Señor y Dueño; por eso lo amamos.

   c. Una relación de amor implica *darse y rendirse* uno mismo. Existe el impulso de entregarse uno mismo, de rendirse el uno al otro, no de obtener.

   d. Una relación de amor implica *conocer y compartir*. Es el deseo de conocer y compartir, de aprender y crecer, trabajar y servir juntos.

   Pensamiento. El hombre debe amar a Dios en forma suprema.

      «Conservaos en el amor de Dios, esperando la misericordia de nuestro Señor Jesucristo para vida eterna» (Jud. 21).

      «Y el Señor encamine vuestros corazones al amor de Dios, y a la paciencia de Cristo» (2 Ts. 3:5).

      «Ahora, pues, Israel, ¿qué pide Jehová tu Dios de ti, sino que temas a Jehová tu Dios, que andes en todos sus caminos, y que lo ames, y sirvas a Jehová tu Dios con todo tu corazón y con toda tu alma» (Dt. 10:12).

      «Amarás, pues, a Jehová tu Dios, y guardarás sus ordenanzas, sus estatutos, sus decretos y sus mandamientos, todos los días» (Dt. 11:1).

      «Solamente que con diligencia cuidéis de cumplir el mandamiento y la ley que Moisés siervo de Jehová os ordenó: que améis a Jehová vuestro Dios, y andéis en todos sus caminos; que guardéis sus mandamientos, y le sigáis a él, y le sirváis de todo vuestro corazón y de toda vuestra alma» (Jos. 22:5).

      «Amad a Jehová, todos vosotros sus santos; a los fieles guarda Jehová, y paga abundantemente al que procede con soberbia» (Sal. 31:23).

3. El Señor nuestro Dios demanda que amemos a nuestro prójimo como a nosotros mismos. Debido a lo extenso de esta discusión la misma tiene un lugar aparte (*véase* Estudio a fondo 3—Mr. 12:31).

ESTUDIO A FONDO 2

(12:29) *Dios—monoteísmo:* cp. Dt. 6:4 (*Véase* nota Ro. 3:29-30.)

ESTUDIO A FONDO 3

(12:31) *Amor—hermandad:* el Señor nuestro Dios demanda que amemos a nuestro prójimo como a nosotros mismos. En realidad esto es un segundo mandamiento. Jesús lo dijo así. El maestro de la ley no había preguntado por él, pero el primer mandamiento es abstracto. No puede ser visto o entendido en sí mismo. Es preciso que haya una demostración, un acto, algo que se haga para que el amor se vea y sea entendido. La profesión de amor sin una demostración es vana. No es sino una profesión. El amor no se conoce sin demostración. Aquí es preciso decir diversas cosas acerca del amor.

1. El amor es una experiencia activa, no inactiva e inerte. Eso era lo que Cristo estaba destacando. El amor a Dios *actúa.* El amor actúa demostrándose a sí mismo. Es incorrecto y necio que un hombre diga: «Amo a Dios»; y luego siga inactivo, dormido, sin hacer nada para Dios. Si realmente ama a Dios, *hará cosas* para Dios. Cualquier persona que ama hace cosas por la persona a quien ama.

2. Lo primordial que Dios quiere de nosotros es que amemos a nuestro prójimo, *no que hagamos cosas religiosas.* Hacer cosas religiosas es bueno, pero solamente tiene que ver con cosas tales como rituales, observancias, ordenanzas, leyes. Esas cosas carecen de vida, no tienen sentimientos, no responden. Son inmateriales. No reciben ayuda al ser practicadas por nosotros. Solamente nosotros recibimos ayuda. Hacen que nos sintamos buenos y religiosos. Lo cual es beneficioso para nuestro crecimiento, pero las cosas religiosas no son las cosas que demuestran nuestro amor a Dios. El amar a nuestro prójimo es lo que demuestra nuestro amor a Dios. Una persona puede decir que ama a Dios, pero si aborrece y trata hóscamente a su prójimo, todo el mundo sabe que su religión es de labios afuera.

> «Un mandamiento nuevo os doy: Que os améis unos a otros; como yo os he amado, que también os améis unos a otros. En esto conocerán todos que sois mis discípulos, si tuviéreis amor los unos con los otros» (Jn. 13:34-35).

> «Si alguno dice: yo amo a Dios, y aborrece a su hermano, es mentiroso. Pues el que no ama a su hermano a quien ha visto, ¿cómo puede amar a Dios a quien no ha visto? Y nosotros tenemos este mandamiento de él: El que ama a Dios, ame también a su hermano» (1 Jn. 4:20-21).

3. El gran mandamiento de amar a Dios desemboca en otro gran mandamiento: el de amar a nuestro prójimo como a nosotros mismos. Es un hecho ineludible.

> «Mas Dios muestra su amor para con nosotros, en que siendo aún pecadores, Cristo murió por nosotros» (Ro. 5:8).

Cuando una persona realmente ve el amor de Dios, no puede más que amar a Dios y compartir el amor de Dios con sus semejantes. Es el amor de Cristo por nosotros, su muerte y sacrificio, lo que nos compele a ir y amar a las personas en todas partes.

> «Nosotros le amamos a él, porque él nos amó primero ...Y nosotros tenemos este mandamiento de él: El que ama a Dios ame también a su hermano» (1 Jn. 4:19, 21).

> «Porque el amor de Dios nos constriñe, pensando esto: que si uno murió por todos, luego todos murieron; y por todos murió, para que los que viven, ya no vivan para sí, sino para aquel que murió y resucitó por ellos» (2 Co. 5:14-15).

4. Debemos amarnos a nosotros mismos.

   a. Existe un amor propio corrupto que cree que el mundo debe girar alrededor suyo. Esta clase de amor propio...
   - quiere que toda la atención se centre en Él.
   - avanza a empellones.
   - insiste en su propio camino.
   - demanda y se regocija en el reconocimiento que otros le brindan.
   - es caprichoso e ignora a los demás.

   b. Sin embargo, existe el amor propio según Dios, éste es natural y agradable a Dios. Es el amor que produce una vigorosa imagen propia, confianza y seguridad; incluso ayuda a prevenir algunas enfermedades y males tales como úlceras, nerviosismo, alta tensión sanguínea. El amor propio correcto, o según Dios, resulta de saber tres cosas.
   - Que uno realmente es creación de Dios: la más alta creación posible.
   - Que uno realmente es objeto del amor de Dios: el mayor amor posible.
   - Que uno realmente es administrador de los dones de Dios: los mayores dones posibles.

   c. El amor propio según Dios tiene tres rasgos claramente visibles.
   - Estima a otros mejor que a sí mismo. Se tiene a sí mismo en la alta estima de ser la gloriosa creación de Dios, pero en mayor estima tiene a los otros.

     > «Nada hagáis por contienda o por vanagloria; antes bien con humildad, estimando cada uno a los demás como superiores a él mismo» (Fil. 2:3).
   - Se ocupa de las cosas de otros. Se ocupa de las cosas propias como administrador de los dones de Dios, pero también se ocupa de las cosas de otros.

     > «No mirando cada uno por lo suyo propio, sino cada cual también por lo de los otros» (Fil. 2:4).
   - Anda en humildad ante los demás.

     > «El que es el mayor de vosotros, sea vuestro siervo. Porque el que se enaltecerá será humillado, y el que se humilla será enaltecido» (Mt. 23:11-12).

     > «... estad sujetos a los ancianos; y todos, sumisos unos a otros, revestíos de humildad; porque: Dios resiste a los soberbios, y da gracia a los humildes» (1 P. 5:5).

5. Debemos amar a nuestro prójimo como a nosotros mismos. Note tres cosas muy específicas acerca de este segundo gran mandamiento.

   a. Amar a nuestro prójimo es un mandamiento, no una opción. Si el mandamiento no es obedecido, desagradamos a Dios y somos culpables de haber quebrantado la ley de Dios.

   b. Amar a nuestro prójimo nos hace preguntar: ¿quién es nuestro prójimo? Jesús mismo respondió en la parábola del buen samaritano. Un buen prójimo es «la persona que muestra misericordia a todo aquel que necesita misericordia», aun cuando la persona necesitada sea socialmente despreciada (Lc.10:25-37, esp. 36-37). Todo el mundo necesita misericordia; por eso nuestro prójimo es cada persona en el mundo, no importa su estado, condición o circunstancia. Toda persona debe ser tenida en gran estima y ayudada sin importar quien sea. Ninguna persona debe ser herida o tratada mal. Cada persona debe ser estimada mejor que uno mismo (Fil. 2:3).

c. Amar a nuestro prójimo es un mandamiento muy práctico. Implica algunas acciones muy prácticas que se expresan en las Escrituras (cp. 1 Co. 13:4-7).

- El amor soporta prolongadamente (aguanta, es paciente).
- El amor es amable.
- El amor no tiene envidia (no es celoso).
- El amor no se jacta (fanfarronear, hacer alarde de uno mismo).
- El amor no se envanece (no es vanaglorioso, arrogante, orgulloso).
- El amor no se comporta en forma indebida, indecente (rudamente, inconvenientemente, sin decencia, sin conducta).
- El amor no busca lo suyo propio (no es egoísta, no insiste en su propio derecho y en sus caminos).
- El amor no se deja provocar fácilmente (no es susceptible, no se enoja fácilmente, no es rencoroso no es resentido).
- El amor no piensa el mal (no guarda pensamientos malos o inmorales, no lleva la cuenta de ofensas recibidas).
- El amor no se regocija en la iniquidad (en el mal, pecado, malicia, injusticia); sino que se regocija en la verdad (en lo que es correcto, justo, derecho).
- El amor sufre todas las cosas.
- El amor cree todas las cosas (ejercita la fe en todo; está dispuesto a creer en lo mejor de cada uno).
- El amor espera todas las cosas (mantiene la esperanza en todo, bajo todas las circunstancias).
- El amor soporta todas las cosas (impide que la persona se debilite; le da el poder para soportar).

ESTUDIO A FONDO 3

(12:31) *Amor—hermandad:* cp. Lv. 19:18.

3 (12:32-34) *Amor, ley del—casi persuadido:* el vasto alcance de esta ley es triple.

1. La ley del amor es tan grande que lleva a hombres honestos y pensantes a coincidir. El maestro de la ley era una persona que pensaba, y era abierta y honesta. Imagínese el profundo odio de sus compañeros hacia Jesús, sin embargo, él estaba abierto y era suficientemente honesto para escuchar a Jesús y encarar la verdad de lo que Jesús había dicho. (¿Cuántas personas son igualmente abiertas y honestas hoy?)

2. La ley del amor excede a todas las ofrendas y sacrificio. El hombre vivía en un entorno de ofrendas y sacrificios toda su vida. Su vida como escriba estaba literalmente dedicada a una religión basada en ofrendas y sacrificios, y poseída por ella.

Había recorrido mucho camino para hacer su afirmación (vv. 32-33). Estaba comenzando a ver que la vida y la religión no eran rituales y ceremonias, reglas y reglamentos. Vivir es amar: amar a Dios con todo el ser de uno y amar al prójimo como a uno mismo.

3. La ley del amor es tan grande que casi asegura salvación a quienes la entienden. Jesús lo dijo: «No estás lejos del reino de Dios».

Pensamiento 1. ¿Cuántas personas realmente piensan y al mismo tiempo están abiertas y son honestas? Algunos piensan en las cosas más profundas de la vida, pero los que están abiertos y son honestos no son tantos.

Pensamiento 2. ¿Cuántas personas no «están lejos del reino de Dios». Algunas no están lejos, pero note que todavía están afuera. No están en el reino.

| | **J. Confusión acerca del Mesías, 12:35-37** (Mt. 22:41-46; Lc. 20:39-44) | dijo por el Espíritu Santo: Dijo mi Señor a mi Señor: Siéntate a mi diestra, hasta que ponga tus enemigos por estrado de tus pies. | **acerca del Mesías: es el Señor de David, Dios mismo**EF1 |
| **1 Jesús hace preguntas a los hombres** **2 Confusión acerca del Mesías: hijo de David** **3 Correcto concepto** | 35 Enseñando Jesús en el templo, decía: ¿Cómo dicen los escribas que el Cristo es hijo de David? 36 Porque el mismo David | 37 David mismo le llama Señor; ¿cómo, pues, es su hijo? Y gran multitud del pueblo le oía de buena gana. | **4 Las multitudes escuchaban a Jesús, de buena gana** |

J. Confusión acerca del Mesías, 12:35-37

(12:35-37) Introducción: todavía era martes de la última semana del Señor en la tierra. Acababa de ser desafiado en cuatro ocasiones diferentes y por cuatro oponentes distintos. Había encarado frontalmente a cada uno de los grupos oponentes y había usado sus preguntas para enseñar verdades muy necesarias (cp. Mt. 21:23ss; 22:15s; 22:23ss; 22:34ss). Jesús había silenciado a los que se oponían a su afirmación de ser el Mesías.

Ahora le tocaba a Él dirigir sus preguntas a los oponentes. Pero note: Jesús no se situó como oponente contra ellos. Les hizo las preguntas como a hombres que estaban equivocados y necesitaban ver la verdad. Se estaba extendiendo hacia ellos con la esperanza de que algunos recibieran la verdad de su naturaleza mesiánica, aceptándolo como el Hijo de Dios. El espíritu de sus preguntas se ve en la breve discusión que tuvo con ellos. La pregunta que les hizo es la pregunta suprema que le dirige a todo hombre: «¿Qué piensan ustedes del Mesías?»

1. Jesús hace preguntas a los hombres (v. 35).
2. Confuso concepto acerca del Mesías: es hijo de David, un mero hombre (v. 35).
3. Correcto concepto acerca del Mesías: es el Señor de David, Dios mismo (vv. 36-37).
4. Las multitudes escuchaban a Jesús: de buena gana (v. 37).

1 (12:35) Jesucristo, preguntas: Jesús hace preguntas a los hombres; tiene motivos para ello. Sus motivos se ven claramente en el trato que Jesús tiene con estos hombres.

1. Jesús es paciente y tierno. Estos hombres habían desafiado una y otra vez a Jesús, tratando de desacreditarlo y avergonzarlo en presencia de la multitud. Sin embargo, Jesús no reaccionó una sola vez. Respondió honestamente a sus preguntas, abriendo ante ellos nuevas verdades que desesperadamente necesitaban conocer. Le hizo preguntas porque era paciente y esperanzado. Quería revelarles otras verdades. Quería que ellos vieran y conocieran y se rindieran a Él como Mesías.

2. Jesús hace pregunta tras pregunta para extenderse una y otra vez hacia el hombre. En el caso de estos hombres Jesús estaba haciendo un último gran esfuerzo, una última apelación a ellos. Ellos lo habían rechazado una y otra vez al punto que ya quedaba poca esperanza. Pero Jesús aún seguía con esperanza, aún se extendía a ellos. Les dirigió estas preguntas para hacerles ver que Él era el Mesías, el Señor, el Hijo de Dios mismo.

Al considerar las preguntas del Señor, surge otro hecho a ser considerado: un hecho crucial. Sus preguntas tienen un fin, un momento en que ya no hay esperanza ni posibilidad de que el hombre se arrepienta y crea. Hay un momento a partir del cual Jesús comienza a pronunciar juicio. Esta fue la última vez que Jesús preguntaba. Después de la respuesta Jesús comenzaría a pronunciar juicio. Jesús discutió y preguntó una y otra vez, pero cuando estos hombres lo hubieron rechazado tantas veces, terminaron por quedar saturados de su propia incredulidad. Por eso, Jesús dejó la discusión y comenzó a pronunciar juicio (cp. Mt. 23:1-39).

2 (12:35) Mesías: el confuso concepto acerca del Mesías era que éste era hijo de David, *un mero hombre.* La pregunta de Jesús

era una de las preguntas más importantes que se pueda preguntar al hombre: «¿Cómo dicen los escribas que el Cristo es hijo de David?» Mateo dice que anteriormente Jesús había preguntado a los escribas: «¿Qué pensáis del Cristo [Mesías]? ¿De quién es hijo?» (Mt. 22:42). Note cuatro puntos.

1. El griego usa el artículo definido «el Mesías» (*tou Christou*). Jesús trataba de impulsarlos a pensar acerca del Mesías. No les preguntó qué pensaban de Él, de Jesús, sino lo que pensaban *del Mesías.*

2. Jesús hizo una pregunta específica acerca del Mesías: «¿Hijo de quién es Él?» Piensen en el Mesías. ¿Cuál es su origen? ¿Quién lo hizo nacer? En el lenguaje cotidiano Jesús estaba preguntando tres cosas.

   a. ¿De dónde viene la liberación de ustedes? El Mesías va a librar al hombre de todo mal y de toda esclavitud del mundo. ¿De dónde vendrá esa personas?
   b. ¿De dónde viene el Señor de ustedes, la Persona a la que van a seguir? El Mesías será el Señor que va a gobernar y reinar sobre todas las vidas, ejecutando perfecto juicio y protección.
   c. ¿De dónde proviene la utopía de ustedes, la Persona que establecerá el mundo perfecto y todo lo bueno y benefícioso? ¿De dónde proviene la Persona que establecería la utopía y el reino de Dios en la tierra?

3. El título común para el Mesías era: «el Hijo de David». El Antiguo Testamento decía definidamente que el Mesías sería del linaje de David. Era de pasajes como éstos que se conocía al Mesías como el «Hijo de David». (*Véase* nota, *Jesucristo, hijo de David*— Lc. 3:24-31; Estudio a fondo 3—Jn. 1:45 en cuanto a otros versículos y su cumplimiento.)

«Una vez he jurado por mi santidad, y no mentiré a David. Su descendencia será para siempre, y su trono como el sol delante de mí» (Sal. 89:35-36).

«Porque un niño nos es nacido, hijo nos es dado, y el principado sobre su hombro; y se llamará su nombre Admirable, Consejero, Dios fuerte, Padre eterno, Príncipe de paz. Lo dilatado de su imperio y la paz no tendrán límite, sobre el trono de David y sobre su reino, disponiéndolo y confirmándolo en juicio y en justicia desde ahora y para siempre. El celo de Jehová de los ejércitos hará esto» (Is. 9:6-7).

«Saldrá una vara del tronco de Isaí, y un vástago retoñará de sus raíces. Y reposará sobre él el Espíritu de Jehová; espíritu de sabiduría y de inteligencia, espíritu de consejo y de poder, espíritu de conocimiento y de temor de Jehová. Y le hará entender diligente en el temor de Jehová. No juzgará según la vista de sus ojos, ni argüirá por lo que oigan sus oídos; sino que juzgará con justicia a los pobres, y argüirá con equidad por los mansos de la tierra; y herirá la tierra con la vara de su boca, y con el espíritu de sus labios matará al impío. Y será la justicia cinto de sus lomos, y la fidelidad ceñidor de su cintura» (Is. 11:1-5).

El Mesías debía hacer cuatro cosas específicas. (*Véanse* notas— Mt. 1:1; Estudio a fondo 2—1:18; 3:11; 11:1-6; 11:2-3; Estudio a fondo 1—11:5; Estudio a fondo 2—11:6; Estudio a fondo 1— 12:16; Lc. 7:21-23. Estas son notas importantes para tener un concepto pleno del Mesías.)

a. Debía librar a Israel de la esclavitud. La esclavitud sería abolida y todos los hombres serían libres bajo el gobierno de Dios.

b. Debía dar victoria sobre todos los enemigos. Israel iba a ser establecido como asiento del reino de Dios. Esto, por supuesto, significaba que Israel sería la nación líder del mundo.

c. Debía traer paz a la tierra. Todos servirían a Dios bajo el gobierno establecido por el Mesías.

d. Debía proveer en plenitud para todos. El Mesías se ocuparía de que todos los hombres tuviesen los beneficios del gobierno de Dios y su protección.

4. La idea común en cuanto al origen del Mesías era que sería humano, su origen sería el hombre. La idea de un origen divino, de Dios mismo, sencillamente era inaceptable para ellos.

3 (12:36-37) *Mesías:* el concepto correcto del Mesías es que Él es el Señor de David, Dios mismo. Ahora Jesús destacaba la afirmación de la Escritura: el Mesías es Señor, el Señor de David. Las Escrituras no solamente dicen que el Mesías es Hijo de David, también dicen que es el *Señor* de David.

Las Escrituras son vigorosas en su afirmación.

1. El hecho es este: David llamó al Mesías «Señor» *en el Espíritu.* Es decir, las palabras de David fueron dichas bajo la inspiración del Espíritu Santo. Dios lo estaba dirigiendo (cp. 2 P. 1:21 y 1 Co. 12:3).

2. El hecho es este: David expresó: «Dijo mi Señor [Jehová Dios] a *mi* Señor [el Mesías]». Es indudable que David llamó al Mesías *«Mi Señor».*

3. El hecho es este: David dijo que *mi* Señor «está sentado a la diestra de Dios». El Mesías es *Señor,* porque es *exaltado* por Dios.

«La cual operó en Cristo, resucitándole de los muertos y sentándole a su diestra en los lugares celestiales» (Ef. 1:20).

«Por lo cual Dios también le exaltó a los sumo, y le dio un nombre que es sobre todo nombre» (Fil. 2:9).

«Ahora bien, el punto principal de lo que venimos diciendo es que tenemos tal sumo sacerdote, el cual se sentó a la diestra del trono de la Majestad en los cielos» (He. 8:1).

4. El hecho es este, que David dijo que los enemigos de mi Señor serán hechos «estrado de sus pies». El Mesías es Señor, puesto que todos sus enemigos serán sometidos a Él.

«Para que en el nombre de Jesús se doble toda rodilla de los que están en los cielos, y en la tierra, y debajo de la tierra; y toda lengua confiese que Jesucristo es el Señor, para gloria de Dios Padre» (Fil. 2:10-11).

Después de citar las Escrituras, Jesús hizo la pregunta clave: ¿Cómo es posible que el Mesías sea al mismo tiempo el Hijo y el Señor de David? Jesús estaba haciendo al menos dos cosas.

1. Jesús estaba diciendo que pensar en el Mesías en términos meramente humanos era inadecuado, totalmente inadecuado. No es suficiente pensar en términos de poder terrenal, en términos de un líder nacional, político, militar e institucional. No hay forma de que un *mero hombre* pueda traer liberación perfecta, liderazgo y utopía a la tierra. El Mesías no es solamente hombre; es también el Señor del cielo.

2. Jesús afirmaba ser el Hijo de Dios mismo. El concepto del hombre debe ir más allá de lo meramente humano y físico. La idea del hombre tiene que dirigirse hacia arriba, al corazón mismo de Dios. Dios ama esta tierra; por eso, Dios envió a su Hijo a la tierra, sacrificándolo para salvarla.

«Porque de tal manera amó Dios al mundo, que ha dado a su Hijo unigénito, para que todo aquel que en él cree, no se pierda, mas tenga vida eterna» (Jn. 3:16).

«Respondiendo Simón Pedro, dijo: Tú eres el Cristo, el Hijo del Dios viviente» (Mt. 16:16).

«Le dijo la mujer: Sé que ha de venir el Mesías, llamado el Cristo; cuando él venga nos declarará todas las cosas. Jesús le dijo: Yo soy, el que habla contigo» (Jn. 4:25-26).

«Dijo entonces Jesús a los doce: ¿Queréis acaso iros también vosotros? Le respondió Simón Pedro: Señor, ¿a quién iremos? Tú tienes palabras de vida eterna. Y nosotros hemos creído y conocemos que tú ere el Cristo, el Hijo del Dios viviente» (Jn. 6:67-69).

«Por eso os dije que moriréis en vuestros pecados; porque si no creéis que yo soy, en vuestros pecados moriréis» (Jn. 8:24).

«Les dijo, pues, Jesús: Cuando hayáis levantado al Hijo del Hombre, entonces conoceréis que yo soy, y que nada hago por mí mismo, sino que según me enseñó el Padre, así hablo» (Jn. 8:28).

«Le dijo Jesús: Yo soy la resurrección y la vida; el que cree en mí aunque esté muerto, vivirá. Y todo aquel que vive y cree en mí, no morirá eternamente. ¿Crees esto? Le dijo: Sí, Señor; yo he creído que tú eres el Cristo, el Hijo de Dios, que has venido al mundo» (Jn. 11:25-27).

«Pero Saulo [el apóstol Pablo] mucho más se esforzaba, y confundía a los judíos que moraban en Damasco, demostrando que Jesús era el Cristo» (Hch. 9:22).

«Y Pablo, como acostumbraba, fue a ellos, y por tres días de reposo discutió con ellos declarando y exponiendo por medio de las Escrituras, que era necesario que el Cristo padeciese, y resucitase de los muertos; y que Jesús, a quien yo os anuncio, decía él, es el Cristo» (Hch. 17:2-3).

«Todo aquel que cree que Jesús es el Cristo, es nacido de Dios; y todo aquel que ama al que le engendró, ama también al que ha sido engendrado por él» (1 Jn. 5:1).

Pensamiento. Note una terrible tragedia: los religiosos no acertaron a comprender la verdad del Mesías porque...

*   leyeron mal la Escritura. No permitieron que la Escritura hablara por sí misma.
*   no prestaron cuidadosa atención a las palabras exactas de las Escrituras. (Note cómo Cristo toma una simple afirmación para mostrar cómo sus palabras exactas anunciaban al Mesías.)
*   estudiaban a sus maestros y autoridades más que a las Escrituras mismas.
*   eran dogmáticos con sus propias ideas y nociones acerca del futuro y de los eventos que realmente ocurrirían. Las profecías referidas a la venida del Mesías eran motivo para pertenecer o no a ciertos grupos.

ESTUDIO A FONDO 1

(12:36) *Profecías del Mesías:* cp. Sal. 110:1. Los fariseos reconocían a estas Escrituras como mesiánicas.

4 (12:37) *Jesucristo, respuesta a:* las multitudes, es decir, la gente común, oía a Jesús de buena gana. Como ya se vio antes, la multitud se asombraba y quedaba atónita ante tal profundidad de carácter y habilidad. Jesús era un maestro muy hábil, e igualmente hábil era para refutar a quienes se le oponían como enemigos declarados.

Pensamiento. La gente escuchaba de buena gana. ¿Por qué? ¿Acaso por el debate? Las argumentaciones y disensiones atraen el interés en un sentido mundano y carnal. Mucha personas se regocijan al presenciar una discusión acalorada, sobre todo si una persona desplazada va obteniendo la victoria. Sin embargo, no se menciona que la gente haya puesto su fe en Cristo y se haya convertido en discípulos suyos. Tal vez algunos lo haya seguido, pero es un hecho que no se menciona.

	K. Advertencia a las multitudes y a los religiosos: algunas cosas de las cuales cuidarse, 12:38-40 (Mt. 23:5-6; Lc. 20:45-47)	andar con largas ropas, y aman las salutaciones en las plazas, 39 y las primeras sillas en las sinagogas, y los primros asientos en las cenas; 40 que devoran las casas de las viudas, y por pretexto hacen largas oraciones. Estos recibirán mayor condenación.	exaltar al hombre 3 Exhibirse para ser visto en la plaza 4 Primeros asientos y sitios de honor: para ser vistos y honrados 5 Devorando viudas: usar a las viudas para obtener ganancia 6 Oraciones para mostrar piedad
1 La vestimenta: para llamar la atención 2 Saludos y títulos:	38 Y les decía en su doctrina: Guardaos de los escribas, que gustan de		

K. Advertencia a las multitudes y a los religiosos: algunas cosas de las cuales cuidarse, 12:38-40

(12:38-40) *Introducción:* es preciso que los hombres sean advertidos. Hay algunas cosas que de manera especial perturban y enojan a Jesús, algunas cosas que resultarán en terrible juicio. El presente pasaje discute seis de estos pecados. Note que la totalidad de ellos tiene que ver con el orgullo, o con exhibirse uno mismo, ya sea elevándose uno por encima de otros o abusando de los otros.

1. La vestimenta: para llamar la atención (v. 38).
2. Saludos y títulos: exaltar al hombre (v. 38).
3. Exhibirse uno mismo: para ser visto en el mercado (v.38).
4. Primeros asientos y sitios elevados: para ser vistos y honrados (v. 39).
5. Devorando viudas: usar a las viudas para obtener ganancia (v. 40).
6. Prolongadas oraciones: para mostrar piedad (v. 40).

1 (12:38) *Vestimenta—ropa—aspecto personal:* advertencia de no vestirse para llamar la atención. Hay tres formas en que una persona puede vestirse para llamar la atención.
1. Una persona puede desear y querer usar ropa extravagante y costosa. La vestimenta larga era la ropa de la nobleza, de ricos, de hombres públicos, de la persona con estilo. Era una vestimenta larga que llegaba hasta el suelo. Vestida con esa ropa la persona no podía trabajar; por eso era el símbolo de la *sociedad superior* o de un hombre sin preocupaciones. Jesús no estaba hablando contra la ropa fina. Lo que dijo fue: «Guardaos de [quienes] *gustan* de andar con largas ropas» (ropa fina). Condenaba a la persona extravagante y de mucho gastar, cuya mente estaba en llamar la atención sobre sí misma y sobre su aspecto personal. La mente de la persona no debe estar concentrada en la ropa sino en...

> « ... todo lo que es verdadero, todo lo honesto, todo lo justo, todo lo puro, todo lo amable, todo lo que es de buen nombre; si hay virtud alguna, si algo digno de alabanza, en esto pensad» (Fil. 4:8).

La vida del hombre no consiste en las cosas que tiene, sino en el servicio que presta a otros. El mundo está desesperado, inundado de enormes necesidades. La voluntad de Dios es que todos los hombres estén ocupados en satisfacer las necesidades del mundo y no en vestirse. Esta es especialmente la voluntad de Dios para el cristiano. La preocupación de los cristianos es la justicia. Debe trabajar por Cristo y su reino, no por ropa costosa, a la moda y ostentosa.

> «El que hurtaba, no hurte más, sino trabaje, haciendo con sus manos lo que es bueno *para que tenga qué compartir con el que padece necesidad*» (Ef. 4:28).

2. La persona puede cambiar su vestimenta, su ropa, y su aspecto personal *a efectos de llamar la atención*. Con frecuencia una persona desea la atención de otros, entonces procura atraerla siendo diferente y procurando sobresalir a los demás. Este era un pecado de los religiosos en tiempos de Cristo.

    a. Llevaban filacterias. Estas eran pequeñas cajas de cuero que contenían un trozo de pergamino con cuatro

textos de las Escrituras. Las Escrituras eran Éx.13:1-10; 13:11-16; Dt. 6:4-9; y 11:13-21.

El uso de las filacterias aparentemente surgió de la traducción literal de Éxodo 13:9 y Proverbios 7:3. Al parecer el verdadero significado de estos pasajes es que debemos tener la Palabra de Dios en nuestra mente con tanta claridad como si la tuviéramos antes nuestros ojos. El gran error de los religiosos era que no solamente interpretaban literalmente los pasajes llevando pequeñas cajitas de cuero en su frente, sino que agrandaban las pequeñas cajas para llamar la atención sobre sí mismos y dar la impresión de ser más religiosos.

    b. También alargaban los bordes de sus vestiduras, es decir, llevaban borlas exteriores. Dios los había instruido hacer franjas o borlas en los bordes exteriores de su ropa. La persona, al notar estos, debía recordar el cumplimiento de los mandamientos de Dios. Nuevamente, el error era que los religiosos cambiaban su aspecto personal respecto de otros; alargaban las borlas, llamando la atención y daban la impresión de ser personas más religiosas que los demás.

3. La persona puede usar ropa para exponer su cuerpo, de manera de llamar la atención sobre ciertas partes del mismo. La persona puede usar ropa demasiado ajustada, demasiado corta, demasiado delgada. La persona puede ser demasiado escasa en su vestir, de manera de no cubrir suficientemente su cuerpo.

Jesús dijo simplemente que los hombres se guarden de vestir para llamar la atención. Los religiosos lo hacían para parecer justos. Otros lo hacen para parecer mundanos (para apelar).

> «Ni tampoco presentéis vuestros miembros [partes del cuerpo] al pecado como instrumentos de iniquidad, sino presentaos vosotros mismos a Dios como vivos de entre los muertos, y vuestros miembros a Dios como instrumentos de justicia» (Ro. 6:13).

> «Asimismo que las mujeres se atavíen de ropa decorosa, con pudor y modestia; no con peinado ostentoso, ni oro, ni perlas, ni vestidos costosos, sino con buenas obras, como corresponde a mujeres que profesan piedad» (1 Ti. 2:9-10).

> «[Mujeres] Vuestro atavío no sea el externo de peinados ostentosos, de adornos de oro o de vestidos lujosos, sino el interno, el del corazón, en el incorruptible ornato de un espíritu afable y apacible, que es de gran estima delante de Dios» (1 P. 3:3-4).

2 (12:38) *Honra, mundana—títulos:* los hombres deben guardarse de las salutaciones y títulos destinados a exaltar al hombre. Los religiosos amaban los *títulos* que los saludaban y exaltaban con honra; note el título era «rabino» que significa maestro o señor. Solamente era un título, sin embargo algunos lo amaban y disfrutaban recibiendo un reconocimiento mayor que otros. Por este impulso el hombre que supuestamente era mensajero de Dios decía: «Aquí estoy; mírenme». Honraba al hombre y no al Señor.

Pensamiento. Los hombres se exaltan unos a otros mediante el uso de títulos como reverendo, doctor, ejecutivo, presidente, todos están destinados a elevar al hombre encima de las multitudes.

> «Porque el que se enaltece será humillado, y el que se humilla será enaltecido» (Mt. 23:12).

> «Si te remontares como águila, y aunque entre las estrellas pusieres tu nido, de ahí te derribaré, dice Jehová» (Abd. 4).

> «Porque cuando muera no llevará nada, ni descenderá tras él su gloria» (Sal. 49:17).

3 (12:38) *Plazas:* los hombres deben guardarse de exhibirse en la plaza. El exhibirse en la plaza era y sigue siendo un pecado. La plaza es donde está la gente. Es el centro de todo el tráfico, es donde una persona es vista y donde puede llamar la atención. La plaza representa las calles, la oficina, la escuela, la playa, etc. No se debe usar ni ropa ni título para llamar la atención y elevarse unos encima de otros.

> «Porque toda carne es como hierba, y toda la gloria del hombre como flor de la hierba. La hierba se seca y la flor se cae» (1 P. 1:24).

> «Mas el hombre no permanecerá en honra; es semejante a las bestias que perecen» (Sal. 49:12).

Pensamiento. Lo que Cristo busca es amor: amor entre todos los hombres y mujeres, niños y niñas. Y la única forma en que alguna vez pueda reinar el amor en la tierra es que todos comiencen a servir a *edificar a los otros* en vez de edificarse a sí mismos. Vestirse y usar títulos para llamar la atención no los lleva al amor. Tienden a elevar el ego y destruir las moral y estabilidad tanto de las familias como de la nación.

4 (12:39) *Egoísmo—honra, mundana—orgullo:* los hombres deben guardarse de las primeras sillas y de los primeros asientos y lugares destinados a ser vistos y admirados, a mostrar la propia prominencia. En la sinagoga los líderes y hombres distinguidos se sentaban en un banco frente al arca (donde se guardaban las Escrituras), se sentaban mirando hacia la congregación. Ninguno de los líderes podía faltar.

En ocasiones sociales los más honrados se sentaban a la derecha del anfitrión, luego, el que seguía en grado honorífico, a su izquierda y así sucesivamente alternándose de derecha a izquierda hasta el otro extremo de la mesa. La posición y el reconocimiento estaban establecidos.

Algunos amaban los lugares honoríficos, los asientos especiales, y los lugares de reconocimiento. Hay personas que aman los vecindarios y clubes exclusivos, las listas preferenciales. Les gusta ser prominentes (3 Jn. 9). Note lo que se condena; no es el hecho de estar en estas posiciones y lugares, sino el *amarlos.* Alguien tiene que ocupar las posiciones superiores y llenar los lugares de mayor importancia. Es el *amor* a ello, el amor y el sentirse orgulloso de ese lugar y esa posición lo que está mal.

> «¿Cómo podéis vosotros creer, pues recibís la gloria los unos de los otros, y no buscáis la gloria que viene del Dios único?» (Jn. 5:44).

> «Mas el hombre no permanecerá en honra; es semejante a las bestias que perecen» (Sal. 49:12).

5 (12:40) *Viudas—hurtar—motivación mala:* los hombres deben guardarse de devorar a las viudas, de usar a las viudas para hacer ganancias. Muchas personas cometen este pecado y Jesús es muy severo en su advertencia al respecto. Dice que quien devora (se aprovecha) de una viuda recibirá «*mayor condenación*». Note quiénes eran estas personas.

1. Eran los maestros de la ley (escribas). Por supuesto, había otros igualmente culpables, pero los que estaban frente a Jesús eran los maestros de la ley. Usaban su propia posición legal para manejar los testamentos y otros asuntos legales de las viudas, y defraudando las devoraban al extraer demasiada ganancia de sus propiedades.

2. En los religiosos, los que decían creer en Dios. Algunos usaban la religión como disfraz para robar a las viudas.

En la actualidad hay algunos —abogados, religiosos, predicadores y líderes institucionales, tanto cívicos como cristianos (todos hipócritas)— que llaman la atención y buscan el favor de la gente, especialmente de las viudas, a efectos de conseguir dinero. Buscan grandes donaciones, concesiones, administraciones, inversiones y regalos para *promoverse a sí mismos* y sus instituciones. La gran tragedia es que corazones tan falsos e hipócritas usan la religión como disfraz para promoverse a sí mismos y a sus falsas ideas. El llamado de ellos es seguir la religión institucional, no honrar a Dios y el espíritu de auto negación. Por supuesto, los hombres vanidosos son susceptibles a tales apelaciones, pero las viudas están particularmente expuestas a quienes parecen estar tan entregados a Dios.

Note que Jesús dijo que la condenación de estos será mayor. Hay algunos pecados que son más terribles que otros. Usar la religión para motivos egoístas es uno de ellos. Estos recibirán mayor condenación. Es preciso destacar algo aquí. Las viudas tienen un lugar especial en el corazón de Dios. Siempre ha mandado a su pueblo a cuidar de manera muy especial de ellas.

> «Que hace justicia al huérfano y a la viuda; que ama también al extranjero dándole pan y vestido» (Dt. 10:18).

> «Maldito el que pervirtiere el derecho del extranjero, del huérfano y de la viuda» (Dt. 27:19).

> «Padre de huérfanos y defensor de viudas es Dios en su santa morada» (Sal. 68:5).

> «Aprended a hacer el bien; buscad el juicio, restituid al agraviado, haced justicia al huérfano, amparad a la viuda» (Is. 1:17).

> «Había también en aquella ciudad una viuda, la cual venía a él, diciendo: Hazme justicia de mi adversario. Y él no quiso por algún tiempo; pero después de esto dijo dentro de sí: Aunque ni temo a Dios, ni tengo respeto a hombre, sin embargo, porque esta viuda me es molesta, le haré justicia, no sea que viniendo de continuo, me agote la paciencia. Y dijo el Señor: Oíd lo que dijo el juez injusto. ¿Y acaso Dios no hará justicia a sus escogidos, que claman a él de día y de noche? ¿Se tardará en responderles?» (Lc. 18:3-7).

> «El que hurtaba, no hurte más, sino trabaje, haciendo con sus manos lo que es bueno para que tenga qué compartir con el que padece necesidad» (Ef. 4:28).

6 (12:40) *Oraciones:* los hombres deben guardarse de hacer largas oraciones para aparentar piedad. Hay dos pecados y peligros prominentes con las largas oraciones.

1. Hay el *peligro de orar públicamente para llamar la atención.* En tiempos de Jesús el problema tenía que ver con las *prolongadas oraciones públicas;* sin embargo, en nuestros días las breves oraciones públicas son un problema igualmente grande. Con frecuencia los hombres oran públicamente...

- para hablar con buena voz.
- para demostrar su habilidad con el lenguaje.
- para mostrar su devoción a Dios.
- simplemente para impresionar a la gente.

Nuevamente, algunas personas hacen oraciones largas y otras cortas para mostrar su piedad.

2. El *peligro de compartir la propia vida de oración privada* con otros, especialmente cuando uno ha pasado mucho tiempo en oración (toda la noche o muchas horas) o si uno es consistente en orar todos los días. Compartir una cosa tan personal como la oración aun con los amigos más cercanos, produce una *tendencia* al orgullo espiritual, a la *super-espiritualidad,* a mostrarse un poco mejor que el hermano cristiano.

Nuevamente, el pecado de exhibirse en la oración, de proclamar el tiempo que uno ha pasado con Dios, es un grave pecado. Recibirá mayor condenación.

> «Y orando, no uséis vanas repeticiones, como los gentiles, que piensan que por su palabrería serán oídos» (Mt. 6:7).

	L. Las monedas de la viuda: el verdadero ofrendar, 12:41-44 (Lc. 21:1-4)	pobre, y echó dos blancas, o sea un cuadrante. 43 Entonces llamando a sus discípulos, les dijo: De cierto os digo que esta viuda pobre echó más que todos los que han echado en el arca;	dio poco **2 Dar con sacrificio** **3 El verdadero ofrendar se mide por lo queda uno le queda,**
1 Jesús observaba a algunas personas ofrendando a. Vio que los ricos daban mucho b. Vio a una viuda que	41 Estando Jesús sentado delante del arca de la ofrenda, miraba cómo el pueblo echaba dinero en el arca; y muchos ricos echaban mucho. 42 Y vino una viuda	44 porque todos han echado de lo que les sobra; pero ésta, de su pobreza echó todo lo que tenía, todo su sustento.	**4 Busca satisfacer una necesidad** **5 Ofrendar todo lo que uno tiene**

L. Las monedas de la viuda: el verdadero ofrendar, 12:41-44

(12:41-44) *Introducción:* esta es una historia emotiva con un poderoso mensaje frecuentemente ignorado. Es una historia que...

- muestra cómo el corazón de Dios se extiende hacia los necesitados; cómo se extiende con ternura, compasión y amor.
- muestra cuánto le significan la devoción, la entrega y el valor.
- muestra cuán profundamente es movido Dios por aquellos que dan todo lo que son y tienen (contraste con el joven rico, Mr. 10:17-22).
- muestra lo que significa ofrendar de verdad.

1. Jesús observaba a algunas personas ofrendando (vv. 41-42).
2. El verdadero ofrendar es ofrendar con sacrificio (v. 42).
3. El verdadero ofrendar se mide por lo que queda, no por lo que uno da (v. 43).
4. El verdadero ofrendar busca satisfacer una necesidad (v. 44).
5. El verdadero ofrendar es dar todo lo que uno tiene (v. 44).

1 (12:41-44) *Mayordomía:* Jesús observaba cómo ofrendaba la gente. Después de todos los complots y de las discusiones en el atrio de los gentiles (Mr. 11:27—12:40), Jesús entró al atrio de las mujeres y pasó por el sitio del tesoro. El tesoro era una zona en que estaban instalados trece recipientes con forma de trompeta donde los adoradores echaban sus ofrendas. Jesús se sentó, aparentemente estaba solo, para descansar y tomar fuerza después de la tensión de las últimas horas. Mientras descansaba «miraba cómo el pueblo echaba dinero en el arca». La palabra «miraba» (*etheorei*) significa que observaba deliberadamente, discerniendo las motivaciones del pueblo al traer sus ofrendas. Vio a muchas personas que al pasar echaban ofrendas considerables. Aparentemente algunas eran contribuciones abultadas. Podía ver las manos llenas de monedas y oír su intilar al chocar contra el tubo de las trompetas. Pero ninguna ofrenda despertó su admiración. Finalmente pasó una pobre viuda y echó dos monedas, las más pequeñas que circulaban, monedas de muy escaso valor. Cristo usó lo que acababa de ver para enseñar lo que es ofrendar de verdad.

2 (12:42) *Mayordomía:* ofrendar de verdad es ofrendar con sacrificio. La palabra «pobre» (*ptoches*) significa pobreza paupérrima. No era solamente pobre, sino desamparada, sumida en profunda pobreza. Su ropa pobre y aspecto sencillo demostraba su desesperada angustia. Las monedas eran todo cuanto tenía, sin embargo, las dio, a pesar de su desesperada necesidad.

Ahora note el tema en cuestión. Lo que ella ofrendó significó *sacrificio*. Lo que ofrendaron los otros no. No les costaba ni los dañaba. Todavía les quedaba lo suficiente, porque solamente daban lo que podían apartar. Pero la viuda no. Su ofrenda le costó mucho. Le dañaba dar porque dio lo que no podía apartar. Dio lo que Cristo llamó una *ofrenda sacrificial*. Hizo un sacrificio; se privó de una

comida o renunció a alguna otra cosa para poder ofrendar.

Pensamiento. Hay una gran diferencia entre dar lo que uno puede apartar y dar con sacrificio, renunciando concretamente a algo a efectos de poder ofrendar. Ofrendar con sacrificio cuesta. Ofrendar con sacrificio es ofrendar hasta que duele, cuando ya no queda nada, cuando no hay nada para apartar. Es preciso acentuar la diferencia, puesto que Dios espera la ofrenda con sacrificio. Si alguna vez se van a alcanzar al mundo y sus desesperantes necesidades para Cristo, será necesario que cada creyente ofrende con sacrificio.

> «Cada primer día de la semana cada uno de vosotros ponga aparte algo, según haya prosperado, guardándolo, para que cuando yo llegue no se recojan entonces ofrendas» (1 Co. 16:2).
> «Cada uno dé como propuso en su corazón: no con tristeza, ni por necesidad, porque Dios ama al dador alegre ... Porque la ministración de este servicio no solamente suple lo que a los santos falta ... pues por la experiencia de esta ministración glorifican a Dios por la obediencia que profesáis al evangelio de Cristo, y por la liberalidad de vuestra contribución para ellos y para todos ... ¡Gracias a Dios por su don inefable!» (2 Co. 9:7, 12-13, 15).
> «Cada uno con la ofrenda de su mano, conforme a la bendición que Jehová tu Dios te hubiere dado» (Dt. 16:17).

3 (12:43) *Mayordomía:* la verdadera ofrenda se mide por lo que le queda a la persona, no por cuánto la persona da. Jesús llamó a sus discípulos y utilizó el gran sacrificio que la viuda hizo para enseñar una lección muy necesaria. Note varios hechos.

1. Todos dieron una ofrenda a Dios. Tanto «el pueblo» (v. 41) que tenía como la viuda pobre que no tenía.
2. Aquellos que tenían abundancia dieron mucho dinero, mucho más que la viuda. Sus contribuciones eran generosas. Tenían enormes ganancias de modo que sus ofrendas eran grandes.
3. Pero ante los ojos de Dios la viuda dio más. ¿Por qué? Porque Dios mide lo que uno *se deja*, no lo que uno da.

- A la mujer le quedó menos; a los otros todavía les quedaba mucho.
- La viuda dio más de lo que tenía; los otros dieron menos de lo que tenían.
- La viuda había sacrificado más; los otros habían sacrificado menos.

En proporción a lo que ella tenía la viuda dio un porcentaje mayor. Los otros dieron un porcentaje mucho menor. Después de haber ofrendado todavía tenían el 85% o 95% para usar en sus propios gastos.

Esta es la lección que Jesús estaba enseñando, una lección crucial. Dios cuenta lo que nos queda, no lo que damos. Cuenta el sacrificio, no la suma de dinero. La ofrenda que vale es la ofrenda que le cuesta al que la da. La persona que recibe reflexivamente no valora tanto el tamaño del regalo, como el sacrificio que tuvo que hacer la otra persona para hacer ese regalo. Cuanto mayor el sacrificio, más lo valora quien lo recibe.

> «Porque donde esté vuestro tesoro, allí estará también vuestro corazón» (Mt. 6:21).

> «Entonces Zaqueo, puesto en pie, dijo al Señor: He aquí, Señor, la mitad de mis bienes doy a los pobres; y si en algo he defraudado a alguno, se lo devuelvo cuadruplicado» (Lc. 19:8).

> «Porque ya conocéis la gracia de nuestro Señor Jesucristo, que por amor de vosotros se hizo pobre, siendo rico, para que vosotros con su pobreza fueseis enriquecidos» (2 Co. 8:9).

4 (12:44) *Mayordomía:* la verdadera ofrenda procura suplir una necesidad. Note las palabras, «de su pobreza [partiendo de su necesidad] echó todo lo que tenía». Tenía gran necesidad de comida, ropa y techo. Era tan escaso lo que tenía; era el tipo de persona que tiene que andar mucho para buscar el peor trabajo, que le permita sobrevivir en una economía deprimida. Viéndola, se podía decir que nunca sabía de dónde vendría su próxima comida. No tenía a nadie que cuidase de ella ni que le ayudase. Aparentemente el peso del mundo yacía sobre sus espaldas. No había nadie que la cuidara o le expresara preocupación. Esto lo mostraba su aspecto; pero había algo que ella sabía. Aunque los hombres no se preocupan, Dios se preocupa; de manera que vino a Dios por ayuda. Y lo que ella hizo es una lección crucial que los hombres deben aprender.

Tomó su necesidad y se la entregó a Dios. Su necesidad era económica, de modo que tomó el dinero que tenía y se lo dio todo a Dios. Simplemente dijo: «Dios, estoy necesitada, necesito dinero. Ni siquiera tengo lo suficiente para comprar comida. Si he de comer, tú tendrás que proveer de alguna manera, de alguna forma. He trabajado con todas mis fuerzas en los trabajos que pude hallar. Aquí está todo lo que tengo. Tómalo; úsalo en tu reino. Y ahora ten cuidado de mí».

Ella conocía el gran principio por el cual Dios se ocupa de aquellos que le entregan cuanto son y tienen. Ella sabía que para estar *segura* de la protección de Dios, debía entregar *todo* a Dios. Si ella daba *todo*, Dios no le negaría nada. Dios supliría todas las necesidades de su vida (Mt. 6:33). Ella tomó su propia necesidad y todo cuanto ello involucraba y se la entregó a Dios. Ella buscó a Dios para que supliera su necesidad entregándole *todo lo que tenía.*

Note algo más. Hay aquí dos necesidades que son suplidas.

1. El templo de Dios (iglesia) tenía necesidad. La viuda, aunque pobre, dio para ayudar en la continuación del ministerio de Dios.

2. La viuda pobre tenía necesidad. Ella dio, creyendo que Dios se ocuparía ella de modo que tuviese comida, ropa y techo.

> «Dad, y se os dará; medida buena, apretada, remecida y rebosando darán en vuestro regazo; porque con la misma medida con que medís, os volverán a medir» (Lc. 6:38).

> «Pero esto digo: El que siembra escasamente, también segará escasamente; y el que siembra generosamente, generosamente también segará» (2 Co. 9:6).

> «El alma generosa será prosperada; y el que saciare, él también será saciado» (Pr. 11:25).

> «El ojo misericordioso será bendito, porque dio de su pan al indigente» (Pr. 22:9).

> «Y si dieres tu pan al hambriento, y saciares al alma afligida, en las tinieblas nacerá tu luz, y tu oscuridad será como el mediodía» (Is. 58:10).

5 (12:44) *Mayordomía:* ofrendar de verdad es ofrendar todo lo que una persona tiene. «Esta viuda ... echó todo lo que tenía, todo su sustento.» ¡Imagínese la escena! ¡Ella *dio su sustento,* no sólo una parte de él, no sólo un sacrificio, sino *todo!* Fácilmente pudo haber dicho lo que frecuentemente tantas personas sienten:

• «Mi ofrenda no importa. Es tan pequeña.»

• «Es tan poco lo que tengo. Dios comprenderá. Él no espera que lo entregue si no puedo ni comprar comida.»

Pensamiento. Es una doble lección.

1) Nos falta devoción y dedicación en nuestra entrega a Dios, sea entrega de la vida, del tiempo, dones, o dinero.

2) Nos falta valor al dar y usar lo que tenemos para Dios.

> «Jesús le dijo: Si quieres ser perfecto, anda, vende lo que tienes, y dalo a los pobres, y tendrás tesoro en el cielo; y ven y sígueme» (Mt. 19:21).

> «Y cualquiera que haya dejado casas, o hermanos, o hermanas, o padre, o madre, o mujer, o hijos o tierras, por mi nombre, recibirá cien veces más, y heredará la vida eterna» (Mt. 19:29).

> «Como también yo en todas las cosas agrado a todos, no procurando mi propio beneficio, sino el de muchos, para que sean salvos» (1 Co. 10:33).

> «El que hurtaba, no hurte más, sino trabaje, haciendo con sus manos lo que es bueno para que tenga qué compartir con el que padece necesidad» (Ef. 4:28).

CAPÍTULO 13

VIII. EL MINISTERIO DE JESÚS EN EL MONTE DE LOS OLIVOS: PROFECÍA DE SU RETORNO *EF1, 2, 3* 13:1-37

A. Las señales del tiempo del fin, 13:1-13
(Mt. 24:1-14; Lc. 21:5-19)

1 **Eventos resultando en las grandes profecías**
   a. Admiraron los edificios del templo
   b. Jesús predijo la destrucción de los edificios

   c. Los discípulos hicieron dos preguntas
      1) ¿Cuándo ocurrirá la destrucción?
      2) ¿Cuál será la señal de la destrucción?
   d. Jesús advirtió: Estén atentos a los engañadores
2 **Señal 1: engaño espiritual y falsos mesías**

3 **Señal 2: guerras y rumores de guerra,**

Saliendo Jesús del templo, le dijo uno de sus discípulos: Maestro, mira qué piedras, y qué edificios.

2 Jesús, respondiendo, le dijo: ¿Ves estos grandes edificios? No quedará piedra sobre piedra, que no sea derribada.

3 Y se sentó en el monte de los Olivos, frente al templo. Y Pedro, Jacobo, Juan y Andrés le preguntaron aparte:

4 Dinos, ¿cuándo serán estas cosas? ¿Y qué señal habrá cuando todas estas cosas hayan de cumplirse?

5 Jesús, respondiéndoles, comenzó a decir: Mirad que nadie os engañe;

6 porque vendrán muchos en mi nombre, diciendo: Yo soy el Cristo; y engañarán a muchos.

7 Mas cuando oigáis de guerras y de rumores de

guerras, no os turbéis, porque es necesario que suceda así; pero aún no es el fin.

8 Porque se levantará nación contra nación, y reino contra reino; y habrá terremotos en muchos lugares, y habrá hambres y alborotos; principios de dolores son estos.

9 Pero mirad por vosotros mismos; porque os entregarán a los concilios, y en las sinagogas os azotarán; y delante de gobernadores y de reyes os llevarán por causa de mí, para testimonio a ellos.

10 Y es necesario que el evangelio sea predicado antes a todas las naciones.

11 Pero cuando os trajeren para entregaros, no os preocupéis por lo que habéis de decir, no lo penséis, sino lo que os fuere dado en aquella hora, eso hablad; porque no sois vosotros los que habláis, sino el Espíritu Santo.

12 Y el hermano entregará a la muerte al hermano, y el padre al hijo; y se levantarán los hijos contra los padres, y los matarán.

13 Y seréis aborrecidos de todos por causa de mi nombre; mas el que persevere hasta el fin, éste será salvo.

disturbios internacionales

4 **Señal 3: desastres naturales** (Estas señales son el comienzo de dolores)*EP4*
5 **Señal 4: persecución por parte de autoridades religiosas y civiles**

6 **Señal 5: evangelización mundial**
7 **Señal 6: un testimonio sobrenatural**

8 **Señal 7: familias divididas**
   a. Traición

   b. Odio persecución
9 **Señal 8: Perseverancia y salvación de algunos**

VIII. EL MINISTERIO DE JESÚS EN EL MONTE DE LOS OLIVOS: PROFECÍA DE SU RETORNO, 13:1-37

A. Las señales del tiempo del fin, 13:1-13

(13:1-37) *El tiempo del fin:* el reconocimiento de las palabras exactas de Jesús ayudará a entender este capítulo.

1.   Jesús dijo: «principios de dolores son estos» (v. 8). Las palabras «principios de dolores» indican que Jesús se refería al comienzo de un terrible período de prueba para el creyente (note el versículo 9). No se estaba refiriendo *simplemente* a las pruebas normales que sobrevienen en la tierra o a las persecuciones regulares que se lanzan contra los creyentes a lo largo de los siglos (*véase* Estudio a fondo 2—Mt. 24:1-31). Los problemas mundiales y las persecuciones contra el pueblo de Dios siempre han existido desde el comienzo mismo del tiempo. El gran dolor que mencionó se refiere a algún período de tiempo, que será terrible, tan terrible que se lo

puede llamar «*principio de dolores*» o *ayes*. Será un período de problemas distinto de todos los que el mundo y los creyentes hayan sufrido en la historia.

2.   Jesús dijo: «Pero cuando veáis la abominación desoladora ... puesta donde no debe ... entonces los que estén en Judea huyan a los montes» (v. 14). Mateo formula de esta manera la advertencia: «Entonces .. .huyan a los montes ... porque habrá entonces gran tribulación, cual no la ha habido desde el principio del mundo hasta ahora, ni la habrá» (Mt. 24:15-16, 21). No hay duda en cuanto a esta señal. Se inaugura el peor período de tribulaciones que el mundo haya visto. Esta señal apunta definidamente a un período específico de la historia humana. En cuanto a cómo llamar a este período, probablemente lo mejor es llamarlo con Mateo: «Gran Tribulación» (Mt. 5:24).

3.   Ahora note lo que Jesús dijo en los versículos de arriba.
         «Principios de dolores son estos» (v. 8).
         «Pero cuando veáis la abominación desoladora ... puesta donde no debe ... entonces los que estén en Judea

huyan a los montes» (v. 14); o como dice Mateo, «Entonces ... huyan a los montes ... porque habrá *entonces* gran tribulación, cual no la ha habido desde el principio del mundo hasta ahora, ni la habrá» (Mt. 24:15-16, 21).

Aparentemente Jesús está dando una lista de señales; una de ellas era la abominación desoladora. En los versículos 6-13 dio ocho señales; la octava dice: «El que persevere hasta el fin, éste será salvo» (v. 13). Pero note que en el versículo 14 aparentemente vuelve a retomar el tema de las señales, destacando lo que aparentemente será la más visible y terrible de las señales a la cual deben estar atentos. Note sus palabras al leer juntos los versículos 13 y 14: «Mas el que persevere hasta el fin, éste será salvo. Pero cuando veáis la abominación desoladora ... puesta donde no debe estar ... entonces ... huyan a los montes».

Jesús estaba diciendo que habría una diferencia entre las señales que preceden la abominación y las pruebas sin par que seguirían. Cuando la *abominación desoladora* esté donde no debe estar (en el lugar santísimo), las pruebas que seguirán serán mucho, mucho peor, sin par en la historia humana.

La abominación desoladora será la señal que iniciará las peores tribulaciones que el mundo haya conocido. Jesús no dijo en qué momento preciso aparecería esta abominación desoladora, pero su aparición sería una de las nueve señales; su aparición indicará la peor devastación que el mundo haya conocido.

Un diagrama con las propias palabras de Jesús tal vez ayude a entender lo que dijo.

1. Sus palabras fueron: «principios de dolores son estos [señales]» (v. 8).
2. «Pero cuando *veáis* la abominación desoladora ... puesta donde no debe estar ... entonces ... huyan a los montes» (v. 14); o como dice Mateo: «*habrá entonces gran tribulación*» (Mt. 24:15, 21).
3. «Pero en aquellos días, *después de aquella tribulación* ... verán al Hijo del Hombre, que vendrá» (vv. 24-27).

EL FIN DEL MUNDO

Ver la señal de la
abominación desoladora
en medio de los tiempos o años
(v. 14)

Tres años y medio de señales que serán «principios de dolores» (v. 8)	Tres años y medio de pruebas sin par de «la gran tribulación» (v. 19; cp. Mt. 24:21)

Ver al Hijo del
Hombre que viene
(v. 26)

«Sus ángeles ... juntarán
a sus escogidos»
(v. 27)

(13:1-13) *Los tiempos del fin:* debemos ser muy cuidadosos en entender qué estaba diciendo Jesús, de manera de no agregar ni quitar a lo dicho. Ambos errores fueron cometidos por los religiosos en cuanto a la primera venida de Jesús (Mt. 2:4-6).

Un hecho de mayor importancia que debe ser recordado es este. Los discípulos creían que los tres acontecimientos (destrucción de Jerusalén, regreso del Señor, y el fin del mundo) ocurrirían al mismo tiempo. Pensaban en términos del Reino Mesiánico de Dios (Hch. 1:6 comparado con el concepto judío del Mesías). (*Véanse* notas— Mt. 1:1; Estudio a fondo 2—1:18; Estudio a fondo 3—3:11; notas— 11:1-6; 11:2-3; Estudio a fondo 1—11:5; Estudio a fondo 2—11:6; Estudio a fondo 1—12:16; notas—24:42; Lc.7:21-23.) Cuando Jesús

dijo que el templo sería destruido, los discípulos creyeron que ocurriría al mismo tiempo que Él, Jesús, regresaría coincidiendo con el fin del mundo, con lo cual restauraría el reino a Israel.

Sin embargo, Jesús no dio un cronograma. No dijo cuándo ocurrirían los tres eventos. Lo que hizo fue dar señales que ocurrirían antes de los eventos, señales indicando hacia su retorno y hacia el fin de Jerusalén y el fin del mundo.

Es importante tener en mente que la mayoría de las señales ocurren a lo largo de la historia, pero hay una diferencia: las señales crecen y se intensifican inmediatamente antes del fin de Jerusalén y del fin del mundo. Habrá un período conocido como «*principios de dolores*» (v. 8), y un período iniciado por la abominación desoladora conocido como «*la gran tribulación,* cual no la ha habido desde el principio del mundo» (Mt. 24:21).

1. Trasfondo: eventos que desembocaron en las grandes profecías (vv. 1-5).
2. Señal 1: engaño espiritual y falsos mesías (v. 6).
3. Señal 2: guerras y rumores de guerra, disturbios internacionales (vv. 7-8).
4. Señal 3: desastres naturales (v. 8).
5. Señal 4: persecución por parte de autoridades religiosas y civiles (v. 9).
6. Señal 5: evangelización mundial (v. 10).
7. Señal 6: un testimonio sobrenatural (v. 11).
8. Señal 7: familias divididas (vv. 12-13).
9. Señal 8: perseverancia y salvación de algunos (v. 13).

ESTUDIO A FONDO 1

(13:1-37) *Tiempo del fin—Daniel:* Jesús hace otra afirmación que ayuda a entender este capítulo. Mencionó la abominación desoladora «de que habló el profeta Daniel» (v. 14). Hay tres pasajes en Daniel referidos a la abominación desoladora.

«Sabe, pues, y entiende, que desde la salida de la orden para restaurar y edificar a Jerusalén hasta el Mesías Príncipe, habrá siete semanas, y sesenta y dos semanas; se volverá a edificar la plaza y el muro en tiempo angustiosos. Después de las sesenta y dos semanas se quitará la vida al Mesías, mas no por sí; y el pueblo de un príncipe que ha de venir destruirá la ciudad y el santuario; y su fin será con inundación, y hasta el fin de la guerra durarán las devastaciones. Y por otra semana confirmará el pacto con muchos; a la mitad de la semana se hará cesar el sacrificio y la ofrenda. Después con la muchedumbre de las abominaciones vendrá el desolador, hasta que venga la consumación, y lo que está determinado se derrame sobre el desolador» (Dn. 9:25-27).

«Y se levantarán de su parte tropas que profanarán el santuario y la fortaleza, y quitarán el continuo sacrificio y pondrán la abominación desoladora» (Dn. 11:31).

«Y desde el tiempo que sea quitado el continuo sacrificio hasta la abominación desoladora, habrá mil doscientos noventa días» (Dn. 12:11).

Se pueden decir varias cosas sobre la profecía de Daniel.

1. La profecía tuvo un cumplimiento en el pasado con Antíoco Epífanes (*véase* Estudio a fondo 1—Mr. 13:14).

2. Jesús dijo que la profecía de Daniel también tenía un cumplimiento futuro. Note las palabras: «Cuando veáis». El cumplimiento futuro se refiere tanto a la caída de Jerusalén (vv. 14-20), como al fin del mundo, inmediatamente antes del retorno del Señor (vv. 14, 24-27).

3. Las palabras de Daniel trazan una división del tiempo, así como Jesús dividió las señales en dos períodos. Daniel dice: «a la mitad de la semana [el príncipe].... hará cesar ...» Note dos hechos.

a. Las palabras «en medio de la semana» indican definidamente la separación de la semana en dos

b. «La semana» es la séptima semana, la última semana en la visión que Daniel tuvo de la historia. Esto indica que está hablando del tiempo del fin.

Al discutir el tiempo del fin Jesús estaba diciendo que se refería a lo profetizado por Daniel. Ahora note con qué comienza la segunda mitad de la semana de Daniel. Es la abominación desoladora, o el príncipe causando abominación desoladora en el lugar santísimo. Marcos 13:14 de hecho usa el participio masculino lo que indica que la abominación desoladora es una persona, el príncipe mismo. Note algo más. Lo que Jesús llamó la «gran tribulación [sin par]» comienza con la abominación desoladora (Mt. 24:15-16, 21).

Nuevamente la indicación es que el comienzo de dolores y la gran tribulación son un período de tiempo, pero el período incluye dos partes. (*Véase* nota 1—Mr. 13:1-37 en cuanto al diagrama de los dos períodos.)

4. La duración de la última parte o de la mitad final está dada por las Escrituras (*véanse* notas—Ap. 11:2; 12:6; 13:4-8).

«Tiempo, y tiempos y la mitad de un tiempo» (Dn. 7:25; 12:7).

«1.260 días» (Ap. 12:6).

«42 meses» (Ap. 11:2; 13:5-6).

Según este horario, la tribulación de que habló Jesús, a ella se le puede atribuir siete años, dividida en dos partes:

«El principio de dolores», o la primera parte de la tribulación.

«La gran tribulación», o la segunda parte de la tribulación.

Nuevamente, mirando estos dos períodos de tiempo tal como los discute Jesús (y como son mencionados por Daniel) nos ayuda a entender la respuesta de Jesús a las dos preguntas de sus discípulos.

5. Jesús dijo que Él regresaría después del príncipe de Daniel: «Después de aquella tribulación ...verán al Hijo del Hombre, que vendrá en las nubes con gran poder y gloria. Y entonces enviará sus ángeles, y juntarán a sus escogidos» (Mr. 13:24-27). En estas palabras nuestro Señor respondió a las dos preguntas: «¿Cuándo será destruido el templo? Y ¿cuál será la señal de tu venida y del fin del mundo?» (Mt. 24:3).

ESTUDIO A FONDO 2

(13:1-37) *Los tiempos del fin:* diversas cosas más deben ser tenidas en mente cuando uno estudia este pasaje de Marcos.

1. Jesús estaba preparando a los discípulos para la inminente muerte y partida de su maestro de este mundo, y los estaba preparando para continuar después de haber partido Él. Sus discípulos inmediatos pasarían tiempos terribles, desde todo tipo de pruebas personales causados por el testimonio que ellos darían de Jesús, hasta tribulaciones nacionales que implicarían la destrucción de toda la nación. Pasarían generaciones y éstas se harían siglos hasta que Él volviese a la tierra. En aquel momento nadie sabía esto, pero Jesús sí; de manera que también debía preparar a sus discípulos futuros. Ellos también tendrían todo tipo de pruebas. Siempre existía el peligro de que sus discípulos se cansaran esperando el regreso del Mesías. Verían y experimentarían tantos problemas en el mundo que la fe de ellos podría faltar.

Lo que Jesús hizo fue revelar algunos de los eventos que tendrían lugar en la tierra durante «estos últimos tiempos», los días de la iglesia (Hch. 2:16-17; 1 Jn. 2:18). Conociendo algunos de los eventos, sus discípulos estarían mejor preparados para soportar y mantener viva la esperanza del retorno de Cristo.

2. En este pasaje Jesús estaba respondiendo a dos preguntas. Estaba respondiendo a las preguntas: ¿Cuándo será destruido el templo, y cuál será la señal de su venida y del fin del mundo?

Note esto: Jesús estaba tratando el fin del templo y el fin del mundo, la destrucción del templo y la destrucción del mundo. Estaba enumerando las señales, los eventos que causarían el juicio y que ocurrirían durante el juicio tanto del templo como del mundo. ¿Cuál es el tema central? Simplemente esto. Las Escrituras enseñan que las mismas señales y eventos traen el juicio sobre todo. Es decir, los eventos (pecados) que traen juicio sobre lo uno, son los mismos que traen el juicio sobre todo lo demás. Por eso, las señales que rodean la destrucción de Jerusalén son en gran manera similares a las que rodean el fin del mundo. Por eso, lo que Jesús estaba diciendo tenía un doble sentido y una doble aplicación (*véase* Estudio a fondo 3—Mt. 24:1-14; 24:15-28. Ambas notas ayudarán a ver la doble aplicación).

Las palabras de Jesús se aplicaban tanto a los discípulos de aquellos tiempos como a los discípulos de todas las generaciones posteriores. Mientras la tierra permanezca, los discípulos de los *últimos tiempos* (o eras) enfrentarán las mismas señales que enfrentaron aquellos que experimentaron la destrucción de Jerusalén. Pero habrá una diferencia: en el fin del mundo, las señales aumentarán en intensidad. Viene un día, tan terrible, que bien puede ser llamado *principios de dolores* (v. 8), y *la gran tribulación* (v. 21). (*Véanse* Estudios a fondo 1, 2—Mt. 24:1-31; nota—24:15-28.)

3. Un rápido bosquejo del pasaje le ayuda a uno a entender lo que Jesús estaba haciendo.

a. Las ocho señales de los últimos tiempos (es decir, de los últimos tiempos antes de la destrucción de Jerusalén y del fin del mundo, Mr. 13:1-13).

b. La novena y más terrible de las señales: la abominación desoladora y la gran tribulación (Mr. 13:14-23; cp. Mt. 24:15, 21).

c. La venida del Hijo del Hombre (Mr. 14:24-27).

El resto de las cosas mencionadas por Jesús en este pasaje tiene que ver con el tiempo del regreso de nuestro Señor (Mt. 24:32-41) y el deber del creyente de velar y estar preparado (Mt. 24:42—25:46 para la discusión).

ESTUDIO A FONDO 3

(13:1-37) *Los tiempos del fin:* es preciso notar las grandes similitudes entre lo que Jesús dijo acerca del tiempo del fin y extensos pasajes de Apocalipsis (*véanse* Estudios a fondo 1, 2—Mt. 24:1-31 para la discusión).

[1] (13:1-5) *Tiempos del fin:* una rápida mirada a los primeros cuatro versículos mostrará los eventos que llevaron a Jesús a tratar las profecías cubiertas por estos capítulos.

1. Los discípulos admiraron la magnificencia del templo y llamaron la atención de Jesús sobre su belleza. El templo era magnífico. Situado en la cima del monte Sión; construido con mármol blanco enchapado en oro. El templo tenía numerosos pórticos sostenidos por grandes columnas, tan grandes que se requerían entre tres y cuatro hombres para rodearlas con los brazos extendidos. Aparentemente los discípulos estaban situados en algún lugar desde donde veían al templo en toda su magnífica belleza quedando impactados de asombro; querían que Jesús viera la hermosa escena.

2. Jesús usó la ocasión para despertar el interés de los discípulos en los acontecimientos futuros. Predijo la completa destrucción del templo.

3. Los discípulos se sintieron impulsados a formular dos preguntas al Señor: ¿Cuándo será destruido el templo y cuál será la señal de la destrucción? Con estas preguntas Marcos muestra claramente que los discípulos pensaban en las señales del retorno de Jesús y del fin del mundo (Mt. 24:3; *véase* nota—Lc. 21:5-8).

4. Jesús advirtió a sus discípulos a cuidarse de ser engañados. Esto puede significar una o dos cosas. La persona puede ser engañada

fácilmente cuando se tratan las profecías de los tiempos del fin, o la persona también es fácil de ser engañada cuando encara los acontecimientos del fin. Puede ser engañada para pensar que ciertos cataclismos son señales infalibles de la cercanía de los tiempos del fin (v. 7). Ello resulta con demasiada frecuencia en ...

- suposiciones descontroladas sobre el tiempo del fin.
- en predicciones universales.
- en el engaño de otros.
- en el desaliento de la fe de una persona al no llegar el fin.

2 (13:6) *Mesías, falso—engaño:* la primera señal del tiempo final es el engaño espiritual por medio de falsos mesías. Note tres hechos que se afirman.

1.   Vendrán muchos falsos mesías. No serán solamente unos pocos, sino muchos.

2.   Afirmarán ser Cristo, el Mesías; es decir, cada uno afirmará ser *aquel* que puede llevar a los hombres a un estado utópico. Afirmarán que pueden resolver los problemas del hombre y hacer que cada uno tenga abundancia de todo. Cada uno afirmará ser *aquel* que puede cumplir los sueños del hombre, librándolo de conflictos y guerras y llevándolo a un estado de paz y libertad, abundancia y comodidad, igualdad y supremacía. A veces los falsos mesías son políticos y a veces son religiosos, pero en cada caso, esgrimen poder y se proclama a sí mismos como la esperanza de la humanidad.

> *Pensamiento.* Piense en las promesas que algunos políticos y religiosos han hecho con tanta frecuencia, promesas con que se señalan a sí mismos como la *respuesta personal* a las esperanzas del hombre, sus sueños y problemas.

3.   «Engañarán a muchos.» Son *engañadores, impostores, seductores, simuladores.* No pueden cumplir los sueños y esperanzas de los hombres ni pueden resolver sus problemas. No pueden causar el estado utópico de los hombres, porque no disponen de ese poder. Son meros hombres. No son el verdadero Mesías, no son el Mesías de Dios. Pero a pesar de ello muchos les seguirán, creyendo sus falsas promesas y confiando sus vidas y su bienestar en las manos de ellos. Muchos les seguirán como si fuesen el auténtico libertador de la humanidad.

> **«Porque tales personas no sirven a nuestro Señor Jesucristo, sino a sus propios vientres, y con suaves palabras y lisonjas engañan los corazones de los ingenuos» (Ro. 16:18).**
>
> **«Porque estos son falsos apóstoles, obreros fraudulentos, que se disfrazan como apóstoles de Cristo» (2 Co. 11:13).**
>
> **«Para que ya no seamos niños fluctuantes, llevados por doquiera de todo viento de doctrina, por estratagema de hombres que para engañar emplean con astucia las artimañas del error» (Ef. 4:14).**
>
> **«Mas los malos hombres y los engañadores irán de mal en peor, engañando y siendo engañados» (2 Ti. 3:13).**
>
> **«Porque muchos engañadores han salido por el mundo, que no confiesan que Jesucristo ha venido en carne. Quien esto hace es el engañador y el anticristo» (2 Jn. 7).**

3 (13:7-8) *Guerra—mundo, violencia:* la segunda señal de los tiempos del fin son los disturbios nacionales e internacionales, guerras y rumores de guerras.

1.   Los creyentes oirán de levantamientos, nacional e internacionalmente. Algunos, como ciudadanos de una nación en guerra, serán levantados mientras están participando del conflicto. Las noticias serán malas y sombrías, siempre llenas de *guerras y rumores de guerra; siempre en plural, siempre refiriéndose a muchos.*

2.   El creyente no debe turbarse. La palabra «turbar» (*throeo*) significa estar aterrado, atemorizado, perturbado, alarmado, clamando en el interior de uno mismo. Tres cosas pueden ocurrir al creyente al mirar los problemas del mundo.

a.   El creyente puede quedar totalmente impresionado por las nuevas de los conflictos y problemas mundiales. Esas nuevas pueden volverse tan interesantes y cautivantes que lleguen a dominar la vida del creyente. Comienza a vivir y medrar con esas noticias.

b.   El creyente puede quedar totalmente atrapado por la preocupación acerca de su persona y de su familia. Puede comenzar a sentir tanto miedo que olvide que su seguridad está en Dios, no en el mundo. El temor a los asuntos del mundo tiende a acentuar la importancia de la tierra más que la importancia de Dios; tiende a acentuar lo mundano sobre lo espiritual. Por su puesto, el mundo es importante; pero lo que debe ser acentuado es lo espiritual. La responsabilidad del creyente es acentuar lo espiritual, la seguridad y paz del corazón que se halla en Cristo.

c.   El creyente puede llegar a preocuparse tanto por los asuntos del mundo que descuide sus obligaciones espirituales. El creyente se preocupa naturalmente por el mundo, como deben preocuparse todos. Pero no debe permitir que los asuntos de mundo interfieran con su testimonio por Cristo. Debe estar en paz con Dios y sentirse seguro, y debe demostrar su paz y seguridad en Dios atendiendo sus responsabilidades diarias lo mejor posible en un mundo turbulento. El asunto es que el creyente debe testificar de Cristo cualesquiera sean las turbulencias del mundo.

3.   Jesús dijo que «es necesario que suceda así», que haya turbulencias y conflictos. Estos existen debido al *egoísmo* y a la *codicia*, a la naturaleza pecaminosa y depravada del hombre. El lado oscuro del hombre siempre será revelado y expuesto por ...

- asaltos
- luchar
- asesinatos
- hurtar
- robos
- mentiras
- acumulación
- atesorar
- no pedir en oración

- ataques
- argumentos
- estropear
- ser negligente
- abusar
- incredulidad
- desear
- pensamientos negativos

4.   Los conflictos mundiales no significan que el fin sea inminente. Note que Cristo fue específico a este respecto: «pero aún no es el fin». Jesús acababa de decir: «Mirad que nadie os engañe» (v. 5).

> **«Y una gente destruía a otra, y una ciudad a otra ciudad; porque Dios los turbó con toda clase de calamidades. Pero esforzaos vosotros, y no desfallezcan vuestras manos, pues hay recompensa para vuestra obra» (2 Cr. 15:6-7).**
>
> **«Salid de en medio de ella, pueblo mío, y salvad cada uno su vida del ardor de la ira de Jehová. Y no desmaye vuestro corazón a causa de del rumor que se oirá por la tierra; en un año vendrá el rumor, y habrá violencia en la tierra, dominador contra dominador» (Jer. 51:45-46).**
>
> **«Mirad también por vosotros mismos, que vuestros corazones no se carguen de glotonería y embriaguez y de los afanes de esta vida, y venga de repente sobre vosotros aquel día» (Lc. 21:34).**
>
> **«Por nada estéis afanosos, sino sean conocidas vuestras peticiones delante de Dios en toda oración y ruego, con acción de gracias» (Fil. 4:6).**
>
> **«Echando toda vuestra ansiedad sobre él, porque él tiene cuidado de vosotros» (1 P. 5:7).**

4 (13:8) *Terremotos—hambre:* la cuarta señal de los tiempos del fin son los desastres naturales. Se mencionan particularmente dos desastres naturales.

1.   Terremotos en *muchos lugares.* A veces los terremotos causan terrible destrucción y muerte. Josefo registró el cumplimiento

de la profecía de Jesús. Incluso percibe que el desastre natural ocurrido era un signo de alguna destrucción mayor en el futuro.

> « ... *en la noche se levantó una prodigiosa tormenta, de suprema violencia, y vientos muy fuertes, lluvias torrenciales, y continuos relámpagos, truenos, y amenazantes contorciones y corcoveos de la tierra, la cual sufría un terremoto. Estas cosas eran una indicación manifiesta de que venía sobre los hombres alguna destrucción, al ser puesto en semejante desorden el sistema del mundo; y todos pensaban que estos desastres anticipaban alguna calamidad mayor»* (Flavio Josefo. *Guerras. 4. 4:5)* Josefo, Obras Completas, *traducción por William Whiston. Grand Rapids, MI: Kregel, 1960).*

Durante los últimos días de la tierra habrá terremotos en muchos lugares (Ap. 6:12; 11:12-13, 19; 16:17-19).

2. Hambre. Las Escrituras mencionan una «gran hambre» en todo el mundo «la cual sucedió en tiempo de Claudio» (Hch. 11:28-30). Josefo describe al hambre diciendo que fue tan grave que cuando se llevaba harina «al templo ... ninguno de los sacerdotes era de corazón tan duro para comer un mendrugo de ello ... habiendo tanta angustia en la tierra» (Josefo, *Ant.* 3.15:3). En otro lugar dice: «los oprimió el hambre [Jerusalén] ... y muchas personas murieron por falta de lo necesario para conseguir comida» (Josefo, *Ant.* 20. 2:5).

En los días inmediatamente anteriores a la caída de Jerusalén Josefo habla de otra terrible hambre:

> «*Era ahora un caso miserable, y nos llenaba los ojos de lágrimas, viendo a los hombres sufrir por su comida, mientras los más poderosos tenían más que suficiente, y los más débiles gemían (por falta de ello)»* (Josefo, *Guerras. 5. 10:3).*

> «*Luego el hambre fue progresando, y devorando a la gente, casas y familias enteras; los aposentos altos estaban atestados de mujeres y niños que morían de hambre; y las calles de la ciudad estaban llenas de los cuerpos muertos de los ancianos; también los niños y los jóvenes nadaban por las plazas semejantes a sombras, todos hinchados por el hambre, y se caían muertos dondequiera que su miseria los vencía»* (Josefo, *Guerras. 5. 12:3).*

Evidentemente habrá terrible hambre en los tiempos del fin. El caballo negro de los cuatro jinetes del Apocalipsis indica terrible hambre (*véase* nota—Ap. 5:5-6). El insoportable dolor y el terrible mal que el hambre puede causar se describe gráficamente en las Escrituras.

> **«Más dichosos fueron los muertos a espada que los muertos por el hambre; porque éstos murieron poco a poco por falta de los frutos de la tierra. Las manos de mujeres piadosas cocieron a sus hijos; sus propios hijos les sirvieron de comida en el día del quebrantamiento de la hija de mi pueblo» (Lm. 4:9-10).**

Mateo agrega un tercer desastre natural: pestilencias. Los terremotos y el hambre por supuesto causan enfermedad y pestilencia (*véase* nota—Mt. 24:7).

ESTUDIO A FONDO 4

(13:8) *Dolores* (*odinon*): dolores de parto; dolores de alumbramiento; sufrimiento; angustia intolerable; dolor repentino, agudo, violento.

5 (13:9) *Persecución:* la cuarta señal del tiempo del fin es la persecución a manos de autoridades civiles y religiosas. Jesús dijo varias cosas significativos sobre esta señal.

1. «Mirad por vosotros mismos.» El creyente tiene que cuidarse, mirar por sí mismo. El énfasis está sobre el pronombre «vosotros», a efectos de destacar la necesidad de guardarse uno mismo. El creyente tiene que cuidar de *sí mismo;* él mismo tiene que mirar por sí mismo. No solamente sufrirá los engaños y conflictos normales de un mundo egoísta, no solamente pasará por desastres naturales, sino que se enfrentará a la persecución perpetrada por sus compañeros.

2. «[Hombres civiles y religiosos] os entregarán.» Los creyentes sufrirán abusos, negligencia, el ser ignorados, arrestos y juicios ante las cortes del mundo y de la religión ¿Por qué? «Por causa de mí, para testimonio a ellos.» (En el griego la palabra es «a», no «contra» ellos. En griego es un caso de dativo simple.) Los creyentes estarán en frente de todos *a efectos de demostrar lealtad a Cristo.* Permanecer firmes a través de la persecución es una forma de testificar. Cuando el creyente sufre por Cristo demuestra que Cristo y la eternidad son reales.

> **«Y guardados de los hombres, porque os entregarán a los concilios, y en sus sinagogas os azotarán» (Mt. 10:17).**

> **«Entonces os entregarán a tribulación, y os matarán, y seréis aborrecidos de todas las gentes por causa de mi nombre» (Mt. 24:9; cp. Lc. 21:12-13).**

> **«Acordaos de la palabra que yo os he dicho: El siervo no es mayor que su señor. Si a mí me han perseguido, también a vosotros os perseguirán; si han guardado mi palabra, también guardarán la vuestra» (Jn. 15:20).**

> **«Estas cosas os he hablado, para que no tengáis tropiezo. Os expulsarán de las sinagogas; y aun viene la hora cuando cualquiera que os mate, pensará que rinde servicio a Dios. Y harán esto porque no conocen al Padre ni a mí» (Jn. 16:1-3).**

> **«Y también todo los que quieran vivir piadosamente en Cristo Jesús padecerán persecución» (2 Ti. 3:12).**

> **«No temas en nada lo que vas a padecer. He aquí, el diablo echará a algunos de vosotros en la cárcel, para que seáis probados, y tendréis tribulación por diez días. Sé fiel hasta la muerte, y yo te daré la corona de la vida» (Ap. 2:10).**

> **«Jehová Dios mío, en ti he confiado; sálvame de todos los que me persiguen, y líbrame» (Sal. 7:1).**

> **«En tu mano están mis tiempos; líbrame de la mano de mis enemigos y de mis perseguidores» (Sal. 31:15).**

> **«Todos tus mandamientos son verdad; sin causa me persiguen; ayúdame» (Sal. 119:86).**

> **«Porque ha perseguido el enemigo mi alma; ha postrado en tierra mi vida; me ha hecho habitar en tinieblas como los ya muertos» (Sal. 143:3).**

6 (13:10) *Evangelismo:* la quinta señal de los últimos tiempos es la evangelización mundial. Note las palabras exactas de Cristo: *«Es necesario que* el evangelio sea predicado antes a todas las naciones» para que pueda venir el fin. Note tres cosas.

1. La palabra «necesario» asegura el hecho. Es un hecho establecido en el plan de Dios para el mundo. No puede ser cambiado. El evangelio será predicado en todas las naciones antes que venga el fin del mundo.

2. La promesa fue cumplida en el primer siglo. El evangelio fue llevado a todo el mundo conocido de aquel tiempo (Ro. 10:18; Col. 1:23; *véase* nota—Mt. 24:14 para la discusión detallada).

3. La promesa de la evangelización mundial será cumplida en el tiempo del fin. Todas las naciones del mundo oirán el evangelio antes que venga el fin. La promesa de Cristo fue irrestricta. Dijo: «en todas las naciones». Antes que el tiempo deje de ser, habrá una proclamación del evangelio a todo el mundo.

> **«Y será predicado este evangelio del reino en todo el mundo, para testimonio a todas las naciones; y entonces vendrá el fin» (Mt. 24:14).**

> **«Por tanto, id, y haced discípulos a todas la naciones, bautizándolos en el nombre del Padre, y del Hijo, y del Espíritu Santo. Enseñándoles que guarden todas las cosas que os he mandado; y he aquí yo estoy con vosotros todos los días hasta el fin del mundo» (Mt. 28:19-20).**

> **«Y les dijo: Id por todo el mundo y predicad el evangelio a toda criatura» (Mr. 16:15).**

> **«Y que se predicase en su nombre el arrepentimiento y el perdón de pecados en todas las naciones, comenzando desde Jerusalén» (Lc. 24:47).**

> **«Pídeme, y te daré por herencia las naciones, y como posesión tuya los confines de la tierra» (Sal. 2:8).**

> **«Se acordarán, y se volverán a Jehová todos los confines de la tierra, y todas las familias de las naciones adorarán delante de ti» (Sal. 22:27).**

> **«Proclamad entre las naciones su gloria, en todos los**

pueblos sus maravillas» (Sal. 96:3).

«Acontecerá en lo postrero de los tiempos, que será confirmado el monte de la casa de Jehová como cabeza de los montes, y será exaltado sobre los collados, y correrán a él todas las naciones» (Is. 2:2).

«No harán mal ni dañarán en todo mi santo monte; porque la tierra será llena del conocimiento de Jehová, como las aguas cubren el mar» (Is. 11:9).

«No se cansará ni desmayará, hasta que establezca en la tierra justicia; y las costas esperarán su ley» (Is. 42:4).

«Porque desde donde el sol nace hasta donde se pone, es grande mi nombre entre las naciones; y en todo lugar se ofrece a mi nombre incienso y ofrenda limpia, porque grande es mi nombre entre las naciones, dice Jehová de los ejércitos» (Mal. 1:11).

[7] (13:11) *Persecución—Santo Espíritu—testimonio:* la sexta señal del tiempo del fin es un testimono sobrenatural (*véase* nota—Mt. 10:19-20). En los últimos tiempos habrá una vigorosa corriente de testimonios guiados por el Espíritu Santo. Multitudes de creyentes serán llamados para responder por la esperanza que hay en ellos. Note dos cosas.

1. Las palabras «no os preocupéis» significan no afligirse, no estar ansiosos. El creyente no debe estar *sumido* en la preocupación por lo que va a decir, ya sea en defensa propia o como testimonio a sus perseguidores.

2. El Santo Espíritu hablará a través del creyente. El creyente no estará dejado a solas defendiendose a sí mismo en persecución. Dios hablará através del creyente, estando con Él (cp. Hch. 4:8ss; 2 Ti. 4:16-18).

«En mi primera defensa ninguno estuvo a mi lado, sino que todos me desampararon; no les sea tomado en cuenta. Pero el Señor estuvo a mi lado, y me dio fuerzas, para que por mí fuese cumplida la predicación, y que todos los gentiles oyesen. Así fui librado de la boca del león. Y el Señor me librará de toda obra mala, y me preservará para su reino celestial. A él sea la gloria por los siglos de los siglos» (2 Ti. 4:16-18).

«De manera que podemos decir confiadamente: El Señor es mi ayudador; no temeré lo que me pueda hacer el hombre» (He. 13:6).

«No temas, porque yo estoy contigo; no desmayes, porque yo soy tu Dios que te esfuerzo; siempre te ayudaré, siempre te sustentaré con la diestra de mis justicia» (Is. 41:10).

«He aquí que Jehová el Señor me ayudará; ¿Quién hay que me condene? He aquí que todos ellos se envejecerán como ropa de vestir, serán comidos por la polilla» (Is. 50:9).

[8] (13:12-13) *Persecución—familia:* la séptima señal de los tiempos del fin son las familias divididas (*véase* nota—Mt. 10:21). Habrá dos características especialmente evidentes.

1. Habrá traición que llevará a la muerte (v. 12). La práctica se infiltrará en la familia y alcanzará amplia difusión, a tal punto que Cristo dice que será una característica común de los últimos tiempos.

2. Habrá un profundo odio entre todos (el énfasis es sobre la familia). Note por qué: es porque el creyente toma su posición en favor de Cristo. Su propia familia, igual que el mundo, lo odiará, perseguirá y lo traicionará por causa de su testimonio por Cristo.

«El hermano entregará a la muerte al hermano, y el padre al hijo; y los hijos se levantarán contra los padres, y los harán morir» (Mt. 10:21).

[9] (13:13) *Perseverancia—salvación:* la octava señal de los tiempos del fin es la escena de algunas personas que perseveran y son salvas a pesar de la terrible persecución. Note dos asuntos.

1. La palabra «perseverar» (*upomeinas*) significa llevar el sufrimiento, tener coraje en medio del sufrimiento, perseverar y soportar paciente, pero activamente, no pasivamente. Es perseverar activamente, soportando el intenso sufrimiento. El creyente es

llamado y será llamado a tomar su lugar y permanecer firme a través de todas las formas de persecución y abuso, aun cuando ello conduzca a torturas inhumanas y muerte.

2. Jesús estaba hablando a sus discípulos. Por eso, la promesa de *ser salvos* necesariamente se refiere a la *salvación del alma en los últimos tiempos.* No podía significar la seguridad de la vida humana. Jesús acababa de decir que (muchos) serían muertos (v. 12; cp. Mt. 24:9). De modo que el creyente que permanece firme demuestra ser un creyente genuino.

«No temas en nada lo que vas a padecer. He aquí, el diablo echará a algunos de vosotros en la cárcel, para que seáis probados, y tendréis tribulación por diez días. Sé *fiel* hasta la muerte, y yo te daré la corona de la vida» (Ap. 2:10).

«Vida eterna a los que, *perseverando* en bien hacer, buscan gloria y honra e inmortalidad, pero ira y enojo a los que son contenciosos yno obedecen a la verdad, sino que obedecen a la injusticia; tribulación y angustia sobre todo ser humano que hace lo malo, el judío primeramente y también el griego» (Ro. 2:7-9).

«Bienaventurado el varón que soporta la tentación; porque cuando haya resistido la prueba, recibirá la corona de vida, que Dios ha prometido a los que le aman» (Stg. 1:12).

«He aquí, tenemos por bienaventurados a los que sufren. Habéis oído de la paciencia de Job, y habéis visto el fin del Señor, que el Señor es muy misericordios y compasivo» (Stg. 5:11).

«Mas vosotros sois linaje escogido, real sacerdotes, nación santa, pueblo adquirido por Dios, para que anunciéis las virtudes de aquel que os llamó de las tinieblas a su luz admirable» (1 P. 2:9).

	B. La más terrible de las señales: la abominación desoladora, 13:14-23 (Mt. 24:15-28; Lc. 21:20-24)	18 Orad, pues que vuestra huida no sea en invierno;	**d. Orar por buenas condiciones**
1 Se la llama abominación desoladora[EF1] a. El motivo: por estar donde no debe b. Profetizada por Daniel	14 Pero cuando veáis la abominación desoladora de que habló el profeta Daniel, puesta donde no debe estar (el que lee, entienda), entonces los que estén en Judea huyan a los montes.	19 porque aquellos días serán de tribulación cual nunca ha habido desde el principio de la creación que Dios creó, hasta este tiempo, ni la habrá. 20 Y si el Señor no hubiese acortado aquellos días, nadie sería salvo; mas por causa de los escogidos que él escogió, acortó aquellos días.	**3 Causa aflicción horrible, sin par (la gran tribulación)** (cp. Mt. 24:21) **4 Dios tiene que intervenir y acortar los días de aflicción**
2 Hay que huir de prisa a. Olvidar toda comodidad del hogar[EF2] b. Olvidarse de toda posesión personal c. Lamentarse por los que no pueden huir rápidamente	15 El que esté en la azotea, no descienda a la casa, no entre para tomar algo de su casa; 16 y el que esté en el campo, no vuelva atrás a tomar su capa. 17 Mas ¡Ay de las que estén encinta, y de las que críen en aquellos días!	21 Entonces si alguno os dijere: Mirad, aquí está el Cristo; o, mirad, allí está, no le creáis. 22 Porque se levantarán falsos Cristos y falsos profetas, y harán señales y prodigios, para engañar, si fuese posible, aun a los escogidos. 23 Mas vosotros mirad; os lo he dicho todo antes.	**5 Causa una frenética búsqueda de mesías (libertadores) falsos** **6 Tan terrible que requiere ser predicha**

B. La más terrible de las señales: la abominación desoladora, 13:14-23

(13:14-23) *Abominación desoladora:* esta es una referencia a la caída de Jerusalén en el año 70. Sin embargo, también es una referencia al anticristo (*véanse* notas y Estudio a fondo 2, *Anti-cristo*—Mr. 13:14; 2 Ts. 2:4-9; Ap. 11:7; 13:1-10; 13:11-18; 17:7-14; cp. Dn. 9:20-27, esp. 27; 12:11). El anticristo mismo será una señal de que el tiempo final ha llegado. Jesús destacó esto respondiendo a la doble pregunta de sus discípulos (*véase* nota—Mt. 24:15-28). Note que el versículo 23, donde Jesús dice haber predicho todas las cosas. Esta afirmación y la forma de formular el versículo 24, «Pero en aquellos días, después de aquella tribulación» muestra claramente que Jesús está continuando su discusión de las señales que indican el fin del tiempo. (*Véase* nota—Mt. 24:15-28. Esta nota es importante como fondo a este pasaje.)

1. Tan terrible, se la llama abominación desoladora (v. 14).
2. Tan terrible, de ella hay que huir inmediatamente (vv. 14-18).
3. Tan terrible, causa aflicción horrible, sin par (la gran tribulación) (v. 19).
4. Tan terrible, Dios tiene que intervenir y acortar los días de aflicción (v. 20).
5. Tan terrible, causa una frenética búsqueda de mesías (libertadores) falsos (vv. 21-22).
6. Tan terrible, requiere ser predicha (v. 23).

[1] (13:14) *Anticristo—abominación desoladora:* esta señal es tan terrible que se la llama abominación desoladora (*véase* nota—Mt. 24:15). El motivo es que está «donde no debe estar», es decir, en el templo de Dios. En efecto, está en el lugar santísimo donde la presencia de Dios es simbolizada como llenando la atmósfera. Las palabras «donde no debe estar» significan que *está en lugar de Dios, como reemplazo de Dios.* Asume la posición de Dios en el templo de Dios. El cuadro es exactamente como lo describe Pablo al hablar de las señales del tiempo final:

«Nadie os engañe de ninguna manera; porque no vendrá sin que antes venga la apostasía, y se manifieste el hombre de pecado, el hijo de perdición el cual se opone y se levanta contra todo lo que se llama Dios o es objeto de culto; tanto que se sienta en el templo de Dios como Dios, haciéndose pasar por Dios» (2 Ts. 2:3-4).

No existe un crimen más grande que usurpar el lugar de Dios en la vida humana. Toda persona que rechaza a Dios usurpa el lugar de Dios. Reemplaza a Dios con alguien o con algo en su vida. Pero este cuadro incluye mucho más que la incredulidad personal, incluso más que la incredulidad corporativa de falsos mesías y sus limitados seguidores. Es un intento universal, mundial, de reemplazar a Dios mismo en su propio templo, de manera que *todos los creyentes* realmente vean el evento (v. 14).

Algunos afirman que la señal será repetida en el tiempo final y cumplida literalmente en el templo. En el pasado ha sido cumplida literalmente cuanto Antíoco Epífanes y Tito se pararon en el templo. Otros creen que las palabras «el templo» se refieren a toda religión. Creen que la abominación será la eliminación de toda religión, particularmente el auténtico cristianismo.

Note que el acto de corromper el templo de Dios es tan terrible que Dios le ha dado el nombre de abominación: *la abominación desoladora.* ¡Cuán repulsivo le son la incredulidad y el rechazo!

ESTUDIO A FONDO 1

(13:14) *Abominación desoladora—anticristo (to bdelugma teseremoseos):* la abominación que hace desolación. Note las palabras de Jesús: «La abominación desoladora de que habló *el profeta Daniel*». Hay tres pasajes en Daniel que hablan de la abominación desoladora.

«Setenta semanas están determinadas sobre tu pueblo y sobre tu santa ciudad .... Sabe, pues, y entiende ... Después con la muchedumbre de las abominaciones vendrá el desolador ... » (Dn. 9:24, 25).

«Y se levantarán de su parte tropas que profanarán el santuario y la fortaleza, y quitarán el continuo sacrificio y pondrán la abominación desoladora» (Dn. 11:31).

«Y desde el tiempo que sea quitado el continuo sacrificio hasta la abominación desoladora, habrá mil doscientos noventa días» (Dn. 12:11).

En Daniel 9:27 el término es *bdelugma ton eremoseon.* El hebreo dice: «Sobre el ala [o pináculo] de las abominaciones [vendrá] el desolador» o «sobre alas como un desolador [vendrá] abominación.»

En Daniel 11:31 el hebreo dice: «ellos pondrán [lugar] la abominación que hace desolación.»

En Daniel 12:11 el hebreo dice: «y desde ese tiempo el diario [sacrificio] será quitado, y la abominación que hace desolación establecida [será] .... »

Diversos asuntos deben ser discutidos acerca de la abominación desoladora mencionada por Jesús y Daniel.

1.	El primer asunto de consideración es *cuándo fue cumplida la profecía de Daniel.*

    a.	La profecía tuvo un cumplimiento en el pasado; es decir, tuvo un cumplimiento antes del tiempo de Jesús, alrededor del año 178 a.C. Esto está claro. Antíoco Epífanes, rey de Siria, conquistó a Jerusalén y trató de imponer la cultura griega a los judíos. Quería que los judíos se volvieran totalmente griegos tanto en cultura como en religión. Sabía que para tener éxito tenía que destruir a la religión judía. Por eso hizo las tres cosas más terribles que se podían hacer en el concepto del pueblo judío. Profanó el templo mediante (1) la construcción en su atrio de un altar al dios griego Zeus, (2) sacrificando sobre él carne de cerdo, y (3) estableciendo un tráfico de prostitución en las cámaras del templo (cp. 1 Macabeos 1:20-62; cp. también Josefo, *Ant.* 12.5:3-4; *Guerras.* 1.1:2).

    b.	Jesús dijo que habrá un cumplimiento futuro: «Pero cuando *veáis* la abominación desoladora de que habló el profeta Daniel.... » Hay cuatro conceptos principales en cuanto al cumplimiento futuro de la profecía de Daniel (1) Uno dice que no hay cumplimiento futuro, que todas las señales fueron cumplidas en la destrucción de Jerusalén, en el año 70 d.C. a manos de Tito. (2) Otros creen que Jesús se refiere a la era de la iglesia y a las pruebas que la iglesia tiene que soportar antes del retorno de Cristo. (3) Y otros creen que la profecía se refiere exclusivamente al tiempo del fin, sin tener nada que ver con la destrucción de Jerusalén en el año 70 a manos de Tito. (4) Otros creen que Jesús estaba respondiendo a las preguntas puntuales que los discípulos habían formulado; es decir, que la profecía se refiere tanto a la destrucción de Jerusalén como al fin del mundo.

Al considerar lo que Jesús estaba diciendo, lo mejor es que Él hable por sí mismo, sin *agregar ni quitar* nada a sus palabras. Esto se ha intentado ya en notas anteriores (*véase* Estudios a fondo 1, 2—Mr. 13:1-37; Estudios a fondo 1, 2—Mt. 24:1-31). La conclusión de las notas es que la profecía es *cumplida* tanto en la destrucción de Jerusalén como en el fin del mundo. El Señor está respondiendo a la pregunta de los discípulos.

Jesús estaba diciendo que aquello que ocurrió bajo Antíoco Epífanes en el lugar santísimo, volverá a ocurrir; de hecho, el templo sería destruido de tal manera que no quedase piedra sobre piedra. Y así ocurrió. Lo que Jesús dijo ocurrió en el sentido más estructamente literal bajo Tito en el año 70 d.C. (*Véanse* bosquejo, notas y Estudio a fondo 3—Mt. 24:1-14, especial-mente las notas que citan a Josefo, el historiador judío.

(*Véanse* bosquejo notas y Estudio a fondo 3—Mt. 24:1-14, especialmente las notas que citan a Josefo, el historiador judío. La lectura del relato de Josefo acerca de la desolación de Jerusalén revela de qué manera tan terrible fue devastado el templo, la ciudad, y el pueblo.)

Sin embargo, como ya se ha mencionado en notas anteriores, Jesús no sólo estaba contestando la pregunta de los discípulos sobre el cuándo de la destrucción de Jerusalén; *también estaba contestando* la pregunta de ellos sobre el propio regreso de Jesús y el fin del mundo. La profecía de Daniel y la elaboración que el Señor hace de ella, van a tener un doble cumplimiento. Las señales que apuntan a alguien que ha pecado tan terriblemente (Jerusalén) son en gran medida las mismas señales que apuntan a otro que también ha pecado tanto (el mundo del tiempo final). Sin embargo, hay una diferencia crítica. El pecado de Jerusalén fue el pecado más horrendo que podía ser cometido, el pecado de matar al propio Hijo de Dios. Y el pecado que el mundo presenciará en los tiempos del fin será igualmente terrible llegando a su culminación con la abominación desoladora. Por eso, en el tiempo final, el mundo presenciará un incremento y una intesificación de las señales. Como resultado habrá gran tribulación, tal como el mundo no la ha visto nunca antes (v. 19). (*Véanse* nuevamente, el bosquejo y notas—Mt. 24:1ss para una discusión detallada.)

2.	Un segundo asunto que debe ser discutido acerca de la abominación desoladora es *la división del tiempo* que ambos, Jesús y Daniel, parecieran ofrecer. Jesús dijo que la abominación desoladora inauguraría la peor de las tribulaciones que el mundo haya conocido (Mr. 13:14, 19; Mt. 24:15, 21). En sus propias palabras, las señales que ocurrirán hasta la abominación desoladora son llamadas «comienzo de dolores» (Mt. 24:8); y las señales que ocurran después de tener lugar la abominación desoladora son llamadas «gran tribulación». Las tribulaciones de ese período de tiempo no tendrán par en la historia (Mt. 24:21). Daniel también trazó una división del tiempo, tal como lo hizo Jesús.

«Y por *otra semana* confirmará [el príncipe] el pacto con muchos; *a la mitad de la semana* se hará ... la muchedumbre de las abominaciones» (Dn. 9:27).

«A la mitad de la semana» (la septuagésima semana de Daniel) apunta definidamente a un período de tiempo (una semana) que es dividida en dos partes. Note estos factores.

    a.	Daniel se refiere a la «semana setenta», el final de su profecía. El hecho que Jesús se refiera al fin de Jerusalén y al fin del mundo, y el hecho de que Jesús elabore la profecía de Daniel, nos dice que Daniel se refería el final del tiempo igual que Jesús.

    b.	Daniel dice que el comienzo de la segunda mitad de su septuagésimia semana es la «abominación desoladora» o el príncipe que causa «ídolos abominables» (H. C. Leupold. *Exposition of Daniel.* Grand Rapids, MI, Baker, 1969, p. 434).

        Es necesario notar cuidadosamente las palabras de Jesús: «Pero cuando veáis la abominación desoladora de que habló el profeta Daniel.... » (Mr. 13:14; Mt. 24:15). Jesús está por explicar, más detalladamente lo profetizado por Daniel. Jesús explicó que la primera mitad de la semana de Daniel consistiría en señales que son «*el comienzo de dolores*» (Mr. 13:8; cp. 13:5-13; Mt. 24:8; 24:5-14); y la segunda mitad de la semana de Daniel consistiría en las tribulaciones sin par de la «*gran tribulación*». La segunda mitad de la semana sería inaugurada por «la abominación desoladora ... puesta donde no debe estar» (Mr. 13:14, 19; Mt. 24:15, 21).

3. Un tercer asunto que debe ser considerado es *el marco de tiempo del tiempo final* (la septuagésima semana) tal como fue predicho por Jesús y Daniel. Las Escrituras se refieren a la duración de la misma con las siguientes palabras (*véanse* notas— Ap. 11:2; 12:6).

«Tiempo, y tiempos, y la mitad de un tiempo» (Dn. 7:25; 12:7).

«1260 días» (Ap. 12:6).

«42 meses» (Ap. 11:2; 13:5-6).

Tomando como base los días y semanas del libro de Apocalipsis, si el tiempo de Daniel es igual a un año, entonces sus palabras, «tiempo (1 año), tiempos (2 años), y medio tiempo (1/2 año)» equivalen a tres años y medio. Daniel afirma que la abominación desoladora tiene lugar «a la mitad de la semana», después de tres años y medio. Se asume que las palabras de Cristo: «comienzo de dolores» (es decir, la primera mitad de la semana) también son tres años y medio. Por eso, al combinar los dos períodos de tiempo (3 1/2 año cada uno) la duración de los últimos días o el fin del tiempo es considerada como de siete años literales. Tomando como base las palabras de Apocalipsis la profecía de Cristo puede ser graficada de la siguiente manera.

EL FIN DEL MUNDO

Ver la señal de la
abominación desoladora
en medio de los tiempos o años
(v. 14)

Tres años y medio de señales que serán «principios de dolores» (v. 8).	Tres años y medio de pruebas sin par de «la gran tribulación» (v. 19; cp. Mt. 24:21)

Ver al Hijo del
Hombre que viene
(v. 26)

«Sus ángeles ... juntarán
a sus escogidos»
(v. 27)

Sin embargo, es necesario notar que muchos eruditos bíblicos afirman que las palabras «tiempo» en Daniel y «días» y «meses» en Apocalipsis (y en todas las Escrituras) son usadas con referencia a bloques de tiempo, es decir, a períodos más prolongados o de duración indefinida de tiempo.

4. Un cuarto asunto que merece consideración es: «*¿Qué o quién es llamado abominación desoladora?*» Como ya se ha mencionado anteriormente muchos comentaristas excelentes sostienen que la profecía se refiere a la destrucción de Jerusalén a manos tanto de Antíoco Epífanes (170 a.C.) y de Tito (70 d.C.). Existe una fuerte evidencia histórica, como también el hecho de que Jesús estaba contestando una pregunta específica de los discípulos (Mr. 13:4; Mt. 24:3), para afirmar un cumplimiento en el pasado de la profecía. ¿Pero qué del cumplimiento en el futuro? Qué o quién es sindicado como «la abominación desoladora» en el fin del mundo? (*Véanse* Estudio a fondo 1— Ap. 11:7; cp. notas—2 Ts. 2:3-4; Ap. 13:1; 13:3; 13:5-6.)

a. Tal vez la frase misma contenga alguna indicación. En el Antiguo Testamento la palabra *abominación* está conectada con idolatría o sacrilegio. *De desolación* significa lo mismo que *lo que causa desolación*. En este caso es *la abominación* que causa *desolaciones*. Es decir, la abominación actúa sobre el lugar santísimo causando personalmente desolación. Esto, por supuesto, señala hacia una persona cumpliendo la profecía en el futuro así como hubo literalmente dos personas que la cumplieron en el pasado, Antíoco y Tito.

b. Marcos 13:14 de hecho usa el participio *masculino* indicando vigorosamente que la abominación desoladora es una persona.

c. Daniel habla de un príncipe que causa la desolación. Leupold, el gran teólogo luterano, traduce al príncipe como «el destructor». (Leupold. *Exposition of Daniel*, p. 433. Debido a su extraordinaria erudición y sencillez en la escritura, se aconseja consultar a Leupold cuando se estudia Daniel.)

d. Segunda Tesalonicenses y Apocalipsis identifican un *anticristo* que se levantará en los últimos tiempos causando destrucción sin par en el mundo y en el pueblo de Dios.

«Y se manifieste el hombre de pecado, el hijo de perdición el cual se opone y se levanta contra todo lo que se llama Dios o es objeto de culto; tanto que se sienta en el templo de Dios como Dios, haciéndose pasar por Dios. ¿No os acordáis que cuando yo estaba todavía con vosotros, os decía esto?» (2 Ts. 2:3-5). (*Véanse* notas—Mr. 13:14; 2 Ts. 2:4-9; Ap. 6:2-7; Estudio a fondo 1—11:7; notas—13:1-10; 13:11-18; 17:7-14. Cp. Dn. 9:20-27; 11:31; 12:11.)

2 (13:14-18) *Anticristo—abominación desoladora:* esta señal es tan terrible que hay que huir inmediatamente de ella. La idea que Jesús está trasmitiendo es que la abominación (el que causa desolación) irrumpirá repentinamente sobre la tierra, inesperadamente. Su aparición y la guerra que lanza contra el templo de Dios serán tan rápidos que tomará por sorpresa a la gente. Implicará un peligro inmediato para los creyentes. Jesús advirtió: «Cuando *veáis* [ustedes los creyentes] ... huyan» (v. 14). El inminente peligro y la urgencia fue acentuada por Cristo en cuatro afirmaciones.

1. La persona debe olvidarse de todo confort de hogar; la urgencia se ilustra con el hombre que estando en el tejado huye inmediatamente (*véase* nota—Mt. 24:17).

2. La persona debe olvidar las posesiones personales; la urgencia se ilustra con el hombre que no vuelve a su hogar para recoger sus ropas (o posesiones).

3. La persona debe lamentarse por aquellos que no pueden huir rápidamente: la ilustración es de mujeres embarazadas y niños de corta edad.

4. La persona debe orar por condiciones favorables en la huida; esto se ilustra con la mención del invierno y el día de reposo. Viajar en invierno sería más difícil. El día de reposo representa ciertas reglas religiosas que impedirían huir (viajar) a los más religiosos.

«¡Generación de víboras! ¿Quién os enseñó a huir de la ira venidera? Haced pues frutos dignos de arrepentimiento» (Mt. 3:7-8).

ESTUDIO A FONDO 2

(13:5) *Casa—tejado: véase* Estudio a fondo 2—Mt. 24:17.

3 (13:19) *Gran tribulación, la—anticristo:* esta señal es tan terrible que causa horrenda y sin igual aflicción (la gran tribulación). Mateo usa literalmente las palabras: «gran tribulación.» Mateo dice:

«Porque habrá entonces *gran tribulación*, cual no la ha habido desde el principio del mundo hasta ahora, ni la habrá» (Mt. 24:21).

De estas palabras procede el término «la gran tribulación». Es notable que sea el término usado por Cristo mismo para describir las increíbles aflicciones de los últimos tiempos. No pudo haberse escogido un término mejor. «La gran tribulación» (o período de aflicciones sin igual) es un término adecuado, un término escogido por nuestro Señor para remarcar esta verdad sobre el corazón humano.

La gran tribulación será un período de aflicciones sin paralelo en la historia.

1. En los años 66-70 d.C. Jerusalén experimentó uno de los sitios más terribles de toda la historia. En el año 66 d.C. los judíos se rebelaron y el ejército romano estuvo pronto a atacar. Pero por dos motivos primordiales era difícil atacar la ciudad: la ciudad estaba asentada sobre la cima de una montaña, bien protegida por el terreno mismo, y, los líderes de la revuelta eran fanáticos religiosos. Fácilmente más de un millón de personas habían huido al interior de la ciudad, protegiéndose detrás de sus muros.

A medida que el sitio continuaba se cumplieron literalmente las palabras de Jesús. Fuera de los muros esta el ejército romano y toda la mutilación y muerte propias de la guerra. De los muros hacia adentro estaba vecino tras vecino sufriendo hambre, pestilencia, falsos libertadores (mesías), traición, crimen, revuelta, rebelión, odio. Y todo ello cobró sus víctimas. Josefo dice que más de un millón murió y 97.000 fueron hechos prisioneros. Los horrores del sitio fueron elocuentemente descritos por él (*véanse* notas—Mt. 24:7; 24:10; 24:11. *Véase* Josefo, *Guerras*. 5. 12:3; 6. 3:4; 6. 8:5).

> «Me parece que los infortunios de todos los hombres, desde el comienzo del mundo, si fuesen comparados a los de estos judíos, no son tan graves como fueron éstos» (Josefo, *Guerras*. Prefacio 4).

2. En el tiempo del fin, el mundo experimentará grandes tribulaciones sin par en la historia. Note que Jesús no describió las grandes pruebas más allá de los que ya había dicho en los vv. 5-12. Una rápida mirada al período de grandes tribulaciones descrito por Apocalipsis da alguna idea de las aflicciones (*véanse* todos los bosquejos y notas; cp. Dn. 12:1-2).

- Truenos, relámpagos y un terremoto (Ap. 8:5; cp. 8:1-5).
- Catástrofes naturales (Ap. 8:6-12).
- Langostas o plagas semejantes a demonios (Ap. 8:13-9:11).
- Ejércitos semejantes a demonios (Ap. 9:12-21).
- Naciones enojadas destruyendo la tierra (Ap. 11:18; cp. 11:14-19).
- Un gobernador político poseído por el mal (Ap. 13:1-10).
- Un gobernador religioso falso (Ap. 13:11-18).
- Terrible destrucción y sufrimiento tanto sobre la tierra como entre los hombres (Ap. 16:1-21).
- Un poder mundial malo y engañoso (Ap. 17:1—18:24).

[4] (13:20) *Gran tribulación:* esta señal es tan terrible que Dios tiene que intervenir par acortar los días de la tribulación. Esta fue una promesa dada a los creyentes del tiempo de Jesús, y también es una promesa para los creyentes del tiempo final. Note que Jesús dice dos cosas.

1. Los días de la gran tribulación serán acortados. ¿Qué quiere decir: acortados?
- Más cortos de lo que Dios normalmente permitiría para una pecaminosidad tan grande.
- Más cortos de lo que el enemigo esperaba.
- Más cortos de lo que otros esperaban de un gobierno al combatir la revuelta de semejantes fanáticos.

En su providencia, Dios obró poderosamente para acortar aquellos días por amor a Israel. En medio del juicio, Dios fue misericordioso. Israel no fue totalmente aniquilado. El sitio fue más breve de lo esperado. Muchas personas registraron *las causas naturales* que acortaron el sitio.
- Divisiones y fracciones. Los líderes judíos estaban divididos entre ellos desde el comienzo. Nunca pudieron elaborar una política de cohesión.
- Un desastroso incendio. El fuego destruyó muchas armas y provisiones.
- Grupos de malvivientes. Estos estaban decididos a sobrevivir robando, asaltando y matando. Quedaron claramente documentados por Josefo.
- Traición y engaño. Algunos entregaron sus fortificaciones sin luchar siquiera.

- El rápido ataque de Roma. Roma envió el ejército comandado por Tito mucho antes de lo esperado.
- Fortalezas débiles. Herodes Agripa siempre tuvo la intención de fortalecer los muros, pero nunca lo hizo.

El creyente por su puesto ve la mano de Dios en estas causas naturales. Dios *obró para bien en todas las cosas para acortar aquellos días y cumplir su Palabra*. A pesar de la terrible tribulación algunas vidas se salvaron porque Dios tuvo compasión (2 P. 3:9). Las tribulaciones de los últimos tiempos también serán acortadas.

> **«¡Ay de los moradores de la tierra y del mar! porque el diablo hadescendido a vosotros con gran ira ... [pero note] ... sabiendo que tiene poco tiempo» (Ap. 12:12).**

> **«Y cuando venga [el anticristo], es *necesario que* dure [pero note] poco tiempo» (Ap. 17:10).**

> **«Y entonces se manifestará aquel inicuo, a quien el Señor matará con el espíritu de su boca, y destruirá con el resplandor de su venida» (2 Ts. 2:8).**

Dios acortará aquello días por amor a los escogidos. Aparentemente los cristianos recordaban la advertencia del Señor y huyeron de Jerusalén alrededor del año 66 d.C. antes del ataque. Huyeron a una ciudad menor llamada Pella en el distrito de Decápolis. Estos creyentes oraron por sus vecinos y por su amada ciudad, y Dios oyó la intercesión. Dios acortó los días de terrible prueba; los acortó por las oraciones de los escogidos.

La misericordia de Dios por los perdidos, incluyendo a civilizaciones y ciudades, y su disposición para salvarlos en respuesta a la oración intercesora de los creyentes se ilustra claramente en las Escrituras. La oración de Abraham por Sodoma y Gomorra es un ejemplo. Si se hallasen solamente diez personas justas, las ciudades serían perdonadas, a pesar de su terrible pecado (Gn. 18:23ss). La oración de Lot por Zoar es otro ejemplo (Gn. 19:20-22).

> **«Confesaos vuestras ofensas unos a otros, y orad unos por otros, para que seáis sanados. La oración eficaz del justo puede mucho» (Stg. 5:16).**

> **«Recorred las calles de Jerusalén, y mirad ahora e informaos; buscad en sus plazas a ver si halláis hombre, si hay alguno que haga justicia, que busque verdad; y yo lo perdonaré» (Jer. 5:1).**

> **«Porque esta noche ha estado conmigo el ángel del Dios de quien soy y a quien sirvo diciendo: Pablo no temas; es necesario que comparezcas ante César; y he aquí, Dios te ha concedido todos los que navegan contigo ...Y éramos todas las personas en la nave doscientas setenta y seis... Pero el centurión, queriendo salvar a Pablo, les impidió este intento, y mandó que los que pudiesen nadar se echasen los primeros, y saliesen a tierra; y los demás, parte en tablas, parte en cosas de la nave. Y así aconteció que todos se salvaron saliendo a tierra» (Hch. 27:23-24, 37, 43-44).**

[5] (13:21-22) *Falsos mesías:* esta señal es tan terrible que motiva la búsqueda frenética de falsos mesías (libertadores). Jesús dijo tres cosas.

1. Vendrán falsos mesías y profetas. Cuando los hombres son oprimidos, presenciando una escena tras otra de muerte causada por el hambre, pestilencia crimen y guerra, comienzan a clamar por liberación. Entonces están totalmente abiertos a que aparezca un libertador en el escenario, y siempre hay quienes están dispuestos a asumir el poder y el liderazgo por el que los hombres claman. Esa clase de hombres (libertadores prometiendo liberación tanto de los romanos como de los desastres naturales) aparecieron durante el sitio a Jerusalén. Aparentemente había rumores constantes y la creencia de que el Mesías había venido, que estaba o bien afuera en el desierto u oculto en alguna habitación secreta de la ciudad. Que simplemente esperaba el momento para intervenir. La escena en Jerusalén era algo semejante a la de Jerusalén en días de Jeremías.

> **«Y yo dije: ¡Ah! ¡Señor Jehová! He aquí que los profetas dicen: No veréis espada, ni habrá hambre entre vosotros, sino que en este lugar os daré paz verdadera. Me dijo entonces Jehová: Falsamente profetizan los profetas en mi nombre; no los envié, ni les mandé, ni les**

hablé; visión mentirosa, adivinación, vanidad y engaño de su corazón os profetizan» (Jer. 14:13-14).

El mismo tipo de escena se repetirá en los últimos tiempos. El gran falso libertador de la tierra, el anticristo y sus falsos profetas, se levantarán para engañar a toda la tierra (*véanse* bosquejo y notas— Ap.13:1-18 y pasajes relacionados). Note que Jesús muy sencillamente dijo: «No le creáis»; no creáis ni los rumores ni a los falsos libertadores.

2.   Los falsos libertadores mostrarán grandes señales y maravillas. Libertadores y autores de maravillas, locales y nacionales, siempre se creen destinados y así lo afirman. Apuntan a las señales y los prodigios. El tiempo del fin presenciará un incremento y una intensificación de las señales y los prodigios que se extenderán por todo el mundo.

> **«Y entonces se manifestará aquel inicuo ... inicuo cuyo advenimiento es ... con todo engaño» (2 Ts. 2:8-10).**

> **«Y también hace grandes señales, de tal manera que aun hace descender fuego del cielo a la tierra delante de los hombres. Y enseña a los moradores de la tierra con las señales que se le ha permitido hacer en presencia de la bestia, mandando a los moradores de la tierra que le hagan imagen a la bestia que tiene la herida de espada, y vivió» (Ap. 13:13-14).**

3.   Los falsos libertadores serán tan convincentes que amenazarán aun a los escogidos. Los escogidos, por supuesto, son auténticos creyentes. Sufren con paciencia por Jesús sin importar las circunstancias o la prueba. Un pasaje excelente que describe mucho del mismo cuadro es 2 Tesalonicenses 2:1-17. Allí se establece claramente de qué manera pueden perseverar los escogidos.

> **«Así que hermanos, estad firmes, y retened la doctrina que habéis aprendido, sea por palabra, o por carta nuestra. Y el mismo Jesucristo, Señor nuestro, y Dios nuestro padre, el cual nos amó y nos dio consolación eterna y buena esperanza por gracia, conforte vuestros corazones, y os confirme en toda buena palabra y obra» (2 Ts. 2:15-17).**

[6]   (13:23) *Últimos tiempos—gran tribulación:* esta señal es tan terrible que requiere ser predicha. La gran tribulación sacudirá de tal manera el espíritu del hombre, tan devastadora y tan amenazante que es preciso anticiparle esto al hombre. Debe escuchar y prepararse en caso de que ocurra en su vida.

Note que Jesús dijo: «Os lo he dicho todo antes». No nos ha dejado sin preparación ni en la oscuridad. Quiere que sepamos que Dios todavía está en el trono; Dios no será tomado por sorpresa cuando aparezca la abominación desoladora. Podemos estar confiados y seguros de tener liberación eterna, no importa cuán terribles conflictos surjan en la tierra.

> *Pensamiento.* Imagínese el horror y el sufrimiento que se causaría por una guerra atómica. El cuadro de tan terrible aflicción da alguna idea de lo que Cristo dijo acerca de la gran tribulación.

	C. La venida del Hijo del Hombre, 13:24-27 (Mt. 24:29-31; Lc. 21:25-28)	que están en los cielos serán removidas. 26 Entonces verán al Hijo del Hombre, que vendrá en las nubes con gran poder y gloria.	3 Evento 2: el retorno del Hijo del Hombre en las nubes
1 Jesús vuelve después de la gran tribulación 2 Evento 1: habrá cataclismos astrales	24 Pero en aquellos días, después de aquella tribulación, el sol se oscurecerá, y la luna no dará su resplandor. 25 y las estrellas caerán del cielo, y las potencias	27 Y entonces enviará sus ángeles, y juntarán a sus escogidos de los cuatro vientos, desde el extremo de la tierra hasta el extremo del cielo.	4 Evento 3: los escogidos serán juntados

C. La venida del hijo del hombre, 13:24-27

(13:24-27) *Introducción:* el evento más grande de la historia, que aun pertenece al futuro, es el retorno de Jesucristo. Los discípulos querían saber: «¿Cuándo serán estas cosas?» (Mr. 13:4), y «¿qué señal habrá de tu venida?» (Mt. 24:3). Ahora, en este pasaje, Jesús comenzaba a responder la segunda pregunta referida a su retorno.

1. Jesús vuelve después de la gran tribulación (v. 24).
2. Evento 1: habrá cataclismos astrales (vv. 24-25).
3. Evento 2: habrá el retorno del hijo del hombre en las nubes (v. 26).
4. Evento 3: habrá la cosecha de los escogidos (v. 27).

1 (13:24) *Jesucristo, retorno:* ¿Cuándo vuelve Jesús? Inmediatamente «después de aquella tribulación» (*véase* nota—Mt. 24:29-31). Los discípulos habían hecho dos preguntas (Mr.13:4; cp. Mt. 24:3).

1. ¿Cuándo será destruido el templo?
2. ¿Cuáles serán las señales de la venida del Señor y del fin del mundo?

Ahora Jesús se refería a su segunda venida (v. 26); estaba contestando a las preguntas de los discípulos. Les reveló exactamente cuándo volvería. Jesús volverá «en aquellos días, después de aquella «tribulación». La idea es que será inmediatamente después de la gran tribulación. De hecho Mateo usa la palabra *inmediatamente*. Jesús incluso dijo que los días de la gran tribulación tendrán que ser acortados a efectos de salvar a la humanidad (Mr.13:20). Aparentemente serán acortados por el retorno de Jesús. Note un asunto significativo.

Jesús no volvió «después de aquella tribulación» de Jerusalén, en el año 70 d.C. (*Véase* nota—Mt. 24:29-31 para la discusión detallada.) Para nosotros, que estamos a siglos de aquel acontecimiento, esto es obvio. Por eso, lo que Jesús dice en este pasaje necesariamente se refiere a su segunda venida. También indica que la tribulación que acabamos de discutir será la gran tribulación que aun espera en el futuro. Jesús retornará...

• «en aquellos días, después de aquella tribulación» (Mr. 13:24).
• «inmediatamente después de la tribulación de aquellos días» (Mt. 24:29).

La gran tribulación y la segunda venida del Señor están estrechamente ligados. El regreso del Señor le pisará los talones a la gran tribulación. Es «en aquellos días, después de aquella tribulación» que retorna el Señor.

Hay que recordar que las terribles aflicciones predichas por nuestro Señor se referían tanto a la caída de Jerusalén en el año 70 d.C. como a la gran tribulación «cual nunca ha habido desde el principio de la creación que Dios creó, hasta este tiempo ... » (Mr. 13:19; cp. Mt. 24:21). El hecho que Jesús diga que regresará «en aquellos días, después de aquella tribulación» nos dice que vendrán días de terrible sufrimiento y aflicción sobre la tierra. Pero su retorno también nos da algunas gloriosas nuevas.

1. Cristo es, de la manera más definida, Dios. Es omnisciente.

Conoce el futuro de la tierra (demostrado por la destrucción de Jerusalén aproximadamente 40 años después de su muerte, y por los grandes sufrimientos que aun vendrán sobre la tierra).

2. Cristo tiene el control en sus manos. Vendrá para acortar los días de tribulación y redimir à la humanidad y al mundo. Pondrá fin a todos los sufrimientos (Mr. 13:20).

2 (13:24-25) *Los últimos tiempos—Jesucristo, retorno—cuerpos celestiales—espacio exterior:* el primer acontecimiento que acompaña el retorno de Jesús serán los cataclismos astrales. El lenguaje es muy descriptivo.

• «El sol se oscurecerá.»
• «La luna no dará su resplandor.»
• «Las estrellas caerán del cielo.»
• «Las potencias que están en los cielos serán removidas.»

De manera muy concreta ya hay cataclismos astrales ahora. A veces la tierra es oscurecida por catástrofes terrenales tales como erupciones volcánicas, huracanes, humo de gigantescos fuegos. Por supuesto, todo aquello que oscurece el sol también oculta la luz de la luna. Las estrellas, es decir, meteoritos de diversos tamaños atraviesan frecuentemente el espacio exterior. «Las potencias que están en los cielos» siendo sacudidas pueden ser los cuerpos celestiales que están fuera de nuestro sistema solar que en la Biblia son llamados «el ejército del cielo» (Dt. 4:19).

Es preciso mencionar algo acerca del poder atómico. Por supuesto, una bomba atómica que explote en la tierra es suficientemente poderosa para oscurecer el sol y la luna, de manera que no se los vea desde la tierra. Una guerra atómica mundial puede causar tanto polvo y contaminación que al hombre le sería difícil ver algo en el espacio exterior. Pero la bomba atómica, tal como se la conoce ahora, no podría afectar el eje o la rotación (caída y remoción) del sol, de la luna y de las estrellas, a menos que haya alguna guerra intergaláctica de algún tipo en el futuro. Por supuesto, siempre existe la posibilidad de que haya un poder mucho más grande del que conocemos hoy. Esto no significa que nunca habrá una guerra nuclear. Mientras la tierra exista habrá guerras y rumores de guerras. Pero lo que la Biblia enseña que esDios que va a poner fin a todas las cosas, no el hombre. Cuando venga el fin del mundo será traído por Dios, por su propia voluntad y obra y poder.

En la interpretación de estos versículos es preciso evitar un literalismo extremo, sencillamente porque es tanto lo que ignoramos acerca de las leyes (poderes) de la naturaleza y de las fuerzas que Dios ponga en movimiento en el universo. Sin embargo, no hay motivo para no entender las palabras del Señor como acontecimientos realmente literales.

Lo que este pasaje aparentemente quiere decir es que todo el universo será afectado por el retorno de Jesús en la tierra. El sol y la luna y las estrellas y poderes (leyes) del cielo serán afectados en el sentido de *abrirse y recibirlo.* Ellos darán cuenta de que este es el Creador, el Hijo del Hombre, el propio Hijo de Dios que ahora viene a la tierra con gran poder y gloria. Imagínese la exhibición de un gran fuego artificial, tal vez ello nos dé un atisbo de lo que Cristo está diciendo. Una pregunta sencilla sería: ¿Por qué las cosas no van a hacer una gran exhibición (terrible a los ojos del hombre) incluyendo a los cuerpos celestiales, cuando retorne su Creador, el Hijo de Dios?

Note en los versículos de abajo que los cuerpos celestiales son afectados porque se muestra *el mal de los hombres y la ira de Dios*. Es decir, la escena de estrellas que caen (meteoritos) no tiene el propósito de hacer presenciar al hombre un acontecimiento espectacular; sino para señalar al Hijo de Dios, señalar al juicio suyo que cae sobre la tierra. Toda persona sabrá, sin lugar a duda, que Jesús está viniendo en todo el poder y gloria de Dios mismo. Como dijo Jesús: «con poder y gran gloria» será su venida. Él viene «para que en el nombre de Jesús se doble toda rodilla de los que están en los cielos, y en la tierra, y debajo de la tierra; y toda lengua confiese que Jesucristo es el Señor, para gloria de Dios Padre» (Fil. 2:10-11).

Las palabras «gran poder y gloria» indican que viene para someter a todos los hombres a su gobierno y a ejecutar el juicio sobre la tierra. Las Escrituras revelan definidamente que habrá cataclismos astrales precediendo y acompañando la venida del Señor.

> «Por lo cual las estrellas de los cielos y sus luceros no darán su luz; y el sol se oscurecerá al nacer, y la luna no dará su resplandor. Y castigaré al mundo por su maldad, y a los impíos por su iniquidad; y haré que cese la arrogancia de los soberbios, y abatiré la altivez de los fuertes. Haré más precioso que el oro fino al varón, y más que el oro de Ofir al hombre. Porque haré estremecer los cielos, y la tierra se moverá de su lugar, en la indignación de Jehová de los ejércitos, y en el día del ardor de su ira» (Is. 13:10-13).

> «Terror, foso y red sobre ti, oh morador de la tierra. Y acontecerá que el que huyere de la voz del trueno caerá en el foso; y el que saliere de en medio del foso será preso en la red; porque de lo alto se abrirán ventanas, y temblarán los cimientos de la tierra. Será quebrantada toda la tierra, enteramente desmenuzada será la tierra, en gran manera será la tierra conmovida. Temblará la tierra como un ebrio, y será removida como una choza; y se agravará sobre ella su pecado, y caerá, y nunca más se levantará. Acontecerá en aquel día, que Jehová castigará al ejército de los cielos en lo alto, y a los reyes de la tierra sobre la tierra. Y serán amontonados como se amontona a los encarcelados en mazmorra.... » (Is. 24:17-22).

> «Y daré prodigios en el cielo y en la tierra, sangre, y fuego, y columnas de humo. El sol se convertirá en tinieblas, y la luna en sangre, antes que venga el día grande y espantoso de Jehová» (Jl. 2:30-31).

> «El sol y la luna se oscurecerán, y las estrellas retraerán su resplandor. Y Jehová rugirá desde Sion, y dará su voz desde Jerusalén, y temblarán los cielos y la tierra; pero Jehová será la esperanza de su pueblo, y la fortaleza de los hijos de Israel» (Jl. 3:15-16).

> «Pero en aquellos días, después de aquella tribulación, el sol se oscurecerá, y la luna no dará su resplandor, y las estrellas caerán del cielo, y las potencias que están en los cielos serán removidas» (Mr. 13:24-25).

> «Mas el día en que Lot salió de Sodoma, llovió del cielo fuego y azufre, y los destruyó a todos. Así será el día en que el Hijo del hombre se manifieste» (Lc. 17:29-30).

> «Entonces habrá señales en el sol, en la luna, y en las estrellas, y en la tierra angustia de las gentes, confundidas a causa del bramido del mar y de las olas; desfalleciendo los hombres por el temor y la expectación de las cosas que sobrevendrán en la tierra; porque las potencias de los cielos serán conmovidas» (Lc. 21:25-26).

> «Y daré prodigios arriba en el cielo, y señales abajo en la tierra, sangre y fuego y vapor de humo; el sol se convertirá en tinieblas, y la luna en sangre, antes que venga el día del Señor, grande y manifiesto» (Hch. 2:19-20).

> «Miré cuando abrió el sexto sello, y he aquí hubo un gran terremoto; y el sol se puso negro, como tela de cilicio, y la luna se volvió toda como sangre; y las estrellas del cielo cayeron sobre la tierra, como la higuera deja caer sus higos cuando es sacudida por un fuerte viento. Y el

> cielo se desvaneció como un pergamino que se enrolla; y todo monte y toda isla se removió de su lugar. Y los reyes de la tierra, y los grandes, los ricos, los capitanes, los poderosos y todo siervo y todo libre, se escondieron en las cuevas y entre las peñas de los montes; y decían a los montes y a las peñas: Caed sobre nosotros, y escondednos del rostro de aquel que está sentado sobre el trono, y de la ira del Cordero; porque el gran día de su ira ha llegado; ¿y quién podrá sostenerse en pie?» (Ap. 6:12-17). (*Véanse* bosquejo y notas—Ap. 6:12-17.)

Note las palabras exactas de estos versículos del Apocalipsis puesto que se refieren al mismo acontecimiento que el mencionado por Jesús (v. 30; cp. Ap. 6:17). El retorno de Cristo desencadenará un gran terremoto y habrá cataclismos terrenales y astrales arriba en los cielos (vv. 12-14). Los hombres, grandes y pequeños quedarán aterrados y se ocultarán (v. 15) y clamarán por una muerte inmediata para no ver el rostro de Jesús (v. 16). ¿Por qué? Porque sabrán una cosa: «El gran día de su ira ha llegado ¿y quién podrá sostenerse en pie?» (v. 17).

Los discípulos habían preguntado: «¿Qué señal habrá de tu venida, y del fin del siglo?» Jesús les está contestando que terribles cataclismos astrales serán una señal.

3 (13:26) *Jesucristo, retorno:* el segundo acontecimiento es el retorno en sí de Jesús, del propio Hijo de Dios. Note tres asuntos significativos.

1.   Es el hijo del hombre que viene. Jesús afirmaba ser el Hijo del Hombre, el Hijo de Dios encarnado en carne humana como el hombre perfecto (*véase* Estudio a fondo 3—Mt. 8:20). En aquel día no habrá duda acerca de quién Él es (cp. Mr. 14:61-62). Por ahora solamente es reconocido por los creyentes, pero entonces será reconocido inconfundiblemente: el hijo del hombre.

2.   Todo hombre y todo ojo verá su retorno. Es lo que significa «ellos». Mateo dice concretamente: «Y entonces lamentarán todas las tribus de la tierra, y verán al Hijo del Hombre viniendo sobre las nubes del cielo» (Mt. 24:30). Su retorno será visible a todo hombre en la tierra, y todo hombre lo reconocerá como Señor, el propio Hijo de Dios (Fil. 2:9-11; cp. Ap. 1:7).

3.   Viene «en las nubes con gran poder y gloria». Imagínese la escena: como fondo el cielo absolutamente negro, sin ninguna de las luces principales como el sol y la luna. Y luego, repentinamente, como un relámpago, aparece la luz más resplandeciente que se haya conocido. La gloria shekiná de Dios resplandece en Jesucristo al hacer su aparición ante el mundo. Allí está el Hijo del Hombre, en las nubes, habiendo vuelto en gran poder y gloria tal como dijo que volvería.

> «Varones galileos, ¿por qué estáis mirando al cielo? Este mismo Jesús, que ha sido tomado de vosotros al cielo, así vendrá como le habéis visto ir al cielo» (Hch. 1:11).

> «Y a vosotros que sois atribulados, daros reposo con nosotros, cuando se manifieste el Señor Jesús desde el cielo con los ángeles de su poder, en llama de fuego, para dar retribución a lo que no conocieron a Dios, ni obedecen al evangelio de nuestro Señor Jesucristo; los cuales sufrirán pena de eterna perdición, excluidos de la presencia del Señor y de la gloria de su poder, cuando venga en aquel día para ser glorificado en sus santos y ser admirado en todos los que creyeron (por cuanto nuestro testimonio has sido creído entre vosotros)» (2 Ts. 1:7-10).

> «Y entonces se manifestará aquel inicuo, a quien el Señor matará con el espíritu de su boca, y destruirá con el resplandor de su venida» (2 Ts. 2:8).

> «He aquí que viene con las nubes, y todo ojo le verá, y los que le traspasaron; y todo los linajes de la tierra harán lamentación por él. Sí, amén» (Ap. 1:7).

> «Entonces vi el cielo abierto; y he aquí un caballo blanco, y el que lo montaba se llamaba Fiel y Verdadero, y con justicia juzga y pelea. Sus ojos eran como llama de fuego, y había en su cabeza muchas diademas; y tenía un nombre escrito que ninguno conocía sino él mismo. Estaba vestido de una ropa teñida en sangre; y su nombre es: Él

Verbo de Dios. Y los ejércitos celestiales, vestidos de lino finísimo, blanco y limpio, le seguían en caballos blancos. De su boca sale una espada aguda, para herir con ella a las naciones, y él las regirá con vara de hierro; y él pisa el lagar del vino del furor y de la ira del Dios Todopoderoso. Y en su vestidura y en su muslo tiene escrito este nombre: Rey de reyes y Señor de señores» (Ap. 19:11-16).

[4] (13:27) *Jesucristo, retorno:* el tercer evento cuando Cristo retorne, es que los escogidos serán juntados. En este versículo hay dos consideraciones importantes que hacer.

1. Los ángeles de Dios «juntarán a sus escogidos». ¿Quiénes son los escogidos?

- Es el pueblo de Dios que clama (ora, conversa, comparte) de día y de noche a Dios (Lc. 18:7).
- Son las personas justificadas por Dios (Ro. 8:33).
- Son hombres «santos y amados» cubiertos «de entrañable misericordia, de benignidad, de humildad, de mansedumbre, de paciencia» (Col. 3:12).

2. Los escogidos de toda la tierra son juntados. Serán juntados desde los sitios más remotos de la tierra y llevados *«al extremo del cielo».*

«Cuando el Hijo del Hombre venga en su gloria, y todos los santos ángeles con él, entonces se sentará en su trono de gloria, y serán reunidas delante de él todas las naciones; y apartará los unos de los otros, como aparta el pastor las ovejas de los cabritos» (Mt. 25:31-32).

	D. El tiempo del fin y su advertencia a los creyentes, 13:28-37 (Mt. 24:32-51; Lc. 21:29-36)	hora nadie sabe, ni aun los ángeles que están en el cielo, ni el Hijo, sino el Padre.	**desconocido; día y hora** **5 Es necesario escuchar, velar y orar**
1 Las señales apuntan al fin a. Como la higuera b. Como causa y efecto c. Como algo muy inmediato, a la mano (cp. v. 32)	28 De la higuera aprended la parábola: Cuando ya su rama está tierna, y brotan las hojas, sabéis que el verano está cerca. 29 Así también vosotros, cuando veáis que suceden estas cosas, conoced que está cerca, a las puertas.	33 Mirad, velad y orad; porque no sabéis cuándo será el tiempo. 34 Es como el hombre que yéndose lejos, dejó su casa, y dio autoridad a sus siervos, y a cada uno su obra, y al portero mandó que velase.	a. Porque el momento es desconocido b. Porque los creyentes están asignados a responsabilidades y trabajos específicas c. Porque Cristo retorna inesperada y súbitamente
2 Los eventos ocurren rápidamente: en una generación	30 De cierto os digo, que no pasará esta generación hasta que todo esto acontezca.	35 Velad, pues, porque no sabéis cuándo vendrá el Señor de la casa; si al anochecer, o a la medianoche, o al canto del gallo, o a la mañana;	
3 Son eventos seguros: irrevocables	31 El cielo y la tierra pasarán, pero mis palabras no pasarán.	36 para que cuando venga de repente, no os halle durmiendo.	d. El creyente puede ser sorprendido mientras duerme
4 El momento exacto es	32 Pero de aquel día y la	37 Y lo que a vosotros digo, a todos lo digo: Velad.	**6 La advertencia es para todos: velad**[EF1]

D. El tiempo del fin y su advertencia a los creyentes, 13:28-37

(13:28-37) **Introducción:** Cristo acaba de mencionar las señales del fin y de su propio retorno. La verdad es gloriosa, porque despierta esperanza y ofrece un cuadro de la gloria futura que puede ser del hombre. Pero una cosa es necesaria, el hombre tiene que entregar su vida a Dios, de lo contrario será excluido de la presencia y gloria de Cristo. Cristo hace seis advertencias cruciales al hombre.

1. Las señales apuntan al fin—son señales discernibles (vv. 28-29).
2. Los eventos ocurren rápidamente—en el tiempo de una generación (v. 30).
3. Son eventos seguros—irrevocables (v. 31).
4. El momento exacto es desconocido—día y hora (v. 32).
5. Es necesario escuchar—velar y orar (vv. 33-36).
6. La advertencia es para todos—velad (v. 37).

1 (13:28-29) *Últimos tiempos—Jesucristo, retorno:* Cristo advirtió que las señales apuntan al fin. El fin y el retorno de Cristo serán visibles. La higuera ilustra lo que Cristo quiso decir. Cuando la higuera comienza a brotar, sabemos que el verano está cerca. Así cuando veamos «estas cosas», las señales que había mencionado, «conoced que está [su retorno] cerca, a las puertas». Note dos asuntos significativos.

1. Cristo dijo: «*conoced* que [su retorno] está cerca». Debemos conocer; no nos da una opción. Es un mandamiento; debemos permanecer alerta, mirando las señales del tiempo de manera que *podamos conocer* cuando su retorno esté cerca. Este es el tema central de este pasaje. Debemos estar atentos a su retorno, *de lo contrario* seremos sorprendidos.
2. Cristo estaba hablando de causa y efecto; toda causa tiene su efecto. Las señales mencionadas por Cristo son causas secundarias (vv. 6-27). Cristo decía que cuando las señales están a la vista, hay que esperar los resultados (efecto), es decir, la segunda venida del Hijo del Hombre. Cuando los creyentes ven...

*   un número inusual de guerras y desastres naturales, pueden saber que «el comienzo de dolores» ha iniciado.

*   «muchos» mesías y profetas falsos, pueden saber que un número enorme de personas perdidas y carnales serán trágicamente engañadas.
*   intensa persecución, pueden saber que Dios solamente tolerará cierta medida de persecución contra su pueblo.
*   la abundante abominación, y el amor enfriándose, pueden saber que Dios juzgará y detendrá la apostasía.
*   la inminente destrucción de la tierra, pueden saber que Dios ya no esperará más.

3. Cristo dice que cuando aparezcan las señales su retorno será inmediato, cercano—a las puertas. Las señales apuntan al carácter *inmediato* de su retorno.

2 (13:30) *Últimos tiempos—Jesucristo, retorno:* Cristo advirtió—los eventos ocurren rápidamente. Tienen lugar durante el tiempo de una generación. Con frecuencia se discute el significado preciso de «generación». Sin embargo, siempre hay que recordar que los discípulos habían hecho dos preguntas, una sobre la destrucción de Jerusalén y otra sobre el fin del mundo. Al responder sus preguntas Cristo no trazó una línea definida entre las dos preguntas. Las señales y eventos que preceden a uno de los eventos, también precederán al otro. Por eso, así como las señales y la destrucción de Jerusalén ocurrieron en el tiempo de una generación, las señales y la destrucción del mundo también ocurrirán en el tiempo de una generación. (*Véase* Estudio a fondo 2, pto. 2—Mr. 13:1-37 para mayor discusión.)

3 (13:31) *Últimos tiempos—Jesucristo, retorno:* Cristo advirtió que las señales son seguras. Son irrevocables. Cristo dice esto de manera totalmente concreta. «Los cielos y la tierra *pasarán*, pero mis palabras no pasarán.»

Note dos cosas.

1. Cielos y tierra pasarán. Cristo dice que en realidad serán quitados y que dejarán de existir en su condición actual (2 P. 3:10-11).
2. Todo lo dicho por Cristo —sobre la gran tribulación y el propio retorno— *ocurrirá*. La gran tribulación y el retorno de Jesús son más seguros que el cielo y la tierra.

A los ojos de algunas personas ha pasado mucho, mucho tiempo desde que Jesús dijo estas palabras; y una lista innumerable de eventos han ocurrido. Por eso asumen que en su totalidad la idea de la segunda venida es una fábula, una ficción, resultado de una imaginación esperanzada. Dios sabía que ello ocurriría.

«Sabiendo primero esto, que en los postreros días vendrán burladores, andando según sus propias concupiscencias, y diciendo: ¿Dónde está la promesa de su advenimiento? Porque desde el día en que los padres durmieron, *todas las cosas permanecen así como desde el principio de la creación*.... Mas, oh amados, no ignoréis esto: que para con el Señor un día es como mil años, y mil años como un día. El Señor no retarda su promesa, según algunos la tienen por tardanza, sino que es paciente para con nosotros, no queriendo que ninguno perezca, sino que todos procedan al arrepentimiento. Pero el día del Señor vendrá como ladrón en la noche; en el cual los cielos pasarán con grande estruendo, y los elementos ardiendo serán deshechos, y la tierra y las obras que en ella hay serán quemadas. Puesto que todas estas cosas han de ser deshechas, ¿cómo no debéis vosotros andar en santa y piadosa manera de vivir, esperando y apresurándoos para la venida del día de Dios, en el cual los cielos, encendiéndose, serán deshechos, y los elementos, siendo quemados, se fundirán! Pero nosotros esperamos, según sus promesas, cielos nuevos y tierra nueva, en los cuales mora la justicia» (2 P. 3:3-4; 8-13).

Tres cosas son ciertas en la historia humana: «principios de dolores» (v. 8); la «gran tribulación, cual no la ha habido desde el principio del mundo» (v. 19; Mt. 24:21); y el «Hijo del Hombre» viniendo sobre las nubes del cielo, con poder y gloria (Mt. 24:30). Cielos y tierra pasarán, pero no las palabras dichas por Cristo, no lo que Él dijo que ocurriría. Lo que Él dijo que ocurriría eso ocurrirá. Los tres eventos son seguros.

4 (13:32) *Últimos tiempos—Jesucristo, retorno—humillación:* Cristo advirtió que el momento exacto es desconocido. Día y hora nadie conoce. Solamente Dios sabe el momento del retorno de Cristo. El tiempo en general será evidente a los creyentes atentos, pero el día y la hora exactos solamente son conocidos por Dios.

1. La segunda venida es un acontecimiento real que aun debe ocurrir. Existen «aquel día y ... hora [establecidos]» para el retorno de Cristo.

2. La segunda venida es un secreto. «Nadie sabe ... sino el Padre.» A lo largo de la historia algunas personas creyeron saber cuando retornaría Cristo. (Cp 2 Ts. 2:1-2.) Pero Cristo es explícito: «Pero de aquel día y de la hora nadie sabe....»

3. Algunas cosas deben ser dejadas enteramente en las manos de Dios. El día exacto y la hora del retorno del Señor es una de esas cosas. El creyente *atento* será sensible a las estaciones (higuera, vv. 28-29) y conoce la generación (v. 30), pero la hora exacta y el día son ocultos a los hombres, incluso a los más sabios y espirituales. *Solo* Dios mismo conoce el día. Si un hombre dice que conoce la hora y el día, es un hombre de quien debemos huir. La palabra del hombre no es la palabra del Señor.

4. ¿Qué quiso decir Cristo al afirmar que ni siquiera Él sabía cuándo retornaría a la tierra? Él es el Hijo de Dios, poseedor de la naturaleza divina (omnisciencia) de Dios. ¿Cómo podía no saber? Cuando Cristo vino a la tierra se «despojó a sí mismo» (Fil. 2:7). Esto al menos significa lo siguiente.

a. Adoptó la naturaleza del hombre; se hizo carne y sangre (Fil. 2:7; He. 2:14).

b. Se sometió y limitó voluntariamente a sí mismo para tomar en *algunos sentidos* la naturaleza del hombre. Por ejemplo, los hombres no conocen el futuro. Cristo se limitó a sí mismo en su conocimiento del futuro, excepto en ocasiones y lugares donde era necesaria una demostración de su divina omnisciencia.

c. Siendo hombre, Cristo voluntariamente quiso no saber algunas cosas y no ser capaz de hacer algunas cosas (p. ej. estar presente en todas partes, su omnipresencia, cp. Jn. 16:7). Esto lo capacitó para identificarse más

eficazmente con el hombre en sus limitaciones y necesidades.

d. Siendo hombre, Cristo se sometió totalmente al Padre. Esto significa, por supuesto, que debía *vivir en* el Padre y ser *enseñado* por el Padre (así como nosotros tenemos que vivir y ser enseñados por Dios, con la salvedad que Cristo lo hizo de modo perfecto). Esta es una verdad fenomenal. Significa que Dios tomó a su Hijo para que sea la vida ideal, perfecta, enseñándole exactamente cómo vivir y qué decir. Cristo se «despojó a sí mismo» a efectos de arrojarse *perfectamente* sobre Dios, confiando que Dios le enseñe cómo vivir y qué decir día por día. Jesús era Hombre, pero con una diferencia. Vivía una vida perfecta, confiando y dependiendo totalmente de Dios. Por eso Dios pudo llenarlo totalmente y enseñarle perfectamente. Dicho de manera muy simple, Dios pudo tomar a Cristo día por día y enseñarle cómo vivir y qué decir, y hacer de manera *perfecta*. Es esto lo que las Escrituras proclaman y lo que Cristo acentuó una y otra vez.

«Y aunque era Hijo, por lo que padeció aprendió la obediencia» (He. 5:8).

«Muchas cosas tengo que decir y juzgar de vosotros; pero el que me envió es verdadero; y yo, lo que he oído de él, esto hablo al mundo.... Les dijo, pues, Jesús: Cuando hayáis levantado al Hijo del Hombre, entonces conoceréis que yo soy, y que nada hago por mí mismo, sino que según me enseñó el Padre, así hablo. Porque el que me envió, conmigo está; no me ha dejado solo el Padre, porque yo hago siempre lo que le agrada» (Jn. 8:26; 28-29).

«Porque yo no he hablado por mi propia cuenta; el padre que me envió, él me dio mandamiento de lo que he de decir, y de lo que he de hablar. Y sé que su mandamiento es vida eterna. Así pues, lo que yo hablo, lo hablo como el Padre me lo ha dicho» (Jn. 12:49-50).

«¿No crees que yo soy en el Padre, y el Padre en mí? Las palabras que yo os hablo, no las hablo por mi propia cuenta, sino que el Padre que mora en mí, él hace las obras» (Jn. 14:10).

«El que no me ama, no guarda mis palabras; y la palabra que habéis oído no es mía, sino del Padre que me envió» (Jn. 14:24).

«Porque las palabras que me diste, les he dado; y ellos las recibieron, y han conocido verdaderamente que salí de ti, y han creído que tú me enviaste» (Jn. 17:8).

Cristo era Dios—Hombre, Hombre perfecto en una Persona. No hay dudas sobre la enseñanza de las Escrituras acerca de las dos naturalezas del Señor. ¿Cómo interactuaban las dos naturalezas? No hay manera de saberlo. Nunca podremos entender las dos naturalezas de Cristo *mas allá de lo que la Escritura dice*. El punto crucial es este: debemos vivir por fe, vivir por la revelación de las Escrituras. O bien aceptamos el registro (mensaje, testimonio, noticias) acerca de Cristo que se hace hombre, o bien lo rechazamos. Esto es exactamente lo que Dios espera, que creamos en Él y en su Palabra; creamos que «de tal manera amó Dios al mundo, que *ha dado* a su Hijo unigénito, para que todo aquel que en él cree, no se pierda, mas tenga vida eterna» (Jn. 3:16).

5 (13:33-36) *Últimos tiempos—Jesucristo, retorno:* Cristo advirtió sobre la necesidad de escuchar, velar y orar. (*Véanse* bosquejo y notas—Mt. 24:42-51; nota y Estudios a fondo 1, 2—25:1-13; 25:14-30.) Hay cuatro motivos por los que el creyente debe velar.

1. El creyente debe velar porque el tiempo del retorno del Señor es desconocido (*véase* nota—Mr. 13:32).

2. El creyente debe velar porque ha recibido una tarea

específica que hacer, y esta tarea tiene que estar terminada cuando Cristo retorne. La mayor de las tragedias para un creyente sería no haber terminado la misión que Cristo le encargó. (*Véanse* bosquejo y notas—Mt. 24:42-51; 25:1-13).

3. El creyente debe velar porque Cristo vuelve inesperadamente, súbitamente. Puede ser cualquier día, a cualquier hora.

4. El creyente debe velar porque puede ser sorprendido dormitando o durmiendo.

Pensamiento. Cuatro tragedias pueden ocurrir al creyente mientras está esperando el retorno del Señor.

1) El creyente puede no esperar *lo suficiente*. A medida que pasan los días, semanas y años puede aumentar más y más su somnolencia. Note la parábola contada por Jesús. El propietario simplemente falló...
    *   en permanecer despierto *lo suficiente*.
    *   en mantenerse alerta *lo suficiente*.
    *   en mirar y estar atento a los ruidos (señales) *lo suficiente*.
    *   en velar *lo suficiente*.

2) El creyente puede demorarse o postponer o ser negligente en su trabajo por el Señor. Puede suponer que luego tendrá tiempo para hacerlo; por eso cree que puede dejarlo transitoriamente. Cree que un pequeño desvío aquí y allá no causará tanto daño.

3) El creyente puede pensar que es posible seguir haciendo lo que quiere y luego ponerse al día con el Señor. Puede creer que tiene suficiente tiempo para corregir el asunto antes que vuelva el Señor.

4) El creyente puede comenzar a *pensar* como el mundo. Sin embargo, Dios sabe cómo piensa el mundo, y lo ha descrito claramente por amor a sus amados seguidores (cp. 2 P. 3:3-4, 8-15).

> **«Y diré a mi alma: alma, muchos bienes tienes guardados para muchos años; repósate, come, bebe, regocíjate. Pero Dios le dijo: Necio, esta noche vienen a pedirte tu alma; y lo que has provisto, ¿de quién será?» (Lc. 12:19-20).**

> **«¡Vamos ahora! los que decís: Hoy y mañana iremos a tal ciudad, y estaremos allá un año, y traficaremos, y ganaremos; cuando no sabéis lo que será mañana. Porque ¿Qué es vuestra vida? Ciertamente es neblina que se aparece por un poco de tiempo, y luego se desvanece» (Stg. 4:13-14).**

> **«Venid, dicen, tomemos vino, embriaguémonos de sidra; y será el día de mañana como este, o mucho más excelente» (Is. 56:12).**

6 (13:37) *Últimos tiempos—Jesucristo, retorno:* Cristo advierte —y advierte a *todos*— que es necesario velar. Nadie está exento de ello, ni el creyente ni el incrédulo. Todo hombre...
*   debe mirar, velar y orar (v. 33).
*   tiene orden de velar (v. 34).
*   por eso debe velar (v. 35).
*   no debe ser hallado durmiendo (v. 36).
*   debe escuchar la advertencia: «Y lo que a vosotros digo, a todos los digo: Velad» (v. 37).

> y esforzaos» (1 Co. 16:13).
> **«Por tanto, no durmamos como los demás, sino velemos y seamos sobrios» (1 Ts. 5:6).**
> **«Pero tú sé sobrio en todo, soporta las aflicciones, haz obra de evangelista, cumple tu ministerio» (2 Ti. 4:5).**
> **«Mas el fin de todas las cosas se acerca; sed, pues, sobrios, y velad en oración» (1 P. 4:7).**

ESTUDIO A FONDO 1

(13:37) *Velar (gregoreo):* permanecer despierto, alerta, estar atento y despejado, estar vigilante. También incluye la idea de estar motivado, es decir, desear, poner y mantener la atención (la mente) en una cosa. Velar también tiene la idea de estar alerta en el *momento correcto*. Es de noche cuando realmente es necesario mantenerse despierto y estar atento al ladrón (cp. 1 Ts. 5:4-9).

El Señor dijo: «Velad». ¿Qué significa para el creyente «velar» (cp. Mt. 26:41; Mr. 13:33, 34, 36; 14:38)?

> **«Velad, estad firmes en la fe; portaos varonilmente,**

	CAPÍTULO 14
	IX. EL MINISTERIO DE LA PASIÓN DEL HIJO DE DIOS: SACRIFICIO SUPREMO DE JESÚS, RECHAZADO Y CRUCIFICADO, 14:1—15:47
	A. Complot para matar a Jesús: un cuadro de la pascua y muerte de Jesús, 14:1-2 (Mt. 26:1-5; Lc. 22:1-2)
1 Cuadro 1: la pascua **2 Cuadro 2: los religiosos planean dar muerte a Jesús**EFI a. Participación de todos los líderes b. Complot basado en el engaño	**D**os días después era la pascua, y la fiesta de los panes sin levadura; y buscaban los principales sacerdotes y los escribas cómo prenderle por engaño y matarle. 2 Y decían: No durante la fiesta, para que no se haga alboroto del pueblo.

X. EL MINISTERIO DE LA PASIÓN DEL HIJO DE DIOS: SACRIFICIO SUPREMO DE JESÚS—RECHAZADO Y CRUCIFICADO, 14:1-15:47

A. Complot para matar a Jesús: un cuadro de la pascua y muerte de Jesús, 14:1-2

(14:1-2) *Introducción:* este pasaje comienza la etapa final de la vida de Jesús antes de ser muerto. En forma dramática Marcos establece el escenario para loque vendría. En dos breves versículos menciona la pascua, y luego a los religiosos complotándose para dar muerte a Jesús; es imposible imaginarse dos escenas mutuamente más opuestas que estas dos. La pascua era una fiesta, una ocasión gozosa y festiva. Era la celebración de la gloriosa liberación de Israel de la esclavitud en Egipto. Sin embargo, durante los mismos días de gozosa celebración se estaba planificando el asesinato de Jesús. Y trágicamente el complot lo urdían los religiosos, precisamente aquellos que debían estar liderando la pascua. Por un lado se celebraba la liberación, la salvación de la vida; por el otro lado estaba el complot criminal, el plan para quitar la vida. Este pasaje establece delibe-radamente el escenario de lo que vendría.

1. Cuadro 1: la Pascua (v. 1).
2. Cuadro 2: los religiosos planearon dar muerte a Jesús (vv. 1-2).

1 (14:1) *Pascua:* el primer cuadro es el de la pascua. Durante meses Jesús había insistido ante los discípulos que Él iba a morir. Marcos señala dos breves hechos.

1. En solamente dos días se celebraría la pascua.
2. Mientras se hacían los preparativos para la pascua, también se hacían los preparativos para matar a Jesús.

En estas dos simples declaraciones Marcos une la muerte de Jesús a la pascua (*véanse* bosquejo y notas—Mt. 26:17-19). A lo largo de la historia, la pascua había ilustrado la muerte de Jesús. Jesús estaba cumpliendo la pascua con el derramamiento de su propia sangre en la cruz.

1. Históricamente, la pascua se refiere al pasado, al tiempo en que Dios libró a Israel de la servidumbre egipcia (Éx.11:1ss). Dios había pronunciado juicio (la muerte del primogénito) sobre el pueblo de Egipto por causa de las injusticias cometidas. Al prepararse para ejecutar el juicio final, los que creían en Dios recibieron instrucciones de matar un cordero puro y rociar su sangre en los postes de la puerta de sus hogares. La sangre del cordero inocente serviría como señal de que el juicio que venía ya había sido ejecutado allí. Al ver la sangre Dios pasaría *por alto* esa casa.

2. Simbólicamente la pascua ilustraba la venida de Jesucristo como Salvador. El *cordero sin mancha* ilustraba la vida sin pecado de Jesús, y la *sangre rociada en los postes de la puerta* ilustraba su propia sangre derramada por el creyente (Éx. 12:5; cp. Jn. 1:29). Era una señal de que la vida y sangre del inocente cordero habían sustituído al primogénito (de los creyentes). El *comer el cordero* ilustraba la necesidad del alimento espiritual que el creyente recibe al nutrirse de Cristo, el Pan de Vida. El *pan no leudado* (pan sin levadura) ilustraba la necesidad de quitar el mal de la propia vida y de la casa (*véase* Estudio a fondo 1, *Fiesta de los panes sin levadura*—Mt. 26:17).

2 (14:1-2) *Religiosos—Jesucristo, muerte:* la escena era dramática y trágica. Mientras el pueblo estaba en las calles preparándose abiertamente para alabar a Dios por su poder liberador y por salvar la vida, los religiosos estaban tras puertas cerradas preparándose para arrestar y matar Jesús. ¡Imagínese la escena! Precisamente los religiosos se complotaban para quitar la vida al propio Hijo de Dios. (*véase* nota, *Religiosos*—Mr. 14:1-2.)

1. La muerte de Jesús fue planificada *por todos los líderes,* es decir, los principales sacerdotes y los escribas. Mateo afirma

que los ancianos o líderes laicos, también participaban del complot. Mateo también muestra el carácter secreto del complot al afirmar que los líderes se reunían en la casa (palacio) del sumo sacerdote en vez de reunirse en la corte oficial (*véase* nota—Mt. 26:3-5).

2. La muerte de Jesús debía ejecutarse *con engaño y mentiras.*

a. Debía ser arrestado y muerto en base a acusaciones falsas (*véanse* bosquejo, notas y Estudio a fondo 2— Lc. 22:2. Cp. Mt. 26:60-66).

b. Debía ser arrestado en silencio, después que los peregrinos hubiesen comenzado el regreso a sus hogares. *Durante la fiesta* se refiere a los ocho días de la festividad. El peligro de un levantamiento no habría pasado hasta que los peregrinos hubiesen dejado la ciudad. Por supuesto, la amenaza de un levantamiento fue removida por la decisión de Judas de traicionar a Jesús. En la masa multitudinaria de aproximadamente dos millones de personas en la ciudad, Judas pudo mostrarles dónde estaba Jesús, e identificarlo silenciosamente. Judas pudo mostrarles cómo podía ser prendido en todo silencio en la oscuridad de la noche (cp. Mt. 26:47-50).

Pensamiento 1. Cuando las personas están dispuestas a hacer algo malo (robar, actos sexuales, etc.), planifican y maniobran de manera de hacerlo. Y demasiadas veces están dispuestos a pagar cualquier precio para arreglárselas y hacerlo. Tal era el caso de los religiosos urdiendo la muerte de Jesús. Estaban dispuestos a pagar cualquier precio y deshacerse de Él, incluido el precio de convertirse en criminales.

Pensamiento 2. ¡Piense solamente! Estos hombres eran religiosos, hombres que afirmaban conocer a Dios. Piense cuán engañados estaban, cuánto debían engañarse a sí mismos a efectos de ejecutar su malvado plan.

«Sepulcro abierto es su garganta; con su lengua engañan. Veneno de áspides hay debajo de sus labios» (Ro. 3:13).

«¿No sabéis que los injustos no heredarán el reino de Dios? No erréis» (1 Co. 6:9).

«No os engañéis; Dios no puede ser burlado: pues todo lo que el hombre sembrare, eso también segará» (Gá. 6:7).

«Nadie os engañe con palabras vanas, porque por estas cosas viene la ira de Dios sobre los hijos de desobediencia» (Ef. 5:6).

«Hijitos, nadie os engañe; el que hace justicia es justo, como él es justo. El que practica el pecado es del diablo; porque el diablo peca desde el principio. Para esto apareció el Hijo de Dios, para deshacer las obras del diablo» (1 Jn. 3:7-8).

«Pero sed hacedores de la Palabra, y no tan solamente oidores, engañándoos a vosotros mismos» (Stg. 1:22).

«Se lisonjea, por tanto, en sus propios ojos, de que su iniquidad no será hallada y aborrecida» (Sal. 36:2).

«Todos los caminos del hombre son limpios en su propia opinión; pero Jehová pesa los espíritus» (Pr. 16:2).

«Todo camino del hombre es recto en su propia opinión; pero Jehová pesa los corazones» (Pr. 21:2).

«Hay generación limpia en su propio corazón, si bien no se ha limpiado de su inmundicia» (Pr. 30:12).

«Muchos hombres proclaman cada uno su propia bondad, pero hombre de verdad, ¿quién lo hallará?» (Pr. 20:6).

«Y cada uno engaña a su compañero, y ninguno habla verdad; acostumbraron a su lengua a hablar mentira, se ocupan de actuar perversamente» (Jer. 9:5).

«Engañoso es el corazón más que todas las cosas, y perverso; ¿quién lo conocerá?» (Jer. 17:9).

ESTUDIO A FONDO 1

(14:1-2) *Religiosos, complot para matar a Jesús:* Con frecuencia se malinterpreta el conflicto de los religiosos con Jesús. Esto se debe a que una parte tan grande del conflicto tiene que ver con *reglas y reglamentos* que a las mentes *modernas* parecen pequeñeces e insignificancias (cp. Mr. 2:23-28; 3:1-6; 3:22-30. *Véanse* notas—Mt. 12:1-8; nota y Estudio a fondo 1— 12:10; nota—15:1-20; Estudio a fondo 2—15:5-9). Cuatro hechos ayudarán a entender por qué los conflictos ocurrieron y por qué constituían una amenaza de muerte que terminó con el asesinato de Jesucristo.

1. La nación judía se había mantenido unida gracias a las creencias religiosas. A lo largo de los siglos el pueblo judío había sido conquistado por un ejército tras otro, y había sido deportado de a millones y esparcido en todo el mundo. Incluso en los tiempos de Jesús eran esclavos bajo el dominio romano. La religión de los judíos era la *fuerza de cohesión* que mantenía juntos a los judíos particularmente en lo referido a sus reglas religiosas que regían el sábado y el templo, además de la convicción religiosa de haber sido llamados por Dios para ser un pueblo distintivo. Eran ellos quienes adoraban al único Dios verdadero y viviente. Estas reglas y creencias los protegían de creencias extrañas y de ser tragados por otras naciones mediante interrelaciones matrimoniales. La religión de los judíos fue lo que mantuvo en ellos el carácter distintivo como pueblo y como nación.

Los líderes judíos lo sabían. Sabían que su religión era la *fuerza de cohesión* que los mantenía unidos como nación. Por eso se oponían a todos y todo cuanto amenazaba romper las leyes de su religión.

2. Los religiosos eran personas de profunda convicción. Eran firmes en sus creencias; por eso se arraigaron en la fe y práctica de la religión, en la ley y las costumbres, en la tradición y el ritual, ceremonia y liturgia, en reglas y reglamentos. Quebrantar cualquier ley o regla que regía alguna de sus prácticas era una ofensa grave, puesto que ello mostraba un *comportamiento desaprensivo.* Y una vez que esa clase de *comportamiento* se difundía suficientemente debilitaría la religión, la fuerza de cohesión que mantenía unido al pueblo. Por eso Jesús cometía una grave ofensa al quebrantar la ley de ellos. Estaba debilitando la fuerza de cohesión de la nación, la religión de ellos.

3. Los religiosos eran hombres que tenían una profesión, posición, reconocimiento, estima, sustento y seguridad. Cualquiera que se opusiera a lo que ellos creían y enseñaban era una amenaza a todo lo que poseían. Sin duda algunos religiosos sentían que Jesús les era una amenaza. Cada vez que Jesús quebrantaba una de sus leyes estaba socavando la posición y seguridad de los religiosos.

4. Los religiosos eran expuestos por Jesús. Para que la gente conozca la verdad Jesús tenía que destacar en qué estaban equivocados y qué debían hacer para estar bien con Dios. Tanto el pecado del hombre como la verdad de Dios debían ser proclamados. Los religiosos sencillamente no lo soportaban. Se rehusaron a creer que eran inaceptables ante Dios. Después de todo, ellos eran los religiosos del día, precisamente quienes profesaban servir a Dios. En el concepto de ellos, ellos eran sin pecado, al menos lo suficiente para no ser excluidos de Dios. Cualquiera que los acusara de tanto error y tanta depravación no podía proceder de Dios. Necesariamente tenía que ser de Beelzebú (*véanse* bosquejo y nota—Mr. 3:22-30).

Entre los religiosos había al menos cuatro respuestas a Jesús.

1. Algunos eran sinceros, de profunda convicción. Realmente creían que Jesús era un impostor, un engañador un mesías falso. Saulo de Tarso, quien luego sería el apóstol Pablo, es un ejemplo de esta posición.

2. Algunos eran suficientemente abiertos para ver la verdad acerca de Jesús. Observaban y razonaban, suficientemente honestos para considerar lo que Jesús decía, y lo buscaban para descubrir la verdad. Nicodemo sería un ejemplo de esta respuesta.

3. Algunos creían y confiaban en Jesús (cp. Lc. 13:31; Hch. 6:7; 15:5; 18:8, 17).

4. Algunos eran sacerdotes y ministros *profesionales* que miraban a Cristo como una amenaza. Defendían sus posiciones por el prestigio, confort, sustento y la seguridad que de ellas recibían. Por eso se oponían de manera más bien vehemente a Cristo. Caifás y Anás serían ejemplos de esta respuesta.

El error de los religiosos era cuádruple.

1. Interpretaban mal y corrompían la Palabra de Dios (*véanse* notas—Mt. 12:1-3; Estudio a fondo 1—Jn. 4:22; cp. Estudio a fondo 6—Ro. 9:4).

2. A los ojos de Dios cometían un pecado grave tras otro (*véanse* notas—1 Ts. 2:15-16; cp. Estudio a fondo 1—Ro. 2:17-29).

3. Rechazaron el camino de la justicia de Dios, el Mesías de Dios, que es Jesucristo (*véanse* notas—Ro. 10:4; 1 Co. 1:30; Fil. 3:9).

4. Permitieron que la religión con sus tradiciones y rituales, ceremonias y reglamentos, se volviera más importante que el suplir las necesidades básicas de la vida; la religión era más importante que la necesidad que el hombre tiene de Dios y de salud espiritual, mental, y física. Jesús, como verdadero Mesías, necesariamente tenía que exponer semejante error. Por eso se trazaron las líneas de batalla.

El Mesías tenía que librar al pueblo de este comportamiento esclavizante. Tenía que librarlos para que pudieran ser salvados y adorar a Dios en libertad de espíritu.

Los religiosos tenían que oponerse a todo aquel que quebrantase la ley. Tenían que oponerse a Jesús porque constituía una amenaza a la nación y a la propia posición y seguridad personal de ellos.

	B. Ungimiento de Jesús en Betania: un estudio sobre el amor,[EF1] 14:3-9 (Mt. 26:6-13; Jn. 12:1-8)	trescientos denarios, y haberse dado a los pobres. Y murmuraban contra ella.	
1 El amor de la mujer era desprendido y costoso[EF2,3]	3 Pero estando él en Betania, en casa del Simón el leproso, y sentado a la mesa, vino una mujer con un vaso de alabastro de perfume de nardo puro de mucho precio; y quebrando el vaso de alabastro, se lo derramó sobre su cabeza.	6 Pero Jesús dijo: Dejadla; ¿por qué la molestáis? Buena obra me he hecho. 7 Siempre tendréis a los pobres con vosotros, y cuando queráis les podréis hacer bien; pero a mí no siempre me tendréis.	3 El amor de la mujer fue algo bueno y loable 4 El amor de la mujer reconoció el momento oportuno
2 El amor de la mujer fue cuestionado y reprochado	4 Y hubo algunos que se enojaron dentro de sí, y dijeron: ¿Para qué se ha hecho este desperdicio de perfume? 5 Porque podía haberse vendido por más de	8 Esta ha hecho lo que podía; porque se ha anticipado a ungir mi cuerpo para la sepultura. 9 De cierto os digo que dondequiera que se predique este evangelio, en todo el mundo, también se contará lo que ésta ha hecho, para memoria de ella.	5 El amor de la mujer hizo lo que pudo 6 El amor de la mujer fue recompensado

B. Ungimiento de Jesús en Betania: un estudio sobre el amor, 14:3-9

(14:3-9) *Introducción—sacrificio—amor sacrificial:* Juan nos dice que la mujer era María, la hermana de Lázaro, quien ungió a Jesús (Jn. 12:1ss). El título de este pasaje bien podría ser *Un estudio de lo que es sacrificio.* El resultado es una vigorosa lección referida al sacrificio, o al dar sacrificialmente.

1. El amor de la mujer era desprendido y costoso (v. 3).
2. El amor de la mujer fue cuestionado y reprochado (vv. 4-5).
3. El amor de la mujer fue algo bueno y loable (v. 6).
4. El amor de la mujer reconoció el momento oportuno (v. 7).
5. El amor de la mujer hizo lo que pudo (v. 8).
6. El amor de la mujer fue recompensado (v. 9).

ESTUDIO A FONDO 1

(14:3-9) *María, hermana de Marta y Lázaro:* la multitud estaba confluyendo sobre la ciudad para la pascua, el entusiasmo de la fiesta llenaba el aire. Había una sensación de que algo importante iba a ocurrir. Por supuesto, María no tenía idea de los eventos que tendrían lugar en la última semana de la vida de Jesús, eventos que comenzarían a la mañana siguiente con la entrada triunfal. Pero María, al igual que todos los demás, creía que el tiempo de establecer el reino estaba cerca. María, que siempre estuvo a los pies de Jesús, volvió a sentarse allí mirando a los ojos de Jesús. Mirando así ella sintió dos cosas. Sintió la necesidad de arrepentirse de su reciente crítica hecha a Jesús (cp. Jn. 12:3; *véase* nota—Jn.12:3), y percibió un anticipo de los problemas que rodeaban al Señor. En sus ojos vio un peso tan grande que se sintió *atraída* a expresarle su más profunda fe y lo mucho que lo apreciaba. Tomó lo más precioso que poseía, un valioso alabastro de perfume, y ungió al Mesías, el Ungido de su propia vida.

La acción de María fue una de las mayores, o la mayor y más preciosa acción de amor demostrada a Jesús. Fue un acto de supremo amor y adoración. Esto lo muestra el comentario que Jesús hizo al respecto (vv. 6-9). Se puede percibir cuánto amor hubo en aquel acto cuando uno percibe todo lo que estaba ocurriendo en la ciudad en ese momento y todo lo que iba a ocurrir: el complot, la intriga, la hostilidad, los ataques, la trama del asesinato, las multitudes inundando la ciudad de a miles, multitudes que creaban una atmósfera mundana, un aire de carnaval. Incluso la propia casa de Simón albergaba con la presencia de todos los discípulos una multitud. Imagínese solamente el ruido de la conversación. Sin embargo, allí estaba María, a los pies de Jesús, absorbiendo una vez más todo lo que él decía; sentía amor y adoración por Él. Jesús había hecho tanto por la familia de María. Simón el leproso era aparentemente cuñado de María (esposo de Marta). Probablemente había sido sanado por el Señor. Su hermano, Lázaro, había sido levantado de la muerte. Todos ellos habían sido salvados por Él. ¡Cuánto le amaba! ¡Cómo anhelaba expresarle su amor y adoración! Jesús se veía tan cansado, tan agotado, tan expectante; había algo en sus ojos que expresaba atención y preocupación cuando ella lo miraba. Quería ayudarle y alentarlo; mostrarle que se preocupaba por él y que lo amaba, de modo que se levantó para buscar el objeto más precioso que tenía a efectos de obsequiárselo. Y se lo dio de la manera más preciosa posible: ungió a su Señor, así como David y todos los reyes de Israel habían sido ungidos en el pasado. Ella lo ungió, no desde alguna posición oficial, sino desde su corazón. Es por eso que ella vive en la memoria de todos. En medio de toda la gente, ella ungió al Señor, al que experimentaría la muerte por todos nosotros. En medio de toda la gente ella lo ungió como Señor y Salvador, el verdadero Mesías de todos los corazones y de todas las vidas que adorasen y sirviesen a Jesús como Ungido de Dios.

[1] (14:3) *Amor—sacrificio—mayordomía—ofrendar:* el amor de María era desprendido y costoso. Debido al clima caluroso y seco la gente de aquel tiempo tenía la costumbre de ungir sus cabezas con aceite, especialmente las cabezas de los huéspedes. Pero este no era el propósito de María.

1. María *misma* ungió a Jesús. Lo normal es que el ungimiento lo realizara un sirviente; y Simón, dueño de una casa capaz de recibir a tantos huéspedes, seguramente tenía sirvientes. María no era un sirviente; ella era una de las cabezas de la casa. María no estaba ungiendo a Jesús simplemente para cumplir con la costumbre de aquel tiempo. Su propósito era mucho mayor.

2. María tomó el objeto más precioso que poseía y se lo

entregó a Jesús. Lo hizo de la manera más significativa posible, es decir, en un acto de ungimiento. El aceite que se usaba para ungir la cabeza de una persona apenas costaba una moneda, la de menor valor en circulación (equivalente a un centavo). No así el aceite usado por María. Ella tomó un aceite invalorable, cuyo precio era de aproximadamente 300 denarios el pequeño vaso. Era el aceite usado por los reyes, y éstos solamente usaban una gota. Un denario era el monto aproximado de un día de trabajo. Por eso, el costo del vaso equivalía al salario de todo un año de trabajo.

Note la manera en que María efectuó la entrega a Jesús. No se limitó a entregarle el aceite; en cambio quebró el cuello del vaso y vertió todo su contenido sobre la cabeza y los pies de Jesús (cp. Jn. 12:3). ¿Por qué? ¿Qué estaba haciendo María?

El ungimiento que María efectuó sobre Jesús fue una acción de desprendimiento, un acto costoso, un acto de amor y fe en el Señor Jesús. De manera muy sencilla María ungió a Jesús para mostrarle cuán profundamente lo amaba y cuanto creía que Él era el verdadero Mesías, *el Ungido de Dios* (*véase* Estudio a fondo 1—Mt. 14:3-9; cp. Estudio a fondo 2—Mt. 1:18). Él era el Salvador, Señor, y Rey. Él había hecho tanto por la familia de María. Ella quería que supiese cuanto lo apreciaba, amaba y creía en Él.

Hay algo más, que también debe ser destacado. María percibía que había algo en Jesús: notaba una anticipación, una preocupación de su mente, un corazón apesadumbrado, el peso de una tremenda presión. El corazón de María se extendió hacia Él con el deseo de ayudarle. Siendo ella una mujer joven, y habiendo tantos hombres presentes, no le estaba permitido expresar verbalmente todo lo que sentía. En aquellos tiempos las mujeres no tenían ese privilegio; entonces hizo todo lo que pudo, se expresó obrando. Se levantó y buscó el objeto más precioso que podía imaginarse, un vaso de alabastro con el más costoso de los perfumes; se lo entregó, de manera que Él supiera que al menos había una persona que lo amaba realmente y creía que Él era el Mesías. María esperaba que semejante acto de adoración y fe y amor le infundiría aliento.

Pensamiento. El verdadero amor es desprendido y costoso. El verdadero amor se olvida del ego y paga cualquier precio para expresarse. El verdadero amor entregó su posesión más preciada. El verdadero amor es...

* ser todo lo que uno debería ser, cambiando (arrepintiéndose) para llegar a ser esa persona.
* entregar la posesión más preciada que posee, ofrendando todo lo que uno es y tiene.
* ir al lugar donde mejor puede expresar ese amor.
* servir en el lugar donde ese amor sea más útil.

«La gracia sea con todos los que aman a nuestro Señor Jesucristo con amor inalterable» (Ef. 6:24).

«A quien amáis sin haberle visto, en quien creyendo, aunque ahora no lo veáis, os alegráis con gozo inefable y glorioso» (1 P. 1:8).

«Conservaos en el amor de Dios, esperando la misericordia de nuestro Señor Jesucristo para vida eterna» (Jud. 21).

«Amad a Jehová, todos vosotros sus santos; a los fieles guarda Jehová, y paga abundantemente al que procede con soberbia» (Sal. 31:23).

ESTUDIO A FONDO 2
(14:3) *Ungir: véase* Estudio a fondo 1—Hch. 10:38.

ESTUDIO A FONDO 3
(14:3) *Simón el leproso: véase* Estudio a fondo 1—Mt. 26:6.

2 (14:4-5) *Amor—sacrificio—ofrenda:* el amor de María fue

objetado y cuestionado. La palabra «enojaron» (*aganaktountes*) significa sufrir interiormente, ser herido y perturbado. La palabra «murmuraban» (*eneboimonto*) significa gruñir, amonestar, rezongar. Implica fuertes emociones. Pero note que solamente algunos de los discípulos sintieron de esta manera, no todos.

Lo que perturbó a los discípulos *no* fue el hecho de ungir a Jesús. El ungir a Jesús era algo suficientemente sencillo de entender puesto que era una costumbre de aquellos tiempos. Lo que los perturbó fue el obsequio que hizo. El obsequio...

* parecía ser invalorable y sin precio.
* aparentemente era demasiado costoso y sacrificial.
* aparentemente era innecesario e impulsivo.
* parecía ser un acto necio y sin sentido.
* parecía ser un derroche fuera de lugar.

Los discípulos sencillamente cuestionaron la acción e incluso murmuraron contra ella. Reaccionaron de manera más bien emotiva. Pensaron que se debía haber usado un aceite menos costoso para el ungimiento, y que el aceite más costoso se debía haber vendido y dado su importe a los pobres.

Pensamiento 1. Siempre existen quienes cuestionan el amor y los sacrificios del creyente para con su Señor. Algunos incluso murmuran contra los creyentes que hacen sacrificios importantes. No entienden el amor y la entrega (sacrificio) del creyente para con su Señor. Cuestionan el sacrificio de...
* dinero, posesiones, consuelo.
* posiciones, reconocimiento, prestigio.
* placeres, fiestas, popularidad.
* profesión, promoción, seguridad.

Pensamiento 2. Siempre existen aquellos que creen que el amor y sacrificio del creyente se extralimitan. Creen que...
* no es necesaria la entrega de la vida, al menos no al límite del sacrificio total (cp. Lc. 9:23).
* no es necesaria la entrega de dinero, al menos no al extremo de diezmar (cp. 1 Co. 16:2; Mal. 3:10).
* no es necesaria la entrega de la conducta, al menos no al extremo de *separarse uno del mundo* (cp. 2 Co. 6:17-18).
* no es necesaria la entrega de los labios, al menos no al extremo de que uno limpie su vocabulario totalmente y testifique con osadía (cp. Éx. 20:7; Mt. 12:36-37).

3 (14:6) *Amor—sacrificio—ofrenda:* el amor de María fue bueno y bello. Jesús sabía que los discípulos cuestionaban a María y murmuraban contra ella. Su reacción fue vigorosa: «Dejadla ... Buena obra me ha hecho». La palabra que Cristo usó no es *agathos* que habla de bondad moral. Prefirió usar la palabra *kalos* que significa bueno y bello. Se refiere a algo que es bueno e impactante, algo que apela, atrae y causa placer.

María se sintió impulsada a expresar su amor a Jesús de la forma más significativa posible. Lo hizo ungiéndolo como Señor con el perfume más costoso que poseía.

La persona más importante en la vida de María era el Señor. Él era el Mesías, el Salvador y Señor de su vida y de su familia. Ella quiso mostrarle que merecía todo lo que ella era y tenía. Por eso el amor y el sacrificio de María fueron *una buena obra, una obra agradable,* y esa obra captó la atención del Señor. No había posibilidad de que semejante amor y sacrificio pasaran inadvertidos por Él.

Pensamiento. El amor y sacrificio que lleva a una persona a hacer *buenas obras* y *obras agradables* por Cristo, atraen la atención del Señor. Sus ojos no pasan por alto las obras buenas y agradables de quienes le adoran. Jesús es *asombrado* del sacrificio que hacen de su vida, dinero, tiempo, y de todo lo que le entregan.

«Yo conozco tus obras, y amor, y fe, y servicio, y tu paciencia, y tus obras» (Ap. 2:19; cp. Mt. 25:34-40 en cuanto a un cuadro descriptivo del conocimiento que Jesús tiene de nosotros).

«Así alumbre vuestra luz delante de los hombres, para que vean vuestras buenas obras, y glorifiquen a vuestro Padre que está en los cielos» (Mt. 5:16).

«Presentándote tú en todo como ejemplo de buenas obras; en la enseñanza mostrando integridad, seriedad» (Tit. 2:7).

«Y considerémonos unos a otros para estimularnos al amor y a las buenas obras» (He. 10:24).

4 (14:7) *Amor—sacrificio—iniciativa—oportunidad:* el amor de María aprovechó el momento oportuno. Jesús señaló un asunto significativo que con frecuencia es ignorado por los hombres. Las oportunidades vienen y se van, y cuando se han ido se han ido para siempre. María demostró la diferencia. Los pobres siempre estarían presentes para ser ayudados por los creyentes, pero no siempre existiría el privilegio de ministrar a Jesús. Si los discípulos querían ministrar a Jesús tenían que aprovechar la oportunidad mientras Él estuviera con ellos.

Pensamiento. ¡Qué lección para la humanidad! La presencia de Jesús, es decir, el ser conscientes de su presencia y de su Palabra no es algo que siempre palpite en la mente y el corazón del hombre. El hombre debe aprovechar la oportunidad para mostrar su amor y su entrega a Cristo cuando es consciente de esa presencia. La oportunidad pasará. De hecho, la oportunidad y el privilegio de la vida misma pronto pasarán. El siervo del Señor debe amar y actuar mientras dure el día. Viene la noche cuando nadie puede trabajar.

«Me es necesario hacer las obras del que me envió, entre tanto que el día dura; la noche viene, cuando nadie puede trabajar» (Jn. 9:4).

«Aprovechando bien el tiempo, porque los días son malos» (Ef. 5:16).

5 (14:8) *Amor—sacrificio—Jesucristo, muerte:* el amor de María hizo cuanto estuvo a su alcance. Note dos cosas muy especiales.

1.   Jesús dijo: «Esta ha hecho lo que podía». Ella tomó todo lo que tenía, simbolizado en su posesión más preciosa e invalorable, y lo sacrificó a Jesús. No pudo haber hecho más. El corazón de ella se extendió hacia Jesús; actuó sacrificialmente con la más profunda devoción.

«Sino haceos tesoros en el cielo, donde ni la polilla ni el orín corrompen, y donde ladrones no minan ni hurtan» (Mt. 6:20).

«Porque todo el que quiera salvar su vida, la perderá; y todo el que pierda su vida por causa de mí y del evangelio, la salvará. Porque ¿qué aprovecha al hombre si ganare todo el mundo, y perdiere su alma?» (Mr. 8:35-36).

«Y ciertamente, aun estimo todas las cosas como pérdida por la excelencia del conocimiento de Cristo Jesús, mi Señor, por amor del cual lo he perdido todo, y lo tengo por basura, para ganar a Cristo» (Fil. 3:8).

2.   El ungimiento de Jesús señalaba hacia su sepultura, su muerte. Es esto, precisamente, lo que dijo Jesús: Lo hizo para «ungir mi cuerpo para la sepultura». Algunos comentaristas creen que María sabía lo que estaba haciendo, que había captado lo que Jesús decía en cuanto a morir pronto. Piensan que María había captado ese hecho mientras que los otros no. Pero esto es poco probable. La atmósfera que imperaba alrededor de todos era que el reino sería establecido en breve. De todos modos no importa si sabía o no lo que estaba haciendo, el hecho es que Jesús aceptó su acción y la aplicó a su propia muerte. Dijo que el amor y la fe de ella, el ungimiento de su propio cuerpo, señalaban hacia la muerte. El amor y la fe, el obsequio y ungimiento efectuados por María, *eran un testimonio anticipado.* Ella estaba testificando de la muerte del Señor anticipándose a ella.

Actualmente el amor, la fe, el obsequio y ungimiento que ofrece el creyente *son un testimonio de hechos.* El creyente debe testificar de la muerte del Señor mirando retrospectivamente. Es un hecho: Cristo murió por los pecados del mundo.

«Mas Dios muestra su amor para con nosotros, en que siendo aún pecadores, Cristo murió por nosotros» (Ro. 5:8).

«Quien llevó él mismo nuestros pecados sobre el madero, para que nosotros, estando muertos a los pecados, vivamos a la justicia; y por cuya herida fuisteis sanados» (1 P. 2:24).

6 (14:9) *Amor—sacrificio:* el amor de María fue recompensado. Jesús honró a María porque ella lo había honrado en gran manera a Él.

Hay muchas cosas en María que son un ejemplo para nosotros. Su profundo amor y fe en Jesús, su obsequio sacrificial, su osadía al proclamar el intenso amor y la fe que tenía en Jesús ungiéndolo en una habitación llena de hombres. Era impermisible que semejante devoción y amor quedaran olvidados en la historia. Jesús les dio carácter memorial, y dará carácter memorial a la fe y al amor de cualquier creyente que se sacrifica por Él.

«A los ricos de este siglo manda que no sean altivos, ni pongan la esperanza en las riquezas, las cuales son inciertas, sino en el Dios vivo, que nos da a todos las cosas en abundancia para que las disfrutemos. Que hagan bien, que sean ricos en buenas obras, dadivosos, generosos; atesorando para sí buen fundamento para lo por venir, que echen mano de la vida eterna» (1 Ti. 6:17-19).

C. Traición contra Jesús: por qué fracasó un discípulo, 14:10-11 (Mt. 26:14-16; Lc. 22:3-6)

1 Judas fue personalmente irresponsable
    a. Estaba celoso
    b. Estaba ambicioso
    c. Estaba avaricioso
    d. Estaba poseído
2 Judas buscó el pecado, el engaño y la traición
	10 Entonces Judas Iscariote, uno de los doce, fue a los principales sacerdotes para entregárselo.
	11 Ellos, al oírlo, se alegraron, y prometieron darle dinero. Y Judas buscaba oportunidad para entregarle.

C. Traición contra Jesús: por qué fracasó un discípulo, 14:10-11

(14:10-11) *Introducción:* Judas Iscariote negó y traicionó a Jesús, dos pecados que lo condenaron eternamente. Esto es extremadamente trágico, puesto que Judas conocía personalmente a Jesús. Había andado con Jesús durante el ministerio terrenal del Señor, había dicho ser uno de los seguidores íntimos del Señor. El hecho de conocer tan bien a Jesús y sin embargo, terminar fallándole y siendo condenado, es una advertencia para todos nosotros. Todos nosotros debemos notar por qué Judas le falló tan miserablemente.

1. Judas era personalmente irresponsable (vv. 10-11).
2. Judas buscó el pecado, el engaño y la traición (v. 11).

1 (14:10-11) *Judas:* Judas fue personalmente irresponsable. Dejó a Jesús, lo negó y lo traicionó, y nadie sino Judas fue el culpable. Nadie lo impulsó a hacerlo; él tomó personalmente la iniciativa. ¿Pero, por qué traicionaría Judas a Jesús? En este pasaje se sugieren diversas respuestas.

1. Los celos. Aparentemente Judas tenía celos de los otros apóstoles. Las palabras exactas «Judas Iscariote, uno de los doce» son significativas. En el griego se lee literalmente «Judas Iscariote, *el uno* de los doce». Se halla insertada la palabra «él». Aparentemente se sugiere el tipo de prioridad e importancia. Al principio Jesús había notado un gran potencial, algunas cualidades inusuales en Judas. Jesús no solamente llamó a Judas, sino que lo elevó a una posición y determinada autoridad entre los discípulos. Fue designado como tesorero del grupo, una función extremadamente importante. Estaba a cargo de los fondos del Señor y la compra de todo lo que se necesitaba (Jn.12:6; 13:29; cp. Lc. 8:2-3). Esa elevada posición y responsabilidad indicaba la alta estima en que lo tenía Jesús y los otros. Pero algo ocurrió. Nunca se vio a Judas como uno de los tres del círculo íntimo de Jesús (Pedro, Jacobo y Juan).

Aparentemente, en algún momento comenzó a albergar sentimientos malos (*véase* pto. 3 de arriba—Mr. 14:11). Jesús por su puesto sabía lo que estaba ocurriendo en el corazón y carácter de Judas; por eso Judas se vio cada vez más excluido de la intimidad con Jesús. Veía que, habiendo sido uno de los primeros, se convertía en uno de los últimos.

Aparentemente los celos y la envidia comenzaron a llenar su corazón, y se rehusaba a ocuparse de ello. El resultado fue inevitable: cada vez se hacía más inalcanzable para Jesús, cada vez menos importante para Jesús. Judas no pudo soportarlo. Los celos y la envidia comenzaron a consumirlo y a apurarlo a buscar una satisfacción. El que *había sido uno* de los doce, negó a Jesús y reaccionó contra Él.

> «No nos hagamos vanagloriosos, irritándonos unos a otros, envidiándonos unos a otros» (Gá. 5:26).
> «El corazón apacible es vida de la carne; mas la envidia es carcoma de los huesos» (Pr. 14:30).

2. Ambición. Judas fue concretamente ambicioso. Se dirigió a los principales sacerdotes pensando que ellos eran el partido *ganador.* Igual que a los otros discípulos se vio a Judas buscando las principales posiciones en el gobierno que Jesús establecería. (*Véanse* bosquejo y notas—Mr. 9:33-37; Mt. 18:1-4; Lc. 9:46-48.)

Sin embargo, hubo un diferencia entre Judas y los otros. Ellos nunca dejaron de creer que la *Persona* de Jesús era el verdadero Mesías, en cambio Judas sí. Todos creían que tendrían riqueza, poder y posiciones cuando Jesús estableciera su reino. Sencillamente interpretaron mal el *método* del Mesías para salvar al mundo, pero no a su *Persona;* en cambio Judas malinterpretó ambas cosas, tanto el método como la Persona de Jesús. Con el pasar de los días era más y más evidente que Jesús no iba a establecer su reino. Las autoridades se mobilizaban contra Jesús, dispuestas a matarlo, y todo parecía indicar que tendrían éxito. Incluso Jesús había enseñado que tendrían éxito; Él mismo había predicho que sería muerto a manos de ellos.

Judas comenzó a convencerse de su equivocación respecto de Jesús. Jesús no era el verdadero Mesías. Sencillamente era otro falso y auto proclamado mesías. Estaba condenado y no tenía escapatoria. Judas sintió que sus sueños de riqueza y poder y posiciones con Jesús se desplomaban. Al dirigirse a los principales sacerdotes trataba de sacar lo mejor que podía de la situación. Quería estar bien posicionado con el lado ganador y obtener lo que fuese posible.

> «Mas entre vosotros no será así, sino que el que quiera hacerse grande entre vosotros, será vuestro servidor, y el que quiera ser el primero entre vosotros será vuestro siervo; como el Hijo del Hombre no vino para ser servido, sino para servir, y para dar su vida en rescate por muchos» (Mt. 20:26-28).
> «Porque el que se enaltece será humillado, y el que se humilla será enaltecido» (Mt. 23:12).
> «¿Cómo podéis vosotros creer, pues recibís la gloria los unos de los otros, y no buscáis la gloria que viene del Dios único?» (Jn. 5:44).

3. Avaricia. Judas era ladrón, consumido por la avaricia y el amor al dinero. En efecto, este es el pecado de Judas que las Escrituras acentúan más que a ninguno. «Y les dijo: ¿Qué me queréis dar, y yo os lo entregaré?» (Mt. 26:15).

Pensamiento 1. Note cuatro hechos significativos referidos a la avaricia.

1) La avaricia es un pecado que crece. Debe ser alimentado para crecer. El hombre desea tener más y más. Desear cosas es normal y natural. Es cuando nutrimos nuestros deseos que se convierten en pecado y crecen y crecen (*véanse* notas—Stg. 4:1-3; 4:2. Estas notas despertarán pensamientos adicionales que pueden ser aplicados al estudio de los deseos y la codicia).

2) Avaricia o codicia, el deseo de tener más y más, carcome come un cáncer. Judas tenía todo lo que necesitaba: comida, ropa, y techo. No tenía las manos vacías. ¿Qué buscaba? El pecado de querer tener más y más lo carcomía y lo impulsaba a poner el dedo en el ventilador.

3) La avaricia es pecado. Pero note que no es el dinero lo pecaminoso; sino el amor al dinero (1 Ti. 6:10). El dinero es una *cosa; es inanimado, carente de vida.* No tiene sentimientos, ni deseos, ni voluntad, para actuar. El culpable es el hombre. Es el hombre quien codicia tener más y más; por eso, es el hombre quien peca, no el trozo de papel o de metal.

4) La avaricia es muy, muy peligrosa. Es uno de los pecados más peligrosos. (*Véase Ambición,* pto. 2 de la nota anterior.)

> **«Y les dijo: Mirad, y guardaos de toda avaricia; porque la vida del hombre no consiste en la abundancia de los bienes que posee» (Lc. 12:15).**

> **«Porque raíz de todos los males es el amor al dinero, el cual codiciando algunos, se extraviaron de la fe, y fueron traspasados de muchos dolores» (1 Ti. 6:10).**

> **«Haced morir, pues, lo terrenal en vosotros: fornicación, impureza, pasiones desordenadas, malos deseos y avaricia, que es idolatría» (Col. 3:5).**

> **«Vuestro oro y plata están enmohecidos; y su moho testificará contra vosotros, y devorará del todo vuestras carnes como fuego. Habéis acumulado tesoros para los días postreros» (Stg. 5:3).**

> **«Alborota su casa el codicioso; mas el que aborrece el soborno vivirá» (Pr. 15:27).**

> **«El que ama el dinero, no se saciará de dinero; y el que ama el mucho tener, no sacará fruto. También esto es vanidad» (Ec. 5:10).**

> **«Y esos perros comilones son insaciables; y los pastores mismos no saben entender; todos ellos siguen sus propios caminos, cada uno busca su propio provecho, cada uno por su lado. Venid, dicen, tomemos vino, embriaguémonos de sidra; y será el día de mañana como este, o mucho más excelente» (Is. 56:11-12).**

Pensamiento 2. Judas permitió que su fuerza se volviera debilidad. Es algo que con frecuencia nos ocurre a nosotros.

•   Los dones para la administración pueden terminar en domino sobre otros.
•   Los dones de la amabilidad pueden conducir a la sensualidad.
•   Los dones de la humildad pueden conducir a la persona a no servir en nada.
•   Los dones de liderazgo pueden conducir a una autosatisfacción.
•   Los dones para hablar pueden conducir al orgullo o a una superespiritualidad.

4. Poseído por el diablo. Judas negó activamente a Jesús y buscó la forma de traicionarlo. Solamente la persona poseída por el diablo niega y traiciona a Jesús. El diablo entró en Judas (Jn. 13:27). Aparentemente Judas había llenado su corazón con la codicia de tener más y más, en vez de llenarlo con Jesús. Pasó demasiado tiempo sin arrepentirse y sin dejar que Jesús entre en su vida, y entonces el diablo pudo llenar su ser. El diablo lo enceguéció y lo despojó de su racionalidad. Consecuentemente Judas podía justificar ante sí mismo su traición. Después de todo, estaba ayudando al cuerpo de religiosos y se ayudaba a sí mismo para no ser arrestado como uno de los seguidores de Jesús. Por eso traicionó a Jesús de Nazaret, convencido en su interior de que Jesús solamente era otro falso mesías auto-proclamado, destinado a ser arrestado y condenado como insurgente.

Mirando la bagatela por la Judas estuvo dispuesto a traicionar a Jesús, las treinta piezas de plata, parece ser una precio módico por traicionar a alguien de la estatura del Señor. Eran equivalentes a solamente cuatro o cinco salarios mensuales. Sin embargo, es preciso recordar dos cosas.

1. Probablemente Judas esperaba conseguir mucho más; sin embargo, no era él quien dictaba los términos sino los principales sacerdotes. Ellos, de todos modos arrestarían a Jesús pasados algunos días, tan pronto como los peregrinos hubieran dejado la ciudad (Mt. 26:5). Lo único que Judas hizo fue anticipar el calendario en algunos días.

2. Judas percibió que Jesús estaba condenado, sin esperanza ni escapatoria. Ya estaba convencido de que Jesús no era el verdadero Mesías, sino solamente otro falso mesías auto-proclamado. Es posible que Judas haya traicionado a Jesús por estar enojado sintiéndose engañado y desilusionado. Estaba dispuesto a sacar todo lo que pudiera, sin importar que el monto fuese pequeño.

3. Una vez que Judas se acercó a los líderes, estaba obligado a traicionar a Jesús sin importar lo mucho o poco que estuvieran dispuestos a pagarle. Creía que si intentaba librarse del trato lo arrestarían directamente con Jesús y los demás discípulos.

2 (14:11) *Judas:* Judas buscó el pecado para engañar y traicionar a Jesús. Note las palabras: «buscaba oportunidad *para* entregarle». El cuadro es de alguien que anda al acecho, escudriñando y buscando, mirando aquí y allá a la espera del momento oportuno. El corazón de Judas estaba decidido, lleno de intriga, maquinando el mal y planeando su estrategia. *No* creía en Jesús; peor aún, estaba *dispuesto* a dañar a Jesús, a herirlo y destruirlo; y buscaba la oportunidad para hacerlo. Se ve claramente lo engañoso que era Judas: inmediatamente después de cerrar el trato con las autoridades, se sentó con Jesús a comer. Se sentó a la misma mesa donde la santa cena estaba siendo instituida.

Pensamiento. Note que Judas no solamente rechazó a Jesús, sino que también intentó destruirlo. Muchas personas rechazan a Jesús pero no intentan destruirlo.

•   Algunos lo maldicen, deshonrando consciente o inconscientemente su nombre.
•   Algunas personas hablan y enseñan contra la naturaleza divina, enseñan contra el hecho de que es el Hijo de Dios.
•   Algunos hablan y enseñan contra la revelación escrita de Dios y la verdad, es decir, la Palabra, la Santa Biblia.
•   Algunos hablan y enseñan contra la presencia activa de Cristo en la vida del creyente genuino.

> **«Guardaos de los falsos profetas, que vienen a vosotros con vestidos de ovejas, pero por dentro son lobos rapaces» (Mt. 7:15).**

> **«Pero el Espíritu dice claramente que en los postreros tiempos algunos apostatarán de la fe, escuchando a espíritus engañadores y a doctrinas de demonios; por la hipocresía de mentirosos que, teniendo cauterizada la conciencia» (1 Ti. 4:1-2).**

> **«También debes saber esto: que en los postreros días vendrán tiempos peligrosos Porque habrá hombres amadores de sí mismos, avaros, vanagloriosos, soberbios, blasfemos, desobedientes a los padres, ingratos, impíos, sin afecto natural, implacables, calumniadores, intemperantes, crueles, aborrecedores de lo bueno, traidores, impetuosos, infatuados, amadores de los deleites más que de Dios, que tendrá apariencia de piedad, pero negarán la eficacia de ella; a estos evita» (2 Ti. 3:1-5).**

	D. Última oportunidad de Jesús para con Judas: apelación a un pecador, 14:12-21 (Mt. 26:17-25; Lc. 22:21-23; Jn. 13:21-31)	preparad para nosotros allí.	
1 La pascua estaba cerca a. Los discípulos preguntaron donde celebrar la pascua b. Jesús tenía el hábito de adorar **2 Jesús sabía de la traición de Judas** a. Mantuvo en secreto sus planes b. Compartía con sus discípulos confiables 1) Tenía planes ya establecidos 2) Envió a discípulos confiables para hacer arreglos	12 El primer día de la fiesta de los panes sin levadura, cuando sacrificaban el cordero de la pascua, sus discípulos dijeron: ¿Dónde quieres que vayamos a preparar para que comas la pascua? 13 Y envió dos de sus discípulos, y les dijo: Id a la ciudad, y os saldrá al encuentro un hombre que lleva un cántaro de agua; seguidle, 14 y donde entrare, decid al señor de la casa: El Maestro dice: ¿Dónde está el aposento donde he de comer la pascua con mis discípulos? 15 Y él os mostrará un gran aposento alto ya dispuesto;	16 Fueron sus discípulos y entraron en la ciudad, y hallaron como les había dicho; y prepararon la pascua. 17 Y cuando llegó la noche, vino él con los doce. 18 Y cuando se sentaron a la mesa, mientras comían, dijo Jesús: De cierto os digo que uno de vosotros, que come conmigo, me va a entregar. 19 Entonces ellos comenzaron a entristecerse, y a decirle uno por uno: ¿Seré yo? Y el otro ¿Seré yo? 20 El, respondiendo, les dijo: Es uno de los doce, el que moja conmigo en el plato. 21 A la verdad el Hijo del Hombre va, según está escrito de él, mas ¡ay de aquel hombre por quien el Hijo del Hombre es entregado! Bueno le fuera a ese hombre no haber nacido.	c. Cumplió sus planes a pesar de la traición **3 Jesús dio a Judas muchas oportunidades para arrepentirse** a. Primera oportunidad: buscó convicción 1) Despertó tristeza en los fieles 2) Les motivó un auto examen b. Segunda oportunidad: reveló una decepción monstruosa **4 Jesús le hizo una última advertencia a Judas**

D. Última oportunidad de Jesús para con Judas: apelación a un pecador, 14:12-21

(14:12-21) *Introducción:* Jesús se vio obligado a hacer preparativos secretos para celebrar la pascua. Esto lo demuestra el presente pasaje. Judas acababa de complotarse con las autoridades para traicionar a Jesús (Mr. 14:10-11). Las autoridades querían prenderlo en algún sitio tranquilo, donde no hubiera gente que pudiera levantarse para defenderlo. Judas solamente esperaba el lugar y el momento precisos. El aposento alto sería un lugar y un momento ideal. Jesús lo sabía, de modo que hizo los preparativos en secreto.

El tema de este pasaje es demostrar que Jesús sabía de la traición de Judas y que Jesús procedió a darle a Judas una última oportunidad para arrepentirse.

1. La pascua estaba cerca (v. 12).
2. Jesús sabía de la negación y traición de Judas (vv. 13-17).
3. Jesús dio a Judas todas las oportunidades posibles para el arrepentimiento (vv. 18-20).
4. Jesús le hizo una última advertencia a Judas (v. 21).

1 (14:12) *Pascua:* La pascua estaba cerca. Jerusalén estaba toda alborotada. Josefo, el notable historiador judío de aquel tiempo estimó que aproximadamente dos a tres millones de personas inhundaban la ciudad para celebrar la pascua. Los peregrinos venían de a miles y miles de todas partes del mundo. La multitud de gente, el hospedaje necesario, la comida y los preparativos comerciales que eran preciso hacer —la atmósfera carnavalezca y comercial— son difíciles imaginarse.

Note que los discípulos tuvieron que preguntar a Jesús dónde iban a celebrar la pascua. Jesús no les había dicho nada, ni les había dado ninguna indicación al respecto. El día de los panes sin levadura estaba a la mano, y, de acuerdo con lo que ellos sabían, no se habían hecho preparativos para reservar un lugar donde celebrar la fiesta.

Teniendo en cuenta la escasez habitacional producida por la multitud de peregrinos, semejante olvido parecía extremadamente inusual. Los discípulos se deberían haber asombrado y preguntado por qué Jesús no había compartido antes sus planes.

> *Pensamiento.* Jesús adoraba y celebraba las fiestas de los judíos. No descuidaba el reunirse con otros. Los discípulos lo sabían.
> «No dejando de congregarnos, como algunos tienen por costumbre, sino exhortándonos; y tanto más cuanto véis que aquel día se acerca» (He. 10:25).

2 (14:13-17) *Judas—negación—traición:* Jesús sabía de la negación y traición de Judas. Aparentemente ése es el tema de lo relatado en estos versículos. Judas acababa de complotarse contra Jesús con los principales sacerdotes (Mr. 14:10-11). Judas estaba negando y traicionando a Jesús. Jesús lo sabía, de modo que se vio precisado a mantener en silencio y en secreto sus planes y movimientos. No podía permitir que Judas los supiera, de lo contrario Judas llevaría a las autoridades a detenerlo en el aposento alto antes de haber cumplido su misión con los discípulos. Note el tema de este pasaje.

1. Jesús había mantenido en secreto sus planes y movimientos. Los discípulos no sabían dónde quería celebrar la pascua. Jesús no podía revelar sus planes a un discípulo pecador y caído que lo estaba negando y traicionando. Ese discípulo (Judas) no haría sino interrumpir lo que Jesús estaba haciendo con sus discípulos fieles en el aposento alto. No haría otra cosa que destruir, perturbar, impedir y obstaculizar la obra de Jesús.

2. Jesús solamente podía compartirlo con sus discípulos fieles. Note que Jesús tenía un plan, y que lo siguió hasta el mínimo detalle. Aparentemente había preparado todo con anticipación. Envió a dos discípulos confiables a cumplir con los arreglos. Estos cumplieron minuciosamente las instrucciones. Pero note el carácter secreto de

esas instrucciones. Era preciso que los preparativos fuesen en secreto porque Judas y las autoridades buscaban prender a Jesús en un lugar tranquilo, apartado de la gente. El aposento alto hubiera sido el lugar ideal para arrestar a Jesús.

    a.   Hubo una señal predeterminada; un hombre llevando un recipiente de agua en la cabeza. Este sería un cuadro por demás inusual. Normalmente eran las mujeres quienes llevaban recipientes en sus cabezas. Aparentemente era una señal que los discípulos debían seguir en silencio.

    b.   Jesús no mencionó al propietario ni la dirección de la casa. Sencillamente mandó que siguieran al hombre con el recipiente de agua en la cabeza, y luego a decir al dueño de casa «El Maestro» necesita el aposento.

3.   Jesús cumplió su plan a pesar del traidor y de aquellos que querían detenerlo. Note el coraje y poder de Jesús para controlar las circunstancias y los eventos.

    Pensamiento. Note vario puntos llamativos y convincentes.

    1) Jesús conoce la negación y traición de cualquier persona, así como sabía de la de Judas.

    2) Jesús no revela sus planes y movimientos al hombre que lo niega y traiciona. La persona que niega a Jesús lo sabe. No tiene sentido ni es consciente de la presencia de Jesús. Los planes del Señor no le son conocidos, y los movimientos del Espíritu de Dios no son percibidos ni experimentados.

    3) Jesús comparte sus planes y movimientos solamente con los discípulos fieles y confiables.

    4) Los planes de Jesús son seguros; inamovibles. Así como no pudieron ser detenidos por Judas, tampoco pueden ser detenidos ahora, no importa la negación y traición. Jesús cumple sus planes, haciendo todo lo que sea necesario para cumplirlos.

       «Y sabemos que a los que aman a Dios, todas las cosas les ayudan a bien, esto es, a los que conforme a su propósito son llamados» (Ro. 8:28).

       «Pero el hombre natural no percibe las cosas que son del Espíritu de Dios, porque para él son locura, y no las puede entender, porque se han de discernir espiritualmente» (1 Co. 2:14).

       «El que anda en tinieblas, no sabe a dónde va» (Jn. 12:35).

3 (14:18-20) ***Judas—negación—traición:*** Jesús le dio a Judas todas las oportunidades posibles para arrepentirse.

1.   La primera oportunidad fue un intento de hacer que Judas se sintiera convicto. Jesús dijo: «uno de vosotros, que come conmigo, me va a entregar». Judas estaba sentado allí. Escuchó las palabras de Jesús. ¿Cuáles serían sus pensamientos? Había intentado ocultar su pecado, y lo había hecho bien. Según él, nadie sabía de su pecado (complot), ni siquiera los discípulos que eran sus allegados más íntimos. Pero Judas se preguntaba «¿Acaso sabe Jesús, o está tanteando en la oscuridad, suponiendo, sospechando, consciente de que algo se está cocinando, pero sin saber qué?» Las Escrituras callan en cuanto a los pensamientos del traidor. Pero una cosa es sabida: Judas no se sintió convicto por su pecado, no lo suficiente para arrepentirse. En cambio, note lo que pasó a los discípulos fieles y confiables.

    a.   Sintieron una profunda tristeza (pesadumbre) en sus corazones. La palabra «entristecerse» (*lupeisthai*) significa apenarse, tener mucha pena en el corazón. Sus corazones se sintieron verdaderamente apesadumbrados, con un gran peso de dolor.

    b.   Se sintieron impulsados a hacer un auto examen de sus propios corazones. Preguntaron: «¿Seré yo?» Note cuánto habían madurado. Conocían la debilidad de la carne, sabían cuán fácilmente podían fallar.

Cada uno tuvo temor de estar ante una gran caída. Note también que no buscaron la falla en los otros, sino que se miraron a sí mismos ¡Qué lección para todos nosotros!

Pensamiento 1. El hombre que debía...
* haberse sentido convicto, no lo hizo.
* haber estado triste, no lo estuvo.
* haber estado apenado, no lo estuvo.
* haber estado arrepentido, no lo estuvo.
* haber examinado su propio corazón, no lo hizo.

Pensamiento 2. Dos cosas son cruciales, incluso para el más fiel y el más confiable.
1) Conocer la debilidad de la carne humana, el gran peligro de caer.
2) Examinarse siempre a sí mismo y no a los otros.

2.   La segunda oportunidad dada a Judas lo dejaba sin excusas en caso de rehusarse. Jesús reveló cononocer el *monstruoso engaño* (v. 20). «Es uno de los doce», uno «que moja conmigo en el plato». ¡Qué engaño! El pecador estaba sentado con Jesús, participando de la última cena, culpable del más terrible de los pecados.

Note que se le dijo a Judas que su pecado era conocido. Sin embargo, aun después de oírlo, siguió creyendo que podía continuar impunemente. Se rehusó a arrepentirse. Vivió en su engaño, rechazando oportunidad tras oportunidad.

       «Os digo: No; antes si no os arrepentís, todos pereceréis igualmente» (Lc. 13:3, 5).

       «Así que, arrepentíos y convertíos, para que sean borrados vuestros pecados; para que vengan de la presencia del Señor tiempos de refrigerio» (Hch. 3:19).

       «Arrepiéntete, pues, de esta tu maldad, y ruega a Dios, si quizá te sea perdonado el pensamiento de tu corazón» (Hch. 8:22).

4 (14:21) ***Judas—negación—traición:*** Jesús le hizo una última advertencia a Judas. Le advirtió a Judas el terrible juicio que vendría. Jesús conocía el destino del hombre, el terrible destino que le esperaba. Hubiera sido mejor no haber nacido antes que negar y traicionar a Cristo.

    Pensamiento. Note la gracia de Dios al advertir al pecador del juicio.

    1) El pecador es advertido *anticipadamente*, antes que venga el juicio o antes que el juicio sea pronunciado. Judas fue advertido. El pecador todavía puede arrepentirse cuanto oye por *primera vez* del juicio. Mientras vive puede ser salvado. Es la gracia de Dios que le advierte las consecuencias de su pecado, del juicio que viene.

    2) El pecador nunca es obligado a arrepentirse de su negación o traición de Cristo. Judas no fue obligado a volverse de su mal; ni se obliga a ningún pecador. Es la gracia de Dios la que respeta nuestra voluntad y nuestros deseos. Dios nos ama y cuida, nos advierte y habla francamente, pero nunca nos obliga a la obediencia.

       «¡Ay del mundo por los tropiezos! porque es necesario que vengan tropiezos, pero ¡ay de aquel hombre por quien viene el tropiezo! Por tanto, si tu mano o tu pie te es ocasión de caer, córtalo y échalo de ti; mejor te es entrar en la vida cojo o manco, que teniendo dos manos o dos pies ser echado en el fuego eterno. Y si tu ojo te es ocasión de caer, sácalo y échalo de ti; mejor te es entrar con un solo ojo en la vida, que teniendo dos ojos ser echado en el infierno de fuego» (Mt. 18:7-9).

       «Porque la paga del pecado es muerte, mas la dádiva de Dios es vida eterna en Cristo Jesús Señor nuestro» (Ro. 6:23).

       «¿Cómo escaparemos nosotros, si descui-

damos una salvación tan grande? La cual, habiendo sido anunciada primeramente por el Señor, nos fue confirmada por los que oyeron» (He. 2:3).

«Y de la manera que está establecido para los hombres que mueran una sola vez, y después de esto el juicio» (He. 9:27).

«El alma que pecare, esa morirá» (Ez. 18:20).

| | E. Jesús instituye la Cena del Señor, 14:22-26 (Mt. 26:26-30; Lc. 22:7-20; Jn. 13:1-30) | habiendo dado gracias, les dio; y bebieron de ella todos. 24 Y les dijo: Esto es mi sangre del nuevo pacto, que por muchos es derramada. 25 De cierto os digo que no beberé más del fruto de la vid, hasta aquel día en que lo beba nuevo en el reino de Dios. 26 Cuando hubieron cantado el himno, salieron al monte de los Olivos. | tomó la copa a. La tomó y la bendijo b. La entregó y ellos bebieron de la copa c. Identificó a la copa con su sangre |
| **1 Primer acto: Jesús tomó pan** a. Lo tomó y lo bendijo b. Lo partió y lo repartió **2 Segundo acto: Jesús** | 22 Y mientras comían, Jesús tomó pan y bendijo, y lo partió y les dio, diciendo: Tomad, esto es mi cuerpo. 23 Y tomando la copa, y | | **3 Tercer acto: Jesús reveló un reino glorioso** **4 Cuarto acto: cantaron un himno** |

E. Jesús instituye la Cena del Señor, 14:22-26

(14:22-26) **Introducción:** tantas cosas ocurrieron en el aposento alto. Juan es el único de los cuatro evangelistas que cubre detalladamente lo ocurrido en el aposento alto. Le dedica cinco capítulos completos. Marcos, en cambio, cubre solamente dos eventos del aposento alto, y ambos son relatados en forma breve. Marcos concentra su atención en la traición de Judas y en la Cena del Señor. En cinco versículos compactos comparte lo que Jesús hizo para instituir la Cena del Señor.

1. Primer acto: Jesús tomó pan (v. 22).
2. Segundo acto: Jesús tomó la copa (vv. 23-24).
3. Tercer acto: Jesús reveló un reino glorioso (v. 25).
4. Cuarto acto: cantaron un himno (v. 26).

1 (14:22) *Cena del Señor—pan:* el primer acto en la Cena del Señor involucra el pan. Note que Jesús hizo cuatro cosas con el pan.

1. Jesús tomó el pan en su manos. Esto simboliza que su muerte fue un acto voluntario. El destino de Jesús estaba en sus propias manos. No tenía que morir, sino que murió voluntariamente.

«Así como el Padre me conoce, y yo conozco al Padre; y pongo mi vida por las ovejas. Por eso me ama el Padre, porque yo pongo mi vida, para volverla a tomar. Nadie me la quita, sino que yo de mí mismo la pongo. Tengo poder para ponerla, y tengo poder para volverla a tomar. Este mandamiento recibí de mi Padre» (Jn. 10:15, 17-18).

2. Jesús dio gracias. Dio gracias a Dios por *liberación y provisión y por la seguridad de la vida.*

3. Jesús partió el pan. Esto simboliza que su cuerpo fue roto, es decir, sacrificado como una víctima para la liberación del hombre (Is. 53:5). Este acto fue tan significativo que la iglesia primitiva a veces llamaba la cena del Señor el *partimiento del pan* (Hch. 2:42, 26; 1 Co. 10:16). Bajo el Antiguo Testamento el pan partido simbolizaba el sufrimientos de los israelitas. Ahora, bajo el Nuevo Testamento, el pan debía ilustrar el cuerpo partido de Cristo (1 Co. 11:24).

«Mas él herido fue por nuestras rebeliones, molido por nuestros pecados; el castigo de nuestra paz fue sobre él, y por su llaga fuimos nosotros curados» (Is. 53:5).

4. Jesús dio el pan a los discípulos para que lo comieran. Las palabras: «Tomad, [comed] esto es mi cuerpo», significa que la persona debe tomar y recibir a Cristo en su vida. El momento en que una persona toma y recibe a Cristo es el momento de la redención. Es ese momento de redención el que debe ser recordado en esta ordenanza (*véase* Estudio a fondo 2—Mt. 26:26; Jn. 6:52-58).

«Este es el pan que desciende del cielo, para que el que de él come, no muera. Yo soy el pan vivo que descendió del cielo; si alguno comiere de este pan, vivirá para siempre; y el pan que yo daré es mi carne, la cual yo daré por la vida del mundo» (Jn. 6:50-51).

2 (14:23-24) *Cena del Señor—copa:* el segundo acto de la Cena del Señor involucra la copa. Jesús hizo cuatro cosas con la copa.

1. Tomó la copa en sus manos. Nuevamente Jesús estaba enseñando que su muerte sería voluntaria. El tenía su vida en sus propias manos. Su vida no le iba a ser quitada; Él la estaba entregando (cp. Jn. 10:11, 17-18).

2. Dio gracias. Dio gracias a Dios por la liberación a través del sacrificio.

3. Dio la copa a los discípulos y todos bebieron de ella. Nuevamente Jesús estaba diciendo que Él tiene que llegar a ser parte del mismo ser del hombre si éste quiere liberación. Note la palabra «dio» (*edoken*) en el griego está en tiempo aoristo. Esto significa que Cristo dio la copa *una vez para siempre*. Cristo murió una vez y solamente una vez (Ro. 6:10), y el hombre participa de su muerte una, y solamente una vez (Ro. 6:6).

«Sabiendo esto, que nuestro viejo hombre fue crucificado juntamente con él, para que el cuerpo del pecado sea destruido, a fin de que no sirva más al pecado» (Ro. 6:6).

«Porque en cuanto murió, al pecado murió una vez por todas; mas en cuanto vive, para Dios vive» (Ro. 6:10).

4. Jesús identificó a la copa con su sangre del nuevo pacto. Simplemente quiso decir que su sangre establecía un nuevo pacto con Dios. Su sangre daba lugar a una nueva relación entre Dios y el hombre. Note las palabras exactas del Señor.

a. «Esta es mi sangre.» Su sangre, la que vertió de su cuerpo se convertiría en la señal, el símbolo del nuevo pacto. Su sangre tomaría el lugar del sacrificio de animales.

b. «El nuevo pacto.» Su sangre, el sacrificio de su vida, establecía un nuevo testamento, un nuevo pacto entre Dios y el hombre (cp. He. 9:11-15). La fe en su sangre, en su sacrificio es el camino para que ahora el hombre se acerque a Dios. Antes, bajo el Antiguo Testamento, la persona que quería estar en buena relación con Dios se acercaba a Él por medio del sacrificio de la sangre de animales. El creyente del Antiguo Testamento creía que Dios lo aceptaba por el sacrificio del animal. Ahora, bajo el Nuevo Testamento, el creyente cree que Dios lo acepta por el sacrificio de Cristo. Esto es lo que Jesús dijo: «Esto es mi sangre del nuevo pacto, que por muchos es derramada» (Mr. 14:24. *Véase* nota—Mt. 26:28; He. 9:18-22). Los pecados de la persona son perdonados y entonces ella es aceptable a Dios creyendo que la sangre de Cristo fue derramada por ella.

«En quien tenemos redención por su sangre, el perdón de pecados según las riquezas de su gracia» (Ef. 1:7).

«Pero si andamos en luz, como él está en luz, tenemos comunión unos con otros, y la sangre de Jesucristo su Hijo nos limpia de todo pecado» (1 Jn. 1:7).

«Hijitos míos, estas cosas os escribo para

que no pequéis; y si alguno hubiere pecado, abogado tenemos para con el Padre, a Jesucristo el justo. Y él es la propiciación por nuestros pecados; y no solamente por los nuestros, sino también por los de todo el mundo» (1 Jn. 2:1-2).

El tema es este: la persona tiene que recibir lo que Cristo ha hecho por ella. Tiene que beber, participar, absorber, asimilar la sangre de Cristo en su vida. Es decir, la persona tiene que creer y confiar en la muerte de Cristo para recibir el perdón de sus pecados. Tiene que permitir que la muerte de Cristo sea su alimento, la parte más íntima y la energía, el flujo mismo de su vida (véase nota— Mt. 26:27-28).

«El que come mi carne y bebe mi sangre, tiene vida eterna; y yo le resucitaré en el día postrero. Porque mi carne es verdadera comida, y mi sangre es verdadera bebida. El que come mi carne y bebe mi sangre, en mí permanece, y yo en él. Como me envió el Padre viviente, y yo vivo por el Padre, asimismo el que me come, él también vivirá por mí. Este es el pan que descendió del cielo; no como vuestros padres comieron el maná, y murieron; el que come de este pan, vivirá eternamente» (Jn. 6:54-58).

3 (14:25) *Promesas—la gran boda de Cristo:* el tercer acto fue la entrega de dos promesas.

- Había la promesa de un reino glorioso (*véase* Estudio a fondo 3—Mt. 19:23-24).
- Había la promesa de una celebración gloriosa (*véanse* bosquejo y notas—Mt. 22:1-14 para la discusión).

Ambas promesas están basadas en el cuerpo y la sangre de Cristo, y ambas promesas fueron dadas a la persona que participa del cuerpo y de la sangre de Cristo.

Jesús prometió que llegará un día en que todos los auténticos creyentes se sentarán con Él en el reino de Dios. Tendrán su lugar en la gran boda del Cordero. Es la promesa de la perfección, de vivir por siempre en los nuevos cielos y la nueva tierra, de estar sentados con Cristo en el glorioso reino de Dios que será establecido en el futuro.

«El Espíritu mismo da testimonio a nuestro espíritu, de que somos hijos de Dios. Y si hijos, también herederos; herederos de Dios y coherederos con Cristo, si es que padecemos juntamente con él, para que juntamente con él seamos *glorificados*» (Ro. 8:16-17).

«Cuando Cristo, vuestra vida, se manifieste, entonces vosotros también seréis manifestados con él en *gloria*» (Col. 3:4).

«Porque esta leve tribulación momentánea produce en nosotros un cada vez más excelente y eterno peso de *gloria*» (2 Co. 4:17).

«Ruego a los ancianos que están entre vosotros, yo anciano también con ellos, y testigo de los de los padecimientos de Cristo, que soy también participante de la *gloria* que será revelada» (1 P. 5:1).

«Porque de esta manera os será otorgada amplia y generosa entrada en el *reino* eterno de nuestro Señor y Salvador Jesucristo» (2 P. 1 :11).

4 (14:26) *Cena del Señor—cantar:* el cuarto acto en la Cena del Señor involucró el canto de un himno. A pesar de la tristeza, la perplejidad, y la incertidumbre ante lo que esperaba, ellos cantaron un himno. Cantaron el himno en celebración de la gran *esperanza* que Dios da *de liberación y salvación.*

«Estas cosas os he hablado, para que mi gozo esté en vosotros, y vuestro gozo sea cumplido» (Jn. 15:11).

«Regocijaos en el Señor siempre. Otra vez digo: ¡Regocijaos!» (Fil. 4:4).

«Como entristecidos, mas siempre gozosos; como pobres, mas enriqueciendo a muchos; como no teniendo nada, mas poseyéndolo todo» (2 Co. 6:10).

	F. Jesús predice la negación de Pedro: cómo trata Jesús el fracaso, 14:27-31 (Mt. 26:31-35; Lc. 22:31-34; Jn. 13:36-38)	vosotros a Galilea. 29 Entonces Pedro le dijo: aunque todos se escandalicen, yo no. 30 Y le dijo Jesús: De cierto te digo que tú, hoy, en esta noche, antes que el gallo haya cantado dos veces, me negarás tres veces.	del fracaso 3 Jesús procuró que los hombres encararan sus fracasos a. Lealtad de palabras de Pedro b. Jesús procuró que Pedro se sintiera convicto
1 Jesús mostró ternura ante la debilidad y el fracaso[EF1]	27 Entonces Jesús les dijo: Todos os escandalizaréis de mí esta noche, porque escrito está: Heriré al pastor, y las ovejas serán dispersadas.		4 Jesús motivó a los hombres a exagerar su fracaso; encendida confianza en sí mismo de Pedro
2 Jesús alentó a Pedro a volver a Él después	28 Pero después que haya resucitado, iré delante de	31 Mas él con mayor insistencia decía: Si me fuere necesario morir contigo, no te negaré. También todos decían lo mismo.	

F. Jesús predice la negación de Pedro: cómo trata Jesús el fracaso, 14:27-31

(14:27-31) *Introducción—hombre, debilidad de—carne:* los hombres son débiles y fracasan. Existe un motivo básico para que fracasen, expresado en las Escrituras: los hombres no son perfectos. Por naturaleza, es decir, en sus pensamientos, acciones y ser, los hombres no alcanzan la meta.

• Sus pensamientos no alcanzan la meta: sus pensamientos son imperfectos, incompletos, nunca abarcan todo de manera completa.
• Sus acciones no alcanzan la meta: sus acciones son imperfectas, incompletas, nunca son todo lo que pueden ser, al menos no en un sentido absoluto.
• Su propio ser no alcanza la meta: su ser es imperfecto, incompleto, corruptible y decadente.

Los hombres son débiles y fracasan. Por naturaleza son imperfectos. Las Escrituras expresan el mismo pensamiento de otra manera. Los hombres son carne, seres con una naturaleza impulsada básicamente por el interés propio y las necesidades carnales. Los hombres desean agradar y apañar su propia carne y voluntad, su cuerpo y mente. Procuran agradarse y apañar...

• su carne por medio del confort y la comodidad, placer y excitación, estimulación y sentimientos, reconocimiento y fama.
• su propia voluntad por medio del poder y la conquista, logros y posiciones, conocimiento y desarrollo.

Note que no son las necesidades y las metas lo que está mal. Es el hombre quien está mal. Las necesidades del hombre son buenas y saludables cuando son puestas en su lugar, es decir, cuando son usadas para la gloria de Dios y el beneficio del hombre, tal como las Escrituras lo dicen. Cuando el hombre actúa para la gloria de Dios y el bienestar de otros, no hay nada malo...

• con el confort y la comodidad.
• con la estimulación y los sentimientos.
• con el placer y la excitación.
• con el reconocimiento y la fama.

Por ejemplo, Dios espera que su pueblo tenga poder para hacer conquistas (espiritual, mental, y físicamente). Espera que consigamos mejores posiciones, que alcancemos mayor conocimiento y desarrollo, aumentando y creciendo siempre. El problema surge porque el hombre no puede controlar su carne y voluntad, su cuerpo y mente. Demasiadas veces se centra en sí mismo, utilizando y despojando a otras personas para satisfacer sus propias necesidades. El usar y despojar a otras personas puede abarcar desde el engaño menor hasta la destrucción de la vida.

Todo esto yace detrás del presente pasaje. El hombre tiene una naturaleza caída que lo hace ser imperfecto e incompleto, corruptible y decadente. La carne del hombre es débil de modo que fracasa, el hombre necesita recibir una nueva naturaleza de Dios, una naturaleza sobrenatural. No puede confiar en el brazo de la carne; tiene que confiar en el brazo de Dios. El hombre tiene que recibir un *poder* (naturaleza) *resucitado por Dios* para vivir una vida de conquistas y plenitud, una vida que agrade a Dios y lo haga aceptable a Él.

Pedro y los discípulos tenían que aprender esto. Ellos confiaban en su propia carne y en su propia fuerza. Por eso estaban destinados a fracasar a pesar de estar tan vigorosamente determinados como era posible. Jesús tenía que prepararlos. Ellos fracasarían y se apartarían en vista de la muerte de Jesús porque la carne de ellos era débil. Pero Jesús resucitaría. Ellos tenían que saber que no eran rechazados por haberse apartado. Y tenían que recibir el poder de la resurrección por medio de la presencia del Espíritu Santo de manera que en el futuro pudieran tener victoria y no fracasar.

1. Jesús mostró ternura ante la debilidad y el fracaso (v. 27).
2. Jesús alentó a Pedro a volver a Él después del fracaso (v. 28).
3. Jesús procuró que los hombres encararan sus fracasos (vv. 29-30).
4. Jesús motivó a los hombres a exagerar su fracaso: encendida confianza en sí mismo de Pedro (v. 31).

1 (14:27) *Fracaso—Jesucristo, protección; ternura—debilidad:* Jesús mostró ternura en vista de la debilidad y el fracaso. Él sabía lo que venía. «Todos os escandalizaréis [tropezarán, caerán] de mí esta noche.» Se refería a su propia muerte. Note tres cosas.

1. La palabra «escandalizaréis» (*skandalizo*) significa tropezar, caer. Jesús vio el *dispersamiento* de ellos como un pecado, un tropiezo, un apartarse de Él.
2. Jesús afirmó claramente que Dios estaba detrás de su muerte. Las Escrituras dicen: «Heriré [Dios] al pastor» (Zac. 13:7). Dios tenía un propósito para la muerte de Jesús, un propósito eterno.

«A éste, entregado por el determinado consejo y anticipado conocimiento de Dios, prendisteis y matasteis por manos de inicuos, crucificándole; al cual Dios levantó, sueltos los dolores de la muerte, por cuanto era imposible que fuese retenido por ella» (Hch. 2:23-24).

3. Jesús dijo que los discípulos lo abandonarían trágicamente. Ni uno solo se levantaría en favor de Él. La amenaza del mundo y la debilidad de la carne de ellos serían demasiado grandes para ser vencidas. Ellos fracasarían.

Note que Jesús *predijo* el fracaso de ellos. De esa manera les ayudó en diversas formas.

1. Les enseñó las debilidades y fracasos de la carne humana.
2. Estableció los fundamentos de la resurrección, la base para recibir nuevo poder (naturaleza) de Dios, la presencia del Espíritu Santo.

3. Ellos al recordar sus palabras recordarían su ternura y protección, y esto los traería más rápida y fácilmente de vuelta a Él.

4. Ellos, al recordar sus palabras, tendrían fe en Él como el Hijo de Dios que es omnisciente, sabiendo todas las cosas.

5. La fe de ellos sería fortalecida al entender cómo la profecía del Antiguo Testamente fue cumplida en Jesús y en ellos mismos: «Heriré al pastor, y las ovejas serán dispersadas».

ESTUDIO A FONDO 1
(14:27) *Referencia profética:* cp. Zac. 13:7.

2 (14:28) *Perdón—arrepentimiento—Jesucristo, protección:* Jesús los alentó a volver a Él después del fracaso. Jesús había sido contundente. Ellos fracasarían. Pero ahora era igualmente claro. Él iría delante de ellos a Galilea. El fracaso de ellos, aunque ocurriría en una hora tan crucial, no lo motivaría a rechazarlos. A pesar de su fracaso ellos podrían volver a Él, y habría una gloriosa reunión.

Note que Jesús volvió a predecir su resurrección. La resurrección de Cristo hacía posible tanto el *arrepentimiento* como la gloriosa *reunión.*

> *Pensamiento.* No importa cuan terrible el fracaso, podemos arrepentirnos y volver a Cristo, y podemos estar seguros de ser una parte de la gloriosa reunión en el gran día de su retorno.

> > **«Arrepiéntete, pues, de tu maldad, y ruega a Dios, si quizá te sea perdonado el pensamiento de tu corazón» (Hch. 8:22).**

> > **«Si confesamos nuestros pecados, él es fiel y justo para perdonar nuestros pecados, y limpiarnos de toda maldad» (1 Jn. 1:9).**

> > **«El que encubre sus pecados no prosperará; mas el que los confiesa y se aparta alcanzará misericordia» (Pr. 28:13).**

3 (14:29-30) *Confianza en sí mismo—carne, debilidad de la:* Jesús procuró que los hombres encararan sus debilidades y fracasos. Solo cuando el hombre encara sus debilidades y fracasos actuará para corregirlos. Tal es el tema de estos dos versículos (y también de los tres versículos siguientes). Pedro declaró vigorosamente su lealtad. Entonces Jesús dijo detalladamente que Pedro no solamente fracasaría una vez, sino que fracasaría tres veces, y las tres veces en la misma noche. Note varios asuntos.

1. Pedro era sincero y lleno de fervor para el Señor. Estaba firmemente convencido de no fallar a su Señor.

2. Pedro no conocía la debilidad de la carne, al menos no en las grandes pruebas.

3. Pedro se fijaba en las debilidades y fracasos de otros, no en los propios: «aunque *todos* se escandalicen, yo no». Podía ver cómo quizá caerían otros, pero no a sí mismo. Amaba y se preocupaba demasiado por el Señor.

4. Pedro se jactaba de su auto confianza, se jactaba en su propia fuerza natural. *Como con todos los hombres,* su fuerza natural falló. La gran lección que Pedro tuvo que aprender fue su necesidad de la fuerza del Señor, de la presencia del Espíritu Santo para conquistar al ego. De manera muy simple, él y los otros tenían que aprender a confiar en la fuerza de Jesús y no en su propia carne, sobetodo si querían agradar y ser aceptables a Dios.

> *Pensamiento.* Probablemente Jesús haya mencionado el canto del gallo para que la advertencia sobre la debilidad de la carne penetrase en la mente de Pedro y de los otros. A todos los que tienen el privilegio de oír el canto del gallo, dicho canto les recuerda la debilidad de la propia carne y la gran necesidad de andar con el Espíritu de Dios.

> > **«Así que, el que piense estar firme, mire que no caiga» (1 Co. 10:12).**

> > **«El que confía en su propio corazón es necio; mas el que camina en sabiduría será librado» (Pr. 28:26).**

4 (14:31) *Confianza en sí mismo—carne, debilidad de:* Jesús impulsó a los hombres a exagerar su fracaso. El mensaje sobre la debilidad de la carne humana provocó a Pedro. Jesús tenía que trasmitir ese tema, de manera que remarcó el hecho (v. 30). Pero note cómo Pedro se rehusó a aceptar la verdad. En una encendida confianza en sí mismo, declaró que no negaría a Jesús, aunque tuviera que morir por Él. La excesiva confianza que Pedro tenía en sí mismo era causada por tres cosas.

1. La excesiva confianza de Pedro en sí mismo se debía a que era ciego a la cruz (Mt. 26:34). Pedro sencillamente no veía la cruz. La imagen de Jesús colgado de la cruz fue lo que causaría a Pedro a negar al Señor. Jesús le había dicho todo a Pedro concerniente a la cruz, pero él se había rehusado a creer (*véase* notas—Mt.17:22; 18:1-2). El hecho de que la carne humana era tan pecaminosa, tan depravada, que Dios tendría que crucificarla, sencillamente excedía su capacidad de entendimiento (*véanse* bosquejo y notas—Lc.9:23; Ro. 6:6-13; Gá. 2:20; 5:24; 6:14; cp. Ro. 6:2; Col. 3:3).

2. La excesiva confianza de Pedro en sí mismo tuvo origen en la ignorancia de Pedro acerca de sí mismo, de sus propias debilidades personales, de las debilidades de su carne humana. Pedro tenía un vigorosa imagen de sí mismo. Se consideraba encima del pecado *grave* y del fracaso. Con toda la confianza del mundo afirmó que moriría por Jesús antes que permitir la muerte de Él.

> *Pensamiento.* Note diversos temas.
> 1) Pedro era un creyente vigoroso, uno de los más fuertes.
> 2) En realidad Pedro falló en entenderse a sí mismo, a su propia carne. El pecado que un creyente nunca debería cometer es negar a Jesús. Morir por Jesús, más que negarlo, es lo que se espera de todo creyente genuino.
> 3) Pedro creía firmemente que él, su carne, estaba por encima de todo pecado grave (cp. Ro. 3:9ss; 7:8, 14-18; Gá. 5:19s).
> 4) Pedro fracasó, no una vez, sino tres veces, y las tres veces en una misma noche teniendo a Cristo a su lado (Lc. 22:61).

3. La excesiva confianza de Pedro fue causada por contradecir a Jesús en vez de escucharlo, fue causada por no escuchar la palabra de Jesús; no escuchar lo que Jesús estaba diciendo. Jesús estaba advirtiendo a los discípulos sobre la naturaleza engañosa y la debilidad del corazón humano. Pedro, y los otros sencillamente se rehusaron a aceptar ese hecho. Negaron sus debilidades personales; rechazaron la Palabra de Jesús.

> *Pensamiento 1.* Note que todos los discípulos declararon su lealtad, jactándose de confiar en su carne. Pedro no fue sino el portavoz de todo el grupo.

> > **«Así ha dicho Jehová: Maldito el varón que confía en el hombre, y pone carne por su brazo, y su corazón se aparta de Jehová» (Jer. 17:5).**

> > **«Ya que por las obras de la ley ningún ser humano será justificado delante de él; porque por medio de la ley es el conocimiento del pecado» (Ro. 3:20).**

> > **«Yo sé que en mí, esto es, en mi carne, no mora el bien» (Ro. 7:18).**

> > **«Y los que viven según la carne no pueden agradar a Dios» (Ro. 8:8).**

> > **«El espíritu es el que da vida; la carne para nada aprovecha» (Jn. 6:63).**

> > **«Sabiendo que el hombre no es justificado por las obras de la ley, sino por la fe en Jesucristo, nosotros también hemos creído en Jesucristo, para ser justificados por la fe de Cristo y no por las obras de la ley, por cuanto por las obras de la ley nadie será justificado» (Gá. 2:16).**

> *Pensamiento 2.* Debemos escuchar y guardar la palabra de Jesús, sencillamente hacer lo que Él dijo. Cuando

fracasamos en escuchar las palabras de Jesús, las Santas
Escrituras, caemos.
• Guardar las palabras de Jesús nos asegura la vida
   eterna.
   **«El espíritu es el que da vida; la carne para
   nada aprovecha; las palabras que yo os he
   hablado son espíritu y son vida» (Jn. 6:63).**
   **«Le respondió Simón Pedro: Señor, ¿a
   quién iremos? Tú tienes palabras de vida eterna»
   (Jn. 6:68).**
   **«De cierto, de cierto os digo, que el que
   guarda mi palabra, nunca verá muerte» (Jn.
   8:51).**
• Guardar las palabras de Jesús nos asegura la presencia
   del Espíritu Santo.
   **«Si me amáis, guardad mis mandamientos.
   Y yo rogaré al Padre, y os dará otro Consolador,
   para que esté con vosotros para siempre» (Jn.
   14:15-16).**
• Guardar las palabras de Jesús nos asegura la comunión
   con Dios y Cristo.
   **«Respondió Jesús y le dijo: el que me ama,
   mi palabra guardará; y mi Padre le amará, y
   vendremos a él, y haremos morada con él» (Jn.
   14:23).**
• Guardar las palabras de Jesús nos asegura la certeza
   de conocerle.
   **«Y en esto sabemos que nosotros le
   conocemos, si guardamos sus mandamientos» (1
   Jn. 2:3).**
• El fracaso en guardar las palabras de Jesús nos
   condena al juicio.
   **«El que me rechaza, y no recibe mis
   palabras, tiene quien le juzgue; la palabra que
   he hablado, ella le juzgará en el día postrero»
   (Jn. 12:48).**

	G. Jesús en el huerto de Getsemaní: el peso de una gran prueba, 14:32-42 (Mt. 26:36-46; Lc. 22:39-46; Jn. 18:1; (cp. He. 5:7-8; 12:3-4)	bles para ti; aparta de mí esta copa; mas no lo que yo quiero, sino lo que tú.	2) Que la voluntad de Dios sea hecha
1 Cuadro 1: la gran necesidad de Jesús de orar y tener amigos a su lado^{EF1}	32 Vinieron, pues, a un lugar que se llama Getsemaní, y dijo a sus discípulos: Sentaos aquí, entre tanto que yo oro.	37 Vino luego y los halló durmiendo; y dijo a Pedro: Simón, ¿duermes? ¿No has podido velar una hora?	**4 Cuadro 4: desilusión de Jesús con sus amigos**
2 Cuadro 2: la profunda agonía de Jesús y la presión que percibía	33 Y tomó consigo a Pedro, a Jacobo y a Juan, y comenzó a entristecerse y a angustiarse.	38 Velad y orad, para que no entréis en tentación; el espíritu a la verdad está dispuesto, pero la carne es débil.	**5 Cuadro 5: su continuo ministerio, incluso en la prueba**
3 Cuadro 3: su búsqueda de ayuda a. Quiso estar a solas b. Oró que la cruz pasara de Él 1) Que la copa fuese quitada de Él^{EF2}	34 Y les dijo: Mi alma está muy triste, hasta la muerte; quedaos aquí y velad. 35 Yéndose un poco adelante, se postró en tierra, y oró que si fuese posible, pasase de él aquella hora. 36 Y decía: Abba, Padre, todas las cosas son posi-	39 Otra vez fue y oró, diciendo las mismas palabras. 40 Al volver, otra vez los halló durmiendo, porque los ojos de ellos estaban cargados de sueño; y no sabían qué responderle. 41 Vino la tercera vez, y les dijo: Dormid ya, y descansad. Basta, la hora ha venido; he aquí, el Hijo del Hombre es entregado en manos de los pecadores. 42 Levantaos, vamos; he aquí, se acerca el que me entrega.	**6 Cuadro 6: su perseverancia en la oración** **7 Cuadro 7: su continua desilusión con sus amigos** **8 Cuadro 8: su alivio interior y fuerza espiritual**

G. Jesús en el huerto de Getsemaní: el peso de una gran prueba, 14:32-42

(14:32-42) *Introducción:* ninguna persona podrá entender alguna vez el dolor y la agonía que Jesús experimentó en el huerto del Getsemaní. Su experiencia muestra el cuadro de una aterradora lucha: lucha contra el pecado y el terrible juicio que va a caer sobre el pecado. Es un cuadro ante el cual toda persona debería inclinarse en humilde adoración y rendir culto al Señor Jesús, puesto que Jesús llevó el dolor y la agonía del pecado por cada persona. Él llevó, por todos, el castigo del pecado.

1. Cuadro 1: la gran necesidad de Jesús de orar y tener amigos a su lado (v. 32).
2. Cuadro 2: la profunda agonía de Jesús y la presión que percibía (vv. 33-34).
3. Cuadro 3: su desesperada búsqueda de ayuda (vv. 35-36).
4. Cuadro 4: desilusión de Jesús con sus amigos (v. 37).
5. Cuadro 5: su continuo ministerio, incluso en la prueba (v. 38).
6. Cuadro 6: Su perseverancia en la oración a pesar de no tener respuesta de Dios (v. 39).
7. Cuadro 7: Su continua desilusión con sus amigos (v. 40).
8. Cuadro 8: Su alivio interior y fuerza espiritual (vv. 41-42).

1 (14:32) *Jesucristo, vida de oración—necesidad de:* el primer cuadro muestra la gran necesidad que tenía el Señor de orar, y de tener amigos a su lado. Aparentemente Getsemaní era un hermoso jardín, en las afueras inmediatas de la ciudad de Jerusalén. Del lado interior de los muros no se permitían los jardines por la falta de espacio. Por eso los ricos adquirían lugares hermosos fuera de los muros y allí cultivaban sus huertos. Jesús tenía el hábito de orar en Getsemaní. Judas sabía exactamente a qué lugar dirigirse (v. 43). Sin embargo, esta vez la necesidad de Jesús era mucho mayor que en ocasiones anteriores. Ahora encaraba la cruz, increíble sufrimiento humano, y la separación final de Dios (*véanse* notas—Mt. 20:19).

No solamente necesitaba la oración, necesitaba la presencia misma y el fortalecimiento de Dios, y necesitaba la presencia de sus compañeros más cercanos. Note lo que hizo.

1. Les dijo a los discípulos: «Sentaos aquí, entre tanto que yo oro». Sus palabras sugerían que ellos también comenzaran a orar, puesto que se acercaban grandes pruebas y las olas de la tentación pasarían pesadamente sobre ellos.

2. Tomó a Pedro, Jacobo y Juan y se introdujo más en el huerto para estar más solo con estos tres. Ellos eran sus íntimos. Y en su hora más oscura necesitaba de manera especial la presencia y el apoyo en oración de ellos. Pero note que su necesidad no era comentar con ellos el problema. Solamente necesitaba su presencia y el apoyo en oración *entre tanto* Él hablaba con Dios. Él sabía quién tenía la verdadera respuesta a su necesidad (cp. vv. 34, 37-38, 40-41).

Pensamiento 1. Cada creyente debe tener su lugar para orar, y debe ser un hábito en él visitarlo, diariamente, para acercarse al trono de Dios.

Pensamiento 2. ¡Qué lección! Demasiadas personas comentan su problema con los amigos en vez de hacerlo con Dios. Dios es el único que tiene la verdadera respuesta a nuestros problemas. El orden adecuado entre amigos y Dios es buscar a Dios por la respuesta y a los amigos para el apoyo en oración.

«Buscad a Jehová y su poder; buscad su rostro continuamente» (1 Cr. 16:11).

«Pedid, y se os dará; buscad y hallaréis; llamad, y se os abrirá» (Mt. 7:7).

«También les refirió Jesús una parábola sobre la necesidad de orar siempre, y no desmayar» (Lc. 18:1).

«¿Está alguno entre vosotros afligido? Haga oración. ¿Está alguno alegre? Cante alabanza» (Stg. 5:13).

ESTUDIO A FONDO 1
(14:32) *Getsemaní: véase* Estudio a fondo 1—Mt. 26:36.

[2] **(14:33-34)** *Jesucristo, muerte—Getsemaní:* el segundo cuadro muestra la profunda agonía y presión que soportó el Señor. Jesús «comenzó» a experimentar una agonía extrema y una presión que trasciende todo lo imaginable.

La palabra «entristecerse» (*ekthambeisthai*) es, en el griego, muy fuerte. Significa terror extremo, horror, miedo, confusión, asombro. Jesús tambaleaba bajo «el temor de una gran oscuridad» algo parecido a lo que sobrevino a Abraham, excepto que el horror de Jesús fue mucho mayor (Gn.15:12).

La palabra «angustiarse» (*ademonein*) es expresiva, tal vez tan expresiva como puede ser una palabra. El significado es pesadumbre, preocupación, angustia en forma extrema. Sin embargo, mirando la raíz de la palabra (*ademon*) el significado es mucho mayor. Significa *no estar en casa, sin hogar, lejos del entorno normal.* Probablemente el significado es doble.

1.   Jesús sufrió más allá de todo lo imaginable. Piense en esto: todo el sufrimiento y dolor involucrado en el *hombre perfecto* «e ideal» que lleva todos los pecados del mundo y todo el juicio por esos pecados; y todo ello sobre Jesús. Nadie pudo haber soportado alguno de los sufrimientos con Jesús. Él solo tuvo que hacerlo. En la cruz tuvo que «*hacerse* pecado por nosotros» (2 Co. 5:21). En Getsemaní encaraba la soledad de llevar todo por nosotros. Estaba solo y experimentó todas las terribles emociones y la angustia del solitario, del que está en soledad, del que *no tiene hogar.*

2.   Por primera vez en su eterna existencia Jesús tuvo que ser separado de Dios. Su *hogar,* su lugar, su propio ser estuvo con Dios en toda la eternidad. En Getsemaní Jesús estaba encarando la separación de Dios, y la experimentaría en breve sobre la cruz. Jesús sería *separado de Dios,* sería dejado totalmente solo para llevar los pecados y el juicio correspondientes al hombre. Nuevamente sintió las terribles emociones y angustias de ser dejado solo, separado de Dios, de ser dejado *sin hogar.*

El terror (angustia) y la pesadumbre eran tan agudos que casi lo mataban. Y este hecho lo compartió con los discípulos: «Mi alma está muy triste, hasta la *muerte*». El dolor y el peso amenazaban su vida. La presión en su interior aumentaba a tal punto que estaba cerca de explotar. Entonces comenzó a traspirar gotas de sangre (Lc. 22:44). Dios tuvo que enviar un ángel para salvar su vida y fortalecerlo. (*Véase* Estudio a fondo 2, *Jesucristo, sufrimiento*—Mt. 26:37-38.)

Note que Jesús les dijo a los tres discípulos: «Velad», es decir, que estuvieran orando. Ellos sabían que se acercaba una hora crucial. Percibían en la atmósfera misma la presión; además Jesús acababa de compartir su propia gran necesidad. Necesitaba y quería la presencia de ellos y su apoyo en oración.

> **«El escarnio ha quebrantado mi corazón, y estoy acongojado. Esperé quien se compadeciese de mí, y no lo hubo; y consoladores, y ninguno hallé» (Sal. 69:20).**
>
> **«Y estando en agonía, oraba más intensamente; y era su sudor como grandes gotas de sangre que caían hasta la tierra» (Lc. 22:44).**
>
> **«Nadie tiene mayor amor que este, que uno ponga su vida por sus amigos» (Jn. 15:13).**

[3] **(14:35-36)** *Jesucristo, muerte:* el tercer cuadro muestra al Señor buscando desesperadamente alivio. Al enfrentarse a la cruz [muerte] Cristo hizo todo lo que pudo; buscó a Dios. En estos dos versículos se dicen cinco cosas.

1.   Jesús se fue a solas y se postró ante Dios. Lucas dice que se retiró de los tres apóstoles a una distancia de aproximadamente «un tiro de piedra». Aquí hay dos temas significativos: (1) Jesús necesitaba estar a solas con Dios. Estaba desesperado. (2) Jesús cayó sobre su rostro. La presión y el peso eran insoportables.

2.   Jesús oró que la hora de la cruz «pasase de Él». La expresión «la hora» o «mi hora» es un símbolo constante de su muerte

(*véase* nota—Jn. 12:23-23; cp. Mt. 26:18, 45; Jn. 7:6, 8, 30; 8:20; 12:27, 33; 13:1; 17:1). Oraba definitivamente que Dios escogiera otra forma de asegurar la redención del mundo.

3.   Jesús oró: «Abba, Padre». Se dirigió a Dios como «Padre». Esta era la forma en que un niño llamaba día tras día a su padre. Era la forma en que un niño se dirigía con amor y en dependencia a su padre. El niño sabía que su padre lo escucharía y se volvería a Él cuando le decía: «Padre». Pero note también las palabras: *«Oh* Padre mío». Jesús estaba quebrantado, abatido, caído sobre su rostro, postrado en tierra. En su desesperación clamó: *«Oh* Padre mío». Igual que un niño, Jesús clamó a *su Padre;* clamó quebrantado y en dependencia, sabiendo que su Padre le oiría y se volvería para ayudarle.

4.   Jesús dijo: «Todas las cosas son posibles para ti [Dios]». ¿Entonces, por qué no escogió Dios otro camino? Dicho de la manera más simple posible...

*   Dios solamente hace lo que dispuso hacer; y Dios dispuso solamente lo que su amor y justicia le indican disponer. El amor y la justicia de Dios llevaron a Dios a demostrar ese amor y esa justicia entregando a su Hijo a morir por los pecados de los hombres. La cruz demostraba de la mejor manera posible «que de tal manera amó Dios al mundo que dio a su Hijo unigénito» a soportar el juicio del pecado en favor de cada hombre. Por eso, la voluntad de Dios estaba sujeta a su amor y a su justicia.

Jesús, allí en el Getsemaní, lo sabía, pero luchaba en su carne, en su humanidad para que Dios escogiera otro camino. El peso de todo ello, el hecho de ser separado de su Padre, sencillamente eran demasiado. Desesperadamente clamó a Dios que lo librase de la terrible carga. Sabía que Dios no la haría, pero de todos modos clamó que lo hiciera; clamó *expresando* su gran dependencia y amor a Dios. Amaba tanto a su Padre que no quería separarse de Él. Quería que su Padre lo supiese, de manera que oró por liberación, por otra forma, *expresando* su amor y dependencia, sabiendo que Dios había determinado el camino de la cruz. Estaba dispuesto a soportarlo, a sujetarse a la eterna voluntad de Dios, a su eterno amor y justicia.

5.   Jesús pidió a Dios que quitara la copa de Él. (*Véase* Estudio a fondo 4, *Copa*—Mt. 26:39. *Véanse* también Estudio a fondo 2—Mr. 26:39; Estudio a fondo 1—Mt. 27:26-44; cp. Mt. 20:19.) En esta petición se demuestra claramente la naturaleza y voluntad humana de Jesús. Era tan humano como cualquier persona. Por eso pidió a Dios que escogiera, si fuera posible, otro camino que no fuese la copa. La experiencia de ser separado de Dios en la cruz era demasiado para ser soportada.

6.   En esta petición también se demuestran claramente la naturaleza y voluntad de Jesús. Note las palabras del Señor: «Aparta de mí esta copa; mas.... » El primer acto, el primer impulso y lucha y movimiento de su voluntad tenía que proceder de su carne: es decir, escapar de la copa de separación de Dios. Pero inmediatamente, el segundo acto, el segundo impulso y lucha y movimiento de su voluntad procedía de su naturaleza divina: no hacer la propia voluntad, sino la voluntad de Dios.

Pensamiento. En el huerto de Getsemaní fue crucial que Cristo se rindiera a la perfecta voluntad de Dios.

*   Por rendirse fue hecho perfecto y estuvo ante Dios como el Hombre Ideal, Perfecto.
*   Por rendirse para ser el Hombre Ideal, Perfecto, su justicia pudo levantarse en favor de todo hombre.
*   Por rendirse para ser el Hombre Ideal, Perfecto, pudo soportar la copa de la ira de Dios contra el pecado *en favor* de *todo hombre.*
*   Por rendirse para ser el Hombre Ideal, Perfecto, su sacrificio y sufrimiento pudieron interceder por cada hombre.

«Pero vemos a aquel que fue hecho un poco menor

que los ángeles, a Jesús, coronado de gloria y de honra, a causa del padecimiento de la muerte, para que por la gracia de Dios gustase la muerte por todos. Porque convenía a aquel por cuya causa son todas las cosas, y por quien todas las cosas subsisten, que habiendo de llevar muchos hijos a la gloria, perfeccionase por aflicciones al autor de la salvación de ellos» (He. 2:9-10).

«Y aunque era Hijo, por lo que padeció aprendió la obediencia; y habiendo sido perfeccionado, vino a ser autor de eterna salvación para todos los que le obedecen» (He. 5:8-9).

«Al que no conoció pecado, por nosotros lo hizo pecado, para que nosotros fuésemos hechos justicia de Dios en él» (2 Co. 5:21).

ESTUDIO A FONDO 2

(14:36) *Copa:* Jesucristo no temía ni huía de la muerte en sí. Esto se ve claramente en Juan 10:17-18. La muerte, cuando es por una causa, no es un precio demasiado alto a pagar. Muchos hombres han muerto así, sin temor, dispuestos, algunos quizá murieron de manera más cruel que el mismo Jesús. Huir de la traición, de azotes, humillación y muerte, y todo ello incrementado por saberlo anticipadamente, no era lo que estaba haciendo Jesús. Como se dijo, algunos hombres han encarado osadamente muertes horribles, incluso invitando el martirio por una causa. Desde el principio mismo Jesús sabía que debía morir; había estado preparando a los discípulos para ese evento (*véanse* bosquejo y notas—Mr. 8:31-33; 9:30-32; Mt. 16:21-28; 17:22; 20:17-19). No era simplemente el sufrimiento humano y físico lo que atemorizaba a Jesús. Semejante explicación sería totalmente inadecuada para dar cuenta del Getsemaní. La gran copa o prueba que Jesús encaraba era la separación de Dios (*véanse* nota, pto. 1 y Estudio a fondo 2— Mt. 26:37-38). Debía ser él el *cordero sacrificial de Dios* que quitase los pecados del mundo (Jn.1:29). Jesús debía soportar el juicio de Dios por los pecados del mundo (*véase* nota—Mt. 27:46-49; cp. Is. 53:19). Jesús mismo ya había hablado de la «copa» al referirse a su muerte sacrificial (*véanse* Estudio a fondo 2—Mt. 20:22-23; Estudio a fondo 2—Jn. 18:11).

Las Escrituras hablan de diferentes formas de la copa.

1. La copa es llamada «el cáliz de su ira» (Is. 51:17).
2. La copa es asociada con el sufrimiento y la ira de Dios (cp. Sal. 11:6; Is.51:17; Lc. 22:42).
3. La copa también es asociada con la salvación. Porque Jesús bebió por nosotros la copa del sufrimiento y de la ira, nosotros podemos tomar «la copa de la salvación, e invocar el nombre de Jehová» (Sal. 116:13).

4 (14:37) *Carne, debilidad de—dedicación, escasa—oración, debilidad en la:* el cuarto cuadro muestra la desilusión del Señor para con sus amigos. El Señor volvió al lugar donde estaban los tres discípulos y los encontró durmiendo.

1. Jesús habló a los tres, pero se dirigió específicamente a Pedro. Pedro era quien una o dos horas antes había declarado que estaría con Jesús en cualquier situación. Sin embargo, no estuvo dispuesto a acompañar a Jesús en oración. Jesús les hablaba de manera muy directa.

2. Jesús no usó el nuevo nombre de Pedro, sino su nombre antiguo, Simón. La carne había vencido a Pedro, y Jesús se lo hacía saber.

3. Jesús no había pedido a Pedro y a los otros discípulos que velasen y orasen toda la noche. Solamente les había pedido una hora de oración. Esto es significativo al ver el fracaso y la debilidad de ellos.

«Yo sé que en mí, esto es, en mi carne, no mora el bien; porque el querer el bien está en mí, pero no el hacerlo» (Ro. 7:18).

«Y los que viven según la carne no pueden agradar a Dios» (Ro. 8:8).

«Porque el deseo de la carne es contra el Espíritu, y el del Espíritu es contra la carne; y éstos se oponen entre sí, para que no hagáis lo que quisiereis» (Gá. 5:17).

5 (14:38) *Jesucristo, obra—ministerio:* el quinto cuadro muestra al Señor continuando su ministerio aun en la prueba. La presión sobre Él era tan grande que estaba a punto de explotar. Sin embargo, estaba preocupado por las necesidades de los discípulos. Ellos pasarían por gran tentación, y Jesús lo sabía. Quería que ellos lo supieran. Debían velar y orar, estar preparados. A pesar de su propia necesidad en esta hora, Él les ministró en todo lo que podía, ayudándoles y despertándolos para velar y orar como nunca antes.

Pensamiento. El creyente debe continuar ministrando aun pasando necesidad o soportando pruebas. La vida del creyente debe ser una vida de ministerio.

«Por tanto, velad, acordándoos que por tres años, de noche y de día, no he cesado de amonestar con lágrimas a cada uno» (Hch. 20:31).

6 (14:39) *Oración, perseverancia en:* el sexto cuadro muestra al Señor perseverando en oración a pesar de no recibir la respuesta de Dios. Note que Jesús todavía no había obtenido alivio de parte de Dios, sin embargo, no se desanimó. No se apartó de Dios; volvió, a solas a buscar nuevamente a Dios «diciendo las mismas palabras. Jesús se concentró en el mismo pedido: que la copa pasara de Él». Buscó, luchó y agonizó con Dios. Perseveró, dando señales claras de que no iba a dejar de orar hasta ser oído por Dios y hasta ser suplida su necesidad.

«Pedid, y se os dará; buscad y hallaréis; llamad, y se os abrirá» (Mt. 7:7).

«Perseverad en la oración, velando en ella con acción de gracias» (Col. 4:2).

«Someteos, pues, a Dios; resistid al diablo, y huirá de vosotros. Acercaos a Dios, y él se acercará a vosotros. Pecadores, limpiad las manos; y vosotros los de doble ánimo, purificad vuestros corazones» (Stg. 4:7-8).

7 (14:40) *Carne, debilidad de—dedicación, escasez:* el séptimo cuadro muestra la continua desilusión del Señor para con sus amigos. Algunos comentaristas disculpan a los discípulos, diciendo que sus cuerpos y ojos estaban tan pesados por la tensión de la hora, que sencillamente no podían mantenerse despiertos. Pero el fracaso de ellos en velar y orar es sencillamente inexcusable, motivo de gran desilusión para el Señor. Aun después de amonestarlos (v. 37), ellos no lucharon por permanecer junto al Señor. Eran culpables; no supieron «qué responderle».

«Bienaventurados aquellos siervos a los cuales su señor, cuando venga, halle velando; de cierto os digo que se ceñirá, y hará que se sienten a la mesa, y vendrá a servirles» (Lc. 12:37).

«Porque todos vosotros sois hijos de luz e hijos del día; no somos de la noche ni de las tinieblas. Por tanto, no durmamos como los demás, sino velemos y seamos sobrios» (1 Ts. 5:5-6).

«Sed sobrios, y velad; porque vuestro adversario el diablo, como león rugiente, anda alrededor buscando a quien devorar» (1 P. 5:8).

«Conozco, o Jehová, que el hombre no es señor de su camino, ni del hombre que camina es el ordenar sus pasos» (Jer. 10:23).

8 (14:41-42) *Jesucristo, sumisión:* el octavo cuadro muestra el alivio del Señor y su fortalecimiento espiritual.

1. Sus palabras demuestran un gran alivio: «Dormid ya, y *descansad*». La agonía de Jesús, su desesperada necesidad de amigos que «velasen» con él habían pasado ahora (vv. 34, 38). Dios le había dado gran alivio en el alma. El mismo tono de sus palabras a los discípulos revelaba un espíritu calmado, paz mental, un alivio de la tensión física y emocional que lo estaba matando. Dios había suplido su necesidad de la forma más maravillosa.

«El día que clamé, me respondiste; me fortaleciste con vigor en mi alma» (Sal. 138:3).

«Y se le apareció un ángel del cielo para fortalecerle» (Lc. 22:43).

«Y Cristo, en los días de su carne, ofreciendo ruegos y súplicas con gran clamor y lágrimas al que le podía librar de la muerte, fue oído a causa de su temor reverente» (He. 5:7; cp. He. 5:7-9).

2.   Había sus palabras, evidencia de gran coraje: «He aquí ha llegado la hora, y el Hijo del Hombre es entregado en manos de pecadores». Note tres cosas.

a.   Ahora, no había retirada, ni agonía, ni desesperación. Jesús estaba aliviado y fortalecido, listo para encarar los sufrimientos necesarios para asegurar la salvación del hombre.

b.   Jesús dijo que estaba siendo «traicionado en manos de pecadores.» Todos aquellos que tomaron parte en su muerte eran «pecadores». Su muerte fue el más horrible crimen en la historia; porque, Él, el Hijo del Hombre, el Hombre Ideal y Perfecto, fue matado por hombres. Pero hay aun más aquí: Él murió por los pecados del mundo. Fueron los pecados de cada hombre que lo causaron crucificarse. Cada pecado es un acto de rebelión, de simplemente decir que no a Dios (Ro. 3:23). Por lo tanto, cada hombre tiene la culpa de poner a Cristo a la muerte. Hay un sentido en que cada pecado, cada acción de rebelión crucifica « ... de nuevo para sí mismos al Hijo de Dios y exponiéndole a vituperio» (He. 6:6).

c.   El alivio de alma e infusión de fuerza de Jesús no resultaron de su resignarse a la muerte. Más bien, Él rindió su voluntad a favor de la voluntad del Padre. Esta fue la victoria que luchó por ganar en Getsemaní. Debe decirse también que su rendición fue voluntaria, no forzada. Él tenía escogimiento aun hasta su muerte en la cruz. (*Véase* nota—Mt. 26:39).

«El hacer tu voluntad, Dios mío, me ha agradado, y tu ley está en medio de mi corazón» (Sal. 40:8).

«No puedo yo hacer nada por mí mismo; según oigo, así juzgo; y mi juicio es justo, porque no busco mi voluntad, sino la voluntad del que me envió, la del Padre» (Jn. 5:30).

«El cual se dio a sí mismo por nuestros pecados para librarnos del presente siglo malo, conforme a la voluntad de nuestro Dios y Padre» (Gá. 1:4).

«Y andad en amor, como también Cristo nos amó, y se entregó a sí mismo por nosotros, ofrenda y sacrificio a Dios en olor fragante» (Ef. 5:2).

«Entonces dije: He aquí que vengo, oh Dios, para hacer tu voluntad, como en el rollo del libro está escrito de mí. Diciendo primero: Sacrificio y ofrenda y holocausto y expiaciones por el pecado no quisiste, ni te agradaron (las cuales cosas se ofrecen según la ley), y diciendo luego: He aquí que vengo, oh Dios, para hacer tu voluntad; quita lo primero, para establecer esto último. En esa voluntad somos santificados mediante la ofrenda del cuerpo de Jesucristo hecha una vez para siempre.... Pero Cristo, habiendo ofrecido una vez para siempre un solo sacrificio por los pecados, se ha sentado a la diestra de Dios» (He. 10:7-10, 12).

	H. Arresto de Jesús: un estudio del carácter humano, 14:43-52 (Mt. 26:47-56; Lc. 22:47-53; Jn. 18:3-11)	47 Pero uno de los que estaban allí, sacando la espada, hirió al siervo del sumo sacerdote, cortándole la oreja.	contra Jesús 3 El discípulo osado pero equivocado
1 El discípulo caído que hizo un doble trato a. Su tragedia 1) Judas era uno de los discípulos 2) Guió a una multitud contra Jesús b. Su señal preestablecida	43 Luego, hablando él aún, vino Judas, que era uno de los doce, y con mucha gente con espadas y palos, de parte de los principales sacerdotes y de los escribas y de los ancianos. 44 Y el que le entregaba les había dado señal, diciendo: Al que yo besare, ése es; prendedle, y llevadle con seguridad.	48 Y respondiendo Jesús, les dijo: ¿Como contra un ladrón habéis salido con espadas y con palos para prenderme? 49 Cada día estaba con vosotros enseñando en el templo, y no me prendisteis; pero es así, para que se cumplan las Escrituras.	4 El Señor mostró una serenidad llamativa en medio de la confusión del gentío a. Su pregunta b. Su obediencia a las Escrituras, a la voluntad de Dios.
c. Su engaño hipócrita 2 Los hombres que malusaron sus manos	45 Y cuando vino, se acercó luego a él, y le dijo: Maestro, Maestro. Y le besó. 46 Entonces ellos le echaron mano, y le prendieron.	50 Entonces todos los discípulos, dejándole, huyeron. 51 Pero cierto joven le seguía, cubierto el cuerpo con una sábana; y le prendieron; 52 mas él, dejando la sábana, huyó desnudo.	5 Los discípulos que permitieron el derrumbe de su fe 6 El joven que se sintió aterrado al ser confrontado

H. Arresto de Jesús: un estudio del carácter humano, 14:43-52

(14:43-52) *Introducción:* en pocos minutos Jesús fue traicionado, arrestado. El evento es un estudio dramático del carácter humano.

1. El discípulo caído que hizo un doble trato (vv. 43-45).
2. Los hombres que malusaron sus manos contra Jesús (v. 46).
3. El discípulo osado pero equivocado (v. 47).
4. El Señor mostró una serenidad impactante en medio de la confusión del gentío (vv. 48-49).
5. Los discípulos que permitieron el derrumbe de su fe (v. 50).
6. El joven que se sintió aterrado al ser confrontado (vv. 51-52).

[1] (14:43-45) *Engaño—hipocresía—traición—abandono de Cristo:* el primer estudio concierne al discípulo caído que hizo un doble trato. Note la terrible tragedia. Judas era un seguidor profeso de Jesús; en realidad era un discípulo, uno de los doce, sin embargo, se lo ve guiando el ataque contra Jesús. Recuerde, su caída había comenzado hurtando un poco por vez; pero como ocurre con todo los ladrones, se volvió más osado y comenzó a hurtar más y más. Las Escrituras lo llaman ladrón y salteador (Jn.10:1). Tan profundamente cayó que se convirtió en el traidor y líder del ataque contra Jesús.

> *Pensamiento.* ¿Cuántos discípulos han abandonado a Jesús? ¿Cuántos se oponen ahora a Él? ¿Cuántos comenzaron con *pecados minúsculos*, pero ahora están involucrados en pecados mayores?

Ya era de noche y estaba oscuro, y algunos del pelotón que arrestaría a Jesús no lo reconocerían, al menos no con la suficiente seguridad para arrestarlo al amparo de la oscuridad. De modo que Judas acordó identificar a Jesús besándolo. Era la costumbre de aquel tiempo que un discípulo saludara a su maestro con un suave beso en la mejilla. Pero note lo que hizo Judas: al acercarse a Jesús no solamente procuró engañarlo, sino que fue más allá. Judas dijo: «Maestro, Maestro, y le besó». Aquí la palabra beso difiere de la palabra beso en el versículo 44. En el versículo 44, la palabra es *philein* que es un respetuoso beso de salutación. Pero en el versículo 45 cuando Judas besó a Jesús, la palabra es *kataphilei,* que es el beso de sentimientos intensos. Judas no solamente estaba expresando su hipócrita engaño, además estaba empapando de engaño a Jesús y empapándose a sí mismo de hipocresía. Estaba cara a cara, frente a Jesús, declarando fervientemente ser un discípulo, y al mismo tiempo guiando a los otros en su pecado contra Jesús.

> *Pensamiento.* ¿Cuántos en la iglesia se acercan con falsía a Jesús? Profesan ser discípulos, pero al mismo tiempo viven en pecado y vergüenza. ¿Cuántos se sienten impunes obrando así, ocultando en realidad la verdad ante Cristo? ¡Cuán neciamente nos engañamos a nosotros mismos y a otros!
>
> **«Mirad, hermanos, que no haya en ninguno de vosotros corazón malo de incredulidad para apartarse del Dios vivo» (He. 3:12).**
>
> **«Recibiendo el galardón de su injusticia, ya que tienen por delicia el gozar de deleites cada día. Estos son inmundicias y manchas, quienes aun mientras comen con vosotros [la iglesia], se recrean en sus errores. Tienen los ojos llenos de adulterio, no se sacian de pecar, seducen a las almas inconstantes, tienen el corazón habituado a la codicia, y son hijos de maldición» (2 P. 2:13-14).**
>
> **«Engañoso es el corazón más que todas las cosas, y perverso; ¿quién lo conocerá? Yo Jehová, que escudriño la mente, que pruebo el corazón, para dar a cada uno según su camino, según el fruto de sus obras. Como la perdíz que cubre lo que puso, es el que injustamente amontona riquezas; en la mitad de sus días las dejará, y en su postrimería será insensato» (Jer. 17:9-11).**

[2] (14:46) *Jesucristo, respuesta a—hombre, respuesta a Cristo:* el segundo estudio concierne a los hombres que malusaron sus manos en Jesús. Esta es una afirmación descriptiva llena de aplicaciones. Note tres simples asuntos.

1. Las manos que prendieron a Jesús eran las manos de los rudos, abusadores, despreocupados, negligentes, de los violentos. Cuando ellos debían haber estado preocupados por Jesús y por sus propias almas, lo estaban rechazando y atacando.
2. Jesús quería hombres que asieran de Él en humildad y fe, no en alguna forma pecaminosa de reacción negativa.

3. Las manos de los hombres pueden asir de Jesús reaccionando contra Él. Pueden arrestar su mensajero y su mensaje, y pueden sentirse triunfantes, pero solo temporariamente. Dios siempre levantará a sus mensajeros para llevar las gloriosas nuevas de salvación, aun cuando los mensajeros tengan que ser renovados. El triunfo siempre será del Señor, y en aquel glorioso día de redención, Él triunfa de manera definitoria. Fue esto lo que Judas y quienes le seguían no pudieron captar. Su rechazo del Hijo de Dios los llevó a malusar sus manos en Jesús.

> «En el mundo estaba, y el mundo por él fue hecho; pero el mundo no le conoció. A lo suyo vino, y los suyos no le recibieron» (Jn. 1:10-11).

> «Porque los habitantes de Jerusalén y sus gobernantes, no conociendo a Jesús, ni las palabras de los profetas que se leen todos los días de reposo, las cumplieron al condenarle» (Hch. 13:27).

> «Padre glorifica tu nombre. Entonces vino una voz del cielo: Lo he glorificado, y lo glorificaré otra vez» (Jn. 12:28).

3 (14:47) *Jesucristo, sumisión—testificando—osadía:* el tercer estudio concierne al discípulo osado pero equivocado. Este discípulo era auténtico, un verdadero seguidor del Señor. Tan pronto como Jesús fue atacado este discípulo saltó en defensa del Señor. Estaba listo y preparado para estar junto a su Señor. Pero note que la forma en que procedió a defender a Jesús era equivocada. Su osadía fue ejemplar, pero su método fue equivocado. Intentó atacar y vencer (matar) al enemigo de Jesús usando fuerza física. La fuerza física no era el camino de Jesús. Jesús quería que sus atacantes conocieran su fe, y confianza, su bondad y amor, su sumisión y disposición para hacer la voluntad de Dios. Siempre es éste el camino a la presencia de Dios.

Pensamiento 1. La osadía es necesaria: osadía espiritual, no osadía física. El creyente tiene que ser osado y celoso en su espíritu, estando junto a Jesús proclamando el camino de la fe y confianza, de la bondad y el amor, de la sumisión y la disposición para hacer la voluntad de Dios.

> «Sino santificad a Dios el Señor en vuestros corazones, y estad siempre preparados para presentar defensa con mansedumbre y reverencia ante todo el que os demande razón de la esperanza que hay en vosotros» (1 P. 3:15).

> «No con ejército ni con fuerza, sino con mi Espíritu, ha dicho Jehová de los ejércitos» (Zac. 4:6).

> «Yo reprendo y castigo a todos los que amo; sé pues, celoso, y arrepiéntete» (Ap. 3:19).

Pensamiento 2. Muchas personas están demasiadas veces involucradas en atacar y no en proclamar. Los oponentes de Cristo con frecuencia son tratados como si fuesen inalcanzables e intocables para Cristo. El discípulo sabio tiene que guiar a todos *en la verdad*; el pecador tiene que ser amado y se le debe mostrar el camino de Cristo. Su pecado debe ser despreciado, pero el pecador mismo no.

4 (14:48-49) *Amor—obediencia—indulgencia—verdad:* el cuarto estudio concierne al Señor mostrando una profunda serenidad en medio de la confusión del gentío. Jesús se mantuvo sereno a lo largo de todo el evento. Su serenidad nos es un ejemplo dinámico al encarar las pruebas de la vida. Tuvo la capacidad de mantenerse sereno en todo momento porque vivía cada momento en obediencia a las Escrituras, es decir, a la voluntad de Dios. Note dos cosas.

1. La punzante pregunta de Jesús: «¿Como contra un ladrón habéis salido?» El mundo lo trataba como ladrón. Actuaban como si Él les hubiera robado algo por no predicar un mensaje que les permitiera vivir como querían. No los había alabado, no los había exaltado en sus egos; no había honrado los servicios y dones de ellos. Mas bien había proclamado que estaban lejos de la gloria de Dios y que morirían condenados si no se arrepentían y comenzaban a vivir como Dios mandaba (*véase* nota—Mt. 26:55-56).

Note un punto crucial que demasiadas veces es pasado por alto. Jesús tuvo que decir la verdad para que los hombres fuesen salvos. Dios es amor, pero su amor no es la indulgencia de un abuelo que acepta la mala conducta. Su amor es el dolor y la aceptación de un auténtico padre que recibe a un hijo arrepentido y obediente. *Solamente mediante el arrepentimiento y la obediencia puede el hombre conocer el amor de Dios* (cp. Jn. 14:21, 23-24; 15:10, 14). Dios no acepta al hombre que hace el mal y vive en injusticia. Por eso Jesús tuvo que decirles la verdad a los hombres. No podía engañar a los hombres. Si los hombres querían ser aceptables a Dios y vivir en su amor, entonces debían volverse de su pecado y venir a Dios, creyendo que Dios existe y buscándolo diligentemente (He. 11:6).

2. Jesús dijo que las Escrituras, esto es la voluntad de Dios, tienen que ser cumplidas. Note dos hechos.
   a. Él debía morir; las Escrituras lo establecían así. La voluntad de Dios estaba establecida y fijada en las Escrituras.
   b. Jesús estaba muriendo voluntariamente. Voluntariamente entregó su vida tal como decían las Escrituras.

> «Mas él herido fue por nuestras rebeliones, molido por nuestros pecados; el castigo de nuestra paz fue sobre él, y por su llaga fuimos nosotros curados. Todos nosotros nos descarriamos como ovejas, cada cual se apartó por su camino; mas Jehová cargó en él el pecado de todos nosotros. Angustiado él, y afligido, no abrió su boca; como cordero fue llevado al matadero; y como oveja delante de sus trasquiladores, enmudeció, y no abrió su boca» (Is. 53:5-7).

> «Por eso me ama el Padre, porque yo pongo mi vida, para volverla a tomar. Nadie me la quita, sino que yo de mí mismo la pongo. Tengo poder para ponerla, y tengo poder para volverla a tomar. Este mandamiento recibí de mi Padre» (Jn. 10:17-18).

> «A éste, entregado por el determinado consejo y anticipado conocimiento de Dios, prendisteis y matasteis por manos de inicuos, crucificándole» (Hch. 2:23).

Nuevamente, fue la obediencia de Jesús a la voluntad de Dios lo que le dio serenidad y paz en el corazón en medio de la confusión de la multitud.

Pensamiento. Adquirimos paz y serenidad al vivir para Dios obedeciéndole a Él.

> «Si permanecéis en mí, y mis palabras permanecen en vosotros, pedid todo lo que queréis, y os será hecho» (Jn. 15:7).

5 (14:50) *Fe:* el quinto estudio concierne a los discípulos que permitieron el derrumbe de su fe. Los discípulos no eran cobardes (cp. v. 47). El problema de ellos no era la falta de coraje, sino una fe débil y falta de entendimiento espiritual (carnalidad). Cuando Jesús fue arrestado, el coraje de ellos se manifestó conforme la ocasión lo requería. Estaban dispuestos a tomar su lugar junto a Jesús y a luchar aunque el número de atacantes los excedía grandemente y también sus armas. Lo que ocurrió fue esto. Cuando vieron a Jesús, parado allí, sin librarse a sí mismo (Mt. 26:52) no pudieron entenderlo. Estaban desilusionados, preguntándose: «¿Por qué no rechaza Jesús de un golpe a sus enemigos? El Mesías podía hacerlo. Se supone que tiene ese poder, y Jesús es el Mesías. ¿O caso no?» La fe de ellos necesariamente se desmoronó. La débil fe de ellos tenía dos causas.

1. Primero, eran de mente cerrada. Habían cerrado sus mentes a una *parte de la verdad,* a la misión y propósito pleno de Jesús. Se habían *rehusado* aceptar sus palabra en cuanto a morir y resucitar literalmente. Habían fallado en captar la naturaleza espiritual y eterna de su reino. Ellos interpretaban simbólicamente lo que Jesús decía. Ahora que estaba ocurriendo no estaban adecuadamente preparados; la fe de ellos era demasiado débil.

2. Segundo, eran de mentalidad mundana y materialista.

Estaban aferrados a su concepto terrenal de Mesías, es decir, un Mesías que vendría para establecer la utopía en este mundo material y físico. Por eso no estaban preparados para entender que su Mesías terrenal fuese atado y llevado prisionero por hombres de esta tierra. La fe de ellos carecía de la fuerza para soportar semejante prueba.

> **«Así que vosotros, oh amados, sabiéndolo de antemano, guardaos, no sea que arrastrados por el error de los inicuos, caigáis de vuestra firmeza. Antes bien, creced en la gracia y el conocimiento de nuestro Señor y Salvador Jesucristo. A él sea gloria ahora y hasta el día de la eternidad» (2 P. 3:17-18).**

> **«Y Jesús le dijo: Ninguno que poniendo la mano en el arado mira hacia atrás, es apto para el reino de Dios» (Lc. 9:62).**

> **«El hombre de doble ánimo es inconstante en todos sus caminos» (Stg. 1:8).**

> **«Bienaventurado el varón que soporta la tentación; porque cuando haya resistido la prueba, recibirá la corona de vida, que Dios ha prometido a los que le aman» (Stg. 1:12).**

> **«Acercaos a Dios, y él se acercará a vosotros. Pecadores, limpiad las manos; y vosotros los de doble ánimo, purificad vuestros corazones» (Stg. 4:8).**

6 (14:51-52) *Temor:* el sexto estudio concierne a un joven aterrorizado cuando fue confrontado y atacado. La mayoría de los comentaristas creen que este joven era Marcos, el autor del presente evangelio. Si es así, por modestia no se mencionó a sí mismo por nombre. Diversos hechos conducen a esta conclusión.

1. ¿Por qué es registrado este hecho si no era Marcos? Aparentemente hay poco sentido mencionar el evento si el joven no fue Marcos. Aparentemente Marcos está diciendo: «Yo estuve allí; fui testigo ocular de los acontecimientos». (Es una práctica en los evangelios que sus autores no mencionen sus propios nombres. Por ejemplo, Juan se refiere a muchos casos en que fue un testigo ocular, sin embargo, nunca menciona su nombre.)

2. María, la madre de Marcos, vivía en Jerusalén (Hch. 12:12).

3. Los detalles del acontecimiento señalan que Marcos fue un testigo ocular (cp. la forma en que se acercó Judas: «Maestro, Maestro», y el uso de dos palabras diferentes para «beso»).

4. El hecho de huir de Jesús al ponerse violenta la situación es similar al cuadro de Marcos en el libro de los Hechos (Hch.13:13; 15:37-38).

La madre de Marcos, María, tenía una casa suficientemente grande para hospedar una reunión de oración bien concurrida. Algunos comentaristas piensan que el aposento alto era de su casa. En ese caso, cuando Judas retornó al aposento alto con el pelotón de arresto, Marcos probablemente estaba acostado cuando oyó la conmoción. Rápidamente se ató la sábana en la cintura y salió corriendo para advertir a Jesús. Cuando Jesús fue prendido, uno de los oficiales quiso asir al joven, pero este pudo soltarse y escapar.

Nuevamente el tema es la débil fe (en el caso de ser Marcos) o la falta de fe (en el caso de ser un espectador incrédulo). El joven falló en estar junto a Jesús. Tenía poca o ninguna fe en el Señor. Todo su ser se llenó de temor y terror. Procuró salvarse a sí mismo a expensas de estar con el Mesías y testificar de Él.

> *Pensamiento.* Muchas personas procuran escapar de la vergüenza, del ridículo, de amenazas y persecución en vez de estar junto a Cristo y testificar de Él. ¿Por qué? Poca fe. Nuestra fe no es suficientemente fuerte para echar fuera el temor.

> **«Pero él, afligido por esta palabra, se fue triste, porque tenía muchas posesiones» (Mr. 10:22).**

> **«Tú, pues, hijo mío, esfuérzate en la gracia que es en Cristo Jesús» (2 Ti. 2:1).**

> **«Por tanto no te avergüences de dar testimonio de nuestro Señor, ni de mí, preso suyo, sino participa de las aflicciones por el evangelio según el poder de Dios» (2 Ti. 1:8).**

> **«Por tanto, ceñid los lomos de vuestro enten-**

dimiento, sed sobrios, y esperad por completo en la gracia que se os traerá cuando Jesucristo sea manifiesto» (1 P. 1:13).

> **«He aquí, yo vengo pronto; retén lo que tienes, para que ninguno tome tu corona» (Ap. 3:11).**

	I. Jesús es juzgado ante el sumo sacerdote: una mirada al carácter débil y al carácter fuerte, 14:53-65 (Mt. 26:57-68; Lc. 22:54, 63-71; cp. Jn. 18:12-14, 19-24)	tres días edificaré otro hecho sin mano.	
1 Jesús fue llevado ante el sumo sacerdote y el sanhedrín	53 Trajeron, pues, a Jesús al sumo sacerdote; y se reunieron todos los principales sacerdotes y los ancianos y los escribas.	59 Pero ni aun así concordaban en el testimonio. 60 Entonces el sumo sacerdote, levantándose en medio, preguntó a Jesús, diciendo: ¿No respondes nada? ¿Qué testifican éstos contra ti?	**d. Los testigos finales no concordaban** **4 El Señor, en calma, permaneció silencioso ante los hombres, pero firme ante Dios**
2 Solamente Pedro, confundido pero osado, siguió a Jesús	54 Y Pedro le siguió de lejos hasta dentro del patio del sumo sacerdote; y estaba sentado con los alguaciles, calentándose al fuego.	61 Mas él callaba, y nada respondía. El sumo sacerdote le volvió a preguntar, y le dijo: ¿Eres tú el Cristo, el Hijo del Bendito? 62 Y Jesús le dijo: Yo soy; y veréis al Hijo del Hombre sentado a la diestra del poder de Dios, y viniendo en las nubes del cielo.	**5 El Señor vigoroso afirmó ser el Mesías, el Hijo del Bendito**
3 Los religiosos perturbados buscaban testimonios contra Jesús **a. Los testigos eran falsos** **b. Los testimonios no concordaban** **c. Formulación del cargo final**	55 Y los principales sacerdotes y todo el concilio buscaba testimonio contra Jesús, para entregarle a la muerte; pero no lo hallaban. 56 Porque muchos decían falso testimonio contra él, mas sus testimonios no concordaban. 57 Entonces levantándose unos, dieron falso testimonio contra él, diciendo: 58 Nosotros le hemos oído decir: Yo derribaré este templo hecho a mano, y en	63 Entonces el sumo sacerdote rasgando su vestidura, dijo: ¿Qué más necesidad tenemos de testigos? 64 Habéis oído la blasfemia; ¿Qué os parece? Y todos ellos le condenaron, declarándole ser digno de muerte. 65 Y algunos comenzaron a escupirle, y a cubrirle el rostro y a darle de puñetazos, y a decirle: Profetiza. Y los alguaciles le daban de bofetadas.	**6 La frenética muchedumbre de religiosos quedó satisfecha con la muerte del perturbador** **a. El verdadero carácter del sumo sacerdote** **b. El verdadero carácter de los hombres**EF1

I. Jesús es juzgado ante el sumo sacerdote: una mirada al carácter débil y al carácter fuerte, 14:53-65

(14:53-65) *Introducción:* en este pasaje hay un cuadro del carácter débil y del carácter fuerte. Se ven tanto los rasgos que uno debe evitar como los que uno debe tener.

1. Jesús fue llevado ante el sumo sacerdote y el sanhedrín (v. 53).
2. El confundido pero osado Pedro: él solo siguió a Jesús (v. 54).
3. Los religiosos perturbados: buscaban testimonios contra Jesús (vv. 55-59).
4. El Señor, en calma: permaneció silencioso ante los hombres, pero firme ante Dios (vv. 60-61).
5. El Señor vigoroso: afirmó ser el Mesías, el Hijo del Bendito (v. 62).
6. La frenética muchedumbre de religiosos: quedó satisfecha con la muerte del perturbador (vv. 63-65).

1 (14:53) *Jesucristo, pruebas—sanhedrín:* Jesús fue llevado ante el sumo sacerdote y el sanhedrín. Allí estaba ante ellos para ser juzgado por su vida. El Sanhedrín era el cuerpo gobernante oficial, la suprema corte de los judíos. Note la palabra «reunieron» (*sunerchomai*), que significa reunirse, congregarse, juntarse para debatir. La palabra también lleva la idea de acompañar. El cuadro muestra a los líderes judíos reuniéndose o congregándose alrededor de Jesús, de ser llamados para acompañarse mutuamente en sus respectivos asientos, listos para hacer su pronunciamiento acerca de Jesús. No había dudas en cuanto a la mala intención de sus corazones. Estaban listos para dar el zarpazo y eliminar a Jesús. Diversos hechos revelan la mala intención de sus corazones.

1. Habían reunido apresuradamente la corte siendo *de noche*, algo ilegal. Todos los criminales debían ser juzgados durante el día.
2. Se estaban reuniendo en el palacio de Caifás (su casa), no en la corte oficial. Esto también era ilegal. Todos los casos debían ser juzgados en la corte.
3. Jesús estaba siendo juzgado durante la semana de pascua, tiempo en que no se debían efectuar juicios.
4. No se habían reunido para juzgar a Jesús, sino para idear secretamente cargos por los cuales condenarlo a muerte.

Pensamiento 1. Los hombres *se reúnen* demasiadas veces para hacer el mal. Los hombres también *se reúnen* para oponerse a Cristo, incluso en la iglesia. Es más fácil hacer el mal u oponerse a Cristo como grupo que individualmente.

> «Por lo cual, salid de en medio de ellos, y apartaos, dice el Señor, y no toquéis lo inmundo; y yo os recibiré, y seré para vosotros por Padre, y vosotros me seréis hijos e hijas, dice el Señor todopoderoso» (2 Co. 6:17-18).

Pensamiento 2. El corazón que quiere hacer el mal tuerce la verdad. Si un hombre mira y codicia, normalmente ideará una forma para racionalizar y justificar el asunto en su mente.

> «Amado, no imites lo malo, sino lo bueno. El que hace lo bueno es de Dios; pero el que hace lo malo no ha visto a Dios» (3 Jn. 11).
> «Y al que sabe hacer lo bueno, y no lo hace, le es pecado» (Stg. 4:17).

2 (14:54) *Jesucristo, amor por:* allí estaba Pedro, confundido pero osado. Había intentado defender a Jesús, pero éste lo había detenido, incluso le había prohibido salir en su auxilio (Mr. 14:47; Jn. 18:10). Además Jesús estaba aceptando las injusticias e indecencias de la multitud en vez de eliminarlos y establecer su reino. Pedro no podía entenderlo. En el huerto del Getsemaní, cuando Jesús le impidió luchar contra el pelotón de arresto, Pedro había tenido que huir para salvar su vida. Pero Pedro amaba demasiado a su Señor para huir muy lejos. Su amor por Jesús lo detuvo, lo hizo dar la vuelta y lo guió de regreso a Jesús. Desde una distancia siguió al pelotón. La comitiva terminó en el patio del palacio de Caifás. A Pedro le requirió un enorme coraje entrar al patio, porque estando allí estaba arriesgando su vida. Pero le era preciso ver qué ocurría con su Señor. Tenía esperanza contra esperanza de que Jesús simplemente esperaba para actuar y tomar el poder. Pedro tenía que verlo.

Pensamiento 1. Cuánto necesitamos un profundo amor por Cristo, un amor tan grande que arriesgaríamos nuestra vida por seguir a Jesús. Demasiadas veces nuestro amor es tan débil que ni siquiera arriesgamos el ridículo o el ser avergonzados al testificar de Él; mucho menos arriesgaríamos nuestras vidas.

> «En el amor no hay temor, sino que el perfecto amor echa fuera el temor; porque el temor lleva en sí castigo. De donde el que teme, no ha sido perfeccionado en el amor» (1 Jn. 4:18).

Pensamiento 2. El amor que Pedro sentía por Jesús lo impulsaba a ser valiente. La valentía siempre tiene que estar arraigada en el amor, y el amor siempre tiene que gobernar sobre la valentía.

> «Por lo cual te aconsejo que avives el fuego del don de Dios que está en ti por la imposición de mis manos. Porque no nos ha dado Dios, espíritu de cobardía, sino de poder, de amor y de dominio propio» (2 Ti. 1:6-7).

3 (14:55-59 *Jesucristo, juicio:* los perturbados religiosos buscaban testimonios contra Jesús. ¡Imagínese! Eran los religiosos los que buscaban testimonios contra Jesús. Estaban tan perturbados, que el tipo de evidencia que reunieron era insignifcante. Sus mentes estaban cerradas, rechazaban y se oponían a Jesús. Jesús era una amenaza para sus vidas, su seguridad y posición, también para su nación. Por eso estaban determinados en su rechazo y oposición a Jesús. La verdad no importaba. Jesús debía ser negado y eliminado. (*véanse* notas—Mt. 12:1-8; nota y Estudio a fondo 1—12:10; nota—15:1-20; Estudio a fondo 2—15:6-9; Estudio a fondo 3—16:12 para una discusión de los motivos de su oposición.)

Note a qué extremos fueron para formular cargos contra Jesús.

1. Los testigos eran testigos falsos (v. 56). Muchos presentaban cargos contra Jesús, pero todo eran falsos y sus testimonios eran insostenibles en la corte bajo el escrutinio de mentes honestas y objetivas. Por eso los líderes estaban ante un problema,

porque debían formular un cargo capaz de convencer a Pilato y a las autoridades romanas de que Jesús debía morir.

2. Los testigos no concordaban entre sí. Por ley dos testigos tenían que concordar para que se hiciera un cargo y una acusación formal. Sin embargo, note que no se pudieron encontrar dos testigos que concordaran, a pesar de los «muchos» que pasaron al frente.

3. Finalmente dos testigos pasaron con una acusación que parecía ser suficientemente fuerte para ser sostenida y para convencer a las autoridades romanas. Sin embargo, note tres simples hechos (*véase* nota—Mt. 26:60-61 para una discusión detallada).

   a. Todavía se dijo que el cargo presentado contra Jesús era falso. Provenía de «testigos falsos» contra Jesús.
   b. Los dos testigos distorcionaron las palabras de Jesús. Jesús había dicho: «Destruid este templo, y en tres días lo levantaré» (Jn. 2:19). Lo que Jesús dijo era que los judíos serían los destructores; pero los falsos testigos dijeron: «Nosotros le hemos oído decir: Yo derribaré este templo». Distorcionaron sus palabras, haciendo de Jesús el destructor.

   Además los falsos testigos inteprataron mal las palabras de Jesús. Jesús se refería a su cuerpo: el templo de su cuerpo y la resurrección de su cuerpo. Los judíos aparentemente creyeron que destruiría el templo de Jerusalén y lo reconstruiría en tres días. Era esta acusación —la de ser un revolucionario— la que los religiosos creyeron poder usar para convencer a los romanos a ejecutar a Jesús.
   c. Marcos vuelve a acentuar que este cargo era falso.

Pensamiento 1. En la actualidad muchas personas tienen la mente cerrada; rechazan a Cristo. Algunos incluso se oponen a Él y luchan activamente para reunir evidencias contra Él. ¿Por qué? Primordialmente por el mismo motivo que tuvieron los religiosos del tiempo de Cristo para rechazarlo. Desean...

* vivir como quieren.
* modelar su propia imagen y vivir según sus antojos.
* obtener reconocimiento personal, posición, seguridad, y riqueza, conforme a sus deseos.

> «Pero sus conciudadanos le aborrecían, y enviaron tras él una embajada, diciendo: No queremos que éste reino sobre nosotros» (Lc. 19:14).
> «No puede el mundo aborreceros a vosotros; mas a mí me aborrece, porque yo testifico de él, que sus obras son malas» (Jn. 7:7).
> «Si el mundo os aborrece, sabed que a mí me ha aborrecido antes que a vosotros ... Pero esto es para que se cumpla la palabra que está escrita en su ley: Sin causa me aborrecieron» (Jn. 15:18, 25).

Pensamiento 2. Los religiosos no lo entendieron, de modo que distorcionaron la palabra de Cristo. Cuando abusamos de la Palabra de Dios lo hacemos para nuestra propia condenación.

> «Y tened entendido que la paciencia de nuestro Señor es para salvación; como también nuestro amado hermano Pablo, según la sabiduría que le ha sido dada, os ha escrito. Casi en todas las epístolas, hablando en ellas de estas cosas; entre las cuales hay algunas difíciles de entender, las cuales los indoctos e inconstantes tuercen, como también las otras Escrituras, para su propia perdición» (2 P. 3:15-16).

4 (14:60-61) *Jesucristo, juicio:* el Señor estuvo en toda calma y silencioso ante los hombres, y con toda firmeza ante Dios. Note tres hechos.

1. Los dos testigos que acusaron al Señor de ser un revolucionario no pudieron ponerse de acuerdo (Mr. 14:59).

2. Jesús «mantuvo su paz». Guardó silencio; no decía nada para defenderse de las falsas acusaciones.

3. El sumo sacerdote y la corte se perturbaron e incluso tal vez se confundieron ante el silencio de Jesús. Necesitaban que comenzara a hablar, con la esperanza de que Él mismo agregase evidencias a la acusación incriminándose a sí mismo. El sumo sacerdote perdió la paciencia e intentó presionar a Jesús: «¿No respondes nada...?»

Pensamiento 1. El ejemplo de Jesús al ser atacado es poderoso.
1) Fue un ejemplo de *paciencia.* Tenía que esperar allí pacientemente mientras se presentaba un *falso* testimonio tras otro *falso* testimonio contra Él.
2) Tuvo que *soportarlo* todo.
3) Tuvo que *controlarse* a sí mismo, sus emociones, sus labios, sin responder vengativamente.

Pensamiento 2. ¡Qué difícil es guardar silencio y controlar la lengua! ¡Especialmente cuando las acusaciones son falsas.

«Porque el que quiere amar la vida y ver días buenos, refrene su lengua de mal, y sus labios no hablen engaño» (1 P. 3:10).
«El que guarda su boca guarda su alma; mas el que mucho abre sus labios tendrá calamidad» (Pr. 13:3).
«El guarda su boca y su lengua, su alma guarda de angustias» (Pr. 21:23).

5 (14:62) *Jesucristo, afirmación—juicio:* el vigoroso Señor afirma ser el Mesías, el propio Hijo del Bendito (Dios). Con «Bendito» (*eulogetos*) se refiere a Dios. Los judíos, al mencionar el nombre de Dios, normalmente decían: «Dios, bendito para siempre». La palabra «bendito» llegó a convertirse en un título de Dios. Note la vigorosa afirmación de la respuesta de Jesús a la corte.

1. La respuesta fue una afirmación vigorosa. Sin rodeos, no dejaba dudas. Jesús usó las palabras llamativas de la deidad: «Yo soy» (*ego eimi*). (*Véanse* notas—Jn. 6:20-21; Estudio a fondo 2—Mt. 1:18 para la discusión.)
2. Se llamó a sí mismo «el Hijo del Hombre» (*véase* Estudio a fondo 3—Mt. 8:20 para la discusión).
3. Presentó dos pruebas para su afirmación: Su resurrección y exaltación y su segunda venida. Ambos probarían la autenticidad de su persona y autoridad. Note que el creyente espera en la resurrección y exaltación y en la segunda venida de Cristo; pero el énfasis de Jesús al dirigirse a estos incrédulos caía sobre el juicio.

• La resurrección de Jesús lo declara como e Hijo de Dios con poder.

«Que fue declarado Hijo de Dios con poder, según el Espíritu de santidad, por la resurrección de entre los muertos» (Ro. 1:4).

• La exaltación de Jesús declara su posición y autoridad y gobierno y reinado sobre todos los hombres (Fil. 2:9-11).

«Así que, exaltado por la diestra de Dios, y habiendo recibido del Padre la promesa del Espíritu Santo, ha derramado esto que vosotros véis y oís. Porque David no subió a los cielos; pero él mismo dice: Dijo el Señor a mi señor: Siéntate a mi diestra hasta que ponga a tus enemigos por estrado de tus pies. Sepa, pues, ciertísimamente toda la casa de Israel, que a este Jesús a quien vosotros crucificasteis, Dios le ha hecho Señor y Cristo» (Hch. 2:32-36).
«Por lo cual Dios también le exaltó a los sumo, y le dio un nombre que es sobre todo nombre, para que en el nombre de Jesús se doble toda rodilla de los que están en los cielos, y en la tierra, y debajo de la tierra; y toda lengua confiese que Jesucristo es el Señor, para gloria de Dios Padre» (Fil. 2:9-11).

• Su retorno declarará la ejecución de juicio y justicia (Mt. 24:30; Jn. 5:28).

«Entonces aparecerá la señal del Hijo del Hombre en el cielo; y entonces lamentarán todas las tribus de la tierra, y verán al Hijo del Hombre viniendo sobre las nubes del cielo, con poder y gran gloria» (Mt. 24:30).
«No os maravilléis de esto; porque vendrá hora cuando todos los que están en los sepulcros oirán su voz; y los que hicieron lo bueno, saldrán a resurrección de vida; mas los que hicieron lo malo, a resurrección de condenación. No puedo yo hacer nada por mí mismo; según oigo, así juzgo; y mi juicio es justo, porque no busco mi voluntad, sino la voluntad del que me envió, la del Padre» (Jn. 5:28-30).

6 (14:63-65) *Hombre, carácter del:* la multitud frenética de religiosos obtuvo lo que quería: la muerte de quien les perturbaba. Note dos cosas.

1. El verdadero carácter del sumo sacerdote. La enemistad y el profundo odio de Caifás alcanzaron su clímax cuando Jesús hizo la vigorosa afirmación de ser el Hijo de Dios. El sumo sacerdote se rasgó sus vestiduras, lo cual era una costumbre cuando el nombre de Dios era blasfemado (2 R. 18:37; 19:1; cp. Is. 36:22; 27:1; Hch. 14:14), y luego proclamó el veredicto. La escena toda era una parodia, un terrible abuso de la justicia. Caifás ilustra para nosotros el carácter de toda persona que prefiere este mundo y su religión institucional antes que a Jesús.

Pensamiento. Dos cosas cautivaban a Caifás:
• Este mundo y sus recompensas en posiciones y riqueza, reconocimiento y placer.
• Una religión hecha a imagen propia, y no hecha a imagen de Dios.
Con demasiada frecuencia las mismas cosas nos cautivan a nosotros.

2. El verdadero carácter de los hombres.
a. La burla y el sarcasmo con que respondieron a la afirmación de Jesús. Esta característica se ve cuando los religiosos le gritan «profetiza», y al decirle «Cristo», como diciendo «ya que *tú* eres el Cristo» (Mt. 26:68).
b. Conducta signada por amargura y odio. El escupir en el rostro de alguien era señal de monstruosa irreverencia. Golpear con los puños y las palmas (el griego menciona varas) era expresión de la amargura en el interior del corazón de los religiosos contra Jesús.

«Di mi cuerpo a los heridores, y mis mejillas a los que mesaban la barba; no escondí mi rostro de injurias y de esputos» (Is. 50:6; cp. Is. 52:14).
«Rodéate ahora de muros, hija de guerreros; nos han sitiado; con vara herirán en la mejilla al juez de Israel» (Mi. 5:1).

ESTUDIO A FONDO 1
(14:65) *Jesucristo—escupido:* señal de desprecio total (cp. Nm. 12:14; Dt. 25:9; Is. 50:6).

	J. Negación de Pedro: una lección referida al fracaso, 14:66-72 (Mt. 26:69-72; Lc. 22:54-62; Jn. 18:15-18, 25-27)	es de ellos. Pero él negó otra vez. Y poco después, los que estaban allí dijeron otra vez a Pedro:	**enfáticamente** a. Acusado ante la multitud
1 La causa del fracaso: Pedro estaba «abajo, en el patio»	66 Estando Pedro abajo, en el patio, vino una de las criadas del sumo sacerdote;	70 Verdaderamente tú eres de ellos; porque eres galileo, y tu manera de hablar es semejante a la de ellos.	b. Una negación directa **4 Tercer fracaso: temor a una multitud** a. Una multitud acusó a Pedro
2 Primer fracaso: temor a un individuo; lo impulsó a fingir a. Una criada acusó a Pedro de ser discípulo b. Pedro fingió ignorancia y negó c. Cantó el gallo	67 y cuando vio a Pedro que se calentaba, mirándole, dijo: Tú también estabas con Jesús nazareno. 68 Mas él negó, diciendo: No le conozco, ni sé lo que dices. Y salió a la entrada; y cantó el gallo.	71 Entonces él comenzó a maldecir, y a jurar: No conozco a este hombre de quien habláis. 72 Y el gallo cantó la segunda vez. Entonces Pedro se acordó de las palabras que Jesús le había dicho: Antes que el gallo	b. Negación maldiciendo y jurando c. El canto del gallo **5 La respuesta al fracaso: arrepentimiento** a. Pedro recordó
3 Segundo fracaso: temor a la multitud; lo impulsó a negar	69 Y la criada, viéndole otra vez, comenzó a decir a los que estaban allí: Este	cante dos veces, me negarás tres veces. Y pensando en esto, lloraba.	b. Pedro lloró arrepentido

J. Negación de Pedro: una lección referida al fracaso, 14:66-72

(14:66-72) *Introducción:* fallar al Señor es algo muy, muy grave. Pedro falló a Jesús en diversas áreas, y su fracaso alcanzó el clímax al negar concretamente al Señor. Pedro fue perdonado, y también hay perdón para cualquier creyente que fracasa.

1. La causa del fracaso: Pedro estaba «abajo, en el patio» (v. 66).
2. Primer fracaso: temor a un individuo; lo impulsó a fingir (vv. 67-68).
3. Segundo fracaso: temor a la multitud; lo impulsó a negar enfáticamente (vv. 69-70).
4. Tercer fracaso: temor a una multitud; lo impulsó a negar con maldiciones y juramentos (vv. 70-72).
5. La respuesta al fracaso: arrepentimiento (v. 72).

1 (14:66) *Apostasía—deserción—pecado, causa:* la causa del pecado es establecida con sencillez: «Estando Pedro abajo, en el patio». Pedro estaba donde nunca debía haber estado. Estaba con la multitud de los rechazadores, estaba sentado con ellos calentándose junto al fuego de ellos. El caso era como en cualquier situación similar, la multitud discutía el juicio mofándose, haciendo bromas y blasfemando a Jesús por sus afirmaciones. Pedro debía haber estado aparte, a solas, o bien con los otros discípulos, orando, buscando una respuesta a la confusión que experimentaban.

El fracaso de Pedro debe haber tenido al menos cuatro causas.

1. El hecho de no entender la Palabra de Dios. Particularmente había entendido mal la enseñanza concerniente al Reino de Dios. Al pensar en el reino de Dios lo hacía solamente en términos físicos y materiales. Falló en ver el reino espiritual de Dios, es decir...

- la muerte y resurrección de Cristo.
- el poder interior del Señor, su gobierno y reino en el corazón humano.
- la creación de cielos nuevos y tierra nueva, cosas que más tarde comprendería de la manera más clara (1 P. 3:10).

2. Su confusión. Pedro había desenvainado su espada y atacado. Había estado dispuesto a actuar en la carne, a luchar para establecer el reino del Señor (Mr. 14:47; Jn. 18:10), pero Jesús lo había amonestado y detenido. Además Jesús no había eliminado a sus enemigos, no se había movido; en cambio había permitido que

lo prendieran, sometiéndose voluntariamente al abuso de ellos. Pedro no lo podía entender. Estaba confundido. Su mente se afanaba buscando respuestas.

3. Su temor. Pedro se había creado una situación mala para sí mismo. Había atacado al pelotón de arresto (Mr. 14:47; Jn. 18:10). Había fallado en esperar las directivas del Señor, y actuado con el brazo de la carne haciendo lo que creyó mejor. Por eso, en cierta manera ahora era un hombre buscado. En la confusión del momento había abandonado al Señor y huido para salvar su vida. Pero, como se dijo antes, el gran amor de Pedro por Jesús y su gran esperanza de que Jesús todavía hiciera su movida lo habían detenido y lo habían hecho volver. Siguió a Jesús, aunque a cierta distancia (*véase* nota—Mr. 14:54). A lo largo de todo el incidente su corazón probablemente había palpitado con temor, el temor de ser reconocido, arrestado y muerto.

4. Su débil fe. Pedro había fallado en confiar en Jesús en medio de la *circunstancias* confusas y amenazantes. Jesús estaba siendo juzgado y condenado a morir ante los ojos de Pedro, sin embargo, Jesús había dicho que resucitaría. Pedro había preferido interpretar simbólicamente las palabras de Jesús, pensando probablemente que Jesús se refería a resucitar el reino después de una batalla con los romanos (considerada simbólicamente como muerte; muerte de los enemigos o del gobierno). El tema es que Pedro nunca interpretó literalmente las palabras del Señor; por eso su fe estaba basada en el error. Esto condujo a una fe débil y a no estar preparado para los eventos que encaraba.

Pensamiento 1. Hay una cosa que siempre causará gran tentación: estar con una multitud de personas que rechazan a Jesús, asociarse y moverse entre mundanos.

«Por lo cual, salid de en medio de ellos, y apartaos, dice el Señor, y no toquéis lo inmundo; y yo os recibiré, y seré para vosotros por Padre, y vosotros me seréis hijos e hijas, dice el Señor todopoderoso» (2 Co. 6:17-18).

«Pero os ordenamos hermanos, en el nombre de nuestro Señor Jesucristo, que os apartéis de todo hermano que ande desordenadamente, y no según la enseñanza que recibisteis de nosotros» (2 Ts. 3:6).

Pensamiento 2. Cuatro cosas causan fracaso.
1) Entender mal la Palabra de Dios.
2) Estar confundido.

3) Tener miedo.
4) Fe débil (causada por la interpretación equivocada de las palabras del Señor).

2 (14:67-68) *Apostasía—negación—temor—fingimiento:* el primer fracaso es el de temer a un individuo. En este caso ello motivó a Pedro a fingir. Temer a un individuo con frecuencia lleva a la persona a fingir. Note lo que ocurrió. Una criada se acercó sencillamente a Pedro y le dijo que él también había estado con Jesús de Nazaret. Aparentemente no hay amenaza o peligro en esta afirmación dirigida a Pedro. En el peor de los casos habría terminado con algunas burlas y el ridículo de Pedro. Los rechazadores estaban allí burlándose unos con otros de Jesús y sus afirmaciones. En el concepto y las palabras de ellos Jesús no era sino un necio. Quizá Pedro hubiera tenido allí una oportunidad de testificar en favor de Jesús, compartiendo humildemente acerca del amor y de la enorme protección de Jesús para con la gente. Quizá podía haber ayudado a algunos de los que estaban allí a cambiar y volverse a Jesús, o al menos podía haber detenido las burlas de algunos. Siempre debemos recordar que Juan también estaba en alguna parte del palacio, y hasta donde sabemos, mantuvo su compostura y su testimonio en favor de Jesús.

Pedro sucumbió bajo su temor. Negó a Jesús, fingiendo no saber nada de Él, fingiendo no tener nada que ver con Él. Sencillamente afirmó ser ignorante de todo el asunto.

Pensamiento 1. El temor al ridículo y a la vergüenza con frecuencia lleva a la persona a negar a Jesús. A veces la negación es...

* mediante la voz.
* mediante la acción (acompañando a la persona de la multitud).
* mediante el silencio.

Pensamiento 2. Demasiadas personas, cuando están afuera en el mundo, fingen no conocer a Jesús. Profesan su fe en Jesús los domingos y entre creyentes, sin embargo, nunca dicen una palabra acerca de Él durante la semana. O bien, no viven de manera diferente a la del mundo. Nunca se entera uno que profesan ser creyentes. Tal fingimiento es negación.

> «Porque el que se avergonzare de mí y de mis palabras en esta generación adúltera y pecadora, el Hijo del Hombre se avergonzará también de él, cuando venga en la gloria de su Padre con los santos ángeles» (Mr. 8:38).

> «El temor del hombre pondrá lazo; mas el que confía en Jehová será exaltado» (Pr. 29:25).

> «Sino santificad a Dios el Señor en vuestros corazones, y estad siempre preparados para presentar defensa con mansedumbre y reverencia ante todo el que demande razón de la esperanza que hay en vosotros» (1 P. 3:15).

3 (14:69-70) *Apostasía—negación—temor:* el segundo fracaso es el de temer a una multitud. El temor a una multitud a veces causa una negación directa. Así ocurrió con Pedro. Esta vez lo reconoció una criada y dirigiéndose a la multitud dijo: «Este es de ellos». Ahora la presión sobre Pedro era mayor, porque la multitud estaba presente. Esta vez Pedro negó más enfáticamente. Mateo dice: «Negó otra vez con juramentos». Note cuatro cosas.

1. Pedro negó a Jesús concretamente ante los hombres, y lo hizo con juramentos. En vez de negar a Jesús debía haber estado arriba, en la corte, junto a Jesús, testificando de Él.
2. Pedro estaba cayendo (progresivamente) cada vez más en el pecado.

* Estaba negando a Jesús por el hecho de no estar a su lado; en cambio estaba entre los que rechazaban al Señor.
* Estaba entre los que rechazaban al Señor porque había huido del Señor.

* Había huido del Señor porque había actuado en la carne.
* Había actuado en la carne porque no había aceptado la palabra del Señor. El Señor había dicho exactamente a Pedro y a los otros lo que iba a ocurrir, sin embargo, Pedro se rehusó a abrir su mente a la verdad. Por eso estaba completamente confundido y desprevenido.

3. Pedro temía la persecución. Esta era la primera vez que estaba cara a cara con una persecución que amenazaba su vida. Y no pudo mantenerse. Estaba fracasando a pesar de que Jesús le había dicho una y otra vez que debía sufrir por Dios.
4. Pedro tuvo tanta disposición de seguir a Jesús mientras éste era popular y tenía muchos seguidores. Pero no pudo soportar el calor cuando la mayoría se opuso y rechazó a Jesús.

> «Y a cualquiera que me niegue delante de los hombres, yo también le negaré delante de mi Padre que está en los cielos» (Mt. 10:33).

> Por tanto no te avergüences de dar testimonio de nuestro Señor, ni de mí, preso suyo, sino participa de las aflicciones por el evangelio según el poder de Dios» (2 Ti. 1:8).

> «Esforzaos y cobrad ánimo; no temáis, ni tengáis miedo de ellos, porque Jehová tu Dios es el que va contigo; no te dejará, ni te desamparará» (Dt. 31:6).

4 (14:70-72) *Temor—negación:* el tercer fracaso también es el de temer a una multitud. El temor a una multitud a veces hará que la persona maldiga y pronuncie juramentos negando a Jesús. Note varias cosas (*véanse* notas—Mt. 26: 73-74; 5:33-37).

1. Esta vez fue la multitud la que se acercó y confrontó a Pedro. La presión era mucho mayor. Era su acento galileo lo que lo traicionó, y la multitud sabía que Jesús y sus discípulos eran de Galilea. Jesús había sido arrestado secretamente, y pocas personas lo sabían. Suponían que ningún galileo andaría en las calles a esas horas de la noche si no era un seguidor de Jesús.
2. El pecho de Pedro necesariamente palpitaba de emoción y temor. Sus pensamientos volaban, procurando imaginarse cómo escapar. Sus emociones se expresaron con blasfemias y jurando violentamente, diciendo: «No conozco a este hombre». Note que Pedro llamó a su Señor «este hombre», y eso es todo lo que Jesús era para los hombres que lo rodeaban. (Para todos los que rechazan a Jesús, Él no es más que «este hombre.»)
3. Inmediatamente después de su negación cantó el gallo, y Pedro lo oyó.

Pensamiento. Una multitud mundana puede presionar y presionará al creyente. El creyente forma parte de la multitud mundana, no pasa el tiempo en lugares mundanos.

> «En nada intimidados por los que se oponen, que para ellos ciertamente es indicio de perdición, mas para vosotros de salvación; y esto de Dios» (Fil. 1:28).

> «Y con otras muchas palabras testificaba y les exhortaba, diciendo: Sed salvos de esta perversa generación» (Hch. 2:40).

> «Y no participéis en las obras infructuosas de las tinieblas, sino más bien reprendedlas» (Ef. 5:11).

5 (14:72) *Apostasía—arrepentimiento:* la respuesta al fracaso es el arrepentimiento. Tan pronto oyó Pedro el canto del gallo, recordó las palabras del Señor, y «pensando en esto, lloraba». La palabra «pensando» (*epibalon*) significa arrojar encima. Pedro «arrojó sus pensamientos sobre» lo que Jesús había dicho, esto es que él, Pedro, negaría a Jesús tres veces. La mente de Pedro quedó fijada en lo que Jesús le había dicho. Su mente no dejaría que las palabras de Jesús se borrasen. Rápidamente comenzó a llenarse su pecho de emoción y dolor, y sintió que las lágrimas le brotaban. Había fallado y fallado tan miserablemente a su Señor. Pedro amaba al Señor y de alguna manera sabía que no estaba donde le correspondía estar. Tal vez no entendía lo que estaba ocurriendo al Señor, ni el curso que el Señor había tomado, pero él debía haber estado a su lado testificando todo el tiempo de Él. Con la mayor rapidez posible, sin llamar la atención, salió del patio; y tan pronto como estuvo fuera, rompió en llanto (*eklaie*). El griego es descriptivo al relatar el arrepentimiento de Pedro, menciona el dolor de parte de Dios, y el llanto. La idea es que Pedro quedó totalmente quebrantado en su corazón y por eso lloraba y lloraba. (*Véanse* Estudio a fondo 1—2 Co. 7:10; nota y Estudio a fondo 1—Hch. 17:29-30 en cuanto a la aplicación.)

- Pedro lloraba, y cuanto más pensaba en la situación, más lloraba.
- Se desplomó y lloraba, quebrantado en su corazón.
- Lloraba con angustioso dolor; con pena insoportable.
- Lloraba y lloraba, y siguió llorando.

«Si confesamos nuestros pecados, él es fiel y justo para perdonar nuestros pecados, y limpiarnos de toda maldad» (1 Jn. 1:9).

«Arrepiéntete, pues, de tu maldad, y ruega a Dios, si quizá te sea perdonado el pensamiento de tu corazón» (Hch. 8:22).

«Ahora, pues, dad gloria a Jehová Dios de vuestros padres, y haced su voluntad, y apartaos de los pueblos de las tierras, y de las mujeres extranjeras» (Esd. 10:11).

«El que encubre sus pecados no prosperará; mas el que los confiesa y se aparta alcanzará misericordia» (Pr. 28:13).

«Reconoce, pues, tu maldad, porque contra Jehová tu Dios has prevaricado, y fornicaste con los extraños debajo de todo árbol frondoso, y no oíste mi voz, dice Jehová» (Jer. 3:13).

	CAPÍTULO 15	llamaba Barrabás, preso con sus compañeros de motín que habían cometido homicidio en una revuelta.	escogido: un criminal y subversivo

K. Jesús es juzgado ante Pilato: cuadro de un hombre moralmente débil,[EF1] **15:1-15**
(Mt. 27:1-2; 11-25; Lc. 23:1-25; Jn. 18:28-40)

1 El cuerpo gobernante se reunió para terminar de formular los cargos
a. Ataron a Jesús
b. Llevaron a Jesús ante Pilato

2 Pilato fue incisivo y rechazó la evidencia
a. Jesús afirmó vigorosamente ser Rey
b. Jesús guardó silencio
c. El propósito vigoroso y persistente de Jesús
d. Pilato se maravilló pero todavía estaba indeciso.

3 Pilato intentó llegar a un acuerdo
a. La costumbre de apaciguar a los judíos
b. El prisionero

Muy de mañana, habiendo tenido consejo los principales sacerdotes con los ancianos, con los escribas y con todo el concilio, llevaron a Jesús atado, y le entregaron a Pilato.

2 Pilato les preguntó: ¿Eres tú el Rey de los judíos? Respondiendo él, le dijo: Tú lo dices.

3 Y los principales sacerdotes le acusaban mucho.

4 Otra vez le preguntó Pilato, diciendo: ¿Nada respondes? Mira de cuántas cosas te acusan.

5 Mas Jesús ni aun con eso respondió; de modo que Pilato se maravillaba.

6 Ahora bien, en el día de la fiesta les soltaba un preso, cualquiera que pidiesen.

7 Y había uno que se

8 Y viniendo la multitud, comenzó a pedir que hiciese como siempre les había hecho.

9 Y Pilato les respondió diciendo: ¿Queréis que os suelte al Rey de los judíos?

10 Porque conocía que por envidia le habían entregado los principales sacerdotes.

11 Mas los principales sacerdotes incitaron a la multitud para que les soltase más bien a Barrabás.

12 Respondiendo Pilato, les dijo otra vez: ¿Qué, pues, queréis que haga del que llamáis Rey de los judíos?

13 Y ellos le volvieron a dar voces: ¡Crucifícale!

14 Pilato les decía: ¿Pues qué mal ha hecho? Pero ellos gritaban aun más: ¡Crucifícale!

15 Y Pilato, queriendo satisfacer al pueblo, les soltó a Barrabás, y entregó a Jesús, después de azotarle, para que fuese crucificado.

c. La multitud frenética

d. El deseo de Pilato: librar a Jesús

e. El motivo: Pilato sabía que Jesús era inocente

4 Ignoró la influencia de hombre malvados sobre la gente

5 No podía actuar con justicia y responsabilidad
a. Su primer intento de justicia: presentó a Jesús como Rey de los judíos
b. Su segundo intento de justicia: declaró a Jesús inocente

6 Pilato cedió ante la presión mundana

K. Jesús es juzgado ante Pilato: cuadro de un hombre moralmente débil, 15:1-15

(15:1-15) *Introducción:* moralmente Pilato era un hombre débil, muy débil. Su trato con Jesús demostró claramente algunas de las debilidades de los que son moralmente débiles, debilidades que toda persona debe evaluar.

1. El cuerpo gobernante se reunió para terminar de formular los cargos (v. 1).
2. Pilato fue incisivo y rechazó la evidencia (vv. 2-5).
3. Pilato intentó llegar a un acuerdo (vv. 6-10).
4. Ignoró la influencia de hombre malvados sobre la gente (v. 11).
5. Era demasiado débil para actuar con justicia y responsabilidad (vv. 12-14).
6. Pilato cedió ante la presión mundana (v. 15).

ESTUDIO A FONDO 1

(15:1-15) *Pilato:* Pilato era el procurador de Judea. Era directamente responsable ante el emperador por la administración y el manejo financiero del país. Un hombre tenía que escalar rangos políticos y militares para llegar a procurador. Por eso, Pilato era un hombre capaz, experimentado en los asuntos

políticos, de gobierno y militares. Hacía diez años que estaba en el puesto lo que demuestra la profunda confianza que le tenía el gobierno romano. Pero los judíos despreciaban a Pilato, y Pilato los despreciaba a ellos; despreciaba particularmente su intensa práctica de la religión. Cuando Pilato llegó a procurador de Judea hizo dos cosas que despertaron un odio amargo y duradero entre la gente hacia él. Primero, en sus visitas de estado a Jerusalén entraba cabalgando a la ciudad portando el estandarte romano, un águila posada en un palo. Todos los gobernadores anteriores habían eliminado el estandarte por la oposición de los judíos a los ídolos. Segundo, Pilato había comenzado la construcción de un nuevo acueducto para Jerusalén. Para financiar el proyecto, tomó el dinero del tesoro del templo. Los judíos nunca perdonaron ni olvidaron ese acto. Se opusieron a Pilato durante todo el tiempo de su reinado, y él los trataba con el mismo desprecio. En diversas ocasiones los líderes judíos amenazaron con ejercer su derecho de informar al emperador sobre Pilato. Esto por supuesto, perturbaba interminablemente a Pilato motivo que aumentaba el amargo desprecio que sentía por los judíos.

1 (15:1) *Jesucristo, juicios—religiosos—sanhedrín:* el cuerpo gobernante de los judíos (el sanhedrín) se reunieron para finalizar las acusaciones contra Jesús. Los cargos debían ser suficientemente sólidos para convencer a los romanos. Lo que probablemente ocurrió fue esto. Los falsos testigos habían sido conseguidos la noche anterior (cp. Mr. 14:53-65). Probablemente estuvieron reunidos hasta la madrugada haciendo una pausa para descansar un poco y desayunar. Ahora estaban volviendo para formular por escrito los cargos contra Jesús. Los cargos tenían que ser tan fuertes que los romanos se vieran forzados a condenarlo por revolucionario. Tan pronto terminaron de formular los cargos ataron a Cristo y lo llevaron ante Pilato.

Pensamiento. Note el cuadro del sacrificio. En el Antiguo Testamento los sacrificios debían ser atados con cuerdas (Sal. 118:27). Cristo fue atado ... y llevado y entregado como el gran sacrificio por nosotros (He. 10:5-14).

2 (15:2-5) *Indecisión:* el hombre moralmente débil fue indeciso y rechazó a Jesús a pesar de la evidencia.

1. La acusación principal y la respuesta crítica de Jesús. La principal acusación contra Jesús era que afirmaba ser el Rey de los judíos. Pilato lo interrogó acerca de esa acusación. Note dos cosas.
   a. La apariencia mansa y humilde de Jesús. La forma griega de la pregunta de Pilato apunta a la mansedumbre y humildad de Jesús. La pregunta fue enfática: «¡Tú! ¿Eres tú el Rey de los judíos?» El que está de pie ante mí...
      • sin fuego revolucionario en sus ojos o en su voz.
      • con un aire y una apariencia tan mansa y humilde.
      • sin amigos o seguidores que lo apoyen.
      • con vestimenta tan pobre, con la ropa de un obrero.
      • ¿Cómo puedes *tú* ser un rey?
   b. La firme afirmación de Jesús: «Tú lo dices» (*su legeis*). El significado es «[inequívocamente] lo que tú dices es verdad». Jesús afirmó firmemente ser Rey. Pero siempre es preciso notar que Jesús prosiguió explicando que Él no era una amenaza para el César ni para ningún otro gobierno civil. Él era el Rey del espíritu del hombre y del cielo, no de esta tierra (Jn. 18:36-37). Cristo quería reinar en los corazones y las vidas de los hombres, en la esfera de lo espiritual y eterno, no en la esfera de lo físico y temporal.

2. La suma de acusaciones y el persistente propósito de Jesús. Los líderes lo acusaban de muchas cosas, «Mas Jesús ni aun con eso respondió». Permaneció callado como una piedra ante sus acusadores. ¿Por qué no quería defenderse Jesús a sí mismo, por qué no trataba de escapar de la muerte? Su propósito era someterse a la *conducta pecaminosa* de los hombres. La *conducta pecaminosa* a la que se sometió fue...
   • toda la profundidad del pecado mismo.
   • la demostración final del pecado.
   • el mayor pecado que se podía cometer.

El pecado al que Jesús se sometió fue el pecado del rechazo y de la muerte del Hijo de Dios. Parado ante sus acusadores guardó silencio, soportando las atrocidades de ellos. Jesús lo soportó porque su propósito era morir por los pecados de los hombres.

Pensamiento. La indecisión es uno de los graves pecados de los hombres, un error que condena a muchos. No hay excusa para la indecisión; la evidencia de que Jesús es el Salvador del mundo es notoria a todo corazón abierto y honesto.

«Ninguno puede servir a dos señores; porque o aborrecerá al uno y amará al otro. No podéis servir a Dios y a las riquezas» (Mt. 6:24).

«No podéis beber la copa del Señor, y la copa de los demonios; no podéis participar de la mesa del Señor, y de la mesa de los demonios» (1 Co. 10:21).

«El hombre de doble ánimo es inconstante en todos sus caminos» (Stg. 1:8).

«¿Hasta cuándo claudicaréis vosotoros entre dos pensamientos? Si Jehová es Dios, seguidle» (1 R. 18:21).

3 (15:6-10) *Compromiso—hombre, moralmente débil:* el hombre moralmente débil intentó llegar a un acuerdo. La escena estaba establecida. Jesús había sido acusado y condenado a morir por la corte judía (sanhedrín). Fue entregado a la autoridad gentil, a Pilato, quien debía dar la sentencia final y realizar la ejecución. Sin embargo, Pilato sabía que Jesús era inocente y quería librarlo. ¿Pero cómo? Tenía que pacificar y mantener relaciones aceptablemente buenas con las autoridades judías. Era la única forma en que podía mantener la paz y evitar un informe a Roma con lo cual amenazaba su propia posición (*véase* Estudio a fondo 1, *Pilato*—Mr. 15:1-5).

Pilato ideó una forma para escapar de dicho destino. Era su costumbre en cada pascua soltar a un prisionero, a quien los judíos pidiesen. Esta era una manera de ganarse la buena voluntad de los judíos. En ese momento tenía a un notorio criminal en la cárcel, Barrabás; era un ladrón, insurgente, y criminal (Jn. 18:40). Pilato estaba seguro que al ofrecer a Barrabás en lugar de Jesús, la gente escogería a Jesús, aquel que había ministrado y ayudado a tantos de ellos. Cuán equivocado estaba el hombre de los acuerdos. El mundo siempre clamará en contra de Jesús para deshacerse de Él.

Note la debilidad moral de Pilato. Sabía que Jesús era inocente. Sabía que los judíos querían matar a Jesús por envidia. Jesús debía haber sido librado inmediatamente, pero Pilato procuró un acuerdo en vez de interponerse favor de la justicia.

Pensamiento 1. Note el punto crucial. Cuando la verdad es conocida, debe ser proclamada y no comprometida. Los compromisos resultan en tres tragedias.
1) El compromiso debilita el carácter y testimonio.
2) El compromiso significa que la verdad no es hecho o no es vivida. La persona concuerda en hacer menos de lo que debería hacer.
3) El compromiso debilita el principio, la posición y la vida.

Pensamiento 2. Dios no acepta acuerdos concernientes a su Hijo Jesucristo. El hombre o bien está a favor o en contra de Cristo. No hay terreno neutro. Jesús es el inocente Hijo de Dios, sin pecado, en quien todos los hombres deben confiar y entregar sus vidas.

«El que no es conmigo, contra mí es; y el que conmigo no recoge, desparrama» (Lc. 11:23).

«Para que todos honren al Hijo como honran al Padre. El que no honra al Hijo, no honra al Padre que le envió. De cierto, de cierto os digo: el que oye mi palabra, y cree al que me envió, tiene vida eterna; y no vendrá a condenación, mas ha pasado de muerte a vida» (Jn. 5:23-24).

«Y este es el testimonio: que Dios nos ha dado vida eterna; y esta vida está en su Hijo. El que tiene al Hijo, tiene la vida; el que no tiene al Hijo de Dios no tiene la vida» (1 Jn. 5:11-12).

«Someteos, pues, a Dios; resistid al diablo, y huirá de vosotros. Acercaos a Dios, y él se acercará a vosotros. Pecadores, limpiad las manos; y vosotros los de doble ánimo, purificad vuestros corazones. Afligíos y lamentad, y llorad. Vuestra risa se convierta en lloro, y vuestro gozo en tristeza. Humillaos delante del Señor, y él os exaltará» (Stg. 4:7-10).

4 (15:11) *Malicia, ignorar la:* el hombre moralmente débil ignoró la influencia de los hombres malos. Lo que ocurrió fue trágico. Los religiosos se mezclaron con la multitud y la convencieron y encendieron para clamar por la libertad de Barrabás. Note que Pilato no hizo nada. Se sentó sin decir nada, ignorando la realidad de la mala influencia.

Pensamiento 1. Los hombres que están dispuestos al mal procuran influenciar a otros para salirse con las suyas.

Pensamiento 2. La influencia de los hombres malos sobre otra gente no puede ser ignorada. Los hombres malos influyen sobre otros. Ignorar este hecho es permitir la infiltración y el crecimiento cada vez mayor del mal.

> «Porque como está escrito, el nombre de Dios es blasfemado entre los gentiles *por causa de vosotros*» (Ro. 2:24).

> «Mas *los malos hombres y los engañadores* irán de mal en peor, engañando y siendo engañados» (2 Ti. 3:13).

> «¿Quién es el mentiroso, sino el que niega que Jesús es el Cristo? Este es anticristo, el que niega al Padre y al Hijo. Todo aquel que niega al Hijo, tampoco tiene al Padre. El que confiesa al Hijo, también tiene al Padre... Os he escrito esto sobre los que os engañan» (1 Jn. 2:22-23, 26).

5 (15:12-14) *Hombre, debilidad del:* el hombre moralmente débil era demasiado débil para actuar con justicia y responsabilidad. En realidad Pilato hizo dos intentos por librar a Jesús.

1. Presentó a Jesús como el Rey de su pueblo, a Aquel a quien ellos llaman el Rey de los judíos. Estaba *apelando* a la esperanza que ellos tenían de un libertador. Después de todo, muchos de ellos habían llamado a Jesús su Rey, aquel a quien habían estado esperando. Jesús había ministrado y cuidado de tantas personas. Había declarado que su reino concernía exclusivamente lo espiritual (Jn. 18:36-37). No iba a amenazar al César. ¿Por qué iba a condenar el pueblo a Alguien que había mostrado tanto cuidado e interés en las necesidades de la gente? Sin embargo, la gente clamaba por la muerte de Jesús. Sorprendido, Pilato hizo otro intento de librar a Jesús.

2. Plato declaró inocente a Jesús. No había hecho ningún mal y lo sabía. Procuró persuadir a la multitud a pensar en ese hecho. Entonces exclamó con fuerza: «¿Pues qué mal ha hecho?» Pero sin resultados. Ellos clamaban, aun más encendidos: «Crucifícalo».

Lo notable es la debilidad de Pilato. Era un hombre moralmente débil.

- No tenía suficiente fuerza para hacer lo que sabía que era correcto.
- Carecía de la fuerza moral para intervenir en favor de Cristo.
- Era demasiado débil para declarar la verdad.

> «A los cielos y la tierra llamo por testigos hoy contra vosotros, que os he puesto delante la vida y la muerte, la bendición y la maldición; escoge, pues, la vida, para que vivas tú y tu descendencia» (Dt. 30:19).

> «Y acercándose Elías a todo el pueblo, dijo: ¿Hasta cuándo claudicaréis vosotros entre dos pensamientos?» (1 R. 18:21).

6 (15:15) *Hombre, debilidad del—mundanalidad:* el hombre moralmente débil cedió a la presión del mundo.

1. Pilato estaba más dispuesto a satisfacer y complacer a la gente que a hacer lo que era correcto. Por supuesto, había temor en la acción de Pilato. El temor...

- de perder el favor de la gente.
- de causarse problemas a sí mismo.
- de perder su posición y seguridad (*véase* Estudio a fondo 1, *Pilato*—Mr. 15:1-15).

2. Hizo azotar a Jesús (*véase* nota—Mt. 27:26-38).
3. Libró a Barrabás y entregó a Jesús para ser crucificado.

Note que Pilato tenía la autoridad y el deber de hacer lo correcto. Pero fracasó. Era demasiado débil...

- para estar firme por la verdad.
- para declarar que la verdad dictaba lo que había que hacer.
- para librarse a sí mismo de la influencia del mundo.

> «No améis al mundo, ni las cosas que están en el mundo. Si alguno ama al mundo, el amor del Padre no está en él. Porque todo lo que hay en el mundo, los deseos de la carne, los deseos de los ojos, y la vanagloria de la vida, no proviene del Padre, sino del mundo» (1 Jn. 2:15-16).

> «No os conforméis a este siglo, sino transformaos por medio de la renovación de vuestro entendimiento, para que comprobéis cuál sea la buena voluntad de Dios, agradable y perfecta» (Ro. 12:2).

> «Por la fe Moisés, hecho ya grande, rehusó llamarse hijo de la hija de Faraón, escogiendo antes ser maltratado con el pueblo de Dios, que gozar de los deleites temporales del pecado» (He. 11:24-25).

1 **Abuso por los soldados de Pilato**
a. Llamaron a otros para acompañarlos
b. Se burlaron y ridiculizaron a Jesús

c. Abusaron físicamente de Él.

2 **El cambio de su ropa; la vida de Jesús valía menos que el manto del rey**
3 **El hombre que llevó la cruz de Jesús: cuadro de una conversión por tomar la cruz de Cristo**
4 **El lugar de la muerte: un símbolo de la muerte**
5 **El rechazo de calmantes**
6 **La apuesta por la ropa de Jesús; un espíritu indiferente e insensible**
7 **La crucifixión: ápice del pecado y el amor**
8 **La inscripción sobre la cruz: una acusación mal entendida**
9 **Los dos ladrones crucificados con Jesús: un cuadro de su vida, hasta el final fue contado con los pecadores**
10 **La burla de la gente: entendimiento equivocado de la**

L. La cruz de Jesús: un bosquejo de sus escarnios y eventos, 15:16-41
(Mt. 27:26-56; Lc. 23:26-49; Jn. 19:16-37)

16 Entonces los soldados le llevaron dentro del atrio, esto es, al pretorio, y convocaron a toda la compañía.
17 Y le vistieron de púrpura, y poniéndole una corona tejida de espinas,
18 comenzaron luego a saludarle:¡Salve, Rey de los judíos!
19 Y le golpearon en la cabeza con una caña, y le escupían, y puestos de rodillas le hacían reverencias.
20 Después de haberle escarnecido, le desnudaron la púrpura, y le pusieron sus propios vestidos, y le sacaron para crucificarle.
21 Y obligaron a uno que pasaba, Simón de Cirene, padre de Alejandro y de Rufo, que venía del campo, a que llevase la cruz.
22 Y le llevaron a un lugar llamado Gólgota, que traducido es: Lugar de la Calavera.
23 Y le dieron a beber vino mezclado con mirra; mas él no lo tomó.
24 Cuando le hubieron crucificado, repartieron entre sí sus vestidos, echando suertes sobre ellos para ver qué se llevaría cada uno.
25 Era la hora tercera cuando le crucificaron.
26 Y el título escrito de su causa era: EL REY DE LOS JUDÍOS.
27 Crucificaron también con él a dos ladrones, uno a su derecha, y el otro a su izquierda.
28 Y se cumplió la Escritura que dice: Y fue contado con los inicuos.
29 Y los que pasaban le injuriaban, meneando la cabeza y diciendo: ¡Bah! tú que derribas el templo de

Dios, y en tres días lo reedificas,
30 sálvate a ti mismo, y desciende de la cruz.
31 De esta manera también los principales sacerdotes, escarneciendo, se decían unos a otros, con los escribas: A otros salvó, a sí mismo no se puede salvar.
32 El Cristo, Rey de Israel, descienda ahora de la cruz, para que veamos y creamos. También los que estaban crucificados con él le injuriaban.
33 Cuando vino la hora sexta, hubo tinieblas sobre toda la tierra hasta la hora novena.
34 Y a la hora novena Jesús clamó a gran voz, diciendo: Eloi, Eloi, ¿lama sabactani? que traducido es: Dios mío, Dios mío, ¿por qué me has desamparado?
35 Y algunos de los que estaban allí decían, al oírle: Mirad, llama a Elías.
36 Y corrió uno, y empapando una esponja en vinagre, y poniéndola en una caña, le dio a beber, diciendo: Dejad, veamos si viene Elías a bajarle.
37 Mas Jesús, dando una gran voz expiró.
38 Entonces el velo del templo se rasgó en dos, de arriba abajo.
39 Y el centurión que estaba frente a él, viendo que después de clamar había expirado así, dijo: Verdaderamente este hombre era Hijo de Dios.
40 También había algunas mujeres mirando de lejos, entre las cuales estaban María Magdalena, María la madre de Jacobo el menor y de José y Salomé,
41 quienes, cuando él estaba en Galilea, le seguían y le servían; y otras muchas que habían subido con él a Jerusalén.

salvación
a. La burla de los que pasaban: no entendieron su resurrección
b. La burla de los religiosos: no entendieron la naturaleza mesiánica de Dios

c. La burla de dos ladrones: no entendieron su afirmación
11 **La aterradora oscuridad: símbolo de separación y soledad**
12 **El terrible clamor de separación: un juicio horrendo**

13 **La multitud confundida**

a. Un hombre piadoso: ofreció a Jesús una bebida narcótica
b. Un hombre duro: ridiculizó a Jesús
14 **El fuerte clamor de muerte: un cuadro de glorioso triunfo**
15 **El velo rasgado en el templo**
16 **La confesión del centurión: cuadro de la gran confesión que muchos deben hacer**

17 **Las mujeres junto a la cruz: prueba de que Jesús vivió y sirvió bien**

L. La cruz de Jesús: un bosquejo de sus escarnios y eventos, 15:16-41

(15:16-41) *Introducción:* la muerte de Jesús en la cruz es el evento más fenomenal de toda la historia; de hecho, es el punto más crucial de la historia. La salvación eterna para el hombre fue asegurada por la muerte de Jesús en la cruz. Por el hecho de morir Jesús, el hombre puede vivir por siempre en un estado de perfección. Por eso, los acontecimientos de la cruz son de suprema importancia. Ellos contienen lección tras lección para el hombre que busca la verdad del Hijo de Dios.

1. Abuso perpetrado por los soldados de Pilato: un malentendido de la afirmación de Jesús (vv. 16-19).
2. El cambio de su ropa: la vida de Jesús valía menos que el manto del rey (v. 20).
3. El hombre que llevó la cruz de Jesús: cuadro de una conversión por tomar la cruz de Cristo (v. 21).
4. El lugar de la muerte: un símbolo de la muerte: Jesús murió como todos los hombres (v. 22).
5. El rechazo de calmantes: resolución de sufrir la muerte en toda su amargura (v. 23).
6. La apuesta por la ropa de Jesús: un espíritu indiferente e insensible (v. 24).
7. La crucifixión: el clímax del pecado y del amor (v. 25).
8. La inscripción sobre la cruz: una acusación mal entendida (v. 26).
9. Los dos ladrones crucificados con Jesús: un cuadro de su vida; hasta el final fue contado con los pecadores (vv. 27-28).
10. La burla de la gente: entendimiento equivocado de la salvación (vv. 29-32).
11. La aterradora oscuridad: símbolo de separación y soledad (v. 33).
12. El terrible clamor de separación: un juicio horrendo (v. 34).
13. La multitud confundida: un cuadro de la gente del mundo (vv. 35-36).
14. El fuerte clamor de muerte: un cuadro de glorioso triunfo (v. 37).
15. El velo rasgado en el templo: símbolo del acceso abierto a la presencia misma de Dios (v. 38).
16. La confesión del centurión: cuadro de la gran confesión que muchos deben hacer (v. 39).
17. Las mujeres junto a la cruz: prueba de que Jesús vivió y sirvió bien (vv. 40-41).

1 **(15:16-19) *Jesucristo, muerte—tortura:*** el primer evento fue el abuso cometido por los soldados de Pilato: ellos entendieron mal la afirmación de Jesús. Jesús había explicado a Pilato que su reino era un reino espiritual, pero Pilato no había entendido lo que quiso decir (Jn. 18:36-37). Los soldados, por supuesto sabían poco y nada de la conversación entre Jesús y Pilato. Pero habían oído de Jesús, de un carpintero de Nazaret que afirmaba ser el Mesías, el Hijo de Dios. Ahora tenían a Jesús de Nazaret delante de ellos, culpable de insurrección y afirmando ser el Rey de los judíos. Esto, por supuesto, era una amenaza al propio gobierno y poder de los soldados. A los ojos de ellos, viendo a Jesús allí parado como prisionero, golpeado y ensangrentado, Jesús era cualquier otra cosa menos un Rey. Era un hombre condenado por amenazar el poder de ellos como soldados, y al gobierno de ellos a quien habían jurado defender. Para ellos era digno de muerte. Dos cosas motivaron a los soldados a torturar tan severamente a Jesús...

- su afirmación de ser el Mesías e Hijo de Dios.
- el hecho de ser condenado como subversivo.

Note lo que hicieron los soldados.

1. Llamaron a todos los otros soldados a unirse a la «diversión» (tortura). Estaban en el pretorio que era el cuartel general de los soldados. Era un espacioso patio dentro mismo del palacio. Hubo entre doscientos y seiscientos soldados golpeando y torturando a Jesús (*véase* nota, pto. 2—Mt. 27:26-38).

2. Se burlaron de Jesús y lo escarnecieron. Lo despojaron de sus ropas y pusieron sobre su cuerpo ensangrentado un manto de soldado, viejo, gastado y roto, de color púrpura. El manto era un símbolo burlesco del manto real que llevaban los reyes. Luego varios soldados salieron fuera y tejieron una corona con las espinas de un arbusto. Al volver apretaron la corona de espinas sobre su cabeza y frente. Luego se mofaron de su afirmación de ser el rey de los judíos.

3. Abusaron físicamente de Él. Tomaron la vara que le habían dado como cetro (Mt. 27:29), y con ella golpearon la corona de espinas sobre su cabeza. También le escupieron y continuaron con el escarnio.

Pensamiento. Lo que hicieron los soldados al escarnecer a Jesús demuestra perfectamente la *naturaleza* del reinado del Señor. La realeza terrenal es simbolizada por una vestimenta real, una corona de oro, cetro, y el doblar de rodillas; todo lo cual representa la pompa y el poder de la realeza terrenal. Cristo no pudo aceptar esos honores, al menos no en su primera venida.

El manto gastado y roto, la corona de espinas, la vara como cetro, la burla; todo muestra que la naturaleza del reinado de Cristo es amor, *amor sacrificial*.

«El cual [Cristo] siendo en forma de Dios, no estimó el ser igual a Dios como cosa a que aferrarse, sino que se despojó a sí mismo, tomando forma de siervo, hecho semejante a los hombres; y estando en la condición de hombre, se humilló a sí mismo, haciéndose obediente hasta la muerte, y muerte de cruz» (Fil. 2:6-8).

2 **(15:20) *Jesucristo, muerte—vestiduras:*** el segundo evento fue el cambio de su ropa: la vida de Jesús fue valorada menos que la ropa real. El versículo es interesante y también revelador. Muestra la depravación humana. Los soldados salvarían un manto viejo y roto, sin embargo destruirían la vida de una persona inocente (aun más, al propio Hijo de Dios). El manto ya no servía, era un desecho. Nunca hubieran puesto un manto *bueno* sobre semejante masa de carne ensangrentada. La sangre y la continua tortura habrían arruinado el manto.

Los soldados por supuesto no querían que un criminal fuera por las calles llevando el manto de un soldado, aunque fuese un desecho. De manera que lo desvistieron. La sangre seca naturalmente había adherido la tela a la espalda del Señor; por eso, las heridas fueron reabiertas y volvieron a sangrar.

Es un tema doble.

1. El manto y lo que representaba fue valorado más que la vida de Jesús, mas que Aquel que vino para revelar el amor y la salvación al hombre. Lo que los hombres necesitan es no valorar las cosas más que a Jesús, sino a valorar a Jesús más que todas las cosas juntas.

«Por tanto, yo te aconsejo que de mí compres vestiduras blancas para vestirte, y que no se descubra la vergüenza de tu desnudez; y unge tus ojos con colirio, para que veas» (Ap. 3:18; cp. Ef. 4:23-24).

«Estos son los que ... han lavado sus ropas, y las han emblanquecido en la sangre del Cordero» (Ap. 7:14).

«No améis al mundo, ni las cosas que están en el mundo. Si alguno ama al mundo, el amor del Padre no está en él. Porque todo lo que hay en el mundo, los deseos de la carne, los deseos de los ojos, y la vanagloria de la vida, no proviene del Padre, sino del mundo» (1 Jn. 2:15-16).

2. El manto del soldado no había sido otra cosa que una burla hacia la autoridad real; pero simbolizaba la actitud del mundo en cuanto a honrar al Hijo de Dios. Ninguna persona determina la autoridad del Hijo de Dios. Él tiene autoridad por el hecho de ser Hijo de Dios, no porque el hombre se la asigne. Dios le ha dado toda autoridad y reino porque Él llevó los sufrimientos y la fuerte en la cruz en favor del hombre.

«Y Jesús se acercó y les habló diciendo: Toda potestad me es dada en el cielo y en la tierra» (Mt. 28:18).

«Porque el Padre a nadie juzga, sino que todo el juicio dio al Hijo, para que todos honren al Hijo como honran al Padre. El que no honra al Hijo, no honra al Padre que le envió» (Jn. 5:22-23).

3 (15:21) *Jesucristo, muerte—Simón de Cirene:* el tercer evento concierne al hombre que llevó la cruz de Jesús: es el cuadro de una conversión por llevar la cruz de Jesús. Note varias cosas.

1. El plan o la providencia de Dios. Nada ocurre por casualidad, al menos no para el creyente cristiano. Dios supervisa la vida de su pueblo. De manera que el hecho de que Simón es obligado a llevar la cruz de Jesús estaba en el plan de Dios.

2. Simón estaba junto al camino mirando cómo la procesión de hombres armados se abría paso por las calles. Aparentemente había en Simón alguna expresión de dolor y simpatía hacia Jesús, algo fue tocado en el interior de su corazón, algo que se extendió hacia Jesús. Dios lo sabía de modo que guió a los soldados a requerir su ayuda para llevar la cruz del Señor.

3. Simón era «padre de Alejando y Rufus». El comentario de Marcos es intersante. Evidentemente eran creyentes conocidos cuando Marcos escribió el evangelio (cp. Hch. 13:1; Ro. 16:13). Aparentemente Simón, o al menos sus dos hijos, con el pasar del tiempo se convirtieron.

> *Pensamiento.* El símbolo y su aplicación son claros. El hombre que toma la cruz y muere a su ego se convierte para llegar a ser un auténtico seguidor de Cristo.
>
> «Y decía a todos: si alguno quiere venir en pos de mí niéguese a sí mismo, tome su cruz cada día, y sígame» (Lc. 9:23).

4 (15:22) *Jesucristo, muerte—Gólgota:* el cuarto evento tiene que ver con el lugar de la muerte: un verdadero símbolo de la muerte. Jesús murió igual que todos los hombres. Gólgota era una colina en las afueras de Jerusalén. Era conocido como un lugar de muerte, un lugar donde se realizaban las ejecuciones. La misma palabra «Gólgota» significa, lugar de la calavera. Despertaba pensamientos referidos a la muerte y corrupción. El lugar en sí, donde fue crucificado Jesús, simbolizaba la muerte. Cada acción pareciera señalar hacia la muerte de Jesús por la liberación del hombre. Gólgota era el cuadro y el pensamiento de la muerte. Y aquí, en Gólgota, debía morir para librar de todos los hombres de las cadenas de la muerte.

> «Así que, por cuanto los hijos participaron de carne y sangre, él también participó de lo mismo, para destruir por medio de la muerte al que tenía el imperio de la muerte, esto es, al diablo y librar a todos los que por el temor de la muerte estaban durante toda la vida sujetos a servidumbre» (He. 2:14-15).

5 (15:23) *Jesucristo, muerte—ofrecimiento de calmantes:* el quinto evento fue el rechazo por parte de Jesús de tomar calmantes; una resolución de sufrir toda la amargura de la muerte. Era una bebida fuerte, estupefaciente, para dormir en cierta medida los sentidos. Era ofrecida a los reos de crucifixión como un narcótico para aliviar de alguna manera el dolor.

Jesús iba a morir por el hombre. La voluntad de Dios no debía ser hecha en un estado de ebrio estupor, de insensibilidad y con los pensamientos embotados. Iba a sufrir la muerte por el hombre, totalmente consciente de estar haciendo la voluntad de Dios, mentalmente tan despierto como fuera posible.

> «Pero vemos a aquel que fue hecho un poco menor que los ángeles, a Jesús, coronado de gloria y de honra, a causa del padecimiento de la muerte, para que por la gracia de Dios gustase la muerte por todos» (He. 2:9).
>
> «Holocausto y expiaciones por el pecado no te agradaron. Entonces dije: He aquí que vengo, oh Dios, para hacer tu voluntad, como en el rollo del libro está escrito de mí ... En esa voluntad somos santificados mediante la ofrenda del cuerpo de Jesucristo hecha una vez para siempre» (He. 10:6-7, 10).

6 (15:24) *Jesucristo, muerte—ropas, apuesta por sus:* el sexto evento fue la apuesta por las ropas de Jesús: denota un espíritu indiferente e insensible. Note dos hechos.

1. María, la madre de Jesús, estaba de pie cerca de la cruz; sin embargo, los soldados no mostraron ninguna compasión compartiendo con ella las pertenencias de su moribundo Hijo. (Cp. Sal. 22:28.)

> «Porque ¿qué aprovecha al hombre si ganare todo el mundo, y perdiere su alma?» (Mr. 8:36).

2. Jesús fue despojado de sus ropas por los soldados, despojado de sus ropas mortales. Se sometió a ser despojado de toda su mortalidad para poder abolir la muerte y traer a la luz vida e inmortalidad.

> «Pero que ahora ha sido manifestada por la aparición de nuestro Salvador Jesucristo, el cual quitó la muerte y sacó a luz la vida y la inmortalidad por el evangelio» (2 Ti. 1:10).

7 (15:25) *Jesucristo, muerte—crucifixión:* el séptimo evento fue la crucifixión: el clímax del pecado y del amor. Note dos cosas.

1. Jesús fue crucificado a las 9 de la mañana (tercera hora) y la oscuridad cayó sobre la tierra desde las 12 hasta las 3 de la tarde (sexta hora) hasta la novena hora, (vv. 33-34) (*véase* Estudio a fondo 1—Mr. 6:48; cp. Mt. 27:45-46; Mr. 15:33-34; Lc.23:44).

2. El hombre dio su expresión suprema de depravación dando muerte al Hijo de Dios. Dios expresó la cumbre de su amor al no salvar a su Hijo, sino al permitir que muriese por los pecados del hombre.

> «Mas Dios muestra su amor para con nosotros, en que siendo aún pecadores, Cristo murió por nosotros» (Ro. 5:8).
>
> «Porque de tal manera amó Dios al mundo, que ha dado a su Hijo unigénito, para que todo aquel que en él cree, no se pierda, mas tenga vida eterna» (Jn. 3:16).

8 (15:26) *Jesucristo, muerte—inscripción:* el octavo evento fue la inscripción en la cruz: una acusación mal entendida. La inscripción colocada sobre su cabeza: «El Rey de los judíos«, fue colocada allí por Pilato. Pilato quería mofarse de las autoridades judías y reprochar la afirmación de Jesús. Dios sin embargo, gobernó sobre todo y usó el título para proclamar la verdad del señorío de Jesús en todo el mundo (Lc. 23:38). Las mismas acusaciones contra Jesús proclamaron su deidad y honor.

> «Y estando en la condición de hombre, se humilló a sí mismo, haciéndose obediente hasta la muerte, y muerte de cruz. Por lo cual Dios también le exaltó hasta lo sumo, y le dio un nombre que es sobre todo nombre, para que en el nombre de Jesús se doble toda rodilla de los que están en los cielos, y en la tierra, y debajo de la tierra; y toda lengua confiese que Jesucristo es el Señor, para gloria de dios Padre» (Fil. 2:8-11).
>
> «Nuestro Señor Jesucristo, la cual a su tiempo mostrará el bienaventurado y solo Soberano, Rey de reyes, y Señor de señores, el único que tiene inmortalidad, que habita en la luz inaccesible; a quien ninguno de los hombres ha visto ni puede ver, al cual sea la honra y el imperio sempiterno. Amén» (1 Ti. 6:14-16).

9 (15:27-28) *Jesucristo, muerte—dos ladrones:* el noveno acontecimiento fue el de la crucifixión de dos ladrones junto a Jesús: una ilustración de lo que fue la vida de Cristo; hasta el fin fue contado con los pecadores.

> «Por tanto, yo le daré parte con los grandes, y con los fuertes repartirá despojos; por cuanto derramó su vida hasta la muerte, y fue contado con los pecadores, habiendo él llevado el pecado de muchos, y orado por los transgresores» (Is. 53:12).
>
> «Palabra fiel y digna de ser recibida por todos: que Cristo Jesús vino al mundo para salvar a los pecadores» (1 Ti. 1:15).
>
> «Porque también Cristo padeció una sola vez por los pecados, el justo por los injustos, para llevarnos a Dios,

siendo a la verdad muerto en la carne, pero vivificado en espíritu» (1 P. 3:18).

10 (15:29-32) *Jesucristo, muerte—escarnio:* el décimo acontecimiento fue el escarnio por parte de la gente: entendieron mal la salvación de Jesús.

1. Las burlas de la multitud. Entendieron mal la resurrección. La gente que entraba y salía de la ciudad detenía su paso para ver que estaba pasando. Al detenerse veían la acusación sobre la cruz indicando que Jesús afirmaba ser el «Rey de los judíos». Habían oído de su afirmación de enorme poder: poder para destruir y reconstruir el templo en tres días. A la mente de ellos era ridículo. Por eso se unieron a las burlas y al abuso verbal.

«Angustiado él, y afligido, no abrió su boca; como cordero fue llevado al matadero; y como oveja delante de sus trasquiladores, enmudeció, y no abrió su boca» (Is. 53:7).

2. La burla de los religiosos. Estos entendieron mal la naturaleza mesiánico según Dios.

«Porque ... Jesucristo [el Mesías] se dio a sí mismo en rescate por todos, de lo cual se dio testimonio a su debido tiempo» (1 Ti. 2:5-6).

«Cristo [Mesías] vino al mundo para salvar a los pecadores» (1 Ti. 1:15).

3. La burla de los ladrones. Ellos entendieron mal la afirmación de Jesús. Los ladrones oyeron las burlas de la multitud referidas a la afirmación de Jesús de ser el Mesías. El hombre haciendo semejante afirmación mientras está muriendo da muestras de insanidad y de merecer el abuso. De modo que se unieron a las burlas.

«Quien cuando le maldecían, no respondía con maldición; cuando padecía, no amenazaba ... Quien llevó él mismo nuestros pecados en su cuerpo sobre el madero, para que nosotros, estando muertos a los pecados, vivamos a la justicia; y por cuya herida fuisteis sanados» (1 P. 2:23-24).

11 (15:33) *Jesucristo, muerte—tinieblas:* el undécimo evento fue el terror de la tiniebla: un símbolo de separación y soledad. La oscuridad tenía su mensaje para el hombre (*véase* nota—Mt. 27:45 para la discusión detallada).

1. El hombre fue separado de la luz.

«Y esta es la condenación: que la luz vino al mundo, y los hombres amaron más las tinieblas que la luz, porque sus obras eran malas. Porque todo aquel que hace lo malo, aborrece la luz y no viene a la luz, para que sus obras no sean reprendidas» (Jn. 3:19-20).

2. El hombre quedó a solas. En la oscuridad no podía ver, al menos no podía ver bien. Por así decirlo, estaba completamente solo en el mundo, responsable de sus hechos. Y por causa de lo que ha hecho, el hombre tiene que encarar algún día a Dios y dar cuentas de sus hechos.

«Y de la manera que está establecido para los hombres que mueran una sola vez, y después de esto el juicio» (He. 9:27).

12 (15:34) *Jesucristo, muerte—separación de Dios:* el décimo segundo acontecimiento fue el terrible clamor de separación: horrible juicio. ¿Qué quiso decir Jesús cuando exclamó que Dios lo había abandonado?

1. Jesús no se refería al sufrimiento y al maltrato en la cruz, al sufrimiento que debía soportar a manos de los hombres. A lo largo de todo su ministerio conoció los sufrimientos y anticipó a sus seguidores que ellos también sufrirían, incluso el martirio.

2. Las Escrituras nos dicen lo que Jesús quiso decir (*véase* nota—Mt. 27:46-49 para una detallada discusión).

a. Estaba siendo hecho pecado por nosotros.

«Al que no conoció pecado, por nosotros lo hizo pecado, para que nosotros fuésemos hechos justicia de Dios en él» (2 Co. 5:21).

b. Estaba llevando nuestros pecados como cordero sacrificial de Dios.

«Porque si la sangre de los toros y de los machos cabríos, y las cenizas de la becerra rociadas a los inmundos, santifican para la purificación de la carne, ¿cuánto más la sangre de Cristo, el cual mediante el Espíritu eterno se ofreció a sí mismo sin mancha a Dios, limpiará vuestras conciencias de obras muertas para que sirváis al Dios vivo?...Así también Cristo fue ofrecido una vez para llevar los pecados de muchos; y aparecerá por segunda vez, sin relación con el pecado, para salvar a los que le esperan» (He. 9:13-14, 28).

c. Estaba sufriendo por los pecados, el justo por los injustos.

«Porque también Cristo padeció una sola vez por los pecados, el justo por los injustos, para llevarnos a Dios, siendo a la verdad muerto en la carne, pero vivificado en espíritu» (1 P. 3:18).

d. Estaba llevando la maldición de la ley.

«Cristo nos redimió de la maldición de la ley, hecho por nosotros maldición» (Gá. 3:13).

Note un asunto crucial, lo único que pudo haber causado una separación entre Dios mismo y Cristo era el pecado (Is. 59:2; Ro. 5:12; cp. Estudio a fondo 1—He. 9:27). El pecado es lo único que lleva a Dios a separarse de cualquier persona. Puesto que Cristo era perfecto y sin pecado, no fue su propio pecado lo que motivó a Dios a separarse, fue nuestro pecado (2 Co. 5:21; He. 4:15; 7:26; 1 P. 1:10; 2:22).

13 (15:35-36) *Jesucristo, muerte—mundo, confundido:* el décimo tercer acontecimiento fue la confusión del gentío: un cuadro de la gente del mundo.

1. El cuadro de la dureza. Cuando Jesús clamó por Dios, algunos creyeron que llamaba a Elías. En tono burlón quisieron esperar para ver qué pasaba, burlándose de que Jesús llamara a un profeta antiguo para salvarlo.

2. El cuadro de la piedad. Jesús dijo: «Tengo sed» (Jn. 19:28-29). Uno de los hombres tuvo compasión por el Señor y se ofreció a mojarle los labios. Pero los otros hombres de alrededor —de corazones duros— lo detuvieron.

Se vio a Jesús colgado en la cruz y sufriendo, expresando suprema piedad por el hombre. Pero cuando un hombre quiso mostrar compasión por Cristo, se lo impidieron.

«Mas Dios muestra su amor para con nosotros, en que siendo aún pecadores, Cristo murió por nosotros» (Ro. 5:8).

«Y este es su mandamiento: Que creamos en el nombre de su Hijo Jesucristo, y nos amemos unos a otros como nos lo ha mandado» (1 Jn. 3:23).

14 (15:37) *Jesucristo, muerte—el final:* el décimo cuarto evento fue el fuerte clamor de muerte: un cuadro del glorioso triunfo. Lo que Jesús dijo en su clamor fue una palabra griega, *Tetelestai,* «consumado es» (Jn. 19:30). Es un clamor con propósito, un clamor de triunfo. Estaba muriendo con un propósito específico y ese propósito ahora estaba cumplido (*véase* nota—Mt. 27:50 para una discusión detallada).

«Yo soy la puerta; el que por mí entrare, será salvo; y entrará, y saldrá, y hallará pastos....Y soy el buen pastor; el buen pastor su vida da por las ovejas ... así como el Padre me conoce, y yo conozco al Padre; y pongo mi vida por las ovejas....por eso me ama el Padre, porque yo pongo mi vida, para volverla a tomar. Nadie me la quita, sino que yo de mí mismo la pongo. Tengo poder para ponerla, y tengo poder para volverla a tomar. Este mandamiento recibí de mi Padre» (Jn. 10:9, 11, 15, 17-18).

15 (15:38) *Jesucristo, muerte—templo, velo rasgado:* el décimo quinto evento fue que el velo del templo se rasgó: un símbolo del acceso abierto a la presencia de Dios. Note cuatro hechos.

1.   El velo (cortina) rasgado fue el velo interior (*katapetasma*), la cortina que separaba el lugar santísimo del lugar santo. Había otro velo, una cortina exterior (*kalumma*), que separaba el lugar santo del atrio exterior del templo.

El lugar santísimo era el sitio más sagrado del templo, el lugar donde la presencia misma de Dios era simbolizada como morando de una manera especial. Estaba para *siempre* excepto para el sumo sacerdote. E incluso éste solo podía entrar una vez al año al lugar santísimo, lo cual hacía en el día de la expiación (Éx. 26:33).

2.   A la misma hora en que Jesús moría, el sumo sacerdote estaba recogiendo la cortina exterior a efectos de exponer el lugar santísimo a la gente, a aquellos que se habían reunido para adorar en el atrio circundante. Al enrollar la cortina exterior, exponiendo el lugar santo para adorar, tanto él como los adoradores fueron asombrados. Vieron el velo interior rasgado de cabeza a los pies. Allí estaban de pie, viendo y experimentando por primera vez el lugar santísimo, la presencia misma del propio Dios.

3.   El velo fue rasgado de arriba hasta abajo. Esto simboliza que fue rasgado por un acto de Dios mismo. Simbolizaba que Dios daba acceso directo a su presencia (He. 6:19; 9:3-12, 24; 10:19-23). Ahora, por medio del cuerpo de Cristo, cualquier persona puede entrar a la presencia de Dios, a cualquier hora, en cualquier lugar.

> **«En esa voluntad somos santificados mediante la ofrenda del cuerpo de Jesucristo hecha una vez para siempre» (He. 10:10).**

4.   El velo rasgado simbolizaba que todos los hombres podían acercarse a Dios por medio de la sangre de Cristo.

> **«Pero ahora en Cristo Jesús, vosotros que en otro tiempo estabais lejos, habéis sido hechos cercanos por la sangre de Cristo. Porque Él es nuestra paz, que de ambos pueblos hizo uno, derribando la pared intermedia de separación» (Ef. 2:13-14).**

16   (15:39) *Jesucristo—muerte—centurión, confesión del:* el décimo sexto evento fue la confesión del centurión: ilustración de la confesión que muchos deben hacer.

1.   El centurión necesariamente tenía que ser un hombre prudente y honesto. Estuvo a cargo de la crucifixión. Era responsable de supervisar todo lo que ocurría en el lugar. Al desarrollarse los acontecimientos en la cruz, quedó más y más influido por la afirmación de Jesús, y por la forma de desarrollarse los acontecimientos. Cuando Jesús exclamó que su propósito había estado concluido, que su muerte era el clímax de su propósito en la tierra, el centurión quedó convencido. El hecho en sí de que la muerte de Jesús tenía un propósito selló su convicción. Dios vivificó el corazón del soldado para captar la gloriosa verdad: «Verdaderamente este hombre era Hijo de Dios».

2.   El centurión era un gentil. Simbolizaba a todos los que confesarían a Jesús en las generaciones subsiguientes.

> **«Que si confesares con tu boca que Jesucristo es el Señor, y creyeres en tu corazón que Dios le levantó de los muertos, serás salvo. Porque con el corazón se cree para justicia, pero con la boca se confiesa para salvación» (Ro. 10:9-10).**

17   (15:40-41) *Jesucristo, muerte—mujeres junto a la cruz:* el décimo séptimo evento fueron las mujeres junto a la cruz: una prueba de que Jesús había vivido y servido bien. Note que las mujeres estaban junto a la cruz a pesar del peligro. Estaban a alguna distancia, pero de todos modos allí estaban. Todavía amaba y se preocupaban, sin importar las circunstancias. Simbolizaban que la vida de Cristo no fue en vano.

> **«Porque todo el que quiera salvar su vida, la perderá; y todo el que pierda su vida por causa de mí y del evangelio, la salvar» (Mr. 8:35).**

	M. Sepelio de Jesús: una discusión del tema: coraje, 15:42-47 (Mt. 27:57-66; Lc. 23:50-56; Jn. 19:38-42)	44 Pilato se sorprendió de que ya hubiese muerto; y haciendo venir al centurión, le preguntó si ya estaba muerto.	**3 La valentía estuvo dispuesta a experimentar un corazón quebrantado y a morir por la causa de Dios**
1 La necesidad de prisa porque el día de reposo se acercaba	42 Cuando llegó la noche, porque era la preparación, es decir, la víspera del día de reposo,	45 E informado por el centurión, dio el cuerpo a José. 46 el cual compró una sábana, y quitándolo, lo envolvió en la sábana, y lo	**4 La valentía hizo una entrega incondicional a Jesús** a. Bajó a Jesús de la cruz b. Cuidó y sepultó el cuerpo de Jesús
2 La valentía pidió osadamente el cuerpo de Jesús	43 José de Arimatea, miembro noble del concilio, que también esperaba el reino de Dios, vino y entró osadamente a Pilato, y pidió el cuerpo de Jesús.	puso en un sepulcro que estaba cavado en una peña, e hizo rodar un piedra a la entrada del sepulcro. 47 Y María Magdalena y María madre de José miraban dónde le ponían.	**5 La valentía tomó públicamente su lugar junto a la cruz**

M. Sepelio de Jesús: una discusión del tema: coraje, 15:42-47

(15:42-47) Introducción: el sepelio de Jesús presenta un cuadro vigoroso de valentía, el tipo de valentía que establece en ejemplo dinámico a seguir.

1. La necesidad de prisa porque el día de reposo se acercaba (v. 42).
2. La valentía pidió osadamente el cuerpo de Jesús (v. 43).
3. La valentía estuvo dispuesta a experimentar un corazón quebrantado y a morir por la causa de Dios (vv. 44-45).
4. La valentía hizo una entrega incondicional a Jesús (v. 46).
5. La valentía tomó públicamente su lugar junto a la cruz (v. 47).

1 **(15:42) Día de reposo—Jesucristo, sepelio:** la necesidad de la prisa era triple.

1. El día de reposo era el día de adoración de los judíos. El día comenzaba a las 6 de la tarde. (Los días judíos comenzaban a las 6 de la tarde y abarcaban todo el tiempo hasta las 6 de la tarde siguiente, es decir, era de puesta de sol a puesta de sol.) La ley judía decía estrictamente que una vez comenzado el día de reposo no era lícito hacer trabajo alguno incluyendo el sepelio de los muertos.

2. Jesús murió a las 3 de la tarde (cp. Mr. 15:33-34, 37). Murió el día viernes, el día de la preparación para el día de reposo. Si era necesario hacer algo con el cuerpo de Jesús, ello debía ser hecho inmediata y rápidamente. Solamente quedaban tres horas para trabajar.

3. Los romanos o bien arrojaban los cuerpos de criminales crucificados a los montones de basura, o los dejaban colgados en la cruz para ser consumidos por animales de rapiña. Esto último servía como ejemplo público del castigo dado a los criminales. Si el cuerpo de Jesús no era quitado rápidamente, en el lapso de estas tres horas, el destino de su cuerpo estaba determinado. A los romanos no les importaría lo que pudiera ocurrirle, y ningún judío podía quitarlo hasta después del día de reposo.

2 **(15:43) Valentía—osadía—discipulado, secreto:** la valentía pidió osadamente poder ocuparse del cuerpo de Jesús. Este era un cuadro llamativo. Un hombre, José de Arimatea, fue movido a dar un paso al frente por Jesús. Numerosos hechos importantes relatan los evangelistas acerca de este hombre.

- Era de Arimatea.
- Ahora era un ciudadano permanente de Jerusalén. Había comprado una sepultura para sí mismo en Jerusalén.
- Era un consejero honorable, es decir, un miembro del

sanhedrín (Mr. 15:43).
- Era un hombre bueno y justo (Lc. 24:50).
- Esperaba el reino de Dios (Mr. 15:43).
- Era un hombre rico (Mr. 27:57).
- No votó por la muerte de Jesús en el Sanhedrín (Lc. 23:51).
- Era un discípulo, pero secreto; temía a sus compañeros judíos (Jn. 19:38).

Fue este último hecho el que reveló un marcado cambio en José. Hasta la muerte de Jesús había sido un discípulo secreto. Probablemente había tenido numerosas entrevistas con Jesús cuando éste visitaba a Jerusalén; pero ahora, después de la muerte del Señor, ya no se mantuvo como discípulo secreto. Osadamente tomó su lugar a favor de Jesús.

De hecho José se presentó «osadamente a Pilato» y pidió autorización para hacerse cargo del cuerpo de Jesús. Este fue un acto de tremendo coraje, puesto que Pilato estaba extremadamente enervado y hastiado por toda la situación. Había sido forzado a ceder ante las autoridades judía que siempre le causaban problemas. Sencillamente los despreciaba. Bien podía reaccionar severamente y causarle algunas graves problemas a José, especialmente teniendo en cuenta que José era una de los líderes de la nación.

Lo que transformó a José de discípulo secreto en discípulo osado fueron aparentemente los acontecimientos fenomenales que rodearon a la cruz (por ejemplo, el comportamiento y las palabras de Jesús, la tiniebla, el terremoto y el velo rasgado). Cuando José presenció todo ello, su mente conectó las afirmaciones de Jesús con las profecías del Antiguo Testamento referidas al Mesías, y José vio a esas profecías cumplidas en Jesús. Dio un paso al frente, desafiando a todos los riesgos, y tomó su lugar en favor de Jesús. ¡Una valentía notable! Valentía motivada por la muerte de Jesús.

Pensamiento 1. Lo primero que motiva valor en el creyente es la cruz. El ver la cruz y lo que realmente significa mueve al discípulo secreto a pasar osadamente al frente en favor de Cristo.

Pensamiento 2. José pidió osadamente poder hacerse cargo del cuerpo de Jesús. Actualmente el cuerpo de Cristo es la iglesia (Ef. 1:22). Debemos pasar osadamente al frente para cuidar de la iglesia, particularmente en tiempos de necesidades especiales. Pero note: con frecuencia se requiere de coraje especial para dar un paso al frente y mostrar ese cuidado. En esos momento una nueva mirada a la cruz será de ayuda. Dios puede usar la cruz para movernos.

«Pues me propuse no saber entre vosotros cosa alguna sino a Jesucristo, y a éste crucificado» (1 Co. 2:2).

«Sabiendo que el que resucitó al Señor Jesús, a nosotros también nos resucitará con Jesús, y nos presentará juntamente con vosotros. Porque todas estas cosas padecemos por *amor a vosotros,* para que abundando la gracia por medio de muchos, la acción de gracias sobreabunde para gloria de Dios» (2 Co. 4:14-15).

«Y por todos murió, para que los que viven, ya no vivan para sí, sino para aquel que murió y resucitó por ellos» (2 Co. 5:15).

3 (15:44-45) *Valentía—osadía:* la valentía estuvo dispuesta a experimentar un corazón quebrantado y a morir por la causa de Dios. Note que Pilato se asombró al saber que Jesús ya había muerto. Normalmente las víctimas permanecían moribundas durante días hasta morir por estar expuesto al sol, a la sed y a la pérdida de sangre por las heridas de los azotes y de los clavos. En efecto, muchas veces se les quebraba las piernas a las víctimas para acelerar la muerte (Jn. 19:31).

Todas las indicaciones apuntan a que Jesús murió por su corazón quebrantado. El peso del pecado y su inevitable separación de Dios, y el juicio de Dios, sencillamente fue demasiado para ser soportado (*véanse* notas—Mr. 15:34; Mt. 27:46-49). El peso comenzó a actuar sobre en el huerto del Getsemaní y siguió hasta el momento mismo de su muerte en la cruz. (*Véase* nota—Mr. 14:33-34. *Véanse* notas y Estudio a fondo 2—Mt. 26:37-38 para una discusión detallada.)

Aquí el tema es la valentía de Jesús. Jesús estuvo dispuesto a cargar el terrible dolor y pena, tanto sufrimiento, que literalmente le rompió el corazón y le causó la muerte (*véase* nota, pto. 2—Jn. 19:31-37). ¡Imagínese! Lo hizo por nosotros.

«Quien llevó él mismo nuestros pecados en su cuerpo sobre el madero, para que nosotros, estando muertos a los pecados, vivamos a la justicia; y por cuya herida fuisteis sanados» (1 P. 2:24).

«Porque también Cristo padeció una sola vez por los pecados, el justo por los injustos, para llevarnos a Dios, siendo a la verdad muerto en la carne, pero vivificado en espíritu» (1 P. 3:18).

Pensamiento. El corazón de Jesús se quebrantó por el pecado y el pecador. Amaba al pecador (a todos nosotros). Siempre buscaba al pecador, oraba y lloraba por él. Sufría tanto para que el pecador conociera personalmente a Dios, *sufría* tanto que nunca supo lo que era no sentir *dolor de corazón* por el pecador. Su dolor por el pecador era tan profundo que con el tiempo el dolor por el pecado y el pecador le quebrantaron el corazón.

Note la gran lección. Le costó un enorme valor, un valor inquebrantable, tener el corazón quebrantado por el pecador. Que lección para nosotros en cuanto a tener valor, el valor de experimentar quebranto por el pecador, quebranto en la oración, llorando y buscando al pecador.

4 (15:46) *Valentía—osadía:* la valentía hizo una entrega incondicional a Jesús. Cuatro hecho demuestran que José hizo una decisión valiente en cuanto a Jesús.

1. José bajó personalmente a Jesús de la cruz, lo envolvió en un lienzo, y lo colocó en su propia sepultura. José se encargó personalmente de Jesús. Recuerde que los discípulos habían huido y abandonado a Jesús. Pero José, presenciando los acontecimientos de la cruz, quedó plenamente convencido de la naturaleza mesiánica de Jesús y tomó una firme decisión. Es de dudar que José comprendiera todo lo que rodeaba a la cruz, y todo lo que iba a ocurrir en la resurrección. Nadie lo entendía. Pero, evidentemente creyó y con osadía actuó sobre esa fe.

2. José arriesgaba el desagrado y la disciplina del Sanhedrín. Ellos eran el cuerpo gobernante que había instigado y condenado a Jesús, y José era un miembro del concilio. Sin duda alguna, enfrentaría algunas reacciones ásperas de parte de sus compañeros

miembros del sanhedrín, y de parte de algunos de sus amigos más cercanos.

3. José demostró cuidado, incluso afecto hacia Jesús. Ofrendó al dar su propio sepulcro para el sepelio de Jesús. Esta sola acción no deja dudas de su posición en cuanto a Jesús.

4. José también se eliminó a sí mismo de participar de la gran fiesta de pascua, algo que jamás se hacía ni por los motivos más graves. Al tocar el cuerpo de Jesús, se consideraba conta-minado a José durante siete días, por el hecho de haber estado en contacto con un cadáver. Una vez contaminado la ley judía prohibía a la persona en cuestión participar de las ceremonias judías.

Dicha de manera sencilla, José que había sido un discípulo secreto, ahora dio un paso adelante haciendo una entrega incondicional a Jesús. Todo el mundo sabría que había dado un paso decisivo al haberse encargado del cuerpo de Jesús. Sabrían que incluso había dado su propio sepulcro para el sepelio de Jesús. José estaba arriesgando su posición, su estima, riqueza, e incluso su vida al tomar una decisión tan pronunciada en cuanto a los asuntos de Jesús.

Pensamiento. Todos necesitamos desesperadamente el valor que demostró José.
1) El valor de hacer una decisión incondicional por Cristo.
2) El valor de arriesgar todo por Cristo, aun si nos cuesta nuestra posición, estima, riqueza y vida.
3) El valor de ocuparnos incondicionalmente del cuerpo de Cristo, su iglesia y sus asuntos.
4) El valor de ser testigos incondicionales de Cristo, sin importar el precio.

«Esforzaos y cobrad ánimo; no temáis, ni tengáis miedo de ellos; porque Jehová tu Dios es el que va contigo; no te dejará ni te desamparará» (Dt. 31:6).

«Esforzaos, pues, mucho en guardar y hacer todo lo que está escrito en la ley de Moisés, sin apartaros de ello ni adiestra ni a siniestra» (Jos. 23:6).

«Jehová está conmigo; no temeré lo que me pueda hacer el hombre» (Sal. 118:6).

«He aquí Dioses salvación mía; me aseguraré y no temeré; porque mi fortaleza y mi canción es JAH Jehová, quien ha sido salvación para mí» (Is. 12:2).

5 (15:47) *Valentía—osadía:* la valentía tomó públicamente su lugar junto a la cruz. Las mujeres estaban junto a la cruz (Mr. 15:40-41, 47). Amaban a Jesús y sentían profundo afecto y lealtad hacia Él. Ellas no entendían, pero *amaban y creían.* Los hombres pudieron abandonar a Jesús, pero ellas no. Estuvieron junto a la cruz desde el principio hasta el final, a pesar del peligro y de la posible amenaza de ser arrestadas por ser seguidoras de Jesús. Aparentemente amaban y creían tan intensamente que nada hubiera podido alejarlas de allí.

Lo que aparentemente ocurrió es esto. Muchas mujeres seguidoras de Jesús, estuvieron junto a la cruz (v. 41). Después de morir Jesús todas ellas, excepto dos, volvieron a sus casas o acompañaron a María, la madre de Jesús, hasta su lugar de residencia. Las dos mujeres que se quedaron vieron venir a José para dar sepultura a Jesús. Ellas observaron y probablemente lo acompañaron para saber dónde estaba sepultado su Señor.

Las mujeres tuvieron valentía, el tipo de valentía que toma su lugar junto a la cruz. Las mujeres...
• no se avergonzaron de estar junto a la cruz.
• no permitieron que el temor de los hombres las alejara de la cruz.
• no permitieron que el desaliento las venciera a pesar de no entender lo que estaba ocurriendo.

«Por tanto no te avergüences de dar testimonio de nuestro Señor» (2 Ti. 1:8).

«Porque no me avergüenzo del evangelio, porque es poder de Dios para salvación a todo aquel que cree; al judío primeramente, y también al griego» (Ro. 1:16).

	CAPÍTULO 16	blanca; y se espantaron.	b. Su aspecto
	X. EL MINISTERIO SUPREMO DEL HIJO DE DIOS: VICTORIA DE JESÚS SOBRE LA MUERTE Y SU GRAN COMISIÓN, 16:1-20	6 Mas él les dijo: No os asustéis; buscáis a Jesús nazareno, el que fue crucificado; ha resucitado, no está aquí; mirad el lugar en donde le pusieron. Pero id, decid a sus discípulos, y a Pedro,	atemorizaba c. Trasuntaba autoridad **4 La ausencia del cuerpo de Jesús**
	A. Pruebas de la resurrección,EF1 **16:1-13** (Mt. 28:1-15; Lc. 24:1-49; Jn. 20:1-23)	7 que él va delante de vosotros a Galilea; allí le veréis, como os dijo.	**5 La palabra compasiva, a Pedro** **6 El cumplimiento de la promesa del Señor**
1 Las mujeres tristes y desesperadas a. Presenciaron su muerte y sepelio b. Compraron especias para ungir su cuerpo c. Eran religiosas estrictas que observaban la ley d. Eran prácticas, sensibles, mujeres que pensaban	Cuando pasó el día de reposo, María Magdalena, María la madre de Jacobo, y Salomé, compraron especias aromáticas para ir a ungirle. 2 Y muy de mañana, el primer día de la semana, vinieron al sepulcro, ya salido el sol. 3 Pero decían entre sí: ¿Quién nos removerá la piedra de la entrada del sepulcro?	8 Y ellas se fueron huyendo del sepulcro, porque les había tomado temblor y espanto; ni decían nada a nadie, porque tenían miedo. 9 Habiendo, pues, resucitado Jesús por la mañana, el primer día de la semana, apareció primeramente a María Magdalena, de quien había echado siete demonios. 10 Yendo ella, lo hizo saber a los que habían estado con él, que estaban tristes y llorando.	**7 El temor y silencio de las mujeres** **8 La aparición a María Magdalena**EP2
2 La piedra desplazada	4 Pero cuando miraron, vieron removida la piedra, que era muy grande.	11 Ellos, cuando oyeron que vivía, y que había sido visto por ella, no lo creyeron. 12 Pero después apareció en otra forma a dos de ellos que iban de camino, yendo al campo.	**9 La inmediata incredulidad de los discípulos** **10 La aparición a dos de los discípulos**
3 El varón vestido de blanco a. Estaba sentado a la derecha	5 Y cuando entraron en el sepulcro, vieron a un joven sentado al lado derecho, cubierto de una larga ropa	13 Ellos fueron y lo hicieron saber a los otros; y ni aun a ellos creyeron.	**11 La continua incredulidad de otros discípulos**

X. EL MINISTERIO SUPREMO DEL HIJO DE DIOS: VICTORIA DE JESÚS SOBRE LA MUERTE Y SU GRAN COMISIÓN, 16:1-20

A. Pruebas de la resurrección, 16:1-13

(16:1-13) *Introducción:* Hay once eventos (pruebas) relacionados a la resurrección en estos versículos, pruebas que deben despertar la fe en el Señor Jesucristo.

1. Las mujeres tristes y desesperadas (vv. 1-3).
2. La piedra desplazada (v. 4).
3. El varón vestido de blanco (vv. 5-6).
4. La ausencia del cuerpo de Jesús (v. 6).
5. La palabra compasiva, alentadora a Pedro (v. 7).
6. El cumplimiento de la promesa del Señor (v. 7).
7. El temor y silencio de las mujeres (v. 8).
8. La aparición a María Magdalena (vv. 9-10).
9. La inmediata incredulidad de los discípulos (v. 11).
10. La aparición a dos de los discípulos (v. 12).
11. La continua incredulidad de otros discípulos (v. 13).

ESTUDIO A FONDO 1

(16:1-13) *Jesucristo—resurrección:* aparentemente el orden de los acontecimientos de la resurrección es como sigue: (1) María descubre la tumba vacía (Jn. 20:1-2), y (2) corre para informar a Pedro y Juan; (3) éstos a su vez corren para verificar por sí mismos lo oído (Jn. 20:3-10).

Luego comienzan algunas de las apariciones de Jesús resucitado. Es de notar que no se informa cuánto tiempo duraban las visitas y estadías de Jesús al aparecer a sus discípulos. Algunas de las visitas quizá duraron varios días. De hecho puede haber aparecido a algunos de quienes no tenemos información. El orden exacto de las apariciones mencionadas en las Escrituras es confuso, pero algún orden se puede ver (cp. 1 Co.15:5-11) :(1) a María Magdalena (Mr. 16:9-11; Jn. 20:11-18); (2) a las mujeres que corrieron a informar a los discípulos sobre la tumba vacía (Mt. 28:8-10); (3) luego, aparentemente a Pedro, probablemente para asegurarle su restauración (Lc. 24:34; 1 Co. 15:5); (4) a los dos discípulos de Emaús en algún momento al comienzo del atardecer (Mr. 16:12; Lc. 24:13-42); (5) a los discípulos, estando ausente Tomás (Mr. 16:14; Lc. 24:36-43; Jn. 20:19-25). (6) La siguiente aparición registrada aparentemente ocurre una semana después, el domingo de noche, cuando Jesús aparece a los discípulos que habían ido a pescar (Jn. 21:1-25). También hubo otras apariciones, pero el orden de las mismas es desconocido: (7) a 500 creyentes (1 Co. 15:6); (8) a los apóstoles (Mt. 28:16:20; Mr. 16:15-18); (9) a Jacobo, hermanastro del Señor (1 Co.15:7); y (10) luego la aparición a los discípulos en la ascensión (Mr. 16:19-20; Lc. 24:44-53; Hch. 1:3-12).

1 (16:1-3) *Resurrección—mujeres, junto a la cruz y en la resurrección:* la primera prueba de la resurrección fue la de las mujeres tristes y desesperadas. Numerosos hechos muestran hacia las mujeres como prueba de la resurrección.

1. Fueron testigos oculares de su muerte y sepelio. Ellas sabían que estaba muerto, y sabían donde había sido sepultado. Ellas habían seguido a la procesión hacia el sepulcro (Mr. 15:40-41, 47; cp. Mt. 27:55-56, 61; Lc. 23:55-56). No había dudas en sus mentes en cuanto a la muerte y sepultura de Jesús.

2. Compraron especias para ungir su cuerpo. Aparentemente las habían comprado el sábado a la noche después de las 6 de la tarde, una vez finalizado el día de reposo. Note que se levantaron «muy de mañana, el primer día de la semana [domingo]» para ir a aplicarle los ungüentos. Nuevamente, sabían que estaba muerto y se preocupaban, de modo que querían dar a su cuerpo los cuidados tal como lo hacen los seres queridos.

3. Eran religiosas que observaban minuciosamente la ley. Eran estritcas en observar el día de reposo. Imagínese que su ser querido, a quien amaban, estaba muerto, sin embargo no quebrantarían el día de reposo para prodigarle sus cuidados (cp. Lc. 23:56). Las mujeres eran obedientes a los mandamientos de Dios. Eran morales y veraces y nunca pensarían ni considerarían la posibilidad de mentir en cuanto a la muerte y resurrección de Jesús.

4. Eran prácticas, sensibles, mujeres que pensaban, no histéricas o engañadas. Note lo que tenían en mente: cómo quitar la piedra a la entrada de la tumba. Ellas estaban con todos sus sentidos presentes; pensaban y resolvían los problemas prácticos que se les presentaban. Note también que habían estado con José de Arimatea hasta que éste hubo cerrado el sepulcro. Sabían que una gran piedra había sellado la entrada. Lucas incluso dice: «y vieron el sepulcro, y cómo fue puesto su cuerpo» (Lc. 23:55). Aparentemente habían entrado, habían mirado el sepulcro, y tal vez habían ayudado a José y Nicodemo (y probablemente a sus siervos) en todo lo que pudieron. Probablemente estuvieron con ellos hasta que la *gran* piedra fue rodada frente a la entrada.

El tema es este: las mujeres, a pesar de su tristeza y angustia, eran sensibles. Sabían que Jesús estaba muerto. No estaban equivocadas ni habían sido engañadas. Cada paso que dieron era evidencia de que lo que habían experimentado era cierto: Jesús se levantó de los muertos.

2 (16:4) *Piedra:* la segunda prueba fue la piedra quitada (*véase* Estudio a fondo 1—Mt. 27:65-66 para una descripción detallada de la piedra). La piedra no había sido quitada para ayudar a Jesús, sino a los testigos de la resurrección. Cuando resucitó Jesús, lo hizo con su cuerpo resucitado, el cuerpo de la dimensión espiritual del que no tiene limitaciones físicas. Sin embargo, los testigos tenían que entrar al sepulcro y ver la verdad. La piedra fue removida en beneficio de ellas (*véanse* bosquejo y notas—Jn. 20:1-10).

Note también que había soldados vigilando la tumba (Mt. 27:65-66; cp. 27:62-66; 28:2-4, 11-15). El hecho que la piedra haya sido removida es prueba de la resurrección.

3 (16:5-6) *Angel:* la tercera prueba de la resurrección fue el varón vestido de blanco. Era un ángel enviado por Dios como prueba de la resurrección. Dios lo envió por cuatro motivos.

1. Remover la piedra para los testigos (Mt. 28:2).
2. Hacerse cargo de los soldados que vigilaban la tumba (Mt. 28:4).

3. Animar a las mujeres (Mr. 16:5-6). Ellas ya estaban llorando la muerte de Jesús. Si hallaban la tumba vacía sin una explicación, habrían quedado aun más destrozadas. El ángel era un espíritu ministrador de Dios, un espíritu que ministraba animando al pueblo de Dios (*véanse* Estudios a fondo 1, 2—He. 1:4-14).

4. Para atestiguar y proclamar la resurrección y para darles instrucciones (Mr. 16:6-7).

4 (16:6) *Jesucristo, resurrección:* la cuarta prueba de la resurrección fue el hecho de no estar el cuerpo de Jesús. Note diversos hechos, todos ellos dando evidencia de la resurrección.

1. Las mujeres entraron a la tumba (v. 5).
2. El ángel verificó que Jesús «fue crucificado» (murió).
3. El ángel proclamó: «ha resucitado, no está aquí; mirad [observen, contemplen] el lugar en donde le pusieron.» Y las mujeres lo hicieron.
4. Las mujeres «miraron» (observaron, contemplaron) que Jesús no estaba allí. Vieron el lugar donde había sido puesto, pero el cuerpo no estaba allí.

5 (16:7) *Pedro—Jesucristo, resurrección:* la quinta prueba de la resurrección fue la palabra sabia y compasiva dicha a Pedro. La compasión y sabiduría de Dios se ven claramente en esta palabra personal dirigida a Pedro. Dios sabía que Pedro está quebrantado a pesar de su arrepentimiento, y que le sería extremadamente difícil enfrentarse a los otros discípulos. Había sido demasiado locuaz al proclamar su lealtad, y había fallado demasiado, incluso al extremo de negar a su Señor (cp. Mr. 14:26-31, 66-72). Pedro está destruido, más de lo que la mayoría de los creyentes podrían imaginar. Ello queda demostrado en el hecho de necesitar tanto esta palabra personal de aliento de parte de un ángel y de la aparición personal que el Señor resucitado le hizo. Aparentemente el Señor tuvo que visitarlo a él primero, estando totalmente solo, antes de aparecer al resto de los discípulos (Lc. 24:34; 1 Co. 15:5).

Esta palabra personal dirigida a Pedro señala que Dios estaba detrás de todo aquel evento. Fue una demostración de la compasión de Dios y de su perfecta sabiduría. Es evidencia de la resurrección.

> **«Cuando le ví, caí como muerto a sus pies. Y él puso su diestra sobre mí, diciéndome: No temas; yo soy el primero y el último; y el que vivo, y estuve muerto; mas he aquí que vivo por los siglos de los siglos, amén. Y tengo las llaves de la muerte y del hades» (Ap. 1:17-18).**

> **«No temas, porque yo estoy contigo; no desmayes, porque yo soy tu Dios que te esfuerzo; siempre te ayudaré, siempre te sustentaré con la diestra de mis justicia» (Is. 41:10).**

> **«Ahora, así dice Jehová, Creador tuyo, oh Jacob, y Formador tuyo, oh Israel: No temas, porque yo te redimí; te puse nombre, mío eres tú. Cuando pases por las aguas, yo estaré contigo; y si por los ríos, no te anegarán. Cuando pases por el fuego, no te quemará, ni la llama arderá en ti» (Is. 43:1-2).**

6 (16:7) *Jesucristo, resurrección—promesas cumplidas:* la sexta prueba de la resurrección fue el cumplimiento de la promesa del Señor. Jesús le había dicho a los discípulos que iría a Galilea después de la resurrección (Mr. 14:28). El cumplir su promesa es prueba de que Jesús había resucitado. La instrucción a los discípulos de encontrar a Jesús en Galilea implicaba dos cosas.

1. Llenaría sus corazones con un sentido de maravilla y esperanza. Les daba la esperanza de que la relación de ellos con el Señor podía ser restaurada. Ellos sabrían que en Galilea todo les sería explicado.

2. Los impulsaría a recordar su promesa y darles evidencia de que Jesús realmente había resucitado de la muerte. El hecho mismo de encontrarlos en Galilea, cumpliendo su promesa, es evidencia de la resurrección. La promesa no podía haber sido cumplida si Él no había resucitado; pero puesto que resucitó, la promesa fue cumplida.

> **«Plenamente convencido de que era también poderoso para hacer todo lo que había prometido» (Ro. 4:21).**

> **«Porque todas las promesas de Dios son en él Sí, y en él Amén, por medio de nosotros, para la gloria de Dios» (2 Co. 1:20).**

> **«Si fuéremos infieles, él permanece fiel; él no puede**

negare a sí mismo» (2 Ti. 2:13).

«Por medio de las cuales nos ha dado preciosas y grandísimas promesas, para que por ellas llegaseis a ser participantes de la naturaleza divina, habiendo huido de la corrupción que hay en el mundo a causa de la concupiscencia» (2 P. 1:4).

7 (16:8) *Jesucristo, resurrección—temor:* la séptima prueba de la resurrección fue el temor y el silencio de las mujeres. Note que las mujeres estaban como hubiera estado cualquier persona: temblando, asombradas, silenciosas, atemorizadas. Cuando corrieron para dar aviso a Pedro y a los otros discípulos, ¿por qué quedaron en silencio, temerosas, sin decir nada a nadie?

1. El ángel les había ordenado decirlo solamente «a sus discípulos, y a Pedro». No debían decírselo a nadie más.

2. Temían que otros pudieran pensar que estaban *locas*, tan angustiadas que imaginaban cosas.

3. Temían a las autoridades judías y romanas que podían acusarlas de robar el cuerpo.

Cada una de las emociones de las mujeres, y la propia reacción de ellas (temblar, estar maravilladas y espantadas) era prueba de la resurrección. Ellas reaccionaron de la manera más normal, tal como hubiera reaccionado cualquier otro grupo de personas, y la reacción normal de ellas es evidencia de la resurrección. (Note: a pesar del efecto que sufrieron en sus emociones, sus facultades mentales estaban muy activas. Hicieron exactamente lo que el ángel les ordenó. Razonaron y supieron cuando guardar silencio sobre el asunto.)

8 (16:9-10) *María Magdalena—devoción:* la octava prueba de la resurrección fue la aparición de Jesús a María Magdalena (*véanse* bosquejo y notas—Jn. 20:11-18). El hecho en sí de que Jesús visitara primero a María, antes de aparecer a ninguna otra persona, es evidencia de la resurrección. Era la forma de ser de Jesús. Él *responde* al amor y a la profunda devoción. Y aparentemente María, más que nadie, amó a Jesús y lo tuvo más cerca de su corazón, con más devoción que nadie. La necesidad que ella tenía de Jesús parece haber sido mayor, y ella la sentía más que cualquier otra persona.

- Ella había sido perdonada y sanada de tanto mal. (Note que aun en esta referencia a María, se menciona que Jesús había echado siete demonios de ella.)
- Ella estuvo junto a la cruz durante todo el proceso y su nombre figura en todas partes, aun por encima del de María, la madre de Jesús (Mr. 15:40-41).
- Ella estuvo presente cuando Jesús fue bajado de la cruz y hasta su sepelio (Mr. 15:47; Lc. 23:55).
- Ella fue la primera en hacer preparativos para ungir el cuerpo de Jesús durante el fin de semana (Mr. 15:56).
- Ella fue al sepulcro a la primera hora posible después del día de reposo, levantándose muy de madrugada cuando aún era oscuro (Mr. 16:1-2; Jn. 20:1).
- Ella se rehusó a dejar la tumba después que Pedro y Juan verificaron que el cuerpo no estaba (Jn. 20:11ss).

María era una seguidora de Jesús, fuera de lo común; una mujer de profunda devoción y amor, humildad y gracia; una preciosa santa que sintió la ausencia de su Señor quizá más profundamente que nadie. Por eso Jesús le respondió, y antes que a nadie le apareció a ella. Esto da prueba definitiva de que el Señor había resucitado. (Todo creyente genuino puede atestiguar de la misma gloriosa verdad que proclama la experiencia de María, es decir, que Jesús ha resucitado, porque Él está siempre con nosotros, respondiendo a nuestro amor y devoción, y supliendo cada una de nuestras necesidades. ¡Qué preciosa y poderosa es la presencia de nuestro maravilloso Señor!).

«Nadie tiene mayor amor que este, que uno ponga su vida por sus amigos» (Jn. 15:13).

«Si me amáis, guardad mis mandamientos. Y yo rogaré al Padre, y os dará otro Consolador, para que esté con vosotros para siempre» (Jn. 14:15-16).

«Pues el Padre mismo os ama, porque vosotros me habéis amado, y habéis creído que yo salí de Dios» (Jn. 16:27).

«¿Quién nos separará del amor de Cristo? ¿Tribulación, o angustia, o persecución, o hambre, o desnudez, o peligro, o espada?» (Ro. 8:35).

ESTUDIO A FONDO 2

(16:9-10) *Escritura:* estos versículos no se encuentran en los manuscritos más antiguos, el Sinaíticus y el Vaticanus. En otros manuscritos solamente se encuentran trozos, y éstos en diversas firmas. Sin embargo, están en la Vulgata y la las versiones Siríacas.

9 (16:11) *Discípulos, débil fe de los:* la novena prueba de la resurrección fue la inmediata incredulidad de los discípulos. Nuevamente los discípulos quedan mal parados, presentando un cuadro que probablemente no se mostraría si la resurrección no hubiera ocurrido realmente. Si la resurrección hubiera sido un invento los discípulos hubieran sido presentados como columnas de gran fe y como ejemplos heroicos de credulidad. El hecho en sí de que se los ve fallar una y otra vez, y que en realidad fallan de la manera más trágica, siendo los más culpables, es evidencia clara de la resurrección.

«Finalmente se apareció a los once mismos, estando ellos sentados a la mesa, y les reprochó su incredulidad y la dureza de corazón, porque no habían creído a los que le habían visto resucitado» (Mr. 16:14).

«El que en él cree, no es condenado; pero el que no cree, ya ha sido condenado, porque no ha creído en el nombre del unigénito Hijo de Dios» (Jn. 3:18).

«Mirad, hermanos, que no haya en ninguno de vosotros corazón malo de incredulidad para apartarse del Dios vivo» (He. 3:12).

«Procuremos, pues, entrar en aquel reposo, para que ninguno caiga en semejante ejemplo de desobediencia» (He. 4:11).

10 (16:12) *Jesucristo, resurrección—aparición:* la décima prueba de la resurrección fue la aparición de Jesús a dos discípulos. Probablemente esto se refiere a los dos discípulos en el camino a Emaús (Lc. 24:13-35). No se sabe exactamente quiénes eran. Eran sencillamente dos discípulos del Señor que debían ir y preparar más a los apóstoles para la aparición que el Señor haría ante ellos. Nuevamente, la forma en sí en que el Señor apareció y preparó a sus discípulos para el encuentro con Él es evidencia de que Jesús realmente resucitó. Su perfecta sabiduría, su ternura y cuidado, tan evidentes en el manejo de cada detalle, son una prueba clara.

11 (16:13) *Jesucristo, resurrección—discípulos, incredulidad de los:* la décima primera prueba de la resurrección fue la continuada incredulidad de los discípulos. Nuevamente, ninguna historia inventada dejaría tan mal parados a sus principales protagonistas, al menos no una y otra vez. En efecto, los discípulos no eran los héroes, sino trágicos fracasos a lo largo de toda la historia de los evangelios. Esto es algo pocas veces mencionado por los predicadores y maestros; sin embargo, se los ve como trágicos fracasos, una y otra vez increíblemente débiles en la fe. Estaban muy lejos de ser el tipo de hombres que quisiéramos como héroes. ¿Por qué los deja tan mal parados la Escritura? Porque lo que ellos dijeron *ocurrió*. ¡Verdad! Jesús resucitó y apareció a María y a los dos discípulos, y cuando estos compartieron sus experiencias con los apóstoles, éstos se rehusaron a creer. (No tenían excusa. Durante muchos meses Jesús había acentuado ante ellos el hecho de su muerte y resurrección. *Véanse* notas—Mt. 16:21-28; 17:1-13; 17:22; 17:24-27.) La debilidad de los discípulos y su continuada incredulidad son evidencia de que lo ocurrido es verdad. Es prueba de la resurrección. Se resalta la verdad —exactamente lo que ocurrió— de manera clara y honesta, por testigos oculares.

«Entonces él les dijo: ¡Oh insensatos, y tardos de corazón para creer todo lo que los profetas han dicho!» (Lc. 24:25).

«Y les dijo: ¿Por qué estáis así amedrentados? ¿Cómo no tenéis fe?» (Mr. 4:40).

«El que cree en el hijo tiene vida eterna; pero el que rehusa creer en el Hijo no verá la vida, sino que la ira de Dios está sobre él» (Jn. 3:36).

«Por eso os dije que moriréis en vuestros pecados; porque si no creéis que yo soy, en vuestros pecados moriréis» (Jn. 8:24).

	B. La gran comisión del Señor, 16:14-20 (Mt. 28:16-20; Lc. 24:46-49; Jn. 20:21; cp. Jn. 17:18; Hch. 1:8)	17 Y estas señales seguirán a los que creen: En mi nombre echarán fuera demonios; hablarán nuevas lenguas;	**4 La promesa al creyente al ejecutar la gran comisión: poder**
1 Los dos obstáculos a la gran comisión a. Incredulidad b. Dureza de corazón	14 Finalmente se apareció a los once mismos, estando ellos sentados a la mesa, y les reprochó su incredulidad y la dureza de corazón, porque no habían creído a los que le habían visto resucitado.	18 tomarán en las manos serpientes, y si bebieren cosa mortífera, no les hará daño; sobre los enfermos pondrán sus manos, y sanarán.	
2 La gran comisión a. El evangelio b. En todas partes **3 El motivo:** a. Salvación^{EF1} b. Condenación	15 Y les dijo: Id por todo el mundo y predicad el evangelio a toda criatura. 16 El que creyere y fuere bautizado, será salvo; mas el que no creyere, será condenado.	19 Y el Señor después que les habló, fue recibido arriba en el cielo, y se sentó a la diestra de Dios. 20 Y ellos, saliendo, predicaron en todas partes, ayudándoles el Señor y confirmando la palabra con las señales que la seguían. Amén.	**5 La confirmación de la gran comisión** a. La ascensión del Señor b. El Señor obrando por medio del ministerio de los discípulos

B. La gran comisión del Señor, 16:14-20

(16:14-20) *Introducción—Jesucristo, resurrección:* esta fue la primera aparición de Jesús a todos los discípulos. Es importante recordar que era domingo de noche, el mismo día en que Jesús había resucitado de los muertos. Había pasado un día extremadamente ocupado, alentando a quienes necesitaban atención especial y enviando la noticia de su resurrección a los discípulos. Estos estaban escondidos tras puertas cerradas por temor a los judíos. Jesús tuvo que mandarles poco a poco la noticia de su resurrección, de manera que estuviesen preparados para verlo con su cuerpo resucitado. El día incluyó las siguientes apariciones.
* La aparición a María Magdalena (Mr. 16:9-11).
* La aparición a las dos mujeres al ir a llevar las noticias a los discípulos (Mt. 28:9).
* La aparición a Pedro, la cual probablemente fue un encuentro de varias horas (Lc. 24:34).
* La aparición a dos discípulos en el camino a Emaús (Mr. 16:12-13).
* La aparición a los discípulos mencionada en este pasaje (Mr. 16:14. Esta aparición se discute más detalladamente en Lc. 24:36ss; Jn.10:19ss).

Note lo que Marcos acentúa en este pasaje (siendo este el final de su evangelio): acentúa la gran comisión. La gran comisión es el centro de toda su atención.
1. Los dos obstáculos a la gran comisión (v. 14).
2. La gran comisión: ir y predicar (v. 15).
3. El motivo de la gran comisión (v. 16).
4. La promesa al creyente al ejecutar la gran comisión: poder (vv. 17-18).
5. La confirmación de la gran comisión (vv. 19-20).

[1] (16:14) *Incredulidad—corazón, dureza de:* existen dos grandes obstáculos a la gran comisión, incredulidad y dureza de corazón. Encontrándose en presencia de sus apóstoles Jesús les reprochó su incredulidad y dureza de corazón. La palabra «reprochó» (*onedise*) significa amonestar, reprochar, objetar, reprender. Note tres cosas.
1. Merecían ser amonestados y reprendidos. La incredulidad y dureza de ellos no tenía excusa.
   a. Habían presenciado el poder de Jesús, es decir, el poder de Dios por medio de su ministerio. Habían presenciado su poder tanto sobre la naturaleza como

sobre la enfermedad, e incluso habían presenciado su poder sobre la muerte al resucitar a la hija de Jairo y al joven Lázaro, y quizá a otros que no figuran en el relato.
   b. Habían presenciado la vida de Jesús, su pureza y santidad y su carácter sin pecado. Y habían sido enseñados que el pecado causa muerte, es decir, que la persona muere por causa del pecado (Jn. 3:19; cp. 3:16-21; 5:24-29; 8:34-35; cp. Ro. 5:12; 6:23). Jesús estaba sin pecado; por eso, la muerte nunca pudo asirlo ni imponerle su poder. Ellos debían haber podido razonar y ver este glorioso hecho, especialmente a la luz de las Escrituras.
      «Porque no dejarás mi alma en el Seol, ni permitirás que tu santo vea corrupción» (Sal. 16:10; Hch. 2:27; 13:35).
      «Acerca de su Hijo ... fue declarado Hijo de Dios con poder, según el Espíritu de santidad, por la resurrección de entre los muertos» (Ro. 1:3-4).
   c. Habían sido enseñados mes tras mes de que Jesús debía morir y resucitar.
   d. Habían rechazado el testimonio de su resurrección. Les había enviado la noticia por medio de María Magdalena y los otros dos discípulos (Mr. 15:9-11, 12-13).
2. La incredulidad y la dureza de corazón de los discípulos fue muy, muy grave. El reproche de Jesús (acentuado por Marcos) por la incredulidad y dureza de ellos lo muestra (Mr. 15:11, 13, 14).

Pensamiento. Jesús trató el tema de la incredulidad y dureza de corazón. ¡Cuánto más debemos hacerlo nosotros! Cuando comencemos a creer que las almas están perdidas y condenadas a menos que oigan de Jesús y lo reciban, entonces tomaremos en serio la gran comisión y predicaremos el evangelio a todo el mundo. Ahora han pasado dos mil años, y un lugar tan pequeño como nuestro mundo aun no ha sido alcanzado. Inimaginable, habiendo tenido a nuestra disposición los medios de transporte y comunicación y los recursos para hacer el trabajo.
3. La *principal causa* de la incredulidad y dureza de corazón

fue simplemente la mala interpretación de las Escrituras y de las palabras de Jesús. Se les dijo a los discípulos que Jesús iba a morir y resucitar de los muertos. Jesús les había dicho esto una y otra vez. Pero los discípulos se rehusaron a creer la palabra de Cristo, ellos...

* se rehusaron a ver al Mesías como el Salvador sufriente; prefirieron pensar en términos de un rey victorioso (Lc. 24:44-45; *véanse* notas—Lc. 3:24-31; 7:21-23.)
* Se rehusaron a ver el reino de Dios como un reino espiritual, prefiriendo pensar en términos de un reino físico, un reino terrenal.
* Se rehusaron a ver la muerte y resurrección de Jesús como un hecho literal, prefiriendo pensar en ello en términos simbólicos (*véase* nota, pt. 5—Mt. 20:20-21).

Pensamiento. La incredulidad y dureza de corazón son inexcusables en un creyente.

«Entonces Él les dijo: ¡Oh insensatos, y tardos de corazón para creer todo lo que los profetas han dicho!» (Lc. 24:25).

«Luego dijo a Tomás: Pon aquí tu dedo, y mira mis manos; y acerca tu mano, y métela en mi costado; y no seas incrédulo, sino creyente» (Jn. 20:27).

«Antes exhortaos los unos a los otros cada día, entre tanto que se dice: Hoy; para que ninguno de vosotros se endurezca por el engaño del pecado» (He. 3:13).

«Procuremos, pues, entrar en aquel reposo, para que ninguno caiga en semejante ejemplo de desobediencia» (He. 4:11).

«Yo reprendo y castigo a todos los que amo; sé pues, celoso, y arrepiéntete» (Ap. 3:19).

«Bienaventurado el hombre que siempre teme a Dios; mas el que endurece su corazón caerá en el mal» (Pr. 28:14).

«El hombre que reprendido endurece la cerviz, de repente está quebrantado, y no habrá para él medicina» (Pr. 29:1).

«El que en él cree, no es condenado; pero el que no cree, ya ha sido condenado, porque no ha creído en el nombre del unigénito Hijo de Dios» (Jn. 3:18).

«El que cree en el hijo tiene vida eterna; pero el que rehusa creer en el Hijo no verá la vida, sino que la ira de Dios está sobre Él» (Jn. 3:36).

«Por eso os dije que moriréis en vuestros pecados; porque si no creéis que yo soy, en vuestros pecados moriréis» (Jn. 8:24).

2 (16:15) *Comisión, gran—ministerio:* la gran comisión es un mandamiento directo. Es breve, pero vigoroso y no negociable: *id—predicad.* Jesús mencionó dos asuntos cruciales.

1. Es el evangelio lo que debe ser predicado. No debemos predicar nuestros pensamientos e ideas, creencias humanistas y homocéntricas, religiones del mundo y filosofías. Debemos predicar el evangelio. El evangelio de Jesucristo son las buenas nuevas que el mundo necesita oír desesperadamente.

«Además os declaro, hermanos, el evangelio que os he predicado el cual también recibisteis, en el cual también perseveráis por el cual asimismo, si retenéis la palabra que os he predicado, sois salvos, si no creísteis en vano. Porque primeramente os he enseñado lo que asimismo recibí: que Cristo murió por nuestros pecados, conforme a las Escrituras; y que fue sepultado, y que resucitó al tercer día, conforme a las Escrituras» (1 Co. 15:1-4).

«El evangelio de Dios, que Él había prometido antes por sus profetas en las santas Escrituras, acerca de su Hijo, nuestro Señor Jesucristo, que era del linaje de David según la carne, que fue declarado Hijo de Dios con poder, según el Espíritu de santidad, por la resurrección de entre los muertos» (Ro. 1:1-4).

2. El evangelio debe ser llevado a «todo el mundo» y predicado «a toda criatura». El evangelio es las buenas nuevas que todo el mundo necesita oír. Note dos hechos simples.

a. La gran comisión fue dada a toda la iglesia, a cada creyente. Es una comisión permanente dada a la iglesia de cada generación, no solamente a los primeros discípulos. Note las palabras: «El que creyere» (v. 16) y «a los que creen» (v. 17). Jesús dice que después que una persona cree y es bautizada, sale con poder y señales mientras predica el evangelio (vv. 16-17). Todo creyente genuinamente salvado debe predicar el evangelio (v.16; cp. Mt. 28:19-20; Jn. 20:21; Hch. 1:8; 2 Ti. 2:2; 1 P. 3:15).

b. La gran comisión no considera dificultades, peligros, barreras como motivos para no ir. Jesús no discutió las excusas para no ir a compartir el evangelio. Su mandamiento era una *demanda irrenunciable.* El tema de la vida eterna versus condenación eterna es demasiado crucial para permitir que algo impida al evangelio a salir. El evangelio debe ser llevado. Ningún país debe ser ignorado, ningún pueblo debe ser ignorado. El creyente debe ser intrépido y directo en cuanto a la gran comisión. Al creyente se le ha ordenado: «Id por todo el mundo» (v. 15).

3 (16:16) *Salvación—credulidad:* dos motivos hay para la gran comisión. Los hombres, o bien son salvados o bien condenados. Si el evangelio es compartido con ellos y ellos creen y son bautizados, entonces serán salvos; pero si son incrédulos, serán condenados. (*véase* Estudio a fondo 1, *Bautismo*—Mr. 16:16 para la discusión adicional.)

1. Ahora la persona puede ser salvada. Ya no tiene que andar y andar por la vida buscando y escudriñando para hallar plena satisfacción, preguntándose si la vida realmente tiene sentido. El hombre puede ser salvado y vivir eternamente. Puede ser librado...

* del pecado y su poder (Ro. 6:6-7).
* de la muerte y su terror y corrupción (Jn. 5:24; He. 2:14-15).
* del infierno y su tortura y de la separación de Dios (*véanse* Estudio a fondo 2—Mt. 5:22; Estudio a fondo 1—He. 9:27).

El mensaje de que ahora la vida es alcanzable debe ser llevado a todo el mundo.

2. La persona está perdida y es condenada si no cree el evangelio. Las palabras «no creyere» (*apistesas*) significan descreer. Y la palabra «condenado» (*katakrithesetai*) significa precisamente, ser condenado. El hombre que rechaza a Jesucristo, que se rehusa a creer y a seguirle, será condenado. ¿Condenado a qué?

* Al poder y a la esclavitud del pecado (Jn. 3:19; Ro. 3:12, 23).
* Al temor y corrupción de la muerte (Ro. 5:12; 6:23).
* A la tortura y separación del infierno (*véanse* Estudio a fondo 2—Mt. 5:22; Estudio a fondo 1—He. 9:27).

Por eso el gran motivo para alcanzar al mundo es la desesperante necesidad del hombre de ser salvado; salvado del pecado, de la muerte, y del infierno —salvado para lo supremo— salvado para vivir por siempre en la presencia de Dios mismo (Jn. 3:16; 5:24-29).

ESTUDIO A FONDO 1

(16:16) *Bautismo—fe—salvación—obediencia:* dos cosas menciona el mandamiento como esenciales para la salvación: fe y bautismo. Existen dos posiciones básicas en cuanto al bautismo. Primero, que uno tiene que ser bautizado para ser salvo, y segundo, que el bautismo es un símbolo o señal de que uno cree y ha sido salvado. Note cuatro cosas.

1. Lo que tal vez ha sido pasado por alto por ambas posiciones es esto: *fe* es un *acto de obediencia* al requerimiento de Dios para la persona que quiere ser salvada, y *bautismo* es un

acto de obediencia al requerimiento de Dios a la persona que cree.

El bautismo es un acto de obediencia al requerimiento de Dios así como la fe es un acto de obediencia al requerimiento de Dios. Muy sencillamente, si una persona quiere ser salva, Dios dice (requiere) que *crea;* y si la persona cree, Dios dice (requiere) que *sea bautizada.*

Es preciso formular una pregunta legítima y directa: «¿Cómo puede una persona ser salva si inmediatamente se rebela a ser bautizada? ¿Cómo puede la persona creer realmente, ser genuina en su confesión, si se opone a obedecer a su Señor en el bautismo?»

Encarando la realidad de la situación, las Escrituras son fuertes: la persona que realmente cree en el Señor no se rehusará a seguir a su Señor en el *bautismo* o en cualquier otra cosa (Lc. 9:23). Creer y obedecer son la misma cosa. Las dos, fe y obediencia, son una y la misma cosa.

«Y habiendo sido perfeccionado, vino a ser autor de eterna salvación para todos los que *le obedecen»* (He. 5:9. *Véase* Estudio a fondo 1—He. 5:9.)

Otra forma de decir lo mismo es esta. No hay tal cosa como fe sola, sin obras o frutos. Fe sin obediencia no es lo que la Escritura quiere decir con fe. En las Escrituras la fe es el movimiento del corazón que abraza al Señor, al Señor que es el cumplimiento de la ley (Mt. 5:17-18. *Véase* nota—Mt. 5:17-18). Fe es la de aquel «que se acerca a Dios ... *de los que le buscan»* (He. 11:6). La fe, la fe bíblica, procura obedecer al Señor. Por eso, la persona que realmente cree seguirá al Señor en el bautismo y en todo lo demás.

Esto no significa que la persona será perfecta y que nunca fallará. Lejos de ello. Fallará, pero *no continuará en el pecado.* Se levantará de su pecado, pedirá que Dios le perdone y comenzará a seguir al Señor con mayor diligencia aun. Su fe obra y lleva frutos, porque sabe que Dios existe, y que es galardonador de los que le buscan diligentemente.

«Hermanos míos, ¿de qué aprovechará si alguno dice que tiene fe y no tiene obras? ¿Podrá la fe salvarle?» (Stg. 2:14).

«Así también la fe, si no tiene obras, es muerta en sí misma. Pero alguno dirá: Tú tienes fe, y yo tengo obras. Muéstrame tu fe sin tus obras, y yo te mostraré mi fe por mis obras» (Stg. 2:17-18).

«¿Mas quieres saber, hombre vano, que la fe sin obras es muerta? ¿No fue justificado por las obras Abraham nuestro padre, cuando ofreció a su hijo Isaac sobre el altar? ¿No ves que la fe actuó juntamente con sus obras, y que la fe se perfeccionó en las obras? Y se cumplió la Escritura que dice: Abraham creyó a Dios, y le fue contado por justicia, y fue llamado amigo de Dios. Vosotros véis, pues, que el hombre es justificado por las obras, y no solamente por la fe» (Stg. 2:20-24).

Pensamiento. No existe tal cosa como una salvación barata, al menos no el tipo de salvación que es predicado y acentuado con tanta frecuencia. Seguir a Jesús o ser salvo cuesta. Cuesta todo lo que una persona es y tiene. La persona no es salvo sin seguir a Jesús (Lc. 9:23), y seguir a Jesús significa ser bautizado y buscarlo con diligencia a Él (viviendo rectamente).

2. La persona que es condenada es la persona que no cree, no la persona que no es bautizada. Este es un asunto que requiere cuidadosa atención. La palabra «bautizado» es omitida de *no creyere.* No se menciona al hecho de no ser bautizado como motivo para ser condenado. Ello apunta a la *incredulidad* como motivo para la condenación, y, contrariamente a la fe como

motivo para la salvación. Sin embargo, como fue discutido antes, es muy difícil explicar cómo una persona puede ser genuinamente salvada sin ser bautizada estando físicamente en condiciones de ser bautizada. Creer es entregarse, hacer lo que Dios dice, y entregarse es creer (*véase* Estudio a fondo 1—Stg. 2:24). Por eso, la persona es salvada haciendo lo que Dios dice: creyendo, siendo bautizada, y viviendo rectamente. La persona no es salvo si no cree, es decir, si se rehusa a hacer lo que Dios dice. Para ser salvada de verdad la persona tiene que entregarse a Jesucristo, entregarse para ser bautizada y entregarse para vivir rectamente.

3. La naturaleza de la fe y del bautismo es algo que debe ser considerada. Fe y bautismo son dos sustancias diferentes, de naturaleza diferente, dimensiones diferentes. Al tratar con la fe es posible decir lo mismo de la fe que de la salvación. Ambas pertenecen al espíritu, no al cuerpo ni al mundo físico del hombre. La fe es algo, una cosa o sustancia espiritual. Su naturaleza es espiritual; pertenece a la dimensión espiritual del ser; es un acto del espíritu del hombre.

En cambio, el bautismo es de naturaleza diferente. Es el cuerpo físico del hombre lo que es colocado en el agua (una cosa o sustancia material). El bautismo pertenece a la dimensión física o material del ser, es un acto del cuerpo del hombre.

4. De manera muy práctica, en un mundo con millones de personas, algunos nacen mentalmente atentos y responsables; sin embargo son trágicamente deformados, o heridos, o afectados de enfermedades. Algunos son tan deformes y físicamente afectados que nunca podrían ser sumergidos en las aguas del bautismo. Algunas de estas personas llegan a creer en Cristo y a vivir rectamente, obedeciendo a Dios tanto como su corazón y cuerpo se lo permiten.

En conclusión, el énfasis de las Escrituras parece ser que una persona que cree de verdad *es* bautizada, y no dejará de ser bautizada a menos que su condición física se lo impida, ni dejará de vivir rectamente. Sin embargo, el momento de la salvación no es el momento del bautismo ni relacionado a ningún otro acto u obra o acción de justicia. El momento de la salvación es el momento de creer en el Señor Jesucristo. Cuando una persona realmente cree y realmente *confía* su vida en las manos de Cristo; *Dios conoce ese momento,* el segundo preciso de esta confianza. Por eso, es el momento mismo en que Dios vivifica su espíritu haciéndole *nacer de nuevo,* y haciéndole vivir espiritualmente (no físicamente. No es una cosa o sustancia física.). Entonces el hombre se levanta de su confesión hecha de rodillas, es bautizada, y comienza a seguir al Señor en rectitud.

---

4 (16:17-18) *Poder:* es crucial la promesa dada al creyente mientras ejecuta la gran comisión. El creyente tiene que tener *poder sobrenatural* al salir al mundo. El mundo es un sitio peligroso. A veces el creyente será llamado a lugares de tierras traicioneras, de tormentas violentas en la naturaleza, de animales salvajes y venenosos, de hombres hostiles e incrédulos, de potencias espirituales de increíble fuerza. La maldad de los hombres, de la naturaleza y de los espíritus puede ser tan amenazante para el creyente que su testimonio sería impedido si Dios no le proveyese su fuerza y poder. Esta es la médula del presente pasaje. Dios da poder al creyente: todo el poder necesario para llevar el evangelio «a todo el mundo» y a «toda criatura».

Por supuesto, esto no significa que todo creyente será librado de cada amenaza, ni que nunca será martirizado. Algunos creyentes son perseguidos y algunos son martirizados. Conforme a la voluntad de Dios, enseña y toca las vidas y mueve la historia y sociedad misma por medio de la persecución y el martirio de los creyentes. Las cosas no siempre son fáciles para los creyentes. Pero Dios da el poder a los creyentes: el poder para atravesar las dificultades con confianza y paz en Él, incluso para atravesar el fuego del martirio. Con frecuencia es el testimonio del poder procedente de Dios, la confianza y paz que Él da, lo que toca a otros para Cristo y lo que causa un enorme movimiento hacia Dios.

Para repetirlo, este es el tema de estos dos versículos. A medida que el creyente ejecuta la gran comisión, Dios le promete poder, el poder necesario para que la obra sea hecha. Note el poder o las señales mencionados por Marcos. Esa clase de poder habrá en la vida del creyente (cuando sea necesario) al proclamar el evangelio en el mundo.

- Echar fuera a los demonios (Hch. 16:18).
- Hablar en nuevas lenguas (*véase* Estudio a fondo 4— Hch. 2:4).
- Tomar en las manos serpientes (Hch. 28:5).
- Beber cualquier cosa mortífera (Mr. 16:18).
- Poner las manos sobre los enfermos y sanarlos (Hch. 28:7-8).

«Pero recibiréis poder, cuando haya venido sobre vosotros el Espíritu Santo, y me seréis testigos en Jerusalén, en toda Judea, en Samaria, y hasta lo último de la tierra» (Hch. 1:8).

«Y ni mi palabra ni mi predicación fue con palabras persuasivas de humana sabiduría, sino con demostración del Espíritu de poder» (1 Co. 2:4).

«Para que os dé, conforme a las riquezas de su gloria, el ser fortalecidos con poder en el hombre interior por su Espíritu» (Ef. 3:16).

«Pues nuestro evangelio no llegó a vosotros en palabras solamente, sino también en poder, en el Espíritu Santo y en plena certidumbre» (1 Ts. 1:5).

«Porque no nos ha dado Dios, espíritu de cobardía, sino de poder, de amor y de dominio propio. Por tanto no te avergüences de dar testimonio de nuestro Señor, ni de mí, preso suyo, sino participa de las aflicciones por el evangelio según el poder de Dios» (2 Ti. 1:7-8).

«Mas estoy lleno de poder del Espíritu de Jehová, y de juicio y de fuerza para denunciar a Jacob su rebelión, y a Israel su pecado» (Mi. 3:8).

«No con ejército ni con fuerza, sino con mi Espíritu, ha dicho Jehová de los ejércitos» (Zac. 4:6).

[5] (16:19-20) *Gran comisión:* la confirmación de la gran comisión se ve en dos actos.

1. La ascensión del Señor a la diestra de Dios, es decir, a su posición de poder (cp. Lc. 24:50-51; Hch. 1:9-11). La ascensión asegura (prueba, confirma) la certeza absoluta de siete cosas. (*Véase* nota, *Ascensión*—Jn. 6:62 para mayor discusión.)

   a. La ascensión nos asegura que Dios es, y que Dios vive. Cristo *solamente* pudo ser resucitado de los muertos y recibido arriba en el cielo por el poder de Dios. El hecho de que Cristo fue resucitado de los muertos y «llevado arriba al cielo» (Lc. 24:51) prueba que Dios existe. Solamente Dios podía hacer algo semejante. (1 Co. 6:14; 2 Co. 4:14; cp. Jn. 3:16; cp. Hch. 2:24, 32; 3:15, 26; 4:14; 5:30; 10:40; 13:30, 33-34; 17:31.)

   b. La ascensión nos asegura que Cristo es el Hijo de Dios. El hecho en sí de que Dios resucite a Cristo y lo «reciba en el cielo» prueba que Cristo es el Hijo de Dios (Ro. 1:3-4; Fil. 2:5-11).

   c. La ascensión nos asegura que el cielo es real (Fil. 3:20-21).

   d. La ascensión nos asegura que el evangelio es verdad. Cuando Dios resucitó a Cristo y lo recibió en el cielo, Dios demostró que el mensaje de Cristo es verdad. Lo que Cristo proclamó y reveló es verdad. El problema con el hombre es el pecado y la muerte, una condenación futura y separación de Dios. Pero el hombre puede ser salvo por la cruz de Cristo (Mr. 16:16; 1 P. 2:24).

   e. La ascensión nos asegura que la gran comisión consiste en el llamado y la misión de los creyentes. Esto lo demuestran dos cosas.
   - Primero, Cristo ascendió a los cielos. Se ha ido, no está más en la tierra. Si el evangelio va a ser llevado hasta el fin del mundo, debe ser llevado por los creyentes. Ellos son los que quedaron en la tierra para hacerlo.
   - Segundo, es el Señor resucitado y ascendido quien dio la gran comisión. Siendo Él el Señor que ascendió a los cielos, ahora requiere que su comisión sea cumplida (Mr. 16:15; cp. Mt. 28:19-20).

   f. La ascensión nos asegura que hay poder para llevar a cabo la gran comisión (Mt. 28:18; cp. Mr. 16:20).

   g. La ascensión nos asegura que tenemos un Ayudador muy especial en el cielo, alguien que realmente nos ama y cuida de nosotros. Es alguien que «pueda compadecerse de nuestras debilidades ... que fue tentado en todo según nuestra semejanza, pero sin pecado» (He. 4:15). Por eso, siempre está dispuesto a perdonarnos, a cuidarnos, y a conducirnos a través de todas las cosas de la vida.

2. La gran comisión es confirmada al obrar el Señor por medio del ministerio de los discípulos. La gran comisión debe ser ejecutada. Los primeros discípulos «salieron» inmediatamente y «predicaron en todas partes». Los creyentes de todas las generaciones deben salir inmediatamente y predicar el evangelio en todas partes.

Note dos simples hechos.
1. «El Señor trabajaba» con ellos.
2. «El Señor ... » confirmaba «la palabra [de Dios] con las señales».

«Y con gran poder los apóstoles daban testimonio de la resurrección del Señor Jesús, y abundante gracia era sobre todos ellos» (Hch. 4:33).

BIBLIOGRAFÍA

Cada hijo de Dios es precioso para el Señor y es profundamente amado. Todo hijo como siervo del Señor toca las vidas de los que entran en contacto con él o con su ministerio. El ministerio como escritores de los siguientes siervos de Dios han tocado esta obra, y estamos agradecidos de Dios por haber puesto sus escritos en nuestro camino. Por medio de estas líneas reconocemos su ministerio en nuestro favor, estando plenamente conscientes de que hay muchos otros que, a través de los años han tocado nuestras vidas con sus escritos y merecen ser mencionados, pero la debilidad de nuestras mentes ha hecho que se borren de nuestra memoria. Que nuestro maravilloso Señor siga bendiciendo el ministerio de estos queridos siervos, y el ministerio de todos nosotros mientras trabajamos diligentemente para alcanzar al mundo para Cristo y hacer frente a las desesperadas necesidades de quienes tanto sufren.

FUENTES GRIEGAS

Robertson, A.T. *Imágenes verbales en el Nuevo Testamento,* 6 tomos. Terrassa, España: Clie, 1988.

Thayer, Joseph Henry. *Thayer's Greek-English Lexicon of the New Testament.* Nueva York: American Book Co., s.f.

The Expositor's Greek Testament. 5 tomos. Editado por W. Robertson Nicoll, Grand Rapids, MI: Eerdmans Publishing Co., 1970.

Vincent Marvin R. *Word Studies in the New Testament.* 4 tomos. Grand Rapids, MI: Eerdmans Publishing Co., 1969.

Vine, W. E. *Diccionario expositivo de palabras del Nuevo Testamento.* Terrassa, España: Clie, 1989.

Wuest, Kenneth S. *Word Studies in the Greek New Testament.* 4 tomos. Grand Rapids, MI: Eerdmans Publishing Co., 1966

OBRAS DE REFERENCIA

Biblia de referencia Thompson. Miami, FL: Editorial Vida, 1990.

Cruden's Complete Concordance of the Old & New Testament. Filadelfia, PA: The John C. Winston Co., 1930.

Josefo, Flavio, *Complete Works,* Grand Rapids, MI: Kregel Publications, 1981.

Lockyer, Herbert, *All the Men of the Bible.* Grand Rapids, MI: Zondervan Publishing House, 1958.

Lockyer, Herbert, *All the Miracles of the Bible.* Grand Rapids, MI: Zondervan Publishing House, 1961.

Lockyer, Herbert. *All the Parables of the Bible.* Grand Rapids, MI: Zondervan Publishing House, 1963.

Lockyer, Herbert. *All the Women of the Bible.* Grand Rapids, MI: Zondervan Publishing House, 1967.

Maier, Paul L., ed., Josefo:Las obras esenciales. Grand Rapids, MI: Editorial Portavoz, 1994.

Nave's Topical Bible, Nashville, TN: The Southwestern Co., s.f.

The Four Translation New Testament (Incluye la versión King James; The New American Standard; Williams–New Testament in the Language of the People; Beck–The New Testament in the Language of Today.) Minneapolis, MN: World Wide Publications. Copyright The Iversen Associates, Nueva York, NY, 1966.

The New Compact Bible Dictionary, editado por Alton Bryant. Grand Rapids, MI: Zondervan Publishing House, 1967.

COMENTARIOS

Barclay, William, *The Daily Study Bible.* Filadelfia, PA: Westminster Press. Comenzó en 1953.

Bruce, F. F. *La Epístola a los Hebreos.* Grand Rapids, MI: Nueva Creación, 1987.

———. *The Epistles of John.* Old Tappan, NJ: Fleming H. Revell Co., 1970.

———. *The Epistle to the Ephesians.* Westwood, NJ: Fleming H. Revell Co., 1968.

Criswell, W. A. *Expository Sermons on Revelation.* Grand Rapids, MI: Zondervan Publishing House, 1962-66.

Green, Oliver. *The Epistles of John.* Greenville, SC: The Gospel House, Inc., 1966.

———. *The Epistles of Paul the Apostle to the Hebrews.* Greenville, SC: The Gospel House, Inc., 1965.

———. *The Epistles of Paul the Apostle to Timothy & Titus.* Greenville, SC: The Gospel House, Inc., 1964.

———. *The Revelation Verse by Verse Study.* Greenville, SC: The Gospel House, Inc., 1963.

Harrison, Everett F., ed., *Comentario bíblico Moody: Nuevo Testamento.* Grand Rapids, MI: Editorial Portavoz, 1971.

Henry, Matthew. *Comentario exegético devocional a toda la Biblia.* 6 tomos. Terrassa, España: Clie, 1989.

Hodge, Charles. *Commentary on the Epistle to the Romans.* Grand Rapids, Mi: Eerdmans Publishing Co., 1950.

———. *Commentary on the First Epistle to the Corinthians.* Grand Rapids, MI: Eerdmans Publishing Co., 1972

———. *Commentary on the Second Epistle to the Corinthians.* Grand Rapids, MI: Eerdmans Publishing Co., 1973.

Ladd, George Eldon. *El Apocalipsis de Jesús: un comentario.* Miami, FL: Editorial Caribe, 1972.

Leupold, H.C. *Exposition of Daniel.* Grand Rapids, MI: Baker Book House, 1969.

Morris, Leon. *The Gospel According to John.* Grand Rapids, MI: Eerdmans Publishing Co., 1971.

Newell, William R. *Hebrews, Verse by Verse*. Grand Rapids, MI: Kregel Publications, 1995.

Strauss, Lehman. *Devotional Studies in Galatians & Ephesians*. Neptune, NJ: Loizeaux Brothers, 1957.

——. *Devotional Studies in Philippians*. Neptune, NJ: Loizeaux Brothers, 1959.

——. *James Your Brother*. Neptune, NJ: Loizeaux Brothers, 1956.

——. *The Book of Revelation*. Neptune, NJ: Loizeaux Brothers, 1964.

The Pulpit Commentary. 23 tomos. Editado por H.D.M. Spence y Joseph S. Exell. Grand Rapids, MI: Eerdmans Publishing Co., 1950.

The Tyndale New Testament Commentaries. Editado por RVG Tasker. Grand Rapids, MI: Eerdmans Publishing Co. Comenzado en 1958.

Thomas, W.H. Griffith. *Hebrews, A Devotional Commentary*. Grand Rapids, MI: Eerdmans Publishing Co., 1970.

Thomas, W.H. Griffith. *Outline Studies in the Acts of the Apostles*. Grand Rapids, MI: Eerdmans Publishing Co., 1956.

——. *St. Paul's Epistle to the Romans*. Grand Rapids, MI: Kregel Publications, 1974.

——. *Studies in Colossians & Philemon*. Grand Rapids, MI: Kregel Publications, 1986.

Walker, Thomas. *The Acts of the Apostles*. Grand Rapids, MI: Kregel Publications, 1965.

Walvoord, John. *The Thessalonian Epistles*. Grand Rapids, MI: Zondervan Publishing House, 1973.

ÍNDICE DE BOSQUEJOS Y TEMAS—MARCOS

Recuerde: Cuando usted busca un tema y busca una referencia bíblica, tendrá no solamente el texto bíblico, sino también un bosquejo y una discusión (comentario) del texto bíblico y del tema.

Este es uno de los grandes valores de la *Biblia de bosquejos y sermones*. Cuando tenga todos los tomos, tendrá no solamente lo que todos los demás índices bíblicos le dan, esto es, una lista de todos los temas y sus referencias bíblicas, SINO usted tendrá también…

- Un bosquejo de *cada* texto y tema de la biblia.
- Una discusión (comentario) de cada texto y tema.
- Cada tema apoyado por otros textos biblicos, o referencias cruzadas.

Descubra el gran valor usted mismo. Dé una mirada rápida a la primera palabra del índice de Marcos. Es:

ABOMINACIÓN DESOLADORA (*véase* ANTICRISTO)
Discusión. 13:14-23
  Predicha. Por el profeta Daniel. 13:14

Busque las referencias. Busque los textos bíblicos y el bosquejo de la Escritura, y lea luego el comentario. Inmediatamente verá el gran valor del índice de la *Biblia de bosquejos y sermones*.

Deber. Amar por sobre todas las cosas. 12:29-31
Familia de. Verdadero parentesco. 3:33-35
E Israel. Discusión del tema. 12:1-12
Naturaleza.
    Bueno y severo. 11:12-14
    Es un Dios. 12:29-31

DISCAPACIDAD
Deber. Cuidar del *d.* 8:22-26

DISCIPLINA DE LA IGLESIA
Quién es *d.* Cinco personas expulsadas por Cristo.
11:15-17

DISCIPULADO
Método de. Usado por Cristo. 6:7
Precio del *d.*
    Discusión del tema. 8:34-38
    Todo. 2:14

DISCÍPULOS (*véanse* APÓSTOLES;
CREYENTES; MINISTROS)
Ambición de. Buscan posiciones. 9:33-37
Carácter–Características.
    Tipo de hombres llamados a ser *d.* 1:16-20
Deber.
    Salir. Equipamiento; seis instrucciones. 6:7-13
    Ser responsable. Destino del mundo deter-
      minado por. 6:30
Enviados. (*Véanse* COMISIÓN; MISIÓN)
Influencia de Jesús. Jóvenes *d.* y teólogos.
    2:18-22
Llamado a.
    A quiénes llamó Cristo. 1:16-20
    Llamado, designado, cambiado. 3:13-19
    Tipo de persona llamada. 1:16-20
Mensaje. (*Véanse* EVANGELIO; MINISTROS)
    Arrepentimiento. 6:12
    Preeminencia de Cristo. 1:7-8
Misión–Comisión. (*Véanse* COMISIÓN;
    MISIÓN)

DISCRIMINACIÓN (*véanse* DIVISIÓN;
PREJUICIO)
Judíos vs. gentiles. Una raza vs. otra. 7:24-30

DIVISIÓN–DESACUERDO
Causa. Oponerse a alguien que difiere. 9:38
Ejemplos. Judíos vs. gentiles. 7:24-30
Resultados. Destruye. 3:22-30

DIVORCIO
Causado por. Dureza de corazón. 10:2-6
Escuelas de pensamiento. Conservador vs. liberal.
    10:1-12
Ley del A. Testamento vs. N. Testamento. 10:5
Problema de. Posición de. 10:1-12

DOMINGO (*véase* DÍA DEL SEÑOR)

DOMINGO DE RAMOS
Significado. 11:1-11

DURO–DUREZA DE CORAZÓN
Advertencia. Discusión del tema. 8:16-20
Causa. Olvido. Apego a la tierra. 6:52
Ejemplos.
    Discípulos. 6:52; 8:17
    Religiosos. 3:5
Los hombres olvidan fácilmente. 6:52
Resultados. Enceguese para con la verdad.
    6:52

EGOÍSTA (*véase* AMBICIÓN)
Llamar la atención, buscar honor, posición.
    12:38-40
Motivos. Motivos equivocados. Cinco. 10:36-37
Problema con. Arruina la ambición. 9:33-37;
    10:35-45

Resultado conflicto. 10:41

ELÍAS
Apareció a Jesús en la transfiguración.
    Habló sobre la muerte de Jesús. 9:2-4

EMOCIONES
Estimulación de. No es siempre sabio. 6:45

ENFERMEDAD
Vs. Posesión de demonios. 3:15

ENGAÑAR–ENGAÑO
Descripción. Como engaño de sí mismo. 14:1-2
Significado. 7:22

ENOJO
De Jesús. Ante corazones duros. 3:5

ENSEÑANDO–ENTRENANDO
De Cristo
    En cinco maneras diferente. 1:22
    Impacto. 1:21-22
    Por qué usaba Jesús parábolas, ilustraciones.
      4:33-34
Eficientemente. Con autoridad. 1:22

ENTENDIMIENTO
Problema. Ceguera. 6:52

ENTREGA
Desesperadamente necesaria para alcanzar al
    mundo. 4:30-32

EPILEPSIA
Causaba vergüenza. 9:14-18

ESCLAVIZADO
Poder para librar. 1:23-28

ESCRIBAS (*véanse* FARISEOS;
RELIGIOSOS)
Problema con.
    Religiosos hipócritas, falsos maestros. 7:1-13
Vs. Jesús.
    Acusaron a Jesús de estar endemoniado.
      3:22-30
    Planearon la muerte de Jesús. 14:1-2

ESCRITURAS (*véase* PALABRA DE DIOS)

ESCUCHAR–ESCUCHANDO
Necesidad de *e.* Única forma de conocer la
    necesidad del hombre. 7:32

ESPÍRITU SANTO
Prometido. Versículos. Lista. 1:7-8
Pecados contra. Blasfemia. Pecado imperdonable.
    3:29-30

ESTADO (*véanse* CIUDADANÍA;
GOBIERNO)
Conceptos. Dos conceptos falsos. 12:13
Naturaleza. Ordenado por Dios. 12:16-17
Y Dios. Pregunta sobre el poder civil y religioso.
    12:13-17

ESTERILIDAD
Advertencia contra la *e.* 11:12-14
Discusión. 11:12-14

EVANGELIO
Comienzo del *e.* Discusión. 1:1-8
Deber.
    Perder la vida por amor al *e.* 8:35
    Plantar el *e.* en el mundo despojado y perdido.
      4:30-32
    Predicar a todas las naciones. 13:10; 16:15
Mensaje.
    Jesús es Cristo. 1:1-2

Para todo el mundo. Anticipado por Cristo.
    7:24
Predicado por Jesucristo. 1:14-15

EVANGELISMO (*véase* COMISIÓN)
Obstáculos. Incredulidad y dureza. 16:14
Poder para el *e.* Poder sobrenatural. 16:14, 17-18
Predicho. *E.* mundial. 13:10

EXCITACIÓN
De las multitudes. No siempre es sabia. 6:45
Problema con. Causada por deseos mundanos.
    6:45

ÉXITO
Concepto del mundo vs. concepto del Señor.
    10:42-43

EXORCISMO (*véanse* MALOS ESPÍRITUS;
JESUCRISTO, Poder de)
Por Jesús. Discusión del tema. 3:22-23

EXPULSADO
Actitud hacia.
    De la iglesia. 2:15
    De la sociedad. 2:16-17
Poder para alcanzarlos. Discusión. 2:13-17

FALSA PROFESIÓN (*véanse* HIPOCRESÍA;
PROFESIÓN FALSA)

FALTA DE PODER
Causa. Inmadurez espiritual y falta de poder.
    9:14-29
Resultados. Discusión. 9:18

FAMILIA
Deber. Cuidar de todos los miembros, aun de los
    padres ancianos. 7:11
Desacuerdo. Divisiones. 13:12-13
Problemas. Persecución de miembros creyentes.
    13:12-13

FAMILIA DE DIOS
Base de.
    Relación espiritual, no sanguínea. 3:33-35
    Verdadero parentesco. 3:33-35

FARISEOS (*véase* RELIGIOSOS)
Buscados por los discípulos de Juan. 2:18-22
Creencias–Enseñanzas. Tradición. 7:1-13
Errores–Faltas de.
    Ceguera espiritual. 8:11
    Religiosos hipócritas, falsos maestros.
      7:1-13; 8:14-21
    Se aislaban a sí mismos de los pecadores.
      2:15-17
Opuestos a Jesús. Unieron fuerzas con los
    herodianos. 3:6
Vs. Jesús. Planearon la muerte de Jesús. 3:6

FAVORITO–FAVORITISMO
Creer que uno es un *f.* de Dios. 10:36-37

FE (*véase* CREER)
Actitud. Actitud correcta vs. falsa. 5:35-43
Discusión. 11:22-23
Ejemplo. De amigos. Salva a otros. 8:22-26
Esencial.
    Discusión. 1:15
    Para recibir perdón. 2:3-4
    Para removerse montañas. 11:22-23
    Para tener respuesta a la oración. 2:3-4
    Tiene que estar acompañada de arrepen-
      timiento. 1:15
Etapas–Tipos.
    Fe que prevalece. 5:21-43
    Intercesora. Salva a un amigo. 8:22-26

Causada por–Motivos. Por qué rechazan los
hombres. 6:1-6
Ejemplo. Discípulos que creyeron en la resurrec-
ción de Jesús. 16:11; 16:13
Errores–Problemas.
Discusión. 8:10-13
Rechaza a Dios y a sus mensajeros. 12:2-5
Motivo. Discusión. 8:11
Pecado de la i. Inexcusable. 8:12
Resultados. Influye y afecta a otros. 6:5

INDECISIÓN
Ejemplo. Pilato. 15:2-5
Versículos. Lista. 15:2-5; 15:6-10

INDIGNACIÓN
Significado. 10:14

INFIERNO
Descripción.
Fuego. 9:43-44
Gusano que no muere. 9:43-44

INICIATIVA
Esencial para aprovechar la oportunidad. 1:21

INMADUREZ (*véase* INMADUREZ
ESPIRITUAL)

INMADUREZ ESPIRITUAL
Conquistada. Dos formas. 9:28-29
Problema. Inmadurez espiritual y falta de poder.
9:14-29

INMORALIDAD
Ejemplo. Fiesta de Herodes. Danza sugestiva.
6:21-22

INTERCESIÓN
Resultado. Da sanidad a un amigo. 8:22-26

INVITACIÓN
Versículos. Lista. 1:33

ISRAEL (*véase* JUDÍOS)
Historia. Bendecido por Dios. Tres bendiciones.
12:1
Pecado de. Rechazado. Siervos de Dios. 12:3
Profecía. Futuro de. Dicho por Cristo. 12:1-12
Y Dios. Discusión del tema. Parábola del
mayordomo malo. 12:1-12

JACOBO, EL APÓSTOL, EL HIJO DE ALFEO
Discusión. 3:18
Su madre era creyente. 16:1

JACOBO, EL APÓSTOL, HIJO DE ZEBEDEO
Destino. Martirizado. 10:39
Discusión. 3:17
Egoísta. Buscaba una posición principal.
10:35-45
Hermano de Juan. Discusión. 3:17
Llamado a ser discípulo. 1:19-20
Llamado Boanerges, hijo del trueno (enojo). 3:17
Rico. Su padre poseía una empresa pescadera.
10:36-37

JACTARSE–JACTANCIA
Advertencia. *J.* en la conversión. 1:44

JAIRO
Hija levantada de los muertos. Cómo acercarse a
Jesús. 5:21-24, 35-43

JERICÓ
Discusión. 10:46

JERUSALÉN
Ministerio de Jesús en *j.* Cubierto por Juan;
otros evangelios dicen poco. 11:1-13:37

JESUCRISTO (*véase* BUSCAR, Jesucristo)
Abandonado. (*Véanse* APOSTASÍA; NEGACIÓN–
NEGAR)
Acceso a. (*Véase* ACCESO)
Acusado–Acusación.
De blasfemia. 2:6-7
De no ayunar ni guardar los rituales religiosos.
2:18-22
De quebrantar la ley ceremonial. 2:23-28
De ser insano. Por parte de amigos. 3:20-21
De ser poseído por el demonio. 3:22-30
Lista de. 3:22
Megalómano. 11:28
Por los religiosos. Cuádruple acusación. 3:22
Procedente de Beelzebú. 3:22-30
Traidor 12:14
Adoración. Fidelidad en la adoración. 1:21
Afirmaciones.
Hijo de Dios. 3:21
Mesías. 14:62
Versículos. Lista. 1:23-24
Rey de los judíos. 15:2-5
Señor de David. 12:36-37
Ser de Dios. 11:27-33
Tener los derechos y la dignidad de un Rey.
11:1-11
Yo soy. 14:62
Arrestado. Estudio del carácter humano.
14:43-52
Ascensión.
Asegura seis cosas. 16:19-20
Está sentado en posición de poder. 16:19
Autoridad (*Véase* JESUCRISTO, Poder)
Cuestionada. Dos elecciones. 11:27-33
Formas de acercarse para asir el poder de
Jesús. 5:21-43
Hombre asombrado. 1:22
Rechazada. Por qué. 6:1-6
Sobre la naturaleza. 4:35-41
Vs. *A.* de los hombres. 1:22
Bautismo–Bautizado.
Por qué fue bautizado Jesús. 1:9-11
Una decisión por Dios. 1:9-11
Compasión. (*Véase* COMPASIÓN, de Jesus)
Cronograma. Orden de los eventos. 1:14
Cruz.
Bosquejo del escarnio y eventos. 15:16-41
Cara al corazón de Jesús. 10:34
Conversión ilustrada. 15:21
Rebelión. Por el hombre natural. 8:32-33
Vs. las cosas de un hombre. 8:34-9:1
Deidad. (*Véase* JESUCRISTO, Afirmaciones;
Nombres - Títulos)
De Dios vs. el hombre. 1:7-8
Gran confesión. Quien es Jesús. 8:27-30
Hijo de Dios. Versículos. 3:21
Mediador. Versículos. Lista. 1:15
Preeminencia. Versículos. List 1:7-8
Pruebas. 12:6-8
Dos elecciones. Dios u hombre. 11:27-33
Señales dadas a la generación de Jesús y a la
generación actual. 8:11
Razones para equivocar la verdad. 12:36-37
Sin pecado.
Perfectamente obediente. Hombre ideal,
Perfecto. 1:15
Versículos. Lista. 1:15
Vocero de Dios. Versículos. Lista. 1:22
Desafiado. (*Véase* JESUCRISTO, Acusado–
Acusación)
Autoridad. 11:27-33
Estado y religión. 12:13-17
La mayor ley. 12:28-34
Resurrección. 12:18-27
Devoción. (*Véanse* ENTREGA; DEDICACIÓN

Difería de cinco maneras. 1:22
Encarnación. (*Véanse* ENCARNACIÓN; JESU-
CRISTO, Deidad, Humanidad; Naturaleza y
Origen; Nacimiento Virginal)
Enojo.
Contra la dureza de corazones. 3:5; 10:14
Por el abuso del templo de Dios. 11:15-19
Enseñanza.
Comenzando un nuevo ministerio. 1:21-22
Diferente en cinco maneras. 1:22
Enseñaba con autoridad. Significado. 1:22
Por parábolas. 4:33-34
Entrada triunfal. Advertencia dramática. 11:1-11
Familia.
Avergonzada de Jesús y sus afirmaciones.
3:31-35
Cuatro *h.* 6:3
Getsemaní. (*Véase* GETSEMANÍ)
Hora, las 3 de la tarde. 15:25
Humanidad.
La gente preguntaba. 6:1-6
Necesitaba tranquilidad y descanso. 4:35-36;
7:24
Sintió compasión. (*Véase* COMPASIÓN) 6:34
Sintió hambre. 11:12
Influencia de. (*Véase* JESUCRISTO, Respuesta a)
Discípulos. Escogiendo hombres selectos.
3:13-19
Discusión del tema. 1:21-3:35
Sobre el rey Herodes. 6:14-16
Sobre individuos. 1:29-31
Sobre jóvenes discípulos y teólogos. 2:18-22
Sobre la familia. A la familia le resultaba
embarazoso. 3:31-35
Sobre la gente.
De dónde y por qué venía la gente. 3:7-10
Que lo buscaba de véasedad. 3:7-10
Sobre las multitudes. Celoso. No tenía tiempo
para atenderse a sí mismo. 2:12; 3:20
Sobre los amigos. Lo consideraban fuera de sí
y loco. 3:20-21
Sobre los Espíritus malos. Un terrible temor.
3:11-12
Sobre Mateo y sus amigos. Alcanzando a
publicanos y pecadores. 2:13-17
Sobre políticos. 3:6
Sobre religiosos. Decían que Jesús tenía
demonio. 3:22-30
Sobre todos. 1:35-45; 6:53-56
Su enseñanza. 1:21-22
Juicios, legales.
Acusado de revolucionario. 14:55-59
Ante el sanhedrín. El carácter débil y el
carácter fuerte. 14:53-65
Ante Pilato. 5:1-15
Maldijo a la higuera. 11:12-14, 20-26
Mediador. Versículos. Lista. 1:15
Mensaje de.
Arrepentimiento y reino de los cielos. 1:14-15
Método. Usaba la sinagoga, la religión
establecida. 1:39
Ministerio. (*Véase* JESUCRISTO, Obra de)
Etapas. Ministerio en Judea; en Galilea; *M.*
itinerante. 10:1-4
M. de Galilea. Los evangelios se centran en ese
ministerio. 11:1-13:37
M. en Jerusalén. Solamente Juan lo cubre en
detalle. 11:1-13:37
Ministraba toda la noche. 1:32
Orden de los eventos. 1:14
Misión. (*Véase* JESUCRISTO, Obra de)
Bautizar con el Espíritu. 1:7-8
Destruir a Satanás. 3:26
Entrar en la casa de Satanás. 3:27
Es buena, no divisiva ni destructiva. 3:22-30
Expulsar el mal de las vidas. 3:24-26
Predicar. 1:36-38; 1:39
Muerte.
Continuadores. Simbolizaba a todo el mundo.
10:33

No es ritual y ceremonia, reglas y
reglamentos. 2:23-24
Vs. amor. 12:31
Vs. estado, gobierno. 12:31-17

RELIGIOSOS
Advertencia–Destino. Cuidarse de algunas cosas.
12:38-40
Levadura de los *r*. 8:14-21
Opuestos a Cristo.
Acusaron a Jesús de estar endemoniado.
3:22-30
Cuatro motivos para oponerse. 14:1-2
Cuestionaban a Cristo. (*Véase* JESUCRISTO,
Desafiado)
Llevaron a Jesús a juicio. (*Véase*
JESUCRISTO, Juicio)
Motivos.
Numerosos eventos en la
última semana. 3:22; 11:27
Planearon la muerte de Jesús. Motivos. 3:6;
11:18; 14:1-2
Por asociarse con los publicanos y pecadores.
2:13-17
Por echar fuera demonios. 3:22-30
Por no ayunar, no guardar el ritual del ayuno.
18-22
Por perdonar pecados. 3:6-7
Por quebrantar la ley ceremonial. 3:4
Por quebrantar la tradición. 2:23-24; 3:1-6;
7 :1-13
Por sanar en día de reposo. 3:1-6
Porque sus discípulos trabajaban en día de
ayuno. 3:1-6
Procuraron desacreditarlo. 10:1-4; 11:27-33
Rechazaron a Cristo. Motivos. 11:33
Posición–Se aferran. Reglas y reglamentos. Ley
ceremonial. 2:23-28; 3:6
Problemas con–Errores.
Actitudes hacia publicanos y pecadores.
2:16-17
Busca señales probatorias. 8:10-13
Cuádruple error. 14:1-2
No capta la véasedad de Cristo. Motivos.
12:36-37
Religión inadecuada. Ejemplo. Herodes. 6:20

REPRODUCCIÓN
Ley de. Discusión del tema. 4:32

**RESPONSABLE–RESPONSABILIDAD DE
RENDIR CUENTAS**
De qué son *r*. los hombres. Rechazar el mensaje
de Dios. 12:1-12
Quién es *r*. Un propietario. 12:1-12

RESUCITANDO A LOS MUERTOS (*véase*
MUERTE, Resucitado)

RESURRECCIÓN
Cuestionada. Discusión. 12:18-27
Discusión. 12:18-27
Naturaleza. Discusión. 12:25
Negada. Motivos. 12:19-23; 12:24
Prueba de. Discusión. 12:18-27
Versículos. Lista de. 12:24

REY
Recepción. Cómo era recibido un *r*. 11:107

RIQUEZAS (*véase* MATERIALISMO)
Cómo se puede salvar un hombre rico. 10:21-22,
27
Deseo. 2:14
Problema. 10:23-27
Significado. 10:23

ROBAR
Significado. 7:22

ROPA (*véase* VESTIMENTA)
Advertencia.
Contra estilos extravagantes. 12:38
Contra vestirse para atraer atención. 12:38
Ilustración. Paño nuevo cosido sobre *r*. vieja.
2:21

RUFO
Hijo de Simón de Cirene. quien llevó la cruz de
Jesús. 15:21

SACRIFCIO
De Cristo. Costo de. 1:9
Vs. sentido común. 14:6

SADUCEOS
La posición liberal de los *s*. tuvo dos efectos.
12:22-33

SAL
Símbolo –Tipo del juicio. Salado con fuego.
9:49

SALIVA–ESCUPIR
Señal de desprecio absoluto. 14:65

SALUTACIONES
Advertencia de no usar los títulos para llamar la
atención. 12:38

SALVACIÓN–SALVADO
Condiciones–Cómo se salva una persona.
Arrepentimiento y fe. 1:15
Confesión requerida. Gran *c*. Quién es Jesús.
8:27-30
Costo. Todo. Ilustrado por Mateo. 2:14
El pan de vida. 6:53-56
Entregando cuanto un es y tiene. 10:21-22, 27
Formas para acercarse a Jesús de modo de
asirlo. 5:21-43
No por el amor de Jesús. No es suficiente.
10:21
No por respetabilidad. 10:19-20
Pasos hacia la *s*. Discusión. 6:53-56; 10:46-52
Por Dios al crear de nuevo a una persona. 4:27
Por la paciencia. 13:13
Requerimientos para la *s*. 10:17-22
Deber. Llevar el mensaje de *s*. a todo. 1:36-39
Liberación. Una experiencia de convéasesión.
1:25-26
Quien es *s*.
Cualquier persona, no importa cuan pecadora
sea. 3:28
El enfermo. 1:29-31, 32-34
El más esclavizado e indefenso. 1:23-28
El más impuro. 1:40-45
El más rechazado. 7:24-30
El más salvaje y despreciable. 5:1-20
Publicano y pecador. 2:13-17
Resultados. Libra de tres cosas. 1:12

SANAR–CURACIÓN
Método. Ungiendo con aceite. 6:8-13
Pasos hacia la sanidad. Discusión del tema.
6:53-56
Por Jesucristo. Ejemplos.
El ciego Bartimeo. Pasos para obtener ayuda.
10:46-52
El ciego. Necesidad de protección. 8:22-26
Endemoniado.
Buscando y temiendo a Cristo. 3:7-12
Esperanza para los hombres más salvajes y
despreciables. 5:1-20
Librando a los más esclavizados. 1:23-28
Muchacho con espíritu mudo. 9:14-29
Ocuparse de los rechazados. 7:24-30
Espíritus malos. Librando a los más
esclavizados. 1:23-28, 34; 3:11-12; 5:1-20
Gente en las calles. 1:32-34
Hombre con una mano tullida. 3:1-2; 3:1-6

La suegra de Pedro. 1:29-31
Leproso. El más impuro. 1:23-28; 1:40-45

Muchos entre las multitudes. 3:7-12
Mujer con hemorragia. 5:24-34
Resucitó a los muertos. Hija de Jairo.
5:21-24, 35-43
Sordo y mudo. Haciendo todo bien. 7:31-37
Un paralítico. Perdón de pecados. 3:2:1-12
Y perdonar. Sanar es menos importante que
perdonar. 2:1-12

SANHEDRÍN
Y Jesús.
Enviaron una delegación investigadora para
investigar a Jesús. 2:6-7
Juzgó a Jesús.
Por traición. Carácter débil y fuerte. 14:53-56
Se reunieron para formular las acusaciones.
15:1

SATANÁS
Derrotado–Destruido. Por Cristo. Casa tomada
por Cristo. 3:27
Existencia–Naturaleza.
No actúa contra su naturaleza. 3:22-26
Opuesto a Cristo. 5:6-7
Relación con Dios y Cristo. Cuatro hechos.
5:6-7
Obra–Estrategia. Atacar a los nuevos convertidos.
1:12

SEGUIR
Significado. 8:34

SEGUNDA OPORTUNIDAD
Dada a Judas. 14:18-20

SEGURIDAD
Necesitada. Al lanzar un nuevo ministerio. 1:11

SEMBRADOR, PARÁBOLA DEL
Cómo los hombres reciben la Palabra de Dios.
4:1-20

SEMILLA
Parábola. *s*. que crece. Crecimiento de creyente.
4:26-29
S. y sembrador. Cómo recibe el hombre la
Palabra. 4:1-20

SEMILLA DE MOSTAZA
Discusión. 4:31
Parábola. Crecimiento del reino de Dios. 4:30-32

SENSACIONALISMO–ESPECTACULAR
(*véase* SEÑALES)

SEÑALES
Deseo de ver *s*.
Buscando *s*. 8:10-13
Motivos por los que no se dan *s*. Siete
motivos. 8:12
Propósito. Probar que Jesús es el Mesías, el Hijo
de Dios. 8:11

SEPULCROS
Discusión del tema. 5:3

SERVIR–SERVICIO (*véanse* CREYENTES;
MINISTROS)
Deber de hacer todo bien. 7:31-37
Cómo *s*. Cinco sabias lecciones. 6:45-52

SHAMMAI
Escuela de pensamiento conservador. 10:1-12

SIMÓN DE CIRENE
Discusión. 15:21